سلیمان اطہر جاوید
فن اور شخصیت

ڈاکٹر امجد علی بیگ

Suleman Ather Javed Fun Aur Shakhsiat
by: Amjad Ali Baig
Edition: October '2023
Publisher& Printer:
Taemeer Publications, Hyderabad.

ISBN 978-93-5872-151-5

کتاب	:	**سلیمان اطہر جاوید : فن اور شخصیت**
مصنف	:	**ڈاکٹر امجد علی بیگ**
صنف	:	تحقیق و تنقید
ناشر	:	تعمیر پبلی کیشنز (حیدرآباد، انڈیا)
سالِ اشاعت	:	۲۰۲۳ء
صفحات	:	۶۰۰
کمپوزنگ	:	لولو گرافکس، حیدرآباد
سرورق	:	تعمیر ویب ڈیزائن

www.ingramcontent.com/pod-product-compliance
Lightning Source LLC
LaVergne TN
LVHW010632051026
849532LV00001B/32

فہرست مشمولات

انتساب!

جامعہ عثمانیہ کے ان فرزندان کے نام!
جن کی علمی وادبی سرگرمیوں نے حیدرآباد دکن کو عالمی سطح پر شہرت عطا کی۔

ڈاکٹر امجد علی بیگ

پیش لفظ

مادر علمیہ جامعہ عثمانیہ سے بیسویں صدی میں جن نامور سپوتوں نے اپنے علمی وادبی کارناموں سے اردو ادب کی دنیا میں اپنا نام روشن کیا ہے ان میں ایک پروفیسر سلیمان اطہر جاوید ہیں۔انہوں نے سری وینکٹیشورا یونیورسٹی میں اپنے دوران ملازمت وہاں اردو کی شمع روشن کی اور اپنے ایسے کئی شاگرد چھوڑے جنہوں نے آگے چل کر اردو تحقیق وتنقید میں نمایاں خدمات انجام دیں۔ان کے ایک شاگرد مظفر علی شہ میری بھی ہیں جنہوں نے یونیورسٹی آف حیدرآباد کے صدر شعبہ کی حیثیت سے خدمات کی انجام دہی کے بعد کرنول آندھرا پردیش میں قائم شدہ مولوی عبدالحق اردو یونیورسٹی کے پہلے وائس چانسلر کی حیثیت سے خدمات انجام دیں۔ پروفیسر سلیمان اطہر جاوید ایک زود گو نثر نگار تھے۔اردو تحقیق وتنقید میں ان کی کتابیں اپنے عہد کی ادبی دستاویز ہیں۔رشید احمد صدیقی پر ان کا تحقیقی کام اہمیت کا حامل ہے۔غالب کے چند نقاد اور دیوان غالب کا پہلا شعر ان کی اہم تنقیدی کتابیں ہیں۔ان کی حیات اور خدمات پر ڈاکٹر امجد علی بیگ کی یہ تحقیقی کتاب ایک ادبی دستاویز کی حامل ہے۔میں فاضل مصنف کو اس اہم تحقیقی کام کے لیے مبارکباد پیش کرتا ہوں اور اس امید کا اظہار کرتا ہوں کہ وہ اردو تحقیق وتنقید کے شعبے میں مزید کارہائے نمایاں انجام دیں۔اس کتاب کے قارئین کی رائے ضرور ان کی حوصلہ افزائی کا باعث ہوگی۔

ڈاکٹر محمد اسلم فاروقی

کچھ اس کتاب کے بارے میں

سلیمان اطہر جاوید میری تحقیقی کاوش ہے۔ میری خواہش تھی کہ میں فرزندان جامعہ عثمانیہ سے کسی ایسی شخصیت پر تحقیقی کتاب پیش کروں جس نے تحقیق و تنقید کی دنیا میں حیدرآباد دکن کا نام روشن کیا ہو۔ چنانچہ بعد تحقیق مجھے اندازہ ہوا کہ پروفیسر سلیمان اطہر جاوید صاحب ہی وہ موزوں شخصیت ہیں جن کے علمی و ادبی کارناموں کو محفوظ کیا جاسکتا ہے۔ جاوید صاحب سے ملاقاتوں کے بعد ان کی ذات اور شخصیت کی اہمیت کا اندازہ ہوا۔ اس کتاب میں بہ حیثیت محقق، نقاد، مبصر، خاکہ نگار، ادیب، صحافی و شاعر پروفیسر سلیمان اطہر جاوید صاحب کے فن کے مختلف گوشوں کو اجاگر کرنے کی کوشش کی گئی ہے۔ سلیمان اطہر جاوید نے حیدرآبادی شخصیات پر خاکے و مرقعے بھی لکھے جس سے حیدرآباد کی اہم شخصیات سے آگہی ہوتی ہے۔ اردو تحقیق و تنقید کے اہم گوشے بھی اس کتاب سے واضح ہوئے ہیں۔ میں ادب کا ایک ادنیٰ سا طالب علم ہوں اور سلیمان اطہر جاوید صاحب کی حیات اور کارناموں پر تحقیق کرنے کے بعد مجھے یہ اعتراف ہے کہ میری علمیت میں اضافہ ہوا ہے۔ ادب کے باذوق قارئین کی خدمت میں میری یہ کاوش پیش ہے اور امید کی جاتی ہے کہ احباب میری اسی کاوش کو پسند کی نگاہ سے دیکھیں گے۔

ڈاکٹر امجد علی بیگ

☆ پہلا باب

پروفیسر سلیمان اطہر جاوید

حالات زندگی

ہندوستان گنگا جمنی تہذیب کا علمبردار ملک ہے۔ یہاں صدیوں سے کئی مذاہب کے ماننے والے، کئی زبانیں بولنے والے، طرح طرح کے رسم و رواج، رہن سہن اور تہذیب وتمدن کے حامل لوگ شیر وشکر کی طرح مل جل کر رہتے آئے ہیں۔ کثرت میں وحدت کی اس عظیم مثال کو پیش کرنے والے اس ملک کو شاعرِ مشرق علامہ اقبالؔ نے ایک خوبصورت گلستاں سے تشبیہہ دیتے ہوئے اس کی عظمت کو چار چاند لگائے۔ صدیوں سے چلی آرہی ہندوستان کی گنگا جمنی تہذیب کی دو مشہور علامتیں تاج محل اور اردو ہیں۔ ساری دنیا کو محبت کا درس دینے والا تاج محل جہاں ہندوستان کی پہچان بن گیا ہے وہیں اردو زبان نے ایک مدت سے تمام ہندوستانیوں کو اپنی وسعت اور ہمہ گیری کے ذریعہ قومی یکجہتی کے مضبوط دھاگے میں پرو دیا ہے۔ ہندوستان اردو کی جائے پیدائش ہے اور اس کے دو مراکز شمالی ہند اور دکن رہے ہیں۔ دہلی پائے تخت ہونے کے سبب ہر زمانے میں شمال کا علاقہ نظم ونسق اور تہذیبی سرگرمیوں کا مرکز رہا اور دربار سے سرپرستی کے سبب ایک زمانے تک شمالی

ہنداردو کی سرگرمیوں کا گہوارہ رہا لیکن صوفیائے کرام کی بدولت جنوبی ہنداور بالخصوص دکن میں اردو میں تعلیم و تعلم اور رُشد و ہدایت کا کام ہونے لگا اردو چوں کہ عوام کی زبان ہے۔ لہذا صوفیائے کرام اور بزرگان دین نے اُسے برتا ان کی تعلیمات اور دکنی شعراء کے کارناموں کی بدولت گزشتہ سات سو سال سے اردو زبان دکن کے علاقے میں خاموشی سے پروان چڑھتی رہی ہے۔ اردو کے پہلے صاحبِ دیوان شاعر اور بانی شہر حیدرآباد محمد قلی قطب شاہ نے شہر حیدرآباد کی بنیاد رکھتے وقت خدا کے حضور اس شہر کی آبادی اور خوشحالی کیلئے دُعا کی تھی۔ خدا نے اُس کی دُعا کو شرفِ قبولیت بخشا اور آصف جاہی دورِ حکومت میں زندگی کے مختلف شعبوں میں اس شہر نے ترقی کی اور آج اپنی تاسیس کے چار سو سال کے بعد بھی یہ شہر ایک طرف اپنی مخصوص حیدرآبادی تہذیب کیلئے ساری دنیا میں جانا جانے لگا ہے تو دوسری طرف ترقی کی راہیں طئے کرتا ہوا اکیسویں صدی میں قدم رکھ چکا ہے۔ ہندوستان کی دو مشہور علامتوں تاج محل اور اُردو کی طرح حیدرآباد کی بھی دو مشہور علامتیں چارمینار اور جامعہ عثمانیہ ہیں چارمینار کے نام سے جہاں ساری دنیا میں حیدرآباد کی پہچان ہے ویسے ہی علمی میدان میں جامعہ عثمانیہ اور اس سے فارغ ہونے والی عظیم ہستیوں کی اقطاعِ عالم میں موجودگی اور اُن کی گراں بہا خدمات نے جامعہ عثمانیہ اور حیدرآباد کا نام اونچا کر رکھا ہے۔

اُردو کے شہر حیدرآباد میں واقع اور گزشتہ نصف صدی سے زندگی کے مختلف شعبوں کے لئے بے شمار لائق سپوتوں کی معمار اس عظیم جامعہ عثمانیہ سے فارغ ہونے والے نامور مشاہرین کی ایک طویل فہرست ہے۔ عصر حاضر میں اُردو کے اساتذہ شعراء اور

ادیبوں و ماہرین تعلیم کی اس فہرست میں پروفیسر مغنی تبسم، پروفیسر غلام عمر خان، ڈاکٹر حفیظ قتیل، ڈاکٹر حسینی شاہد، ڈاکٹر زینت ساجدہ، پروفیسر رفیعہ سلطانہ، پروفیسر سید محی الدین قادری زور، پروفیسر افضل محمد، شاذ تمکنت، احمد جلیس وغیرہ ہیں۔ اس طویل فہرست میں اُردو تحقیق و تنقید کی ایک قد آور شخصیت اور اُردو کی بے لوث خدمت کرنے والا ایک چمکتا ستارہ ''پروفیسر سلیمان اطہر جاوید'' بھی ہیں۔ جن کی حیات اور علمی و ادبی کارنامے زیرِ نظر کتاب میں پیش کئے جارہے ہیں۔ پروفیسر سلیمان اطہر جاوید تلگو زبان و ادب کے گہوارہ تروپتی میں اُردو کے چراغ کو جلائے رکھنے اور اُس کی ضیا پاش کرنوں کو آندھرا کے تلگو موافق علاقے میں پہنچانے اور اُردو سے اعلیٰ تعلیم حاصل کرنے والی ایک نئی نسل کو تیار کرنے کے لئے جانے جاتے ہیں۔ اُردو تحقیق و تنقید میں نمایاں مقام حاصل کرنے والے اس ادیب، شاعر، صحافی، نقاد، محقق، مرقع نگار، مشفق استاد و اُردو کی خاموش خدمت کرنے والے اس مجاہد کے مختصر حالاتِ زندگی اور اُن کے علمی و ادبی کارنامے ذیل میں پیش ہیں۔

آباء و اجداد:

سلیمان اطہر جاوید چار پانچ پشتوں سے حیدرآبادی تھے، کہا جاتا ہے کہ اُن کے آباء و اجداد کا تعلق افغانستان سے تھا۔ آج سے دو سو سال قبل اُن کے پشتنی رشتہ دار بلوچستان اور پنجاب میں تھے اور وہاں سے نقل مقام کر کے حیدرآباد منتقل ہو گئے اور مستقل طور پر حیدرآباد ہی میں سکونت اختیار کی۔ اُس وقت حیدرآباد سلطنتِ آصفیہ کا دارُالخلافہ تھا۔ پروفیسر سلیمان اطہر جاوید کے دادا کا نام محمد داؤد خان تھا جن کے بیان کردہ حالات سے اُن کے آباء و اجداد کے براہِ افغانستان و پنجاب حیدرآباد منتقلی کے بارے میں روشنی پڑتی

ہے۔

داؤد خاں نواب افضل الدولہ کے مقربین میں تھے۔تاہم اُس وقت کے نامور مجذوب بزرگ حضرت میاں میر نواب صاحبؒ سے روحانی طور پر اُنہیں عقیدت تھی۔

حضرت میاں میر نواب صاحبؒ کی درگاہ مستعد پورہ علاقہ کاروان اور پل قدیم کے درمیان حیدرآباد میں واقع ہے۔ پروفیسر سلیمان اطہر جاوید کے آباءواجداداورخوداُن کے گھرانے کے درگاہ حضرت میاں میر نواب صاحبؒ سے گہرے روابط رہے وہ اس درگاہ کے عقیدت مندوں میں شمار ہوتے ہیں اوراسی عقیدت کے اظہار کے طور پر ہر سال اعراس وغیرہ کے موقع پر پنجاب اور بلوچستان میں رہنے والے اُن کے بعض دیگر عزیز واقارب بھی حیدرآباد آیا کرتے تھے۔داؤد خاں آخری ایام میں درگاہ حضرت میر نواب صاحبؒ کے سجادہ بھی ہوگئے تھےاوردرگاہ کی مسجد میں ہی اُن کی تدفین عمل میں آئی۔داؤدخاں کی دو بیویاں تھیں۔دوسری بیوی کی اولاد میں پروفیسر سلیمان اطہر جاوید کے والد محمد حسین خاں اور پھوپی تھیں۔جوخاندان اورمحلّہ بھر میں ''بی'' پکاری جاتی تھیں۔درگاہ کی سجادگی داؤد خاں کی پہلی بیوی کی اولاد کے حصہ میں آئی تاہم درگاہ کے معاملات کے سلسلے میں سگے سوتیلے بھائیوں میں اختلاف رہے۔پروفیسر سلیمان اطہر جاوید کی پھوپی شادی کے چند سال کے بعد بیوہ ہوگئیں اوراُن کے بچے جوان اور کچھ کرنے کے قابل ہونے تک محمد حسین خاں ہی اُن کے کفیل رہے۔

حسب ونسب:

سلیمان اطہر جاوید پٹھان تونہیں ہیں تاہم انہیں پنجابی حیدرآبادی کہا جاسکتا ہے

چوں کہ ان کے آباء واجداد کا تعلق افغانستان سے رہا ہے۔لہذا ان کے دادا، والد وغیرہ میں پٹھانوں کا سا انداز جھلکتا ہے۔لیکن بعد میں یہ لوگ حیدرآبادی تہذیب میں ڈھل گئے۔ سلیمان اطہر جاوید کی پیدائش اور تعلیم و تربیت چوں کہ حیدرآباد میں ہوئی ہے لہذا وہ خالص حیدرآبادی ہیں تاہم ان کے دادا محمد داؤد خان کے نام سے یہ بات ظاہر ہوتی ہے کہ شائد ان کے آباء واجداد پٹھان ہوں گے لیکن حقیقت میں یہ پٹھان نہیں بلکہ شیخ ہیں۔داؤد خاں کے نام کے ساتھ لفظ خاں جڑ جانے کے پیچھے بھی ایک دلچسپ واقعہ ہے جو سلیمان اطہر جاوید نے اپنے والد محمد حسین خاں سے سنا اور اپنے ایک شخصی انٹرویو میں انہوں نے بتایا کہ ان کے خاندان والوں کا درگاہ میاں میر نواب صاحبؒ سے گہرا ربط رہا ہے۔لہذا درگاہ میں ان کے دادا داؤد خاں کی ملاقات آنے والے عقیدت مندوں سے ہوتی رہتی تھی۔درگاہ آنے والے عقیدت مندوں میں نواب افضل الدولہ بھی تھے۔داؤد خاں افضل الدولہ کے مقرب تھے۔درگاہ کا عرس ہر سال ۲۹ رشوال کو عقیدت و احترام کے ساتھ منایا جاتا ہے ۔پہلے دن صندل اور دوسرے دن چراغاں ہوتے۔ایک دن خواتین کے لئے ہوتا اور مینا بازار لگتا۔ ہزاروں لوگ عرس میں شرکت کرتے تھے۔طرح طرح کے دیگیں چڑھتی تھیں اور دو تین دن تک سب لوگ وہیں کھانا کھاتے تھے۔آج سے پچاس سال قبل تک بھی اس عرس کی دھوم دھام تھی جواب ماند پڑ گئی ہے۔ایسے ایک عرس کے موقع پر میلے کا سا سماں تھا ہر طرف چہل پہل تھی۔نواب افضل الدولہ نے داؤد خاں سے پنجہ لڑانا چاہا۔ جو اس وقت دیگر کھیلوں کی طرح طاقت آزمائی کا ایک کھیل تھا۔ چنانچہ بازی شروع ہوئی۔افضل الدولہ جسیم قوی اور طاقتور تھے۔لیکن داؤد خاں کی گرفت مضبوط تھی۔افضل الدولہ سے برداشت

نہیں ہوسکا اور شکست تسلیم کرتے ہوئے انہوں نے کہا ''بس خاں بس'' تب سے افضل الدولہ داؤدخاں کو ''خاں'' کے نام سے پکارنے لگے۔انہیں خطاب سے نوازا گیا جاگیر اور منصب عطا کئے جو بعد میں ان کی اولاد کے حصے میں بھی آئے اس طرح پروفیسر سلیمان اطہر جاوید کے آباءواجداد حقیقی پٹھان نہیں بلکہ خطابی پٹھان ہیں۔

والدین :

سلیمان اطہر جاوید کے دادا داؤدخاں کی دوسری بیوی کی اولاد میں محمد حسین خاں جو پروفیسر سلیمان اطہر جاوید کے والد تھے اور ایک لڑکی تھی جو ان کی پھوپی تھیں۔محمد حسین خاں کی شادی حیدرآباد کے متوسط گھرانہ کی لڑکی رحیم النساء بیگم سے ہوئی۔ یہ خاتون جو پروفیسر سلیمان اطہر جاوید کی والدہ تھیں زیادہ پڑھی لکھی تو نہیں تھیں لیکن اچھے ناک نقشہ اور گورے رنگ کے سبب ''گوری ماں'' کے نام سے مشہور تھیں۔ پروفیسر سلیمان اطہر جاوید کے والد محکمہ بلدیہ میں ملازم تھے اور محاسب کی حیثیت سے وہ وظیفہ پر سبکدش ہوئے۔ سبکدوشی کے موقع پر دفتر والوں نے وداعی تقریب دی جس میں چھوٹی عمر کے سلیمان اطہر جاوید نے بھی شرکت کی تھی۔اس تقریب کا دھندلا دھندلا سا منظر آج بھی ان کے ذہن میں ہے۔محمد حسین کے اعزاز میں منعقدہ اس تقریب میں تقاریر ہوئیں اور ظہرانہ بھی ترتیب دیا گیا جس سے اندازہ ہوتا ہے کہ دفتر میں ان کی بڑی قدرومنزلت تھی۔سبکدوشی کے بعد پروفیسر سلیمان اطہر جاوید کے والد نے ایک دوجگہ ملازمتیں بھی کیں۔لیکن ایک مرتبہ حادثے میں ان کی کولہے کی ہڈی ٹوٹ گئی۔وہ اٹھنے بیٹھنے کے قابل نہیں رہے اسی بیماری

میں ان کا ڈسمبر ۱۹۶۸ء میں انتقال ہوگیا۔ اور تدفین درگاہ میاں میر صاحب کے احاطے میں عمل میں آئی۔ محمد حسین خاں وضع دار شخصیت کے حامل تھے اور خاندان کی کفالت اور بچوں کی پرورش میں انہوں نے باوجود تنگی کے کوئی کسر اٹھا نہ رکھی تھی۔ انہیں ادب سے خاصا لگاؤ تھا۔ ان کے اپنے ہاتھ سے لکھی ہوئی کئی نظمیں تھیں جو ان کے ادبی ذوق کی عکاسی کرتی ہے۔

سلیمان اطہر جاوید کی والدہ ''گوری ماں'' عزم و استقلال والی خاتون تھیں۔ بچوں کی بہتر پرورش میں انہوں نے کوئی کسر اٹھا نہیں رکھی۔ شوہر کے انتقال کے بعد بچوں کی پرورش اسی تندہی سے کرتی رہیں اور بچوں کو یہ احساس ہونے نہیں دیا کہ ان کے سر سے باپ کا سایہ اٹھ چکا ہے۔ طویل عمر پانے کے بعد ۱۹۹۲ء میں ان کا انتقال ہوا اور اپنے شوہر کے قریب احاطہ درگاہ میر میاں صاحبؒ میں دفن ہوئیں۔

پیدائش :

سلیمان اطہر جاوید ۹ / اپریل ۱۹۳۶ء کو بروز پنجشنبہ (جمعرات) بوقت فجر پیدا ہوئے اتفاق سے اس دن عیدالاضحیٰ بھی تھی۔ آپ کی جائے پیدائش محلّہ مستعد پورہ حیدرآباد ہے اپنے ایک شخصی انٹرویو میں انہوں نے کہا کہ والد صاحب کے پاس ان کی تاریخ پیدائش کا کوئی ریکارڈ نہیں لیکن مذکورہ بالا تاریخ ہی ان کی تاریخ پیدائش طئے پائی اور ایس ایس سی سر ٹیفکیٹ میں بھی یہی تاریخ درج ہے۔(۱) البتہ پیدائش کا دن اور عیدالاضحیٰ والی بات سچ ہے۔ پروفیسر سلیمان اطہر جاوید کی پیدائش کے بارے میں قطب سرشار لکھتے ہیں:

''حیدرآباد کے ایک شریف خانوادے کے ایک فرد جناب محمد حسین خاں کے چشم و چراغ سلیمان خاں المعروف بہ سلیمان اطہر جاوید ۹ /اپریل ۱۹۳۶ء کو حیدرآباد کے محلے مستعد پورہ میں پیدا ہوئے ۔''(۲)

نام:

محمد حسین خاں کے گھر ۹ /اپریل ۱۹۳۶ء کو جس بچے نے آنکھ کھولی والدین نے اس کا نام محمد سلیمان خاں رکھا تاہم آگے چل کر یہی محمد سلیمان خاں سلیمان اطہر جاوید کے نام سے مشہور ہوئے اور آج بھی سرکاری وغیر سرکاری سطح پر اور علمی و ادبی حلقوں میں سلیمان اطہر جاوید کے نام سے جانے جاتے ہیں۔

بھائی بہن:

محمد حسین خاں کو سات اولادیں ہوئیں۔ تین لڑکوں کا جو سلیمان اطہر جاوید سے بڑے تھے۔ بچپن ہی میں انتقال ہوگیا۔ ان میں سے ایک عبداللہ نامی لڑکا بڑا خوبصورت تھا ماں اسے یاد کر کے اکثر آزردہ ہو جاتی تھیں۔ سلیمان اطہر جاوید کے علاوہ ان کے دوسرے بھائی محمد داؤد خان ہیں۔ ان کی دو بہنیں شمس النساء بیگم اور حفیظ النساء بیگم ہیں۔ اس طرح سلیمان اطہر جاوید نے ایک بھائی اور دو بہنوں کا ساتھ پایا۔ بہن حفیظ النساء بیگم کا کچھ عرصہ قبل انتقال ہوگیا جبکہ شمس النساء بیگم کے شوہر بھی اس دار فانی سے کوچ کر گئے اس طرح سلیمان اطہر جاوید کے بھائی داؤد خاں اور بہن شمس النساء بیگم بقید حیات ہیں۔

بچپن کی یادیں :

سلیمان اطہر جاوید کے تین بھائی صغر سنی میں ہی دنیا سے منہ موڑ چکے تھے۔ یکے

بعد دیگرے تین بیٹوں کی رحلت نے ان کے ماں باپ کے دلوں پر گہرا اثر چھوڑا تھا۔ لہذا پیدائش کے بعد سے ان کی خاطر کی جاتی تھی اور ان کی نگہداشت میں کوئی کسر نہیں چھوڑی گئی۔ پیدائش کے وقت سلیمان اطہر جاوید کے پیر کسی حد تک تیڑھے تھے جن کا دو تین سال کی عمر میں آپریشن ہوا اور آج بھی اس آپریشن کے ہلکے سے نشان ان کے پیر پر ہیں۔ بچپن میں انہیں پڑھانے کے لئے ایک مولوی صاحب آیا کرتے تھے جو اردو اور عربی ناظرہ پڑھاتے اور تختی پر لکھنے کی مشق کراتے تھے اس وقت تختی لکڑی کی تین فٹ لمبی اور ایک فٹ چوڑی ہوتی تھی اس پر روز سفیدہ کرایا جاتا تھا اور برو کے قلم سے لکھا جاتا تھا۔ سلیمان اطہر جاوید یہ کام پابندی سے کرتے تھے اور مولوی صاحب بہت خوش ہوتے تھے۔ ان ہی مولوی صاحب کے بارے میں ایک دن یہ معلوم ہوا کہ ان کا انتقال ہو گیا۔ لیکن غسل سے قبل مولوی صاحب کے جسم میں حرکت ہوئی اور وہ زندہ ہو گئے اور عرصہ دراز تک بقیدِ حیات رہے لیکن لوگوں میں وہ ''مر گئے سو مولوی صاحب'' کے نام سے مشہور ہو گئے۔

بچپن میں ماں کی تربیت اور ان کی منفرد شخصیت سلیمان اطہر جاید کی اہم یاد ہے کہ ان کی تربیت میں والدہ کی شخصیت کا بھرپور رول ہے ان کی والدہ خدا ترس نیک اور عبادت گزار خاتون تھیں وہ خود بیمار ہوتیں یا بچے بیمار ہوتے تو دعائیں وغیرہ پڑھ کر دم کرتیں ان کے پاس نعتیہ کلام کا ذخیرہ تھا جسے پڑھکر وہ اپنے مرض میں افاقہ محسوس کرتیں۔ بچے بیمار ہوتے تو روزہ رکھتیں۔ نماز پڑھتیں اور صدقہ وغیرہ دیتیں۔ انہیں روحانی علاج پر یقین تھا انگریزی دوائیں بالکل استعمال نہیں کرتی تھیں۔ انتقال سے قبل جب ان پر فالج کا حملہ ہوا تب لوگوں کے اصرار پر انہوں نے دوا بھی استعمال کی تھی۔ سلیمان اطہر جاوید کے

والد وضع دار شخصیت کے حامل تھے۔ جنگ آزادی کی تحریک کے دوران عام ہندوستانیوں کی طرح وہ بھی انگریزوں سے سخت نفرت کرتے تھے اور آزاد ہندوستان کی فضاؤں میں سانس لینے کے متمنی تھے' چنانچہ جدوجہد آزادی کی تحریک سے فوری طور پر انہیں دلچسپی تھی۔ اس وقت شاعر شباب و شاعر انقلاب جوشؔ ملیح آبادی کی ایک نظم ''ہٹلر سے خطاب'' کو انگریزوں نے ممنوعہ قرار دے دیا تھا۔ کیوں کہ انگریز ہر ایسی تحریر و تقریر کے دبانے کی کوشش میں تھے جو لوگوں کے جذبات کو مشتعل کرنے والی اور انگریز حکومت کے خلاف بغاوت کے لئے اکساتی تھی۔ محمد حسین خاں کے پاس ان کے اپنے ہاتھوں سے لکھی ہوئی نظم تھی جو سلیمان اطہر جاوید کے پاس اپنے والد اور خود ان کے بچپن کی یاد کے طور پر محفوظ ہے اس ممنوعہ نظم کا ایک شعر یوں ہے۔

اب کی بار جو بکنگھم پیالیس جانا ہمارے نام کا بھی ایک گولہ پھینکتے آنا

پروفیسر سلیمان اطہر جاوید کے بچپن کی مندرجہ بالا یادوں کے علاوہ اور کوئی اہم واقعہ تو نہیں ہے۔ البتہ والد کے انتقال کے بعد والدہ کا صبر و استقامت کے ساتھ بچوں کی پرورش ان کی زندگی کا اہم موڑ ہے۔ معاشی تنگی کے باوجود انہوں نے اپنے بچوں کو کسی کمی کا احساس ہونے نہیں دیا اور انہیں تعلیم حاصل کرنے اور زندگی کے میدان میں آگے بڑھنے میں بھرپور مدد دی۔

تعلیم :

پروفیسر سلیمان اطہر جاوید کی ابتدائی تعلیم زمانے کے دستور کے مطابق گھر سے

شروع ہوئی۔ محلے کے مولوی صاحب انہیں اردو اور عربی (ناظرہ) پڑھاتے تھے اور تختی پر لکھنے کی مشق کراتے تھے۔ والد صاحب نے انہیں فارسی کی ابتدائی تعلیم دی اور بعد میں انہیں گورنمنٹ ہائی اسکول مستعد پورہ میں داخل کرایا۔ ۱۹۴۹ء میں اس اسکول سے انہوں نے پرائمری تعلیم کی تکمیل کی اور چادر گھاٹ ہائی اسکول میں داخلہ لیا۔ تعلیم کے معاملے میں یہ کافی ذہین واقع ہوئے تھے۔ اس زمانے میں انگریزی اسکولوں میں داخل ہو چکی تھی اور ابتداء ہی سے پروفیسر سلیمان اطہر جاوید کی انگریزی اچھی تھی۔ ایک دفعہ ان کے انگریزی کے استاد مہکری صاحب انہیں دسویں جماعت میں لے گئے جبکہ یہ آٹھویں جماعت کے طالب علم تھے اور انہیں طلبہ کے سامنے اپنی کرسی کے قریب کھڑا کیا اور دسویں جماعت کی انگریزی پڑھنے کو کہا۔ انہوں نے فرفر سبق پڑھ دیا۔ مہکری صاحب نے ان کی لیاقت کو دسویں جماعت کے طلبہ کے سامنے سراہا۔ چادر گھاٹ ہائی اسکول کے پرنسپل مشہور افسانہ نگار جہاں بانو نقوی کے شوہر نقوی صاحب تھے۔ یعقوب صاحب تاریخ اسلام پڑھاتے تھے۔ اس دور کے طلبہ میں صلاح الدین اویسی بھی تھے۔ پروفیسر سلیمان اطہر جاوید جس سال میٹرک میں تھے اس سال انہیں اپنڈکس کا عارضہ ہوا وہ دواخانہ عثمانیہ میں شریک ہوئے اور آپریشن کرنا پڑا۔ اس علالت کی وجہ سے وہ سالانہ امتحان میں شرکت نہ کر سکے اس طرح ان کا ایک سال ضائع ہوا۔ سلیمان اطہر جاوید نے بالآخر چادر گھاٹ ہائی اسکول سے ۱۹۵۲ء میں میٹرک کامیاب کیا اور چادر گھاٹ کالج میں انٹرمیڈیٹ میں داخلہ لیا۔ ڈاکٹر محی الدین قادری زور کالج کے پرنسپل تھے اور اساتذہ میں ڈاکٹر حمید الدین شاہد اور حامد صدیقی تھے۔ زورؔ صاحب اپنے مخصوص انداز میں اردو پڑھاتے تھے۔ کالج کی

علمی و ادبی سرگرمیوں میں حصہ لیتے ہوئے پروفیسر سلیمان اطہر جاوید نے ۱۹۴۵ء میں انٹر کامیاب کیا۔ آرٹس کالج عثمانیہ یونیورسٹی میں بی۔ اے میں داخلہ لیا۔ ان دنوں بی۔ اے کی جماعتیں بھی یونیورسٹی ہی میں ہوا کرتی تھیں۔ بی۔ اے کے اساتذہ میں پروفیسر عبدالقادر سروری، پروفیسر سید محمد، پروفیسر رفیعہ سلطانہ، ڈاکٹر حفیظ قتیل اور ڈاکٹر سید حمیدالدین شطاری صاحبان تھے۔ رفیعہ سلطانہ تاریخ ادب پڑھاتی تھیں۔ جبکہ قتیل صاحب اردو غزل پڑھاتے تھے۔ ان اساتذہ کے فیض سے سلیمان اطہر جاوید نے ۱۹۵۹ء میں بی۔ اے کی ڈگری حاصل کی اور یہیں سے ۱۹۶۲ء میں انہوں نے ایم۔ اے کی تکمیل کی۔ دوران تعلیم ان کے دوستوں میں پروفیسر افضل محمد، احمد جلیس اور شاذ تمکنت وغیرہ تھے۔

ڈاکٹریٹ:

سلیمان اطہر جاوید نے ایم۔ اے کے بعد بھی تعلیمی سفر کو جاری رکھا اور پی ایچ۔ ڈی میں داخلہ لیا۔ ایم۔ اے کی تکمیل کے بعد پروفیسر عبدالقادر سروری وظیفہ حسن خدمت پر سبکدوش ہوگئے۔ سلیمان اطہر جاوید یہ چاہتے تھے کہ ان کے عہد میں ہی ان کا داخلہ پی۔ ایچ۔ ڈی میں ہو جائے کیوں کہ پروفیسر مسعود حسین خاں صدر شعبہ اردو بن کر آئے تھے۔ ان کے ساتھ علی گڑھ کی روایات بھی آئی تھیں۔ عبدالقادر سروری صاحب نے سلیمان اطہر جاوید کے لئے دکنیات سے متعلق چند ایک موضوعات رکھے تاہم دکنیات کی طرف ان کا فطری میلان نہیں تھا۔ پروفیسر مسعود حسین خاں کے آجانے کے بعد یونیورسٹی کی فضاء ہی بدل گئی۔ چنانچہ سلیمان اطہر جاوید نے ان سے پی ایچ۔ ڈی کے لئے نگران بننے اور موضوع کے انتخاب میں رہنمائی کی درخواست کی۔ پروفیسر مسعود حسین خاں نے ''رشید

احمد صدیقی''، پر تحقیقی کام کرنے کا مشورہ دیا۔ مسعود حسین خاں صاحب رشید احمد صدیقی کے شاگرد رہ چکے تھے اور ان سے خاصے روابط تھے اور خود رشید احمد صدیقی کی شخصیت بھی اس لائق تھی یوں پی ایچ۔ڈی کے مقالہ کا عنوان ''رشید احمد صدیقی شخصیت اور فن'' قرار پایا۔ پروفیسر مسعود حسین خان نے اپنے شاگرد کے لئے دوران تحقیق پیش آنے والی دشواریوں اور رکاوٹوں کو دور کرنے اور رشید احمد صدیقی سے متعلق مواد کی حصولیابی میں بھرپور مدد کی اور وقتاً فوقتاً ان کی رہنمائی کرتے رہے۔ سلیمان اطہر جاوید نے اس دوران تین چار مرتبہ دہلی، علی گڑھ اور لکھنو وغیرہ کا سفر کیا جہاں ایک ایک دو دو مہینے ان کا قیام رہا۔ مسعود حسین خاں صاحب کے تعاون کے باعث رشید احمد صدیقی اور دہلی اور علی گڑھ کی شخصیات سے ملنے میں سلیمان اطہر جاوید کو بڑی آسانی ہوئی۔ اپنے شخصی انٹرویو میں سلیمان اطہر جاوید نے کہا کہ مجھے تحقیق کے دوران ایسی کوئی خاص دشواری پیش نہیں آئی جیسی کہ تحقیق کے موجودہ دور کے طالب علموں کو پیش آتی ہے۔ خدا نے قلم میں طاقت دی اور لکھنا میرے لئے مشکل ثابت نہیں ہوا۔ علی گڑھ میں سلیمان اطہر جاوید کا قیام کبھی سید وقار الدین (موجودہ ایڈیٹر روزنامہ رہنمائے دکن) کے کمرے میں ہوتا۔ وقارالدین ان دنوں وہاں نہ صرف زیر تعلیم تھے بلکہ کرکٹ ٹیم کے کپتان بھی تھے۔ ان کا کمرہ خاصا کشادہ تھا اور ساری ضروریات سے زیادہ۔ سلیمان اطہر جاوید ان دنوں ''رہنمائے دکن'' میں ''رفتار سیاست'' کا صفحہ لکھا کرتے تھے۔ کبھی انہوں نے امیر عارفی مرحوم کے ساتھ قیام کیا جو ہاسٹلوں سے الگ کہیں کمرے میں رہتے تھے۔ روزانہ شام میں اگلے دن کا پروگرام بناتے تھے اور اگلے دن ملاقاتیں اور مواد کے حصول کے لئے نکل جاتے۔ رشید احمد صدیقی کے صاحبزادے

احسان رشید نے بھی جو اس وقت شعبہ معاشیات میں پروفیسر تھے اور بعد میں کراچی یونیورسٹی کے وائس چانسلر اور شام میں پاکستان کے سفیر ہوئے انہیں خاطر خواہ مواد فراہم کیا ۔خود رشید احمد صدیقی نے اپنی کتابیں اور دیگر مفید معلومات فراہم کیں ۔مولانا عبدالماجد دریا آبادی نے رشید احمد صدیقی کے لکھے ہوئے خطوط فراہم کئے ۔سلیمان اطہر جاوید نے ڈاکٹر ذاکر حسین سے بھی ملاقاتیں کیں جو اس وقت نائب صدر جمہوریہ ہند اور بعد میں صدر جمہوریہ ہند ہوئے ۔ذاکر صاحب رشید احمد صدیقی کے طالب علمی زمانے کے نہایت قریبی اور بے تکلف دوستوں میں تھے۔ان کے علاوہ بھی سلیمان اطہر جاوید نے دہلی اور علی گڑھ میں نامور شخصیتوں سے ملاقاتیں کیں اور رشید احمد صدیقی کے بارے میں تفصیلی معلومات حاصل کیں ۔حیدرآباد آکر وہ حاصل شدہ مواد کو ترتیب دیتے یہاں انہیں دن میں فرصت رہتی تھی ۔شام میں وہ اپنے زمانے کے معروف عینک ساز ڈاکٹر لقمان اور پھر رہنمائے دکن میں کام کرتے تھے ۔اس طرح ان کا تحقیقی کام چلتا رہا بالآخر انہوں نے اپنا پی ایچ ۔ڈی کا مقالہ مکمل کیا جس پر ۱۹۶۸ء میں عثمانیہ یونیورسٹی نے انہیں ڈاکٹریٹ کی ڈگری کا مستحق قرار دیا۔ پروفیسر سلیمان اطہر جاوید نے مسلسل تعلیم حاصل کی اور اعلیٰ تعلیم کے دوران معاشی دشواریوں کے باوجود پیچھے مڑ کر نہیں دیکھا۔انہوں نے عثمانیہ یونیورسٹی ۱۹۶۵ء میں جرنلزم میں ریفریشر کورس کیا اور لسانیات کے گرمائی اسکول منعقدہ میسور سے ۱۹۷۱ء میں لسانیات کا سرٹیفکیٹ کورس اور ۱۹۷۶ء میں شیلانگ میں منعقدہ یو۔ جی ۔سی گرمائی انسٹی ٹیوٹ سے اطلاقی لسانیات کا سرٹیفکیٹ حاصل کیا۔

ملازمت:

سلیمان اطہر جاوید کو بچپن ہی سے پڑھنے لکھنے کا شوق تھا۔ ۱۹۵۱ء کی بات ہے ہائی اسکول میں آٹھویں یا نویں جماعت کے طالب علم کی حیثیت سے انہوں نے ایک چھوٹی سی کہانی لکھی اور اشاعت کے لئے اس زمانہ کے مشہور روزنامہ ''رہنمائے دکن'' کو روانہ کی جو اس اخبار میں بچوں کے صفحہ پر فوری شائع ہوگئی۔ کہانی کی اشاعت نے ان کی حوصلہ افزائی کی اور وہ اخبارات ورسائل کے لئے پابندی سے لکھنے لگے۔ انٹرمیڈیٹ میں داخلہ کے بعد ان کا ادبی ذوق پروان چڑھا۔ وہ چادر گھاٹ کالج کے اردو مجلّہ ''فکرِ نو'' کے شریک مدیر بھی منتخب ہوئے۔ فلمی دنیا کے لئے لکھے گئے ان کے مضامین کلکتہ کے اخبارات میں شائع ہوتے رہے۔ پھر انہوں نے سیاسی موضوعات پر لکھنا شروع کردیا یہ مضامین رہنمائے دکن کے دوشنبہ کے خاص ایڈیشن میں اہتمام کے ساتھ شائع ہونے لگے۔ وہ ایک مضمون تیار کرکے پنجشنبہ کی سہ پہر روزنامہ ''رہنمائے دکن'' کے دفتر واقع افضل گنج میں دروازے کے پاس چوکیدار کو دیتے تھے اور مضمون دوشنبہ کے خصوصی ایڈیشن میں شائع ہوجاتا تھا یہ تمام صحافتی سرگرمیاں دراصل ان کی عارضی ملازمت کی بنیاد تھیں۔ اس صحافتی سفر کے دوران انہوں نے بی۔ اے کی تکمیل کرلی تھی۔ اس زمانے میں لوگ اکثر بی۔ اے کے بعد کسی اچھی ملازمت کے حصول کی دوڑ دھوپ میں لگ جاتے چنانچہ یہ بھی اپنے دوست کے ساتھ ایمپلائمنٹ آفس کے چکر کاٹنے لگے۔ اس دوران انہوں نے معظم جاہی مارکٹ میں واقع ایک نیوز ایجنسی میں بھی کام کیا۔ روزنامہ ''سیاست'' میں بچوں کا صفحہ چند ہفتوں تک ترتیب دیتے رہے۔ اختر حسن صاحب کے اخبار ''پیام'' میں بھی بچوں کا صفحہ ترتیب دیا۔ ایک سال تک یہ تمام بلا معاوضہ کیے۔ ایمپلائمنٹ ایکسچینج میں معین

صاحب نامی ایک شخص ان پر مہربان ہوئے اور انہیں دفتر عطیات حمایت نگر روانہ کیا ۔ جہاں ان کے بہنوئی کے عزیز دوست قادری صاحب سے تعارف ہوا جو مخدوم محی الدین کے داماد ہیں، انہوں نے سفارش کی ۔ محکمہ عطیات کے عہدیدار استھانہ صاحب نے انٹرویو لیا اور بالآخر Clear Vacancy پر بہ حیثیت کلرک ان کا تقرر ہوا۔ تنخواہ (۱۰۶) روپئے تھی ۔ اس زمانے میں کلرک کی تنخواہ (۸۰) روپئے ہوا کرتی تھی ۔ سلیمان اطہر جاوید چوں کہ گرایجویٹ تھے اس لئے انہیں گرایجویشن الاؤنس کے ساتھ (۱۰۶) روپئے ملنے لگے ۔ والد صاحب کے وظیفہ پر سبکدوش ہوجانے کی وجہ سے یہ ملازمت ان کے لئے مددگار ثابت ہوئی ۔ لیکن چند ایک دن بعد ان کا دل اس ملازمت میں نہیں لگا۔ وہ اردو کے ادبی افق پر ادیب بن کر ابھر رہے تھے اور کلرکی کرتے ہوئے زندگی بسر کرنا نہیں چاہتے تھے ۔ اعلیٰ تعلیم کے حصول کے خواہشمند تھے ۔ چنانچہ رہنمائے دکن اور دیگر اخبارات کے لئے ان کے مضامین کا سلسلہ تیز ہونے لگا۔ چند ماہ بعد خواجہ معین الدین حسینی نامی دوست کے بہنوئی کے ساتھ جن کا اکثر دفتر رہنمائے دکن آنا جانا ہوتا تھا رہنمائے دکن کے لطیف الدین قادری سے ملاقات ہوئی، جنہوں نے منظور حسن اور سید محمود وحید الدین سے ملاقات کرائی ۔ یہ سب لوگ غائبانہ طور پر سلیمان اطہر جاوید سے واقف تھے ۔ لیکن جب شخصی طور پر پہلی ملاقات ہوئی تو ان لوگوں کو بڑا تعجب ہوا کہ اس کم عمری میں سیاسی موضوعات پر ایسے بلند پایہ مضامین لکھنے والا کیا یہی نوجوان ہے ۔ اس وقت سلیمان اطہر جاوید کی عمر ۲۴ سال تھی ۔ پہلی ملاقات ہی میں محمود صاحب ان سے شفقت سے پیش آئے ان کی صلاحیتوں کو سراہا اور مزید لکھتے رہنے کی ترغیب دیتے ۔ انہوں نے مضامین لکھنے کے لئے دو عنوانات دئے ۔

پروفیسر سلیمان اطہر جاوید نے اندرون ایک ہفتہ مضامین لکھ کر پیش کر دئے ۔ مضامین کی اشاعت کے بعد انہیں ۲۵ روپے دئے گئے ۔ بعد میں وہ منتخبہ موضوعات پر ہر ہفتہ مضمون لکھنے لگے ۔اس طرح انہیں رہنمائے دکن سے ماہانہ ۵۰ روپے ملنے لگے ۔ دفتر عطیات کی کلرکی سے ۱۰۶ روپئے اور ۵۰ روپے رہنمائے دکن سے کسی طرح گزر بسر ہونے لگی ۔ اسی زمانے میں سلیمان اطہر جاوید کے گھر میں بڑی چوری ہوگئی ۔ بہن کی شادی کا زیور ملبوسات وغیرہ چور لے گئے ۔ بہن کی شادی بھی کرنی تھی ۔لیکن کسی طرح یہ ایم ۔اے میں داخلہ لینا چاہتے تھے ۔اس کے لئے دن کی نوکری چھوڑنا ضروری تھا ۔ چنانچہ انہوں نے رہنمائے دکن کے محمود وحیدالدین صاحب سے ملاقات کی اور اپنے گھریلو حالات بیان کرتے ہوئے ایم ۔اے کرنے کی خواہش کا اظہار کیا اور کہا کہ مجھے کلرکی سے ۱۰۶ روپئے ملتے ہیں ۔ اگر رہنمائے دکن میں کچھ خدمت کا موقع ملے اور بطور معاوضہ ۱۰۶ روپئے مل جائیں تو میں دن میں کلرکی چھوڑ کر ریگولر ایم ۔اے کرلوں گا ۔محمود وحیدالدین صاحب کچھ سوچ کر آمادگی ظاہر کی اور ''رفتار سیاست'' صفحہ ترتیب دینے کی ذمہ داری دی ۔ یہ ہفتہ واری صفحہ تھا جسے پروفیسر سلیمان اطہر جاوید ہفتہ بھر تراشے لے کر کوئی ایک موضوع طئے کرنے کے بعد بروز شنبہ لکھنے لگے ۔ بعد میں رہنمائے دکن کے کسی ملازم کے رخصت ہونے پر انہیں بحیثیت سب ایڈیٹر گھر کی باتیں کے صفحہ اور بیرونی خبروں کے صفحہ پر بھی کام کرنے کے موقع ملے ۔ انہوں نے اکثر اوقات اداریے بھی لکھے ۔ اس طرح ۱۵/ جون ۱۹۶۰ء کو عطیات کی کلرکی چھوڑنے کے بعد پروفیسر سلیمان اطہر جاوید ''رہنمائے دکن'' کے ملازم ہوگئے اور اسکیل برابر کرنے کی خاطر ان کی تنخواہ (۱۲۰) روپئے ماہانہ ہوگئی ۔ بعد میں انہیں

اوور ٹائم بھی ملنے لگا اور ان کا ایم ۔اے میں داخلہ لینے کا خواب پورا ہوا۔ پروفیسر سلیمان اطہر جاوید کو یہ اعتراف رہا کہ رہنمائے دکن کی ملازمت نے انہیں بہت کچھ دیا۔ان کے قلم میں روانی اور نکھار پیدا ہوا اور اس دوران ایم ۔اے اور پی ایچ۔ڈی کرنے کا ان کا خواب شرمندہ تعبیر ہوا۔انہیں رہنمائے دکن میں کبھی ملازم ہونے کا احساس نہیں ہوا۔اخبار کے مالکین ان سے خوش تھے۔اس طرح رہنمائے دکن میں انہوں نے جولائی ۱۹۵۹ءتا ستمبر ۱۹۶۹ءتقریباً نو سال ملازمت کے دوران پی ایچ۔ڈی کی تکمیل بھی کی اور جز وقتی لکچرر کی حیثیت سے بھی کام کیا۔مثلاً پروفیسر سیدہ جعفر کے رخصت لینے پر نظام کالج میں انہوں نے بہ حیثیت اردو لکچرر ۱۹/جنوری ۱۹۶۳ءتا ۱۹۶۴ءکام کیا۔اردو اورینٹل کالج میں یکم جون تا ۲۰/ستمبر ۱۹۶۶ءکام کیا اور اس کی تنخواہ بھی نہیں لی ۔ آخر کار ۲۱/ستمبر ۱۹۶۶ءکو سری وینکٹیشورا یونیورسٹی میں ان کا تقرر بہ حیثیت اردو لکچرر عمل میں آیا اور ان کی مستقل ملازمت کا سلسلہ شروع ہوا۔وقت گزرنے کے ساتھ وہ اس یونیورسٹی میں ترقی پاتے رہے۔۱۹۷۶ءتک لیکچرر رہنے کے بعد وہ ریڈر بنائے گئے اور اپریل ۱۹۷۶ءتا مارچ ۱۹۸۵ءریڈر شعبہ اردو رہے۔پھر انہیں پروفیسر کے عہدے پر ترقی دی گئی اور بعد میں صدر شعبۂ اردو بنائے گئے اس طرح تقریباً ۳۰ سال سری وینکٹیشورا یونیورسٹی کے شعبۂ اردو کی خدمت کرنے کے بعد وہ ۳۰/اپریل ۱۹۹۶ءکو وظیفہ پر سبکدوش ہوئے ۔سری وینکٹیشورا یونیورسٹی کے شعبہ اردو کی آبیاری میں پروفیسر سلیمان اطہر جاوید کی خدمات کو خراج پیش کرتے ہوئے اردو کے مایہ ناز محقق و نقاد پروفیسر گیان چند لکھتے ہیں:

”ڈاکٹر محمد سلیمان خان المعروف بہ سلیمان اطہر جاوید نے اس بیڑہ غیر

اردو دشت میں عمر عزیز گزار دی۔ تلگو کے سمندر کے بیچ اردو کو مستحکم کیا۔ اور ہندو پاک میں اس کے نام کو آشنا کرایا۔ چوٹی کے اردو کے شعبوں کے پیچھے دوسری صف میں لا کھڑا کر دیا۔ شعبہ کو یہ مقام دلانے کے بعد وہ مستحق ہو گئے تھے کہ دوسری درس گاہوں کو بھی اپنے علم و فضل کی تابندگی سے روشن ہونے کا موقع دیں۔ لیکن وہ وفادار استوار رہے۔"(۱)

سری وینکٹیشورا یونیورسٹی کے لئے پروفیسر سلیمان اطہر جاوید کی جگر سوزی کو سراہتے ہوئے یونیورسٹی آف مدارس کے پروفیسر عابد صفی لکھتے ہیں۔

"تروپتی مردم خیز شہر ہے۔ لیکن مندروں کے اس شہر میں اردو کے وجود کو کھوجنا پڑتا ہے۔ اردو یہاں اتنی بھی نہیں جتنی ہوا میں نائٹروجن ہے۔ ایسے ماحول میں ذوق ادب کی شمع روشن رکھنا اور اس سے بڑھ کر خود کو جلائے رکھنا جاوید صاحب ہی کا حصہ ہے۔"(۲)

اپنے ایک شخصی انٹرویو میں انہوں نے کہا کہ لوگ Retired ہو کر Tired ہو جاتے ہیں اور وظیفہ پر سبکدوش ہونے کے بعد تھک جاتے ہیں لیکن میں تھکا نہیں ہوں بس میری اصل تنخواہ کی جگہ مجھے وظیفہ مل رہا ہے اور تدریس کے لئے وہ طلبہ نہیں لیکن میں آج بھی اتنا ہی کام کرتا ہوں جتنا ملازمت کے دوران۔ چنانچہ وظیفہ پر سبکدوشی کے بعد بھی انہوں نے کام کرنا نہیں چھوڑا اور حیدر آباد سنٹرل یونیورسٹی کے شعبہ اردو میں بہ حیثیت Visiting professer نے تقریباً دو سال خدمات انجام دیں۔ وہ سنٹرل یونیورسٹی ہی میں تھے کہ مولانا آزاد نیشنل اردو یونیورسٹی کے وائس

چانسلر نے انہیں اردو یونیورسٹی میں تعلیمی مشیر کے شعبہ کے منصب کا پیش کش کیا۔ سلیمان اطہر جاوید یہاں آ گئے۔ لیکن اردو یونیورسٹی کا ماحول کچھ اور تھا۔ سلیمان اطہر جاوید جیسے کھلے مزاج کے انسان کا یہاں رہنا ممکن نہ ہوا۔ من بعد ۲۰۰۱ء اور ۲۰۰۲ء انہوں نے گیسٹ فیکلٹی کی حیثیت سے عثمانیہ یونیورسٹی میں خدمت انجام دیں۔ انہوں نے کافی عرصے تک روزنامہ سیاست میں ادبی ڈائری لکھی اور آل انڈیا ریڈیو پر مضامین پڑھتے رہے' ادارہ ادبیات اردو شعبہ امتحانات سے بھی وابستہ رہے اور اب ادارہ کی مجلس انتظامی کے رکن رہے اور ماہنامہ ''سب رس'' کے معاون مدیر رہے۔ وہ ۲۰۰۳ء میں جامعہ اردو علی گڑھ کی مجلس منتظمہ کے تاحیات رکن مقرر ہوئے۔ غرض ان کی علمی وادبی سرگرمیاں لائق ستائش ہیں۔ لیکن ان سرگرمیوں کو وہ معاش سے جوڑنے کی بجائے اردو زبان وادب سے اپنی بے پناہ محبت اور وابستگی قرار دیتے ہیں اپنی ان مصروفیتوں کے بارے میں شخصی انٹرویو میں انہوں نے کہا کہ ''مصروفیتیں پہلے بھی تھیں اب بھی وہ مصروفیتیں ہیں''۔ اللہ کے فضل سے صلاحیتوں کے بل بوتے پر جو کچھ ملنا تھا اس پر اللہ کا شکر ادا کرتا ہوں۔ انسان کو چاہیے کہ وہ زندگی کا ایک صحیح مقصد طئے کرے اور اس کے حصول کے لئے جائز ذرائع اختیار کرلے میں خدا سے ہمیشہ اپنے علم میں اضافہ کی دعا کرتا ہوں اور ہمیشہ یہ شعر دہراتا رہتا ہوں۔(۱)

یہ غم کبھی نہ رہے گا کہ جیب خالی ہوں　　عطا کچھ اور بھی دولت ہو علم وعرفاں کی

شادی:

شادی ہر انسان کی زندگی کا ایک خوشگوار موڑ ہوتا ہے۔ شادی سے نہ صرف انسان زندگی کے عملی میدان میں قدم رکھتا ہے بلکہ اس کی شخصیت کی بھی تکمیل ہوتی ہے۔ زندگی

کے بہاریں دیکھنے کے بعد ۱۹۶۴ء میں پروفیسر سلیمان اطہر جاوید کی شادی اپنی خالہ زاد بہن نفیس النساء سے ہوئی۔ شادی کی تقریب میں اردو کے ناموراد یب' شاعر' معززین شہر اساتذہ طلباء شریک تھے۔ پروفیسر سلیمان اطہر جاوید کی اہلیہ ان کے لئے صحیح معنوں میں نصف بہتر اور شریک حیات ثابت ہوئیں۔ کیوں کہ شادی کے بعد پی ایچ۔ڈی کی تکمیل اور ترو پتی میں ملازمت اور شوہر کی علمی' ادبی سرگرمیوں کی انجام دہی میں ایک خاتون خانہ کا جو کردار ہوتا ہے وہ انہوں نے بخوبی نبھایا۔ یہ خود بھی اردو دوست اور ادب نواز خاتون ہیں۔ بچوں کی شادی کے بعد مصروفیت کے طور پر اپنی رہائش گاہ واقع ارونا کالونی ٹولی چوکی حیدرآباد میں محلے کے بچوں کو اردو پڑھاتی ہیں اور انہیں روزنامہ سیاست کے زیر اہتمام منعقدہ اردو امتحانات میں شرکت کراتی ہیں۔

اولادیں :

پروفیسر سلیمان اطہر جاوید کو خدا نے ایک بیٹی اور دو بیٹے عطا کئے۔ بیٹی کا نام فراست فاطمہ دیبا ہے۔ جبکہ بڑے بیٹے کا نام نور محمد عرشی اور چھوٹے بیٹے کا نام لبیب محمد ذیشان ہے۔ والد کے نقش قدم پر چلتے ہوئے ان کی اولاد نے بھی اعلیٰ تعلیم کے مدارج طئے کئے۔ بیٹی فراست فاطمہ دیبا کی شادی ڈاکٹر حبیب اللہ خان سے ہوئی جو جیالوجی میں پی ایچ۔ڈی ہیں اور اب وہ این ایم ڈی سی مانصاحب ٹینک حیدرآباد میں منیجر کے عہدے پر فائز ہیں بڑا بیٹا نور محمد عرشی گرایجویشن کرنے کے بعد ریاض سعودی عرب میں ملازم ہے۔ اور اس کی شادی ۱۹۹۷ء میں ہوئی۔ چھوٹا بیٹا لبیب محمد ذیشان ایم۔بی۔اے اور کامرس میں پی۔ایچ۔ڈی کے بعد اب مسقط کی یونیورسٹی میں ملازم ہے۔ اس کی شادی ۲۰۰۲ء میں

ہوئی۔اس طرح پروفیسر سلیمان اطہر جاوید اپنی اولاد کی تعلیم اوران کی شادیوں کی انجام دہی کے فریضہ سے سبکدوش ہو چکے ہیں اوران کی اولاد بھی اپنے اپنے شعبہ ہائے حیات میں کارہائے نمایاں انجام دے رہی ہیں۔

کچھ اور وقت تو گزرا یہی غنیمت ہے
سفر میں ہوں تو کسی اجنبی سے رشتہ کیا

ہم سے ممکن نہ ہوا دشت کو دریا لکھیں
خار کو پھول کہیں دھوپ کو سایا لکھیں

دشمن جاں کو دعا دی ہے ہمیشہ جاوید
ہم نے قاتل کو کئی بار مسیحا لکھا

(پروفیسر سلیمان اطہر جاوید)

بہ حیثیت استاد :

پروفیسر سلیمان اطہر جاوید کا طالب علموں کے ساتھ بحیثیت استاد ہمیشہ مشفقانہ رویہ رہا۔اپنے تجربہ کی بنیاد پر وہ پہلی نظر میں طالب علم کی فطرت کو پہچان لیتے تھے اور محنتی طالب علموں کی ہمیشہ رہنمائی کرتے رہے۔سری وینکٹیشورا یونیورسٹی میں بہ حیثیت استاذ

ان کے بے شمار شاگرد رہے۔ان کی نگرانی میں وہاں تقریباً ۲۰ طلبہ نے پی ایچ۔ڈی اور ۵۰ تا ۷۵ طلبہ نے ایم۔فل کیا اور سنٹرل یونیورسٹی آف حیدرآباد میں بھی چار طلبہ نے ان کی زیرنگرانی ایم۔فل کیا ہے اور مزید چند طلبہ تحقیقی مقالہ تحریر کررہے ہیں۔اپنے شخصی انٹرویو میں انہوں نے موجودہ زمانے میں طلبہ کے گھٹتے معیار پر افسوس کا اظہار کرتے ہوئے کہا کہ طلبہ ادب پڑھنے یا اس کی خدمت کے جذبے کے تحت اردو میں داخلہ نہیں لیتے بلکہ صرف داخلہ برائے داخلہ لیتے ہیں وہ اگر لکھنے پڑھنے کی کوشش کریں تو ضرور ترقی پائیں گے اور ان کا لکھنا پڑھنا زندگی میں ضرور ان کے کام آئے گا۔

اداروں کی امتیازی واعزازی رکنیت :

پروفیسر سلیمان اطہر جاوید ایک شاعر، مرقع نگار، ادیب، محقق، نقاد، صحافی اور مشفق استاد ہی نہیں بلکہ اردو ادب کے بے لوث خادم بھی ہیں چنانچہ سرکاری و غیر سرکاری کئی اداروں کے وہ رکن بھی رہے۔ان کی تفصیل اس طرح ہے۔

رکن : اکیڈیمک کونسل دی یونیورسٹی، تروپتی ۱۹۸۵ء تا ۱۹۸۸ء

رکن : اکیڈیمک کونسل ایس وی یونیورسٹی، تروپتی ۱۹۹۲ء تا ۱۹۹۶ء

رکن : بورڈ آف گورنر اردو اکیڈیمی آندھراپردیش حیدرآباد ۱۹۷۹ء تا ۱۹۸۲ء

رکن : مجلس عاملہ بورڈ آف گورنرس آندھراپردیش اردو اکیڈیمی حیدرآباد ۱۹۸۵ء تا ۱۹۸۸ء

رکن : کمیٹی برائے اصطلاحات علم حیوانات ترقی اردو بیورو، دہلی ۱۹۷۸ء تا ۱۹۸۴ء

رکن : پیانل آف اردو لینگویج، لٹریچر اینڈ لنگویسٹک ترقی اردو بیورو، دہلی ۱۹۸۶ء

رکن : لینگویج ایڈوائزری کمیٹی، بھارتیہ گیان پیٹھ دہلی۔ ۱۹۸۵ء تا ۱۹۹۰ء

مذکورہ بالا اداروں کے علاوہ پروفیسر سلیمان اطہر جاوید اردو کی کئی انجمنوں اور اداروں سے بھی وابستہ رہے۔

ایوارڈز وادبی امتیازات:

پروفیسر سلیمان اطہر جاوید کے طویل علمی وادبی سفر کے دوران ان کے کارناموں پر ہندوستان بھر کی مختلف اکیڈیمیوں کے ایوارڈز ملے۔ ان میں اردو کے علاوہ تلگو یونیورسٹی کا ایوارڈ بھی شامل ہے۔ جن کی تفصیل اس طرح ہے۔

☆ شریک مدیر ''فکرِنو'' چادرگھاٹ کالج میگزین، حیدرآباد۔

☆ آندھراپردیش اردو اکیڈیمی ایوارڈ ۱۹۷۵ء (برائے تصنیف ادب میں ابہام اور اس کے مسائل)

☆ اترپردیش اردو اکیڈیمی ایوارڈ ۱۹۷۷ء (برائے تصنیف ''تنقیدی افکار'')

☆ اترپردیش اردو اکیڈیمی ایوارڈ ۱۹۸۶ء (برائے تصنیف ''چہرہ چہرہ داستان'')

☆ اترپردیش اردو اکیڈیمی ایوارڈ ۱۹۸۶ء (برائے تصنیف '' اردو شاعری میں

اشاریت)

☆ پنجاب اسوسی ایشن اور کمال اردو اکیڈیمی مدراس کی طرف سے ۲۰۰۰ء کا بسٹ پوئیٹ (Best Poet) ایوارڈ

☆ مغربی بنگال اردو اکیڈیمی ایوارڈ ۱۹۹۶ء (برائے تصنیف شعری مجموعہ ''آنگن آنگن دکھ کے پیڑ'')

مندرجہ بالا ایوارڈز کے علاوہ پروفیسر سلیمان اطہر جاوید کو ان کی اردو خدمات کے لئے تلگو یونیورسٹی سے بھی ایوارڈز ملا۔ انہیں اردو اکیڈیمی آندھرا پردیش نے ۱۹۹۱ء میں ممتاز استاد کا اور ۲۰۰۲ء میں مجموعی خدمات پر ایوارڈ دیا۔ ایوارڈز کے بارے میں اظہار خیال کرتے ہوئے انہوں نے اپنے شخصی انٹرویو میں کہا کہ ایوارڈ میں پیسے کی نہیں بلکہ قدردانی کی اہمیت ہوتی ہے۔ کیوں کہ ایوارڈ کسی کی خدمات کا اعتراف ہوتا ہے۔ ایوارڈ ملنے پر ساتھی بھی خوش ہوتے ہیں۔

سمیناروں میں شرکت :

پروفیسر سلیمان اطہر جاوید نے اپنے تدریسی دور میں ہندوستان کے مختلف علاقوں میں سمیناروں میں شرکت کی ہے اور بے شمار مقالے پڑھے۔ ہر مہینہ پندرہ دن میں انہوں نے کسی نہ کسی ادبی اجلاس، سمینار یا سمپوزیم میں اردو ادب کے کسی موضوع پر مقالہ پڑھا۔ درحقیقت جنوبی ہند میں وہ اور پروفیسر مغنی تبسم صف اول کے نقاد مانے جاتے ہیں اس خیال کی تائید کرتے ہوئے پروفیسر گیان چند جین پروفیسر سلیمان اطہر جاوید کی صلاحیتوں کو یوں بیان کرتے ہیں:

''میری یہ پختہ رائے ہے کہ دکن کی چاروں ریاستوں میں ڈاکٹر مغنی تبسم اور سلیمان اطہر جاوید ہی صفِ اول کے نقاد ہیں۔''

تصانیف:

پروفیسر سلیمان اطہر جاوید نے پی۔ایچ۔ڈی کے لئے تحقیق مقالہ ''رشید احمد صدیقی حیات اور فن'' کے عنوان سے ۱۹۶۸ء میں لکھا تھا۔عموماً اردو میں تحقیق برائے ڈگری ہوا کرتی ہے اور بہت سے تحقیقی کام منظر عام پر نہیں آتے لیکن پروفیسر سلیمان اطہر جاوید کے رشید احمد صدیقی پر کئے گئے کام کو بہت مقبولیت حاصل ہوئی اور ان کا مقالہ کتابی شکل میں شائع ہوا۔ اس کے بعد بھی انہوں نے اپنے تخلیقی سفر کو جاری رکھا اور اب تک ان کی ۲۲ کتابیں منظر عام پر آ چکی ہیں۔ان میں تحقیق، تنقید، مرقع نگاری، سیرت نگاری شاعری و تلگو زبان سے متعلق کتابیں شامل ہیں۔پروفیسر سلیمان اطہر جاوید کی تصانیف کی تفصیل اس طرح ہے۔

۱)	رشید احمد صدیقی۔حیات اور فن (پہلا ایڈیشن)	۱۹۶۸ء
	رشید احمد صدیقی۔حیات اور فن (دوسرا ایڈیشن)	۱۹۷۶ء
۲)	اسلوب اور انتقاد	۱۹۶۹ء
۳)	تنقید شعر	۱۹۷۱ء
۴)	ادب میں ابہام اور اس کے مسائل	۱۹۷۴ء
۵)	چہرہ چہرہ داستان	۱۹۷۷ء
۶)	تنقیدی افکار	۱۹۷۷ء
۷)	تاریخ تلگو ادب اور فنون لطیفہ	۱۹۷۸ء

۸)	مکاتیب رشید احمد صدیقی	۱۹۸۰ء
۹)	اردو شاعری میں اشاریت	۱۹۸۳ء
۱۰)	عزیز احمد کی ناول نگاری	۱۹۸۶ء
۱۱)	تنقید اور تہذیب	۱۹۸۷ء
۱۲)	رشید احمد صدیقی ساہتیہ اکیڈیمی ایڈیشن	۱۹۸۸ء
۱۳)	اقبال ۔ ماورائے دیر و حرم	۱۹۹۲ء
۱۴)	غالب کے چند نقاد	۱۹۹۵ء
۱۵)	عزیز احمد کے افسانے	۱۹۹۶ء
۱۶)	ساحر لدھیانوی	۱۹۹۶ء
۱۷)	آنگن آنگن دکھ کے پیڑ	۱۹۹۶ء
۱۸)	بزم چراغاں	۲۰۰۳ء
۱۹)	دیوان غالب کا پہلا شعر	۲۰۰۳ء
۲۰)	ادبی ڈائری	۲۰۰۵ء
۲۱)	ادب کا بدلتا مزاج	۲۰۰۶ء
۲۲)	غالب اور غالب	۲۰۰۶ء

اپنے ۴۰ سال کے علمی وادبی سفر میں پروفیسر سلیمان اطہر جاوید نے ۲۲ کتابیں قلمبند کی ہیں۔ ان کی یہ تصانیف اردو تحقیق وتنقید کا ایک بیش بہا سرمایہ ہے۔ جس سے مستقبل کے محققین اور نقادوں کو نئی راہ فراہم ہوگی۔

پروفیسر سلیمان اطہر جاوید کی شخصیت

حلیہ وضع قطع

پروفیسر سلیمان اطہر جاوید لامبا قد' گھٹیلے جسم' گندمی رنگ اور چوڑی پیشانی رکھتے تھے۔جس سے علمی شان جھلکتی ہے۔سپاٹ آواز' سر پر گھنے سیاہ سفید بال' کلین شیو' ستواں ناک' چمکدار آنکھوں کے حامل لباس کی حد تک اکثر یہ سفاری سوٹ میں ملبوس دکھائی دیئے۔کام کرتے وقت عینک لگا لیتے تھے۔زندگی کے اتار چڑھاؤ سے گزرنے اور تجربات کی بھٹی میں پکنے کے بعد انہیں زندگی کا اچھا خاصا تجربہ رہا' سادگی پسند تھے۔روز مرہ کی چیزوں میں پسند ناپسند کا اظہار نہیں کرتے۔خدا نے جو کچھ عطا کیا اس پر صابر و شاکر رہے۔

مزاج' عادات و اطوار :

محنت کرنا ان کا شیوہ تھا۔صبح سے شام تک علمی و ادبی سرگرمیوں میں مصروف رہے۔دوستوں سے ملنساری کے ساتھ پیش آتے تھے۔یہی وجہ ہے کہ ان کے چاہنے والوں کا ایک بڑا حلقہ ہے یہ ہمیشہ گروہ بندیوں سے دور رہے ہیں۔لوگوں سے ان کے مراسم کے بارے میں پروفیسر م۔ن۔سعید یوں رقم طراز ہیں:

> ''تین دہوں کے ان کے مراسم کے دوران جاوید صاحب کی رسم وضعداری ان کا انداز محرمانہ'ان کی شوخ طبعی و شوخ گفتاری' تعلقات کی پاسداری اور ان کی دیرینہ رفاقت روز اول کی طرح تازہ اور شگفتہ ہے'

یادوں کی زنجیر کہیں مربوط ہے۔ کہیں ٹوٹی ہوئی، کہیں کھٹک اٹھتی ہے اور کہیں ساکت پڑی ہے لیکن ہر دم اپنے وجود سے باخبر رکھے ہوئے ہیں۔ جاوید صاحب کی شخصیت ایک خاموش نرم رومگر پر تیقن کوئی کیفیت ہے جو پہلی ہی ملاقات میں ملنے والے کو ان کے ساتھ پیوست کر دیتی ہے ان کا گرفتاران کے سحر سے آزاد ہونے کی کبھی تمنا بھی نہیں کرتا بلکہ اس گرفتاری الفت سے محظوظ ہونے لگتا ہے۔ وہ ایک ایسے محکم رشتے میں بندھ جاتا ہے جس میں وہ اپنوں سے زیادہ اپنے اور بے گانوں سے کہیں زیادہ عزیز ہو جاتے ہیں۔'' (۱)

پروفیسر سلیمان اطہر جاوید کی شخصیت ہی ایسی تھی کہ ان سے ایک مرتبہ جو ملاقات کرتا ہے وہ ان کا گرویدہ ہو جاتا ہے چنانچہ ان کے مداحوں کی کوئی کمی نہیں قطب سرشار ان کی شخصیت کی ان الفاظ میں تصویر کشی کرتے ہیں:

''تنقید نگاروں کے بارے میں تصور کیا جاتا ہے کہ وہ نہایت خشک علحد گی پسند اور لئے دئے رہتے ہیں۔ یہ بات سلیمان اطہر جاوید پر صادق نہیں آتی۔ ان سے ملاقات کے بعد لگتا ہے کہ یہ سادہ لوح مخلص خوش خلق انسان زیادہ سے زیادہ لیکچرر ہو سکتا ہے اور کبھی کبھی شاعری کر لیتا ہے۔ لیکن جنھوں نے ان کی کتابوں کا مطالعہ کیا ان کی فکر کی گہرائی، تنقید کے پیچیدہ مسائل کی عقدہ کشائی سے ان کی شخصیت کی گہرائی کا اندازہ کیا۔ ان سے بالمشافہ ملاقات کے بعد یہ ضرور محسوس کرے گا کہ یہ بالمشافہ کم اور اپنی تحریروں میں بہت زیادہ کھلتے ہیں۔'' (۲)

مختلف مکاتیب فکر سے وابستہ ادیبوں اور نقادوں کی پروفیسر سلیمان اطہر جاوید کی شخصیت کے بارے میں آراء جاننے کے بعد یہ اندازہ ہوتا ہے کہ یہ ہر خاص و عام میں یکساں طور پر مقبول و ہر دلعزیز ہیں۔

مذہبی عقائد :

پروفیسر سلیمان اطہر جاوید کو بچپن ہی سے دینی ماحول ملا۔ ابتداء میں ان کی عربی و فارسی تعلیم ہوئی۔ ان کی ماں خدا ترس خاتون تھیں اور ان کے پاس حمدیہ' نعتیہ شاعری کا ذخیرہ تھا۔ جسے وہ اکثر پڑھا کرتی تھیں۔ دادا داؤد خان کے زمانے سے ان کے گھرانے کے درگاہ میاں میر نواب صاحبؒ سے روابط تھے اور بزرگوں سے مذہبی عقیدت تھی اور ان کے والد کے سوتیلے بھائیوں کے حصہ میں درگاہ کی سجادگی آئی تھی۔ اس ماحول میں پروفیسر سلیمان اطہر جاوید کی پرورش ہوئی۔ یہ وسیع النظر سنی مسلمان تھے۔ مذہبی معاملات میں شدت پسندی کے مخالف تھے اور جماعت بندی کو پسند نہیں کیا۔ اپنے ایک انٹرویو میں انہوں نے کہا کہ خود ان کی ایک بھاوج اہل تشیع ہیں۔ انہوں نے کہا کہ ان کے روابط غیر مسلم دوستوں سے بھی ویسے ہی ہیں تھے جیسے مسلمان دوستوں سے۔ مثال دیتے ہوئے انہوں نے کہا کہ پریم گوپال متل میرے ایک ایسے ساتھی ہیں جنہیں میں غیر مسلم نہیں سمجھتا۔ تروپتی میں دوران قیام جن لوگوں سے دوستی ہوئی ان میں نوے فیصد ان کے دوست غیر مسلم تھے۔ یہ ان کے دکھ درد اور خوشی کی تقریبات میں برابر شریک ہوتے۔

بہ حیثیت مسلمان وہ خدائے وحدہ' لاشریک کی بندگی و اطاعت کرتے ہیں' سیرتِ رسولِ اکرم ﷺ میں دنیا و آخرت کی فلاح اور قرآن کو رہبرِ انسانیت مانتے ہیں

۔اس کے ساتھ ساتھ وہ دیگر مذاہب کی عظمت کے بھی قائل ہیں۔

زندگی کا پیغام:

پروفیسر سلیمان اطہر جاوید کی زندگی خود حرکت وعمل کا نمونہ ہے اوران کے خیال میں انسان کو خدا کے ساتھ ساتھ دوسروں کے لئے بھی جینا چاہیے اپنے حرکت وعمل سے معاشرہ کو بھی فائدہ پہنچانا چاہئیے اور خدمات کی پیشکشی کے بدلے کسی انعام تعریف وستائش کے حصول کی تمنا نہیں رکھنی چاہئیے۔

انتقال:

پروفیسر سلیمان اطہر جاوید نے زندگی کے آخری ایام اپنے بیٹوں کے ساتھ سعودی عرب میں گزارے۔ وہ کافی عرصہ علیل رہے۔15 اگسٹ 2018 کو حیدرآباد میں ان کا انتقال ہوا۔

غرض پروفیسر سلیمان اطہر جاوید کی شخصیت اپنی ذات میں ایک انجمن ہے۔ان کی شخصیت سے علم وادب کا فیض جاری ہے۔ جہاں ان کی شخصیت اور کارناموں کو دیکھنے کے بعد بے اختیار زبان سے یہ شعر جاری ہوتا ہے کہ:

ہزاروں سال نرگس اپنی بے نوری پہ روتی ہے
بڑی مشکل سے ہوتا ہے چمن میں دیدہ ور پیدا

وہیں ان کے حق میں یہ دعا بھی نکلتی ہے۔

تم سلامت رہو ہزار برس
ہر برس کے ہوں دن پچاس ہزار

☆ دوسرا باب

پروفیسر سلیمان اطہر جاوید بہ حیثیت محقق

تحقیقی کتابوں کا جائزہ۔ رشید احمد صدیقی شخصیت اور فن

پروفیسر سلیمان اطہر جاوید کا شمار اردو کے نامور محققین میں ہوتا ہے۔ان کا پہلا تحقیقی کارنامہ ''رشید احمد صدیقی شخصیت اور فن'' ہے۔ یہ دراصل ان کا پی ایچ۔ڈی کا مقالہ ہے۔اس تحقیقی مقالہ پر عثمانیہ یونیورسٹی نے انہیں ڈاکٹریٹ کی ڈگری دی تھی۔ان کے اس تحقیقی مقالہ پر مبنی کتاب کا پہلا ایڈیشن ۱۹۶۸ء کے اواخر میں شائع ہوا اور ۱۹۷۲ء تک اس کی ساری کاپیاں ختم ہوگئیں۔تب بعد ترمیم و اضافہ ۱۹۷۶ء میں اس کا دوسرا ایڈیشن شائع ہوا۔''رشید احمد صدیقی شخصیت اور فن'' کے علاوہ پروفیسر سلیمان اطہر جاوید کی تحقیقی کاوشوں میں ''رشید احمد صدیقی ساہتیہ اکیڈیمی ایڈیشن'' ساحر لدھیانوی، مکاتیب رشید، نقش بند (مرتبہ) اور نقش قلم (مرتبہ) وغیرہ کتابیں ہیں۔ان کی تحقیقی کتابوں کی فہرست سے اندازہ ہوتا ہے کہ انہوں نے تحقیق برائے تحقیق نہیں کی اور نہ ہی جامعہ میں ڈاکٹریٹ کی ڈگری کے حصول کے لئے برائے نام تحقیق کی بلکہ اس فن سے لگاؤ رکھا۔ایک کے بعد دیگرے تحقیقی کارنامے پیش کرتے رہے۔

پروفیسر سلیمان اطہر جاوید کے تحقیقی کارناموں کے تفصیلی جائزے سے قبل تحقیق کے فن اوراس کی مبادیات کا جائزہ لینا ضروری ہے تا کہ اس فن کے اصولوں کی روشنی میں پروفیسر سلیمان اطہر جاوید کی تحقیقات کا جائزہ لیتے ہوئے اردو تحقیق میں ان کے مقام کا تعین کیا جا سکے۔

تحقیق کا فن :-

تحقیق کے معنی حقائق کی کھوج، تفتیش، دریافت، چھان بین اور تلاش کے ہیں۔ تحقیق عربی زبان کے لفظ ''حق'' سے مشتق ہے۔ جس کے معنیٰ حق کو ثابت کرنا یا حق کی طرف پھیرنے کے ہیں۔ حق کے معنیٰ سچائی کے ہیں اوراس طرح تحقیق سچ یا حقیقت کی دریافت کا عمل ہے۔ اردو کے مختلف نقادوں اور ماہرین فن نے تحقیق کی مختلف تعریفیں کی ہیں۔ ڈاکٹر سید عبداللہ لکھتے ہیں:

> ''تحقیق کے لغوی معنیٰ کسی شئے کی حقیقت کا اثبات ہے۔ اصطلاحاً یہ ایک ایسے طرز مطالعہ کا نام ہے جس میں موجود مواد کے صحیح یا غلط کو بعض مسلمات کی روشنی میں پرکھا جاتا ہے۔(۱)

تحقیق کے بارے میں قاضی عبدالودود کی رائے ہے:

> ''تحقیق کسی امر کو اس کی اصلی شکل میں دیکھنے کی کوشش ہے۔(۲)

پروفیسر گیان چند جین تحقیق کے بارے میں لکھتے ہیں :

> ''ریسرچ ایک حقیقت پنہاں یا حقیقت مبہم کو افشاء کرنے کا باضابطہ عمل ہے اوراسی تعریف سے تحقیق کا مقصد بھی صاف ہو جاتا ہے۔ نامعلوم یا کم

معلوم کو جاننا، یعنی جو حقائق ہماری نظروں کے سامنے نہیں ہیں انہیں کھوجنا
جو سامنے تو ہیں لیکن دھندلے ہیں۔ ان کی دھند دور کرکے انہیں آئینہ
کر دینا''۔(۳)

ڈاکٹر شارب ردولوی تحقیق کی تعریف بیان کرتے ہوئے لکھتے ہیں :

''تحقیق کے لغوی معنی کسی شئے کی حقیقت کا پتہ لگانا ہے۔خواہ وہ امتدادِ
زمانہ کے ہاتھوں مدفون حقائق کو روشنی میں لانا ہو یا موجود مواد کو از سر نو
ترتیب دینا ۔''(۴)

تحقیق کی مختلف تعریفوں اور توضیحات کے مطالعہ سے پتہ چلتا ہے کہ تحقیق حرکت و عمل و زندگی کی علامت ہے۔ اگر تحقیق رک جائے تو زندگی بھی رک جاتی ہے۔اردو میں ادبی تحقیق کے ضمن میں مصنفین اور ان کی تحقیقات کی بازیافت ادبی تحریکات، صحت متن کی تحقیق و تدوین، لسانی حقیقتوں کی کھوج، جس میں قدیم زبان، محاورات، عروض اور رسم الخط وغیرہ شامل ہیں جیسے امور پر بحث کی جاتی ہے اور بعد تحقیق ادب کے سرمائے میں اضافہ کی کوشش کی جاتی ہے۔ تحقیق میں کسی موضوع کے انتخاب کے بعد قائم کردہ مفروضات سے حقائق تک پہنچنے کی کوشش کی جاتی ہے۔ تحقیق کبھی بھی حتمی اور فیصلہ کن نہیں ہوتی۔ ایک تحقیق مزید تحقیق کی راہیں کھولتی ہیں۔ تحقیق کا فن صبر آزما فن ہے۔ اس کے لئے جگر کاوی کی ضرورت پڑتی ہے۔ ڈاکٹر شارب ردولوی لکھتے ہیں :

''یہ کام آسان نہیں ہے۔ اس میں بڑی جگر کاوی، محنت اور صبر کی ضرورت
ہے۔ جلد اکتا جانے والا انسان تحقیق کی راہ میں زیادہ آگے نہیں بڑھ سکتا۔

اس لئے کہ حقائق کی تلاش بہت دشوار کام ہے۔(۵)

بعض لوگ تحقیق کو بیکار کام اور گڑے مردے اکھاڑنے کا کام سمجھتے ہیں اور اس کی اہمیت کو کم کرنے کی کوشش کرتے ہیں۔ مشہور نقاد ڈاکٹر محمد احسن فاروقی بھی اسی قبیل سے تعلق رکھتے ہیں۔ تحقیق کے فن کے بارے میں وہ لکھتے ہیں :

...... تحقیق ایک قسم کی منشی گیری ہے۔ اس کے لئے وہ خصوصیات کافی ہیں جو کسی معمولی ذہن کے انسان میں ہوں ۔ اس میں جدت طبع ، قوت اختراع کی ضرورت نہیں ۔ محض ایک کام سے لگ جانا ہے ۔ اور ٹکے بندھے طریقے پر ایک لکیر پر چلتے رہنا ہے۔ پھر اس میں جس قسم کی محنت درکار ہے اس کو اعلیٰ ذہن اور اعلیٰ تخیل رکھنے والا انسان کبھی بھی قبول نہ کرے گا۔ تحقیق کرنے والے کی حیثیت ایک مزدور کی سی ہوتی ہے، جو اینٹیں اٹھا کر لاتا ہے اور ان کو جوڑ کر دیوار بناتا ہے .... (۱)

ڈاکٹر محمد احسن فاروقی کے تحقیق کے بارے میں اس طرح کے منفی اور بیزار نظریات موجودہ دور کی جامعاتی تحقیق پر پورے اترتے ہیں۔ جبکہ آج کل جامعات میں تحقیق کا معیار صرف سند کی خاطر تحقیقی مقالے لکھوانا ہی رہ گیا ہے۔ جبکہ حقیقت یہ ہے کہ تحقیق اس کی اہمیت کے احساس اور پوری لگن سے کی جائے تو اس سے بڑے معنیٰ خیز نتائج برآمد ہو سکتے ہیں۔

تحقیق کا فن بہ ذاتِ خود تنہا نہیں ہوتا بلکہ اس کے ساتھ تخلیق اور تنقید کا رشتہ بھی جڑا ہوتا ہے۔ تحقیق اور تنقید، تخلیق کے بغیر ممکن نہیں کیوں کہ ایک تخلیق وجود میں آنے کے

بعد ہی اس کے بارے میں تحقیق کی جاتی ہے اور تنقید کے ذریعہ اس کے مقام کا تعین کیا جاتا ہے۔ لیکن ان تینوں میں اولیت کا مسئلہ ماہرین کے نزدیک زیر تصفیہ ہے۔ بعض لوگوں کا خیال ہے کہ جب تک انسان میں تنقیدی رجحان نہ ہو، چیزوں میں رد و انتخاب کی صلاحیت نہ ہو وہ کوئی تخلیق پیش نہیں کرسکتا۔ اس طرح تخلیق سے پہلے تنقیدی شعور کارفرما دکھائی دیتا ہے۔ اسی طرح تحقیق کے دوران بھی بہت سی موجود اشیاء میں صحیح چیزوں یا باتوں کا انتخاب ایک اچھے محقق کی تنقیدی صلاحیت کی نشاندہی کرتا ہے۔ تحقیق و تنقید کے مابین پائے جانے والے رشتہ کے بارے میں ڈاکٹر شارب ردولوی لکھتے ہیں :

> ''تنقید و تحقیق کو ہم معنیٰ یا ایک دوسرے کے مترادف سمجھنا یا ایک دوسرے سے قطعاً بے تعلق سمجھنا غلط ہے۔ اس لئے کہ بغیر تنقیدی شعور اور تنقیدی بصیرت کے تحقیق مکمل نہیں ہوسکتی اور اگر کوئی تحقیق بغیر تنقیدی بصیرت کے ہے تو وہ معاشیات اور مالیات کے اعداد و شمار کی طرح ہوگی۔ جس سے معنی خیز نتائج کی توقع نہیں کی جاسکتی...... تحقیق بغیر تنقید کے مکمل نہیں ہے اور تنقید میں تحقیق سے بعض معنیٰ خیز نتائج رونما ہوتے ہیں۔'' (۲)

تحقیق و تنقید کے مابین اس رشتے سے پتہ چلتا ہے کہ ایک کامیاب محقق کے لئے ایک اچھا نقاد ہونا بھی ضروری ہے اردو تحقیق کے ابتدائی نقوش میں تنقیدی شعور کی کمی پائی گئی ہے۔ لیکن جیسے جیسے وسائل بڑھے اور زبان ترقی پاتی گئی تحقیق کے معیارات میں بھی تبدیلی آئی اور تنقیدی شعور کو بروئے کار لاتے ہوئے اردو کے محققین نے سائنٹفک انداز میں تحقیق کی اور اپنے تحقیقی کاموں میں بہت کم خامیاں چھوڑیں۔ آزادی کے بعد اردو تحقیق

میں ہونے والی پیش رفت کے بارے میں ڈاکٹر شارب ردولوی لکھتے ہیں :

''آزادی کے بعد اردو میں تحقیقی کاموں کی رفتار میں کافی اضافہ ہوا ہے اور بہت سی اہم چیزیں سامنے آتی ہیں۔ جن سے ایک طرف ادب کے سرمایہ میں اضافہ ہوا ہے اور دوسری طرف لوگوں کی معلومات میں۔ ان محققین میں بیشتر ایسے ہیں جو تنقید و تحقیق کو برابر اہم سمجھتے ہیں اور تنقیدی شعور کے ساتھ تحقیقی فیصلہ کرتے ہیں۔ اس طرح تحقیق بھی تنقید کی ایک روایت بن جاتی ہے۔(۱)

تحقیق کی مختلف تعریفوں، اردو میں تحقیق کی نوعیت اور روایت اور تخلیق، تحقیق و تنقید کے آپسی رشتے کے بارے میں جاننے کے بعد اب یہ دیکھا جائے کہ پروفیسر سلیمان اطہر جاوید نے اپنی تحقیقی کاوشوں میں تحقیق و تنقید کے فنی اصولوں کو کس حد تک بروئے کار لایا ہے۔

پروفیسر سلیمان اطہر جاوید کی پہلی تحقیقی کاوش ''رشید احمد صدیقی شخصیت اور فن'' ہے۔ دوسری مرتبہ یہ کتاب ایک ہزار کی تعداد میں ۱۹۷۶ء میں نیشنل بک ڈپو حیدر آباد کے زیر اہتمام شائع ہوئی۔ اس کتاب کو انہوں نے ''مادر علمیہ جامعہ عثمانیہ'' کے نام معنون کیا۔ دوسرے ایڈیشن کے پیش لفظ میں پروفیسر سلیمان اطہر جاوید نے نظر ثانی شدہ مواد کی تفصیلات بیان کیں۔ اس بارے میں وہ لکھتے ہیں :

''برادر محترم جناب میر اعظم علی صاحب مالک نیشنل بک ڈپو مصر تھے کہ اس کا دوسرا ایڈیشن جلد شائع کیا جائے۔ لیکن میں چاہتا تھا کہ خاطر خواہ

نظرثانی ہوتو مناسب رہے گا۔ اسی دوران تین چار مرتبہ کبھی تو اسی مقصد کے لئے اور کبھی دیگر امور کے سلسلے میں دہلی ،علی گڑھ اور لکھنؤ جانا ہوا۔رشید صاحب کے عزیزوں ،عزیز شاگردوں اوران کی شخصیت اورفن کے پرستاروں اور پارکھوں سے میں نے خاص طور پر ربط پیدا کیا۔رشید صاحب کے حالات زندگی کے بارے میں مزید تفصیلات حاصل ہوئیں۔ مختلف اصحاب نے اپنے موسومہ رشید صاحب کے مکاتب عنایت کئے۔ رشید صاحب کی دوایک کتابیں، چند مضامین اور خطبات بھی اس عرصہ میں شائع ہوئے۔ میں نے دوسرے ایڈیشن میں اس سارے مواد سے زیادہ سے زیادہ استفادہ کیا ہے۔ترمیم اوراضافے کے بعد اگر میں کہوں کہ یہ دوسرا ایڈیشن نہیں بلکہ رشید صدیقی کی شخصیت اورفن پر بجائے خود ایک نئی کتاب ہےتو درست ہوگا۔‘‘(۱)

پیش لفظ کے بعد’’تعارف‘‘ کے عنوان سے پروفیسر مسعود حسین خاں کا کتاب پر تبصرہ ہے۔ جس میں انہوں نے رشید صاحب کی شخصیت اوران کی حیات کے مختلف گوشوں کی جانب اشارہ کرتے ہوئے ان پر تحقیقی کام کی اہمیت کو واضح کیا۔تاہم اس راہ میں آنے والی رکاوٹوں اوراس کام کو کرنے کے لئے ایک مستعد اور لائق طالب علم کی تلاش کے ضمن میں وہ لکھتے ہیں :

’’اردو ادب کی ایک ایسی پرپیچ شخصیت کو تحقیقی مقالے کا موضوع بنانا کارے وارد سے عبارت تھا۔رشید صاحب نے اپنی شخصیت کے اردگرد

خواص پسندی کا جو حصار قائم کرلیا تھا وہ نامحروموں کے لئے اور محرومی کا باعث بنا ہوا تھا۔ ان کا اپنے ناقد اور محقق سے ''عدم تعاون'' اور ''بائیکاٹ'' کی پالیسی مزید دردِ سر کا باعث تھی۔ یہی وجہ ہے کہ رشید صاحب پر جیسے کہ بھرپور تصنیف کی ضرورت تھی نہ لکھی جاسکی......۱۹۶۲ء میں جب میں پروفیسر صدر شعبہ اردو ہوکر عثمانیہ یونیورسٹی آیا اور استاد اور شاگرد میں کئی سو میل کا فاصلہ مکانی پیدا ہوگیا تو مجھ میں یہ جرأت پیدا ہوئی کہ رشید صاحب کی شخصیت اور فن کے بارے میں تحقیقی کام کی داغ بیل ڈالی جائے میں کسی ذی استعداد طالب علم کی تلاش میں تھا کہ سلیمان اطہر جاوید صاحب جنہوں نے اسی سال ایم۔اے کیا تھا مجھے اپنے مربوط طرزِ تحریر اور تحقیقی صلاحیتوں کی بناء پر اس کام کے لئے نہایت موزوں نظر آئے۔(۲)

اپنے استاد رشید احمد صدیقی پر تحقیقی کام کے لئے پروفیسر سلیمان اطہر جاوید جیسے طالب علم کے انتخاب کی وجہ بیان کرنے کے بعد پروفیسر مسعود حسین خان نے اس تحقیق کے دوران پروفیسر سلیمان اطہر جاوید کی جانب سے کی جانے والی کوششوں اور کاوشوں کا ذکر کرتے ہوئے لکھا کہ:

''پیش نظر تصنیف ان کی کئی سالوں کی تحقیقی کاوشوں کا نتیجہ ہے۔ اس سلسلے میں انہوں نے علی گڑھ کے کئی سفر کیئے۔ رشید صاحب کے ''حصار'' میں چور دروازوں سے داخل ہوئے۔ کچھ میرے نیازمندانہ تعلقات، کچھ ان کے صاحبزادے احسان رشید کے تعاون سے وہ رشید صاحب کی

سوانح اور سیرت کے بارے میں خاصا نایاب مواد حاصل کرنے میں کامیاب ہوئے ...... رشید صاحب سے کئی انٹرویو لئے۔علی گڑھ جو رشید صاحب کی کائنات ہے اسے قریب سے دیکھا۔اس سے ان کی جذباتی وابستگی کے ثبوتوں تک پہنچنے کی کوشش کی ...... یہ کتاب رشید صاحب پر اب ایک مستقل اور مستند تصنیف کی حیثیت رکھتی ہے اور میں امید کرتا ہوں کہ رشید صاحب پر کام کرنے والوں کے لئے ایک سنگِ میل کا حکم رکھے گی۔''(۱)

تعارف کے بعد کتاب میں پروفیسر سلیمان اطہر جاوید نے پہلے ایڈیشن کا پیش لفظ شامل کیا ہے۔جس میں اس تحقیقی کام کے دوران مواد کے حصول میں تعاون کرنے والی شخصیتوں کا تذکرہ بھی ہے۔چنانچہ پروفیسر سلیمان اطہر جاوید نے لکھا کہ ان کے اس تحقیقی کام میں مواد فراہم کرنے والوں میں صدر جمہوریہ ہند ڈاکٹر ذاکر حسین، رشید احمد صدیقی کے فرزند احسان رشید، نیاز احمد صدیقی، اسلوب احمد انصاری، خلیل الرحمٰن اعظمی، کرشن چندر، سلمٰی صدیقی، ظہیر احمد صدیقی، وقار خلیل، مولوی مشتاق احمد وغیرہ شامل ہیں۔

''رشید احمد صدیقی شخصیت اور فن پر کتاب کے آغاز سے قبل پروفیسر سلیمان اطہر جاوید نے رشید احمد صدیقی کے ہاتھوں لکھی ایک تحریر کا عکس شامل کیا ہے۔اس تحریر میں رشید احمد صدیقی ایک فلسفی لگتے ہیں۔وہ کہتے ہیں:

''شعر ہو ادب ہو زندگی ہو فن ہو سب لا طائل ہیں۔اگر حیا کو بالائے طاق رکھ دیا جائے۔بے حیائی اور بے عزتی فن نہیں معصیت ہے۔جس کا کوئی

علاج نہیں ۔ اگر کوئی یہ دعویٰ کر بیٹھے کہ معصیت ہی اصل فن ہے یا معصیت اپنے ظہور کے لئے فن کی تلاش میں رہتی ہے۔ یہاں معلوم نہیں کیوں ایک شعر یاد آ گیا جو چسپاں ہوتا ہو یا نہیں پر لطف ضرور ہے۔

تمہاری زلف میں آئے تو حسن کہلائے
وہ تیرگی جو مرے نامۂ سیاہ میں ہے (۲)

پروفیسر سلیمان اطہر جاوید نے اپنے تحقیقی مقالہ کو جن ابواب میں تقسیم کیا ان میں ''مصنف کا عہد'' حالاتِ زندگی، رشید احمد صدیقی اور علی گڑھ، طنز و مزاح مرقع نگاری، تنقید ، اسلوب، کتابیات وغیرہ ہیں۔ پہلا باب مصنف کا عہد ہے۔ اردو تحقیق میں عام طور سے اگر کسی شخصیت پر کام ہو اور اگر شخصیت قدیم زمانے کی ہو تو اس کا پس منظر دینے کی ضرورت محسوس کی گئی ہے۔ اردو تحقیق میں اس کی روایت بھی پائی گئی ہے۔ فرد پر تحقیق میں حیات سے قبل پس منظر کو مختصر طور پر بیان کرنے کی ضرورت کا اظہار کرتے ہوئے مشہور محقق پروفیسر گیان چند جین لکھتے ہیں :

''فرد پر تحقیقی مقالے میں پہلے باب کے تعلق سے سوال پیدا ہوتا ہے کہ کیا سیاسی اور سماجی پس منظر دیا جائے۔ سیاسی نہ ہو تو کم از کم سماجی ہی سہی۔ پس منظر تاریخی تنقید کی اور اس سے بھی زیادہ مارکسی تنقید کی دین ہے۔ اردو میں اس کی ابتداء شیخ چاند کے مقالے ''سودا'' سے ہوئی اور منتہا خواجہ احمد فاروقی کی کتاب میر حیات اور شاعری میں۔ اس کے کچھ بعد سے اس پہلو کی مقبولیت میں کمی آ رہی ہے۔ سیاسی تاریخ کا اسی صورت میں ذکر کرنا

چاہئیے جب کہ معاصر سیاست نے متعلقہ ادیب کی تخلیقات کو نمایاں طور سے متاثر کیا ہو۔ پھر یہ خیال رہے کہ تحقیقی مقالے میں وہی معلومات دینی چاہئیں جن سے قاری واقف نہیں جو پہلی بار پیش کی جارہی ہوں ۔ اٹھارویں، انیسویں صدی کی دلی اور لکھنؤ کی فرماں رواؤں کے معاملات ہوں کہ بیسویں صدی کی جنگ آزادی کی شورشیں، اب ہر قاری ان سے واقف ہو چکا ہے ان کی طرف صرف ایک اشارہ کر دینا کافی ہے۔''(۱)

ہر شاعر و ادیب و تخلیق کار اپنے عہد سے ضرور متاثر ہوتا ہے۔ عہد کی پسند ناپسند اس کی روایتیں، سماجی اقدار جیسے پہلو اس کی تخلیقات کو متاثر کرتی ہیں۔ چنانچہ کسی ادب اور اس کی تخلیقات کے منصفانہ جائزے سے قبل اس کے عہد کے حالات کا جائزہ لینا ضروری ہوتا ہے۔ ٹی ایس ایلیٹ نے بھی اس بات کی اہمیت بیان کی ہے :

''کوئی شاعر ،کوئی فنکار خواہ کسی بھی فن سے تعلق رکھتا ہو۔تن تنہا اپنی کوئی مکمل حیثیت نہیں رکھتا۔ اس کی اہمیت اور اس کی بڑائی اسی میں مضمر ہے کہ پچھلے شعراء اور فن کاروں سے اس کا کیا رشتہ ہے۔ الگ رکھ کر اس کی اہمیت متعین نہیں کی جاسکتی ۔ اسے پچھلے شعراء اور فنکاروں کے درمیان رکھ کر تقابل و تفاوت کرنا ہوگا۔''(۲)

تخلیق کار کے فن کے جائزے سے قبل اس کے عہد کے مطالعے کے سلسلے میں پروفیسر گیان چند جین نے ایک اور نکتہ کی طرف اشارہ کیا ہے۔ وہ لکھتے ہیں:

''ایسے موضوعات اور ادیب بہت کم ہیں جن کے فن پر تبصرہ ان کے سیاسی

اور تاریخی پس منظر ہی میں کیا جاسکتا ہے۔ ناسخؔ، میرؔ، داغؔ، وغیرہ اور بیسویں صدی کے یلدرم، صفؔی، سیمابؔ، اصغرؔ، یا جگرؔ وغیرہ پر مقالہ لکھنا ہے تو کسی پس منظر کی قطعاً ضرورت نہیں۔ اگر پریم چند اقبال، سجاد، ظہیر یا فیض پر لکھنا ہو تو پس منظر دینا ہوگا۔ لیکن آٹھ دس صفحات سے زیادہ کا نہیں ہو کیوں کہ آپ جو کچھ بیان کریں گے قاری اس سے پہلے ہی آ گاہی رکھتا ہے۔" (۳)

پس منظر کے سلسلے میں پروفیسر گیان چند جین کے بیان کردہ اصولوں کی روشنی میں دیکھا جائے تو رشید احمد صدیقی پر جائزے کے لئے ان کے عہد کا مطالعہ ضروری ہوتا ہے۔ کیونکہ ان کا عہد بھی تقریباً وہی ہے جو پریم چند اور اقبال کا عہد تھا۔ دراصل انیسویں صدی کا دور ہندوستان میں بڑی تبدیلیوں کا دور تھا اور بیسویں صدی کے آتے آتے یہ دور سیاسی، سماجی و ادبی تحریکات کا دور ہوگیا۔ رشید احمد صدیقی کا زمانہ انیسویں صدی کی آخری دہائی سے لے کر بیسویں صدی کی آٹھویں دہائی تک ہے۔ اس دور میں ہندوستان کئی بڑی تبدیلیوں سے گزرا۔ سیاسی اعتبار سے گاندھی جی، آزاد، نہرو وغیرہ کی قیادت میں انگریزوں کے خلاف آزادی کی لڑائی لڑی گئی۔ سماجی محاذ پر سرسید نے علی گڑھ تحریک شروع کی اور لوگوں میں تعلیمی شعور بیدار کیا۔ ادب میں حقیقت پسندی کے رجحان نے جگہ لی اور سماجی مسائل کو ادیبوں نے اپنی تخلیقات کے ذریعہ پیش کرنا شروع کیا۔ ترقی پسند تحریک اس دور کی اہم تحریک تھی۔ چنانچہ رشید احمد صدیقی کی حیات اور ان کے فن کے جائزے سے قبل پروفیسر سلیمان اطہر جاوید نے بھی پس منظر کے طور پر ان کے عہد کے حالات کا جائزہ لیا

ہے اور یہ جائزہ پروفیسر گیان چند جین کے بیان کردہ آٹھ دس صفحات کے مقابلے میں خاصا طویل ہے اور تقریباً پچاس صفحات پر مشتمل ہے۔ اس جائزے میں انہوں نے ۱۸۵۷ء کی جنگ آزادی میں ہندوستانیوں کی ناکامی کے بعد آنے والی سیاسی وسماجی تبدیلیوں سے پیدا شدہ حالات کے بیان کرنے سے شروع کیا ہے۔ انہوں نے لکھا کہ پہلی جنگ آزادی میں ہندوستانیوں کی ناکامی اور مغلیہ سلطنت کے سقوط سے ہندوستان کی سیاسی، معاشی اور معاشرتی تاریخ کے ایک باب کا اختتام اور دوسرے باب کا آغاز ہوا اور اس تبدیلی سے متاثر ہونے والے مسلمانوں کے بارے میں انہوں نے تفصیلی روشنی ڈالی۔ اس وقت سرسید احمد خاں مسلمانوں کے مسیحا بن کر ابھرے تھے۔ جنہوں نے مسلمانوں کی سماجی و معاشی ترقی کے لئے تعلیم پر کافی زور دیا تھا۔ انگریزی تعلیم کو وہ ہتھیار کے طور پر استعمال کرنا چاہتے تھے اور کٹر قسم کے مذہبی رہنماؤں کی مخالفت کے باوجود انہوں نے اپنی علمی تحریک کو جاری رکھا۔ جو علی گڑھ تحریک کے نام سے مشہور ہے۔ سرسید کے نظریات کے بارے میں پروفیسر سلیمان اطہر جاوید نے لکھا:

> ''سرسید کے نزدیک مسلمانوں کے آئندہ کا جو تصور تھا وہ کچھ یوں کہ فلسفہ ہمارے دائیں ہاتھ میں ہوگا۔ نیچرل سائنس بائیں ہاتھ میں اور کلمہ لا الہ الا اللہ محمد الرسول اللہ ﷺ کا تاج سر پر۔ سرسید کے تعلیمی پروگرام اور ان کے خیالات کی توضیح کے بعد کہا جاسکتا ہے کہ ان کے نزدیک مسلمانوں کی تربیت اس وقت تک ناممکن تھی۔ تا آنکہ وہ مغربی علوم سے بہرہ ور ہونے کے ساتھ ساتھ ایمان کامل کی دولت سے مالا مال

نہ ہوں۔''(۱)

سرسید کے نظریات پیش کرتے ہوئے پروفیسر سلیمان اطہر جاوید نے ان کی شروع کردہ علی گڑھ تحریک کے اثرات کا جائزہ لیا۔ کانگریس کے قیام اور اس کے مقاصد بیان کرنے کے بعد سرسید کی کانگریس کی مخالفت کی وجوہات بیان کیں۔ اس بارے میں پروفیسر سلیمان اطہر جاوید لکھتے ہیں :

''سرسید نے کانگریس کی مخالفت کی۔ ۱۸۵۷ء کی قیادت صغریٰ کے بعد سرسید جس طبقہ کے حقوق کی صیانت کے لئے اٹھے تھے۔ وہ طبقہ کچھ ایسے ناگفتہ بہ حالات سے دوچار تھا کہ انگریزوں سے مفاہمت کے بغیر کامیابی ممکن نہ تھی۔ اسی لئے سرسید کانگریس کی طرح حکومت پر دباؤ ڈال کر حقوق حاصل کرنے کے طریقے کو ناپسند کرتے تھے۔ سرسید سمجھتے تھے کہ ہندوستانیوں کو پہلے تعلیم یافتہ ہونے کی ضرورت ہے اور جب تک وہ علم کی دولت سے مالا مال نہ ہو ان میں کونسلوں میں بیٹھنے اور عہدے سنبھالنے کی اہلیت پیدا نہ ہوگی۔ جب انہوں نے محسوس کیا کہ کانگریس کی مخالفت کے بارے میں ان کے خیالات تمام ہندوستانیوں کو متاثر نہیں کر سکتے تو انہوں نے صرف مسلمانوں کو کانگریس میں شریک ہونے سے باز رکھا۔''(۱)

کانگریس کی مخالفت کی وجوہات بیان کرنے کے بعد پروفیسر سلیمان اطہر جاوید نے سرسید کی سرگرمیوں کے ساتھ ہندوستانیوں کی جدوجہد آزادی کی تحریک اور اس میں مسلمانوں کی ترقی و زوال کی داستان بھی بیان کردی اور اس بیان میں انہوں نے اختصار

کے بجائے تفصیلی انداز اختیار کیا۔ انہوں نے لکھا کہ ۲۷، مارچ ۱۸۹۸ء کو سر سید کا انتقال ہوا جس سے علی گڑھ کالج اور مسلمانوں کی اصلاح کی تحریک کو دھکہ پہونچا۔ تاہم بعد میں سر سید کے رفقاء وقار الملک اور محسن الملک وغیرہ نے ان کے کام کو آگے بڑھایا۔ پروفیسر سلیمان اطہر جاوید نے اپنے اس پس منظر میں ملکی حالات پر غیر ملکی واقعات کے اثر انداز ہونے کا تذکرہ بھی کیا اور روسی انقلاب وترکی کی خلافت تحریک کے ہندوستانیوں پر اثرات کا جائزہ لیا وہ چونکہ رشید احمد صدیقی کی حیات کے ضمن میں ہندوستان کا پس منظر بیان کر رہے۔ چنانچہ اس میں مسلمانوں کی سیاسی وسماجی حالات کے تجزیہ کا پہلو غالب ہے۔ مسلم لیگ کا قیام اور اس کی سرگرمیوں کے بیان کے علاوہ مولانا ابوالکلام آزاد کی سیاسی تحریروں کا حوالہ بھی دیا گیا۔ اس کے علاوہ علی برادران مولانا محمد علی ومولانا شوکت علی کی سیاسی خدمات پہلی ودوسری جنگ عظیم کے دنیا پر ہونے والے اثرات اور ہندوستان میں زور پکڑتی جدوجہد آزادی کی تحریکات پر بھی نظر ڈالی گئی ہے۔ اس کے ساتھ ساتھ علی گڑھ کالج کے شب وروز بھی بیان کئے ہیں۔ ملک کی آزادی اور تقسیم ہند وقیام پاکستان کے علی گڑھ کالج پر پڑنے والے اثرات کے بارے میں پروفیسر سلیمان اطہر جاوید لکھتے ہیں :

> ''پاکستان کا قیام کسی مکتب خیال کے لئے کتنا ہی مبارک کیوں نہ رہا ہو۔ مسلم یونیورسٹی کے لئے زہرناک ثابت ہوا۔ جن علاقوں پر پاکستان کی تشکیل عمل میں آئی وہ مسلم اکثریت کے علاقے ہیں اور جہاں یونیورسٹی ہے وہ مسلم اقلیت کا علاقہ اور ان دونوں کے مابین سیاست کی بلند دیوار! علی گڑھ یونیورسٹی ان علاقوں سے ہمیشہ ہمیشہ کے لئے جدا ہوگئی اور اس کی

وہ اساسی نوعیت بھی ختم ہوگئی۔ جس پر سرسید اپنے خوابوں کی دنیا بسانا چاہتے تھے۔(۱)

علی گڑھ یونیورسٹی کی نازک صورت حال بیان کرنے کے بعد پروفیسر سلیمان اطہر جاوید نے بحیثیت وائس چانسلر ڈاکٹر ذاکر حسین کی یونیورسٹی کے لئے خدمات کا جائزہ لیتے ہوئے اس وقت کے علی گڑھ اور ہندوستان کی سیاسی وسماجی فضاء کا رخ بیان کیا۔ یہ وہی دور تھا جس میں رشید احمد صدیقی علی گڑھ یونیورسٹی میں طالب علم تھے۔ ذاکر حسین کے بعد یکے بعد دیگرے وائس چانسلروں کے تذکرے کے ساتھ پروفیسر سلیمان اطہر جاوید نے لکھا کہ رشید احمد صدیقی نے بھی علی گڑھ یونیورسٹی کے لئے اپنی خدمات پیش کیں اور وہیں سے صدر شعبہ اردو بن کر وظیفہ پر سبکدوش ہوئے۔ رشید احمد صدیقی کی زندگی کا ایک بڑا حصہ علی گڑھ کی فضاؤں میں گزرا۔ پس منظر میں رشید احمد صدیقی کے تذکرے کے ساتھ انہوں نے اپنی تحقیقی کتاب کے پہلے باب کو علی گڑھ یونیورسٹی کے کردار کے بیان کے ساتھ ان الفاظ میں ضم کیا۔

''سرسید نے مسلمانوں کی بہبودی کے لئے مسلم یونیورسٹی قائم کی تھی۔ لیکن موجودہ سیکولر دور حکومت میں جہاں کے مذہبی تعلیمی اور ثقافتی اداروں کو اپنے طور پر زندہ رہنے اور ترقی کرنے کا آئینی حق حاصل ہے۔ افسوس کہ اس یونیورسٹی کے کردار کو مسخ کرنے کی مختلف اوقات میں کوششیں کی جاتی رہی ہیں۔ سیکولرازم کے دعوؤں اور مذہبی آزادی کے اعلانات کی روشنی میں ارباب اختیار کی ایسی کارروائیاں سوالیہ نشان بن جاتی ہیں......سرسید

نے جس طرح علی گڑھ کو ایک تحریک کی حیثیت دی تھی۔ اسی طرح مستقبل میں بھی علی گڑھ کو مسلمانوں کی ایک تعلیمی، معاشرتی اور ثقافتی تحریک کی شکل میں زندہ رہنا چاہیئے۔(۲)

رشید احمد صدیقی کی حیات پر مبنی پروفیسر سلیمان اطہر جاوید کی اس تحقیقی کتاب میں شامل پس منظر سے قاری کو تفصیلی طور پر انیسویں اور بیسویں صدی کے ہندوستان کے سیاسی و سماجی حالات سے آگہی ہو جاتی ہے۔ اس کے ساتھ ساتھ علی گڑھ یونیورسٹی کے احوال بھی تفصیلی طور پر معلوم ہو جاتے ہیں۔ چنانچہ یہ پس منظر رشید احمد صدیقی کی حیات پر اثر انداز ہونے سے قطع نظر ایک تاریخی دستاویز کی صورت میں اہم ہے۔ جس کے لئے پروفیسر سلیمان اطہر جاوید نے انگریزی و اردو کی بیشتر کتابوں سے حوالے بھی لئے ہیں اور ایک تحقیق کے طالب علم کی طرح اپنی بات کو دلائل و حوالوں کے ساتھ پیش کرنے میں کامیابی حاصل کی ہے۔

''تحقیقی کتاب '' رشید احمد صدیقی شخصیت اور فن'' کا دوسرا باب '' حالات زندگی'' ہے۔ اور اس باب سے پروفیسر سلیمان اطہر جاوید نے اپنے موضوع کی شخصیت رشید احمد صدیقی کے بارے میں لکھنا شروع کیا۔ اردو تحقیق میں عام طور پر جب کسی شخصیت کے حالات زندگی بیان کرنا ہوں تو اس کا آغاز شخصیت کے جائے پیدائش اور اس کے آباء واجداد کے تذکرے سے کرتے ہیں۔ چنانچہ پروفیسر سلیمان اطہر جاوید نے لکھا کہ رشید احمد صدیقی کے آباء واجداد سترہویں صدی میں تبلیغ دین کے مقصد

سے ترکی سے پنجاب ولاہور، دہلی والہ آباد سے ہوتے ہوئے اتر پردیش کے ضلع جونپور کے قصبہ مڑیاہوں میں بس گئے تھے۔ پروفیسر سلیمان اطہر جاوید نے رشید احمد صدیقی کے جد امجد کا نام پیرز کریا شاہ صاحبؒ لکھا۔ اس کے بعد انہوں نے چار پشتوں تک رشید احمد صدیقی کا شجرہ پیش کیا۔ بعد میں رشید احمد صدیقی کے والد عبدالقدیر کے احوال تفصیلی بیان کئے اور رشید احمد صدیقی کے بھائی بہنوں کا تذکرہ کیا۔ پروفیسر سلیمان اطہر جاوید نے لکھا کہ ''رشید احمد صدیقی ۲۵/ڈسمبر ۱۸۹۴ء کو قصبہ بیریا ضلع بلیا میں پیدا ہوئے۔''(۱)

کسی مصنف یا ادیب کی صحیح تاریخ پیدائش کا تعین ایک تحقیق کے طالب علم کے لئے نہایت اہم بات ہے۔ قدیم شخصیتوں کے تاریخ پیدائش کے تعین میں مشکلات آتی ہیں۔ تاہم دورجدید کی شخصیتوں کے ضمن میں بھی اکثر دشواریوں کا سامنا کرنا پڑتا ہے۔ پروفیسر گیان چند جین تحقیق کے دوران زیر تحقیق شخصیت کی تاریخ پیدائش کے تعین کے سلسلے میں لکھتے ہیں:

''کسی پرانے ادیب کی سوانح مرتب کرنا چاہیں تو اس کی تصانیف کے ابتدائی اور آخری صفحات میں جو کچھ مل جائے وہ بسا غنیمت ہے اس کے علاوہ تذکروں اور تواریخ ادب سے مدد لینی ہوتی ہے۔ ان میں بے احتیاطی پوری شان سے جلوہ گر نظر آتی ہے۔ سنین کو لیجئے کسی کا سنہ وفات و ولادت کوئی کچھ لکھتا ہے کوئی کچھ۔ زندگی کے دوسرے واقعات کے سنین

کا بھی یہی عالم ہوتا ہے۔ ان سب کا مقابلہ کر کے اپنے علمی سرمائے اور تحقیقی تجربے کی بناء پر کسی نتیجے تک پہنچے۔ اگر آپ نے دوسرے کے مختلف بیانات درج کرنے پر ہی اکتفا کی تو آپ نے قاری کی کیا رہبری کی۔ محقق کی ذمہ داری سے تو عہدہ برآ ہوئے ہی نہیں۔ جاسوس اور وکیل کی طرح چھان بین اور جرح کر کے قابل قبول نتیجے تک پہونچنے کی کوشش کیجئے جو پوری حقیقت نہ سہی۔ حقیقت کے اس قدر قریب تو ہوگا جتنا موجودہ مواد کے پیش نظر ممکن تھا۔'' (۱)

پروفیسر گیان چند جین نے کسی شخصیت کے سنہ وفات و لادت کے تعین کے ضمن میں کی جانے والی کوششوں پر جس طرح زور دیا ہے انہیں دیکھتے ہوئے پروفیسر سلیمان اطہر جاوید کی تحقیق پر نظر ڈالیں تو پتہ چلتا ہے کہ رشید احمد صدیقی کی تاریخ پیدائش لکھنے کے بعد پروفیسر سلیمان اطہر جاوید نے اس ضمن میں ایک تفصیلی حوالہ دیا اور لکھا :

''میرے ہاں رشید صدیقی کی تاریخ پیدائش انہی کے ہاتھ کی تحریر کردہ ہے۔ ہوا یہ تھا کہ مجھ کو رشید صدیقی کی تاریخ پیدائش کسی رسالہ میں درج ملی تھی۔ میں اس کو لکھ رکھا تھا۔ انہی دنوں اکتوبر ۱۹۶۴ء میں رشید صدیقی حیدر آباد آئے ہوئے تھے۔ پروفیسر مسعود حسین خاں صاحب کے ایماء پر جو میرے تحقیقی کام کے نگران تھے۔ میں نے اپنے مقالہ کے سوانحی باب کا مسودہ رشید صدیقی کو پیش کیا۔ واقعات تواریخ اور ناموں یا اسی نوعیت کی چیزوں میں اگر کہیں کوئی درست نہ ہو تو وہ اشارہ فرمادیں۔ رشید صدیقی

نے مجھ سے مسودہ بخوشی لیا اور از راہِ عنایت بعض مقامات پر صرف تواریخ
اور ناموں کی حد تک تصحیح کی۔ انہی میں انہوں نے میری درج کردہ تاریخ
پیدائش کو قلمزد کر کے ۲۵ رڈسمبر ۱۸۹۴ء تحریر کیا میرے لئے یہ تاریخ موثق
تھی۔ رشید صدیقی کی یہ تحریر میرے ہاں موجود ہے۔"(۲)

پروفیسر سلیمان اطہر جاوید نے رشید احمد صدیقی کے بیان پر اکتفا کرلیا جبکہ ممکن ہے کہ ایک شخصیت خود اپنے بارے میں حق گوئی سے کام نہ لے۔ کیونکہ رشید احمد صدیقی نے عبداللطیف اعظمی کو اپنی تاریخ پیدائش ۲۴ رڈسمبر ۱۸۹۲ء بتایا ہے۔ جبکہ پروفیسر سلیمان اطہر جاوید کو ۱۸۹۴ء بتایا۔

جب کوئی شخص دولوگوں کو الگ الگ بیان دے رہا ہو تو بہ حیثیت محقق پروفیسر سلیمان اطہر جاوید کو آزادانہ ذرائع سے یا اسکول ریکارڈ یا خاندان کے بزرگوں سے رشید احمد صدیقی کا اصل تاریخ پیدائش معلوم کرنا چاہیئے تھا۔ لیکن انہوں نے رشید احمد صدیقی کے بیان پر اکتفا کرلیا۔ ہوسکتا ہے یہ ان کی مجبوری ہو۔ کیونکہ ایک محقق زندہ شخصیتوں پر تحقیقی کام کے دوران بندھا ہوا ہوتا ہے اور ہمیشہ اسے شخصیت کی رہنمائی اور اس کی بتائی ہوئی معلومات پر اکتفا کرنا پڑتا ہے۔ عام طور پر مدارس میں بچوں کی حقیقی عمر سے کم عمر لکھائی جاتی ہے۔ چنانچہ رشید احمد صدیقی کا سنہ ولادت ۱۸۹۲ء رہا ہوگا۔ تاہم انہوں نے ۱۸۹۴ء بتایا۔ بہر حال ان کے سنہ ولادت کے ضمن میں تحقیق کے اصولوں کی روشنی میں قاری کے ذہن میں تشنگی برقرار رہتی ہے۔ رشید احمد صدیقی کے تاریخ پیدائش کے تعین کے مرحلے سے گزرنے کے بعد پروفیسر سلیمان اطہر

جاوید نے ان کے بچپن کے احوال بیان کئے اور لکھا کہ گردوں کے عارضہ کے سبب رشید احمد صدیقی بیمار رہا کرتے تھے اور ہر طریقہ کا علاج کرایا گیا۔ اس لئے بچپن میں ان کی تعلیم دیر سے شروع ہوئی۔ گھر پر روایتی دینی تعلیم ہوئی اور اسکول میں اردو تعلیم۔ طاعون کے پھیل جانے پر ان کا مدرسہ ایک مندر میں منتقل ہو گیا تھا اور ان کے اساتذہ بھی کٹر برہمن تھے۔ لیکن رشید احمد صدیقی اور دیگر طلباء مذہبی بھید بھاؤ سے بچے رہتے تھے۔ اس زمانے کے ہندو مسلم مثالی اتحاد پر تبصرہ کرتے ہوئے پروفیسر سلیمان اطہر جاوید نے لکھا :

''رشید صدیقی مشرقی ذہنیت کے حامل اور قدامت پرست ہیں۔ انہوں نے ہمیشہ مذہبی وسیع النظری کا مظاہرہ کیا ہے تعصب سے ان کو دور کا بھی علاقہ نہیں۔ طنز و ظرافت ان کی زندگی رہی ہے۔ اپنی تحریروں ہی کو نہیں بلکہ اپنی نجی صحبتوں کو بھی وہ طنز کے نشتروں اور ظرافت کے پھولوں سے خوشگوار بنا دیتے ہیں۔ لیکن آج تک ایسا اتفاق نہیں ہوا کہ ہندو معتقدات کے بارے میں ان کی زبان یا قلم سے کوئی لفظ نکلا ہو۔''(۱)

پروفیسر سلیمان اطہر جاوید نے رشید احمد صدیقی کی ابتدائی تعلیم، ان کے بچپن کے حالات ہائی اسکول کی تعلیم، ابتدائی ملازمت اور پھر اعلی تعلیم کے لئے علی گڑھ میں داخلہ پر مبنی واقعات کو تفصیلی طور پر بیان کیا ہے۔ اور اس میں ہر جگہ کھوج کا پہلو نمایاں ہے۔ انہوں نے رشید احمد صدیقی کے آبائی مقام جونپور کی تاریخ پر بھی روشنی ڈالی اور اپنے انداز بیان میں جزئیات کو بھی نظر انداز نہیں کیا۔ علی گڑھ یونیورسٹی کی خستہ عمارت کا نقشہ ان الفاظ میں کھینچا ہے:

''رشید صدیقی جس زمانے میں علی گڑھ آئے۔ یہاں کی اقامتی زندگی بڑی دلچسپ تھی۔ لیکن کالج کی عمارت انتہائی خستہ۔ انہیں کچی بارک (گل منزل) میں جہاں ان دنوں سید محمود اور عثمانیہ ہاسٹل واقع ہے رہنے کو جگہ ملی۔ یہ عمارت پتہ نہیں کب کی تعمیر کردہ تھی۔ کھپریل کی چھت، مٹی کی دیواریں، نہایت درجہ نیچا، بودا اور بوسیدہ برآمدہ جس کی کڑیاں جگہ جگہ سے گل گئی اور سسک رہی تھیں۔ پیوند کے طور پر آڑے تیڑھے، ترچھے تکڑے لگا دیئے گئے تھے۔ جون کی گرمی اور آندھی میں ایسا معلوم ہوتا تھا جیسے پوری مٹیالی گرم درردی دھول اور دھند میں جھول رہی ہے۔ کانپتی، کراہتی اور کھانستی۔''(۲)

رشید احمد صدیقی کی تعلیمی پیشرفت کے بارے میں پروفیسر سلیمان اطہر جاوید نے لکھا کہ انہوں نے ۱۹۱۹ء میں بی۔اے کیا اور ۱۹۲۱ء میں ایم۔اے کیا۔ ۱۹۲۲ء میں انٹر میڈیٹ کالج میں وہ اردو مولوی کی حیثیت سے ملازم ہوئے۔ اس دوران پروفیسر سلیمان اطہر جاوید نے علی گڑھ میں زمانہ طالب علمی کے دوران رشید احمد صدیقی کی تعلیمی سرگرمیوں، اضافی نصاب سرگرمیوں، ذاکر حسین سے ان کے تعلقات وغیرہ واقعات کو تفصیلی طور پر بیان کیا۔ رشید احمد صدیقی کی ملازمت میں ترقی کے احوال خود ان کے خطوط کے حوالوں سے بیان کئے۔ جو انہوں نے مولانا عبدالماجد دریا آبادی کے نام وقتاً فوقتاً لکھے تھے۔ ۱۹۶۶ء میں وہ بہ حیثیت لیکچرر یونیورسٹی میں مستقل ملازم قرار پائے۔ ۱۹۷۶ء میں ریڈر بنے۔ ۱۹۸۵ء میں پروفیسر اور

یکم رمئی ۱۹۹۶ء کو ملازمت سے سبکدوش ہوئے۔ پروفیسر سلیمان اطہر جاوید نے رشید احمد صدیقی کے سفر حیات کی یہ تفصیلات خود رشید احمد صدیقی کے انٹرویو سے لیکر اور ان کے بیٹے احسان رشید اور دوست احباب اور رشتہ داروں سے ملاقات کر کے حاصل کیں۔ ملازمت سے سبکدوشی تک احوال بیان کرنے کے بعد پروفیسر سلیمان اطہر جاوید نے رشید احمد صدیقی کی شخصیت کے مختلف پہلو بیان کئے اور ان کی گھریلو زندگی و ازدواجی زندگی، دوستوں اور شاگردوں کے ساتھ ان کے برتاؤ، زندگی کے معاملات میں ان کی پسند ناپسند، ان کی اولادوں کے احوال، مذہبی عقیدہ، انسانیت کے بارے میں ان کے خیالات، سیاست کے بارے میں ان کی رائے، علی گڑھ سے ان کا جذباتی لگاؤ، انگریزی تعلیم کے بارے میں ان کی رائے، علی گڑھ یونیورسٹی کی سیاست وغیرہ موضوعات پر تفصیلات بیان کی ہیں۔ جس سے اندازہ ہوتا ہے کہ رشید احمد صدیقی اپنی ذات میں ایک انجمن تھے اور ان کی شخصیت کے مختلف گوشوں کو ابھارنے میں پروفیسر سلیمان اطہر جاوید کو بڑی جانفشانی سے کام لینا پڑا۔ ان کی شخصیت کا بیان پروفیسر سلیمان اطہر جاوید نے ۶۰ تا ۷۰ صفحات میں کیا ہے اور مختلف نقادوں کی آراء کو بہ طور حوالہ جات پیش کرتے ہوئے رشید احمد صدیقی کی شخصیت کے مختلف پہلوؤں کو واضح کرنے کی کوشش کی ہے۔ رشید احمد صدیقی کی علی گڑھ سے دلی وابستگی کے بارے میں پروفیسر سلیمان اطہر جاوید لکھتے ہیں:

”رشید احمد صدیقی کو علی گڑھ سے جدا کر کے دیکھنا ان کے مقام اور مرتبہ کو کم کرنا ہے۔ انہیں اور ان کے فن کو پورے طور پر سمجھنے اور اس سے لطف اندوز ہونے کے لئے علیگڑھ کے ماحول وہاں کی دلچسپیوں، خوبیوں اور

خامیوں سے چشم پوشی نہیں کی جاسکتی۔ کائنات میں ہر چیز کسی نہ کسی مرکز سے وابستہ ہے۔ مرکز اور اس کے مابین کشمکش ہی نہ صرف تخلیق کا باعث ہے۔ بلکہ زندگی کے ضامن بھی۔ رشید صدیقی کے مرکز کا نام ہے علی گڑھ!۔"(۱)

رشید احمد صدیقی کو علی گڑھ کا مرکز قرار دینے کے اپنے خیال کی تائید میں پروفیسر سلیمان اطہر جاوید نے آل احمد سرور کے خیالات بھی پیش کئے جس میں انہوں نے منطقی اور فلسفیانہ انداز میں علی گڑھ سے رشید احمد صدیقی کے لگاؤ کی تائید کی ہے۔ پروفیسر سلیمان اطہر جاوید نے علی گڑھ یونیورسٹی کے شب و روز اور اس کی سیاست کی تفصیلات بیان کی ہیں اور اس دوران رشید احمد صدیقی کے خیالات اور ان کی حرکات و سکنات کو بیان کرتے ہوئے۔ ان کی شخصیت کو ابھارنے کی کوشش کی ہے۔ رشید احمد صدیقی کی انگریزی زبان کو اہمیت دینے کے انداز کو پروفیسر سلیمان اطہر جاوید نے ان کے ایک اقتباس کے ذریعہ واضح کرنے کی کوشش کی ہے۔ رشید احمد صدیقی کا دیا گیا اقتباس یوں ہے:

"مستقبل کے ہندوستان میں انگریزی زبان کی اہمیت کم نہ ہوگی۔ بڑھتی رہے تو عجب نہیں ہے۔ کیونکہ وہ ہمارے لئے عالمی رابطہ کی زبان ہوگی۔ علم ادب، زندگی، تہذیب، سائنس، ٹیکنالوجی، تجارت مواصلات سب کے اعتبار سے اور ہر ایک سطح پر۔ اس بناء پر میرا خیال ہے کہ ہمارے ملک میں اس لسانی گروپ یا جماعت کی ذہنی اور مادی ترقی کے امکانات بہتر ہوں گے جو اپنے نظام تعلیم میں انگریزی کو نسبتاً زیادہ اہمیت دینے کی

کوشش کرے گی۔ مستقبل کی تہذیب صنعتی، سائینسی تہذیب ہوگی۔ اور وہ معاشرہ جو اس کو اپنانے میں تامل کرے گا وہ تاریخ اور ترقی کی دوڑ میں بہت پیچھے رہ جائے گا۔ چاہتا ہوں کہ علی گڑھ اور اردو کے دوست انگریزی کی اہمیت کا لحاظ رکھیں۔"(۱)

رشید احمد صدیقی کے اس اقتباس کا انتخاب کرتے ہوئے پروفیسر سلیمان اطہر جاوید نے یہ ظاہر کرنے کی کوشش کی کہ سرسید تحریک کے زیر اثر اس وقت کا ہر پڑھا لکھا انسان انگریزی تعلیم کی اہمیت کا موئید تھا اور یہ کہ رشید احمد صدیقی بھی مصلحین قوم کی اسی فہرست میں شامل تھے۔

رشید احمد صدیقی کو "سچا عاشق" اور "متحرک علی گڑھ" کا نام دیتے ہوئے ان کی حیات اور شخصیت پر مبنی یہ باب پروفیسر سلیمان اطہر جاوید خراج تحسین پر مبنی ان الفاظ کے ساتھ ختم کرتے ہیں۔

"علی گڑھ سے رشید صدیقی کی وابستگی جذباتی ہونے کے ساتھ ساتھ ان کے دلی خلوص اور صداقت نفس پر بھی مبنی ہے۔ انہوں نے ایک سچے عاشق کی طرح علی گڑھ کو چاہا ہے۔ ان کو اس شدید چاہت کے باعث رشید صدیقی اور علی گڑھ ایک ہی کردار کے دو نام ہو چکے ہیں کہ اب رشید صدیقی کو "متحرک علی گڑھ" کے نام سے موسوم کیا جاتا ہے۔"(۲)

پروفیسر سلیمان اطہر جاوید نے رشید احمد صدیقی کے حالاتِ زندگی اور ان کی شخصیت کے مختلف پہلوؤں کو اجاگر کرنے کے دورن جہاں ان کی شخصیت کی بھرپور تعریف

وتوصیف کی ہے۔ وہیں ان کی شخصیت کی خامیوں کی طرف بھی نشاندہی کی ہے۔ ایک زندہ ادیب پر تحقیقی کام کے دوران اس طرح کی تنقید کا امکان کم ہی رہتا ہے۔ تاہم پروفیسر سلیمان اطہر جاوید نے جانبداری کے بجائے فن تحقیق وتنقید کے اصولوں کو ترجیح دی ہے۔ رشید احمد صدیقی کی شخصیت پر دو ایک جگہ نکتہ چینی کرتے ہوئے پروفیسر سلیمان اطہر جاوید لکھتے ہیں:

''رشید احمد صدیقی اصول پسند نہیں۔ ان کے ساتھ کوئی زیادتی یا حق تلفی ہورہی ہو تو وہ لڑیں گے نہیں مصلحت اور عافیت کا سہارا لیں گے۔''(۱)

''علی گڑھ کے بارے میں رشید صدیقی کے خیالات کا جائزہ لے کر باآسانی کہا جاسکتا ہے کہ وہ بعض مقامات پر خوش خیالیوں کے حامل نظر آتے ہیں یہ اور بات ہے کہ خود ان کے الفاظ میں ''میں اس خوش خیالی سے باز نہیں آسکتا۔''(۲)

پروفیسر سلیمان اطہر جاوید نے رشید احمد صدیقی کے حالات زندگی یکجا کرنے کے لئے خود رشید احمد صدیقی کی تحریر کردہ کتابوں اور دیگر ادیبوں ونقادوں کی کتابوں اور ان سے شخصی ملاقاتوں کے ذریعہ احوال اکٹھا کئے ہیں اور ان کی زندگی کے لئے مختلف گوشوں سے پردہ اٹھایا ہے۔ رشید احمد صدیقی کی حیات کے بارے میں پروفیسر سلیمان اطہر جاوید کی تحقیق کو مدلل مداحی قرار نہیں دیا جاسکتا بلکہ ایک سچے محقق کے ذریعہ بیان کردہ حقائق قرار دیئے جاسکتے ہیں۔ جس سے ایک شخصیت کی زندگی کے ہر دو پہلو واضح ہوتے ہیں۔ بلاشبہ رشید احمد صدیقی کی حیات پر وفیسر سلیمان اطہر جاوید کے اس تحقیقی کام سے اردو تحقیق

کے طالب علموں کے لئے محفوظ سمجھی جائے گی۔ پروفیسر سلیمان اطہر جاوید نے جس وقت یہ تحقیقی کام کیا تھا اس وقت رشید احمد صدیقی بقید حیات تھے۔ بعد میں رشید احمد صدیقی کے انتقال کی خبر سننے کے بعد پروفیسر سلیمان اطہر جاوید نے انہیں خراج عقیدت پیش کرتے ہوئے ایک مرقع بھی لکھا۔ جس میں ان کے سن وفات کے تذکرہ کرتے ہوئے رشید احمد صدیقی کے ساتھ ان کے تعلقات کو جذباتی انداز میں بیان کیا ہے۔

پروفیسر سلیمان اطہر جاوید نے اپنی تحقیقی کتاب ''رشید احمد صدیقی شخصیت اور فن'' میں رشید احمد صدیقی کے حالات زندگی بیان کرنے کے بعد ان کے فن کا تنقیدی و تحقیقی انداز میں جائزہ لیا ہے۔ اس سلسلے میں سب سے پہلے انہوں نے رشید احمد صدیقی کی طنز و مزاح نگاری کا جائزہ لیا ہے۔ ''طنز و مزاح'' باب کے آغاز میں انہوں نے ادب میں طنز اور مزاح کی تعریف وتشریح کو تفصیلی طور پر بیان کیا ہے۔ جو ایک تحقیقی مقالہ میں طوالت اور قاری کے ذہن پر گراں سمجھا جاتا ہے۔ لیکن کسی بھی ادیب کے طنز و مزاح کو سمجھنے کیلئے اس فن کے بنیادی اصولوں کا بیان ضروری بھی ہوتا ہے۔ چنانچہ پروفیسر سلیمان اطہر جاوید نے انگریزی و عربی ادب سے طنز و مزاح کی توضیح وتشریح کرنے کی کوشش کی ہے۔ طنز کے بارے میں مختلف تعریفیں بیان کرنے کے بعد وہ اپنی رائے بیان کرتے ہوئے لکھتے ہیں:

> ''طنز ایک ایسا آلہ ہے۔ جس کے ذریعہ کسی زوال آمادہ معاشرہ، ادارہ یا فرد کے مضحک پہلوؤں کو ادبی اور معقول طریقہ پر اجاگر کیا جاتا ہے طنز نگار کو ادبی نقاد نہ کہا جائے نہ سہی لیکن اس کے تمدنی نقاد ہونے میں دو رائیں نہیں ہوسکتیں۔ طنز کے لئے تحت الشعور اور لاشعور بے معنی الفاظ ہیں۔

باشعور ہونا طنز نگار کے لئے پہلی شرط ہے۔''(۱)

اسی طرح مزاح کے بارے میں ماہرین فن کی مختلف آراء پیش کرنے کے بعد پروفیسر سلیمان اطہر جاوید اس نتیجے پر پہنچتے ہیں:

''مزاح زندگی کے بارے میں وہ رجحان ہے جو زندگی کی خامیوں اور ناکامیوں کا جائزہ لے کر ان کو ہنسی اور کسی حد تک ہمدردی کے ساتھ واضح کرتا ہے ...... مزاح نگار زندگی سے مواد ہی حاصل نہیں کرتا بلکہ اچھا مزاحیہ ادب ہماری زندگی میں اثباتی قدروں کو بیدار بھی کرتا ہے۔ اسے سکون آشنا بناتا ہے۔ اس سے علو ہمتی اور عالی ظرفی پیدا کرتا ہے۔ اسی طرح وہ انسانی معاشرہ میں نفی کی تکذیب کرتا اور اثبات و خوبی اور خوبصورتی کے لئے راہ ہموار کرتا ہے۔''(۲)

طنز و مزاح کی تعریف و تشریح اور ادب میں اس کی اہمیت و افادیت بیان کرنے کے بعد پروفیسر سلیمان اطہر جاوید نے انگریزی اور اردو میں طنز و مزاح کے ارتقاء کا مختصراً جائزہ لیا اور اردو میں ''اودھ پنچ'' کے طنز و مزاح سے لیکر رشید احمد صدیقی کے مزاح تک سفر پر سرسری نظر ڈالی اور لکھا کہ رشید احمد صدیقی کے طنز و مزاح کے دو مجموعے ''مضامین رشید'' اور ''خنداں'' ہیں۔ ''مضامین رشید'' میں رشید احمد صدیقی کے طنز و مزاح کی تخلیقی و فطری صلاحیتوں اور ریڈیائی مضامین کے مجموعے ''خنداں'' کے موضوعات کے تنوع کا جائزہ لیا ہے۔ رشید احمد صدیقی کے مجموعہ ''خنداں'' کا جائزہ لیتے ہوئے پروفیسر سلیمان اطہر جاوید لکھتے ہیں:

''خنداں'' میں ''مضامین رشید'' کی بہ نسبت طنز و مزاح کے عناصر غیر معمولی حد تک کم ہیں اور رشید صدیقی کے فن کی جو بھی خامیاں ہیں وہ ''خنداں'' میں ابھر آئی ہیں۔ مثلاً نفس مضمون سے ہٹ جانے کی عادت، مضامین میں پھیکا اور سیٹھا پن، ابہام، بے لطف تکرار، غیر ضروری طوالت اور بے معنی مباحث۔ اس کی وجہ یہ سمجھ میں آتی ہے کہ ''خنداں'' کے بیشتر مضامین کے تعلق سے انہوں نے لکھا ہے کہ وہ ذریعہ ٹرین علیگڑھ سے نئی دہلی پہنچ کر سیدھے ریڈیو اسٹیشن روانہ ہوئے۔ کوئی عجب نہیں انہوں نے اپنی بیشتر نشریات ٹرین کے اس ڈھائی تین گھنٹے کے سفر کے دوران میں لکھی ہوں۔ دوسرے یہ کہ ریڈیو اسٹیشن کی طرف سے ان کو عنوان دے دیا جاتا تھا۔ اسی باعث ''خنداں'' کے مضامین میں ''آمد'' کا فقدان بہ یک نظر واضح ہو جاتا ہے۔ فرمائشی مضامین ہونے کی وجہ سے کم و بیش سب میں ان کے دیگر مضامین جیسا لب و لہجہ نہیں بلکہ ہر جگہ خطابت کا رنگ نمایاں ہے۔''(۱)

''خنداں'' پر تنقیدی رائے ظاہر کرتے ہوئے پروفیسر سلیمان اطہر جاوید نے نکتہ چینی کا انداز اختیار کیا اور بلا روک ٹوک کھل کر ان کے فن کی خامیوں کو اجاگر کیا اور اس کے لئے ''خنداں'' میں شامل مضامین کے چنے ہوئے اقتباسات بھی پیش کئے اور اپنے منتخب کردہ اقتباسات سے اپنی رائے کو تقویت پہونچانے کی کوشش کی۔ رشید احمد صدیقی کے بارے میں انہوں نے لکھا کہ وہ اپنے مضامین میں اکثر اصل موضوع سے ہٹ جایا

کرتے تھے۔ان کی اس عادت کے بارے میں خود رشید احمد صدیقی کی آواز کو یوں پیش کرتے ہیں:

''جوانی میں آدمی باغ نہیں لگاتا۔ باغ میں گناہ کرتا ہے۔ بڑھاپے میں باغ کی ہوا کھاتا ہے اور استغفار کرتا ہے۔لیکن آپ گھبرائیں نہیں میں آپ کو اس قسم کے باغوں کی سیر کرانا نہیں چاہتا۔ یہ تو میرے بھکنے کی عادت ہے۔جس کا موقع ریڈیو سے بڑھ کر کہیں اور نہیں ملتا۔(۲)

''خنداں'' کی خامیوں پر بے لاگ تبصرے کے بعد پروفیسر سلیمان اطہر جاوید'' مضامین رشید'' پر تبصرہ کرتے ہوئے لکھتے ہیں کہ:

''رشید صدیقی کے ریڈیائی مضامین کی بیشتر خامیاں ''مضامین رشید'' میں نہیں ملیں گی۔ ''مضامین رشید'' میں وقت کی تحدید نہ ہونے کی وجہ سے انہوں نے اپنے مافی الضمیر کو پوری طرح ادا کیا ہے کہ قاری کو تشنگی کا احساس نہیں ہوتا۔''(۳)

پروفیسر سلیمان اطہر جاوید نے رشید احمد صدیقی کی طنز و مزاح پر مبنی دو کتابوں کے تعارف کے بعد ان میں شامل مضامین، رشید احمد صدیقی کے مزاح کے موضوعات، ان کے اسلوب وغیرہ کا تفصیلی جائزہ لیا ہے۔ پروفیسر سلیمان اطہر جاوید نے لکھا کہ رشید احمد صدیقی کا زمانہ چونکہ تحریکات کا زمانہ تھا۔اس لئے ان کی تحریروں میں بھی سیاسی موضوعات رنگ دکھاتے ہیں۔لیڈر کے بارے میں رشید احمد صدیقی کے طنز و مزاح پر مبنی اس اقتباس کو انہوں نے اپنا انتخاب بنایا ہے۔

''لیڈروں کے اقسام اور ہندوستان کے امراض کا کون احاطہ کرسکتا ہے۔ اصلی لیڈر نہ مار کھاتا ہے اور نہ مرنا گوارا کرتا ہے۔ لیڈر مار کھانا شروع کردے تو پھر قوم کی رہبری کون کرے۔ مار کھانا اور رہبری کرنا دونوں کام ایک ہی لیڈر سے کیونکر سرانجام پاسکتے ہیں۔تاہم یہ دستور چلا آتا ہے کہ مار کھانا قوم کا حق ہے۔اور مار سے بچنا لیڈر کا فرض۔''(۱)

پروفیسر سلیمان اطہر جاوید نے رشید احمد صدیقی کے طنز و مزاح کے دائرہ میں آنے والے موضوعات کو ان کی کتابوں میں گہرائی سے جاننے کی کوشش کی ہے اور لکھا کہ ان کی تحریروں میں اپنے عہد کی سیاست پر بھرپور طنز ملتا ہے۔حکومت، سیاست، کرپشن، انتخابات، قیادت، وزارت،شاہی دورحکومت کا جمہوری طرز حکومت سے مقابلہ،سیکولرازم ،حکومت کے عہدیدار، ان کے کارنامے وغیرہ موضوعات کا جائزہ لیا ہے۔ ہندوستانی پارلیمنٹ میں ارکان کی بے عملی پر مبنی رشید احمد صدیقی کے اس اقتباس کو منتخب کرتے ہوئے انہوں نے رشید احمد صدیقی کے طنز کو بیان کرنے کی کوشش کی ہے۔

''یہ (ارہر کا کھیت) دیہاتیوں کی اسمبلی ہے جہاں عورتوں اور بچوں کو گاؤں کی انتظامی حکومت میں اتنا ہی دخل ہوتا ہے جتنا ہندوستانی پارلیمنٹ میں اراکین پارلیمنٹ کو۔دونوں بولتے ہیں۔ضد کرتے ہیں جھگڑتے ہیں، روتے ہیں اور اپنے اپنے گھر کا راستہ لیتے ہیں۔دیہاتی عورتیں اور بچے کچھ مفید کام کر جاتے ہیں جن سے ان کو اور کھیت دونوں کو فائدہ پہنچتا ہے اور ہندوستانی اراکین پارلیمنٹ وہ کرتے ہیں۔جس سے ان کو اور

ہندوستان دونوں کو نقصان پہنچتا ہے۔ ایک قضائے حاجت کرتا ہے اور
دوسرا نان کو آپریشن۔'' (۲)

رشید احمد صدیقی کے سیاسی طنز کے بارے میں اپنی رائے پیش کرتے ہوئے پروفیسر سلیمان اطہر جاوید لکھتے ہیں۔

''رشید احمد صدیقی اس نقطہ نظر سے ایک سچے طنز نگار ہیں کہ انہوں نے
حکومت پر راست تنقید نہ کی ہو کڑی تنقید ضرور کی ہے اور اپنی قوم کی
خامیوں کا جرات مندی اور بے باکی سے مذاق اڑایا ہے۔'' (۳)

سیاست کے علاوہ پروفیسر سلیمان اطہر جاوید نے رشید احمد صدیقی کے طنز و مزاح میں جن موضوعات کو تلاش کیا ہے ان میں اخبار کا ایڈیٹر، شاعر، درگاہوں کے متولی، مرشد مرید، نوجوانوں کی زندگی، ہندوستان کی بڑھتی آبادی، کسان، عدالت، ڈاکٹر، مریض، روزگار اور شادی بیاہ کے مسائل، لوگوں کی عادتیں جیسے قسم کھانا، چغلی کرنا وغیرہ موضوعات تلاش کرتے ہوئے رشید احمد صدیقی کے طنز و مزاح کے انداز کو پہچاننے کی کوشش کی ہے اور ان کا تقابل پطرس بخاری جیسے سرکردہ مزاح نگار سے کرنے کی کوشش کی ہے۔

پروفیسر سلیمان اطہر جاوید نے رشید احمد صدیقی کے طنز و مزاح میں مخصوص کرداروں کو تلاش کرنے کی کوشش کی ہے۔ اس ضمن میں انہوں نے اردو ادب میں طنز و مزاح کے مشہور کرداروں کا تذکرہ بھی کیا ہے۔ وہ لکھتے ہیں۔

''اردو ادب کے مزاحیہ ادب میں خوجی، چچا چھکن اور حاجی بغلول وغیرہ
کبھی فراموش نہیں کئے جاسکیں گے۔ ان کے معروف ہونے کی انتہا یہ

ہے کہ اب ان کی حیثیت ایک تلمیح کی ہو چکی ہے۔ ہم آج خوجی، چچا چھکن
یا حاجی بغلول کہہ کر بہت کچھ مراد لیتے ہیں کردار نگاری کے زاویہ سے
جائزہ لیا جائے تو رشید صدیقی کے ہاں کوئی کردار نہیں ملتا جو ان کی تخلیق ہو
......رشید صدیقی نے ارادی یا غیر ارادی، شعوری یا غیر شعوری طور پر کردار
نگاری ضرور کی ہے اور یہ کردار ان کے عام طنز و مزاح کی طرح معاشرتی
پس منظر کے حامل ہیں اور یہ اسی حد تک ہیں جہاں کہ ان کو پیش کیا گیا ہے
۔ان کی عمران چند سطور سے آگے بڑھنے نہیں پاتی۔'' (۱)

رشید احمد صدیقی کی کردار نگاری پر تنقیدی نظر ڈالنے کے بعد پروفیسر سلیمان اطہر جاوید نے ان کے طنز و مزاح کا مجموعی طور پر جائزہ لیا ہے اور ان کے مضامین سے بذلہ سنجی پر مبنی چند اقتباسات پیش کئے ہیں۔ ان اقتباسات کا انتخاب پروفیسر سلیمان اطہر جاوید کی پرکھ و پہچان کی گہرائی کا ثبوت دیتا ہے۔ رشید احمد صدیقی کے تحریر کردہ مضامین کے اقتباسات اس طرح ہیں:

چٹا گانگ میں ایک مسلم بورڈنگ ہاؤز میں قیام کرنا پڑا۔ جہاں سونے
کے لئے تخت اور مبتلا ہونے کے لئے ہیضہ موجود تھا۔ (آشفتہ بیانی میری)

حکومت کے قوانین کی طرح تھرڈ کلاس میں سفر کی صعوبتیں سب کے
لئے یکساں ہوتی ہیں۔

(آشفتہ بیانی میری)

غربت اور افلاس کے تاریک گورستان کا سب سے سیدھا اور مختصر راستہ ہندوستان کی کچہریاں ہیں۔

(آشفتہ بیانی میری)

''ہاں تو ہم موٹر پر اس تیزی کے ساتھ بلندی کی طرف بڑھ رہے تھے جیسے کسی مہاجن کا سودی قرض''

(مضامین رشید)

''حکومت نام ہے امتناعی احکام نافذ کرنے کی قوت کا'' (خنداں)

''جہاں اپنی عقل کام نہ دے وہاں دوسروں کی حماقت سے فائدہ اٹھانا چاہیئے۔'' (خنداں)

''لیڈروں کے اقسام اور ہندوستان کے امراض کا کون احاطہ کر سکتا ہے۔'' (خنداں)

''جھوٹ بولنے کی وہاں ضرورت پڑتی ہے۔ جہاں آپ سچ بولنے کے لئے مجبور کئے جاتے ہیں۔'' (خنداں)

''ڈاکٹر نہ ہوں تو موت آسان اور زندگی دلچسپ ہو جائے۔'' (خنداں)

آج کل سب سے آسان بات ثابت کر دینا ہے۔ دس بے وقوف کسی بات پر متفق ہو جائیں وہ بات ثابت ہے۔'' (مضامین رشید) (۱)

''رشید صدیقی کے طنز ومزاح پر بذلہ سنجی کی چھاپ نمایاں ہے۔ ...... بذلہ سنجی کے فن میں وہ اس قدر آگے ہیں کہ کہیں کہیں ان کے فقرے قول محال کی شکل اختیار کر جاتے ہیں۔ چنانچہ ان کو اردو کو چسٹرٹن کہا جا سکتا ہے۔......

وہ دراصل الفاظ کے استعمال اور اپنے اسلوب سے ظرافت پیدا کرتے ہیں۔ وہ نعروں اور جملوں میں سوچنے کے عادی ہیں اور اردو اور فارسی کے رچے ہوئے ذوق اور اسلامی معاشرہ کے علوم متداولہ سے واقفیت کی بناء پر ان کے طنز ومزاح میں ایک قسم کی گہرائی اور صدائے بازگشت کا قدم قدم پر احساس ہوتا ہے۔ جو پطرس اور فرحت اللہ بیگ دونوں کے ہاں مفقود ہے۔ فلکر نہ ہوتے ہوئے بھی ان کے ذہن میں مجرد تصورات کو گرفت میں لانے کی غیر معمولی صلاحیت پائی جاتی ہے...... رشید صدیقی کے طنز ومزاح کی سب سے اہم خصوصیت یہ ہے کہ کہیں بھی ابتذال کا شکار نہیں ...... رشید صدیقی کے قدم طنز ومزاح کی ''دودھاری تلوار پر کبھی نہیں ڈگمگاتے'' ان کا طنز ومزاح کی اعلی سطح پر قائم رہنے کا یہی راز ہے...... رشید صدیقی جہاں تک واقعاتی طنز ومزاح کا تعلق ہے۔ فرحت اللہ بیگ ان سے بازی لے جا سکتے ہیں۔ لیکن انشاء اسلوب، ادبی اشاروں اور بلاغت کے نقطہ نظر سے ان کا طنز ومزاح سب سے ارفع واعلی ہے۔ وہ حقیقت میں ایک فلسفیانہ WIT کے مالک ہیں۔ ان کے طنز ومزاح کی تہہ میں ایک سنجیدہ اقدار پرست شخصیت کی کارفرمائی ہے۔ اس لئے معقول اور غیر معقول ان

کے ہاں ایک اہم تقسیم ہے۔ اور وہ خود ''معقول'' طنز ومزاح کے سب سے بڑے نمائندے ہیں۔''(۱)

اس طرح پروفیسر سلیمان اطہر جاوید نے رشید احمد صدیقی کے طنز ومزاح نگاری کا تفصیلی جائزہ لیا ہے۔ اس جائزے میں انہوں نے طنز ومزاح نگاری کے فن پر خاطر خواہ روشنی ڈالی اور رشید احمد صدیقی کے مزاح کے موضوعات ان کی فکر، اسلوب اور فن کا جائزہ لیا۔ اور ایک کامیاب نقاد کی طرح ان کے فن کی خوبیوں کے ساتھ خامیوں کو بھی بلا روک ٹوک بیان کیا ہے۔ حالانکہ تنقید کا یہ پہلو یونیورسٹیوں میں ڈگری کے حصول کے لئے داخل کردہ تحقیقی مقابلوں میں کم ہی دکھائی دیتا ہے۔ رشید احمد صدیقی کی کتابوں سے اقتباسات کے انتخاب میں بھی پروفیسر سلیمان اطہر جاوید نے اپنی تنقیدی صلاحیت کا بھرپور اظہار کیا ہے۔ اردو کے مشہور مزاح نگاروں پطرس بخاری، فرحت اللہ بیگ وغیرہ سے رشید احمد صدیقی کے فن کا مقابلہ کرتے ہوئے طنز ومزاح میں ان کے مقام کے تعین کی کامیاب کوشش کی ہے۔ اس طرح ہم کہہ سکتے ہیں کہ رشید احمد صدیقی کی مزاح نگاری کی روش کو پہچاننے کے لئے پروفیسر سلیمان اطہر جاوید کا ان کے طنز ومزاح پر یہ مبسوط جائزہ ایک مشعل راہ ثابت ہوگا۔ جہاں تک اس معاملے میں تحقیق کا سوال ہے، پروفیسر سلیمان اطہر جاوید نے رشید احمد صدیقی کی حاصل شدہ کتابوں کا جائزہ لیا۔ تاہم طنز ومزاح کے فن پر انہوں نے انگریزی، عربی، فارسی اور اردو میں طنز ومزاح کی روایت پر روشنی ڈالتے ہوئے فن تحقیق میں اپنے گہرے مطالعہ کا ثبوت دیا اور رشید احمد صدیقی کے فن پر مختلف ناقدین ادب کی آراء کو پیش کرتے ہوئے رشید احمد صدیقی پر لکھے گئے اکثر و بیشتر تبصروں تک اپنی

رسائی کا ثبوت دیا اور اس طرح رشید احمد صدیقی کے طنز و مزاح پر اپنے تبصرہ کو حروف آخر بنانے کی کوشش کی ہے اور اس کوشش میں وہ بہت حد تک کامیاب دکھائی دیتے ہیں۔ تاہم انہوں نے رشید احمد صدیقی کی کتابوں ''آشفتہ بیانی میری'' خنداں اور مضامین رشید کی جزئیات پیش نہیں کی کہ ان میں مضامین کتنے ہیں۔ ان کے عنوانات کیا ہیں اور ان کتابوں کی اشاعت کب اور کس طرح عمل میں آئی۔ رشید احمد صدیقی پر وہ تحقیقی مقالہ لکھ رہے تھے۔ چنانچہ تحقیق کے طالب علموں کے لئے اس ضمن میں ان کے اس جائزے میں تشنگی محسوس ہوتی ہے۔ تاہم یہ سوچ کر کہ رشید احمد صدیقی کی مذکورہ کتابیں لائبریریوں میں آسانی سے دستیاب ہیں، ان تفصیلات سے گریز کیا ہوگا۔ اس سلسلے میں کہا جاسکتا ہے کہ ایک محقق پر ان کے اندر کا نقاد غالب آ گیا۔ کیونکہ رشید احمد صدیقی کے طنز و مزاح پر تحقیقی نقطہ نظر کے بجائے تنقیدی انداز نمایاں دکھائی دیتا ہے۔ تاہم اس جائزے سے قاری کو رشید احمد صدیقی کے طنز و مزاح کے رخ کا اندازہ کرنے میں خاطر خواہ مدد ملتی ہے۔

تحقیقی کتاب ''رشید احمد صدیقی شخصیت اور فن'' کا اگلا باب ''مرقع نگاری'' ہے۔ اس باب میں پروفیسر سلیمان اطہر جاوید نے رشید احمد صدیقی کے تحریر کردہ مرقعوں کے مجموعے ''گنج ہائے گراں مایہ'' اور ''ہم نفسان رفتہ'' کا تحقیقی و تنقیدی جائزہ لیا ہے اور اس جائزے سے قبل انہوں نے مرقع نگاری کے فن اور اردو میں اس کی روایت کا بھی جائزہ لیا ہے۔ تاکہ رشید احمد صدیقی کی مرقع نگاری کا فنی باریکیوں سے جائزہ لیا جاسکے۔ مرقع نگاری کی تعریف اور سوانح نگاری اور مرقع نگاری کے مابین فرق کو واضح کرتے ہوئے پروفیسر سلیمان اطہر جاوید لکھتے ہیں:

''مرقع نگاری کا فن اردو ادب میں دورِ جدید کی پیداوار ہے۔ اس کو سوانح نگاری سے مشتق قرار دیا جاسکتا ہے۔ لیکن یہ سوانح نگاری سے قطعاً جدا ہے۔ سوانح حالاتِ زندگی کا مجموعہ ہوتی ہے اور حالات تاریخی ترتیب سے ہوتے ہیں۔ مرقع نگاری حالاتِ زندگی کا باضابطہ مجموعہ نہیں ہوتی۔ یہ دراصل کسی شخصیت کا نفسیاتی مطالعہ ہے۔ جو عموماً سماجی ڈھانچہ میں کہا جاتا ہے۔''(۱)

مرقع نگاری کی تشریح کے بعد پروفیسر سلیمان اطہر جاوید نے اس کے لوازم بھی بیان کئے اور مرزا فرحت اللہ بیگ کے اقتباس کی مدد سے انہوں نے لکھا کہ ایک اچھے مرقع میں شخصیت کی خوبیوں کے ساتھ خامیاں بھی بیان کی جانی چاہئیے۔ انگریزی ادب میں مرقع نگاری کی روایت کے بعد اردو ادب میں اس کے ارتقاء کو بیان کیا اور لکھا کہ آزاد کی آب حیات میں مرقع نگاری کی جھلک پائی گئی ہے۔ اس کے علاوہ مولوی عبدالحق، چراغ حسن حسرت فرحت اللہ بیگ اور شوکت تھانوی کی مرقع نگاری کا تذکرہ کرنے کے بعد بطور مرقع نگار انہوں نے رشید احمد صدیقی کے فن کا جائزہ لیا ہے۔ مرقع چونکہ عموماً افراد پر لکھے جاتے ہیں۔ اس لئے مرقع نگار کا سماج کے افراد کے بارے میں مثبت یا منفی نقطہ نظر مرقع نگاری کا سبب بنتا ہے۔ افراد کے بارے میں رشید احمد صدیقی کے خیالات بیان کرتے ہوئے پروفیسر سلیمان اطہر جاوید لکھتے ہیں :

''رشید احمد صدیقی فرد کی اہمیت پر بہت زور دیتے ہیں۔ ان کے بموجب ایک اچھے فرد کے بغیر ایک اچھے معاشرہ کا تصور نہیں کیا جاسکتا...... رشید

صدیقی نے شخصیت کی تعمیر میں نعائم اور فضائل پر زور دیا ہے ...... رشید صدیقی انسان کو ہر طرح سے اشرف المخلوقات سمجھتے ہیں اور ان کے نزدیک کوئی فن خواہ کتنا ہی برگزیدہ اور عالی مقام کیوں نہ ہو انسان سے برگزیدہ اور عالی مقام نہیں ہوسکتا۔''(۲)

افراد کے بارے میں رشید احمد صدیقی کے خیالات پیش کرتے ہوئے پروفیسر سلیمان اطہر جاوید نے رشید احمد صدیقی کے لکھے گئے اہم اہم مرقعوں کا تفصیلی جائزہ لیا ہے اور اس جائزے کے ساتھ ساتھ ان کی مرقع نگاری کی خصوصیات کا بھی جائزہ لیا ہے۔ پروفیسر سلیمان اطہر جاوید نے رشید احمد صدیقی کے تحریر کردہ جن مرقعوں کا جائزہ لیا ہے۔ ان میں ڈاکٹر ذاکر حسین مولانا ابوالکلام آزاد، مولانا محمد علی، کالج کا چپراسی کندن' مسلم یونیورسٹی کے وائس چانسلر سر شاہ محمد سلیمان، جواہر لال نہرو وغیرہ شخصیات پر مرقع شامل ہیں ۔ان شخصیتوں پر لکھے گئے مرقعوں کے جائزے میں پروفیسر سلیمان اطہر جاوید نے بیان کردہ شخصیت کی سیرت، اس کی عادات واطوار اس کے کارناموں وغیرہ کے بیان میں رشید احمد صدیقی کے انداز کو پرکھنے کی کوشش کی ہے۔اس سلسلے میں انہوں نے سب سے پہلے ڈاکٹر ذاکر حسین پر لکھے گئے مرقعے کا جائزہ لیا جو رشید احمد صدیقی کا لکھا ہوا سب سے طویل مرقع بھی ہے۔علی گڑھ سے ذاکر حسین اور رشید احمد صدیقی کے مراسم تھے۔ بعد میں ذاکر صاحب نے جو ترقی کے مراحل طئے کئے انہیں کو خراج عقیدت پیش کرتے ہوئے رشید احمد صدیقی نے ان پر خاکہ لکھا۔ ذاکر صاحب پر لکھے گئے مرقعے کا جائزہ لیتے ہوئے پروفیسر سلیمان اطہر جاوید لکھتے ہیں:

''اس مرقع میں رشید صدیقی نے ذاکر صاحب کی مکمل تصویر پیش کی ہے۔ ذاکر صاحب کی شخصیت کا کم وبیش ہر پہلو ہو بہوا جاگر کیا ہے۔ ذاکر صاحب کی شاپنگ، جس میں مونگ پھلی کی خریدی بھی شامل ہےاور ساتھر کے چاقو کی خریداری بھی۔ ان کی ادبی خدمات خواہ کسی تعلیمی اسکیم کی رپورٹ ہو یا کسی کانفرنس میں پڑھا جانے والا مقالہ ان کا سفر خواہ بہ غرض علاج دہلی سے ممبئی کا ہو یا لندن کا۔ خلوت جلوت، سفر، حضر، گویا ذاکر صاحب کی ہر عادت اور ہر کیفیت کو رشید صدیقی نے صفحہ قرطاس پر نقش کر دیا ہے۔''(۱)

ذاکر صاحب پر رشید احمد صدیقی کے لکھے گئے خاکے کا جائزہ لیتے ہوئے پروفیسر سلیمان اطہر جاوید نے اس خاکے کے تمام پہلوؤں کو ڈھونڈ نکالنے کی کوشش کی ہے۔ مرقع نگاری کا ایک اہم وصف متذکرہ شخصیت کے سراپے کا بیان ہوتا ہے۔ پروفیسر سلیمان اطہر جاوید نے رشید احمد صدیقی کے مولانا سلیمان اشرف پر لکھے گئے مرقع سے سراپا نگاری کا اقتباس پیش کیا ہےاور لکھا کہ ہم رشید صدیقی کی تحریر نہیں پڑھ رہے ہیں بلکہ مولانا سلیمان اشرف کو دیکھ رہے ہیں۔ اقتباس اس طرح ہے:

''قد میانہ، رنگ صاف، جلد روشن، اعضا پتلے، نقشہ نرم و نازک آنکھیں چھوٹی جن میں جذبات کا اتار چڑھاؤ جھلکتا رہتا، نظر تیز و پر اعتماد، انداز میں بانکپن، انگلیاں ایسی جن میں قلم شمشیر و رباب سب ہی زیب دیں۔ آواز میں کڑک اور لچک دمک بھی خطابت پر آئے تو معلوم ہوتا خدا کا کلام

دوسروں کو پہنچانے میں اپنی اور اپنے مالک دونوں کی عظمت کا احساس ہے
۔(۲)

رشید احمد صدیقی نے جہاں ایک طرف نامور شخصیتوں پر مرقعے لکھے تو وہیں سماج کے نچلے طبقے سے تعلق رکھنے والی شخصیتوں پر بھی اچھے مرقعے لکھے ہیں۔ مولوی عبدالحق نے ''نام دیو مالی'' خاکہ لکھ کر ایک عام باغبان کے کردار کو زندہ جاوید کر دیا۔ وہیں رشید احمد صدیقی نے ''کندن'' کے عنوان سے کالج کے چپراسی پر مرقع لکھا۔ رشید احمد صدیقی کی مرقع نگاری میں شخصیتوں کے انتخاب کے طرز پر تبصرہ کرتے ہوئے پروفیسر سلیمان اطہر جاوید لکھتے ہیں :

''رشید صدیقی نے کندن کے پیکر میں ایک نکھری ستھری شخصیت اور ایک پاکیزہ کردار دیکھا ہے۔ جو اصول کا پابند، اپنے کام میں ماہر فرائض کے انجام دینے میں متعدد، مخلص، سچا اور بے داغ، صاف دل اور صاف ذہن رکھنے والا انسان ہے......رشید صدیقی نے کندن کے بارے میں جو مرقع لکھا ہے اس کا مطالعہ کرنے سے ایک چیز ذہن میں آتی ہے۔ وہ یہ کہ مرقع نگاری کے بارے میں رشید صدیقی کا معیار کیا ہے......رشید صدیقی نے شخصیات کو اپنے زاویے سے دیکھا ہے۔ لیکن دلچسپ بات یہ ہے کہ اسی کے ساتھ شخصیات کے رنگ کو بھی برقرار رکھا ہے۔ اپنی طرف سے رنگ آمیزی نہیں کی۔''(۱)

پروفیسر سلیمان اطہر جاوید نے ایک اچھے نقاد کی طرح رشید احمد صدیقی کی مرقع

نگاری کی خوبیوں اور خامیوں کو بیان کرنے کی کوشش کی ہے اور لکھا کہ رشید احمد صدیقی نے اپنی منتخبہ شخصیتوں کے بیان میں خوبیوں کے ساتھ ان شخصیات کی کمزوریوں کو بھی مخصوص پیرایہ بیان میں فنکاری کے ساتھ بیان کیا ہے۔مولانا محمد علی کی کمزوریوں کے بیان پر مبنی ان اقتباسات کو اپنے خیال کی تائید کے لئے استعمال کیا ہے۔

رشید احمد صدیقی لکھتے ہیں:

''محمد علی میں کمزوریاں بھی تھیں۔لیکن ان کی کمزوریاں ایک اچھے شعر کی کمزوریاں تھیں جن سے شعر کے لطف و بے ساختگی میں کوئی فرق نہیں آتا ......محمد علی پر دولت وشہرت کی بارش ہوئی۔محمد علی نے ان دونوں کو سیلاب بنا کر بہادیا۔دونوں نے مفارقت کی۔(۲)

ان اقتباسات کو پیش کرتے ہوئے پروفیسر سلیمان اطہر جاوید نے لکھا کہ رشید احمد صدیقی نے فنکاری کے ساتھ اپنی شخصیتوں کی خامیوں کو بھی بڑی خوبی سے بیان کیا ہے ۔پروفیسر سلیمان اطہر جاوید نے رشید احمد صدیقی کی مرقع نگاری کے اسلوب کے جائزے کے دوران ان کے فن کی چند ایک خامیوں پر نظر ڈالی ہے۔خاکہ نگاری و مرقع نگاری کی ایک اہم خصوصیت اس کا اسلوب نگارش ہے۔کیونکہ ایک شخصیت کے بارے میں لوگوں کو کچھ نہ کچھ معلومات رہتی ہی ہیں۔لیکن ایک مرقع نگار کا یہ کمال ہوتا ہے کہ وہ اپنے مخصوص اسلوب نگارش اور انشا پردازی کے فن سے مرقع و خاکہ لکھتے ہوئے ایک شخصیت کو زندہ جاوید کر دیتا ہے۔چنانچہ اسلوب کا منفرد انداز ہی مرقع نگاری کی کامیابی سمجھا جاتا ہے۔ پروفیسر سلیمان اطہر جاوید رشید احمد صدیقی کے اسلوب کے بارے میں تبصرہ کرتے ہوئے

لکھتے ہیں :

''گنج ہائے گراں مایہ کا اسلوب ''ہم نفسانِ رفتہ میں نہیں ملتا۔

گنج ہائے گراں مایہ میں آمد ہے۔اور ہم نفسانِ رفتہ میں تقریباً آورد۔

رشید صدیقی کے اسلوب کے باعث گنج ہائے گراں مایہ کی بڑی شخصیات اور بڑی دکھائی دیتی ہیں جبکہ ''ہم نفسانِ رفتہ'' کی شخصیات پر رشید صدیقی کا اسلوب بہت کم موثر ہوتا ہے ...... رشید صدیقی نے جس عقیدت ، کیفیت اور طبعیت کی ''آمد'' کے ساتھ گنج ہائے گراں مایہ لکھا ہے پتہ نہیں کن وجوہ کے تحت وہی کیفیات ''ہم نفسانِ رفتہ'' میں برقرار نہ رہ سکیں۔

(۱)

رشید احمد صدیقی کے اسلوب میں خامی کی طرف اشارہ کرنے کے علاوہ پروفیسر سلیمان اطہر جاوید نے رشید احمد صدیقی کے اسلوب کی کئی خوبیاں بھی بیان کی ہیں۔ چنانچہ وہ لکھتے ہیں:

''رشید صدیقی مزاح نگار سمجھے جاتے ہیں اور ان کا اسلوب بھی عام طور پر سنجیدہ مزاحیہ رنگ لئے ہوئے ہے۔لیکن مرقعوں میں ان کے اسلوب کا رنگ نیا ہے......رشید صدیقی نے مرقعوں میں مزاحیہ اسلوب سے ہٹ کر دوسرا اسلوب اختیار کیا ہے ...... رشید صدیقی بات میں بات پیدا کر کے اور الفاظ کے الٹ پھیر کے ذریعہ مزاح پیدا کرنے میں ہی کمال نہیں رکھتے بلکہ الفاظ کے الٹ پھیر سے انہوں نے مرقع نگاری میں بھی کام لیا

ہے......رشید صدیقی اپنے مرقعوں کے ذریعہ نہ صرف کرداروں کو ہمارے سامنے چلتا پھرتا پیش کرتے ہیں۔ بلکہ اپنے انداز واسلوب کے باعث اس کردار کے عادات وفضائل کی عکاسی بھی کرتے ہیں۔(۲)

پروفیسر سلیمان اطہر جاوید نے رشید احمد صدیقی کے تحریر کردہ مختلف مرقعوں سے اقتباسات پیش کرتے ہوئے ان کے اسلوب نگارش کی خوبیوں کو بیان کیا اور واقعات کی پیشکش، کرداروں کی نفسیاتی تحلیل، منظر نگاری وغیرہ خوبیوں کو بیان کرتے ہوئے ان کی مرقع نگاری کا جائزہ لیا ہے۔ باب کے ختم پر رشید احمد صدیقی کے مرقع نگاری کی تعریف و توصیف بیان کرتے ہوئے پروفیسر سلیمان اطہر جاوید لکھتے ہیں:

''رشید صدیقی کی مرقع نگاری میں ان کی انشا پردازی کے جملہ اوصاف منعکس ہوجاتے ہیں۔ مرقع میں وہ کسی شخصیت کے انہی پہلوؤں کو پیش نظر رکھتے ہیں۔ جن سے ان کا واسطہ رہا ہو۔ معاشرتی پس منظر کی کمی کے باعث ان کے مرقعوں میں جو کمی پائی جاتی ہے رشید صدیقی نے اس کو اپنے ذاتی روابط کے خلوص، اپنی عقاب نگاہی اور اپنے اسلوب کے رچاؤ سے نہ صرف غیر محسوس کر دیا ہے بلکہ ان خصوصیات نے ان کے مرقعو ل میں شخصیات کو پروقار اور جیم بنا دیا ہے۔ ان کے مرقعے مرقعے نہیں فلم کے اسکرین بن جاتے ہیں۔ جہاں شخصیات اپنے حقیقی خدوخال میں ابھر آتی ہیں اور سارے واقعات ہمارا آنکھوں دیکھا حال بن جاتے ہیں۔ اردو کے کسی بھی ادیب کو مرقع نگاری میں اتنی کامیابی حاصل نہ ہوسکی۔

جتنی رشید احمد صدیقی کو، اپنی ایک آدھ خامی کے باوجود کامیابی ہوئی ہے
۔مرقع نگار کی حیثیت سے رشید صدیقی بلا شبہ منفرد حیثیت کے حامل ہیں
اور یہ حیثیت ہر زاویہ سے عالی اور برتر ہے۔'' (۱)

اس طرح پروفیسر سلیمان اطہر جاوید نے رشید احمد صدیقی کی مرقع نگاری کے مختلف پہلوؤں کو اجاگر کرنے کی کوشش کی ہے۔ جب ہم اس جائزے پر نظر ڈالیں تو پتہ چلتا ہے کہ پروفیسر سلیمان اطہر جاوید نے رشید احمد صدیقی کے تحریر کردہ مرقعوں کا انفرادی طور پر یا سلسلہ وار جائزہ نہیں لیا۔ بلکہ مرقع نگاری کی خصوصیات جیسے منظر نگاری کردار نگاری ،واقعات نگاری، سراپا نگاری، نفسیاتی پہلو وغیرہ کو رشید احمد صدیقی کے تحریر کردہ منتخبہ مرقعوں میں تلاش کرنے کی کوشش کی ہے۔ پروفیسر سلیمان اطہر جاوید کی یہ کوشش تنقیدی نقطہ نظر سے ٹھیک ہے لیکن وہ ایک تحقیقی مقالہ لکھ رہے تھے اور تحقیق میں ترتیب، آغاز وارتقاء اور تفصیلات کی اہمیت ہوتی ہے۔ پروفیسر سلیمان اطہر جاوید نے یہ نہیں لکھا کہ رشید احمد صدیقی کے مجموعوں میں کل کتنے مرقعے ہیں۔ ہر مرقع کب لکھا گیا۔تا کہ ان کے زمانہ تحریر کے لحاظ سے ان کے فن کے ارتقاء کا جائزہ لیا جاسکتا تھا۔ یہ خامی ان کی تحقیق میں بار بار کھٹکتی ہے۔ تاہم رشید احمد صدیقی کی مرقع نگاری کے مختلف پہلوؤں کا جائزہ لینے میں پروفیسر سلیمان اطہر جاوید نے باریک بینی سے کام لیا ہے۔جس نکتہ کو بیان کرنا ہے اس کی تائید یا اختلاف میں رشید احمد صدیقی کے مرقعوں سے موزوں اقتباسات منتخب کئے اور تقابلی تنقید کے انداز میں دوسرے مرقعہ نگاروں سے رشید احمد صدیقی کے فن کا تقابل کیا اور انہیں ایک بہترین مرقع نگار ثابت کرنے کی کوشش کی۔ اس طرح ان کا یہ جائزہ تحقیقی انداز میں

کمی کے باوجود تنقیدی انداز میں اچھا تنقیدی جائزہ قرار دیا جاسکتا ہے۔

رشید احمد صدیقی کی مرقع نگاری کے جائزے کے بعد پروفیسر سلیمان اطہر جاوید نے اپنی تحقیقی کتاب ''رشید احمد صدیقی۔ شخصیت اور فن'' کے اگلے باب ''تنقید'' میں رشید احمد صدیقی کا بہ حیثیت نقاد جائزہ لیا ہے۔ اس باب کے آغاز میں انہوں نے انگریزی ادب اور انگریز نقادوں کے حوالے سے تنقید کی تعریف اور اس کے اصول بتانے کی کوشش کی ہے۔ اس کے لئے انہوں نے انگریزی کی مشہور ڈکشنریوں سے اور Shumakar اور Winchester جیسے نقادوں کی تعریفیں پیش کی ہیں۔ لیکن تنقید کی تعریف کے بارے میں اپنا کوئی نقطہ نظر بیان نہیں کیا۔ تاہم تنقید کے اصولوں کے بارے میں اظہار خیال کرتے ہوئے لکھا :

''ہر ناقد کے اپنے اصول ہوتے ہیں جو اساسی طور پر ایک سہی لیکن ان کی ارتقائی اشکال ایک دوسرے سے جدا ہوتی ہیں۔ جس طرح کسی تخلیق کے بارے میں یوں ہی حکم نہیں لگایا جاسکتا بالکل اسی طرح کسی ناقد کے بارے میں بھی بہ یک نظر یہ نہیں کہا جاسکتا کہ اس کے اصول نقد صحیح ہیں یا غلط۔ ناقد خواہ کسی نقطہ نظر کا حامل ہو، دیکھنا یہ چاہئیے کہ اس نے کسی فن پارے کو داخلی حیثیت سے دیکھا ہے یا خارجی حیثیت سے۔ کسی فن پارے کو اس کی تخلیق کے ماحول میں بھی دیکھنا چاہئیے۔ اس طرح نہیں جیسا کہ ہم چاہتے ہیں۔ کہا جاسکتا ہے کہ تنقید کا مقصد دودھ کا دودھ اور پانی کا پانی جدا کرنا ہے''۔(۱)

پروفیسر سلیمان اطہر جاوید نے تنقید کے اصولوں اور تنقید کے بارے میں روایتی خیالات کا اظہار کیا ہے۔لیکن یہ واضح نہیں کیا کہ ادب میں اچھے اور برے کو علحدہ کرنا تنقید کا کام ہے۔لیکن اچھا کیا ہے برا کیا ہے۔ اچھے کو اچھا کن اصولوں کی بنیاد پر کہا گیا اور برے کو برا کس کسوٹی کے تحت کہا گیا۔اس بات کی وضاحت نہیں کی۔تنقید اور اس کے اصولوں کا تذکرہ کرنے کے بعد پروفیسر سلیمان اطہر جاوید نے اردو میں صحت منداصولوں کی بنیاد پر تنقید کا تذکرہ کرتے ہوئے اس کے آغاز ارتقاء کو بیان کیا ہے اور اس تذکرہ کا آغاز حاؔلی سے کرتے ہوئے شبلؔی،عبدالحق،سید سلیمان ندوی،عبدالسلام ندوی،سرعبدالقادر ،چکسبت ،عبدالرحمٰن،بجنوری،ڈاکٹر زورؔ،پروفیسر سروری،امداد امام اثر،مہدی افادی،نیاز فتح پوری وغیرہ کے تنقیدی رجحانات پر نظر ڈالی اور تنقید کے مختلف دبستانوں کے نقاطِ نظر سے آگاہ کرنے کی کوشش کی ہے اور لکھا کہ تاثراتی تنقید کے نقادوں میں جن کے ہاں رومانیت بھی ملتی ہے۔ان میں ایک نام رشید احمد صدیقی کا بھی ہے اور یہ کہ ان کی تنقید کا اظہار ''طنزیات و مضحکات'' اور ''مقدمہ دیوانِ فانی'' سے ہوتا ہے۔رشید احمد صدیقی کو تاثراتی نقاد کہتے ہوئے پروفیسر سلیمان اطہر جاوید لکھتے ہیں:

> ''رشید صدیقی کی تنقیدوں پر تاثراتی تنقید کے بانی اسپنگارن کی چھاپ خاصی حد تک ملتی ہے۔رشید صدیقی تاثراتی نقاد ہیں ویسے یہ امر بھی توجہ طلب ہے کہ تاثر کو تنقید نہیں کہا جا سکتا۔کیونکہ تاثر کو تنقید تک پہنچنے کے لئے کئی مراحل طئے کرنے پڑتے ہیں۔رشید صدیقی کے تاثراتی نقاد ہونے کا ثبوت ان کی تخلیقات کے مطالعہ سے بہ یک نظر مل جاتا ہے ...... رشید

صدیقی کے ہاں فنِ نقد کی حیثیت مبسوط اور منظّم نہیں ۔ وہ کوئی مفکرانہ بات کہہ نہیں پاتے اور نہ پوری طرح کسی تخلیق کا تجزیہ کرتے ہیں ۔ جیسا کہ خود انہوں نے مجھ سے کہا کہ تنقید ان کے نزدیک پسند یا ناپسند کا سوال ہے۔ لہٰذا رشید صدیقی کے ہاں تنقید کو ہم صرف ان کی رائے کا نام اور ان کا شخصی معیار پسند قرار دے سکتے ہیں۔'' (۱)

رشید احمد صدیقی کی تنقیدوں کے رخ کا اندازہ کرتے ہوئے پروفیسر سلیمان اطہر جاوید نے انہیں ایک تاثراتی نقاد ثابت کرنے کی کوشش کی ہے اور اس کے لئے ان کی تحریروں سے ایسے اقتباسات بھی پیش کئے ہیں جو ان کی دلیل کو ثابت بھی کرتے ہیں ۔ تاہم انہوں نے رشید احمد صدیقی کو سطحی نقاد قرار دیا اور کہا کہ ان کی تنقیدوں میں گہرائی اور گیرائی کی تلاش عبث ہے ۔ کیونکہ رشید صدیقی کسی کتاب کو اول سے آخر تک نہیں پڑھتے اور ان کا مطالعہ اتفاقی یا حادثاتی ہوتا ہے ۔ لہٰذا ان کی فکر میں ارتباط اور تسلسل نہیں ملتا ۔ پروفیسر سلیمان اطہر جاوید نے رشید احمد صدیقی کی تنقید کے بارے میں ایک خاص بات یہ بھی بیان کی کہ رشید صدیقی نثر میں طنز و مزاح کے جوہر دکھاتے ہیں ۔ لیکن ان کی زیادہ تر تنقیدیں شعر و شاعری پر مبنی ہیں اور شعر و شاعری ان کی تخلیقات کا اصل موضوع نہیں ہے ۔ رشید احمد صدیقی نے ''جدید غزل'' کے عنوان سے ایک طویل تنقیدی مضمون لکھا تھا اور اس مضمون میں پیش کردہ ان کے تنقیدی خیالات نے کافی مقبولیت حاصل کی تھی ۔ اس مضمون کے اقتباسات پیش کرتے ہوئے پروفیسر سلیمان اطہر جاوید نے رشید احمد صدیقی کے تنقیدی ابعاد کے تعین کی کوشش کی ہے ۔ رشید احمد صدیقی غالبؔ سے متاثر تھے اور ان کے

جذبات کی عکاسی کرتا ہوا یہ اقتباس پروفیسر سلیمان اطہر جاوید نے پیش کیا ہے:

''جو لوگ اس جہاں سے اٹھ چکے ہیں ان میں سے کچھ ایسے ہیں جن کے بارے میں میرا اکثر جی چاہا ہے۔ کاش میں ان کی زندگی میں ان سے مل سکتا۔ ان میں سے ایک غالبؔ ہیں۔'' (۲)

''مجھ سے اگر پوچھا جائے کہ ہندوستان کو مغلیہ تہذیب نے کیا دیا تو میں بے تکلف یہ تین نام لوں گا۔ غالبؔ۔ اردو اور تاج محل: یہ ہندوستان کی تہذیبی پیداوار ہیں اور ہندوستان کے سوائے کہیں اور ظہور نہیں پا سکتے تھے۔ ان تینوں میں ہندوستان کے صوری اور معنوی امتیازات جھلکتے ہیں۔''

(۳)

غالبؔ کے بارے میں رشید احمد صدیقی کے ان خیالات کو پیش کرتے ہوئے پروفیسر سلیمان اطہر جاوید نے لکھا کہ اس میں تاثراتی انداز جھلکتا ہے اور ان کے تاریخی تہذیبی اور ادبی شعور کی بلاخیزی کی غمازی بھی کرتا ہے۔ غالبؔ کے بارے میں اپنی چاہت کے اظہار کے باوجود شخصی طور پر رشید احمد صدیقی غالبؔ کی شخصیت کو ناپسند کرتے تھے۔ ان کے اس خیال کو اجاگر کرتے ہوا یہ اقتباس پروفیسر سلیمان اطہر جاوید نے پیش کیا ہے:

''غالب کے اشعار جتنے بلند ہیں۔ اتنے غالبؔ کے اطوار نہیں۔ لیکن اب تک طنز و ظرافت کے کسی فنکار نے ان کے کردار پر طبع آزمائی نہیں کی۔ جیسے ان کے اشعار نے ان کے کردار کو اپنی حفاظت میں لے رکھا ہو۔'' (۱)

رشید احمد صدیقی کے غالبؔ کی شخصیت کے بارے میں ان خیالات کو پیش

کرنے کے بعد پروفیسر سلیمان اطہر جاوید نے رشید احمد صدیقی کے مزاج کو پرکھتے ہوئے ان کے تنقیدی شعور کو واضح کرنے کی کوشش کی ہے۔اس ضمن میں وہ لکھتے ہیں:

''رشید صدیقی کے نزدیک فن کی طرح فنکار کی شخصیت اوراس کا کردار بھی اہمیت رکھتا ہے۔فن کی عظمت کے لئے ناگزیر ہے کہ فنکار کی شخصیت اور کردار بھی عظیم ہو۔اگرفن کار زندگی اور زمانے کے تقاضوں اوران کے تعلق سے اپنی ذمہ داریوں کو فراموش کرجاتا ہے تو رشید صدیقی کے نزدیک وہ بڑا شخص نہیں ہوسکتا اور جب بڑا شخص نہیں ہوگا تو بڑا فنکار بھی نہیں ہوسکتا۔ان کے نزدیک فن کی برگزیدگی کا انحصار فن کار کی شخصیت کی برگزیدگی پر بھی منحصر ہے۔'' (۲)

پروفیسر سلیمان اطہر جاوید نے غزل کے بارے میں رشید احمد صدیقی کے مقبول عام فقرے اوراقتباسات بھی پیش کئے ہیں جیسے:

''غزل شاعری نہیں تہذیب بھی ہے'' (جگر میری نظر میں)

''غزل صنف سخن ہی نہیں معیار سخن بھی ہے'' (جدید غزل)

''غزل ریزہ کاری میں مینا کاری ہے'' (جدید غزل)

''شاعری زیور کا محتاج ہے اور زیور غزل کا محتاج ہے'' (جدید غزل)

''غزل جتنی بدنام ہے۔اتنی ہی مجھے عزیز ہے۔شاعری کا نام آتے ہی میرا ذہن غزل کی طرف مائل ہوجاتا ہے۔غزل کو میں اردو شاعری کی آبرو سمجھتا ہوں۔ ہماری تہذیب، غزل میں اور غزل ہماری تہذیب میں

ڈھلی ہے۔ دونوں کو سمت و رفتار رنگ و آہنگ، وزن و وقار ایک دوسرے سے ملا ہے۔'' (۳)

غزل کے بارے میں رشید احمد صدیقی کے ان لطیف خیالات پر اپنی رائے ظاہر کرتے ہوئے پروفیسر سلیمان اطہر جاوید نے رشید احمد صدیقی کی یوں قصیدہ خوانی کی ہے:

''غزل کے بارے میں رشید صدیقی کے یہ خیالات ''ادب لطیف'' کے بہترین نمونے ہیں۔ یہ چیدہ چیدہ سہی لیکن ہر فقرہ غزل کی کسی نہ کسی خوبی کا اظہار ہے۔ یہ نثر میں شاعری ہے۔ ہر فقرہ ایک مصرعہ معلوم ہوتا ہے۔ دل نشین، دل نواز اور دل آویز۔ یوں محسوس ہوتا ہے آپ کسی ممتاز غزل گو شاعر کی پیاری سی غزل گنگنا رہے ہیں۔ پر کیف، بے خودی، سرشاری اور مستی سے نکھری ہوئی۔'' (۱)

غزل کے بارے میں رشید احمد صدیقی کے پر کیف خیالات کا پر کیف انداز میں جائزہ لیتے ہوئے خود پروفیسر سلیمان اطہر جاوید بھی ایک لمحہ کے لئے تاثراتی نقاد اور ادب لطیف کے ترجمان بن جاتے ہیں۔ تاہم وہ جلد ہی سنبھل جاتے ہیں اور رشید صدیقی کی جانب سے غزل کی تعریف و توصیف میں کہے گئے کلمات کو بطور اقتباس پیش کرنے کے بعد غزل کی نکتہ چینی پر مبنی ان کے خیالات کو پیش کرتے ہوئے وہ اعتدال کی راہ اختیار کرنے کی کوشش کرتے ہیں۔ غزل کی تنقید پر رشید احمد صدیقی کا یہ اقتباس پیش کیا ہے:

''غزل میں ہمارے یہاں بے راہ روی بھی ملتی ہے۔ ہر طرح کی بے راہ

روی اور جی بھر کے بے راہ روی، یہ غزل کا تصور نہیں ہے۔ یہ اس راہرو کا قصور ہے جو اپنی کم نگہی یا کم ظرفی سے رہگزر کے فریب کو منزل مقصود سمجھ لیتا ہے۔ ادنیٰ درجہ کے لوگوں نے زندگی کی بڑی قدر کی اسی طرح بے حرمتی کی ہے۔'' (۲)

غزل کے بارے میں رشید احمد صدیقی کی نکتہ چینی کو پیش کرتے ہوئے پروفیسر سلیمان اطہر جاوید نے رشید احمد صدیقی کی تنقید کے متوازن رویہ کو ثابت کرنے کی کوشش کی ہے۔ رشید احمد صدیقی کا بہ حیثیت نقاد جائزہ لیتے ہوئے ان کی کتاب ''جدید غزل'' کے تعلق سے آگے چل کر حالیؔ، اکبرؔ، داغؔ، اقبالؔ، جگرؔ، حسرتؔ، فانیؔ، اصغر گونڈوی، ریاضؔ، خیرآبادی کے فن کے بارے میں رشید احمد صدیقی کے خیالات پیش کرتے ہوئے ان پر اپنی رائے ظاہر کی ہے۔ مختلف شاعروں کے کلام اور ان کے فن پر رشید احمد صدیقی کی تنقیدوں کو تاثراتی قرار دیتے ہوئے پروفیسر سلیمان اطہر جاوید لکھتے ہیں :

''شعراء کے بارے میں صوری اور معنوی حیثیتوں سے اتنے مکمل اور دلنواز خیالات ملنے کے بعد یہ بات ایک طرح سے مناسب ہی معلوم ہوتی ہے کہ رشید صدیقی صرف اپنے تاثرات کا اظہار کرتے ہیں اور تنقید کے کسی اسکول سے وابستہ نہیں ۔ کیونکہ ایسی صورت میں وہ مقررہ اصولوں کی پابندی کرتے اور اپنے دل کی بات کہہ نہ پاتے ۔ اظہار خیال پر ایسی پابندی رشید صدیقی جیسی آزاد طبعیت اور رواں دواں شخصیت کبھی گوارا بھی نہیں کرسکتی تھی۔ اردو ادب کے حق میں یہ ایک لحاظ سے بہتر ہوا۔'' (۱)

شعراء کے بارے میں رشید احمد صدیقی کی تاثراتی تنقید کو ان کے حق میں بہتر قرار دیتے ہوئے پروفیسر سلیمان اطہر جاوید نے رشید احمد صدیقی کی شخصیت کے ایک پہلو کو بیان کیا ہے کہ وہ آزادمزاج تھے اور یہ کہ کسی تنقیدی دبستان سے جڑے رہنا ان کے بس کی بات نہیں۔تنقید کے اس جائزے میں آگے ترقی پسند تحریک اور اس کے زیر اثر پیدا ہونے والے ادب پر رشید احمد صدیقی کے خیالات پیش کرتے ہوئے انہیں اپنی ناقدانہ نظر سے پرکھنے کی کوشش کی ہے۔اس ضمن میں وہ یوں رقمطراز ہیں:

> ’’انہوں نے (رشید احمد صدیقی نے) ترقی پسند تحریک اور ادب کا بھرپور جائزہ لینے کی بہت کم کوشش کی ہے۔ان کے زیر مطالعہ غالباً وہی ترقی پسند ادیب زیادہ رہے ہیں جو عریانیت اور فحاشی کے موضوعات پر توجہ دیتے رہے اور فحاشی (مواد ہو یا اظہار) حقیقت یہ ہے کہ صالح ادب میں کبھی بھی اور کہیں بھی مقام نہیں پاسکتی۔‘‘(۲)

ترقی پسند ادب پر رشید صدیقی کی رائے کا تجزیہ کرتے ہوئے پروفیسر سلیمان اطہر جاوید ناصحانہ وسنجیدہ طرز اختیار کر جاتے ہیں کیونکہ ترقی پسند ادب پر رشید احمد صدیقی کی رائے سے اختلاف کرتے ہوئے وہ شخصی جذبات میں بہتے دکھائی دیتے ہیں اور زمان و مکان کے فرق کو ایک لمحہ کیلئے بھول جاتے ہیں۔ترقی پسند ادب اپنے وقت اور اپنے علاقے کے تقاضوں کی پیداوار تھا اور وہ جاگیرداریت، مذہبی اجارہ داری اور قیود و بند سے اکتا کر وقتی ابال کی طرح اچانک ابھر کر سامنے آیا تھا۔رشید احمد صدیقی نے اس طرح کے ترقی پسند ادب پر اس وقت کے لحاظ سے مناسب تنقید کی تھی لیکن رشید احمد صدیقی کی تنقید کو

موجودہ دور کے تناظر میں پرکھتے ہوئے پروفیسر سلیمان اطہر جاوید نے ایک لحاظ سے ان پر زیادتی کی ہے۔تاہم آگے انہوں نے رشید صدیقی کی تحریروں کے منتخبہ اقتباسات سے ترقی پسند ادیبوں پر ان کے مثبت خیالات کا جائزہ بھی لیا ہے اور اپنے جائزے میں توازن پیدا کرنے کی کوشش کی ہے ۔اسی طرح ترقی پسند ادب پر رشید صدیقی کا یہ اقتباس اس بات کی اچھی مثال ہے کہ پروفیسر سلیمان اطہر جاوید نے رشید احمد صدیقی کے مثبت خیالات کی ستائش بھی کی ہے۔وہ اقتباس اس طرح ہے :

''ادب سنت اللہ نہیں ہے کہ اس میں تبدیلی ناممکن ہو۔شعر وادب انسان کی بنائی ہوئی چیز ہے اور انسانوں کو اس کا حق حاصل ہے کہ وہ اس کو اپنی ضرورت کے مطابق ڈھالتے رہیں ۔اس کے ساتھ اس حقیقت کو بھی فراموش نہ کرنا چاہیئے کہ شعر وادب اعلی انسانوں کی اعلی اور متحدہ سرگرمیوں کا نتیجہ ہے۔اس کو ادنیٰ یا مشتبہ مقاصد کے لئے زیروزبر نہ کرنا چاہیئے ۔یہ سوسائیٹی کے ساتھ غداری ہوگی ۔ جسے معاف نہیں کیا جاسکتا۔میں اس کا قائل ہوں کہ اگر کوئی شعر وادب قوم و جماعت کی نظر وفکر کے مطالبات کو پورا نہیں کرتا تو اس شعر وادب کو جوں کا توں رہنے دینا کبھی کوئی قابل فخر بات نہیں ہے۔''(۱)

رشید احمد صدیقی کے اردو مشاعروں اردو غزل اور ترقی پسند شعر وادب پر مبنی تنقیدی خیالات کو مختلف مضامین سے جمع کرنے اور ان پر تنقیدی نظر ڈالنے کے بعد پروفیسر سلیمان اطہر جاوید نے رشید احمد صدیقی کی تنقیدی کتاب ''طنزیات ومضحکات'' کا

جائزہ لیا ہے اور لکھا کہ رشید احمد صدیقی نے اپنی ملازمت کے استقلال کی ضرورت کی خاطر ۱۹۲۶ء میں یہ کتاب مرتب کی۔ تاہم وہ پہلی نظر میں اسے تنقیدی کتاب ماننے سے انکار کرتے ہیں۔ اس ضمن میں پروفیسر سلیمان اطہر جاوید رقمطراز ہیں:

''طنزیات ومضحکات'' کو تحقیقی کتاب بمشکل کہا جائے۔ یہ مخزنِ معلومات ہے۔ اس کی حیثیت تنقیدی بھی نہیں تاریخی ہے۔ رشید صدیقی نے اس میں یونانی، رومن، انگریزی اور فارسی ادب کا مختصر سا جائزہ لے لیا ہے۔'' (۲)

اپنے اس خیال کی تائید کے لئے پروفیسر سلیمان اطہر جاوید نے مشہور نقاد ڈاکٹر عبادت بریلوی اور کلیم الدین احمد کی آراء کا سہارا لیا ہے۔ تاہم اس کتاب میں موجود خوبیوں کی ستائش بھی کی ہے۔ اس ضمن میں وہ لکھتے ہیں:

''طنزیات ومضحکات'' میں موجود خامیوں کے باوجود اس سے انکار نہیں کیا جاسکتا کہ اردو میں یہ اپنے موضوع پر اولین کتاب ہے۔ پہلی مرتبہ اردو میں مغربی اور دیگر زبانوں کے طنزیہ و مزاحیہ ادب کا جائزہ لینے کی کوشش کی گئی ہے۔ یہ مکمل اور بھرپور نہ سہی لیکن نقشِ اول ہونے کی حیثیت سے نشانِ منزل کا کام ضرور دیتی ہے۔'' (۳)

پروفیسر سلیمان اطہر جاوید نے رشید احمد صدیقی کی زیر تبصرہ کتاب سے کئی اقتباسات پیش کرتے ہوئے ان کے خیالات کی ترجمانی کی ہے۔ آرٹ کے نام پر ادبی بے راہ روی پر مبنی رشید احمد صدیقی کی یہ تحریر کچھ کم دلچسپ نہیں:

''تیسری جماعت یہ سمجھتی ہے کہ جو کچھ دل میں آئے وہ زبان پر نہ آ سکے تو

اسے صفحہ قرطاس پر ضرور آجانا چاہیئے ۔یہی کمال انشاء پردازی ہے۔جس میں تغیر وتبدل کرنے سے آرٹ کا خون ہوتا ہے ۔ ان بزرگوں کے نزدیک ان کی ہر لغزش ، یا برہنگی کا جواز آرٹ میں مل سکتا ہے۔ان کے نزدیک دواور دو چار کہنا بھی آرٹ ہے۔اور دواور دو چار سو کہنا بھی آرٹ ہے۔اپنی کمزوریاں بھی آرٹ ہیں اور دوسروں کی بیویاں بھی آرٹ ہیں ۔غرض آپ کسی بے تکے پن کو آرٹ بنا سکتے ہیں۔‘‘(۱)

رشید احمد صدیقی کی کتاب ’’طنزیات ومضحکات‘‘ پر جائزے کے ساتھ پروفیسر سلیمان اطہر جاوید نے رشید احمد صدیقی کی تنقید کا باب ختم کیا ہے۔آخر میں مجموعی طور پر ان کی تنقید پر تبصرہ کرتے ہوئے پروفیسر سلیمان اطہر جاوید لکھتے ہیں:

’’رشید صدیقی کی تنقیدی بصیرت کا جہاں تک تعلق ہے ۔ان کے چند فقروں کے علاوہ ان کے میلانِ فکر سے اردو ادب کے اکثر اساتذہ اور طالب علموں نے ہمیشہ اختلاف رائے کیا ہے۔لیکن ان کے اردگرد کے حلقہ اور رشید صدیقی کے مابین تفاوت یہ رہا ہے کہ رشید صدیقی کے رچے ہوئے اسلوب تک جس میں اردو شعر وادب کی صدائے بازگشت ہر سطر میں ملتی ہے ۔ان میں سے کوئی بھی نہیں پہنچ سکا ہے۔ ہوسکتا ہے کہ فی الوقت جو رنگ ہلکے ہلکے نظر آتے ہیں وہ وقت کے گزرتے گزرتے گہرے ہوجائیں۔آئندہ رشید صدیقی کے چراغ سے کتنے چراغ روشن ہوں گے یہ تو کچھ مستقبل ہی بتا سکتا ہے۔‘‘(۲)

رشید احمد صدیقی کی تنقیدوں پر اپنی رائے قائم کرنے کے بعد پروفیسر سلیمان اطہر جاوید نے امید افزاء کلمات کے ساتھ اس جائزے کو ختم کیا ہے اس باب میں پروفیسر سلیمان اطہر جاوید نے تحقیقی وتنقیدی دونوں طرح کے رجحانات کو مساویانہ طور پر برتا ہے ۔ جہاں تک تنقیدی رجحان کا سوال ہے ۔ پروفیسر سلیمان اطہر جاوید نے تنقید کی تعریفوں کے لئے انگریزی نقادوں کے حوالے دینے کے لئے انگریزی کتابوں سے استفادہ کیا ہے ۔اس کے علاوہ رشید احمد صدیقی کے تنقیدی نظریات کے حصول کے لئے انہوں نے مختلف رسائل ،اخبارات ، کتابوں ، ریڈیائی تقاریر وغیرہ کی کھوج کی اور انہیں جمع کر کر ان کے مطالعہ کے بعد اپنا نقطۂ نظر قائم کیا ہے ۔اس کام کے لئے انہوں نے جن رسائل و کتابوں سے استفادہ کیا ہے ان میں سجاد ظہیر کی ''روشنائی'' عزیزانِ اندوہ کے نام، طنزیات ومضحکات ، آتش گل ، سہیل کی سرگزشت ، نشریہ ''شاعر'' دہلی ریڈیو ۸ر ڈسمبر ۱۹۳۸ء ''رشید احمد صدیقی غالبؔ اور علی گڑھ'' مرتبہ ڈاکٹر مختار الدین احمد، جدید غزل ، نقدِ غالبؔ ، فکرو نظر علی گڑھ شمارہ ۱۹۷۱ء غالبؔ کی شخصیت اور شاعری از رشید احمد صدیقی ہفت روزہ ، آئینہ ، نئی دہلی ۱۹۵۵ء ۔ آئینہ نئی دہلی ۔ علی گڑھ کی مسجد قرطبہ ، مجلّہ عثمانیہ ۱۹۵۹ء باقیات فانی ۔ مداوا ، نیا ادب میری نظر میں ، ماہنامہ نگار ، پریم چند کا تنقیدی مطالعہ از ڈاکٹر قمر رئیس ، خطبہ جلسہ تقسیم اسناد جامعہ ملیہ اسلامیہ ، تنقیدی تجربے از ڈاکٹر عبادت بریلوی ، اردو تنقید پر ایک نظر از کلیم الدین احمد ، آئینہ ، نئی دہلی ۔ ۱۹۵۵ء ، باقیات ، بجنوری ، نقوش لاہور ، ہم نفسانِ رفتہ وغیرہ ۔ رسائل و کتابوں کے انتخاب کے اس تنوع سے پتہ چلتا ہے کہ پروفیسر سلیمان اطہر جاوید نے بڑی جانفشانی اور تگ ودو سے رشید احمد صدیقی کی تنقیدوں پر مبنی مواد حاصل کیا ہے اور

حرف آخر کی طرح ان کی تنقیدوں کا جائزہ لیا ہے۔اس جائزے میں تحقیقی رجحان کے علاوہ حسب سابق پروفیسر سلیمان اطہر جاوید نے جابجا رشید احمد صدیقی کے تنقیدی نظریات پر اپنی ناقدانہ نگاہ ڈالی ہے اور ان کی تنقیدوں کی خامیوں اور خوبیوں کو اجاگر کیا ہے۔اس کے لئے انہوں نے بڑی فنکاری کے ساتھ اقتباسات منتخب کئے اور اس عمل میں اپنی مہارت ثابت کرنے کی کوشش کی ہے۔ایک تحقیقی مقالے کی ضرورت کے لحاظ سے انہوں نے رشید احمد صدیقی کی تنقید نگاری کا تفصیلی جائزہ لیا ہے۔جبکہ اس جائزے کے آغاز ہی میں انہوں نے یہ نظریہ قائم کرلیا تھا کہ رشید احمد صدیقی نقادوں کے فہرست میں نہیں آتے۔ تاہم ایک محقق کی نظر سے انہوں نے رشید احمد صدیقی کی تحریروں سے تنقیدی نظریات اخذ کئے اور انہیں ایک تاثراتی نقاد قرار دینے کی کوشش کی اور اس کوشش میں وہ کامیاب دکھائی دیتے ہیں۔

پروفیسر سلیمان اطہر جاوید کی تحقیقی کتاب ''رشید احمد صدیقی شخصیت اور فن'' کا آخری باب ''اسلوب'' ہے۔اس باب میں انہوں نے رشید احمد صدیقی کی مزاح نگاری تنقید اور دیگر تحریروں میں اختیار کئے گئے اسلوب کا تفصیلی جائزہ لیتے ہوئے ان کے اسلوب کی خوبیوں اور خامیوں کو اجاگر کرنے کی کوشش کی ہے۔کتاب کے دیگر ابواب کی طرح اس باب کے آغاز میں بھی رشید احمد صدیقی کے اسلوب کے جائزے سے قبل پروفیسر سلیمان اطہر جاوید نے فن اسلوب ،اور طرز نگارش کی توضیح وتشریح کرنے کی کوشش کی ہے۔اس سلسلے میں انہوں نے لکھا کہ اسلوب کو انگریزی میں "STYLE" کہتے ہیں اور یہ کہ کلاسیکی لاطینی میں زمانہ گزرنے کے ساتھ تحریر وتقریر میں اپنے آپ کو

ظاہر کرنے کا نام اسلوب قرار دیا گیا۔ اسی طرح انہوں نے افلاطون وارسطو کے خیالات اور فرانسیسی میں اسلوب کے مفہوم کو واضح کیا ہے اور دیگر انگریزی ادیبوں ونقادوں ٹینی سن، ہربرٹ ریڈ، مرے وغیرہ کی تعریفیں بھی بیان کی ہیں اور اپنا نقطۂ نظر بیان کرتے ہوئے پروفیسر سلیمان اطہر جاوید لکھتے ہیں:

> اسلوب کو اپنا تعارف کرانے کی ضرورت نہیں ہوتی کہ اچھا قاری اسلوب کے بارے میں کبھی غلطی نہیں کرسکتا۔ وہ کیا چیز ہے جس کو پڑھ کر ہم کہتے ہیں کہ یہ میؔر کا شعر ہے۔ یہ تو غالبؔ ہے۔ یہ محمد حسین آزاد کا رنگ ہے یا یہ ابوالکلام ہیں۔ دراصل یہی شخصیت اور یہی اسلوب ہے جو اظہر من الشمّس ہے......اسلوب صرف شاعرانہ اظہار خیال، الفاظ کی ایک مخصوص ترتیب اور حسنِ بیان کا نام نہیں ہے۔ بلکہ اس کے ساتھ ساتھ اسلوب اس وقت پیدا ہوتا ہے جب کسی کے پاس کہنے کے لئے کوئی چیز بلکہ کوئی خاص چیز ہو۔“(۱)

اسلوب اور طرز نگارش کے بارے میں مختلف ماہرین ادب کی آراء اور اپنی رائے پیش کرنے کے بعد پروفیسر سلیمان اطہر جاوید نے اردو شعر وادب کی رجحان ساز شخصیتوں کے اسلوب کی اہم خصوصیات کی طرف اشارہ کیا ہے اور لکھا کہ شاعری میں میؔر، غالبؔ اور مومؔن اپنے اسلوب کے لئے شہرت رکھتے ہیں۔ تاہم نثر میں غالبؔ کا اسلوب ان کے مکاتیب کی وجہ سے منفرد بن جاتا ہے۔ کیونکہ انہوں نے ان خطوط کے ذریعہ مراسلہ کو مکالمہ بنادیا تھا اور ان میں ان کی شخصیت کے تمام خارجی اور داخلی پہلو محاسن و

معائب کے ساتھ منظر عام پر آ گئے تھے اور غالبؔ اپنے مخصوص اسلوب کی وجہ سے جانے پہچانے لگنے لگے۔ سر سید نے سادگی سے سنجیدہ موضوعات پر قلم اٹھایا اور ان کے اسلوب کی پیروی کرنے والوں میں شبلیؔ، حالیؔ اور نذیر احمد دکھائی دیتے ہیں۔ حالیؔ کی نثر میں متانت سنجیدگی اور تدبر ان کی پہچان بن جاتی ہے تو وہیں شبلیؔ اپنی علمیت اور شعریت کے سبب پہچانے جاتے ہیں۔ نذیر احمد کی پہچان ان کی دہلی کی ٹھیٹ ٹکسالی زبان ہے۔ آزادؔ کے اسلوب میں سرشاری ہے تو ابوالکلام آزاد اپنے اسلوب کے حجم و وقار کے سبب مشہور ہیں۔ پروفیسر سلیمان اطہر جاوید نے اردو کے اہم نثر نگاروں کے اسلوب کی طرف اشارہ کرنے کے بعد رشید احمد صدیقی کے اسلوب کا جائزہ شروع کیا اور لکھا کہ جس طرح ہر فنکار اپنے عہد اور ماحول سے متاثر ہوتا ہے۔ ویسا ہی رشید احمد صدیقی کا بھی حال ہے۔ ان کی ایک تحریر کا حوالہ دیتے ہوئے انہوں نے لکھا کہ رشید احمد صدیقی ابتداء میں شاہ نذیر غازی پوری کے اسلوب سے متاثر تھے۔ اردو کے اہم نثر نگاروں کے اسلوب کی خصوصیات بیان کرنے کے بعد پروفیسر سلیمان اطہر جاوید ان کے اسلوب کا موازنہ رشید احمد صدیقی کے اسلوب سے کرتے ہوئے لکھتے ہیں:

> ''رشید صدیقی کا اسلوب بھی متنوع اور رنگارنگ ہے۔ ان کے ان رنگوں میں سر سید، شبلی، سجاد انصاری اور ذاکر صاحب کے اسالیب کی جھلکیاں ملتی ہیں۔ اس کے باوجود ان کا اسلوب ان کا اپنا ہے۔ جس کی تقلید کی کوشش تو کی گئی اور کی جائے گی لیکن کامیابی ناممکن ہے۔'' (۲)

رشید احمد صدیقی کے اسلوب کا دیگر انشا پردازوں کے اسلوب سے تقابل کرنے

کے بعد پروفیسر سلیمان اطہر جاوید نے رشید احمد صدیقی کی شخصیت کے ان کے اسلوب پر پڑنے والے اثرات کا جائزہ لیا اور لکھا کہ وہ بچوں میں بچوں جیسی باتیں کرتے ہیں۔ طالب علموں کے ساتھ ان کے مذاق کا لحاظ رکھتے ہیں۔ سنجیدہ محفلوں میں ان کی سنجیدگی اپنی مثال آپ ہوتی ہے اور احباب کی انجمنوں میں زعفران زار ہوتے ہیں۔ غزل کے بارے میں رشید احمد صدیقی کے لطیف پیرایۂ بیان ''غزل جتنی بدنام ہے اتنی ہی مجھے عزیز ہے۔ شاعری کا ذکر آتے ہی میرا ذہن غزل کی طرف مائل ہو جاتا ہے۔ غزل کو میں اردو شاعری کی آبرو سمجھتا ہوں۔ ہماری تہذیب غزل میں اور غزل ہماری تہذیب میں ڈھلی ہے۔ دونوں کو سمت و رفتار، رنگ و آہنگ وزن و وقار ایک دوسرے سے ملا ہے''۔ (جدید غزل از رشید احمد صدیقی ص ۱۲) پر تبصرہ کرتے ہوئے پروفیسر سلیمان اطہر جاوید لکھتے ہیں:

> ''غزل کی توصیف میں لکھنے والوں نے ابھی تک کیا کچھ نہیں لکھا۔ کئی ایک نے غزل کو اور بلند درجہ دیا ہے۔ لیکن ایسا سلونا اسلوب شائد کسی کے حصہ میں آیا ہو۔ کتنا دھیما پن، کتنی دلنوازی، کتنی ٹھنڈک، کتنی متانت اور کتنا رچاؤ ہے اس میں، جیسے ایسی ہی کوئی غزل۔'' (۱)

رشید احمد صدیقی کے اسلوب کی لطافت کو پروفیسر سلیمان اطہر جاوید نے بھی لطیف پیرایۂ بیان استعمال کرتے ہوئے ستائش کی ہے۔ دیگر غزل گو شعراء کے بیان میں رشید احمد صدیقی کے اسلوب نگارش کو بہ طور اقتباسات پیش کرتے ہوئے پروفیسر سلیمان اطہر جاوید نے رشید احمد صدیقی کے اسلوب کی مختلف خصوصیات بیان کی ہیں اور ان میں جدت، شوخی، خوشگواری، جذبات اور تخیل کی رنگارنگی، لفظوں کی نشست و برخاست پر توجہ،

الفاظ کی نفسیات وغیرہ خصوصیات کا احاطہ کیا گیا ہے۔ پروفیسر سلیمان اطہر جاوید نے رشید احمد صدیقی کے مولانا ''محمد علی'' پر لکھے گئے ایک مرقع سے اقتباس پیش کیا ہے۔ جو اسلوب کی خصوصیات کے سلسلے میں پروفیسر سلیمان اطہر جاوید کے حسن انتخاب کی داد دیتا ہے۔ رشید احمد صدیقی کا تحریر کردہ اقتباس اس طرح ہے:

> ''محمد علی کے باب میں بعض کہتے ہیں کہ وہ بڑے تھے۔ لیکن ان کا کوئی کارنامہ نہیں ہے۔ یہ تنگ دلوں اور تنگ نظروں کا فیصلہ ہے۔ ہماری زندگی میں آج کتنے دھارے بہہ رہے ہیں۔ کتنے چشمے ابل رہے ہیں۔ کتنے عزائم بیدار اور کتنی روحیں دار و رسن کی طلب گار ہیں۔ یہ کس کا فیضان ہے ۔محمد علی نے ہمارے خون کو رگوں میں دوڑنا پھرنا ہی نہیں بتایا بلکہ وہ آج خود ہماری آنکھوں سے خون بن کر ٹپک رہے ہیں۔ مرد غازی کے کارناموں کا اندازہ مقبوضات کی وسعت، مالِ غنیمت کی فراوانی، جشن و جلوس کی ہما ہمی و طرب انگیزی، برگستواں کی زینت، تمغہ اور اسلحہ کی چمک اور جھنکار سے نہیں کیا جاتا بلکہ اس کا اندازہ کیا جاتا ہے۔ٹوٹی ہوئی تلوار، بکھری ہوئی زرہ، بہتے ہوئے لہو، دہکتی ہوئی روح اور دمکتے ہوئے چہرے سے۔ڈوبتے ہوئے سورج سے۔''(۲)

مولانا محمد علی کی شخصیت کے بارے میں رشید احمد صدیقی کے ان خیالات اور اس کے انداز بیان پر تبصرہ کرتے ہوئے پروفیسر سلیمان اطہر جاوید رقمطراز ہیں کہ مرقع نگاری میں اسلوب کو شخصیات کے مزاج کے مطابق ہونا چاہیئے ۔ اسلوب جس قدر لچکدار ہوگا۔

شخصیات کے مزاج سے اس آسانی سے میل کھائے گا اور کامیاب رہے گا۔ یہ رشید صدیقی کے اسلوب کی عمومی خصوصیت ہے۔ مرقع نگاری کے بعد پروفیسر سلیمان اطہر جاوید نے رشید احمد صدیقی کے طنز و مزاح میں ان کے اسلوب کا جائزہ لیا ہے اور اس پر تنقید کرتے ہوئے اس میں پائی جانے والی کمی کی طرف اشارہ کیا ہے۔ اس ضمن میں وہ لکھتے ہیں:

''رشید صدیقی طنز و مزاح نگار کی حیثیت سے جانے پہچانے جاتے ہیں۔ لیکن واقعہ یہ ہے کہ ان کے طنز و مزاح کے اسلوب کا رنگ اتنا دلکش اور موقر نہیں جتنا کہ ان کی مرقع نگاری، تنقیدوں اور ان کے عام انشائیوں کا ہے۔ طنز و مزاح میں محسوس کیا جا سکتا ہے کہ رشید صدیقی بالا بالا گزر جاتے ہیں۔ گہرائی اور وزن جس کی ایک اچھے صاحب اسلوب سے توقع کی جا سکتی ہے۔ رشید صدیقی کے طنز و مزاح سے ہٹ کر دراصل ان کے مرقعوں اور انشائیوں میں ملتا ہے یا وہاں جہاں انہوں نے انشائیہ نگاری سے کام لیا ہے اور فقرے تراشے ہیں۔'' (۱)

رشید احمد صدیقی کے اسلوب کی ایک خصوصیت ''تہہ داری'' کا جائزہ لیتے ہوئے پروفیسر سلیمان اطہر جاوید نے نہایت لطیف پیرایۂ بیان اختیار کرتے ہوئے اپنے خیالات کا اظہار ان الفاظ میں کیا ہے:

''رشید صدیقی کے اسلوب کی ایک اور خوبی اس کا تہہ دار ہونا ہے۔ انداز بڑا دھیما جیسے خاموش ندی، لیکن معنی و مفہوم کے اعتبار سے ایک سمندر پر شور اور متلاطم جس میں ہزاروں درہائے ناب اور سینکڑوں راز پنہاں

ہوں۔رشید صدیقی لکھتے وقت کون جانے کس حال میں رہتے ہیں۔لیکن قاری خود کو ایک کیف وسرور اور"ہم وہاں ہیں جہاں سے ہم کو بھی کچھ ہماری خبر نہیں آتی" کے عالم میں پاتا ہے۔"(۲)

رشید احمد صدیقی کے اسلوب پر تبصرہ کرتے ہوئے اس طرح پروفیسر سلیمان اطہر جاوید خود انشاپردازانہ اسلوب میں ڈوب جاتے ہیں۔

پروفیسر سلیمان اطہر جاوید نے رشید احمد صدیقی کے اسلوب کا انتہائی گہرائی سے مطالعہ کیا ہے اور اس کے مختلف معنوی پہلوؤں کے علاوہ زبان و بیان ،فصاحت و بلاغت اور قواعد کے اعتبار سے بھی اس کا گہرائی سے جائزہ لیا ہے اور لکھا کہ رشید احمد صدیقی نے اپنے اسلوب کو خوشگوار بنانے کے لئے مختلف قسم کے صنائع لفظی و معنوی استعمال کئے۔ صنعت تجنیس کے استعمال سے انہوں نے اپنی عبارت کو پر رونق بنایا۔چھوٹے چھوٹے فقروں کو استعمال کرتے ہوئے انہوں نے اپنی عبارت میں چاشنی پیدا کی ہے۔اس بات کی تائید کے لئے انہوں نے رشید احمد صدیقی کے تحریر کردہ چند فقرے بطور اقتباس کے پیش کئے ہیں۔

"انسان کی زندگی" اس کے مقاصد جلیلہ کی زندگی سے ہمیشہ کم ہوتی ہے۔

"(مرقع مولوی عبدالحق)

"ڈاکٹروں نے مرض کو اور مولویوں نے مذہب کو ہوا بنا رکھا ہے۔"(مضامین رشید)

"یہ زمانہ بیروزگاری اور روشن خیالی کا ہے۔"(خنداں)

جب رزق اور موت کے دروازے بند ہوجاتے ہیں تو ہندوستان میں اخبارنویسی کے دروازے خود بہ خود کھل جاتے ہیں۔'' (خنداں) (۱)

رشید احمد صدیقی کی تحریروں سے یہ اقتباسات پیش کرتے ہوئے پروفیسر سلیمان اطہر جاوید نے یہ ثابت کرنے کی کوشش کی کہ چھوٹے چھوٹے فقروں کے ذریعہ رشید احمد صدیقی نے اپنے اسلوب کو حسن عطا کیا ہے اور اسے دلچسپ باتوں سے سجانے کی کوشش کی ہے۔ تاہم اسلوب کے حوالے سے وہ رشید احمد صدیقی کی چند ایک خامیوں کی طرف اشارہ کرتے ہوئے لکھتے ہیں کہ:

''رشید صدیقی کے اسلوب کا ایک اور پہلو بہک جانا اور موضوع سے ہٹ کر بات میں بات پیدا کرتے ہوئے طول طویل مباحث چھیڑ دینا ہے۔ یہ رشید صدیقی کی خوبی بھی ہے اور خامی بھی...... رشید صدیقی کے اسلوب کی ایک طرح سے خامی یہ ہے کہ وہ روزمرہ، محاوروں، تشبیہات اور استعارات کا استعمال نہایت کم کرتے ہیں ...... روزمرہ اور محاوروں کی طرح رشید صدیقی نے اپنے اسلوب میں قواعد اور فن کے زاویہ سے ندرت پیدا کرنے کی کوشش نہیں کی ...... رشید صدیقی کے ہاں جملے بہ اعتبار ساخت طویل اور طویل درمیانی کے مابین ہوتے ہیں۔ جملہ معترضہ کی توان کے ہاں کثرت ہے۔'' (۲)

رشید احمد صدیقی کے اسلوب کی زبان و بیان وقواعد کے اعتبار سے گہرائی سے جانچ کے ذریعہ پروفیسر سلیمان اطہر جاوید نے اپنی تحقیق کا حق ادا کیا ہے اور موضوع سے

انصاف کرنے کی کوشش کی ہے اور اس کوشش میں وہ کامیاب دکھائی دیتے ہیں اور ایک ماہر سرجن کی طرح انہوں نے رشید احمد صدیقی کے اسلوب کا تفصیلی آپریشن کر دیا اور کھرا کھوٹا سب واضح کر دیا۔ آخر میں انہوں نے لکھا کہ رشید احمد صدیقی کی ابتدائی عمر چونکہ جونپور (اودھ) میں گزری ہے اور زبان سیکھنے کی اس عمر کی وجہ سے ان کی زبان پر اودھی اثرات زیادہ ہیں۔ رشید احمد صدیقی کے اسلوب کی متاخرین کی جانب سے تقلید کے ضمن میں انہوں نے لکھا کہ:

> ''کسی ادیب کے صاحب طرز اور اس کے اسلوب کے گرانمایہ اور موقر ہونے کی ایک پہچان یہ بھی ہے کہ اس کے ہم عصر اور آنے والی نسل کے ادیبوں نے اس کے اسلوب کی کہاں تک تقلید کی ہے اور کس حد تک متاثر ہوئے ہیں اور اس کا اسلوب ادب میں کس حد تک دیرپا اور کلاسیکی قدروں کا حامل ہے یا ہوسکتا ہے۔ رشید صدیقی کا اسلوب ان کی شخصیت بن چکا ہے...... رشید صدیقی کے اسلوب کی تقلید کرنے والے کئی مل جائیں گے لیکن ان کے اسلوب کو پورے طور پر کوئی اپنا نہ سکا۔''(۱)

جہاں تک اسلوب کو صد فیصد اپنانے کا سوال ہے یہ کسی کے لئے ممکن نہیں۔ پھر بھی پروفیسر سلیمان اطہر جاوید نے یہ کہہ کر کہ رشید صدیقی کے اسلوب کو پورے طور پر کوئی اپنا نہ سکا۔ رشید احمد صدیقی کو منفرد انشار پرداز کے طور پر پیش کرنے کی کوشش کی ہے۔ جبکہ حقیقت یہ ہے کہ اسلوب شخصیت کا پرتو ہوتا ہے۔ اظہار بیان کا ایک مخصوص انداز وقت کے گزرنے کے ساتھ ایک شخصیت اور ایک فن کار کا حصہ اور پہچان بن جاتا ہے اور کوئی لاکھ

اکتسابی کوشش کے باوجود صد فیصد کسی کے اسلوب کی تقلید نہیں کرسکتا۔ لیکن ایک اسلوب کے رنگ میں کچھ کہنے کی کوشش کرسکتا ہے۔ اس طرح کہا جاسکتا ہے کہ ایک اسلوب ایک شخصیت سے شروع ہوتا ہے اور اس پر ہی ختم ہو جاتا ہے اس کی نقل یا تقلید ممکن نہیں۔

پروفیسر سلیمان اطہر جاوید نے اسلوب کی تقلید کے سلسلے میں لکھا کہ رشید احمد صدیقی کے اسلوب کی تقلید میں آل احمد سرور پیش پیش نظر آتے ہیں اور اپنی تنقیدوں کے علاوہ طنز و مزاح و مرقع نگاری کے دوران شوخی، بذلہ سنجی، الفاظ کی ترتیب اور جملوں کا جماؤ رشید احمد صدیقی کے اسلوب کی تقلید کی طرف اشارہ کرتا ہے اور یہ کہ آل احمد سرور کے علاوہ مشتاق احمد یوسفی اور یوسف ناظم وغیرہ نے بھی رشید احمد صدیقی کے اسلوب کی تقلید کرنے کی کوشش کی ہے۔ اس کے لئے انہوں نے ان ادیبوں کی تحریروں سے رشید احمد صدیقی کی تحریر کا موازنہ بھی کیا ہے۔ رشید احمد صدیقی کے اسلوب کی ہمہ گیریت سے پر امید پروفیسر سلیمان اطہر جاوید مستقبل کے ادب پر اس کے ممکنہ امکانات کا جائزہ لیتے ہوئے لکھتے ہیں:

> ''رشید صدیقی کے رچے ہوئے اسلوب تک جس میں اردو شعر و ادب کی صدائے بازگشت ہر ہر سطر میں ملتی ہے۔ ان میں سے کوئی بھی نہیں پہنچ سکا ۔ ہوسکتا ہے کہ فی الوقت جو رنگ ہلکے ہلکے نظر آتے ہیں۔ وہ وقت کے گزرتے گزرتے گہرے ہو جائیں۔ آئندہ رشید صدیقی کے چراغ سے کتنے چراغ روشن ہوں گے۔ یہ تو کچھ مستقبل ہی بتا سکتا ہے۔ لیکن رشید صدیقی کا اسلوب اپنے دور اور آئندہ کے نثری ادب پر گہری چھاپ ڈالے گا۔ رشید صدیقی، صاحب طرز انشاء پرداز اور منفرد صاحب اسلوب

ہیں ۔ ان کی تحریر ان تمام اوصاف سے متصف ہے جو ایک بے مثال صاحب اسلوب کے لئے ناگزیر ہیں ۔ انہوں نے ایک ایسے اسلوب کی طرح ڈالی اور اس کو بار آور کیا جو ان کا صرف ان کا اپنا ہے ۔ جس کے خوشہ چیں تو بہت مل جائیں گے ۔ لیکن حقیقی مقلد شائد ہی کوئی اور ہو ۔ بلکہ کوئی نہیں ، یوں مجموعی طور پر اردو کے اسالیب کے گراں مایہ خزانہ میں ان کا اسلوب وسیع ، جیم اور ادبی وتہذیبی قدروں کے انجذ اب کا حامل ہونے کے باعث نمایاں تر ، مہتمم بالشان اور دیرپا اثرات کا حامل ہے اور ہوگا۔'' (۱)

رشید احمد صدیقی کے اسلوب کی تعریف وتوصیف کے ساتھ پروفیسر سلیمان اطہر جاوید کی تحقیقی کتاب ''رشید احمد صدیقی شخصیت اور فن'' مکمل ہوئی ہے ۔ دو پیش لفظ ، سات ابواب اور (۴۱۷) صفحات پر مشتمل اس ضخیم کتاب کے آخر میں کتابیات کے عنوان سے پروفیسر سلیمان اطہر جاوید نے جدید تحقیق کے اصولوں کی روشنی میں ان کتابوں کی فہرست دی ہے ۔ جو انہوں نے اپنے مقالہ کی تسوید کے دوران استعمال کی ہیں ۔ اس فہرست میں قدیم وجدید ادیبوں اور نقادوں کی ۸۵ کتابوں ، ۱۹ رسائل ، جرائد ، میگزینوں سے اور ریڈیو سے نشر کردہ ۱۳ مضامین سے استفادہ کیا ہے ۔ اس طرح یہ کتاب ایک دستاویز کی صورت اختیار کرگئی ہے ۔ مجموعی طور پر پروفیسر سلیمان اطہر جاوید نے اس کتاب میں رشید احمد صدیقی کے عہد کے حالات اور خود رشید احمد صدیقی کے حالات زندگی ، ان کے طنز ومزاح ، مرقع نگاری ، تنقید ، اسلوب اور علی گڑھ سے ان کی وابستگی جیسے ابواب کے ذریعہ واقعاتی اعتبار سے رشید احمد صدیقی کی مکمل زندگی کو بیان کرنے کی اچھی کوشش کی ہے ۔ چونکہ یہ

ایک تحقیقی مقالہ ہے اور یونیورسٹی کی ضرورت کے تحت لکھا گیا ہے۔ اس لئے اس میں اسلوب کی حد تک بیانیہ انداز پایا جاتا ہے۔ بات کو بیان کرنے کے لئے دیگر مصنفین کے حوالوں اور دیگر کتابوں کے اقتباسات کی مدد لی گئی ہے۔ لہذا اس میں روانی اور تسلسل کے بجائے دلائل اور ثبوتوں کے ذریعہ بات کو پیش کرنے کا انداز دکھائی دیتا ہے۔ رشید احمد صدیقی پر یہ تحقیقی مقالہ لکھنے کے دوران پروفیسر سلیمان اطہر جاوید نے اکثر و بیشتر تنقیدی انداز اختیار کیا ہے اور جا بجا رشید احمد صدیقی کے محاسن و معائب کو یکے بعد دیگرے بیان کیا گیا ہے۔ اس کے ساتھ ساتھ رشید احمد صدیقی کے طنز و مزاح، مرقع نگاری، تنقید اور اسلوب وغیرہ کے بیان میں تحقیقی نقطۂ نظر بھی واضح ہوتا ہے۔ پروفیسر سلیمان اطہر جاوید نے رشید احمد صدیقی سے متعلق جس مسئلہ کو بھی اٹھایا ہے۔ اسے حوالوں، دلائل اور ثبوت کے ذریعہ واضح طور پر سمجھانے کی کوشش کی ہے۔ ان کے طنز و مزاح کی خوبیوں اور خامیوں کو تفصیلی طور پر بیان کیا اور ان کا موازنہ اردو کے مشہور طنز و مزاح نگاروں سے کرنے کی کوشش کی۔ مرقع نگاری کے باب میں شخصیت کے بیان کے ضمن میں کردار نگاری، سراپا نگاری، نفسیات نگاری اور دیگر پہلوؤں کو تلاش کیا اور مرقع نگاری میں رشید احمد صدیقی کے مقام کے تعین کی کوشش کی۔ تنقید میں ظاہری طور پر رشید احمد صدیقی کے ہاں کسی اہم تنقیدی رجحان کی عدم موجودگی کی اطلاع دینے کے باوجود پروفیسر سلیمان اطہر جاوید نے رشید احمد صدیقی کی تنقیدی تحریروں جیسے اردو غزل، طنزیات و مضحکات کے مختلف اقتباسات پیش کرتے ہوئے انہیں تاثراتی نقاد کے طور پر پیش کیا ہے۔ اس کے علاوہ رشید احمد صدیقی کی خوبیوں اور خامیوں کو واضح کیا ہے۔

اسلوب کے باب میں انہوں نے رشید احمد صدیقی کے اسلوب کا گہرائی سے جائزہ لیا ہے۔ ان کے اسلوب کا تقابل دیگر صاحب طرز ادیبوں وانشاپردازوں سے کرتے ہوئے رشید احمد صدیقی کے اسلوب کی انفرادیت کو پیش کیا۔ اسلوب کے بیان میں مختلف اقتباسات پیش کرتے ہوئے زبان و بیان کی خوبیاں اور خامیاں پیش کی ہیں۔ منجملہ ان تمام خوبیوں کے پروفیسر سلیمان اطہر جاوید کی یہ تحقیقی کاوش ان کی پہلی کاوش ہونے کے باوجود ایک مکمل اور جامع کام ہے۔ چند ایک کمیوں سے قطع نظر انہوں نے اپنے منتخبہ موضوع ''رشید احمد صدیقی شخصیت اور فن'' سے بھرپور انصاف کیا ہے۔ ایک منصف اور ایک نقاد کی طرح پورے مقالہ میں انہوں نے رشید احمد صدیقی کی شخصیت اوران کے فن کی خوبیوں کواجاگر کیا ہےاور خامیوں پرنظر ڈالی ہے۔ اس سے ثابت ہوتا ہے کہ وہ ایک اچھے محقق کے ساتھ ایک بلند پایہ نقاد بھی ہیں اور تحقیقی مقالہ میں یہ ضروری بھی ہے کہ محقق ہر چیز یا بات کومن وعن وقبول نہ کرے بلکہ اپنے تنقیدی اندازفکر کو بروئے کار لائے اور چھان بین کرتے ہوئے حقائق کو پیش کرے۔ رشید احمد صدیقی کے بارے میں یہ کتاب اردو کے طالب علموں کے لئے یقیناً مشعل راہ ثابت ہوئی اور خود رشید احمد صدیقی کی شخصیت اور کارنامے بھی اس کتاب کے سبب محفوظ ہو گئے ہیں اوراس اہم کام کا سہرا پروفیسر سلیمان اطہر جاوید کے سر جاتا ہے۔

پروفیسر گیان چند جین نے اپنی کتاب ''تحقیق کا فن'' میں ایک اچھے محقق کی جن اوصاف کا تذکرہ کیا ہے۔ ان میں یہ ہے کہ ایک محقق کو حق گو ہونا چاہئیے۔ وہ بے تعصب اور غیر جانبدار ہو۔ تحقیق کے کام میں ہٹ دھرمی یا کسی دنیوی فائدے کی تلاش مقصود نہ ہو۔

اعتدال پسندی کے ساتھ ڈٹ کر محنت کرنے والا ہو۔ نامعلوم کو معلوم کرنے کی کرید ہو اور ادب کے بارے میں وسیع تر معلومات ہوں۔ ان صفات کو اگر تحقیقی کام کرنے والے کی کسوٹی مانا جائے تو بہ حیثیت محقق پروفیسر سلیمان اطہر جاوید میں یہ خوبیاں کم و بیش ضرور پائی جاتی ہیں۔ رشید احمد صدیقی کے حالات زندگی اور ان کی تخلیقات کے بارے میں چھان بین اور بہت سی موجود معلومات میں صحیح معلومات اخذ کرتے ہیں۔ انہوں نے غیر جانب داری کے ساتھ تحقیقی نقطہ نظر سے معلومات کو پیش کیا ہے۔ محقق کو ایک اچھا نقاد بھی ہونا چاہئیے تاکہ وہ تحقیقی مواد کو تنقیدی نقطہ نظر سے پیش کر سکے۔ پروفیسر سلیمان اطہر جاوید نے رشید احمد صدیقی کی تخلیقات کا جائزہ لیتے ہوئے تاثراتی و تقابلی تنقید کا سہارا لیا ہے اور رشید احمد صدیقی کی تحریروں سے تاثر لیتے ہوئے مختلف مواقع پر مختلف ادیبوں کی تخلیقات سے رشید احمد صدیقی کے فن کا تقابل کیا اور انہیں بہتر مزاح نگار، مرقع نگار، نقاد و ادیب ثابت کرنے کی کوشش کی ہے۔ اس کوشش کے دوران پروفیسر سلیمان اطہر جاوید کا اسلوب سادگی کے ساتھ پرکاری لئے ہوئے ہے۔ بعض جگہ حوالوں کی کثرت اور فنی لوازم کی بحث تحریر کو بوجھل بنا دیتی ہے۔ لیکن ایک تحقیقی مقالہ کا حق ادا کرنے کے لئے انہوں نے کسی پہلو کو تشنہ نہیں چھوڑا۔ رشید احمد صدیقی کی بعض پر لطف تحریروں کے جائزے میں انہوں نے دلچسپ اور لطیف اندازِ بیان اختیار کیا اور ایک تحقیقی مقالے کی بوجھل تحریر کو بھی اپنے منفرد انداز بیان سے دلچسپ بنا دیا۔ ان تمام باتوں کے پیش نظر یہ کہا جا سکتا ہے کہ پروفیسر سلیمان اطہر جاوید کا یہ تحقیقی کارنامہ اردو ادب میں ایک قابل قدر اضافہ ہے اور اس کتاب کے ذریعہ رشید احمد صدیقی اور پروفیسر سلیمان اطہر جاوید کا نام ادبی تاریخ میں یاد رکھا جائے گا۔

مختصر تاریخ تلگو ادب اور فنون لطیفہ

پروفیسر سلیمان اطہر جاوید نہ صرف اردو کے ایک نامور محقق و نقاد، شاعر و انشا پرداز ہیں بلکہ دیگر زبانوں میں بھی انہوں نے اپنے علمی و تحقیقی کارنامے پیش کیے ہیں۔اسی طرح کا ان کا ایک کارنامہ ان کی تحقیق کتاب ''مختصر تاریخ تلگو ادب اور فنون لطیفہ'' ہے۔ یہ کتاب دراصل لکھی تو اردو میں گئی ہے۔لیکن اس میں شامل مواد کے لئے پروفیسر سلیمان اطہر جاوید نے ضرور تلگو شعر و ادب کا بھی مطالعہ کیا ہوگا۔اس طرح اردو کے علاوہ تلگو زبان پر بھی ان کے عبور کا پتہ چلتا ہے۔زیرنظر کتاب اردو اکیڈیمی آندھرا پردیش کے زیر اہتمام مئی ۱۹۷۸ء میں شائع ہوئی۔ ۹۰ صفحات پر مشتمل اس کتاب میں بھارت چند کھنہ کے تحریر کردہ پیش لفظ اور پروفیسر سلیمان اطہر جاوید کے مقدمے کے علاوہ جو ابواب شامل ہیں ان میں ''نن نیا کا عہد'' کاویہ دور ، پربندھ دور، غیر تلگو علاقوں میں تلگو ادب دیگر اصناف میں شتک ،لوک گیت، یکشا گانا ،نثری کارنامے، مغربی اثرات جدید رجحانات، ترقی پسند ادبی تحریک میں شاعری، ناول اور افسانے، تحقیق و تنقید، ڈرامہ، فنون لطیفہ اور کتابیات شامل ہیں۔کتاب کے آغاز میں ''گزارش احوال واقعی'' کے عنوان سے اس کتاب کی اشاعت پر اس وقت کے اردو اکیڈیمی کے ڈائرکٹر رمعتمد جناب بھارت چند کھنہ پروفیسر سلیمان اطہر جاوید کی پیش کردہ اس کاوش پر رائے کرتے ہوئے لکھتے ہیں:

''ڈاکٹر سلیمان اطہر جاوید نہ صرف اردو کے ادیب، محقق اور نقاد ہیں۔ بلکہ تلگودانی میں بھی ایک ممتاز حیثیت کے مالک ہیں۔ڈاکٹر صاحب نے اس کتابچے کی تیاری میں جس تحقیق سے کام لیا ہے وہ ان کے ادبی مزاج کا فطری تقاضہ ہے۔لیکن ہم اسے ایک قابل ستائش کارنامہ سمجھتے ہیں۔ خاص طور پر اس وجہ سے کہ ایک وسیع سمندر کوزے میں بند ہو گیا ہے اور اس کوزے کی گنجائشوں میں اہل نظر سمندر کی وسعتوں کا نظارہ کر سکتے ہیں اور یہی بات ہمارے پیش نظر ہے کہ اردو والے تلگو ادب اور فنون لطیفہ کی تدریجی ترقیوں سے روشناس ہوں۔ہمیں امید ہے کہ ڈاکٹر سلیمان اطہر جاوید کے توسط سے ہم اپنی کوشش میں کامیاب مانے جائیں گے۔''(۱)

بھارت چند کھنہ کے ان خیالات سے اظہار ہوتا ہے کہ پروفیسر سلیمان اطہر جاوید نے اس کتاب میں مختصر ہی سہی لیکن جامع انداز میں تلگو شعر ادب وفنونِ لطیفہ پر طائرانہ نظر ڈالی ہے۔پیش لفظ کے عنوان سے اپنے خیالات کا اظہار کرتے ہوئے پروفیسر سلیمان اطہر جاوید لکھتے ہیں :

''تلگو ادب کی تاریخ بے حد قدیم بھی ہے اور عظیم بھی۔ اس مختصر سے کتابچے میں ایک عظیم ہندوستانی زبان کی تاریخ کو پیش کرنا آسان نہیں۔ یہ تو نہیں کہتا کہ تلگو ادب کی تاریخ کے تمام گوشوں کو پیش کیا گیا ہے۔ خصوصاً تفصیل سے کام لینا تو میرے لئے قطعی ناممکن تھا۔تاہم میں نے کوشش کی ہے کہ تلگو شعر وادب کے تمام اہم پہلوؤں، اہم ادوار، اہم

اصناف اور اہم ادیبوں اور شاعروں کا تذکرہ کیا جائے۔‘‘(۱)

’’ابتداء‘‘ کے عنوان سے پروفیسر سلیمان اطہر جاوید نے تلگو زبان و ادب اور اس کی تاریخ کا تعارف پیش کیا اور لکھا کہ تلگو زبان بولنے والوں کی ایک خاصی بڑی تعداد آندھرا علاقے کے علاوہ اڑیسہ، تامل ناڈو اور بیرون ملک ماریشس، ملائیشیا اور انڈونیشیا میں رہتی ہے۔ تلگو ایک دراوڑی زبان ہے۔ لیکن اس زبان کے ماہرین جیسے سی نارائن راؤ نے اس کا تعلق سنکرت پراکرت زبان سے بتایا ہے۔ تلگو میں حروف تہجی (۵۶) ہیں۔ اس زبان کو مٹھاس کی وجہ سے (Italian of the East) کہا جاتا ہے تلگو ادب کا آغاز ۶۰۰ء سے قرار دیا گیا ہے۔ ابتداء میں کتبوں کے ذریعہ اس زبان کے نقوش ملتے ہیں۔ ۱۰۰۰ء کے بعد سے تلگو شاعری کے نمونے ملتے ہیں۔ اس دور کے شاعروں پر جین مت کی تعلیمات کے اثرات دکھائی دیتے ہیں۔ نن نیا کو تلگو کا پہلا شاعر قرار دیا گیا ہے۔ تحقیقی کتاب’’ مختصر تاریخ تلگو ادب اور فنون لطیفہ‘‘ کے پہلے باب نن نیا کے عہد میں مختصر عنوانات کے تحت پروفیسر سلیمان اطہر جاوید نے تاریخ ادب کی کتاب کی طرح تلگو شعراء، نن نی چوڑا، ملک ارجن، سومنا تھا، تکانا، کیتنا، مارنا، بدنا، رنگا ناتھ، ہلی کی بھاسکر، اپر پراگڈا، ناچنا سوما وغیرہ کے حالات زندگی ان کے ادبی کارناموں کا جائزہ لیا۔ نن نیا کے بارے میں پروفیسر سلیمان اطہر جاوید لکھتے ہیں:

> ’’نن نیا کو زبان و بیان پر غیر معمولی قابو حاصل تھا۔ جذبات و احساسات کی عکاسی اور محاکات و منظر نگاری میں اس کا مقام منفرد ہے۔ اس کا اسلوب سیدھا سادا موضوع سے ہم آہنگ اور موثر ہے۔ روانی اور چاشنی کا

حامل بھی ۔ تلگو زبان کا اپنا مزاج داں شائد ہی گزرا ہو۔ نن نیا نے تلگو زبان کو مختلف شعری اظہارات کے قابل بنایا اور تلگو شعر وادب کے لئے ترقی کی نئی راہیں کھول دیں۔ خاص طور پر تلگو میں طویل نظمیں لکھنے کے آغاز کا سہرا بھی نن نیا کے سر ہے۔'' (۲)

کتاب کے دوسرے باب کا و یہ دور میں پروفیسر سلیمان اطہر جاوید نے پندر ھویں صدی کے تلگو ادب کا جائزہ لیا۔ اور اس دور کے شعراء سری ناتھا، پوتنا، پناویرا، بھدرا ،جکنا ، انباماتیا، گورنا ، ولبھ رایا، وغیلے ،کنٹی ہمورنا ، دودیا گنٹا نارائن ، ہندی ملیا گھنٹا سنگیا ، دگو پلی دگنا اور انمار چاریہ کی شعری وادبی خدمات کا جائزہ لیا ہے۔

کتاب کے اگلے باب پر بندھ دور میں پروفیسر سلیمان اطہر جاوید نے وجیانگر کے راجہ سری کرشنا دیورائے کے دورحکومت میں تلگو شعر وادب کے فروغ کا جائزہ لیا اور اس دور کے شعراء پدنا ، تمانا ، راما بھدرا کوی ، دھرجٹی ، ملنا، پنگلی سورنا ، بھٹومورتی ، رام کرشنا اور اس دور کے شعر وادب کا جائزہ مختصر انداز میں لیا ہے۔

کتاب کے اگلے باب پر بندھ میں پروفیسر سلیمان اطہر جاوید نے وجیانگر کے راجہ سری کرشنا دیورائے کے دورحکومت میں تلگو شعر وادب کے فروغ کا جائزہ لیا اور اس دور کے شعراء پدنا ، تمانا ، راما بھدرا کوی ، دھرجٹی ، ملنا، پنگلی سورنا ، بھٹومورتی ، رام کرشنا اور اس دور کے شعر وادب کا جائزہ مختصر انداز میں لیا ہے۔

''غیر تلگو علاقوں میں تلگو ادب کے عنوان سے'' پروفیسر سلیمان اطہر جاوید نے جنوبی ہند کے علاقوں تنجور اور مدورائی میں تلگو ادب کے فروغ کا جائزہ لیا۔ اس باب میں

انہوں نے چمکوراوینکٹ راجو، وجیاراگھونائک ، مدوپلنی ، رنگاچما، چکاناتھ، شیشم وینکٹ پتی ،سنوکھم کرشنپا ،کلوبے ویراراجو، پالویکری کوری پتی ،تنجاراجو، کوچی منچی تماکوی ، نیوگالکشما کوی ، پاپاراجو، آڈی دموسوراکوی ، منڈاپاکا پارواتیشوراکوی ، گوپی نادھم وینکٹ کوی ، کاسےسروپا، اندوگلاوینکیا، کماراڈھرچٹی ، دٹاکوی نارائن کوی وغیرہ کی شعری وادبی خدمات کامختصراًجائزہ لیا۔

دیگر اصناف ادب کے عنوان سے پروفیسر سلیمان اطہر جاوید نے ’’شتک‘‘ کے بارے میں تفصیل سے لکھا۔شتک کی وضاحت کرتے ہوئے لکھتے ہیں کہ تلگو میں 100 بند والی نظم کوشتک کہتے ہیں ۔اس طرح دوشتک ، تین شتک نظمیں پائی جاتی ہیں ۔اس نظم کی مقبولیت کا جائزہ لینے کے بعد پروفیسر سلیمان اطہر جاوید نے ویمانا کی شاعری کا جائزہ لیا ۔ایک مختصر باب میں ’’لوک گیت‘‘ کا جائزہ لیا گیا۔پروفیسر سلیمان اطہر جاوید نے لکھا کہ تلگو میں لوک گیتوں کا سرمایہ بہت زیادہ ہے ۔لوک گیتوں کے جائزے کے بعد’’ یکشا گانا‘‘ صنف شاعری کا جائزہ لیا گیا ہے۔اس صنف کے بارے میں پروفیسر سلیمان اطہر جاوید لکھتے ہیں :

> ’’تلگوادب میں یکشا گاناایسی صنف سخن کو کہتے ہیں جس میں رقص موسیقی، گیت اور ڈرامے کے عناصر شامل ہوتے ہیں اور مکالموں کو بھی اہمیت حاصل ہوتی ہے ۔اس کوایک طرح سے ناٹک سے تعبیر کیا جاسکتا ہے۔ یکشا گانا عوامی صنف سخن ہے ۔ اس کے لکھنے والوں اوراس سے لطف اندوز ہونے والوں دونوں کاتعلق عوام سے رہا ہے۔اس کا مواد بھی عوامی

زندگی سے لیا جاتا ہے۔عوامی دلچسپی کو برقرار رکھنے کے لئے جہاں تہاں مزاحیہ عناصر اور کردار شامل کیئے جاتے ہیں۔"(۱)

مضمون میں آگے اس صنف کے ارتقاء کا جائزہ لیا۔اگلے باب، نثری کارنامے میں پروفیسر سلیمان اطہر جاوید نے لکھا کہ سترھویں صدی کے آغاز سے تلگو نثر کے آغاز کے نمونے ملتے ہیں۔آگے باب میں تلگو ادب پر مغربی اثرات کے تذکرے کے بعد پروفیسر سلیمان اطہر جاوید کے چنیا سوری، راؤ بہادر کے ویریش لنگم، چلکامرتی لکشمی نرسمہم، ویدم وینکٹ، رایا شاستری، وڑادی، سبارائیڈو، داسوسری راملو، تومورام داس کوی، واویلی کولانو، سباراؤ، جنا منچی، سیشا دری شرما، واویلا راؤ اسد یوا شاستری، پانپ پاگم، اننتا چارلو، پنڈلا راما کرشنیا، چنا پرگا راجھانو مورتی، رایاسم وینکٹ سی دوڑو، ادی پوڈی سبومناتھ راؤ، کاووتا سری، راما شاستری، عمر علی شاہ، اچنٹا وینکٹ رایا، سانکھیانا شرما، چٹی لکشمی نرسمہم، کوکنڈا وینکٹ رتنم پنتولو، یانوگنٹی لکشمی نرسمہا راؤ، بورگل رام کرشنا راؤ، شیخ داؤد، خاتون شعراء میں مامی دنا سبھدرما، کانچنا پلی کنکما، گوڈی پوڈی، اندومتی دیوی، پونکا کنکما، چیما کرتی سیتاوتی، چنا پرتی کنکما، براکملا دیوی اور نائینی کرشنا کماری کے شعر وادب کا جائزہ لیا ہے۔

تاریخ تلگو ادب کتاب کے ایک باب جدید رجحانات میں پروفیسر سلیمان اطہر جاوید نے اٹھارویں اور انیسویں صدی میں مغربی تعلیمات کے زیر اثر تلگو ادب میں جدید رجحانات کے حامل شعراء ادیبوں کے کارناموں کا جائزہ لیا۔اس باب میں سبا راؤ۔ گروجاڈا اپاراؤ، وشواناتھ، ست نارائن، گڈیارم سیشا شاستری وغیرہ کے فن کا جائزہ لیا۔ ترقی پسند ادبی تحریک کے تلگو شاعری پر پڑنے والے اثرات کا جائزہ لیتے ہوئے اگلے باب

میں پروفیسر سلیمان اطہر جاوید نے داسرتھی، سی نارائن ریڈی، بیراگی، کالوجی نارائن راؤ، کندرتی، انجانیلو، بوئی بھیمنا اور شیشند رشرما اور نوتلا پائی گنگا دھرم کے کارناموں کا جائزہ لیا
۔

کتاب کے اگلے باب ''ناول اور افسانے'' کے تحت مادا پائی ہنمنت راؤ، سراورم پرتاب ریڈی، ڈی وینکٹ شیوراؤ، چلکامرتی، اناؤ لکشمی نارائن، ڈی وی باپی راجو، نوری نرسمہا شاستری، ٹی راجگو پال، موکا پاٹی نرسمہا شاستری، تری پورہ نینی گوپی چند، کے رام گوپال راؤ، بی بھردواجا، گڑی پاٹی وینکٹ چلم، سیوارا ما شاستری، ملادی رام کرشنا ساتری، کوڈاوٹی گنٹی، کومباراؤ، ایم نرسمہا راؤ، بچی بابو، منجوسری، سری پادا سبرامنیم شاستری، جی وی کرشنا راؤ، پنتو لاسری راما شاستری، کے پدماوتی دیوی، سی پورنا چندراؤ، پالاگمی پدماراجو، دھارنی کوٹا سری نواسلو، کے ایناک، اے سوریا راؤ، سری نواس شرومنی، شاردا ویڈیلر چنڈی داس، ای سرسوتی دیوی، وی آلوراسوامی، بی کرشنا راؤ، پوتو کوچی سامبا سیوا راؤ، بنیا دیوی، لتا رنگا نائیکما، سری دیوی، بھانومتی رام کرشنا، ٹی جانکی رانی کے ناولوں اور افسانوں کا جائزہ لیا۔ تلگو تاریخ ادب پر مبنی کتاب کے اگلے باب ''تحقیق و تنقید'' میں پروفیسر سلیمان اطہر جاوید نے تلگو محققین اور نقادوں کا تعارف کرایا ہے اور دیوا کرلا وینکٹ آوادھانی، جی وینکٹ راما مورتی، رالا پلی، اننتا کرشنا شرما، کوراڈا رامکرشنیا، جی وی سیتا پتی، عبدالغفور، الحاج ٹی ایم میراں نظامی، ڈی رامانج راؤ، محمد زین العابدین، کے گوپال کرشنا راؤ، جی این ریڈی، کے وی رمنا ریڈی وغیرہ کے کارناموں کا جائزہ لیا۔

ڈرامہ کے باب میں پروفیسر سلیمان اطہر جاوید نے لکھا کہ ۱۸۷۰ء تک تلگو میں

کوئی ڈرامہ نہیں ملتا۔ اس کے بعد سنکرت ڈراموں اور اردو ہندی تھیٹریکل کمپنیوں کے ڈراموں کے زیر اثر تلگو میں ڈرامہ نگاری کا آغاز ہوا۔ اس باب میں دھرماورم کرشنم چاریہ، کے سری نواس راؤ، چلکاموریتی لکشمی نرسمہم، گروجاڈا اپاراؤ، پنوگنٹی لکشمی، نرسمہاراؤ، آتریا، چدلاواڈا پچیا، چلارا بھاؤ نارائن، سفرنامے وغیرہ میں اینو گولا ویرسوامی، کولاشیشا چلاکوی وغیرہ کے فن کا جائزہ لیا۔

کتاب کے آخر میں پروفیسر سلیمان اطہر جاوید نے فنون لطیفہ کے باب میں فن تعمیر اور سنکرانتی، موسیقی، رقص، مصوری وغیرہ کا جائزہ لیا۔ کتابیات کے باب کے ساتھ ہی پروفیسر سلیمان اطہر جاوید کی تحریر کردہ مختصر تلگو تاریخ ادب پر مبنی کتاب کا اختتام عمل میں آتا ہے۔ اردو زبان میں تلگو ادب کی تاریخ کا مطالعہ کرنے میں یہ کتاب ممد و معاون ثابت ہوگی۔ اس کے علاوہ تلگو زبان وادب کی بتدریج ترقی سے واقفیت ہوتی ہے۔ اس لحاظ سے اردو میں تلگو ادب کی تاریخ پر مبنی یہ کتاب اہم اضافہ سمجھی جائے گی۔

☆☆☆☆☆

مکاتیب رشید

پروفیسر سلیمان اطہر جاوید کی ایک تحقیقی کتاب ''مکاتیب رشید'' ہے۔ اس کتاب میں پروفیسر سلیمان اطہر جاوید نے رشید احمد صدیقی کے مختلف احباب کو لکھے گئے جملہ تین سو گیارہ (۳۱۱) خطوط کو مرتب کر کے شائع کیا۔ مکاتیب رشید کے نام سے یہ کتاب ۱۹۸۰ء میں حیدر آباد سے شائع ہوئی۔ اس کتاب کا انتساب رشید احمد صدیقی کے فرزند ''احسان رشید'' کے نام سے کیا گیا ہے۔ کتاب میں مولانا عبد الماجد دریابادی کا مختصر پیش لفظ ہے۔ پروفیسر سلیمان اطہر جاوید نے ''عرض حال'' کے عنوان سے اس کتاب کے ترتیب دینے کی وجوہات بیان کیں۔ اور آگے ''رشید احمد صدیقی کی مکتوب نگاری'' کے عنوان سے ۲۸ صفحات کا مقدمہ تحریر کیا۔ اس کے بعد رشید احمد صدیقی کے خطوط سلسلہ وار جمع کئے۔ جن احباب کو خطوط لکھے گئے۔ ان کے نام اور خطوں کی تعداد اس طرح ہے۔ آمنہ خاتون (۱۹) احتشام حسین (۲)، اسلوب احمد انصاری (۹)، اکبر الدین صدیقی (۱)، جنید احمد صاحب (۳)، حبیب احمد صدیقی (۲۲)، حبیب الرحمٰن (۲)، خلیل الرحمٰن اعظمی (۱۱)، رضا نقوی واہی (۳)، رفیعہ سلطانہ (۱)، سلیمان اطہر جاوید (۱۶)، سمیع صدیقی (۸)، ضیاء احمد بدایونی (۵)، عبد القادر سروری (۶)، عبد اللطیف اعظمی (۱۶)، عبد الماجد دریا

بادی (۲۸)، غلام ربانی تاباں (۱)، غلام عمر خاں (۳)، کرامت علی کرامت (۴)، محمد مجیب (۲)، محمد حسن (۱۳)، مسعود حسین خاں (۱۰۸)، مطیع صدیقی (۱)، مظہر امام (۴)، مناظر عاشق ہرگانوی (۱)، نظیر صدیقی (۱۸)، نور الحسن ہاشمی (۱)، وزیر آغا (۱)، ہماری زبان (مدیر) (۱)، ہاشم قدوائی (۱)۔

کتاب کے آخر میں ''تعارف'' کے عنوان سے پروفیسر سلیمان اطہر جاوید نے ان شخصیات کا مختصر تعارف پیش کیا ہے۔ جن کا نام رشید احمد صدیقی نے خطوط لکھے تھے۔ مکاتیب رشید کا پیش لفظ'' مولانا عبدالماجد دریابادی'' نے لکھا ہے۔ جن سے پروفیسر سلیمان اطہر جاوید کی ملاقات رشید احمد صدیقی پر پی۔ ایچ۔ ڈی کرنے کے دوران حصول مواد کے لئے سفر شمالی ہند کے موقع پر ہوئی تھی۔ ایک صفحہ کے اس پیش لفظ میں مولانا عبدالماجد دریابادی نے اپنے نمایاں اسلوب کی چھاپ چھوڑی ہے۔ رشید احمد صدیقی اور پروفیسر سلیمان اطہر جاوید کے بارے میں وہ لکھتے ہیں:

''رشید صاحب ظریف شروع سے رہے ہیں اور اب اس پر مستزاد شریف بھی ہوگئے ہیں اور جس مرد رشید میں یہ دونوں دولتیں ظرافت اور شرافت کی جمع ہوجائیں اس کے لئے باقی ہی کیا رہ جاتا ہے۔ ان کا قلم ان کی زبان کی طرح اظہار خیال کے لئے ہے۔ اخفائے خیال کے لئے نہیں۔ ان کے مکتوب ان کے دل کا آئینہ ہوتے ہیں اور اس لئے قابل عزت بھی قابل توجہ بھی......سلام ان کو جوان سے خط و کتابت کی عزت رکھتے ہیں ان کو جنہیں وہ مراسلت سے مشرف کرتے رہتے ہیں اور سب سے بڑھ کر

ان کو جنہوں نے یہ مکتوبات جمع و محفوظ رکھ کر ان کے طبع و اشاعت کا انتظام کر لیا ہے۔''(۱)

عبدالماجد دریابادی کی اس خلوص بھری تحریر سے اندازہ ہوتا ہے کہ رشید احمد صدیقی کے لئے ان کے ہاں کتنی قدر و منزلت تھی اور پروفیسر سلیمان اطہر جاوید کو وہ کتنا عزیز رکھتے تھے۔ پیش لفظ کے بعد عرضِ حال کے عنوان سے پروفیسر سلیمان اطہر جاوید نے ''مکاتیب رشید'' ترتیب دینے کی وجوہات اور مراحل بیان کئے اور لکھا کہ رشید احمد صدیقی پر تحقیقی کام کرنے کے دوران ہی انہوں نے ان کے مکتوبات جمع کرنا شروع کر دئے تھے۔ استاد مسعود حسین خاں نے ان کی حوصلہ افزائی کی اور ان کے نام رشید احمد صدیقی کے لکھے گئے مکاتیب دئے۔ رشید احمد صدیقی نہیں چاہتے تھے کہ ان کے خطوط اشاعت کی غرض سے جمع کئے جائیں۔ اس کے باوجود پروفیسر سلیمان اطہر جاوید نے اپنی سعی جاری رکھی اور ایک عرصہ کے بعد ان خطوط کو مرتب کر کے شائع کیا۔ خطوط فراہم کرنے والوں کا شکریہ ادا کرنے کے بعد رشید احمد صدیقی کی روح سے معذرت خواہی کرتے ہوئے پروفیسر سلیمان اطہر جاوید لکھتے ہیں :

''رشید صاحب کی روح سے معذرت خواہ ہوں کہ ان کی مرضی نہیں تھی پھر بھی ''مکاتیب رشید'' شائع کر رہا ہوں۔ محض اس لئے کہ یہ وقیع ادبی خزینہ اردو اور رشید صاحب کے شیدائیوں اور پرستاروں تک پہنچانا میرا فرض ہے۔''(۲)

عرض حال کے بعد پروفیسر سلیمان اطہر جاوید نے رشید احمد صدیقی کی مکتوب

نگاری کی خصوصیات کا احاطہ کرتے ہوئے ایک مبسوط مقدمہ ''مکاتیب رشید احمد صدیقی'' کے عنوان سے لکھا۔ ابتداء میں اچھے خطوط کو ادب لطیف سے تعبیر کرتے ہوئے لکھتے ہیں کہ ذاتی اور کاروباری نوعیت کے خطوط ایک ضرورت کے تحت سیدھے سادھے انداز میں لکھے جاتے ہیں۔ لیکن بہت سے لوگ اپنے جذبات کے اظہار کے طور پر خطوط لکھتے ہیں۔ جن میں ادبی چاشنی پائی جاتی ہے۔ اپنے ہی خطوط کے بارے میں رشید احمد صدیقی کے خیالات کو پروفیسر سلیمان اطہر جاوید نے اپنی بات کی تائید کے لئے پیش کیا ہے وہ لکھتے ہیں:

> ''خطوط کا معاملہ عشق و محبت کا ہے۔ جس طور پر محبت ہو جاتی ہے کی نہیں جاتی۔ اسی طور پر خط بھی لکھ جاتا ہے لکھا نہیں جاتا۔ محبت کے دیوتا کی طرح خط کا دیوتا بھی اندھا ہوتا ہے۔''(۱)

خطوط میں شخصیت کے اظہار کے امکانات کا جائزہ لیتے ہوئے پروفیسر سلیمان اطہر جاوید نے لکھا کہ ادبی تذکروں اور سوانح عمریوں میں شخصیت کا اظہار ہوتا ہے۔ لیکن اس میں بھی مبالغہ آرائی کا امکان رہتا ہے۔ جبکہ خطوط چونکہ دلی جذبہ سے لکھے جاتے ہیں اس لئے اس میں شخصیت کی حقیقی تصویر کا اظہار ہوتا ہے اور دوست احباب کو بے تکلفی میں جو خطوط لکھے جاتے ہیں ان میں شخصیت مزید گھل کر سامنے آجاتی ہے۔ یہی وجہ ہے کہ رشید احمد صدیقی اپنے خطوط کی اشاعت کے مخالف تھے اور وہ نجی خطوط کی اشاعت کو کسی کے غسل خانے میں تاک جھانک کے مماثل سمجھتے تھے۔ تاہم رشید احمد صدیقی کے خطوط کی اشاعت کے جواز کو ضروری قرار دیتے ہوئے ان کے خطوط کی اہمیت پیش کرتے ہوئے پروفیسر سلیمان اطہر جاوید لکھتے ہیں:

''لیکن جہاں تک مکاتیب کی وقعت، ادب میں ان کی اہمیت اوران کے جز وفنون لطیفہ ہونے کا تعلق ہے رشید صدیقی کا معیار و مذاق اونچا اور بے حد اونچا تھا۔ مہذب اور شائستہ بھی۔ وہ اچھے مکاتیب لکھتے ہی نہیں اچھے مکاتیب کا احترام کرنا بھی جانتے تھے...... رشید صدیقی کے مکاتیب میں ان کی شخصیت اور اسلوب ہی نہیں ان کا طرز فکر، ادبی، سیاسی ،تہذیبی اور تعلیمی موضوعات و مسائل پر ان کا رویہ اور مختلف افراد کے بارے میں ان کے خیالات کی آئینہ داری ہوتی ہے۔''(۲)

رشید احمد صدیقی کے خطوط کی سیاسی، سماجی وادبی حیثیت کے اظہار کے بعد ان کے خطوط کے انتخاب کے ذریعہ پروفیسر سلیمان اطہر جاوید نے لکھا کہ رشید احمد صدیقی کے ان مکتوبات سے ان کی سیاسی، تہذیبی، ادبی فکر پر روشنی پڑتی ہے۔ اس سلسلے میں انہوں نے اپنے مقدمے میں ایسے خطوط شامل کئے جن سے رشید احمد صدیقی کے سیاسی افکار، علی گڑھ سے ان کی گہری وابستگی گھریلو اور نجی معاملات، دوست احباب سے ان کے روابط، ادب کے بارے میں ان کے نظریے، طنز ومزاح، زندگی کے مسائل، وغیرہ پر روشنی پڑتی ہے ۔ ہندوستان و پاکستان کے مابین جنگ سے ہونے والے نقصانات پر افسوس کا اظہار کرتے ہوئے پروفیسر مسعود حسین خان وائس چانسلر جامعہ ملیہ اسلامیہ کے نام ۔ جولائی ۱۹۷۲ء کو لکھے گئے مکتوب میں وہ لکھتے ہیں:

''ہندوستان اور پاکستان کے درمیان حال میں جو مفاہمت ہوئی ہے۔ کاش اب سے بہت پہلے ہوئی ہوتی۔ کتنی خواریوں، ہلاکتوں، محرومیوں

سے نجات رہتی۔ عقل کتنی آسانی سے اور کتنا جلد ساتھ چھوڑ دیتی ہے اور کیسے کیسے دردناک تاوان لینے کے بعد واپس آتی ہے۔'' (۳)

رشید احمد صدیقی کے مکتوبات کی سیاسی، تاریخی، ادبی و تہذیبی اہمیت کو ان کے خطوط سے ثابت کرتے ہوئے پروفیسر سلیمان اطہر جاوید لکھتے ہیں کہ جہاں مکاتیب غالبؔ اردو ادب میں سنگ میل کی حیثیت رکھتے ہیں وہیں رشید احمد صدیقی کے مکاتیب بھی کئی خوبیوں کے حامل ہیں۔ ان خطوط کو رشید احمد صدیقی کی فکر کا منبع قرار دیتے ہوئے وہ لکھتے ہیں:

''زندگی کا کونسا مسئلہ۔ کونسا پہلو یا کونسا رخ ہے جس کو انہوں نے نظر انداز کر دیا ہو۔ ان مکاتیب میں مسکراہٹیں بھی ہیں اور جہاں تہاں ان کے لہجہ میں آزردگی اور غم گینی بھی۔ انہوں نے خوشیاں بھی سمیٹی ہیں اور زندگی و زمانے کا رونا بھی رویا ہے۔ خیالات کے اظہار میں جرات سے بھی کام لیا ہے۔ اور کبھی مصلحتوں کو بھی ملحوظ رکھا ہے۔ اتنا ضرور ہے کہ ان کے مکاتیب کے مطالعہ سے ان کے ذہن کے گوشوں اور مختلف تہوں کا مطالعہ ممکن ہے۔ ان کے مضامین سے ان کی شخصیت کے کئی پہلو سامنے آتے ہیں۔ لیکن ان کی شخصیت سے مکمل آگاہی کے لئے ان کے مکاتیب کا ہمہ گیر جائزہ لینا ضروری ہے...... اگر یہ سچ ہے کہ مکاتیب میں انسان کا قلم نہیں دل بولتا ہے تو یہ بات رشید صدیقی کے مکاتیب پر حرف بہ حرف صادق آتی ہے کہ ان کے مکاتیب میں ان کے دل کی دھڑکنیں سنی جا سکتی

ہیں۔"(۱)

رشید احمد صدیقی کے مکاتیب کے بارے میں ان خیالات کے ساتھ پروفیسر سلیمان اطہر جاوید کے تحریر کردہ مقدمہ کا اختتام ہوتا ہے۔ اس مقدمہ کے ذریعہ انہوں نے رشید احمد صدیقی کے مکاتیب میں ان کی فکر کے موڑ کو سمجھانے کی کوشش کی ہے۔

رشید احمد صدیقی کی مکتوب نگاری کے جائزے کے بعد پروفیسر سلیمان اطہر جاوید نے اردو حروف تہجی کے اعتبار سے رشید احمد صدیقی کے مختلف احباب کو لکھے گئے خطوط پیش کئے۔ پروفیسر سلیمان اطہر جاوید کے نام ۲۶ رستمبر ۱۹۷۶ء کو لکھے گئے مکتوب کا متن اس طرح ہے۔

"عزیزی گرامی۔ سلام مسنون

کتاب المناقب (رشید احمد صدیقی ۔ شخصیت اور فن) موصول ہوئی۔ آنکھوں کی تکالیف کے باوجود جہاں تہاں سے ورق گردانی کر گیا۔ اس لئے اور کہ ہر جگہ تعریف تھی۔ کہیں تنقید تھی بھی تو برائے نام۔ جسے میں نے تسلیم کر لیا۔ دل میں اتنی وسعت تو ہونی چاہیئے

آپ کے کرم کا شکر گزار ہوں

ہماری تہذیب کے بھلے یا برے جیسے تقاضے رہے ہوں۔ ان کو دیکھتے ہوئے کچھ ایسا خیال ہوتا ہے کہ کسی مصنف یا شاعر پر اس کی زندگی میں کسی شریف النفس طالب علم کو تحقیقات کرنے میں تامل کرنا چاہیئے۔ اس لئے کہ نوجوان تحقیق کرنے والے کی شرافت نفس اکثر اس کی

بے لاگ تنقید پر غالب آتی رہتی ہے۔

امید ہے کہ آپ خوش و خرم ہوں گے

مخلص

رشید احمد صدیقی"(۱)

رشید احمد صدیقی کے اس خط سے ان کی انکساری کا اظہار ہوتا ہے۔ اس طرح دیگر خطوط کے ذریعہ رشید احمد صدیقی کی زندگی کے مختلف پہلوؤں سے پردہ اٹھتا ہے۔ اس لحاظ سے "مکاتیب رشید" کی اشاعت پروفیسر سلیمان اطہر جاوید کا ایک گراں قدر تحقیقی کارنامہ ہے کہ انہوں نے ان خطوط کو ایک کتابی شکل میں ترتیب دے کر شائع کرتے ہوئے رشید احمد صدیقی جیسے صاحب طرز ادیب و علی گڈھ کے متوالے کے احوال یکجا کر دیئے۔

بیسویں صدی کے ایک بڑے حصے میں مواصلات کا نظام اتنا ترقی یافتہ نہیں تھا اور فون جیسا ذریعہ عام آدمی کی پہنچ سے کافی دور تھا۔ ایسے میں خط ہی وہ واحد ذریعہ تھا جس سے لوگ دور دراز کے مقامات پر رہنے والے اپنے دوست احباب سے تعلق رکھتے تھے اور ہر عام و خاص خط لکھنے کا عادی تھا۔ آج ٹیلیفون کے عام ہونے سے لوگ بہت کم شخصی خطوط لکھ رہے ہیں اور جب جی چاہے فون اٹھائے اور لوگوں سے رابطہ قائم کر رہے ہیں۔ بیسویں صدی کے 60 تا 70 سال تک بھی لوگ خطوط کے ذریعہ رابطہ قائم کرتے تھے، اردو شعر و ادب عام تھا۔ اس لئے اردو کے شاعروں اور ادیبوں نے جو خطوط لکھے ان میں ادبی

شان ہوتی تھی ۔خطوط کا اسلوب دلچسپ ہوتا تھا اور غالبؔ نے خطوط نویسی کی جو بنیاد ڈالی تھی اس کے اثرات کم و بیش بعد کے ادیبوں میں بھی آئے ۔ چنانچہ رشید احمد صدیقی کے خطوط بھی اپنے مواد، اسلوب، تاریخی اہمیت اور خورشید احمد صدیقی کے احوال سے واقفیت کے سلسلے میں اہمیت کے حامل ہیں اور ان خطوط کو کتابی شکل دیتے ہوئے پروفیسر سلیمان اطہر جاوید نے ایک اہم تحقیقی کارنامہ انجام دیا۔ ان خطوط کے حصول کے لئے انہوں نے جستجو کی اور جن اشخاص کے نام خط لکھے گئے انہیں تاریخ وار جمع کیا۔ تاکہ پڑھنے والے کو زمانی تسلسل کے ساتھ واقعات میں ربط پیدا کرنے میں سہولت ہو اور آخر میں ان اشخاص کا تعارف بھی ۔ دے دیا جن کے نام رشید احمد صدیقی نے خطوط لکھے تھے۔ تاکہ نئے پڑھنے والوں کو ان سے واقفیت ہو۔ ان تمام خصوصیات کے پیش نظر پروفیسر سلیمان اطہر جاوید کی یہ کاوش اردو تحقیق کے میدان میں ایک اہم اضافہ ہے اور رشید احمد صدیقی کے اس دنیا سے پردہ کر جانے کے بعد بھی انہیں یاد رکھنے کا ایک اہم ذریعہ ثابت ہوگی ۔

اردو شاعری میں اشاریت

پروفیسر سلیمان اطہر جاوید کی تحریر کردہ ایک اہم تحقیقی کتاب ''اردو شاعری میں اشاریت'' ہے۔ اپنے دوست پریم گوپال متل کے زیر اہتمام یہ کتاب ماڈرن پبلشنگ ہاوز دہلی سے نومبر ۱۹۸۳ء میں شائع ہوئی ۔ مصنف کے لکھے ہوئے پیش لفظ کے بعد کتاب میں

''اشاریت کیا ہے؟ اشاریت مختلف زبانوں میں، اشاریت تحریک سے قبل، اشاریت اردو شاعری میں، نئی اشاریت، دوسرا رخ وغیرہ ابواب شامل ہیں۔ پیش لفظ میں اپنے خیالات کا اظہار کرتے ہوئے پروفیسر سلیمان اطہر جاوید نے لکھا کہ اردو میں اشاریت کے موضوع پر خاطر خواہ کتابیں نہیں ہیں اور یہ کہ جو لکھا گیا ہے اس میں تعصب اور جانبداری برتی گئی ہے۔ اپنی کتاب کے بارے میں وہ لکھتے ہیں:

''میری یہ سعی رہی ہے کہ کسی بھی نوعیت کی گروہ بندی سے بالاتر ہوکر غیر جانبداری کے ساتھ ہمارے معاشرتی پس منظر کو ملحوظ رکھتے ہوئے قطعی علمی وادبی انداز میں اردو شاعری میں اشاریت کا جائزہ لیا جائے۔(۱)

پیش لفظ میں آگے انہوں نے کتاب میں شامل ابواب کا تعارف کراتے ہوئے اس کتاب کی اشاعت میں معاون شخصیتوں کا شکریہ ادا کیا۔ تحقیقی کتاب ''اردو شاعری میں اشاریت'' کے پہلے باب اشاریت کیا ہے میں پروفیسر سلیمان اطہر جاوید نے اشارہ کی وضاحت کرتے ہوئے رمز، ایماء، علامت، تشبیہہ، استعارہ، کنایہ تمثیل وغیرہ کی تعریف کی اوران سے اشارہ کے معنیٰ کو علحدہ کرنے کی کوشش کی۔

اردو کے دیگر مصنفین کے ہاں اشارے کے مفہوم کو گڈ مڈ کردینے کی مثالیں دینے کے بعد لکھا کہ اشارہ تشبیہہ و استعارے کے بعد کی آخری کڑی ہے، تشبیہہ و استعارے واشارے کو فرق کو سمجھنے کے لئے تینوں کی تعریف کو لازمی قرار دیتے ہوئے پروفیسر سلیمان اطہر جاوید نے علم بیان کی روشنی میں ان اصطلاحوں کی تعریفیں معہ مثال کے پیش کی ہیں۔ آگے اشارے کے لئے انگریزی لفظ Symbol کی موجودگی کا پتہ دیتے

ہوئے پروفیسر سلیمان اطہر جاوید نے اشارے کی تعریف ان الفاظ میں کی ہے:

''کوئی لفظ یا تشبیہہ جب اپنے ظاہری معنیٰ کے علاوہ کسی دوسرے وسیع، عمیق اور تہہ دار معنیٰ کو پیش کرے تو یہ اشارہ قرار پاتا ہے۔(۱)

لفظ کے اشارہ بننے میں تہذیبی و معاشرتی عوامل کے اثر انداز ہونے کا تذکرہ کرتے ہوئے پروفیسر سلیمان اطہر جاوید لکھتے ہیں۔

''جس طرح الفاظ کی معنویت ان کے معاشرتی اور تہذیبی پس منظر کی مرہون منت ہوتی ہے اور اسی سیاق وسباق میں ان کی اہمیت کو تسلیم کرتے ہیں۔ بعینہ اشارہ بھی اپنی اشاریت کے باعث دنیائے شعر و ادب میں مقام پاتا ہے اور کسی اشارے میں اشاریت الفاظ کی معنویت کی طرح اس کے معاشرتی اور تہذیبی پس منظر اور اس کی عصری حسیت کے سبب پیدا ہوتی ہے۔ ...... اگر یہ کہا جائے کہ اشارے معاشرتی زندگی اور اس کے ارتقاء کی تاریخ بلکہ دستاویز ہوتے ہیں تو غلط نہ ہوگا۔''(۲)

لفظ کے اشارہ بننے میں معاشرتی عوامل کی اثر اندازی کے ذکر کے بعد پروفیسر سلیمان اطہر جاوید نے اشارے کے قاری سے تعلق اشاریت کے تخلیق کار کے شعور، معاشی و معاشرتی حالات، سیاسی محرکات، تاریخی جغرافیائی پس منظر وغیرہ امور پر تفصیلی بحث کی ہے اور لکھا کہ سیاسی مصالح کے تحت اکثر شعراء ادیبوں نے اپنے مفہوم کو مخفی طور پر ادا کرنے کے لئے اشارے استعمال کئے ہیں۔ اس کے علاوہ جہاں تحریر و تقریر پر پابندی نہیں ان علامتوں میں بھی شعراء اور ادیبوں نے اپنے کلام میں معنوی وسعت، فنی ندرت

اور نزاکت کے اظہار کے لئے اشاروں کو برتتا ہے۔ اشاروں کو برتنے کی ایک اور وجہ بیان کرتے ہوئے انہوں نے لکھا کہ بات کھول کر بیان کردی جائے تو اس کا اتنا مزہ نہیں رہتا ہے جتنی کہ اسے رمز و کنایہ میں بیان کرنے پر ہوتا ہے۔ اردو غزل کو اسی وجہ سے ایک کامیاب صنف قرار دیتے ہوئے پروفیسر سلیمان اطہر جاوید لکھتے ہیں:

''ہر بڑا شاعر اشاروں اور کنایوں اور استعارات وغیرہ کا استعمال کرتے ہوئے چند ہی الفاظ میں دنیائے معانی کو سمیٹ لیتا ہے۔ اشاروں میں بات کہنا دریا کو کوزے میں بند کرنا ہے۔ اردو غزل کی قبولیت عام کا ایک سبب یہ بھی ہے کہ دیگر فنکار جو بات کئی صفحات اور سطروں میں بیان کرتے ہیں۔ غزل گو شاعر صرف دو مصرعوں میں کہہ دیتا ہے۔'' (۳)

ادب میں اشاریت کی ہمہ گیریت واضح کرنے کے بعد پروفیسر سلیمان اطہر جاوید نے اشاریت کے استعمال کی شرائط، اس کی اقسام مختلف مفکرین جیسے ارسطو، جرائد وغیرہ کے ہاں اشاریت کی قسموں کو بیان کیا۔ آگے اشاریت کا تعلق دیگر علوم جیسے نفسیات، منطق، مصوری، موسیقی سے ظاہر کرتے ہوئے اس موضوع پر پروفیسر سلیمان اطہر جاوید نے تفصیلی بحث کی ہے اور آخر میں اس نتیجے پر پہنچتے ہیں کہ:

''اشاریت ایک وسیع، ہمہ گیر اور بھرپور نوعیت کی حامل تحریک ہے اور یہ جس طرح مختلف فنون میں درآئی شاعری میں بھی اس کی نمو ہوئی۔ شاعری میں جس طرح اس کو فروغ ہوا۔ مختلف علوم و فنون میں بھی اس کو پھلنے پھولنے کے مواقع ملے۔ شاعری میں جس طرح اس کے مسائل ہیں

اورعلوم وفنون کا بھی یہی عالم ہے۔''(۱)

اپنے موضوع کو شاعری تک محدود قرار دیتے ہوئے پروفیسر سلیمان اطہر جاوید نے ''اشاریت کیا ہے'' باب کا اختتام عمل میں لایا ہے۔ اس باب میں انہوں نے اشاریت کے مفہوم اس سے متعلقہ امور کی تشریح اور دیگر عوامل پر خاطر خواہ روشنی ڈالی ہے اور ادب کا ابتدائی طالب علم بھی اس باب کے مطالعے سے اشاریت کے مفہوم سے باآسانی روشناس ہوسکتا ہے۔

اشاریت کا مفہوم واضح کرنے کے بعد پروفیسر سلیمان اطہر جاوید نے کتاب کے دوسرے باب میں ''اشاریت مختلف زبانوں'' کے عنوان سے اہم قومی و بین الاقوامی زبانوں میں اشاریت کو تلاش کیا ہے اور اس کے برتنے والے اہم شعراء ادیبوں کے حالات بیان کیئے ہیں۔ تخلیق کائنات سے ہی اشاریت کے آغاز کی اطلاع دیتے ہوئے پروفیسر سلیمان اطہر جاوید لکھتے ہیں:

''تاریخ شعر وادب میں اشاریت کا بہ طور تحریک، خواہ کسی دور میں آغاز ہوا ہو، اشاریت شعر وادب میں اس وقت سے موجود ہے جب سے کہ شعر وادب کا آغاز ہوا ہے۔ آرتھر سائینس کے الفاظ میں اشاریت کا آغاز تو اسی وقت سے ہوا جب کہ کرہ ارض پر پہلے انسان نے پہلی شئے کو کسی نام سے موسوم کیا بلکہ آسمانوں پر خدا نے اس دنیا کی تخلیق کی۔''(۲)

اشاریت کی ابتداء کا ذکر کرنے کے بعد پروفیسر سلیمان اطہر جاوید نے لکھا کہ ماقبل مسیح شعر وادب میں اشاریت کا پتہ نہیں چلتا۔ قدیم مصر میں تصویروں پر مبنی تحریروں

سے اشارات کی موجودگی کا پتہ چلتا ہے۔ خداؤں کی پہچان کے لئے مختلف تصاویر بنائی جاتی تھیں۔ مصر کے علاوہ یونان، ہندوستان، عرب علاقوں میں شعر وادب میں زمانہ قدیم میں اشاریت کے استعمال کی تفصیلات دیتے ہوئے پروفیسر سلیمان اطہر جاوید نے فرانس میں باضابطہ اشاریت کے استعمال کی تفصیلات دی ہیں اور لکھا کہ فرانسان والاں نے پندرھویں صدی میں اشاریت استعمال کی۔ دیگر فرانسیسی ادیبوں میں پوئیے، ولیرس دی ازائیل آدم، پارناسی، بودلیئر، ورلین، اسٹیفن مالارائے، ریمبو، ویلری، چارلس کراس، ٹرسٹان، کوربیری، جونس لافورج وغیرہ فرانسیسی ادیبوں کے ہاں پائی جانے والی اشاریت کی طرف اشارہ کیا۔ فرانس کے بعد روسی ادیبوں کے ہاں اشاریت کی تلاش کرتے ہوئے پروفیسر سلیمان اطہر جاوید نے کانٹنٹائن ڈیمائیرلوچ بالمونٹ، برائیوسوف، الیکزنڈر مائیکے لووچ ڈوبرولیؤف، زمیدا پسی لیس، سولوگپ، آنیکی، وائی چلوف آئیوانوف، الیکزنڈر الیکزنڈروچ بلاک، بیلی جیسے ادیبوں کے ہاں اشاریت کی موجودگی کی اطلاع دی۔ امریکی اور انگریز ادیبوں کے ہاں اشاریت کی تلاش کرتے ہوئے پروفیسر سلیمان اطہر جاوید نے پوئے، ایمرسن، ہرمن میل ول،، والٹ وٹ من، رویشی، آسکر وائیلڈ، ولیم ہٹلر، ایٹس، ایلیٹ، آرنلڈ، ڈائیلان تھامس وغیرہ کے مختصر حالات کا تذکرہ کرتے ہوئے ان کے ہاں اشاریت کے رجحانات کا ذکر کیا ہے۔ مغربی زبانوں میں اشاریت کے تذکرے کے بعد پروفیسر سلیمان اطہر جاوید نے ہندوستانی اور دیگر مشرقی زبانوں میں اشاریت کے نقوش تلاش کئے ہیں۔ فارسی شعر وادب میں افضل الدین مولانا جلال الدین رومی، حافظ شیرازی، قاآنی، نیمایوشیخ نادر، نادر پور، فرخ زاد، احمد شاملو، مند چہری آتشی، سہراب سپرہی،

اسماعیل شاہ رودی، نصرت رحمانی، محمود مشرف آزاد وغیرہ شعراء ادیبوں کے ہاں اشاریت کو پیش کرنے کی کوشش کی ہے۔ فارسی کے بعد ہندی شاعری میں اشاریت کے پہلو کو کھوجتے ہوئے پروفیسر سلیمان اطہر جاوید نے رام چرت اپادھیائے۔رام چرت چنتامنی ۔ جے شنکر پرشاد، سمترا نندن پنت، نرالا، مہادیوی ورما، رانگے راگھو، ناگ ارجن، ترلوچن، رام بلانس شرما۔شیومنگل سنگھ سمن، کیدار ناتھ اگروال، مکتی بودھ، دشنیت کمار، نظر لدھیانوی، ونود تیواری اور تلگو شاعری میں سری سری۔ آرڈرا، اجنتات کندرتی انجانائیلو، دے گنٹا موہن راؤ وغیرہ تمل زبانوں میں سبرامنیم بھارتی۔ٹی ایس وینو گوپالن۔ایس ویدی سورن، سی ایس چے لپا ادرمنی ۔ کنڑ شاعری میں دیاؤ پرتھوی پرونیائک گوگاک ،نل وڈوگالو، گووندراج، سومتھند ناوگ، ملایالم شاعری میں وی رام کرشنن، یوسف علی، این کے وشینم، سندرم دھنوا چاپورم ، جی شنکر کرپ وغیرہ بنگالی زبان میں جیوننداداس ، بدھ دیوجوس ہم کانت بروا کا آسالی،نوکانت بروا وغیرہ اڑیا شعروادب میں سچی رادت۔ بھانو راؤ جی، رما کانت ، ہرشین راوت، کیلاش لینکا کواڑ، دیپک مصرا، دیباشیش مصر،نرسنگ کمار رتھ، برج ناتھ رتھ دیب داس، چھوٹ رائے ،اوماشنکر پنڈا، کملا کانت لینکا، مداری موہن پرشاد داس ، پرمود کمار مہونتی وغیرہ گجراتی شاعری میں نرنجن بھگت، پاٹھک، مراٹھی میں پرشوتم ریگے، دلیپ پرشوتم ،مرڈھیکر وغیرہ شعراء وادیبوں کے ہاں اشاریت کے پہلوؤں کو اجاگر کیا ہے ۔

''اشاریت مختلف زبانوں'' میں عنوان پر مشتمل طویل باب میں پروفیسر سلیمان اطہر جاوید نے عرق ریزی سے کام لیتے ہوئے ابتدائے آفرینش سے اب تک دنیا کی

تقریباً نمائندہ زبانوں میں اشاریت کی موجودگی کا جائزہ لیا ہے اور نمائندہ شعراء وادیبوں کے ہاں اشاریت کے الگ الگ اندازوں کو واضح کرنے کی کوشش کی ہے۔ تمل شاعری میں ملنے والے اشارات کے ضمن میں پروفیسر سلیمان اطہر جاوید لکھتے ہیں:

''تیسری صدی عیسوی کی تمل شاعری میں شہد کی مکھی اور پھول عاشق اور محبوبہ کے لئے بطور اشارات ملتے ہیں۔ و نیز بادل بھی عاشق کے لئے اشارے کی حیثیت سے استعمال کیا گیا ہے۔ تمل شاعری میں فطرت اور محبت کا دور جب تک رہا عام طور پر اسی نوعیت کے اشارات ملتے رہے لیکن جب بھکتی طرز زندگی بن گیا تو مذہب اور مذہبی روایات سے اخذ کردہ اشارات کا استعمال کیا جانے لگا۔ شیوا اور وشنو مقصود محبت کے اشارے بن گئے اور شاعر اپنی ذات کو بہ طور معشوق کے پیش کرنے لگا جو وصال خدا کا متمنی ہوتا ہے۔''(۱)

تمل شاعری میں اشاریت کی مثال کی طرح پروفیسر سلیمان اطہر جاوید نے دیگر زبانوں میں بھی اسی نوعیت کے اشارات تلاش کرنے کی کوشش کی ہے۔ دنیا کی زبانوں میں اشاریت کی تلاش پر مبنی پروفیسر سلیمان اطہر جاوید کا یہ مضمون ان کے وسیع و عمیق مطالعے اور گہری تنقیدی و تحقیقی بصیرت کی دلالت کرتا ہے۔ اس کے لئے انہوں نے ضرور دیگر زبانوں کے ادب کا تفصیلی مطالعہ کیا ہوگا۔ کیونکہ اس موضوع پر اردو میں اتنا عمیق و گہرا کام نہیں ہوا ہے۔

''اردو شاعری میں اشاریت'' کتاب کا تیسرا باب ''اشاریت۔ تحریک سے قبل''

ہے۔ اشارے کو تشبیہ استعارے کے بعد کی چیز قرار دیتے ہوئے پروفیسر سلیمان اطہر جاوید نے اس باب میں لکھا کہ اردو شاعری کی ابتداء میں اشارے کم ہی ملتے ہیں۔ کیونکہ زندگی میں اتنی کشمکش نہیں تھی اور بات صاف طور پر کہہ دی جاتی تھی۔ بہت ہوا تو تشبیہہ و استعارے سے کام لیا جاتا تھا۔ اشاریت ایک جدید اصطلاح ہے۔ اردو کی پہلی مثنوی نظامی کی کدم راؤ پدم راؤ سے شروع کرتے ہوئے پروفیسر سلیمان اطہر جاوید نے اس دور کے قدیم شعری ادب میں اشاراتی پہلو کو تلاش کرنے کی کوشش کی اور لکھا کہ اس دور کی نظموں میں ضرب الامثال محاورے وغیرہ ملتے ہیں جو تشبیہہ سے پیشتر کی چیز ہیں۔ دکن کی قدیم مثنویوں کے مطالعہ کے بعد پروفیسر سلیمان اطہر جاوید نے شمال کا رخ کیا اور مغل سلطنت کے زوال کے بعد ہندوستان کی بدلتی معاشی و معاشرتی صورتحال کا جائزہ لیا اور اس دور کی شاعری میں پائی جانے والی اشاراتی فضاء کو پرکھنے کی کوشش کی ہے۔ اس ضمن میں انہوں نے اردو کے شعراء کے کلام سے منتخب اشعار پیش کئے ہیں۔

داغ چھوٹا نہیں ، یہ کس کا لہو ہے قاتل
ہاتھ بھی دکھ گئے دامن ترا دھوتے دھوتے (آرزو)

مسافر اٹھ تجھے چلنا ہے منزل
بجے ہے کوچ کا ہر دم نقارا (حاتم)
یہ حسرت رہ گئی کیا کیا مزے سے زندگی کرتے
اگر ہوتا گل اپنا ، چمن اپنا ، باغباں اپنا (مظہر جان، جاناں)

غزالان تم تو واقف ہو کہو مجنوں کے مرنے کی
دیوانہ مر گیا آخر کو ویرانے پر کیا گزری (رام نرائن موزوںؔ)

احوال کی ہمارے تم کو کیا خبر ہے
گزرے جس کے جی پر سو وہ ہی جانتا ہے (سوداؔ)

جس طرح صبح کو ہوتا ہے بے رونق چراغ
دیکھ تجھ کو اڑ گیا گلشن میں عمل کا رنگ و بو (دردؔ)

اس کوچے میں نہ کر شورِ قیامت کا ذکر
ایسے ہنگامے تو یاں روز ہوا کرتے ہیں (میرؔ) (۱)

مندرجہ بالا شعراء کے علاوہ پروفیسر سلیمان اطہر جاوید نے غدر کے بعد کے حالات کے پس منظر میں دبستان دلی ودبستان لکھنؤ کے شعراء اور آ گے۔ حالیؔ، اقبالؔ، حفیظ جالندھری وغیرہ کے کلام میں بھی اشاریت کو تلاش کرنے کی کوشش کی ہے اور ان شعراء کے کلام سے منتخب اشعار پیش کرتے ہوئے اس دور کے شعر وادب میں اشاریت کے انداز بیان کئے۔ اس باب میں بنیادی طور پر پروفیسر سلیمان اطہر جاوید نے اردو شعر وادب میں اشاریت کی ابتداء کو ظاہر کیا۔

کتاب کے اگلے باب ''اشاریت اردو شاعری میں'' کا جائزہ لیتے ہوئے اشاریت کے نمائندہ شاعروں کے کلام اور اس کے پس پردہ اشاروں کی تفہیم پیش کی ہے۔ انیسویں اور بیسویں صدی کے دنیا کے حالات انقلابات اور تحریکات کا جائزہ لینے کے بعد پروفیسر سلیمان اطہر جاوید نے لکھا کہ ترقی پسند تحریک کے متوازی ایک تنظیم '' حلقہ ارباب

ذوق'' قائم کی گئی۔ جس نے اردو شاعری میں اشاریت کے لئے کافی کام کیا۔اردو شاعری میں اشاریت کے نمائندہ شاعر میراجی اس حلقہ سے بعد میں وابستہ ہوئے۔ اس کی بنار ڈالنے والوں میں شیر محمد اختر، اقبال احمد، محمد سعید، نسیم مجازی، عبدالغنی، تابش صدیقی، نصیر احمد، قیوم نظر اور یوسف ظفر شامل ہیں۔اس حلقہ کا بنیادی مقصد اپنے مافی الضمیر کو سمیٹ کر پیش کرنا تھا۔

حلقہ ارباب ذوق کی جانب سے برتی جانے والی اشاریت کی وضاحت کرتے ہوئے پروفیسر سلیمان اطہر جاوید لکھتے ہیں:

''اردو شاعری میں اشاریت کو ارادتاً اور شعوری طور پر و نیز اہتمام اور باضابطگی کے ساتھ اسی حلقے نے فروغ دیا۔ اور لگ بھگ اس کو ایک تحریک کی صورت دی۔خیال یا احساس کے جذبے کی کم سے کم، مناسب ترین اور بہترین لفظوں میں ترجمانی اور ہیئت میں نئے نئے تجربوں کے میلانات نے نئے نئے استعارات اور اشارات کو یا تو یکسر رد کر دیا۔یا ان کو نئے معانی پہنائے''۔(۱)

میراجی کو اشاریت کا میر کارواں قرار دیتے ہوئے پروفیسر سلیمان اطہر جاوید نے ان کے ہاں اشاریت کے مختلف پہلوؤں کو اجاگر کیا۔ سماجی و معاشرتی اعتبار سے میراجی کے عہد، ان کی شخصیت اور ان کی شاعری کا جائزہ لیا۔ میراجی کی نظم ''ترقی پسند ادب'' سے حسب ذیل اشعار پیش کرتے ہوئے پروفیسر سلیمان اطہر جاوید نے ان اشعار کے پس پردہ پائی جانے والی اشاریت کو واضح کیا ہے۔نظم کے اشعار اس طرح ہیں۔

اس کو ہاتھ لگایا ہوگا ، ہاتھ لگانے والے نے
پھول ہے رادھا بھنورا ، بھنورے نے ہاں کالے نے
جمنا تٹ پرناؤ چلائی ، ناؤ چلانے والے نے
چپکی سہے گی رنگ وہ رادھا جو بھی سر پر آئے گا
اودھو شیام پہیلی رہتی دنیا کو سمجھائے گا
پریم کتھا کا جادو سننے والوں کے دل پر چھائے گا
یہ تو بتاؤ کون سورما اب کے ہاتھ لگائے گا

ابتدائی تین مصرعوں ہی میں چھ اشارات ملتے ہیں۔ پھول ، رادھا بھنورا ، کالا ، جمنا تٹ ، ناؤ چلانے والے اور پھر اشارات کا سلسلہ جاری رہتا ہے سکھیاں متوالا ، بنسی دھر ، اودھو شیام ، پریم کتھا اور سورما۔ ان اشارات کی تا حال جو تصریحات کی گئی ہیں وہ یہ کہ پھول اور رادھا علامات ہیں علم وادب کی دیوی کے لئے بھنورا اور کالا و نیز کے بعد مصرعوں میں متوالا ، بنسی والا ، بنسی دھر اور اودھو شیام ترقی پسند ادب اور ادیبوں کے لئے اور سکھیاں قدیم ادب اور قدیم ادب کے پرستاروں۔ رادھا کے تعلق سے اشارات کا سلسلہ جنسی نوعیت اختیار کر جاتا ہے اور سکھیوں کے نقطہ نظر سے ترقی پسند ادب زنا بالجبر کا مرتکب ہورہا ہے۔ اس موضوع کا جنسیات سے ظاہر ہے کوئی تعلق نہیں ہے۔ لیکن میراجی نے اپنے انداز میں جنسی اشارات کو کام میں لایا ہے۔"(۱)

میراجی کی شاعری میں اشاریت کا تفصیلی جائزہ لینے کے بعد پروفیسر سلیمان اطہر جاوید نے اشاریت کے دوسرے بڑے شاعر ن ۔م راشد کے ہاں اشاریت کو پیش کیا ہے اور لکھا کہ راشد نے ہندوستان اور ایران میں اپنے قیام کے دوران مغربی سامراج کے ظلم وستم استحصال، مشرق کی مظلومیت، بے کسی اور بے ہمتی کو قریب سے دیکھا تھا اور رد عمل کے طور پر انہوں نے اپنی شاعری میں اشاریت کو استعمال کرتے ہوئے غم وغصہ کا اظہار کیا ہے۔ پروفیسر سلیمان اطہر جاوید نے ن۔م راشد کی نظم ''انتقام'' پیش کرتے ہوئے اس میں برتی گئی اشاریت کو واضح کیا ہے۔نظم اس طرح ہے:

اس کا چہرہ اس کے خدو خال یاد آتے ہیں
اک شبستاں یاد ہے
اک برہنہ جسم آتش داں کے پاس
فرش پر قالین قالین پہ سیج
دھات اور پتھر کے بت
گوشۂ دیوار پر ہنستے ہوئے
اور آتش دان میں انگاروں کا شور
ان بتوں کی بے حسی پر خشمگیں
ان فرنگی حاکموں کی یادگار
جن کی تلواروں نے رکھا تھا یہاں
سنگ بنیاد فرنگ

یعنی سنگ تربت ہندوستان
اس کا چہرہ اس کے خدوخال یاد آتے ہیں
اک برہنہ جسم اب تک یاد ہے
اجنبی عورت کا جسم
میرے ''ہونٹوں'' نے لیا تھا رات بھر
جس سے ارباب وطن کی بے بسی کا انتقام
وہ برہنہ جسم اب تک یاد ہے

جنس زدگی کے باوجود اس نظم کا موضوع بنیادی طور پر جنس نہیں انتقام ہے۔احساس کمتری ہے۔واقعہ یہ ہے کہ اس نظم میں اشارات سے کما حقہ، کام لیا گیا ہے۔تا حال ان اشارات کی جو توضیح کی گئی ہے ان کا حاصل یہ ہے کہ ایک کمرہ ہے۔ یہ ہمارا ہندوستان ہے اس کمرے میں آتش دان ہے۔ یہ نئے عزائم حوصلے اور انقلابی جذبات ہیں جو آتش داں سے باہر آ تو نہیں سکتے۔تاہم سارے کمرے کو گرم رکھے ہوئے ہیں۔ گوشۂ دیوار میں بت ہیں جو مذاہب اور پرانے رسم ورواج کے اشارات ہیں۔شاعر ہے اور ایک انگریز انڈین۔شاعر ہندوستانی ہے بھوکا اور مغلوب اور عورت انگریز ہے۔ اپنے پورے ٹم ٹام کے ساتھ۔ ہندوستانی مرد کو اس انگریز عورت سے اپنی جنسی بھوک مٹانا ہے اور یہی اس کی زندگی ہے وہ محبت کا اظہار کرتا ہے مگر اس کی محبت کی تہہ میں انتقام چھپا ہوا ہے۔جس طرح

کوئی ہندوستانی انگریز کی خدمت کرتا ہے مگر اس کی محبت کی تہہ میں انتقام مضمر ہوتا ہے۔'' (۱)

راشد کی دیگر نظموں میں اشاریت کی کھوج کے بعد پروفیسر سلیمان اطہر جاوید نے اپنی کتاب کے اس باب میں اشاریت کے نمائندہ شعراء منیب الرحمٰن، مختار صدیقی، ممتاز مفتی، یوسف نظر، سجاد ظہیر سردار جعفری، فیض احمد فیض، اختر الایمان، مخدوم محی الدین، ڈاکٹر محمد دین تاثیر، احمد ندیم قاسمی، کیفی اعظمی، مجید محمد، راہی معصوم رضا، اختر انصاری، ساحر لدھیانوی، مجازؔ، جذبیؔ، احسان، دانش، قتیل شفائیؔ، جان نثار اختر، ناصر کاظمی، خورشید احمد جامیؔ، عرش ملسیانیؔ، عندلیب شادانی، بسمل سعیدیؔ، میکش اکبر آبادی، حفیظ ہوشیار پوری، ماہر القادریؔ، وامق جونپوری، روشن صدیقی، عبدالحمید عدم، جگن ناتھ آزاد، پرویز شاہدی، باقی صدیقی شکیل بدایونی، اعجاز صدیقی، غلام ربانی تاباں، سکندر علی وجدؔ، اعجاز صدیقی وغیرہ شعراء کے ہاں موجود اشاریت کو ان کے کلام کے منتخبہ اشعار کے ذریعہ پیش کیا۔ شعراء کی اس طویل فہرست سے اندازہ ہوتا ہے کہ پروفیسر سلیمان اطہر جاوید نے زائد از نصف صدی پر محیط شاعری کے اس دور کے شعراء کے کلام کا بہ غور مطالعہ کیا اور ان کے ہاں اشاریت کے پہلو تلاش کیئے۔ اس دور کی اشاریت کی نمایاں خصوصیات کو اجاگر کرتے ہوئے مضمون کے آخر میں پروفیسر سلیمان اطہر جاوید لکھتے ہیں:

'' حلقہ ارباب ذوق نے اردو شاعری میں اشاریت کے جس رجحان کو فروغ دینے اور بہ طور تحریک آگے بڑھانے کی سعی کی تھی ۔ وہ تحریک کی حیثیت سے کامیاب رہی ہو یا نہیں ۔ اردو شاعری میں رواج ضرور پا گئی

اور حلقہ ارباب ذوق اور اس کے ہمخیال شاعروں ہی نے نہیں اس سے اتفاق نہ کرنے والوں بلکہ ان کے مخالفین نے بھی اشاریت سے اپنے دامن کو بچا نہیں پایا اور اشاریت اردو شاعری میں رچ بس گئی ۔ یہ درست ہے حلقہ ارباب ذوق کے شاعروں کے کلام میں اشاریت کچھ اور نوعیت بھی رکھتی تھی ۔ اس میں کم یا زیادہ ابہام پایا جاتا تھا۔ ترقی پسندوں نے بھی اشاریت سے کام لیا۔ لیکن ان کے ہاں ابہام کم رہا۔ انہوں نے وضاحت اور صراحت سے کام لیا۔ روایت پسند شاعروں نے بھی اشاریت سے کام لیا۔ ان میں اکثر نے مروجہ تشبیہات اور استعارات کو اشارات کے روپ میں پیش کر کے ان کو نئی معونیت سے ہم آہنگ کر دیا اور بعض نے صرف یہ کہ اردو شاعری کی روایات سے صرف نظر کیا۔ بلکہ جدت طرازی کی دھن میں عجیب عجیب اشارات وضع کیئے ۔ اس کا نتیجہ اگر یہ ہوا کہ اشاریت کے دلآویز نمونے سامنے آئے تو اشاریت ابہام سے ہوتی ہوتی اہمال کی سرحدوں کے قریب پہنچ گئی .... آزادی ہند کے دس بارہ برس بعد برصغیر میں معاشرہ ہی نہیں شعر و ادب بھی گونا گوں تبدیلیوں سے دوچار ہو کر ایک نئی کروٹ لیتے ہیں اور اردو شاعری میں اشاریت کے ایک نئے باب کا آغاز ہوتا ہے۔'' (۱)

''اردو شاعری میں اشاریت'' نامی اس باب میں پروفیسر سلیمان اطہر جاوید نے سماجی و معاشرتی پس منظر اردو شعر و شاعری میں برتی جانے والی اشاریت کا تفصیلی مطالعہ

پیش کیا ہے۔ان کا یہ مطالعہ آزادی ہند تک پھیلا ہوا ہے۔ جبکہ ہمارے شعر وادب پر غلامی کی پر چھائیاں اور جدوجہد آزادی کے حصول کی جدوجہد چھائی ہوئی تھی۔اسی پس منظر میں شعراء کے یہاں جو اشارات پائے جاتے ہیں ۔ پروفیسر سلیمان اطہر جاوید نے اپنے گہرے مطالعہ اور تبحر علمی سے ان اشارات کے پس پردہ مفہوم کو بڑی خوبی سے اجاگر کیا ہے ۔اس طرح انہوں نے اردو شاعری کا مطالعہ کرنے والوں کے لئے تشریح و تفہیم کا کام کر دیا ہے۔

کتاب کے اگلے باب ''نئی اشاریت'' میں پروفیسر سلیمان اطہر جاوید نے تقسیم اور آزادی ہند کے بعد اردو شعر وادب میں پروان چڑھنے والی ''جدیدیت کی تحریک'' کے حوالے سے اردو شعر وادب میں اشاریت کو پیش کیا ہے۔ترقی پسند تحریک کے زوال کے بعد اردو میں جدیدیت ایک تحریک کے طور پر فروغ پائی تھی ۔ جدیدیت کے نام پر کئے جانے والے بے جا تجربوں پر تبصرہ کرتے ہوئے پروفیسر سلیمان اطہر جاوید لکھتے ہیں۔

''عصر حاضر میں اشاریت ایک اور صورت میں بھی سامنے آتی ہے ۔ جدیدیت کے بعض شعری فن پاروں میں : جدیدیت اپنے طور پر مؤقر اور محترم سہی ،لیکن جدیدیت کے نام پر جو تماشے ان دنوں میں دیکھنے میں آرہے ہیں ان سے مثبت اور صحت مند جدیدیت بھی مجروح ہوتی ہے۔ یہ جدیدیت نہیں جدت پسندی کے شوق میں جدیدیت کا سامان رسوائی ہے۔ جدیدیت، صحت مند جدیدیت کی اشاریت دلآویز اور وزن و وقار کی حامل ہوتی ہے ۔لیکن جدت پسندی کے شوق میں جس نوع کی

جدیدیت سے دوچار ہونا پڑ رہا ہے وہ افسوس ناک ، وقت کا ایضاع اور مہمل گوئی کی مثال ہے۔ ایسی اشاریت گنجلک ، بعید از فہم اور دور از کار ہے۔" (۱)

جدیدیت کے اس دور میں اشاریت کے اچھے اور برے پہلوؤں کا جائزہ لیتے ہوئے پروفیسر سلیمان اطہر جاوید نے اس باب میں جن شعراء کے ہاں اشاریت کو پیش کیا ہے ان میں وزیر آغا، عمیق حنفی ، باقر مہدی، شمس الرحمٰن فاروقی ، احمد فراز ،ظفر اقبال ، ساقی فاروقی ، احمد ہمیش ،شہاب جعفری ، وحید اختر ،ساقی جاوید، بلراج کومل ،مخمور سعیدی ، راج نرائن راز ، کمار پاشی ،سلیمان اریب ، قاضی سلیم ، پرکاش فکری ،شہریار ، زبیر رضوی ، بشیر بدر، بشیر نواز ، ندا فاضلی ، کرامت علی کرامت ، مغنی تبسم ،حامدی کاشمیری ،حمید الماس ،محمد علوی ، عادل منصوری احتشام حسین وغیرہ شعراء شامل ہیں ان شعراء کے کلام اور ان کے کلام میں پائے جانے والے اشاروں اور اس کے پس پردہ چھپے ہوئے معنیٰ ومفہوم کو بیان کیا ہے۔ پروفیسر سلیمان اطہر جاوید نے جدیدیت کے دور میں اشاریت کو سمجھانے کے لئے وزیر آغا کی نظم "کوہ ندا" پیش کرتے ہوئے اس نظم میں شامل اشاروں کے مفہوم کو تفصیل سے واضح کیا ہے۔ وزیر آغا کی نظم اس طرح ہے۔

صبح سویرے
اک لرزتی کانپتی سی آواز آتی ہے
سونے والو! تم مالک کو بھول گئے ہو
پھر چمکیلی مل کا سائرن

ایک غلیظ، ڈرانے والی، تند صدا کے روپ میں ڈھل کر
دیواروں سے ٹکراتا ہے
اور گلیوں کے
تنگ، اندھیرے باڑے میں کہرام مچا کر
بھیڑوں کے گلّے کو ہانک کر لے جاتا ہے
پھر انجن کی برہم سیٹی
میخ سی بن کر میرے کان میں گڑ جاتی ہے
اور شب بھر کی نچی ہوئی ایک ریل کی بوگی
اپنی کلائی انجن کے پنجے میں دبا کر
چل پڑتی ہے
پھر اک دم کا سناٹا سا چھا جاتا ہے
اور میں گھڑی کی ظالم سوئیوں کی ٹک ٹک میں
دن کے زرد پہاڑ پر چڑھنے لگتا ہوں۔''(۱)

وزیر آغا کی نظم پیش کرنے کے بعد پروفیسر سلیمان اطہر جاوید نے اس نظم کے اشارات اور اس کے مفہوم کو اس طرح واضح کیا ہے:

''کوہ ندا کا غیر معمولی وسیع پس منظر اس کی اشاریت کو بے حد گہرا، تابدار اور خاصی معنویت کا حامل بنا دیتا ہے۔ اس کے اشارے چمکیلی مل، سائرن بھیڑوں کے گلّے، انجن، سیٹی، ریل کی بوگی، گھڑی کی ٹک ٹک اور دن کا

زرد پہاڑ۔ ہمارے صنعتی شہروں کی مشینی زندگی، دوڑ دھوپ، شور وشغب بے حسی، جذباتی قدروں کے فقدان، مادہ پرستی اور نام نہاد تہذیب کے باوجود عصر حاضر کی وحشت اور بربریت کی نمائندگی کرتے ہیں اور تو اور اس نظم کا عنوان ہی اشاریتی ہے۔ آج کا انسان صبح ہوتے ہیں اپنا نہیں رہتا کسی کارخانے اور کسی دفتر کا ہو جاتا ہے اور ایسی مصروفیت کا شکار ہو جاتا ہے جس سے اس کو کسی نوع کی داخلی وابستگی نہیں۔'' (۲)

وزیر آغا کی نظم کا مفہوم واضح کرتے ہوئے پروفیسر سلیمان اطہر جاوید نے بڑی خوبی سے اس کے اشاروں کے مفہوم کو بھی اجاگر کیا ہے۔ نئی اشاریت باب کے آخر میں پروفیسر سلیمان اطہر جاوید نے دور جدید کے شعراء کے کلام سے اشاریت کی عکاسی کرتے منتخبہ اشعار پیش کیے ہیں۔ ان میں سے چند اشعار یوں ہیں:

ہوائیں ریت کو بھر بھر کے مٹھیوں میں یہاں
کئی کٹی پھٹی قبروں کے گھاؤ بھرتی ہیں (مصور سبزواری)

جب سے میری آنکھ کھلی ہے اس دھرتی پر
پھن کاڑھے اک سانپ مرا پیچھا کرتا ہے (زینب غوری)

علی یہ حادثہ تاریخ گلشن کیا بھلائے گی
جو خالق تھے بہاروں کے وہ پھولوں کے لیے ترسے (علی احمد جلیلی)

کہیں ڈھونڈ کے لاؤ کسی سپیرے کو

اتر گیا ہے کوئی سانپ سا مرے اندر (علیمہ انویدی)

کاغذ کی ایک ناؤ بناتا ہوں شام تک
کالے سمندروں میں چلاتا ہوں رات بھر (علی الدین نوید)

نہ اتنا تیز چلے سر پھری ہوا سے کہو
شجر پر ایک ہی پتہ دکھائی دیتا ہے (شکیب جمالی)

جتنی آبادی تھی سب نقل مکانی کر گئی
بستیوں کے پیٹ سے بوڑھے کھنڈر اگنے لگے (انجم رازی)

لاش سورج کی افق سے جب اٹھادی جائے گی
آسمانوں پر صف ماتم بچھادی جائے گی (کیف انصاری)

نیم کی چھاؤں میں بیٹھنے والے سبھی کے سیوک ہوتے ہیں
کوئی ناگ بھی آ نکلے تو اس کو دودھ پلا دینا (رئیس فروغ)(۱)

تحقیقی کتاب ''اردو شاعری میں اشاریت'' کے چھٹے اور آخری باب ''دوسرا رخ'' میں پروفیسر سلیمان اطہر جاوید نے اشاریت کے منفی پہلوؤں سے بھی پردہ اٹھانے کی کوشش کی تا کہ اپنے موضوع کے دونوں رخ قارئین کے سامنے رکھ سکیں۔ اس ضمن میں انہوں نے لکھا کہ آج کے معاشرے کا فرد مصائب و آلام میں گرفتار ہو کر خود سے اور دنیا سے کٹ گیا ہے۔ پروفیسر سلیمان اطہر جاوید لکھتے ہیں:

''معاشرے سے بے تعلقی کے باعث ترسیل و ابلاغ کی دشواریاں در پیش ہوئیں۔ شاعر کیا کہنا چاہتا تھا، اس کا اظہار نہیں کر پایا۔ اس کے مافی

> الضمیر اور اظہار میں ارتباط باقی نہیں رہا۔ مفہوم واقعی فی بطن شاعر رہا۔ الفاظ کی شکست وریخت کا عمل شروع ہوا۔ الفاظ بکھر گئے اور معانی کھو گئے ......اظہار خیال کبھی مجذوب کی بڑ لگا تو کبھی بے وقت کی راگنی۔ خاص طور پر اشارات الفاظ کی ژولیدگی کے سبب ایک الجھاؤ ایک معمہ ہوئے۔ ایسے میں ترسیل ہو تو کیسے؟(۱)

ترسیل کے اس مسئلہ کے علاوہ پروفیسر سلیمان اطہر جاوید نے اس دور میں فرائڈ، یونگ جیسے مفکروں کے فلسفیانہ خیالات کے ادب میں برتے جانے پر انہیں سمجھنے میں قاری کو ہونے والی دشواریوں کو بھی اشاری دور کا منفی پہلو قرار دیا۔ اس کے علاوہ اپنے آپ کو اشاریت کا علمبردار قرار دینے کی کوشش میں شاعری سے مذاق کرنے والے شعراء کے کلام کا موازنہ کرتے ہوئے انہیں اشاریت سے دور شاعر قرار دیا۔ اس ضمن میں پروفیسر سلیمان اطہر جاوید نے ظفر اقبال، افتخار جالب، احمد ہمیش، محمد علوی، عادی منصوری وغیرہ شعراء کے کلام میں بے تکی اشاریت کو اجاگر کرتے ہوئے اسے اردو شاعری کے لئے نقصان عظیم قرار دیا۔ کتاب کے آخر میں انہوں نے چند شعراء کے اشاریت اور معنوں سے عاری اشعار پیش کئے ہیں۔ یہ ایسے اشعار ہیں جن کے بارے میں شعر وادب کے نقادوں کا خیال ہے کہ ان کا صحیح مفہوم خود شاعر بھی نہیں بتا سکتا ۔ وہ اشعار اس طرح ہیں:

برف میں دبا مکھن ، موت ریل اور رکشا
زندگی ، خوشی ، رکشا ، ریل موٹریں ڈولی (بشیر بدر)

پتھر کی بھوری اوٹ میں لالہ کھلا تھا کل

اس کو تو نوچ لے گیئں دو بچیاں جناب (شمس الرحمٰن فاروقی)

سورج کو چونچ میں لئے مرغا کھڑا رہا
کھڑکی کے پردے کھینچ دیئے رات ہوگئی (ندفاضلی)

نوح کی کشتی میں بیٹھا ہوں
اور ٹہنی پر بیٹھا ہے کبوتر (ماجدالباقری)

تنہا کھڑا تھا جو برگد کا پیڑ صدیوں سے
ندی کے پاس وہ ٹانگیں اٹھا کے لیٹ گیا (مظفرحنفی) (۲)

اشاریت کے اس دوسرے رخ کو پیش کرتے ہوئے پروفیسر سلیمان اطہر جاوید اپنی کتاب کے آخر میں اپنی رائے پیش کرتے ہوئے لکھتے ہیں:

''اشاریت کا یہ رخ مسخ شدہ، مریضانہ، مضحکہ خیز اور مذموم ہے۔اس کو نہ تو معاشرے کی کوئی خدمت قرار دیا جاسکتا ہے اور نہ شعر وادب کی۔ یہ اگر کچھ ہے تو بدخدمتی!......اردو شاعری میں اس سے ہٹ کر بھی اشاریت کی جو تصویر بنتی ہے وہ بھرپور اور قد آور ہے۔ رنگین بھی۔ اس کا معاشرتی قدروں سے رشتہ مربوط ہے مستحکم ہے...... ان چند مضحک مثالوں کے باوجود اشاریت کا حال صحت منداور تابناک ہے۔اور اس کا مستقبل زیادہ صحت منداور زبان تابناک (۱)

اردو اشاریت کے بارے میں ان امید افزاء خیالات کے ساتھ ہی پروفیسر سلیمان اطہر جاوید کی تحقیقی کتاب ''اردو شاعری میں اشاریت'' کا اختتام عمل میں آتا ہے۔

اس کتاب کے عمومی جائزے سے اندازہ لگتا ہے کہ پروفیسر سلیمان اطہر جاوید نے موضوع کی وضاحت کرتے ہوئے تحقیق کا حق ادا کر دیا ہے۔ اشاریت کا مفہوم واضح کرنے کے بعد پروفیسر سلیمان اطہر جاوید نے انگریزی، فرانسیسی، عربی، فارسی و ہندوستانی کی اکثر و بیشتر زبانوں کے شعر و ادب میں اشاریت کی روایت کو بیان کیا ہے اور ان زبانوں میں اشاریت کے نمائندہ شعراء کے مختصر حالات بیان کرتے ہوئے ان کے ہاں پائے جانے والے اشاریت کے مخصوص رجحانات پر سے پردہ اٹھایا ہے۔ پھر اپنے اصل موضوع کی طرف آگے آتے ہوئے اردو میں اشاریت کے ابتدائی نقوش تلاش کرتے ہوئے انیسویں و بیسویں صدی کے نمائندہ شعراء کے کلام میں اشاریت تلاش کی ہے۔ ترقی پسند تحریک، جدیدیت اور مابعد جدیدیت اشاریت کے مثبت اور منفی پہلوؤں کو اجاگر کیا ہے۔ اس طرح پروفیسر سلیمان اطہر جاوید نے اس کتاب میں سیر حاصل مواد پیش کیا ہے اور اشاریت کے موضوع پر ایک مکمل معلوماتی کتاب پیش کی ہے۔ کتابیات دیکھنے سے اندازہ ہوتا ہے کہ اس کتاب کی تکمیل میں پروفیسر سلیمان اطہر جاوید نے انگریزی و اردو کی قدیم و جدید کئی کتابوں سے استفادہ کیا اور شاعری کے ایک مخصوص پہلو ''اشاریت'' پر کتاب لکھی ۔ شعریات پر کام کرنے والے ریسرچ اسکالروں کے لئے یہ کتاب اہم ذریعہ ثابت ہوگی ۔ اس کتاب کی اشاعت کے ذریعہ بہ حیثیت محقق پروفیسر سلیمان اطہر جاوید کا مرتبہ مزید بلند ہوا ہے اور اردو تحقیق میں ان کی اس کتاب کو قدر کی نظروں سے دیکھا جائے گا۔

☆☆☆☆☆

عزیز احمد کے افسانے

پہلے افسانے سے آخری افسانے تک

پروفیسر سلیمان اطہر جاوید کی ایک تحقیقی کتاب ''عزیز احمد کے افسانے۔ پہلے افسانے سے آخری افسانے تک'' ہے۔ اس کتاب میں انہوں نے عزیز احمد کے مختصر حالات زندگی بیان کرتے ہوئے ایک مبسوط مقدمے کے ساتھ ۲۸ افسانے مرتب کر کے شائع کئے ہیں۔ ۵۶۵ صفحات پر مشتمل یہ ضخیم کتاب ماڈرن پبلشنگ ہاؤس سے ۱۹۹۶ء میں چھپ کر شائع ہوئی۔ کتاب کا انتساب ''عزیز احمد کے شہر حیدرآباد کے نام'' ہے اور یہ مصنف کے دوست پریم گوپال متل کے اہتمام سے شائع ہوئی۔ اس کتاب میں پروفیسر سلیمان اطہر جاوید نے عزیز احمد کے جن افسانوں کو مرتب کر کے شائع کیا ان کے عنوانات اس طرح ہیں۔ (۱) باغباں، (۲) تصور شیخ، (۳) مدن سینا اور صدیاں (۴) زر خرید (۵) پگڈنڈی (۶) رقصِ ناتمام (۷) بیکار دن بیکار راتیں (۸) قاتل کبیر (۹) رومتہ الکبریٰ کی ایک شام (۱۰) کوکب (۱۱) نفرت کیوں تھی (۱۲) زرین تاج (۱۳) زون (۱۴) رائیگاں تبسم (۱۵) نن لل (۱۶) ممو شکا (۱۷) اور بستی نہیں یہ (۱۸) میرا دشمن میرا بھائی (۱۹) کٹھ پتلیاں (۲۰) جھوٹا خواب (۲۱) پوشا مالن (۲۲) کالی رات (۲۳) جادو کا پہاڑ (۲۴) دیا سلائی کی اہمیت (۲۵) ڈبل لائف، (۲۶) سستا پیہ (۲۷)

پاپوش (۲۸) آب حیات۔

پیش لفظ اور مقدمے سے پہلے ''عزیز احمد کے بارے میں'' عنوان کے تحت پروفیسر سلیمان اطہر جاوید نے تحقیقی انداز اختیار کرتے ہوئے عزیز احمد کے حالات اور ان کے علمی وادبی کارناموں کو مختصراً بیان کیا ہے۔عزیز احمد کے بارے میں اتنی تفصیلی معلومات بہت کم کتابوں میں ملتی ہیں۔عزیز احمد کے احوال بیان کرتے ہوئے پروفیسر سلیمان اطہر جاوید لکھتے ہیں۔

پیدائش : ۱۱رنومبر۱۹۱۴۔ بارہ بنکی اتر پردیش

تعلیم : والد بشیر احمد پیشہ وکالت کے سلسلے میں حیدرآباد میں بس گئے تھے۔عزیز احمد کی تعلیم حیدرآباد میں ہوئی۔۱۹۳۴ء میں جامعہ عثمانیہ سے بی۔اے کیا اور ریاست حیدرآباد کے وظیفہ پر اعلیٰ تعلیم کے لئے لندن روانہ ہوئے۔

ملازمت : ۱۹۳۸ء میں لندن سے واپس ہونے پر جامعہ عثمانیہ میں انگریزی کے ریڈر مقرر ہوئے۔دو سال بعد آصف سابع نظام حیدرآباد کی بہو، شہزادی درشہوار کے سکریٹری مقرر ہوئے اور چار سال تک خانوادہ شاہی سے منسلک رہے ۱۹۴۶ء میں پھر یونیورسٹی آگئے۔تقسیم ہند کے بعد پاکستان کا رخ کیا اور ۱۹۵۰ء تا ۱۹۵۸ء حکومت پاکستان کے مختلف عہدوں پر فائز رہے۔زیادہ عرصے تک فلم اور مطبوعات کے محکمہ کے ڈائرکٹر رہے۔ ۱۹۵۸ء میں اسکول آف اورینٹل اور افریکن اسٹیڈیز لندن میں پروفیسر مقرر ہوئے۔۱۹۶۰ء میں ٹورنٹو یونیورسٹی، کینڈا میں شعبۂ اسلامیات میں

تقرر ہوا اور آخر تک وہیں رہے۔ ۱۹۷۶ء میں قائداعظم لکچرز کے لئے
آخری بار پاکستان آئے۔

وفات : ۱۶/دسمبر ۱۹۷۸ء کو کینا ڈا میں بعارضۂ کینسر

تصانیف : ناول۔ مرمر اور خون، ہوس، گریز، آگ۔ ایسی بلندی ایسی پستی، شبنم

ناولٹ : تیری دلبری کا بھرم۔ جب آنکھیں آہن پوش ہوئیں۔

افسانوں کے مجموعے : بیکار دن بیکار راتیں (دسمبر ۱۹۵۰ء) رقص ناتمام

تنقید : ترقی پسند ادب، اقبال نئی تشکیل، اقبال اور پاکستانی ادب

ترجمے : دانتے: طربیہ خداوندی

البن : معمار اعظم

ارسطو : فن شاعری

شیکسپیئر: رومیو جولیٹ

گارساں دتاسی : خطبات مقالات

ہیرالڈلیم : تیمور، چنگیز، تاتاریوں کی یلغار

شاعری : ماہ لقا اور دوسری نظمیں، سنور بنانے کہا

سیاسیات : نسل اور سلطنت

انتخاب نظم : انتخاب جدید

اسلامیات :

(1) Studies of the Islamic Culture in the Indian Environment - 1964.

(2) Islamic Modernism in India and Pakistan - 1967.
(3) Religion and Society in Pakistan - 1971.
(4) A History of Islamic Society - 1976.

> ''عزیز احمد کے نالوں، افسانوں اور دیگر تحریروں کے دوسری کئی زبانوں میں ترجمے ہوئے جن میں قابل ذکر ان کے ناول ''ایسی بلندی ایسی پستی'' کا ترجمہ ہے۔ جو ڈاکٹر رالف رسل نے The Shore and the Wane کے بعنوان کیا۔ جس کی اشاعت ۱۹۷۱ء میں عمل میں آئی۔''(۱)

عزیز احمد کے بارے میں پروفیسر سلیمان اطہر جاوید نے اپنی تحقیقی جستجو اور لگن سے تفصیلی معلومات اکٹھا کیں۔ عزیز احمد کی حیات اور کارناموں کو مختصراً بیان کرنے کے بعد ''پیش لفظ'' کے عنوان سے انہوں نے اس کتاب کے ترتیب دینے کی وجوہات بیان کیں اور لکھا کہ پاکستان سے دوست احباب کے اصرار پر عزیز احمد کے افسانے اکٹھا کرنے کا خیال ہوا اور اس کے لئے دوڑ دھوپ کرنے اور دوست احباب سے عزیز احمد کے افسانوں کی نقول ملنے کے بعد یہ کام ممکن ہوسکا۔ افسانوں کی فراہمی کے سلسلے میں جن احباب کا شکریہ ادا کیا گیا ان میں ڈاکٹر جمیل جالبی، جیلانی بانو، ابوسعادت جلیلی اور ڈاکٹر افضل الدین اقبال وغیرہ کے نام دئے گئے ہیں۔

پیش لفظ کے بعد ''عزیز احمد کی افسانہ نگاری کے عنوان سے ایک طویل مضمون دیا گیا ہے جسے ہم اس کتاب کا مقدمہ بھی کہہ سکتے ہیں۔ جس میں تفصیلی انداز میں عزیز احمد کی افسانہ نگاری کی مختلف خصوصیات کا جائزہ لیا گیا ہے۔

عزیز احمد کے افسانوں کی تعداد کے بارے میں پروفیسر سلیمان اطہر جاوید نے لکھا کہ انہوں نے افسانوں کے صرف دو مجموعے چھوڑے ہیں ۔ پہلا مجموعہ ''بیکار دن بیکار راتیں'' اور'' دوسرا مجموعہ'' رقصِ ناتمام'' پہلے مجموعے میں سات اور دوسرے مجموعے میں گیارہ افسانے ہیں۔اس کے علاوہ مزید دس افسانے علحدہ دستیاب ہوتے ہیں۔عزیز احمد کے افسانوں کی تعداد میں کمی کے باوجود کیفیت کے اعتبار سے ان کے وقیع ہونے کی اطلاع دیتے ہوئے ان کے افسانوں میں زندگی کے مشاہدات برتے جانے کی وجوہات بیان کرتے ہوئے پروفیسر سلیمان اطہر جاوید لکھتے ہیں :

''عزیز احمد کا مطالعہ نہایت وسیع تھا۔کتابی مطالعہ بھی اور زندگی اور زمانے کا مطالعہ بھی ۔ انہیں حالات بھی کچھ ایسے ملے تعلیمی وظیفہ پر وہ یورپ جا کر واپس ہوئے ہی تھے کہ جامعہ عثمانیہ میں انگریزی کی ریڈر شپ ملی۔ یوروپ میں انہوں نے مغرب کو دیکھا ہو لیکن من بعد ریاست حیدر آباد کے نظام ہفتم کی بہو شہزادی درشہوار کے معتمد کی حیثیت سے شاہی خاندان اور امراء و روساء کے ساتھ رہنا اور ادھر اندرون ملک مسوری اور کشمیر وغیرہ جانا اور بیرون ملک یوروپ کی سیاحت ان کا معمول بن گیا۔انگریزی کا استاد ہونا یوں کام آیا کہ انگریزی اور انگریزی کے توسط سے دیگر مغربی زبانوں کے شعر و ادب اور فکر و فلسفہ سے آگہی ہوئی ...... چنانچہ اپنے ہم عصروں میں عزیز احمد کے ہاں مغرب کی زندگی جس قدر زیادہ اور بھرپور اور چلتی پھرتی ملتی ہے وہ کسی اور کے یہاں نہیں۔''(۱)

عزیز احمد کے افسانوں پر ان کے مشاہدات اور مطالعہ کے اثرات کا جائزہ لینے کے ساتھ ساتھ پروفیسر سلیمان اطہر جاوید نے اپنے عہد کے انقلابات اور سیاسی تحریکات کے اثر انداز ہونے کا بھی جائزہ لیا اور اس کے لئے عزیز احمد کے افسانوں کے اقتباسات پیش کئے ہیں۔ براعظم یوروپ کی سیاسی حالت کو پیش کرتا ہوا افسانہ ''خطرناک پگڈنڈی'' کا اقتباس یوں دیا گیا:

> ''روس اور جرمنی کے پویلین آمنے سامنے تھے۔ روس کے پویلین پر ایک مرد اور ایک عورت کے شاندار مجسمے ہتھوڑا اور درانتی لئے ہوئے گویا جرمنی سے مقابلہ کرنے کے لئے بڑھ رہے تھے۔ ادھر جرمنی پویلین کا عقاب ایک شان استغنا سے پر پھیلائے گردن موڑے نا تسی سواستکا کو پنجوں میں لئے ہوئے روسی ہتھوڑے اور درانتی کا جواب بے پروائی اور بے نیازی سے دے رہا تھا۔'' (۲)

بیسویں صدی کی سیاسی تحریکات و انقلابات کے موضوعات کی تلاش کے علاوہ پروفیسر سلیمان اطہر جاوید نے عزیز احمد کے افسانوں کا عمیق گہرائی سے مطالعہ کرتے ہوئے ان کے افسانوں کے دیگر موضوعات کو تلاش کیا ہے اور لکھا کہ عزیز احمد نے اپنے افسانوں میں مغرب کی بھرپور سیر کرائی ہے۔ مغربی ممالک کے ماحول، وہاں کے لوگوں کی نقل وحرکت، مغرب کے مجسموں کی تفصیلات، نسوانی حسن کے تذکرے ان سبھی موضوعات کو عزیز احمد کے افسانوں کے اقتباسات کے ساتھ پیش کیا ہے اور ان افسانوں کے نام بھی گنائے ہیں جن میں مغربی ماحول کی عکاسی کی ہے۔ اس ضمن میں پروفیسر سلیمان اطہر جاوید

لکھتے ہیں:

''عزیز احمد کے ہاں ان کے افسانوں میں مغرب کی جھلکیاں کئی رنگوں اور کئی روپوں میں مل جاتی ہیں۔ یوں کہیئے وہ اپنے قاری کو ہندوستان میں رہتے ہوئے یوروپ کی سیر کرادیتے ہیں۔'' (۳)

مغربی ممالک کے ماحول کی عکاسی کرتے ہوئے عزیز احمد کے افسانوں کے تذکرے کے بعد پروفیسر سلیمان اطہر جاوید نے ان کے افسانوں میں ہندوستان کے ماحول یہاں کی سیاسی تحریکات، جدوجہد آزادی کے واقعات پر مبنی موضوعات تلاش کئے ہیں۔ ہندوستان کی آزادی کے خوشگوار لمحات میں ہندو مسلم فسادات ایک بدنما داغ کی طرح ہیں۔ ان فسادات پر عزیز احمد نے بھی اپنے افسانوں میں اظہار خیال کیا ہے۔ ہندو مسلم فسادات کے بارے میں عزیز احمد کے خیالات کا مطالعہ کرتے ہوئے پروفیسر سلیمان اطہر جاوید یوں رقمطراز ہیں:

''ہمارے اور کئی افسانہ نگاروں نے فرقہ وارانہ فسادات پر قلم اٹھایا۔ منٹو جیسے افسانہ نگار اس ضمن میں بہت زیادہ کامیاب بھی ہیں۔ لیکن عزیز احمد کا اپروچ کچھ اور ہے۔ اول تو فسادات کا تذکرہ ان کے یہاں پس منظر کے طور پر ہے۔ دوم یہ کہ وہ نہایت معروضی انداز میں فسادات پر قلم اٹھاتے ہیں۔ ان کا انداز اگر چہ بیانیہ ہوتا ہے لیکن پر تاثیر اس خصوص میں وہ عوام کو نہیں حالات اور واقعات پیدا کرنے والے قائدین کو ذمہ دار قرار دیتے ہیں۔......فسادات کا ذکر کرتے ہوئے ان کے لہجے میں ایک کاٹ ضرور

ہوتی ہے۔ یہ کاٹ کبھی تاثیر کو شدید کرنے کے کام آتی ہے اور کبھی طنز کی صورت اختیار کر لیتی ہے۔"(۱)

عزیز احمد کے افسانوں میں فسادات کے موضوعات کا تنقیدی جائزہ لیتے ہوئے پروفیسر سلیمان اطہر جاوید نے عزیز احمد کے تاثراتی انداز کو اجاگر کیا ہے۔ اس کے علاوہ ہندوستانی ماحول، یہاں کی سیاست، سیاسی جماعتوں جس میں کانگریس، مسلم لیگ وغیرہ کا تذکرہ سیاست دانوں کا ذکر جس میں آغا خاں، سروجنی نائیڈو، سر اکبر حیدری، نظام الملک آصف جاہ، گاندھی جی وغیرہ فلمی ہستیوں میں نرگس، جون بائی، اشوک کمار، موتی لال، کلجیت کور، منورما، اسی طرح خبر رساں اداروں رائٹر اور اخبارات میں ٹائمز آف انڈیا اور اسٹیٹسمین وغیرہ موضوعات کو عزیز احمد کے افسانوں میں تلاش کیا ہے۔ عزیز احمد کے افسانوں کے موضوعات کے تجزیے کے بعد افسانہ نگاری کے دیگر لوازمات پر جائزے کے سلسلے میں پروفیسر سلیمان اطہر جاوید نے عزیز احمد کے افسانوں میں پیش کی گئی منظر نگاری کا جائزہ لیا ہے اور ان کے افسانوں سے اقتباسات پیش کرتے ہوئے منظر نگاری کے مختلف پہلو بیان کئے ہیں۔ پروفیسر سلیمان اطہر جاوید لکھتے ہیں کہ عزیز احمد نے چونکہ ایک دنیا دیکھی تھی لہذا ان کے افسانوں میں قومی و بین الاقوامی ماحول دکھائی دیتا ہے۔ ان کے افسانوں کی منظر نگاری کے دیگر پہلو بیان کرتے ہوئے پروفیسر سلیمان اطہر جاوید لکھتے ہیں :

"عزیز احمد نے جب بھی اور جہاں بھی منظر نگاری کی ہے وہاں صرف منظر ہی نہیں ان کی نظر اور زاویہ نظر کو بھی محسوس کیا جا سکتا ہے۔ وہ ڈوب کر بلکہ

اس کا ایک حصہ بن کر منظر کو کاغذ پر منتقل کرتے ہیں کہ خود قاری کے سامنے منظر آموجود ہوتا ہے۔ بلکہ کہیں کہیں تو قاری بھی خود کو منظر کا ایک حصہ متصور کرتا ہے۔......عزیز احمد کی منظر نگاری کا کمال یہ بھی ہے کہ وہ منظر کو پس منظر کے طور پر استعمال کرتے ہوئے اس سے یا تو کرداروں کو اجاگر کرنے کا کام لیتے ہیں یا افسانہ کے مرکزی خیال یا اس کے مقصد کو ابھارنے یا اس کی صراحت کرنے یا مجموعی طور پر افسانہ کے تاثر کو شدید کرنے کے کام میں لاتے ہیں۔اس طرح منظر معنویت کا حامل ہو جاتا ہے۔"(۱)

عزیز احمد کے افسانوں میں منظر نگاری کی خوبیاں بیان کرتے ہوئے ان کے ایک افسانہ "زون" سے کشمیر کی منظر نگاری کا یہ اقتباس پیش کیا ہے:

"بہار اس سال جلد آ گئی تھی اور ابھی سے چنار کے پتے چوڑے چکلے اور گہرے سبز رنگ کے ہو چکے تھے۔خودرو پھولوں کی بہار قریب الختم تھی۔ سرخ سرخ پھول جنہیں لالہ کہہ لیجئے یا کوکنار اب بھی ہزاروں کی تعداد میں ہام پور کے راستے میں سرہلا رہے تھے۔مگر سری نگر میں کم ہی نظر آئے۔جہانگیر کا پورا سامان طرب قدرت پھر سنوار رہی تھی۔"(۲)

پروفیسر سلیمان اطہر جاوید نے عزیز احمد کے دیگر افسانوں "سستا پیسہ" وغیرہ سے بھی ان کی منظر نگاری کی مثالیں پیش کی ہیں اور انہیں ایک اچھا منظر نگار قرار دیا۔منظر نگاری کے بعد افسانہ نگاری کا ایک اہم جز کردار نگاری ہے اور عزیز احمد کی افسانوں کی کردار

نگاری کا تجزیہ کرتے ہوئے پروفیسر سلیمان اطہر جاوید نے ان کی کردار نگاری کی خصوصیات کا جائزہ لیا اور لکھا کہ عزیز احمد نے اپنے افسانوں کے لئے اپنے ماحول سے کردار اخذ کئے ہیں۔ عزیز احمد نے حیدر آباد، یوروپ، کشمیر وغیرہ جہاں جہاں کا سفر کیا وہاں کے موضوعات پر افسانے لکھتے ہوئے وہاں کے کرداروں کو اپنے افسانوں میں پیش کیا ہے۔

عزیز احمد کی کردار نگاری کی خصوصیات بیان کرتے ہوئے پروفیسر سلیمان اطہر جاوید لکھتے ہیں:

''ان کے کردار نہیں ہوتے، دراصل ہمارے سامنے، آگے پیچھے چلتے پھرتے افراد ہوتے ہیں۔ان کے کردار دراصل ہم ہوتے ہیں۔قاری خود ہوتے ہیں۔......عزیز احمد کے بعض ناولوں اور افسانوں کے کردار واقعہ یہ ہے کہ حقیقی ہیں۔...... یہ چند افراد کی نہیں ایک نسل کی کردار نگاری ہے۔ عزیز احمد کے افسانوں میں کردار نگاری کچھ ایسی ہی ہوتی ہے وہ کرداروں کے ظاہر اور باطن میں مطابقت محسوس کرتے ہیں۔'' (۳)

عزیز احمد کی کردار نگاری کی ان خوبیوں کو پروفیسر سلیمان اطہر جاوید نے عزیز احمد کے افسانوں ''بیکار دن بیکار راتیں'' زرین تاج، اور بستی نہیں یہ، خطرناک پگڈنڈی، کوکب اور زرخرید وغیرہ افسانوں کے منتخبہ اقتباسات کی مدد سے اجاگر کیا ہے۔ کردار نگاری کے بعد عزیز احمد کے افسانوں کے ایک اہم جز نفسیات نگاری کا تفصیلی جائزہ لیتے ہوئے پروفیسر سلیمان اطہر جاوید نے لکھا کہ عزیز احمد کا انسانی نفسیات کا مطالعہ غضب کا ہے۔ عورت چونکہ ان کا محبوب موضوع رہا ہے۔ لہذا عورت کی نفسیات پر عزیز احمد کے خیالات

کی عکاسی کرتا ہوا یہ اقتباس پیش کیا ہے:

''عورت کے خون میں قدرت نے کچھ عجیب کمزوری دی ہے جو جتنا زیادہ تعاقب کرتا ہے اپنے صیاد سے دور بھاگنے میں اس کی قوتِ ارادی اتنی ہی کمزور ہوتی جاتی ہے جتنے عرصے تک یہ تعاقب جاری رہتا ہے اسی مناسبت سے اس کی مزاحمت گھٹتی جاتی ہے اور کبھی کبھی ایسا بھی ہوتا ہے کہ وہ اپنے مقتول محبوب کے قاتل کو پہلے برداشت اور پھر پیار کرنے لگتی ہے۔''(۱)

کرداروں کی نفسیات کے علاوہ عزیز احمد کی حسن پرستی پر تبصرہ کرتے ہوئے پروفیسر سلیمان اطہر جاوید لکھتے ہیں کہ:

''عزیز احمد کے افسانوں میں حسن پرستی اور جنس، شاخ گل میں بادِ سحر گاہی کے غم کی طرح ہوتی ہے۔ رنگینی اور رعنائی کی کیفیات کی حامل۔ یوں ان کے افسانوں کی فضاء خاص دلآویز ہو جاتی ہے۔ کہیں وہ اپنے طور پر حسن پرستی کا اظہار کرتے ہیں اور کہیں ان کے کردار حسن کے متلاشی ہوتے ہیں لیکن یہ کوئی روایتی اور مشرقی انداز کی حسن پرستی نہیں۔ یہ حسین تفریح جنس پرستی کے زمرہ میں آتی ہے۔ وقت بھی گزر جائے، پیاس بھی بجھائے اور تفریح بھی ہو جائے۔''(۲)

عزیز احمد کے افسانوں میں جنس اور حسن پرستی کی دیگر مثالیں بھی پروفیسر سلیمان اطہر جاوید نے پیش کی ہیں اور اپنے تبصرے سے یہ ثابت کیا کہ جنس اور حسن عزیز احمد کا

مقبول موضوع تھا اور یہ کہ اپنے موضوع کو برتتے ہوئے ذاتی تلذذ میں مبتلا ہو جاتے ہیں ۔عزیز احمد کے کرداروں میں مردوں کے بے راہ روی کے علاوہ پروفیسر سلیمان اطہر جاوید نے ایسے اقتباسات بھی پیش کیئے جن سے ان کے نسوانی کرداروں کی بے راہ روی اور ان کے بیان میں عزیز احمد کی ذاتی تسکین کا اظہار ہوتا ہے۔اپنے افسانہ ''خطرناک پگڈنڈی'' میں عزیز احمد لکھتے ہیں :

> '' کچھ دیر بعد جب اس نے ای دون کو سہارا دے کر گھاس پر سے اٹھایا تو اسے ایک طرح کی طمانیت ہوئی ۔ یہ لڑکی معصوم نہیں تھی اور وہ اس کی زندگی میں پہلا مرد نہیں تھا۔اس سے پہلے کوئی اور کامریڈ کوئی اور انقلاب پسند اور مادہ پرست اس لڑکی کو چوم چکا تھا۔اس کے جسم سے آزادی برت چکا تھا...... چھیڑ سے بڑھ کر نوجوان لڑکی اور کسی چیز سے خوش نہیں ہوتی ۔ خواہ وہ چھیڑ جسمانی ہو یا زبانی ۔''(۳)

عزیز احمد کے افسانوں میں جنس نگاری کے تجزیے کے بعد پروفیسر سلیمان اطہر جاوید نے عزیز احمد کے افسانوں میں پیش کردہ ماحول اور زمانے کے بارے میں تبصرہ کیا اور لکھا کہ عزیز احمد کے افسانوں میں اپنے عہد کی جیتی جاگتی تصویر یں ملتی ہیں ۔ دوسری جنگ عظیم کے حالات ، ہندوستان اور یوروپ کی سیاست آزادی سے قبل ہندوستان کے حالات ریاست حیدرآباد کی تہذیب وغیرہ کو انہوں نے اپنے افسانوں میں برتا ہے ۔ حیدرآباد کے تذکرے کے بارے میں پروفیسر سلیمان اطہر جاوید لکھتے ہیں:

> ''انہوں نے لکھا ہے ''لاسلکی'' حیدرآباد میں ریڈیو کو کہتے ہیں ۔ ونیز ان

کے ہاں حیدر آباد کے بدنام محلّہ محبوب کی مہندی کا بھی تذکرہ ہے۔ بنجارہ ہلز کا ذکر تو انہوں نے کئی جگہوں پر مختلف ناموں سے کیا ہے۔ مہاراجہ کشن پرشاد، سر اکبر حیدری اور نظام الملک آصف جاہ جیسی شخصیتوں کے بارے میں بھی ہے اور حیدر آباد کے جاگیرداروں اور امراء کے روز و شب، سیاسی ،اونچ نیچ، آویزش، باہمی رقابتیں، معاشرتی آداب رنگ، ڈھنگ کو بھی انہوں نے ترقیم کر دیا ہے۔"(۱)

عزیز احمد کے افسانوں کے اجزائے ترکیبی کے تفصیلی جائزے کے بعد پروفیسر سلیمان اطہر جاوید نے عزیز احمد کے اسلوب نگارش، زبان و بیان کی خوبیاں بیان کی ہیں اور ان کے افسانوں کے اقتباسات پیش کرتے ہوئے ان کے بیان کی خوبیوں کو اجاگر کرنے کی کوشش کی ہے اور لکھا کہ عزیز احمد نے اپنے افسانوں کے موقع محل، مقامات اور عہد کے اعتبار سے کرداروں کی زبانی مکالمے اور مناظر کے بیان میں دلکشی پیدا کی ہے۔ عزیز احمد کی نثر میں شعری انداز کو تلاش کرتے ہوئے پروفیسر سلیمان اطہر جاوید نے افسانہ" زرین تاج" سے یہ اقتباس پیش کیا ہے۔

"فارسی اشعار تھے کہ بادلوں کی طرح اڈتے یاد آتے چلے جاتے تھے۔ اس نے حسین رات کی طرف دیکھا۔ معشوقوں کی طرح دلربا اور خونریز معشوقوں کے رخ زیبا جیسا چاند ان کی آنکھوں کی طرح چمکتے ستارے، ان کی زلفوں کی طرح سیاہ درختوں اور چٹانوں کے سائے ان کی پلکوں کی طرح سڑک کے کنارے صف بستہ درخت، ان کی حنائی انگلیوں اور

سرخ ہونٹوں کی سرخ سرخ۔''(۲)

عزیز احمد کے اسلوب کے تجزیے کے بعد پروفیسر سلیمان اطہر جاوید نے ان کے افسانوں کے پلاٹ اور تکنیک کا جائزہ لیا ہے اور لکھا کہ عزیز احمد نے غیر رسمی انداز میں افسانوں کا آغاز کیا ہے اور اختتام میں بھی ندرت اختیار کی ہے۔ معنوی طور پر وحدت تاثر کو اختیار کیا ہے۔ کتاب کے آخر میں ان کے افسانوں کی مختلف خصوصیات کو سرسری طور پر بیان کرتے ہوئے پروفیسر سلیمان اطہر جاوید نے عزیز احمد کی افسانہ نگاری کی تعریف کی ہے اور ان کے افسانوں کو اردو افسانے کی ایک نئی جہت اور نئے سفر کی نوید قرار دیا ہے۔

پروفیسر سلیمان اطہر جاوید کی تحقیقی وتنقیدی کتاب ''عزیز احمد کے افسانے'' عزیز احمد کی افسانہ نگاری کو متعارف کرانے والی ایک اہم کتاب کے طور پر سامنے آتی ہے۔ آج کل یہ رجحان بھی عام ہو رہا ہے کہ لوگ اچھی تنقید کے ذریعہ ایک تخلیق کی خوبیوں سے واقف ہوتے ہیں اور تخلیق کار کو پہچانتے ہیں۔ چنانچہ پروفیسر سلیمان اطہر جاوید نے اپنی اس تحقیقی وتنقیدی کتاب سے عزیز احمد کے فن اور ان کے افسانوں کی مختلف خوبیوں کو قارئین کے سامنے آئینے کی طرح پیش کر دیا ہے ایک منجھے ہوئے نقاد کی طرح انہوں نے عزیز احمد کی افسانہ نگاری کو اردو افسانہ کے لوازم کے ساتھ حسن کی کسوٹی پر کس کر دیکھا ہے اور ان کے افسانوں کے اقتباسات پیش کرتے ہوئے اپنی کہی ہوئی بات کو واضح کیا ہے۔ یہ کتاب فن تنقید پر عبور کے سلسلے میں پروفیسر سلیمان اطہر جاوید کی عظمت کا پتہ دیتی ہے اور عزیز احمد کو ایک کامیاب افسانہ نگار قرار دیتی ہے۔ اس کے علاوہ تحقیقی اعتبار سے اس کتاب کی یہ اہمیت ہے کہ پروفیسر سلیمان اطہر جاوید نے عزیز احمد کے بکھرے ہوئے افسانوں کو

اس ایک کتاب میں جمع کر دیا ہے ۔عزیز احمد نے چونکہ ہندوستان کے علاوہ پاکستان، برطانیہ اور کینیڈا میں زندگی بسر کی تھی ۔اس لئے ان کے افسانے ایک مقام پر دستیاب نہیں ہوئے۔لیکن پروفیسر سلیمان اطہر جاوید نے اپنے دوست احباب کے روابط استعمال کرتے ہوئے جانفشانی سے عزیز احمد کے افسانے اکٹھا کئے اور ایک مبسوط مقدمے کے ساتھ انہیں بااہتمام شائع کیا۔ چنانچہ ان کی یہ کتاب ان کی اعلیٰ تحقیقی و تنقیدی بصیرت کے ادراک کا پتہ دیتی ہے۔

☆☆☆☆☆☆

اردو تحقیق میں سلیمان اطہر جاوید کا مقام

پروفیسر سلیمان اطہر جاوید کی تحقیقی کتابوں، رشید احمد صدیقی، شخصیت اور فن، تاریخ تلگو ادب اور فنون لطیفہ، مکاتیب رشید، اردو شاعری میں اشاریت اور عزیز احمد کے افسانے پر گزشتہ صفحات میں پیش کئے گئے جائزے سے اندازہ ہوتا ہے کہ ان کتابوں میں پیش کردہ مواد کیلئے انہوں نے اصول تحقیق کے تمام ضوابط کو بروئے کار لایا اور تحقیق کے دوران کھرے اور کھوٹے کا فرق کرتے ہوئے مفروضات کا حل تلاش کیا ہے۔ تحقیق میں چونکہ دستیاب مواد اور معلومات سے حق کی تلاش مقصود ہوتی ہے اور اس کے لئے محقق کو کٹھن اور مشکل مراحل سے گزرتے ہوئے صبر و تحمل اور استقلال سے کام لینا ہوتا ہے اور ان مراحل سے گزرتے ہوئے تحقیق میں پروفیسر سلیمان اطہر جاوید کا سب سے پہلا اور اہم کارنامہ ان کی تحقیقی کتاب ''رشید احمد صدیقی شخصیت اور فن'' ہے۔ یہ ان کا پی ایچ ڈی کا مقالہ ہے۔ پی۔ ایچ۔ ڈی کے تحقیقی کام کے لئے ایک طرف نگران کی مناسب رہنمائی درکار ہوتی ہے تو دوسری طرف موضوع سے متعلق مواد کے حصول کے کٹھن مراحل سامنے ہوتے ہیں۔ پروفیسر سلیمان اطہر جاوید کا موضوع ''رشید احمد صدیقی'' جیسی شخصیت تھی جو اس وقت بقید حیات تھے اور وہ شمالی ہند کے رہنے والے تھے جبکہ پروفیسر سلیمان اطہر جاوید حیدرآباد میں معاشی تگ و دو میں مصروف تھے۔ اس کے علاوہ رشید احمد صدیقی نہیں

چاہتے تھے کہ ان کی زندگی میں ان پر کوئی تحقیقی کام ہو۔ چنانچہ شمالی ہند کے کئی پروفیسرس اور تحقیق کے طالب علم اس موضوع پر کام کرنے سے جھجھکنے لگے تھے۔ لیکن پروفیسر سلیمان اطہر جاوید نے نامساعد حالات کا مقابلہ کرتے ہوئے ایک مرد آہن کی طرح اس موضوع پر تحقیق کو ایک چیلنج کے طور پر قبول کیا۔ شمالی ہند کا سفر کرتے ہوئے رشید احمد صدیقی اور ان کے اہل خانہ سے ملاقات کرتے ہوئے اپنی شخصیت کے مثبت اثرات چھوڑے اور ان کی حیات اور علمی وادبی خدمات پر قیمتی مواد جمع کیا اور مبسوط علمی انداز میں یہ تحقیقی مقالہ لکھا۔ رشید احمد صدیقی کے حالات زندگی میں انہوں نے جن جن باتوں کو پیش کیا ان سے شمالی ہند کے بیشتر احباب ناواقف تھے۔ اس کے علاوہ اس تحقیقی کام کے دیگر ابواب، رشید احمد صدیقی اور علی گڑھ، طنز ومزاح، مرقع نگاری، تنقید اسلوب وغیرہ میں انہوں نے اپنے گہرے مطالعہ اور تحقیقی صلاحیتوں کو بروئے کار لاکر رشید احمد صدیقی کے فن پر لکھی گئی تمام کتابوں اور مضامین سے استفادہ کیا۔ طنز ومزاح، مرقع نگاری، تنقید اور اسلوب وغیرہ ابواب کے آغاز پر فن سے متعلق اصولی بحث کو مغرب ومشرق کے ادب کے حوالے سے سمجھانے کی کوشش کی۔ اسلوب کے باب میں رشید احمد صدیقی کے اسلوب کا تقابلی مطالعہ کیا۔ غرض انہوں نے اس کام میں اتنی وسعت اور ہمہ گیری دکھائی کہ قاری کو تشنگی کا احساس نہیں ہوتا۔ چنانچہ ان کا پہلا تحقیقی کام ہی انہیں شہرت دلانے کا باعث ہوا۔

''تاریخ تلگو ادب اور فنون لطیفہ'' نامی تحقیقی کتاب میں پروفیسر سلیمان اطہر جاوید نے اپنی تلگو زبان وادب سے گہری واقفیت کا ثبوت دیتے ہوئے پہلی مرتبہ اردو میں علاقہ آندھرا کی سرکاری زبان تلگو کے آغاز وارتقا اور اس کے ادب کا سرسری جائزہ پیش کیا

ہے۔تقابلی مطالعہ کے طالب علموں کے لئے یہ کتاب معلومات آفرینی ثابت ہوگی۔

''مکاتب رشید'' پروفیسر سلیمان اطہر جاوید کا ایک اور اہم کارنامہ ہے۔رشید احمد صدیقی پر تحقیقی کام کے دوران ہی انہوں نے رشید احمد صدیقی کے خطوط جمع کرنا شروع کردئے تھے۔اس کے لئے انہوں نے ہندوستان و پاکستان کے ادیبوں،شعراء اساتذہ اوران کے دوست احباب کوخط لکھے اوراپنے تعلقات اورروابط کی بنیاد پران کے خطوط جمع کرتے ہوئے ایک اچھے مقدمے کے ساتھ ان خطوط کو مکاتیب رشید کے نام سے شائع کیا ۔بڑے ادیبوں کے خطوط میں ذاتی معاملات کے علاوہ اس کے عہد کی تاریخ بھی محفوظ ہوتی ہے۔چنانچہ مکاتیب رشید کی اشاعت سے پروفیسر سلیمان اطہر جاوید نے رشید احمد صدیقی کے دور کو محفوظ کردیا۔''اردو شاعری میں اشاریت'' پروفیسر سلیمان اطہر جاوید کا ایک اور تحقیقی کارنامہ ہے۔اشاریت ان کا پسندیدہ موضوع رہا ہے۔اس کتاب میں انہوں نے دنیا کی بیشتر زبانوں جیسے انگریزی،فرانسیسی،عربی اور ہندوستان کی دیگر زبانوں جیسے پنجابی،ملیالی وغیرہ کی شاعری میں اشاریت کو پیش کیا ہے۔اشاریت کے مفہوم کو واضح کرتے ہوئے ادب میں اس کے استعمال کی وجوہات،اشاریت بہ طورتحریک وغیرہ کو پیش کیا اوراردو شاعری میں آغاز سے موجودہ زمانے تک عصری وسماجی مسائل کے پس منظر کے ساتھ اردو کے اہم شعراء کے کلام میں اشاریت کو اجاگر کیا ہے۔یہ کتاب بھی ان کے گہرے مطالعے اور تحقیقی اور تنقیدی بصیرت کا پتہ دیتی ہے اوراپنے موضوع پر یہ اردو ادب کی ایک مستند کتاب تصور کی جاتی ہے۔

''عزیز احمد کے افسانے'' پروفیسر سلیمان اطہر جاوید کی ایک اور تحقیقی کتاب ہے

۔ ’’عزیز احمد کی ناول نگاری‘‘ کے عنوان سے ان کی ایک تنقیدی کتاب بھی ہے۔ چنانچہ ناولوں پر کام کرنے کے دوران انہیں عزیز احمد کے افسانے بکھرے ہوئے ملے۔ انہیں خیال آیا کہ کیوں نہ حیدرآباد سے تعلق رکھنے والے، جامعہ عثمانیہ کے ایک پروفیسر اور ہندوستان و پاکستان اور کناڈا میں شہرت کے حامل اردو کے ناول نگار، افسانہ نگار، نقاد اور مترجم کے افسانوں کو مرتب کر کے شائع نہ کیا جائے۔ چنانچہ انہوں نے ہندوستان و پاکستان میں اپنے احباب کو خطوط لکھ کر عزیز احمد کے افسانے یکجا کئے اور انہیں ایک مبسوط مقدمہ کے ساتھ شائع کیا۔ مقدمے میں انہوں نے فن افسانہ نگاری کے لوازم کا تذکرہ کرتے ہوئے عزیز احمد کے افسانوں کا فنی جائزہ لیا ہے۔ چنانچہ ان کی مرتبہ یہ کتاب بھی ان کی تحقیقی جستجو کا پتہ دیتی ہے۔ ان تمام تحقیقی کتابوں میں پروفیسر سلیمان اطہر جاوید کے اندر کا چھپا ہوا نقاد ان کی جگہ جگہ رہنمائی کرتا ہے اور وہ اعتدال کی روش اختیار کرتے ہوئے تحقیق کا سفر جاری رکھتے ہیں۔ تحقیق چونکہ حرف آخر نہیں ہوتی ہے۔ لہذا پروفیسر سلیمان اطہر جاوید کے تحقیقی کارنامے انہیں ایک نامور محقق قرار دیتے ہوئے مزید تحقیق کی راہیں ہموار کرتے ہیں۔

☆☆☆☆☆

☆ تیسرا باب

پروفیسر سلیمان اطہر جاوید بہ حیثیت نقاد

اسلوب اور انتقاد

پروفیسر سلیمان اطہر جاوید ایک بلند پایہ محقق ہونے کے ساتھ ساتھ ایک نامور نقاد بھی ہیں۔ان کی تنقیدی کتابیں ''اسلوب اور انتقاد'' تنقید شعر، ادب میں ابہام اور اس کے مسائل، تنقیدی افکار، عزیز احمد کی ناول نگاری، تنقید اور تہذیب اقبال ماورائے دیر و حرم ...... وغیرہ ہیں۔ اس کے علاوہ شعری و ادبی کتابوں پر تبصرے، ادبی کالم اور دیگر مضامین میں آپ کی تنقیدی تحریریں ملتی ہیں۔ پروفیسر سلیمان اطہر جاوید کی تنقید نگاری کے جائزے سے قبل اردو تنقید کی تعریف اور جدید دور میں تنقید کے مختلف اسالیب کا تعارف ضروری ہو جاتا ہے۔ تا کہ پروفیسر سلیمان اطہر جاوید کی تنقیدوں میں اردو تنقید کے مختلف پہلوؤں کو تلاش کیا جاسکے۔

تنقید

لفظ تنقید ''نقد'' سے مشتق ہے۔ جس کے معنی جانچنا، پرکھنا یا کھوج کے ہیں۔ اصطلاح ادب میں کسی فن پارے یا تخلیق کے محاسن و معائب بیان کرتے ہوئے ادب میں اس کے مقام کا تعین کرنا تنقید کہلاتا ہے۔ ہر

زمانے میں تنقید کی مختلف تعریفیں پیش کی گئی ہیں۔کسی نے ادب کا مقصد مسرت وحظ پہنچانا بتایا اور تنقید کا کام تخلیق میں مسرت کے پہلوؤں کو تلاش کرنا بتایا۔کسی نے ادب کو تفسیر حیات سے تعبیر کیا اور زندگی کے تغیر وتبدل کے زیر اثر ادب میں رونما ہونے والے مسائل اور تبدیلیوں کو دیکھنا تنقید کے لئے لازم قرار دیا تنقید چونکہ مغرب کی دین ہے۔اس لئے تنقید کی تعریف میں مغربی افکار بھی پیش نظر رہے۔امریکہ کی مشہور ڈکشنری Vebesters New International کے دوسرے ایڈیشن میں تنقید کی تعریف کسی فنی یا ادبی تخلیق کو علمیت اور قابلیت کے ساتھ پرکھنے کے فن کو تنقید قرار دیا گیا۔(۱)Winchester کے بموجب ''تنقید کسی ادبی تخلیق کی دانشورانہ ستائش کا نام ہے''۔جس میں اس کی قدر وقیمت کو منصفانہ طور پر متعین کیا جاتا ہے۔(۲)Shumaker کے بموجب ''تنقید ادب میں کسی بھی نوعیت کے دانشورانہ مباحث کا نام ہے۔''(۳)

تنقید کی ان تعریفوں کے علاوہ جہاں تک تخلیق اور تنقید کا سوال ہے کسی ادب پارے کی تخلیق کے ساتھ ہی تنقیدی عمل بھی شروع ہوجاتا ہے۔کیوں کہ بیش تر تخلیقات خوب سے خوب تر کی تلاش کے بعد ہی وجود میں آتی ہیں۔اسی خیال کو پیش کرتے ہوئے ڈاکٹر شارب ردولوی لکھتے ہیں:

''آج زندگی ہر وقت رواں دواں ہے۔اس میں ہر لمحہ ایک نئے نظریے اور نئی فکر کا اضافہ ہوتا رہتا ہے۔اس کے امکانات اب محدود نہیں۔اس

لیے ناقص اور بہتر کی تمیز کے لئے تنقید ضروری ہے۔تنقیدی شعور کے بغیر نہ تو اعلی ادب کی تخلیق ہوسکتی ہے اور نہ فنی تخلیق کی قدروں کا تعین ممکن ہے۔اس لئے اعلی ادب کی پرکھ کے لئے تنقید لازمی ہے۔‘‘(۱)

جس طرح ہر زمانے میں ادبی قدریں بدلتی رہتی ہیں۔اسی طرح ادب کی پرکھ کے تنقیدی اصولوں میں بھی تبدیلی آتی رہی۔لیکن تنقید مجموعی طور پر آفاقی اور ادب کے لئے ضروری ہے۔کیونکہ یہ انسان کے ذہن وفکر کو روشنی عطا کرتی ہے اور ادبی راہوں کو ہموار اور منزل کو متعین کرتی ہے۔اردو میں تنقید کے ابتدائی نقوش تذکروں میں ملتے ہیں۔حالیؔ نے اپنے ’’مقدمہ شعروشاعری‘‘ کے ذریعہ جدید اردو تنقید کی بناڈالی۔رفتہ رفتہ تنقید کی دبستان وجود میں آئے اور رومانی تنقید جمالیاتی تنقید، سائنٹفک تنقید، تاثراتی تنقید،نفسیاتی تنقید اور تقابلی تنقید جیسے دبستان اردو تنقید کے دامن کو وسیع کرتے رہے۔

تنقید کے ابتدائی نظریے تعریف،تشریح اور تجزیے کی شکل میں ہیں۔سائنٹفک تنقید ادیب اور فن کار کے تمام پہلوؤں پر بحث کرتی ہے اور اس کے ذریعہ تخلیق میں زمانے کے سماجی حالات اور خیالات کا عکس تلاش کیا جاسکتا ہے۔جمالیاتی تنقید میں کسی بھی ادبی تخلیق کے مطالعے یا جائزے سے ذہن پر پڑنے والے تاثر کو اہمیت دی جاتی ہے اور تخلیق میں حظ،مسرت اور حسن کے پہلو تلاش کئے جاتے ہیں۔نفسیاتی تنقید میں فرد پر زور دیا جاتا ہے اور تخلیق کار کی نفسیاتی الجھنوں اور تشنگیوں کو تلاش کیا جاتا ہے۔اس تنقید کا نظریہ یہ ہے کہ انسان کی دبی ہوئی خواہشات ادب اور آرٹ کی شکل میں رونما ہوئی ہیں۔تاثراتی تنقید میں کسی بھی ادبی تخلیق کے مطالعے یا جائزے سے ذہن پر پڑنے والے تاثر کا جائزہ لیا جاتا

ہے۔ مارکسی تنقید میں ادب کا تعلق زندگی سے دیکھا جاتا ہے کہ اعلیٰ ادب وہی ہے جو اپنے عہد کی سچی تصویر پیش کرتا ہے اور انسانی مقاصد کی ترجمانی کرتا ہے۔

تنقید کے ان دبستانوں کے علاوہ تنقید کا تعلق تحقیق اور تخلیق سے بھی جوڑا گیا ہے اور کہا گیا کہ تحقیق کے بغیر تنقید ممکن نہیں اور تنقید کے لئے تخلیق کی ضرورت ہے اور اچھی تخلیق کے لئے اچھے تنقیدی شعور کی بھی ضرورت ہوتی ہے۔ تنقید کی تعریف اور تنقید کے مختلف دبستانوں کے جائزے اور تنقید کے تحقیق اور تخلیق سے تعلق پر نظر ڈالنے کے بعد پروفیسر سلیمان اطہر جاوید کی تنقیدی کتابوں کا جائزہ لیا جارہا ہے۔ تاکہ ان کی تحریروں میں پائے جانے والے تنقیدی شعور کا اندازہ ہوسکے اور یہ دیکھا جائے کہ ان کی تنقیدیں کس تنقیدی دبستان کی نمائندگی کرتی ہے۔

اسلوب اور انتقاد کا تنقیدی جائزہ :

پروفیسر سلیمان اطہر جاوید کی پہلی تنقیدی کتاب اسلوب اور انتقاد ہے۔ یہ کتاب جولائی ۱۹۶۹ء کو حیدرآباد سے شائع ہوئی۔ کتاب کا انتساب والد مرحوم کے نام ہے۔ یہ کتاب دراصل ان کے تنقیدی مضامین کا مجموعہ ہے۔ ۱۵۱ صفحات پر مشتمل اس کتاب میں پیش لفظ کے علاوہ جملہ آٹھ مضامین ہیں۔ جن کے عنوانات یہ ہیں۔ (۱) افادات مہدی کا تنقیدی مطالعہ، (۲) مکاتیب غالبؔ میں سماجی اور تہذیبی پس منظر، (۳) مرزا فرحت اللہ بیگ کا طنز ومزاح، (۴) اردو نثر کے چند طنز ومزاح نگار، (۵) غزل اور مسائل حیات، (۶) غزل، نظم اور حالیؔ، (۷) علامت پسندی (۸) میراجی ایک مطالعہ۔

کتاب ''اسلوب اور انتقاد'' کے پیش لفظ میں پروفیسر سلیمان اطہر جاوید نے اردو

تنقید کو وقار کی حامل قرار دیتے ہوئے مغربی تنقیدی نظریات کے ساتھ مقامی، سماجی وتہذیبی پس منظر کو بھی مدنظر رکھنے پر زور دیا اس ضمن میں وہ لکھتے ہیں:

''مغربی تنقید سے استفادہ کرتے ہوئے اردو کے سماجی اور تہذیبی پس منظر کو ملحوظ رکھیں تا کہ مغربی ادب کی تقلید یا ادبی آزادی کے نام پر جو بے راہ روی یا گمراہی پیدا ہو چکی ہے اس کا تدارک ہو اور ہمارے فن کاروں میں صحت مند میلانات کی ترویج کی جا سکے۔ میں اس کوشش میں کہاں تک کامیاب ہوا ہوں۔ اس کا تجزیہ کرنا نہیں چاہتا۔ لیکن میرا تنقیدی میلان یہی ہے میں نے اردو ادب کے ماضی و حال اور اس کے سماجی وتہذیبی ورثہ کی روشنی میں مغرب کے تنقیدی اصولوں سے استفادہ کرنے کی سعی کی ہے۔''(۱)

پروفیسر سلیمان اطہر جاوید نے ان خیالات کا اظہار کرتے ہوئے سائنٹفک اور مارکسی تنقید کی تائید کا اظہار کیا ہے۔ جس میں تخلیق کے ساتھ تہذیبی وسماجی پس منظر اور عہد کے حالات پر توجہ دی جاتی ہے۔

تنقیدی کتاب ''اسلوب اور انتقاد'' کا پہلا مضمون ''افادات مہدی کا تنقیدی مطالعہ'' ہے۔ اس مضمون میں پروفیسر سلیمان اطہر جاوید مشہور رومانی ادیب مہدی افادی کی کتاب'' افادات مہدی'' کا تنقیدی جائزہ لیا ہے۔ مہدی افادی کو ایک نامور انشاء پرداز قرار دیتے ہوئے پروفیسر سلیمان اطہر جاوید نے ان کے مضامین کے مطالعے کے بعد مجموعی تاثر کو پیش کرتے ہوئے لکھا کہ:

''افاداتِ مہدی کے مطالعہ سے جو نتائج اخذ کئے جاسکتے ہیں وہ یہ کہ موضوعات میں ہم آہنگی نہیں پائی جاتی ۔ موضوعات ادبی زیادہ ہیں لیکن تاریخ، حسن وعشق اورسوانح کے ذیل میں بھی مضامین تحریر کئے گئے ہیں۔تاہم انشاء پردازی کی قدر مشترک ہےاورانشاپردازی کی جوذیلی اور ضمنی خوبیاں اور خامیاں ہوسکتی ہیں ۔ وہ ہر ہر صفحہ پر موجود ہیں ۔ انشا پردازی میں ایک نرگیست پائی جاتی ہے ...... افادات مہدی میں انداز سرسری ہےاورسطحیت عام ہے۔''(۱)

مہدی افادی کی تحریروں پر سرسری جائزے کے بعد پروفیسر سلیمان اطہر جاوید نے ان کی تحریروں کا تنقیدی انداز میں تفصیلی جائزہ لیا ہے۔مہدی افادی کا بہ حیثیت مترجم اورانشاپرداز جائزہ لیتے ہوئے اوران کے عہد کی خصوصیات بیان کرتے ہوئے پروفیسر سلیمان اطہر جاوید نے ان کی تحریروں سے اقتباس پیش کئے ہیں اوران کے اسلوب کی مختلف خصوصیات کوابھارنے کی کوشش کی ہے۔مہدی افادی کے اسلوب میں پائی جانے والی رنگینی ورعنائی کو بہ طور مثال پیش کرتے ہوئے اردو کے بارے میں ان کے خیالات پر مبنی یہ پرلطف اقتباس پیش کیا ہے۔

''عورت کتنی ہی حسین ہولیکن چاہنے والا اس کی خوش ادائی کو آنکھ اٹھا کر نہ دیکھے تو آرزؤں سے بھرے دل پر کیا گزرے گی ۔ ایسا سہاگ کس کام کا جو جیتے جی بیوگی سے بھی گیا گزرا ہو۔غرض اردو کی طرف سے بے التفاقی ایک قومی مسئلہ ہے۔جس پر ملک کے شایقین

کو اپنی سب سے پہلی فرصت میں توجہ کرنی چاہئے۔ (۲)

اس طرح کے اقتباسات کو پیش کرتے ہوئے پروفیسر سلیمان اطہر جاوید نے یہ ثابت کرنے کی کوشش کی کہ مہدی افادی کی تحریروں میں شوخی ونزاکت اور خوش طبعی وخوش مذاقی پائی جاتی ہے۔ جس سے ادب میں ان کا مقام اونچا ہوا ہے۔ مہدی افادی کی انشا پردازی کی خصوصیات اور ان کے اسلوب کا باریک بینی سے مطالعہ کرنے کے بعد پروفیسر سلیمان اطہر جاوید اس نتیجہ پر پہنچتے۔

''مہدی افادی سب سے پہلے اور سب سے آخر میں بس ایک انشا پرداز ہیں۔ انہوں نے مشرق سے بھی اکتساب کیا ہے اور مغرب سے بھی کسب ...... ان کے مضامین میں عربی و فارسی کے بوجھل الفاظ' اصطلاحات' استعارات اور محاورات نہیں ملتے اور نہ انگریزی الفاظ کا استعمال ہی ہے ...... انہوں نے مقفع اور مسجع عبارت آرائی سے احتراز کیا۔ نادر و عجیب تشبیہات اور اجنبی وغریب محاورات استعمال نہیں کئے بلکہ عام الفاظ ہی کو اس طرز سے استعمال کیا کہ ان کے اسلوب میں ایک ندرت ونزاکت، چاشنی ولطافت، سرخوشی وانبساط اور بانکپن واحتشام محسوس ہوتا ہے۔'' (۳)

مہدی افادی کے اسلوب کی خوبیاں بیان کرنے کے ساتھ ساتھ پروفیسر سلیمان اطہر جاوید نے ایک منصف مزاج نقاد کی طرح ان کے اسلوب کی بعض خامیوں کی طرف بھی نشان دہی کی ہے۔ لیکن انہیں نظر انداز کرنے کی کوشش کی ہے۔ پروفیسر سلیمان اطہر جاوید نے اپنا زیادہ تر مطالعہ ''افادات مہدی'' کی روشنی میں پیش کیا ہے اور اپنے تجزیہ کی

گہرائی اور گیرائی سے اپنے منتخب موضوع اسلوب اور انتقاد کو کامیابی کے ساتھ برتنے کی کوشش کی ہے۔

کتاب ''اسلوب اور انتقاد'' میں شامل دوسرا مضمون ''مکاتیب غالبؔ میں سماجی اور تہذیبی پس منظر'' ہے۔ ابتداء میں غالبؔ کے خطوط کی مشہور خاصیت ''مراسلہ کو مکالمہ بنا دیا'' کی طرف اشارہ کرنے کے بعد پروفیسر سلیمان اطہر جاوید نے اس بات پر زور دیا کہ اسلوب صرف انداز تحریر ہی کا نام نہیں بلکہ یہ انداز تحریر اور موضوع سے ترتیب پاتا ہے۔ چنانچہ اس مضمون میں انہوں نے مواد کے اعتبار سے خطوط غالبؔ کا جائزہ لیتے ہوئے غالبؔ کے اسلوب کی روش کو پہچاننے کی کوشش کی ہے۔ غالبؔ کے خطوط میں ان کے عہد کے حالات کی تفصیلات کی موجودگی کا تذکرہ کرتے ہوئے پروفیسر سلیمان اطہر جاوید لکھتے ہیں:

> ''غالبؔ نے اپنے اشعار میں مطالب کے دریا کو کوزے میں بند کر دیا ہے اس کے برعکس دلچسپ بات یہ ہے کہ مکاتیب میں جزئیات نگاری اپنے عروج سے ہمکنار رہے۔ اپنے بچپن کے واقعات، معاشی بےفکری شادی، تعلیم و تربیت، معاشی دشواریوں کے آغاز، پنشن کی مسدودی اور باز اجرائی کے لئے دوڑ دھوپ، کلکتہ کا سفر، اسد کے بجائے غالبؔ تخلص رکھنا، بہادر شاہ ظفر کے دربار میں اپنی تصویر کا کھینچا جانا اہل و عیال کے حالات، کھانے پینے کی تفصیل اور پتہ نہیں کیا کیا ان واقعات کا بیان انہوں نے اس قدر تفصیل مگر اہتمام سے کیا ہے کہ اگر ان کو اسی اہتمام اور احتیاط کے ساتھ مرتب کیا جائے تو غالبؔ کی زیادہ جامع، زیادہ وقیع اور زیادہ مفصل

سوانح حیات تیار ہو سکتی ہے۔‘‘(۱)

موضوعات کی وسعت کے اعتبار سے غالبؔ کے خطوط کی اہمیت بیان کرنے کے بعد پروفیسر سلیمان اطہر جاوید نے غالبؔ کے خطوط میں پائے جانے والے تہذیبی عناصر کے بیان کے ذریعہ ان کے تشکیل پانے والے اسلوب کی خوبیاں اجاگر کرنے کی کوشش کی ہے۔ میر مہدی مجروحؔ کے نام موسومہ غالبؔ کے خط کا یہ اقتباس پیش کیا ہے۔

’’چوک میں بیگم کے دروازے کے سامنے حوض کے پاس جو کنواں تھا اس میں سنگ خشت و خاک ڈال کر بند کر دیا۔ بلی ماروں کے دروازے کے پاس کی کئی دکانیں ڈھا کر راستہ چوڑا کر لیا۔ شہر کی آبادی کا حکم، خاص و عام کچھ نہیں، پنشن داروں سے حاکموں کا کچھ نہیں۔ تاج محل مرزا قیصر، مرزا جواں بخت کے سالے، مرزا ولایت علی بیگ، جے پوری کی زوجہ ان سب کی الہ آباد سے رہائی ہوگئی ہے۔ بادشاہ مرزا جواں بخت، مرزا عباس شاہ زینت محل کلکتہ پہونچے اور وہاں سے جہاز پر چڑھائی ہوگی۔ دیکھئے کیپ میں رہیں یا لندن جائیں۔‘‘

غالبؔ کے خط کا یہ اقتباس پیش کرنے کے بعد پروفیسر سلیمان اطہر جاوید نے لکھا کہ غالبؔ نے اس خط میں لفظ ’’دیکھیے‘‘ سے نہ صرف بادشاہ بلکہ کل ہندوستانیوں کی بے بسی اور بے چارگی کی عکاسی کر دی ہے۔ تاثیر بھی انتہائی درجہ سے ہمکنار ہے۔(۱)

غالبؔ کے اپنے دوست احباب کو لکھے گئے خطوط سے تہذیبی عناصر کو پیش کرتے

ہوئے پروفیسر سلیمان اطہر جاوید نے ان کے اسلوب کی خصوصیات بیان کی ہیں اور آخر میں ان کی غزل اور ان کی مکتوب نگاری کا تقابلی مطالعہ کرنے کے بعد وہ اس نتیجہ پر پہونچتے ہیں:

''غالبؔ نے غزل میں غم ذات ہی نہیں غم کائنات کا بیان بھی کیا ہے۔ ان کے مکاتیب میں بھی یہی خوبی پائی جاتی ہے۔ بلکہ مکاتیب کا کینوس غزل سے وسیع ہے۔ مکاتیب غالبؔ اپنی سادگی، حسن، دلآویزی، دلسوزی، وسیع پس منظر اور اظہار بیان کی وجہ سے معجزہ فن بن جاتے ہیں۔ جس کی خون جگر سے نمود ہوتی ہے۔ ان مکاتیب میں تخیل کی پرواز نہیں۔ مشاہدہ کی وسعت ہے۔ تشبیہات و استعارات اور غریب ترکیبوں کی وجہ سے عبارت بوجھل نہیں قلم برداشتہ ہونے کے سبب سبک، سہل اور رواں ہے۔ مدعا عنقا نہیں۔ الفاظ بولتے ہیں۔ ان کی سوانح ہونے کی وجہ سے ان کی اہمیت انفرادی بھی ہے۔ لیکن ان میں ایک معاشرہ کی بے بسی، ایک قوم کی ویرانی، ایک سلطنت کے انحطاط اور ایک تہذیب کے زوال کا حال مذکور ہونے کے باعث ان کی وقعت آفاقی ہوجاتی ہے۔'' (۲)

غالبؔ کے مکاتیب میں اسلوب کے مطالعے کے ساتھ ساتھ پروفیسر سلیمان اطہر جاوید نے ان خطوط کے تہذیبی عناصر کو بھی اجاگر کیا اور یہ ثابت کرنے کی کوشش کی کہ غالبؔ کے خطوط میں بیان کردہ تاریخ اور تہذیب ان کے اسلوب بیان کے ذریعہ ڈھلتے ہوئے اپنی الگ پہچان بنائی ہے۔ اس مضمون میں پروفیسر سلیمان اطہر جاوید نے مخصوص

لفظیات کا حوالہ دیتے ہوئے اور غالبؔ کے مخصوص انداز نگارش کے ذریعہ ان کے اسلوب کے نمایاں خد و خال بیان کئے ہیں۔ اردو ادب کی تاریخ میں چونکہ غالبؔ ایک قد آور شخصیت کے حامل ہیں۔ اس لئے سلیمان اطہر جاوید نے ان کے فن میں کسی خامی کی کھوج سے پہلوتہی کی ہے۔ اس سے جہاں غالبؔ کی عظمت کا اظہار ہوتا ہے وہیں مضمون نگار کی محتاط روش کا بھی پتہ چلتا ہے۔

تنقیدی کتاب ''اسلوب اور انتقاد'' میں شامل اگلا مضمون ''مرزا فرحت اللہ بیگ کا اسلوب'' ہے۔ مرزا فرحت اللہ بیگ اردو ادب کی تاریخ میں مزاح نگار اور ''ڈپٹی نذیر احمد کی کہانی کچھ میری کچھ ان کی'' کے وصف کے طور پر جانے جاتے ہیں اور اسی کتاب کے حوالے سے پروفیسر سلیمان اطہر جاوید نے ان کے اسلوب کا جائزہ لیا ہے۔ مضمون کے آغاز میں طنز و مزاح کی تعریف اور ادب میں اس کی ضرورت اور اہمیت بیان کرنے کے بعد پروفیسر سلیمان اطہر جاوید نے مرزا فرحت اللہ بیگ کی تحریروں سے مختلف اقتباسات پیش کئے ہیں اور ان کے ذریعہ ان کی مزاح نگاری اور اسلوب کی خصوصیات بیان کی ہیں ۔ مغربی تہذیب کے ہندوستانیوں پر اثرات پر چوٹ کرتا ہوا فرحت اللہ بیگ کا یہ اقتباس پیش کیا ہے۔

> ''سلیقہ کا یہ حال کہ بچوں کی مالک آیا۔ باورچی خانہ کی مالک ماما، سینے پرونے کے ذمہ دار درزی، درزی نہیں ٹیلر ماسٹر۔ شام ہوئی اور بیگم صاحب ہوا خوری کو نکلیں، صاحب ایک طرف گئے اور بیگم صاحبہ دوسری طرف گئیں۔ اب نہ ان کو ان کی خبر اور نہ ان کو ان کی۔'' (۱)

فرحت اللہ بیگ کی مزاح نگاری کا ایک نمونہ پیش کرنے کے بعد ان کے اسلوب پر تبصرہ کرتے ہوئے پروفیسر سلیمان اطہر جاوید لکھتے ہیں:

''ہر اچھے طنز نگار کی طرح فرحت اللہ بیگ کے ہاں طنز و مزاح مقصد نہیں وسیلہ ہے۔ دراصل وہ ہمارے معاشرہ پر طنز کرتے ہیں۔ اس کے مضحک پہلوؤں کو اجاگر اور اس کی سوئی ہوئی حسوں کو بیدار کرتے ہیں ...... ان کے طنز و مزاح کے اسلوب کی طرح داری یہ ہے کہ وہ چٹکیاں لیتے جاتے ہیں۔ کچھ اس طرح سے کہ جس شخص کی چٹکیاں لی جاتی ہیں وہ بھی مسکرا دیتا ہے اور جیسے ہی مسکراہٹ ختم ہو جاتی ہے وہ اپنے محاسبہ پر مجبور ہو جاتا ہے ......فرحت اللہ بیگ کا اسلوب شوخی، شگفتگی، خوش مذاقی، شادابی اور شائستہ مزاجی کی کیفیتوں سے مالا مال نظر آئے گا۔'' (۲)

اس مضمون میں پروفیسر سلیمان اطہر جاوید نے فرحت اللہ بیگ کی تحریروں کے اقتباسات کے ذریعہ ان کی مزاح نگاری کے پہلو اجاگر کئے اور ان کے اسلوب کو ایک کامیاب قرار دینے کی کوشش کی ہے۔ تاہم فرحت اللہ بیگ کی خامیوں کو اجاگر نہیں کیا ہے اور موضوعات سے زیادہ ان کے اسلوب کو اہمیت دیتے ہوئے اسلوب ہی کو ان کی پہچان قرار دیا ہے۔ پروفیسر سلیمان اطہر جاوید کا یہ مضمون تاثراتی تنقید کی ایک اچھی مثال قرار دیا جاسکتا ہے۔

تنقیدی کتاب ''اسلوب اور انتقاد'' میں شامل اگلا مضمون ''اردو نثر کے چند طنز و مزاح نگار'' ہے۔ اس مضمون میں پروفیسر سلیمان اطہر جاوید نے ادب میں طنز و مزاح کی اہمیت بیان کرتے ہوئے

اردو ادب میں طنز و مزاح کی روایت اور مشہور طنز و مزاح نگاروں کا سرسری جائزہ پیش کیا ہے۔ طنز کے بارے میں اپنے خیالات کا اظہار کرتے ہیں ہوئے پروفیسر سلیمان اطہر جاوید لکھتے ہیں:

''طنز ایک ایسا آلہ ہے جس کے ذریعہ زوال آمادہ سماج یا فرد کے مضحک پہلوؤں کو ادبی اور معقول طریق پر اجاگر کیا جاتا ہے۔ طنز نگاروں کو ادبی نقاد نہ کہا جائے نہ سہی لیکن اس کے تمدنی نقاد ہونے میں دو رائیں نہیں ہوسکتی ہیں۔''

(۱)

اسی طرح مزاح کا مفہوم واضح کرتے ہوئے لکھتے ہیں:

''مزاح وہ ہے جس میں زندگی کی ناہمواریوں پر ہمدردانہ طریقہ سے غور کیا جائے...... مزاح کا تعلق بنیادی طور پر فطرت سے ہے۔ ہم مزاح کو ایک کیفیت سے بھی موسوم کر سکتے ہیں۔ مزاح کو محسوس کیا جا سکتا ہے۔''(۲)

طنز و مزاح کی تعریف اور اس کی ضرورت پر روشنی ڈالنے کے بعد پروفیسر سلیمان اطہر جاوید نے اردو میں طنز و مزاح کی روایت کے آغاز کے طور پر اودھ پنچ کی مزاح نگاری کا تذکرہ کیا۔ جدید دور کے مزاح نگاروں کو دو حصوں میں تقسیم کرتے ہوئے پہلے حصے میں اگلے وقتوں کے مزاح نگاروں میں عظیم بیگ چغتائی، مولانا عبدالماجد دریا آبادی رشید احمد صدیقی، فرحت اللہ بیگ اور نیاز فتح پوری کا ذکر کیا جبکہ دوسرے دور کے مزاح نگاروں میں شوکت تھانوی، پطرس، امتیاز علی تاج، شفیق الرحمٰن، کرشن چندر سعادت حسن منٹو، ابراہیم جلیس اور فکر تونسوی کا ذکر کیا ہے۔

ان مزاح نگاروں کے تذکرے کے بعد ہر مزاح نگار کے فن پر مختصر سا تبصرہ ان

کے کسی فن پارے کے اقتباس کے ساتھ پیش کیا ہے۔ پروفیسر سلیمان اطہر جاوید اپنے اس مضمون میں شوکت تھانوی کی مزاح نگاری کے بارے میں لکھتے ہیں:

''شوکت تھانوی کے نام سے کون واقف نہیں۔ ''سودیشی ریل'' کے اس خالق نے اپنی بسیار نویسی کے باعث اردو ادب میں طنز و مزاح کے ان گنت گلاب کھلاتے ہیں۔ اردو کے طنز و مزاح کے خزانہ میں گراں نمایہ اضافہ کر دیا ہے۔ شوکت تھانوی الفاظ، محاوروں واقعات اور کرداروں سے مزاح پیدا کرتے ہیں وہ فطری طور پر شوخ، بذلہ سنج، ظریف اور قہقہہ بردوش رہے۔ ان کے ہاں طنز کم اور مزاح زیادہ ہے۔ بے پناہ روانی، بے ساختگی اور آمد ان کی تحریروں میں جاری و ساری ہوتی ہے۔ انہوں نے سیاسی اور سماجی ہر دو موضوعات پر طبع آزمائی کی ہے۔''(۳)

شوکت تھانوی کی مزاح نگاری کا جس عمومی انداز سے پروفیسر سلیمان اطہر جاوید نے جائزہ لیا۔ اسی طرح دیگر مزاح نگاروں کے فن پر عمومی تبصرہ بھی ان کے اس مضمون میں ملتا ہے۔ اس طرح ان کا یہ مضمون اردو کے قدیم اور جدید مزاح نگاروں کی مختصر تاریخ بن جاتا ہے۔ مختلف مزاح نگاروں کو ایک لڑی میں پروتے ہوئے پروفیسر سلیمان اطہر جاوید نے اردو طنز و مزاح کا بہ حیثیت اسلوب و موضوع ارتقاء پیش کرنے کی کوشش کی ہے اور اس کے لئے مختلف ادوار کے نمائندہ مزاح نگاروں کا انتخاب کیا۔ اس فہرست میں مزید مزاح نگاروں کی گنجائش تھی لیکن چونکہ وہ ایک مضمون لکھ رہے تھے۔ اس لئے انہوں نے رجحان ساز مزاح نگاروں کے بیان پر ہی اکتفا کیا اور اس فہرست کے ممکنہ ناموں کا تذکرہ

کرتے ہوئے پروفیسر سلیمان اطہر جاوید نے جدید دور کے مزاح نگاروں میں عصمت چغتائی، خواجہ احمد عباس، احمد ندیم قاسمی، راجندر سنگھ بیدی، خدیجہ مستور، ہاجرہ مسرور، غلام احمد فرقت کاکوروی، شفیع عقیل، یوسف ناظم، احمد جمال پاشاہ، شوکت صدیقی مجتبی حسین وغیرہ کے ناموں کا تذکرہ کرتے ہوئے طنز ومزاح کے جدید دور کو زرخیز قرار دیا ہے۔

''اردو نثر کے چند طنز ومزاح نگار'' مضمون کے بعد تنقیدی کتاب ''اسلوب اور انتقاد'' میں شامل اگلا مضمون ''غزل اور مسائل حیات'' ہے۔ پروفیسر سلیمان اطہر جاوید نے مضمون کے آغاز میں غزل کے روایتی مفہوم ''عورتوں سے باتیں کرنے کی صنف'' کو دور از کار مفہوم قرار دیتے ہوئے لکھا کہ غزل ایک عرصہ ہوا اپنے معنوں کے ان حدود کو توڑ کر بیکراں وسعتوں میں پھیل گئی ہے۔ غزل کے مفہوم کی وسعت کو بیان کرنے کے بعد پروفیسر سلیمان اطہر جاوید نے غزل میں مسائل حیات برتنے کی کوشش کرنے والے شعراء کا ذکر کیا اور ان کے ذریعہ پیش کئے گئے زندگی کے مسائل کو بھی موضوعاتی انداز میں بیان کیا۔ اس ضمن میں حالیؔ کے ادب برائے زندگی کا نظریہ، مقدمہ شعر وشاعری کا ذکر، غالبؔ، میرؔ، مومنؔ، اکبرؔ، اقبالؔ، جگرؔ، حسرتؔ، فراقؔ، اور فیضؔ کی غزل گوئی میں بیان کردہ مسائل حیات کے پہلوؤں کو اجاگر کرنے کی کوشش کی۔ غزل کو زندگی کے مسائل کے بیان میں حالیؔ کی کوششوں کا تذکرہ کرتے ہوئے پروفیسر سلیمان اطہر جاوید لکھتے ہیں:

> '' حالیؔ جنگ آزادی کی باقیات کے عینی شاہد تھے۔ اس کے بعد ہندوستانیوں پر جو جو پہاڑ ٹوٹے۔ زندگی دگرگوں ہوئی۔ جینا دشوار ہوا اور پاس ناموس محال۔ انسان چلتی پھرتی لاشیں نظر آنے لگے۔ حالیؔ نے اپنی

غزلوں میں ان سانحات کی تصویر پیش کردی ہے۔ان کے اس شعر میں کیا سوز ہے۔

رنج کیا کیا ہیں ایک جان کے ساتھ
زندگی موت ہے حیات نہیں"(۱)

پروفیسر سلیمان اطہر جاوید نے مختلف شعراء کے کلام کی مثالیں پیش کرتے ہوئے ان کے کلام میں پائے جانے والے زندگی کے مسائل کے پہلو کو اجاگر کرنے کی کوشش کی ہے۔اس ضمن میں عوامی حمیت کو بیدار کرنے والے محمد علی جوہر کے ان اشعار کو پیش کیا ہے
۔

خاک جینا ہے اگر موت سے ڈرنا یہی
ہوس زیست ہو اس درجہ تو بھرنا ہے یہی
اور کس وضع کے جو یاں ہیں عروسانِ بہشت
ہیں کفن سرخ شہیدوں کا سنورنا ہے یہی
نقدِ جان نذر کرو سوچتے کیا ہو جوہر
کام کرنے کا یہی ہے تمہیں کرنا یہی ہے (۱)

غزل کو مسائل حیات سے ہم آہنگ کرنے والے انیسویں صدی اور بیسویں صدی کے اس دور میں پروفیسر سلیمان اطہر جاوید نے ایسے شعراء کو بھی ڈھونڈ نکالا جو قدیم روایات کی پاسداری کرر ہے تھے۔ان میں ریاض خیر آبادی،جلیل مانک پوری، بے خود دہلوی وغیرہ کا تذکرہ کرتے ہوئے انہوں نے لکھا کہ زمانہ کے سرد و گرم سے وہ بھی بچ نہیں

سکے اور کہیں نہ کہیں ان کے کلام میں بھی مسائل حیات کا تذکرہ مل ہی جاتا ہے۔

انیسویں صدی میں شعراء کی غزل گوئی میں مسائل حیات کے پہلو کی کھوج کرنے کے بعد پروفیسر سلیمان اطہر جاوید نے بیسویں صدی کے اردو غزل گو شعراء میں اس پہلو کو واضح کرنے کی کوشش کی ہے۔ بیسویں صدی کے ابتدائی نصف میں زندگی کا سب سے اہم موضوع انگریزوں کی غلامی سے چھٹکارہ اور حصول آزادی تھا۔ تاہم یہ موضوع ادب میں ترقی پسندی کے رجحانات کے تلے دب گیا۔ اس کے باوجود حسرتؔ، جگرؔ، یگانہؔ، اصغرؔ، فانیؔ، فراقؔ، سکندر علی وجدؔ، قتیل شفائی، روشؔ صدیقی اور احسان دانشؔ وغیرہ نے جدوجہد آزادی کے پہلو کو اپنی غزل گوئی میں پیش کرنے کی کوشش کی ہے۔ پروفیسر سلیمان اطہر جاوید نے ان شعراء کے کلام کی خصوصیات بیان کرتے ہوئے لکھا :

> ''یہی وہ شاعر ہیں جنہوں ۱۹۴۷ء میں ہندوستان کی تقسیم، پاکستان کے قیام اور دونوں ممالک میں مابعد آزادی کے واقعات کا مطالعہ کیا ہے۔ یہ آزادی خوشیوں کا پیغام ہی نہیں بربادیوں کا تحفہ بھی لائی۔ اول الذکر شعراء اپنے ،تغزل ،فلسفیانہ بیان انداز فکر اور انفرادیت کے باعث شہرت رکھتے ہیں۔ ان کی شاعرانہ عمر کا زیادہ حصہ روایتی غزل گوئی میں گزرا ہے ۔لیکن انسانیت پر زمانہ کی کاری ضرب، مصنوعی قحط اور مختلف عنوانوں سے فسادات سے یہ تلملا اٹھتے ہیں۔''(۱)

آزادی کے بعد کے شعراء میں فراقؔ، وجدؔ، روشؔ صدیقیؔ، قتیل شفائی احسان دانشؔ، شکیل بدایونیؔ، سردار جعفریؔ وغیرہ کا تذکرہ کرتے ہوئے پروفیسر سلیمان اطہر جاوید

نے موجودہ دور کے شعراء ابن انشاء سلیمان اریبؔ، خمارؔ بارہ بنکوئی، نریش کمار شادؔ، ساحرؔ ہوشیار پوری اور صلاح الدین نیرؔ وغیرہ کی شاعری کا مسائل حیات کے حوالے سے جائزہ لیا اور لکھا کہ آج شعراء غزل میں نئے تجربے کر رہے ہیں لیکن مسائل حیات سے دور نہیں۔ وہ لکھتے ہیں:

''نئی نسل کے شاعروں میں فرد اور سماج اور ان دونوں کے مسائل ایک دوسرے میں کچھ ایسے جذب ہو چکے ہیں کہ دونوں کے مابین حد فاصل قائم کرنا دشوار ہے آج فرد کے مسائل فرد ہی کے نہیں قوم کے مسائل ہو چکے ہیں اور قومی مسائل بین قومی مسائل ہوتے جا رہے ہیں...... آج کے شاعر کی داخلی کیفیات میں سماج کے آہنگ کو محسوس کیا جا سکتا ہے۔ آج کا شاعر یہی کر رہا ہے۔'' (۲)

اس امید افزاء خیال کے ساتھ پروفیسر سلیمان اطہر جاوید نے اپنے اس مضمون کا اختتام کیا ہے۔ اس مضمون میں زائد از ایک صدی پر محیط اردو شعراء کی غزل گوئی میں زندگی کے مسائل کے موضوع کا مطالعہ کرتے ہوئے پروفیسر سلیمان اطہر جاوید نے یہ ثابت کرنے کی کوشش کی ہے کہ ادب کا تعلق اپنے عہد سے ضرور ہوتا ہے اور اچھا ادب وہی ہے جس میں حقائق کا بیان ہو اور جب زندگی مسائل سے دوچار ہوتی ہے۔ تب مسائل کا انبار سامنے رکھ کر کیف و مستی کی باتیں نہیں کی جا سکتی ہیں۔ چنانچہ انیسویں اور بیسویں صدی کے شعراء نے مسائل حیات سے پہلو تہی نہیں کی ہے اور اپنے اپنے طور پر انہیں اپنی غزلوں میں بیان کرنے کی کوشش کی ہے۔ اس طرح پروفیسر سلیمان اطہر جاوید کا یہ

مضمون ایک طرف مطالعاتی نوعیت کا ہے تو دوسری طرف سائنٹفک تنقیدی کی اچھی مثال قرار دیا جاسکتا ہے۔ اسلوب سے قطع نظراس مضمون میں انہوں نے موضوعات کو ترجیح دے کر مطالعہ کیا ہے اور اپنی کوشش میں بہت حد تک کامیاب رہے ہیں۔

تنقیدی کتاب ''اسلوب اور انتقاد'' میں شامل اگلا مضمون ''غزل، نظم اور حالؔی'' ہے۔ حالؔی کو میر کارواں کا لقب دیتے ہوئے پروفیسر سلیمان اطہر جاوید نے اپنے اس تنقیدی مضمون میں ابتداء میں حالؔی کے عہد کا جائزہ لیا جبکہ ۱۸۵۷ء کے ہنگاموں کے بعد زندگی میں بڑی تبدیلی واقع ہوئی تھی۔ سرسید احمد خاں اور ان کے رفقاء نے جہاں زندگی میں ہندوستانیوں کو حرکت وعمل کی دعوت دینے کے لئے علی گڑھ تحریک کے زیر اثر جو کامیاب کوشش کی تھی۔ ادب میں اسی تحریک کے زیر اثر آزادؔ، حالؔی، شبلؔی وغیرہ کے کارناموں کا تذکرہ کرتے ہوئے پروفیسر سلیمان اطہر جاوید نے اردو میں جدید شاعری کے آغاز کی تفصیلات بیان کی ہیں۔ جن میں انجمن پنجاب کے مشاعرے وغیرہ اہم ہیں۔ پروفیسر سلیمان اطہر جاوید نے لکھا کہ ان ہی شاعروں میں حالؔی نے اپنی معرکتہ الآرا نظمیں برکھارت، نشاط امید، تعصب اور انصاف اور ''حب وطن'' بنائیں۔ حالؔی کی تنقیدی کتاب مقدمہ شعر وشاعری کا تذکرہ کرتے ہوئے اس کتاب میں اردو غزل کی اصلاح کے سلسلے میں ان کے پیش کردہ خیالات کو پروفیسر سلیمان اطہر جاوید نے بیان کیا اور ان کی غزل گوئی کا جائزہ لینے کی کوشش کی۔ اردو غزل گوئی میں مقصدی پہلو کو اجاگر کرنے میں حالؔی کی خدمات کی اہمیت بیان کرتے ہوئے پروفیسر سلیمان اطہر جاوید لکھتے ہیں:

''حالی نے اپنی شاعری سے ایک پاکیزہ اور نمائندہ سماج کی تشکیل کی سعی کی۔ایسی باضابطہ اور بھرپور سعی،ان سے قبل ہی کیا ان کے بعد بھی آج تک کسی شاعر کی طرف سے نہیں ہوئی۔اردو شاعری میں آج جو بھی تب وتاب رنگ وآہنگ اور ہمہمہ وولولہ ہے یہ سب حالی کی دین ہے۔ان کے کارناموں کو اردو ادب شائد ہی فراموش کرپائے کہ انہوں نے ادب کو جمہوری مزاج دیا۔شاعری کے کینوس کو کشادہ کیا۔تنقیدی اور تاریخی شعور بیدار کیا اور اپنی شاعری سے سماجی اور قومی اصلاح کا کام لیا۔''(۱)

حالی کی غزل گوئی کے جائزے کے بعد پروفیسر سلیمان اطہر جاوید نے حالی کی نظم نگاری کا جائزہ پیش کیا ہے اوران کے مسدس کواردوشاعری کاعظیم انقلاب قراردیا ہے۔حالی کے قصائد کا تذکرہ کرنے کے بعد ان کے ایک اورشاہکار مرثیہ غالب کا ذکر کیا ہے۔مرثیہ کی صنف صرف واقعات کربلا کے لئے مختص ہوچکی تھی۔لیکن حالی نے غالب کی وفات پر مرثیہ لکھ کر اس صنف کی وسعت وہمہ گیری کی اہمیت اجاگر کی ہے۔اس مرثیہ کے چنداشعار بہ طورمثال پیش کیئے گئے ہیں۔

دل کو باتیں جب اس کی یاد آئیں　　کس کی باتوں سے دل کو بہلائیں
کس کو جاکر سنائیں شعر و غزل　　کس سے دادِ سخنوری پائیں
مرثیہ اس کا لکھتے ہیں احباب　　کس سے اصلاح لیں کدھر جائیں
پست مضمون ہے نوحہ استاد　　کس طرح آسمان پر پہنچائیں (۲)

اس طرح حالؔی کی نظموں میں مسدس، قصائد، مرثیہ غالبؔ، چپ کی داد وغیرہ کا تذکرہ کرتے ہوئے پروفیسر سلیمان اطہر جاوید نے حالؔی کو جدید دور کا مشہور غزل گو و نظم گو شاعر قرار دیا ہے۔ ان کا یہ مضمون تاثراتی تنقید کی ایک اچھی مثال ہے۔ اس مضمون میں انہوں نے حالؔی کی غزل گوئی کے بارے میں جدید خیالات اور ان کی نظم گوئی کے بارے میں اپنے تاثرات پیش کرنے کی کوشش کی ہے۔

''اسلوب اور انتقاد'' کتاب میں شامل اگلے مضمون کا عنوان ''علامت پسندی'' ہے۔ اشاریت اور علامت پسندی، پروفیسر سلیمان اطہر جاوید کے پسندیدہ موضوعات ہیں ۔''اردو شاعری میں اشاریت'' کے عنوان سے ان کی ایک مکمل علحدہ کتاب بھی موجود ہے ۔اس مضمون میں انہوں نے علامات اور اشارات کے مفہوم کو واضح کرتے ہوئے ادب اور سماج میں ان کی اہمیت کو واضح کرنے کی کوشش کی ہے۔ ترسیل و اظہار کے لئے زبان و علامات کی اہمیت کو ناگزیر قرار دیتے ہوئے انہوں نے لکھا کہ زبان کے علاوہ دیگر فنون سے بھی اظہار ہوتا ہے اور کبھی کبھی یہ شہرت بھی اختیار کر لیتا ہے۔ علامت کا مفہوم واضح کرتے ہوئے لکھتے ہیں:

> ''علامت کیا ہے؟ کسی لفظ کے معنی نہیں بلکہ معنیٰ کے مفہوم کو علامت قرار دیا جاتا ہے اور یہ مفہوم بھی ایک مخصوص پس منظر لئے ہوتا ہے۔ اس کو یوں بھی کہہ سکتے ہیں کہ علامت لفظ کا خارجی نہیں داخلی مفہوم ہے۔''(۱)

علامت کا مفہوم واضح کرنے کے بعد پروفیسر سلیمان اطہر جاوید نے لکھا کہ ادب میں علامتوں کا استعمال نثر کے مقابلے میں شاعری میں زیادہ ہوتا ہے۔ اس کی وجہ

ہے کہ نثر میں تفصیل ہوتی ہے اور شاعری میں ایجاز و اختصارِ علامت کا استعمال چونکہ مفہوم کو پوشیدہ رکھنے کیلئے کیا جاتا ہے۔ اس لئے علامتیں ایسے دور میں بھی زیادہ استعمال ہوتیں جبکہ شعراء کسی وجہ سے کھل کر نہیں بول سکتے تھے۔ اس ضمن میں پروفیسر سلیمان اطہر جاوید لکھتے ہیں:

''علامت پسندی کو ہمیشہ انحطاطی دور، زوال آمادہ معاشرہ، اخلاقی قدروں کے بحران، ناموافق اور نامساعد حالات میں ترویج کا موقع ملا ہے ......راشدؔ، میراجی اور فیضؔ وغیرہ بھی ناموافق اور نامساعد حالات میں جب کہ شاعر کہنا تو بہت کچھ چاہتا ہے مگر کہہ نہیں سکتا تو اشاروں اور علامتوں میں اپنے مافی الضمیر کو ادا کرتا ہے۔'' (۲)

علامت نگاری کے اس پہلو کا جائزہ لیتے ہوئے پروفیسر سلیمان اطہر جاوید نے میرؔ، اکبرؔ، اقبالؔ، فیضؔ، میراجیؔ، وغیرہ کے ہاں استعمال ہونے والی علامت نگاری کا جائزہ لیا ہے۔ تاہم علامت پسندی کے منفی پہلو کا تذکرہ کرتے ہوئے پروفیسر سلیمان اطہر جاوید لکھتے ہیں۔

''اب تو بیشتر علامت پسندوں نے ادبی آزادی اور انفرادیت کے نام پر اپنے فن کو انفعالیت اور تاریکیوں کے حوالے کر دیا ہے۔ سطحیت، فکر کا فقدان، سوجھ بوجھ کی کمی، زندگی کی ہمہ ہمی سے کنارہ کشی مریضانہ اور بھٹکی ہوئی ذہنیت کے سبب موجودہ علامت پسندوں کی تخلیقات کے مطالعہ سے یہی نتیجہ اخذ کیا جا سکتا ہے کہ وہ دراصل جنسیاتی گھٹن، بے راہ روی،

تہذیبی ورثہ سے محرومی انتشار، ذہنی پریشانی، ہیجان، ناامیدی بلکہ بعض تو اپنی جنسی زندگی اور ادبی قحبگی کی وجہ سے کوک شاستر کے شاعر وادیب ہیں"

(۱)۔

علامت نگاری کے مثبت اور منفی پہلوؤں کو اجاگر کرتے ہوئے پروفیسر سلیمان اطہر جاوید نے اپنے مضمون کو ختم کیا ہے۔ یہ مضمون علامت نگاری کے مفہوم کو سمجھانے میں کارآمد ہے۔ لیکن پروفیسر سلیمان اطہر جاوید نے جن شعراء کے ہاں علامت نگاری کی موجودگی کی اطلاع دی ہے ان کے ہاں کس قسم کی علامت نگاری پائی جاتی ہے اس کی مثالیں نہیں دی ہیں۔ اس لحاظ سے اس مضمون میں تشنگی پائی جاتی ہے ۔اس کے باوجود شاعری کے ایک اہم جز و علامت نگاری کو سمجھنے میں پروفیسر سلیمان اطہر جاوید کا یہ مضمون معاون ثابت ہوسکتا ہے۔

تنقیدی کتاب ''اسلوب اور انتقاد'' میں شامل آخری مضمون میراجی، ایک مطالعہ ہے اردو شاعری میں میراجی اپنی مخصوص قسم کی بے باکانہ شاعری کے لئے شہرت رکھتے ہیں ۔ چنانچہ پروفیسر سلیمان اطہر جاوید نے میراجی کے عہد ۱۹۱۲ء تا ۱۹۹۴ء کے درمیان ہندوستان اور سارے عالم میں پائی جانے والی کشمکشوں کا حوالہ دیتے ہوئے ان کی شاعری کو سمجھانے کی کوشش کی ہے۔ میراجی کے عہد کے حالات کی تصویر کشی کرتے ہوئے پروفیسر سلیمان اطہر جاوید لکھتے ہیں:

''دستکاریوں کے خاتمہ اور مشینی زندگی کے آغاز کے نتیجے میں بیروزگاری افزوں ہورہی تھی، معاشی افلاس شباب پر تھا۔ اس طرح ذہنی انتشار، معاشی

بحران ، سماجی بے راہ روی ، اخلاقی اقدار کا انحطاط ، مایوسی ، بے چارگی قنوطیت اعتماد کا فقدان اور غیر یقینی اس دور کا مقدر بن چکے تھے۔ میرا جی کی شاعری کا سرمایہ یہی عناصر ہیں۔'' (۲)

میرا جی کی شاعری پر ان کے عہد کے مرتب ہونے والے اثرات کا تذکرہ کرنے کے بعد پروفیسر سلیمان اطہر جاوید نے لکھا کہ اس دور کے نوجوان اقتصادی ، انتشار میں جنسی بے راہ روی کا شکار ہو گئے اور اسی بے راہ روی کو میرا جی نے بھی اپنے کلام میں جگہ دی۔ میرا جی کے کلام کی مزید خصوصیات کا احاطہ کرتے ہوئے پروفیسر سلیمان اطہر جاوید لکھتے ہیں:

''تشنگی کا احساس میرا جی کے کلام کی ایک اہم خصوصیت ہے...... میرا جی کے ہاں ابہام کا ایک اور سبب ''جدید نفسیات'' ہے...... انہوں نے فرائیڈ کے نظریہ کو اس حد تک قبول کیا کہ ان میں مریضانہ ذہنیت پیدا ہو جاتی ہے اور وہ جنس کو اپنا مقصد عالیہ بنا لیتے ہیں۔ ان سب کے باوجود ایک متنفس کی حیثیت سے چونکہ وہ زندگی ، زمانہ اور اس کے تقاضوں کا ساتھ دینے پر مجبور ہیں اور اخلاقی اقدار کو سرے سے رد نہیں کر سکتے اس لئے اپنی بات کھل کر بھی نہیں کہہ سکتے ...... میرا جی کے کلام میں ابہام وہیں محسوس ہوتا ہے۔ جہاں انہوں نے جنس کا تذکرہ کرتے ہوئے لذت حاصل کی ہے۔ '' (۱)

پروفیسر سلیمان اطہر جاوید نے نفسیاتی تنقید کی مدد لیتے ہوئے میرا جی کو سمجھانے

کی کوشش کی ہے۔ان کے کلام میں پائے جانے والے جنسی پہلو کے علاوہ، سماجی پس منظر، رومان، شاعری میں کیئے گئے تجربوں، ان کے کلام میں پائی جانے والی شگفتگی اور خوبصورتی کو بھی واضح کرنے کی کوشش کی ہے اوراس کے لئے میراجی کے کلام کو بھی پیش کیا ہے اور نقادانِ فن کے اقتباسات پیش کئے ہیں۔ایسا ہی ایک اقتباس شکیل الرحمٰن کا ہے جس میں وہ لکھے ہیں:

''میراجی اردو کے بہت بدنام شاعر ہیں۔ان کی شاعری میں خود پرستی، ابہام وگریز وفرار کے عناصر اتنے ہیں کہ ان میں صحت مند عناصر کا ملنا بہت مشکل ہے۔ان کی علامتی شاعری بھی ابہام کے بے پناہ سمندر میں خودکشی کرنے تیار ہو جاتی ہے۔یہی وجہ ہے کہ جو ان کی علاماتی نظمیں بن سکتی تھیں۔ان نظموں کو بھی علاماتی نظمیں کہتے ہوئے جھجک محسوس ہوتی ہے (۲)۔

میراجی کے فن کے بارے میں اپنی آراء کی تائید میں اس طرح کے اقتباسات پیش کرتے ہوئے پروفیسر سلیمان اطہر جاوید نے نفسیاتی انداز میں ان کے فن کو واضح کرنے کی کوشش کی ہے۔تاہم مضمون کے آخر میں انہوں نے اس بات پر زور دیا کہ میراجی کے ہاں صحت مند عناصر کی تلاش کی جانی چاہیئے تا کہ میراجی کی بدنامی وقار میں بدل جائے۔مضمون ''میراجی ایک مطالعہ'' کے اختتام کے ساتھ ہی پروفیسر سلیمان اطہر جاوید کی تنقیدی کتاب ''اسلوب اور انتقاد'' کا اختتام عمل میں آتا ہے۔یوں تو یہ کتاب آٹھ جدا جدا مضامین کا مجموعہ ہے اور مضامین کے موضوعات میں بھی تنوع پایا گیا ہے۔لیکن اس کتاب

کے بیشتر مضامین میں پروفیسر سلیمان اطہر جاوید نے کسی دور یا تہذیب کے حوالے سے ادب پر مرتب ہونے والے اس کے اثرات کو واضح کرنے کی کوشش کی ہے۔ چاہے وہ مکاتیب غالبؔ ہوں یا مرزا فرحت اللہ بیگ کی مزاح نگاری، غزل میں زندگی کے مسائل کی تلاش ہو یا علامت پسندی پروفیسر سلیمان اطہر جاوید نے ان موضوعات کے پس پردہ تہذیبی عناصر کو اجاگر کرنے کی کوشش کی ہے۔ حالیؔ نے اپنے تنقیدی افکار میں کہا تھا کہ ادب اپنے عہد سے متاثر ہوتا ہے اور عہد کے تہذیبی عناصر ادب پر مرتب ہوتے ہیں۔ اب یہ سوال اہم ہے کہ عہد ایک ادیب کو کس حد تک متاثر کرتا ہے یا ادیب یا شاعر عہد کی تہذیب کو کس حد تک متاثر کرتا ہے۔ پروفیسر سلیمان اطہر جاوید نے اس کتاب میں تاثراتی وسائنٹفک انداز تنقید سے اپنی بات کو سمجھانے کی کوشش کی ہے۔ ان کا تنقیدی انداز سلجھا ہوا ہے۔ وہ جس نکتہ کو پیش کرتے ہیں اسے واضح انداز میں قاری کو سمجھانے کی کوشش کرتے ہیں۔ موضوعات کے تنوع سے قطع نظر اردو تنقید کے باب میں ان کی یہ کتاب ایک گراں قدر اضافہ سمجھی جائے گی۔

تنقید اور تہذیب

پروفیسر سلیمان اطہر جاوید کی تنقیدی کتاب ''تنقید اور تہذیب'' ہے۔ یہ کتاب دراصل ان کے تنقیدی مضامین کا مجموعہ ہے۔ ۱۹۸۷ء میں ایک ہزار کی تعداد میں یہ کتاب حیدرآباد سے شائع ہوئی۔ کتاب کا انتساب پروفیسر مغنی تبسم کے نام ہے۔ ۱۷۹ صفحات پر مشتمل اس کتاب میں ابتدائیہ کے بعد جملہ دس مضامین ہیں۔ جس کے عنوانات اس طرح ہیں۔ (۱) تنقید اور تہذیب (۲) فیض کے کلام میں اشاریت (۳) مجروح اور غزل (۴) قتیل شفائی اور غم دوراں (۵) اردو میں نثری شاعری کے امکانات (۶) پریم چند اور اشاریت (۷) ڈاکٹر زور کی دیباچہ نگاری (۸) کنہیا لال کپور کا عصری شعور (۹) یوسف ناظم ایک مطالعہ (۱۰) جدید افسانہ اور اشاریت۔

''تنقید اور تہذیب'' کا پیش لفظ لکھتے ہوئے پروفیسر سلیمان اطہر جاوید نے تنقید کا منصب بیان کیا ہے اور اسے مثبت اقدار کا حامل قرار دیتے ہوئے عصر حاضر کے تقاضوں کو تکمیل کرنے کی صلاحیت پیدا کرنے پر زور دیا ہے۔ تنقید کا تعلق تہذیب سے جوڑتے ہوئے وہ لکھتے ہیں:

> ''تنقید کے ساتھ بھی تہذیب کا رشتہ قریبی گہرا اور محکم ہے۔ میں تہذیب اور تنقید کے اس رشتے پر زور دیتا ہوں ۔ معاشرتی تقاضے اور تہذیبی

قدریں ادب کی تخلیق کے لئے پس منظر کا بھی کام دیتی ہیں اور خام مواد کا بھی ۔تنقید ان سے صرف نظر کیوں کرے اور خود نقاد کے اپنے بھی تو معاشرتی اور تہذیبی تقاضے ہیں۔ وہ ان سے کیوں کر بے تعلق اور ان کونظر انداز کرتے ہوئے فن نقد کی ذمہ داریوں سے کیسے عہدہ برآ ہو ایسا قطعی ممکن نہیں ۔ میری تنقید میں تنقید اور تہذیب کے اس رشتے کی کارفرمائی ملے گی۔''(۱)

اپنی کتاب کے عنوان کے پیش نظر اس کتاب کا پہلا تنقیدی مضمون '' تنقید اور تہذیب'' ہے۔ مضمون کے آغاز میں پروفیسر سلیمان اطہر جاوید نے ادب کوزندگی کا ترجمان اور تنقید وتفسیر قرار دیا اور لکھا کہ زندگی کی صالح اور صحت مند اقدار آگے چل کر تہذیب کا روپ اختیار کرتی ہیں۔ لہذا ادب زندگی کے ساتھ تہذیب کا بھی ترجمان ہے۔ اس کی تفسیر اور تنقید بھی ہے۔ اس بات کو آگے بڑھاتے ہوئے انہوں نے لکھا کہ کسی دور کے معاشرتی حالات ادب اور زندگی کو متاثر کرتے ہوئے تہذیبی قدریں بناتے ہیں اور ان تہذیبی قدروں سے تنقیدی اقدار متعین ہوتی ہیں۔ ادب اور زندگی کے رشتہ کی طرح انہوں نے تہذیب اور تنقید کے رشتہ کو سمجھانے کی کوشش کی ہے۔ انہوں نے اس بات پر زور دیا کہ ایک نقاد کسی عہد کے ادب کے جائزہ لیتے ہوئے اس وقت کے تہذیبی حالات سے پہلو تہی نہیں کرسکتا اور کسی تخلیق پر تنقید کرتے وقت اس تخلیق کے وجود میں آنے کے وقت موجود تہذیبی عوامل کی تشریح کرتا ہے۔ تہذیب اور تنقید کے اس رشتے کو واضح کرنے کے لئے پروفیسر سلیمان اطہر جاوید نے مثالیں پیش کی ہیں اور غالبؔ اور ذوقؔ کی شعری اقدار کی تشکیل میں اس وقت کے

تہذیبی عوامل کا تذکرہ کرتے ہوئے وہ لکھتے ہیں:

''غالبؔ اور ذوقؔ ایک ہی معاشرے کے افراد تھے۔ اس معاشرے کی اپنی تہذیب تھی لیکن ان کا اپنا تہذیبی پس منظر جداگانہ تھا۔ کوئی نقاد غالبؔ اور ذوقؔ کی شخصیت اور فن کا جائزہ لیتے ہوئے محض اس دور کی تہذیب کے تجزیے پر اکتفا نہیں کرسکتا تا آنکہ وہ ان عوامل پر بھی نظر نہ رکھے جو غالبؔ اور ذوقؔ کی انفرادی شخصیتوں کی تشکیل میں کارفرما رہے تھے۔ ان تہذیبی پس منظروں کو بھی نظر انداز نہیں کیا جاسکتا جو غالبؔ اور ذوقؔ کے شخصی تہذیبی پس منظر تھے۔'' (۱)

غالبؔ اور ذوقؔ کی تشکیل میں تہذیبی عناصر کی موجودگی کی طرف اشارہ کرنے کے بعد پروفیسر سلیمان اطہر جاوید نے تنقید اور تہذیب کے مابین قائم رشتہ کی ابتداء سے موجودگی کی اطلاعات دیں اور مغربی ادب میں اس کی موجودگی کی مثالیں دیتے ہوئے لکھا کہ برطانوی صنعتی انقلاب نے وہاں پر تہذیبی اثرات چھوڑے جس کے زیر اثر آرنلڈ۔ رسکن اور ولیم مورس جیسے نقادوں کے نظریات پر اثر پڑا۔ مغربی تنقید پر وہاں کے تہذیبی اثرات کے جائزے کے بعد اردو میں تنقید پر تہذیبی اثرات کا جائزہ لیتے ہوئے پروفیسر سلیمان اطہر جاوید نے اردو تنقید کے ابتدائی نقوش ۱۸۵۷ء کے بعد کے حالات کے بعد رونما ہونے والی جدید تنقید، حالیؔ کے نظریات تنقید، ترقی پسند تحریک اور جدیدیت وغیرہ پر پڑنے والے تہذیبی اثرات کا جائزہ لیا۔ آخر میں تہذیب وتنقید کے اس رشتہ کو استوار کرنے میں قاری اور نقاد کے رول کو سمجھاتے ہوئے پروفیسر سلیمان اطہر جاوید لکھتے ہیں:

''تنقید اور تہذیب کے اس رشتے کو ادیب، قاری اور نقاد تینوں کے ذہن نشین ہونا چاہیئے ......ادیب اس رشتے کو اپنے فن میں زیادہ سے زیادہ منعکس اور منور کرے۔اس کو زیادہ سے زیادہ جگہ دے کہ اس کے معائب اور محاسن سب کچھ سامنے آئیں ۔قاری کی سعی ہونی چاہیئے کہ وہ شعر و ادب میں اس رشتے کی جستجو کرے اور نقاد اس رشتے اور اس کی اہمیت کو محسوس کرتے ہوئے اس کی کچھ ایسی خوبی سے تصریح وتشریح کرے کہ اس کے سارے گوشے روشن ہو جائیں اور ایسی فضاء پیدا ہو کہ تنقید اور تہذیب ایک دوسرے کی تقویت کا باعث بنیں اور مجموعی طور پر معاشرہ شستہ و اعلیٰ اقدار کا امین ہو سکے۔''(۲)

اردو تنقید اور تہذیب کے اس رشتے سے معاشرے میں اعلیٰ اقدار کے ظہور کی امید کے ساتھ پروفیسر سلیمان اطہر جاوید نے اپنا یہ مضمون ختم کیا ہے۔ پروفیسر سلیمان اطہر جاوید کا یہ مضمون اردو تنقید کے منصب میں ایک اضافے کا اشارہ دیتا ہے۔اردو تنقید کے نئے رجحانات میں حالؔی نے کہا تھا کہ معاشرے اور تہذیب کے اثرات ادب پر پڑتے ہیں ۔یہاں پروفیسر سلیمان اطہر جاوید نے ایک قدم آگے بڑھتے ہوئے تنقید پر معاشرے اور تہذیب کے اثرات کو پیش کیا ہے جو ان کے گہرے تنقیدی شعور کی دلالت کرتا ہے۔انہوں نے اپنے عمیق مطالعے سے گزشتہ دو تین سو سال کی مغربی و مشرقی تہذیبوں کے اس عہد کے ادب اور تنقید پر پڑنے والے اثرات کا مطالعہ کرنے کے بعد اس امید کا اظہار کیا کہ اچھی تنقید مثبت تہذیبی اقدار کو فروغ دینے میں معاون ہوگی۔کتاب ''تنقید اور تہذیب''

میں شامل دوسرا مضمون ''فیض کے کلام میں اشاریت'' ہے۔ اس مضمون میں پروفیسر سلیمان اطہر جاوید نے اردو شاعری میں اشاریت کی روایت کا تذکرہ کرتے ہوئے فیض کے کلام میں پائے جانے والے اشاروں اور ان کے استعمال کی غرض و غایت پر روشنی ڈالی ہے اور ان کے پیچھے کام کرنے والے تہذیبی عوامل سے رشتہ جوڑنے کی کوشش کی ہے۔ ابتداء میں ابہام اور اشاریت کی اہمیت سمجھاتے ہوئے وہ لکھتے ہیں:

> ''بات کو راست کہنے سے قدرے گریز کرنا، ترسیل و ابلاغ کے تقاضوں کو مجروح کرنا نہیں بات میں حسن رعنائی اور دلکشی پیدا کرنا ہے اسی لئے ابہام کو شاعری کا حسن قرار دیا گیا ہے۔''(۱)

اشاریت اور ابہام کو شاعری کا حسن قرار دینے کے بعد پروفیسر سلیمان اطہر جاوید نے فیض کی شاعری کے تین ادوار کا تذکرہ کیا اور ان کی اہم نظموں میں اشاریت کی تلاش کی۔ اس ضمن میں انہوں نے فیض کی نظم کتے اور ''صبح آزادی'' کے اشعار بہ طور مثال پیش کئے اور نظم ''صبح آزادی'' کے اس شعر پر یوں تبصرہ کیا۔

یہ داغ داغ ''اجالا' یہ شب گزیدہ سحر
کہ انتظار تھا جس کا یہ وہ سحر تو نہیں

> ''۱۹۴۷ء میں تقسیم ہند اور پاکستان کے قیام کے بعد ایسا دور برائے نام آیا کہ پاکستان میں اظہار خیال کی آزادی رہی ہو۔ آزادئ وطن کے خواب ہمارے عوام، ہمارے شاعروں اور ادیبوں نے دیکھے تھے۔ آزادی کے بعد وہ خواب بکھر بکھر سے گئے۔ ہندوستان اور پاکستان میں شاعروں نے

کہیں دوٹوک اور عموماً اشاروں کنایوں میں اپنے ردعمل کا اظہار کیا۔ فیضؔ کی نظم ''صبح آزادی اگست ۱۹۴۷ء کا یہ پہلا شعر اس موضوع پر ہمارے فنکاروں کے جذبات واحساسات کی نمائندگی کرتا ہے۔فیض نے اس نظم میں ''داغ داغ اجالا'' اور ''شب گزیدہ سحر'' کے علاوہ ''فلک کے دشت میں تاروں کی آخری منزل'' ، ''شب سست موج کا ساحل'' ، ''بے صبر خواب گاہوں'' ، ''چارہ گاروں'' ، ''نگار صبا'' اور ''گرانی'' شب'' جیسے دلآویز اشارات کے ذریعہ آزادی کے بعد کے حالات کے ثمرات سے عوام کا بے بہرہ رہنا، ان کی سعی مسلسل اور لاحاصلی، کرب، ذہنی انتشار اور تہی دامنی کی فنکارانہ مرقع کشتی کی ہے۔''(۱)

فیضؔ کی شاعری میں اس طرح اشاریت کی تلاش کرتے ہوئے پروفیسر سلیمان اطہر جاوید نے لکھا کہ ان کے ہاں اشارات میں بھی توازن اعتدال، شائستگی اور ٹھہراؤ ملتا ہے۔ آگے مضمون میں فیضؔ کی دیگر نظموں میں اشاریت کی کھوج کرتے ہوئے پروفیسر سلیمان اطہر جاوید نے اپنے مضمون کا اختتام کیا ہے۔فیضؔ کے کلام میں اشاریت کی تلاش پر مبنی پروفیسر سلیمان اطہر جاوید کا یہ مضمون تاثراتی تنقید کی ایک اچھی مثال ہے۔اس کے علاوہ اس مضمون میں فیض کے اشاروں کو سمجھانے کے لئے توجہ وتفسیر سے کام لیا گیا ہے۔

''تنقید وتہذیب'' کتاب میں شامل تیسرے مضمون کا عنوان ''مجروح اور غزل'' ہے۔اس مضمون میں پروفیسر سلیمان اطہر جاوید نے مجروحؔ سلطان پوری کی غزل کے سفر کا جائزہ لیا ہے۔اوران کی شاعری پر پڑنے والے تہذیبی عوامل کو واضح کرنے کی کوشش

کی ہے ۔ترقی پسند تحریک کے اثرات ،جگر کی شاعری کے اثرات ،ترقی پسندی سے رومانیت کی طرف موڑ وغیرہ موضوعات کوانھوں نے مجروح کی شاعری میں تلاش کیا ہے اوران کی غزلوں کے اشعار کو بہ طور مثال پیش کرتے ہوئے مجروح کی غزل کے سفر کو پیش کیا ہے۔ مجروح کی شاعری میں ترقی پسندی کے اثرات کو واضح کرتے ہوئے ان کے یہ اشعار بطور مثال پیش کیئے ہے ۔

مری نگاہ میں ہے ارضِ ماسکو مجروح
وہ سرزمین کے ستارے جسے سلام کریں
اب زمین گائے گی ہل کے ساز پر نغمے
وادیوں میں ناچیں گے ہر طرف ترانے سے

ترقی پسندی کے بعد رومانیت کے اثرات کا جائزہ لیتے ہوئے پروفیسر سلیمان اطہر جاوید نے مجروح کی شاعری پر ان کے ہم عصر شعراء فیضؔ ، مخدومؔ ، جذبیؔ اور مجازؔ کی شاعری کے اثرات کا جائزہ لیا ہے اوران شعراء کے ایک طرح کے موضوع پر لکھے گئے اشعار کا موازنہ مجروح کے اشعار سے کیا ہے اور مضمون کے آگے مجروحؔ کی غزل گوئی کی خصوصیات بیان کرتے ہوئے لکھتے ہیں:

''مجروح کی غزل،غزل کی ساری صالح اورصحت مند روایات سے بھرپور ہے۔اجمال اختصار،غنائیت سرشاری، تغزل،جمالیاتی کیف،رمزیت ،داخلی سوز وگداز اورایک کسک کو برقرار رکھتے ہوئے مجروح نے غزل میں سیاسی ،قومی اورملکی مسائل،سماجی حالات اورغم روزگار کے موضوعات کو

سمیٹ لیا ہے...... مجروح کی غزل کے مطالعے کے بعد مختصراً یہ کہا جا سکتا ہے کہ انہوں نے غزل کے کینوس کو ممکنہ حد تک کشادہ کیا ہے۔''(۱)

مجروح کی غزل کے بارے میں اپنے خیالات کے ساتھ پروفیسر سلیمان اطہر جاوید نے اپنے اس تنقیدی مضمون کا اختتام کیا ہے۔تنقید کا تعلق تحقیق اور کھوج سے بھی ہے ۔چنانچہ پروفیسر سلیمان اطہر جاوید نے اپنی کتاب کے موضوع ''تنقید اور تہذیب'' کی مناسبت سے مجروحؔ کی شاعری پر اپنے عہد کی تہذیب کے اثرات، اس عہد کے شعراء اور عہد کے ادبی رجحانات کا جائزہ لیا ہے۔اس طرح ان کا یہ تنقیدی مضمون مجروحؔ کی شاعری کے تہذیبی تناظر کو سمجھنے میں معاون ہوتا ہے۔

''تنقید اور تہذیب'' میں شامل اگلا مضمون ''قتیل شفائی اور غم دوراں'' ہے اردو کی داخلی شاعری میں غم کے جذبات کا اظہار مختلف طرح سے ہوا ہے۔اوراس طرح کی شاعری حقیقت نگاری کی ترجمان کہلاتی ہے۔ترقی پسند تحریک کے بعد اردو میں جو رومانی اثرات آئے ان سے قتیل شفائیؔ بھی متاثر ہوئے۔رومانیت اور غم کے جذبات کو قتیل شفائیؔ کی شاعری میں تلاش کرتے ہوئے پروفیسر سلیمان اطہر جاوید نے ان کے ان اشعار کا انتخاب پیش کیا ہے۔

ترے گلے میں اگر موتیوں کی مالا ہے
یہ سوچ کس نے مکاں اپنا بیچ ڈالا ہے
کتاب عمر میں چھپوا سکا نہ آج تلک
کہ ہر ورق پر ترے نام کا حوالہ ہے

قتیل شفائی کی رومانیت آگے چل کر غم دوراں میں بدل جاتی ہے اور اپنے زمانے کے دکھ درد کو وہ اپنی شاعری کے ذریعہ پیش کرنے لگتے ہیں۔ان کی شاعری میں پائے جانے والے اس طرح کے غم کے جذبات کو کھوجتے ہوئے پروفیسر سلیمان اطہر جاوید نے لکھا کہ قتیل شفائی کی غزل میں غم عشق کے ساتھ غم حیات بھی پایا گیا ہے۔ان کی شاعری انسان دوستی کے جذبات سے معمور ہے۔طبقاتی نظام سماج میں پائی جانے والی اونچ نیچ، عورتوں پر ہونے والے مظالم سیاسی مسائل، تقسیم ہند کے بعد کی زندگی کے بارے میں ان کی شاعری میں غم کے جذبات پائے گئے ہیں۔طبقاتی نظام پر قتیل شفائی کے جذبات پر مبنی یہ اشعار پروفیسر سلیمان اطہر جاوید نے پیش کئے ہیں۔

دیکھ ان شنگرفی چہروں کے شفق رنگ خطوط
جن سے مجبور گھرانوں کا لہو بہتا ہے
دیکھ ان اونچے مکانات کے تہہ خانوں کو
جن کی ہر سانس میں اب زہر گھلا رہتا ہے
دیکھ ایمان کی گرتی ہوئی دیواروں کو
جنکی تعمیر میں انسان ستم سہتا ہے

ان اشعار کو پیش کرتے ہوئے پروفیسر سلیمان اطہر جاوید نے قتیل کی شاعری میں پائے جانے والے جذبات غم کی عکاسی کی کوشش کی ہے۔مضمون کے آخر میں اجمالی جائزہ لیتے ہوئے وہ لکھتے ہیں:

''یوں بھی قتیل کی شاعری اس نسل کے جذبات واحساسات مزاج اور ذہنی

رو یہ کی عکاسی کرتی ہے جس نے بیسویں صدی کے ربع دوم وسوم میں دنیا کو سنا، دیکھا، سمجھا پرکھا اور برتا۔ یہ دراصل اس نسل کے شعور کی رو بھی ہے اور روداد بھی۔ ایک دستاویز ہے۔ رومان سے انقلاب کے سفر کی۔ اپنی سحر انگیز لفظیات، شبنمی لہجہ، نرمی، لچک، غنائیت، سرشارانہ فضاء اور سوز و گداز کے باعث اپنے ہم عصروں سے کئی مشترک قدروں کے حامل ہونے کے باوجود انفرادیت، طراحداری اور بانکپن کی حامل ہے...... قتیلؔ شفائیؔ کی شاعری جس میں روح عصر جھلکتی اور غم دوراں سانس لیتا محسوس ہوتا ہے ''(۱)

پروفیسر سلیمان اطہر جاوید نے اس مضمون میں بھی قتیل کی شاعری پر اپنے عہد کے اثرات کا جائزہ لینے کی کوشش کی ہے اور مثالوں کے ذریعہ انہوں نے غم حیات کے مختلف موضوعات کو قتیل کی شاعری میں تلاش کیا ہے اور موضوع سے انصاف کرنے کی کوشش کی ہے جس میں وہ بہت حد تک کامیاب بھی رہے۔

تنقیدی کتاب ''تنقید اور تہذیب'' میں شامل اگلا مضمون ''اردو میں نثری شاعری کے امکانات'' ہے۔ اس مضمون میں پروفیسر سلیمان اطہر جاوید نے شاعری میں ہونے والے نئے نئے تجربات کا تذکرہ کرتے ہوئے نثری شاعری کے امکانات کا جائزہ لیا ہے۔ ابتداء میں انہوں نے اردو شاعری میں مقفٰی و مسجع طرز اور وزن کو ملحوظ رکھتے ہوئے شاعری کے رجحانات کا جائزہ لیا اور اس ضمن اردو شاعری میں قافیہ، پیمائی کی کوشش پر حالیؔ اور دیگر نقادوں کے آراء کا جائزہ لیا۔ نثری شاعری میں قافیہ کی قید و بند کی ضرورت نہ ہونے کا

تذکرہ کرتے ہوئے لکھتے ہیں:

''شاعری کے لئے بنیادی اہمیت مواد ،فکر اور خیال کو دی جانی چاہئیے ۔نثری شاعری میں ان کی اہمیت اور افزوں ہوجاتی ہے ۔ یہاں وزن ردیف اور قافیے اور اس سے پیدا ہونے والے ترنم اور آہنگ سے ''واہ واہ '' حاصل کرنے کے سارے دروازے اور دریچے سب بند ہوجاتے ہیں ۔نثری شاعری کے لئے فنکار کو صاحب فکر اور صاحب شعور ہونے کی زیادہ ضرورت ہے۔اس کے پاس کوئی بات ہونی چاہئیے ۔جس کو وہ بیان کرنا چاہے۔محض ردیف اور قافیے کی شعبدہ بازی کام نہیں آسکتی ۔نثری شاعری ذہن وفکر کی شاعری ہے۔پیرایہ اظہار کی شاعری نہیں......''(۱)

نثری شاعری کی ہیئت ترکیبی پر بحث کرنے کے بعد پروفیسر سلیمان اطہر جاوید نے اردو میں نثری شاعری کی روایت کا جائزہ لیا ہے اور لکھا کہ اردو میں سجاد ظہیر، محمد حسن، احمد ہمیش، علی، خلیل مامون، افتخار جالب، خورشید الاسلام، بلراج کومل، سلیمان خمار، کمار ہاشمی وغیرہ کی نثری شاعری میں معاشرتی کرب کا اظہار ہوتا ہے۔علی اور خورشید الاسلام کی نثری شاعری کی مثال دیتے ہوئے ان کے اس کلام کا انتخاب پیش کیا ہے۔

اگر

انسان کی

آنکھ نہ ہوتی

تو

کائنات اندھی ہوتی (علی)

پوری زندگی

کا حساب

کون دے سکتا ہے

حساب دینے کے لئے

پوری زندگی چاہئیے (خورشید الاسلام)

اردو میں نثری شاعری کی روایات کا جائزہ لینے کے بعد پروفیسر سلیمان اطہر جاوید مستقبل میں اس کے روشن امکانات کی امید کا اظہار کرتے ہوئے وہ لکھتے ہیں:

''نثری شاعری نرمی اظہار یا بغاوت نہیں۔ یہ مروجہ شعری سانچوں سے فرار بھی نہیں۔ یہ کچھ ایسے موضوعات اور مسائل کی بھی حامل نہیں کہ جو قبل ازیں اردو شاعری کے دائرے میں نہ آتے ہوں۔اس میں یہ یا اس طرح کی کوئی بات نہیں ہونے کے برابر ہے۔اس کو ان زاویوں سے دیکھنا بھی نہیں چاہئیے ۔کیونکہ مایوسی ہوگی ۔نثری شاعری کو اردو شاعری میں ایک وسعت کے بہ طور قبول کرنا چاہئیے ۔ایک نئی وسعت، کیونکہ آج شاعروں کی بڑی تعداد اپنا اظہار روانی، صفائی، سادگی اور عمدگی کے ساتھ کام کر رہی ہے اس کا ردعمل خوشگوار ہو رہا ہے۔ یہ تجرباتی منزلوں سے گزر کر ایک طرح اپنی حیثیت منوانے کے موقف میں آ چکی ہے۔آنے والے دنوں میں اس سے مزید شاہکاروں کی توقع کی جاسکتی ہے اردو شاعری میں

گرانبہا، معتبر اور موقر اضافوں کی ۔ بہر کیف مستقبل میں اردو کی نثری شاعری کے امکانات روشن اور امید افزاء ہیں۔'' (۱)

اردو کی نثری شاعری کے بارے میں اپنے امید افزاء خیالات کے ساتھ پروفیسر سلیمان اطہر جاوید نے اپنے اس مضمون کو ختم کیا ہے اور اردو شاعری میں ہو رہے نئے تجربوں پر اپنی رائے اور عمیق مطالعہ کا ثبوت دیا۔ اس مضمون میں انہوں نے نثری شاعری کی بھر پور تائید کی ہے۔ لیکن حقیقت یہ ہے کہ اردو نثر کے بڑھتے ہوئے استعمال اور گھٹتے ہوئے شعری مزاج نے کہیں نہ کہیں تن آسانی کا مزاج پیدا کرنا شروع کیا ہے اور قافیہ پیمائی کی شاعری ایک امتحان ہوگئی ہے۔ لہذا خیال کے اظہار کے لئے لوگ قوافی کی قیود و بند سے آزاد ہو کر نثری شاعری کی طرف راغب ہو رہے ہیں۔ بہر حال منتخبہ موضوع پر سیر حاصل بحث کرتے ہوئے پروفیسر سلیمان اطہر جاوید نے اردو شاعری کے بدلتے منظر نامے پر گہری نظر ڈالی ہے۔

''تنقید اور تہذیب'' کتاب میں شامل اگلا مضمون ''پریم چند اور اشاریت'' ہے۔ مضمون کے آغاز میں پروفیسر سلیمان اطہر جاوید نے لکھا کہ افسانہ میں اشاریت جدید افسانے کی دین ہے۔ اشاریت کی توضیح و تشریح کرتے ہوئے وہ لکھتے ہیں:

جب کوئی لفظ اپنے بدیہی معنوں کے علاوہ کسی اور عمیق اور وسیع اور تہہ دار مفہوم کو پیش کرتا ہے تو اس لفظ کی حیثیت اشارے کی سی ہو جاتی ہے۔ (۲)

اشارے یا اشاریت کی تعریف کرنے کے بعد پروفیسر سلیمان اطہر جاوید نے اشارے کے ساتھ معاشرتی پس منظر کی اہمیت بھی واضح کی ہے اور لکھا کہ رمز و ایمائیت میں

کہی ہوئی بات بھی اپنا اثر رکھتی ہے۔

پریم چند کا تعارف کراتے ہوئے انہوں نے پریم چند کو حقیقت نگار قرار دیا اور لکھا کہ وہ اپنے عہد کی تحریکات سے متاثر تھے اور سیاسی حالات نے ان کی زندگی اور ان کی تخلیقات کو متاثر کیا تھا۔ پروفیسر سلیمان اطہر جاوید نے پریم چند کے اہم ناولوں جلوۂ ایثار، غبن، میدان عمل، گودان وغیرہ اور افسانوں کے مجموعہ ''سوز وطن'' کے موضوعات کے پس پردہ بیان کردہ اشاریت کو واضح کرنے کی کوشش کی ہے۔ پریم چند کے شہرہ آفاق ناول سے بیان کردہ اشاریت کے بارے میں لکھتے ہیں:

> ''ہوری اس ناول کا صرف ایک کردار ہی نہیں ہندوستان کی بالخصوص دیہی زندگی کی صبر آزما جدوجہد اور محنت کش طبقے کا مظہر ہے۔ ایک ہوری ہی قرض دار نہیں تھا آج کتنے ہندوستانیوں کی زندگی کرب و بلا سے دوچار ہے۔ اپنی تشنہ آرزوؤں، سسکتے ارمانوں، ڈوبتی تمناؤں، بے منزل خوابوں اور بھٹکتی تعبیروں کے جنگل میں کون ہے جو کھویا ہوا نہیں۔''(۱)

ناول گودان کے علاوہ دیگر ناولوں سے اشاریتی پہلو بیان کرنے کے بعد پروفیسر سلیمان اطہر جاوید نے اپنا یہ تنقیدی مضمون اس امید افزاء بات پر ختم کیا کہ:

> پریم چند اپنی ذات سے شہری اور دیہی زندگی کے امتزاج اردو ہندی لسانی ہم آہنگی، ہندوستان کی مشترکہ تہذیب اور ہندو مسلم قومی یکجہتی کا دلآویز اور موثر اشارہ تھے۔ ان کی تصانیف صرف اپنے دور ہی میں واقعیت اور حقیقت پسندی کی تفسیر نہیں تھیں۔ آج بھی اپنی اشاریتی روح کے باعث

وزن و وقار کی حامل ہیں اور جیسے جیسے وقت گزرتا جائے گا بدلے ہوئے
حالات میں بھی ان کے فن کی اشاریتی معنویت اور زیادہ دلکش اور زیادہ
جامع ہوتی جائے گی۔(۲)

پریم چند کے افسانوی ادب کے مطالعے سے پروفیسر سلیمان اطہر جاوید نے ان کے ہاں پائی جانے والی اشاریت کو تلاش کیا ہے اور لکھا کہ پریم چند اپنے عہد کے عکاس اور ترجمان تھے اور ان کے ذریعہ پیش ہونے والا ادب ان کے دور کی تہذیب کا ردعمل ہے اور پریم چند جیسا عظیم تخلیق کار اپنے عہد کے حالات سے متاثر ہوئے بغیر نہیں رہ سکتا تھا۔ چنانچہ اپنے ناولوں اور افسانوں کے اشاروں سے انہوں نے اپنے دور کے ہندوستان کی تصویر لوگوں کے سامنے رکھ دی۔

مضمون ''پریم چند اور اشاریت'' کے بعد پروفیسر سلیمان اطہر جاوید کی تنقیدی کتاب میں شامل اگلا مضمون ''ڈاکٹر زورؔ کی دیباچہ نگاری'' ہے۔ مضمون کے آغاز میں انہوں نے لکھا کہ بعض اوقات کسی ادیب یا شاعر کی فرمائش پر یا اس کا دل رکھنے کے لئے تعریفی و توصیفی انداز میں دیباچے لکھے جاتے ہیں۔ لیکن دیباچہ نگاری کا اصل تقاضہ یہ ہے کہ پوری کتاب کے مطالعہ کے بعد دیباچہ اس انداز میں لکھا جائے کہ قاری کو کتاب کے سمجھنے میں آسانی ہو اور وہ دیباچہ پڑھنے کے بعد کتاب کے رموز و اسرار سے واقف ہو کر کتاب کا مطالعہ کرنے لگے۔ اردو میں اس قسم کی دیباچہ نگاری کے کم ہونے کا تذکرہ کرنے کے بعد انہوں نے ڈاکٹر زورؔ کی دیباچہ نگاری کا تفصیلی جائزہ لیا ہے اور مختلف شعراء اور ادیبوں کی کتابوں کے لکھے گئے دیباچوں کا حوالہ دیتے ہوئے زورؔ صاحب کی دیباچہ نگاری

کی خصوصیات کو واضح کیا ہے اور لکھا کہ:

''ڈاکٹر زور نے جن بے شمار کتابوں کے دیباچے تحریر کئے۔ ان کے موضوعات متنوع ہیں۔ اس تنوع کے باوجود خاص بات یہ ہے کہ زورؔ صاحب کے دیباچے موضوع کتاب سے ہم آہنگ ہوتے ہیں۔ یہ زور صاحب کے بے حد وسیع مطالعے، زندگی اور زمانے سے ان کی قربت مختلف تعلیمی معاشی، معاشرتی اور ادبی موضوعات پر ان کی گرفت، فکر رسا، کشادہ ذہنی، علم نفسیات سے آگہی اور ان کے لوچ و لچک کے حامل طرز تحریر کا ثبوت ہے...... جہاں تک ڈاکٹر زورؔ کے تنقیدی رجحانات کا تعلق ہے وہ تنقید کرتے ہوئے متعلقہ فن پارے کے ساتھ ساتھ بلکہ اس سے زیادہ فنکار کے مزاج، اس کی زندگی اس کے ماحول، اس کے تاریخی اور معاشرتی پس منظر اور اس کے لسانی پس منظر کو ملحوظ رکھتے ہیں اور پھر ان سارے عوامل اور محرکات کی روشنی میں جن سے فن کی تخلیق اور فنکار کی شخصیت کی تعمیر و تشکیل ہوتی ہے۔ جب وہ فن پارے کا جائزہ لیتے ہیں تو اس کی قدر و قیمت اور اہمیت وافادیت کا اندازہ ہوتا ہے۔'' (۱)

ڈاکٹر زورؔ کی دیباچہ نگاری کے موضوعات کا ذکر کرنے کے بعد ان کے دیباچوں میں بیان کردہ مختلف خیالات کو پروفیسر سلیمان اطہر جاوید نے بہ طور مثال پیش کیا ہے۔ ایسے ہی ایک دیباچے میں محمد قلی قطب شاہ کی شاعرانہ عظمت کے بارے میں وہ یوں رقمطراز ہیں۔

''ڈاکٹر بجنوری مرحوم نے لکھا تھا کہ ہندوستان کی دو الہامی کتابیں ہیں وید مقدس اور دیوان غالبؔ ۔لیکن اگر وہ عرش آشیانی محمد قلی قطب شاہ معانی کی کلیات دیکھ پاتے تو اس قطعیت کے ساتھ دعویٰ کی جرات نہ کرتے۔ واقعہ یہ ہے کہ آج سے ٹھیک ساڑھے تین سو سال پیشتر اردو زبان ایک ایسے رفیع المرتبت شاعر کے نغموں سے مالا مال ہو رہی تھی جس کا لاثانی کلام بجنوری مرحوم کے نقطہ نظر سے صحیح معنوں میں الہامی کہا جاسکتا تھا۔'' (۲)

اپنے کتاب کے موضوع تنقید اور تہذیب کی طرف اپنی بات کو موڑتے ہوئے پروفیسر سلیمان اطہر جاوید نے ڈاکٹر زورؔ کی دیباچہ نگاری میں بھی تہذیبی تاثر کو تلاش کرنے کی کوشش کی ہے اور مضمون کے آخر میں لکھتے ہیں:

''ڈاکٹر زورؔ کی دیباچہ نگاری رسمی نہیں ہوتی ہے......وہ تہذیبی قدروں سے پس منظر کا کام لیتے ہیں۔ تاریخی ورثہ کو نظر انداز نہیں کرتے بلکہ زمانہ حال میں ان عناصر کی معنویت کا صحیح احساس اور ادراک رکھتے ہیں ...... وہ ادب اور زندگی کے رشتوں سے واقف ہیں۔...... دیباچہ نگاری اردو میں تاحال نہ کوئی صنف سمجھی جاتی تھی اور نہ کوئی فن! یہ محض ایک رسمی تحریر تھی۔ ڈاکٹر زورؔ نے اس کو ایک فن بنا دیا۔ اس کی آبرو میں اضافہ کر دیا۔ (۱)

ڈاکٹر زورؔ کی دیباچہ نگاری کا تفصیلی جائزہ لیتے ہوئے پروفیسر سلیمان اطہر جاوید نے ایک طرف انہیں بلند پایہ نقاد قرار دینے کی کوشش کی وہیں ڈاکٹر زورؔ کے ذریعہ دیباچہ

نگاری کے فن کو خصوصی حیثیت عطا کرنے کی کوشش کی ہے اور دیباچوں کی عمومی حیثیت کے برخلاف یہ بتانے کی کوشش کی کہ ڈاکٹر زورؔ جیسے نقادوں کے دیباچوں سے بعض اوقات اصل تصنیف سے زیادہ ان کے لکھے گئے تعارفی دیباچے مشہور ہوئے۔ اس مضمون میں پروفیسر سلیمان اطہر جاوید نے ڈاکٹر زور کے تحریر کردہ دیباچوں میں تہذیبی اثرات کو تلاش کرنے کی بھی کامیاب کوشش کی ہے۔

تنقیدی کتاب کا اگلا مضمون ''کنہیالال کپور کا عصری شعور'' ہے۔ اردو طنز و مزاح میں کنہیالال کپور ایک جانا مانا نام ہے۔ اس مضمون میں پروفیسر سلیمان اطہر جاوید نے کپور کے طنز میں معاشرتی عوامل کو تلاش کرنے کی کوشش کی ہے اور لکھا کہ کپور کی تحریروں کا آغاز اس وقت شروع ہوا جب ترقی پسند تحریک شروع ہوئی تھی۔ چنانچہ کپور نے اپنے طنز و مزاح کے ذریعہ ترقی پسندی پر چوٹیں کسیں۔ سماجی اونچ نیچ پر کپور کی آراء کو پیش کرتے ہوئے پروفیسر سلیمان اطہر جاوید نے ان کا یہ اقتباس پیش کیا ہے:

> ''بڑے آدمی کو سوائے دو باتوں کے اور کسی قسم کی فکر نہیں ہوتی۔ اول یہ کہ اس نے پیٹ بھر کھانا کھالیا ہے۔ دوسرے یہ کہ اس کے کتے نے پیٹ بھر کھانا کھالیا ہے؟ کیوں کہ اس کے خیال میں دنیا میں صرف دو جاندار رہتے ہیں۔ وہ اور اس کا کتا۔ اس کے علاوہ بڑے آدمیوں میں یہ خوبی ہے کہ وہ دماغ کے بغیر گزارہ کر سکتے ہیں۔ کیونکہ انہیں سوچنے کی ضرورت پڑتی ہے اور نہ ہی وہ کچھ سوچنا چاہتے ہیں۔'' (۲)

پروفیسر سلیمان اطہر جاوید نے کنہیالال کپور کی مختلف تحریروں کے اقتباسات

پیش کرتے ہوئے ان کے طنز ومزاح میں اپنے زمانے کے شعور کی موجودگی کو واضح کرنے کی کوشش کی ہے اور واضح کیا کہ ایک طنز نگار و مزاحیہ نگار زمانے کے مسائل کو اپنے طنز و مزاح کے ذریعہ بہ طور اصلاح پیش کرتا ہے۔

کتاب ''تنقید اور تہذیب'' میں شامل اگلا مضمون ''یوسف ناظم ایک مطالعہ'' ہے ۔کنہیا لال کپور کی طرح یوسف ناظم بھی ایک سنجیدہ مزاح نگار ہیں ۔ پروفیسر سلیمان اطہر جاوید نے یوسف ناظم کی تحریروں سے تہذیبی عناصر تلاش کرنے کی کوشش کی ہے۔اس کے لئے ان کی تحریروں سے تہذیبی عناصر پر مبنی اقتباسات پیش کئے ۔جس میں چند اس طرح ہیں:

> ''کچھ لوگ شوقیہ بھی علم حاصل کیا کرتے تھے کہ چلو کوئی اور مصروفیت نہیں ہے تو علم ہی حاصل کرو۔اب شوقیہ تعلیم کا زمانہ ختم ہوگیا۔ یہ لازمی تعلیم کا زمانہ ہے۔شوقیہ تعلیم سے عالم پیدا ہوتے تھے۔لازمی تعلیم سے ملازم پیدا ہوتے ہیں ۔ ...... مرد اور عورت کی نفسیات میں فرق یہ ہے کہ مرد کی نفسیات پانچ پانچ منٹ میں بدلتی ہے اور عورت کی نفسیات ہر منٹ میں پانچ مرتبہ بدلتی ہے''(۱)

یوسف ناظم کی تحریروں کے تفصیلی جائزے کے بعد پروفیسر سلیمان اطہر جاوید یوسف ناظم کی مزاح نگاری کو خراج پیش کرتے ہوئے لکھتے ہیں:

> ''طنز و مزاح کو علمی ، ادبی اور تہذیبی اقدار سے ہم آہنگ کرنے کی جو روایات پطرس رشید احمد صدیقی اور مشتاق احمد یوسفی کے ہاں پائی جاتی ہیں

یوسف ناظم کے ہاں بھی ہیں ۔ یوسف ناظم اسی سلسلے کی ایک کڑی ہیں ۔
اور موجودہ دور میں طنز و مزاح کی دنیا کا ایک معتبر نام!''(۲)

''یوسف ناظم ایک مطالعہ'' مضمون کے بعد تنقیدی کتاب ''تنقید اور تہذیب'' کا آخری مضمون ''جدید افسانہ اور اشاریت'' ہے۔اس کتاب میں اشاریت کے موضوع پر تیسرا مضمون ہے ۔ اس سے قبل فیض کے کلام اور پریم چند کے ہاں اشاریت کے موضوعات پر پروفیسر سلیمان اطہر جاوید نے اپنے خیالات کا اظہار کیا تھا اس مضمون میں انہوں نے جدید افسانے میں اشاریتی پہلو تلاش کرنے کی کوشش کی ہے اور لکھا کہ روایتی قدیم افسانوں میں حکایتی اور تمثیلی انداز ہوا کرتا تھا جبکہ جدید افسانہ تہذیب کا ترجمان ہے اور اس میں اشاراتی انداز پایا جانے لگا ہے۔اشاریتی افسانے کے ضمن میں پروفیسر سلیمان اطہر جاوید لکھتے ہیں:

''اشاریتی افسانے کا سفر خاصا پیچیدہ ہے، افسانہ نگار کو پلاٹ مواد اور اظہار پر غیر معمولی قدرت رکھنا چاہیئے ۔اشارے نگینے نہیں کہ جڑ دیئے جائیں اور افسانہ اشاریتی ہو جائے۔ اشارات اور اشاریت کا افسانے سے بنیادی ارتباط ہوتا ہے''۔(۳)

افسانوں میں اشاریت کے فنی پہلو بیان کرنے کے بعد پروفیسر سلیمان اطہر جاوید نے اشاریتی افسانوں کی روایت کا جائزہ لیا اور کرشن چندر، انتظار حسین ، انور عظیم ، رشید امجد ،شوکت حیات ، بلراج مین را ،سلام بن رزاق ، انور سجاد، انور خاں ، حسین الحق ، ظفر اوگانوی ، مظہر الزماں خاں ، قدیر زماں ،م ۔ق۔ خاں ، سمیع آہوجہ، احمد ہمیش ، قمر

احسن، کمار پاشی، انیس رفیع، سلطان سبحانی، فیروز عابد اور تسکین انصاری کے افسانوں میں اشاریتی پہلو تلاش کیا ہے۔ تاہم آخر میں اردو افسانے میں ہو رہے نئے نئے تجربوں پر اظہار افسوس کرتے ہوئے لکھا کہ:

''مجموعی طور پر اردو افسانے کے آئینے میں اشاریت کا چہرہ تابناک ہے۔ البتہ ابہام سے گزر کر تجریدی افسانہ، اینٹی افسانہ اور اب تو پلاٹ لس (Plot Less) افسانہ لایعنی سعی ہوگا۔ اس طرح افسانے کی صورت مسخ ہو جائے گی...... اگر افسانہ الجبرا کا سوال یا جیومٹری کی کوئی شکل بن جائے اور افسانہ پن کو فراموش کرتے ہوئے کچھ اور لکھ دیا جائے تو خدا ہی حافظ! کسے معلوم اردو افسانے کو اور کونسے دن دیکھنے پڑیں گے۔''(۱)

اردو افسانہ کے غیر یقینی مستقبل پر اپنے تحفظات کا اظہار کرتے ہوئے پروفیسر سلیمان اطہر جاوید کی کتاب ''تنقید اور تہذیب'' کا اختتام عمل میں آتا ہے۔ اس کتاب کا مجموعی جائزہ لیا جائے تو اندازہ ہوتا ہے کہ پروفیسر سلیمان اطہر جاوید نے اپنے ان تنقیدی مضامین کے ذریعہ تنقید اور تہذیب کے مابین رشتے کو تلاش کرنے کی کوشش کی ہے۔ مضامین کے موضوعات میں تنوع کے باوجود انہوں نے اپنے مضامین کو ایک ڈور میں باندھنے کی کوشش کی ہے اور اردو شاعری، افسانہ اور تنقید میں تہذیبی اقدار کو تلاش کیا ہے۔ پروفیسر سلیمان اطہر جاوید کی تنقید میں وضاحت اور تفسیر کا پہلو نمایاں ہے۔ تحقیقی انداز اختیار کرتے ہوئے وہ اپنی بات کو پیش کرنے کے لئے کسی تخلیق کے حوالے پیش کرتے ہوئے اور ان حوالوں کی مدد سے اپنی بات کو سمجھانے کی کوشش کرتے ہیں۔ پروفیسر سلیمان

اطہر جاوید کا مطالعہ چونکہ وسیع ہے۔اس لئے وہ اپنی بات کو واضح کرنے کیلئے اردو ادب کے علاوہ مغربی ادب اور تنقید کے حوالے بھی پیش کرتے ہیں۔''اردو میں نثری شاعری کے امکانات'' پر ان کا مضمون اردو شاعری کے فن پر ان کے عبور کو ظاہر کرتا ہے۔تنقید میں بھی وہ کسی تخلیق کا گہرائی اور گیرائی سے جائزہ لیتے ہیں اور کسی گوشے کو بھی نظر انداز نہیں کرتے ۔ان کی تنقید کے بعد ایک تخلیق کی اہمیت مزید بڑھ جاتی ہے۔کتاب ''تنقید اور تہذیب'' کے مضامین کے ذریعہ انہوں نے انیسویں اور بیسویں صدی کے ہندوستان کے تہذیبی اثرات، خاص کر ۱۸۵۷ء کے بعد کے حالات، ترقی پسند تحریک، رومانیت، جدیدیت وغیرہ کے اردو شعر و ادب پر اثرات کا جائزہ لیا ہے اور اپنی کتاب کے عنوان سے موزونیت پیدا کرنے کی کوشش کی ہے۔اس لحاظ سے ان کی یہ کتاب اردو تنقید میں ایک اہم اضافہ سمجھی جائے گی۔

☆☆☆☆☆☆

اقبال: ماورائے دیر وحرم

پروفیسر سلیمان اطہر جاوید کی ایک اور تنقیدی کتاب ''اقبال ماورائے دیر وحروم'' ہے۔ دنیا بھر میں اقبالیات پر بے شمار کتابیں لکھی گئی ہیں۔ ان میں یہ کتاب بھی اپنے منفرد موضوعات کے سبب ایک مقام رکھتی ہے۔ ۱۵۹ صفحات پر مشتمل یہ کتاب ۱۹۰۰ء میں موڈرن پبلشنگ ہاؤس نئی دہلی سے پریم گوپال متل کے زیر اہتمام شائع ہوئی۔ پیش لفظ کے بعد حسب ذیل عنوانات کے تحت مضامین شامل ہیں۔

(۱) اقبال کا ادبی تنقیدی شعور، (۲) اقبال کا تصور ابلیس، (۳) مسجد قرطبہ، (۴) اقبال کے کلام میں اشاریت، (۵) اقبال کے کلام میں ہندوستانیت (۶) اقبال کے کلام میں طنز ومزاح، (۷) حالؔی اور اقبالؔ، (۸) اقبال اور جاوید اقبال، (۹) اقبال: ماورائے دیر وحرم۔

کتاب کے پیش لفظ میں اقبالیات پر کتابوں کی کثرت کا ذکر کرنے کے بعد انکساری سے کام لیتے ہوئے پروفیسر سلیمان اطہر جاوید اپنے انداز میں اقبال کو سمجھنے کی سعی کو اس کتاب کی اشاعت کی وجہ قرار دیتے ہوئے لکھتے ہیں:

> ''میں یہ تو نہیں کہتا (اور نہ مجھے کہنا چاہیئے) کہ اس کتاب سے اقبالیات میں مزید کوئی اضافہ ہوگا...... میں نے بھی اپنے نقطہ نظر سے اقبال کو پڑھنے اور پرکھنے اور سمجھنے سمجھانے کی سعی کی ہے اس سے اقبالیات کی تفہیم میں تھوڑی سی روشنی بھی ملتی ہو تو مطمئن رہوں گا کہ یہ سعی رائیگاں نہیں گئی۔''

(۱)

پیش لفظ کے بعد کتاب میں شامل پہلے مضمون ''اقبال کا ادبی تنقیدی شعور'' میں پروفیسر سلیمان اطہر جاوید نے زبان و بیان سے متعلق اقبال کے تنقیدی شعور کا جائزہ لیا ہے اور لکھا کہ اقبال نے شعروادب کی روایات سے استفادہ کیا لیکن ان کی چھاپ اپنے کلام پر پڑنے نہیں دی۔ اقبالؔ کی شاعری کے بارے میں یہ بات واضح ہے کہ وہ ادب برائے زندگی کی ترجمان ہے۔ ان کی شاعری کے اسی مقصدی پہلو کو اشعار کے ذریعہ اجاگر کرتے ہوئے پروفیسر سلیمان اطہر جاوید اقبالؔ کے تنقیدی شعور کے بارے میں لکھتے ہیں:

> ''اقبال کا تنقیدی شعور زندگی دوست ہے وہ زندگی کے معاملات مسائل اور موضوعات کو غیر معمولی اہمیت دیتے ہیں۔ زندگی اور زمانے کا مطالعہ ان کے نزدیک فنکار کے لئے ازبس ضروری ہے۔ یوں بھی انہوں نے خانقاہی نظام کی مخالفت کی ہے۔ ادب میں بھی وہ خانقاہیت کو رد کرتے ہیں۔ تاہم اس کا مطلب یہ نہیں کہ ان کے یہاں داخلیت اور درون کی کوئی وقعت نہیں اور وہ ذات کے محاسبہ پر زور نہیں دیتے یا نجی کیفیات اور جذبات واحساسات کو رد کرتے ہیں۔'' (۱)

اقبال کے تنقیدی شعور پر عمومی نظر ڈالنے کے بعد پروفیسر سلیمان اطہر جاوید نے شاعری کے مختلف پہلوؤں جیسے ردیف قافیہ کا التزام، بلینک ورس شاعری، سوز و گداز، وغیرہ پر اقبال کی رائے، دنیائے شعروادب کے سرکردہ ادیبوں اور شعراء کے بارے میں اقبال کی پسند ناپسند کا جائزہ لیتے ہوئے اقبال کے تنقیدی شعور کو واضح کرنے کی کوشش کی

ہے۔''اقبال ماورائے دیر وحرم'' کتاب میں شامل اگلا مضمون ''اقبال کا تصور ابلیس'' ہے۔ اس مضمون میں پروفیسر سلیمان اطہر جاوید نے اقبال کی جانب سے لفظ ''ابلیس'' کو بہ طور تلمیح ،استعارہ واشارہ جیسے وسیع معنوں میں استعمال کئے جانے کا جائزہ لیا ہے نیکی کی اہمیت کو اجاگر کرنے کے لئے بدی کو لازمی قرار دیتے ہوئے اقبال کے نظریہ ابلیس کو واضح کرتے ہوئے پروفیسر سلیمان اطہر جاوید لکھتے ہیں:

> ''اقبال ''ابلیس'' کی بدی سے انکار نہیں کرتے۔لیکن سمجھتے ہیں کہ بدی کی قوتیں نہ ہوں تو نیکی اور خیر کی قوتیں بھی ثمر آور نہ ہوں گی۔ وہ ابلیس کو ایسی قوت قرار دیتے ہیں جس کی وجہ سے نیکی اور خیر کی قوتوں کو بروئے کار آنے اور محکم و مستحکم ہونے کا موقع ملتا ہے۔'' (۲)

آدم کو سجدہ کرنے میں ابلیس کے انکار، ابلیس کی مجلس شوریٰ جیسے موضوعات اور نظموں میں ابلیس کے بارے میں اقبال کے تصورات کو پروفیسر سلیمان اطہر جاوید نے تنقیدی جائزے کے ساتھ پیش کیا ہے اور مضمون کے آخر میں لکھا کہ:

> ''اقبال کا تصور ابلیس متوازن اور معقولیت پر مبنی ہے وہ ابلیس کی شخصیت کے نشیب اور مخفی پہلوؤں سے بخوبی واقف ہیں۔ وہ اس کی سرشت، اس کے عزائم، اس کے حوصلوں اور اس کے جذبات اور ولولوں سے بھی آگاہ ہیں۔ بہ ایں ہمہ وہ یہ بھی جانتے ہیں کہ ابلیس کے کردار کی اس کائنات اور حیات انسانی میں کیا اہمیت ہے۔ انسانی زندگی اور انسان کی خودی کی تعمیر و تشکیل میں ابلیس کیا مثبت کردار ادا کرسکتا ہے۔ اقبال نے جہاں تہاں

اس سمت بھی اشارہ کیا ہے کہ حقیقت اسی وقت حقیقت ہوتی ہے جب کہ وہ مثبت ہی نہیں منفی قدریں بھی اپنی ذات میں رکھتی ہو...... ابلیس بھی اپنے شر، اپنی بدی اپنی نفی اور اپنے انکار کے باوجود حیات انسانی کے تحفظ اور ترفع کے لئے اتنا ہی اور ایسا ہی ضروری ہے جیسے یزداں ظاہر ہے یہ اقبال کی شاعری کی ایک اہم بحث ہے اور ابلیس اقبال کی شاعری کا ایک اہم ترین کردار۔!(۱)

ابلیس کے بارے میں اقبال کے نظریات پیش کرتے ہوئے پروفیسر سلیمان اطہر جاوید نے خود اپنے تنقیدی شعور کو بروئے کار لایا اور خیر وشر کی بحث کو بڑھاتے ہوئے اپنے زرین خیالات پیش کیا ہے ۔

''مسجد قرطبہ'' نامی اگلے مضمون میں پروفیسر سلیمان اطہر جاوید نے اقبالؔ کی ایک شاہکار نظم اور اس سے متعلق مباحث کا تفصیل سے جائزہ لیا ہے اور لکھا کہ اقبال نے زندگی میں کئی مساجد دیکھی ہوں گی ۔لیکن تین مساجد، مسجد قوت الاسلام دہلی ، مسجد قرطبہ اسپین اور پیرس کی مسجد کے بارے میں انہوں نے نظمیں کہی ہیں۔

مسجد قرطبہ کی تاریخی اہمیت اور اس کے فلسفے کو موضوع بنا کر پروفیسر سلیمان اطہر جاوید نے اپنا یہ مضمون تحریر کیا اور نظم کی شعری خوبیاں بھی اجاگر کیں۔اس نظم کے پس پردہ اقبال کی فکر کو پیش کرتے ہوئے پروفیسر سلیمان اطہر جاوید لکھتے ہیں:

''اقبال نے اس نظم کو صرف جذباتی اور معتقداتی نہیں فلسفیانہ اور آفاقی حیثیت بھی دے دی ہے۔کچھ اتنا کشادہ کر دیا ہے انہوں نے کینوس اس

نظم کا...... وہ جب یہ محسوس کرتے ہیں کہ اس قدر شان وشکوہ، تقدس و تکریم اور حرمت و وتوقیر کے باوصف آج یہ مسجد بے اذاں ہے تو وہ آہ بھرتے ہیں۔ (آہ! کہ صدیوں سے ہے تیری فضا بے اذاں) لیکن وہ آہ بھر کر خاموش نہیں رہتے۔ ان کے شعور کی بلاخیزی اور ان کی دور بینی انہیں احساس دلاتی ہے کہ دن پلٹیں گے۔ ایک نیا سویرا ضرور طلوع ہوگا۔''(۲)

اس مضمون میں مسجد قرطبہ کی تاریخ پر بھی پروفیسر سلیمان اطہر جاوید نے تفصیل سے روشنی ڈالی ہے اور نظم کے مختلف اشعار کے مفہوم کو بیان کرتے ہوئے نظم کی شعری خوبیوں کو بیان کیا ہے اس نظم کی خصوصیات میں فلسفہ، تاریخ، اشاریت، رومانیت، زبان، بیان، جذبات نگاری وغیرہ کو تفصیل سے بیان کیا گیا ہے۔ پروفیسر سلیمان اطہر جاوید کا یہ مضمون عملی تنقید کی ایک اچھی مثال قرار دیا جاسکتا ہے۔

''اقبال ماورائے دیر وحرم'' کتاب میں شامل اگلا مضمون ''اقبال کے کلام میں اشاریت'' ہے۔ اشاریت پروفیسر سلیمان اطہر جاوید کا پسندیدہ موضوع رہا ہے اور اس موضوع پر انہوں نے بہت کام بھی کیا ہے۔ چنانچہ اقبآل کی شاعری میں بھی انہوں نے اشاریت کے پہلو تلاش کئے ہیں۔ اشاریت کے لئے پروفیسر سلیمان اطہر جاوید نے شاعر کے دور کے تہذیبی وسماجی حالات کو اہمیت دی ہے۔ چنانچہ اقبآل کے اسلام کے بارے میں افکارات، حرکت وعمل کا نظریہ، مرد مومن، خودی وغیرہ کے بارے میں اقبآل کے خیالات اور ان کی پیشکشی کے لئے اقبآل کی جانب سے استعمال کردہ استعارات و

اشارات کی طرف توجہ دلائی ہے۔ ''شاہین'' کو اقبالؔ کا ''استعاراتی اشارہ'' قرار دیا ہے۔
اقبال کے اشارات کی وضاحت کرتے ہوئے پروفیسر سلیمان اطہر جاوید لکھتے ہیں:

''اقبال کے اشارات ان کے مذہبی ذہن اور مختلف مذاہب سے ان کی آگہی، تاریخ اسلام اور تاریخ عالم کے ان کے گہرے مطالعے، سیاست حاضرہ سے ان کی غیر معمولی دلچسپی مختلف فلسفوں پر ان کی گہری نظر، ان کی تمدنی بصیرت، ان کے تصور حسن اور ان کے شاعرانہ نقطہ نظر کے غماز ہیں ......اقبالؔ کے اشارات کا اپنا ایک طور، ایک انداز ہے ہر بڑے شاعر کی طرح اقبالؔ کو بھی اپنی زبان کی لفظیات کا سرمایہ ناکافی محسوس ہوا اس لئے انہوں نے ترسیل کے لئے بیشتر الفاظ کو اشارات کی حیثیت دے کر ان میں مفاہیم کی نئی دنیا آباد کردی۔ ان کی معنوی پنہائیوں کو اور وسیع کر دیا ان کو گنجینہ معنی کا طلسم بنا دیا۔''(۱)

اقبالؔ کے اشارات کا فلسفہ بیان کرتے ہوئے پروفیسر سلیمان اطہر جاوید نے ان کے کلام میں استعمال کئے گئے اشارات جیسے مردمومن، شاہین، قلندر، برہمن، کلیم، تیمور ، چنگیز، پرویز، کوہکن وغیرہ کے پس پردہ مفاہیم کو واضح کیا ہے۔

''اقبالؔ کی شخصیت اور شاعری کو اجاگر کرتی اس کتاب ''اقبال ماورائے دیروحرم'' میں شامل اگلا مضمون ''اقبال کے کلام میں ہندوستانیت'' ہے۔ اس مضمون میں پروفیسر سلیمان اطہر جاوید نے اقبال کی وطن پرستی کے جذبے کو اجاگر کرتے ہوئے ان کے کلام میں پائے جانے والے ہندوستانی عناصر کی طرف اشارہ کیا ہے۔

اقبالؔ کو وطن پرستی پر ابھارنے والے حالات کا جائزہ لیتے ہوئے پروفیسر سلیمان اطہر جاوید نے اقبالؔ کے سفر یوروپ، مختلف تہذیبوں کے مشاہدے اور ہندوستان کی جدوجہد آزادی کے پس منظر کو بیان کیا اور ان کی نظموں سے اشعار پیش کرتے ہوئے ان کے کلام میں پائے جانے والے ہندوستانی عناصر کو بیان کیا ہے اور دلی کی عظمت، غالبؔ، داغؔ، سر عبدالقادر محبوب الٰہیؔ، ٹیپو سلطان، سوامی رام تیرتھ، رام چندر جی، گرونانک، بھرتری ہری، مولانا جلال الدین رومیؒ وغیرہ کے تذکرے کو اقبالؔ کے کلام سے پیش کیا ہے۔ اس کے علاوہ ان کی شہرہ آفاق نظموں ترانۂ ہندی، ہندوستانی بچوں کا قومی گیت وغیرہ میں پائے جانے والے ہندوستانیت کے جذبے کو پیش کرتے ہوئے پروفیسر سلیمان اطہر جاوید لکھتے ہیں:

> ''اقبالؔ کے کلام سے ایسی کئی مثالیں دی جاسکتی ہیں جن سے ان کی وطن دوستی اور ہندوستان سے الفت وعقیدت کا اظہار ہوتا ہے۔ ان کے افکار و میلانات میں خواہ کتنی ہی تبدیلی آچکی ہو۔ ان کی شاعری کسی مخصوص رنگ کی حامل ہوئی ہو لیکن ہندوستان کی محبت ان کے دل میں جاگزیں رہی، ان کا کلام اس محبت سے مہکتا رہا۔ (۲)

اقبالؔ کے کلام میں ہندوستانی عناصر کی تلاش کے بعد ''اقبالؔ کے کلام میں طنز و مزاح'' عنوان سے مضمون میں پروفیسر سلیمان اطہر جاوید نے ایک سنجیدہ مزاج، فلسفی اور مفکر شاعر اقبال کے کلام میں طنزیہ ومزاحیہ انداز کو کھوجنے کی کوشش کی ہے۔ چنانچہ معاشرتی، سیاسی، معاشی اور تعلیمی موضوعات میں اقبال کے مزاحیہ پہلو کو اجاگر کیا۔ تعلیم نسواں اور

پردے سے بیزاری پر ان کے یہ مزاحیہ اشعار پیش کیئے گئے ہیں۔

لڑکیاں پڑھ رہی ہیں انگریزی ڈھونڈلی قوم نے فلاح کی راہ
روش مغربی ہے مد نظر وضع مشرق کو جانتے ہیں گناہ

یہ ڈرامہ دکھائے گا کیا سین
پردہ اٹھنے کی منتظر ہے نگاہ

شیخ صاحب بھی تو پردے کے کوئی حامی نہیں
مفت میں کالج کے لڑکے ان سے بدظن ہوگئے
وعظ میں فرمادیا کل آپ نے یہ صاف صاف
پردہ آخر کس سے ہو جب مرد ہی زن ہوگئے

اٹھا کر پھینک دو باہر گلی میں نئی تہذیب کے انڈے ہیں گندے
الکشن ، ممبری ، کونسل ، صدارت بنائے خوب آزادی نے پھندے

میاں نجاری بھی چھیلے گئے ساتھ
نہایت تیز ہیں یورپ کے رندے(۱)

اقبال کی شاعری سے ایسے ہی منتخب اشعار پیش کرتے ہوئے پروفیسر سلیمان اطہر جاوید نے ان کے کلام میں پائے جانے والے طنز ومزاح کو واضح کیا ہے۔مضمون کے آخر میں اس ضمن میں وہ لکھتے ہیں:

''طنز ومزاح اقبال کے کلام میں کسی مستقل رجحان کی حیثیت سے نہیں ملتے لیکن اپنے عہد کے معاشی معاشرتی ، سیاسی اور تعلیمی موضوعات پر

انہوں نے نہ صرف سنجیدگی ہی سے توجہ دلائی ہے بلکہ طنز ومزاح سے بھی کام لیا ہے اور جہاں بھی انہوں نے طنز ومزاح سے کام لیا ہے۔ کامیاب رہے ہیں۔'' (۲)

''اقبال ماورائے دیر وحرم'' تنقید کتاب میں شامل اگلے مضمون کا عنوان ''حالؔی اور اقبالؔ'' ہے۔ اس مضمون میں اقبالؔ کی حالؔی سے عقیدت کو پیش کیا گیا ہے۔ اقبالؔ حالؔی سے ۳۷ سال چھوٹے تھے۔ اور حالؔی کے شہرت کے زمانے میں اقبالؔ نے اپنے شعری سفر کا آغاز کیا تھا۔ انجمن حمایت اسلام کے مشاعروں سے اقبالؔ اور حالؔی کی عقیدتمندی کا سلسلہ چل پڑا تھا۔ جدید شاعری کی تائید میں حالؔی اور اقبال کو یکساں قرار دیتے ہوئے پروفیسر سلیمان اطہر جاوید لکھتے ہیں :

''کچھ تو مغربی شعروادب سے متاثر ہونے کے سبب اور بہت کچھ خود اپنے شعروادب کے منفی پہلوؤں کا احساس کہ حالؔی اور اقبالؔ دونوں نے شاعری میں کچھ ایسا انقلابی نہ سہی بدلا ہوا رویہ ضرور اختیار کیا۔ اہم ترین بات تو یہ ہے کہ حالؔی اور اقبالؔ دونوں نے حقیقت پسندی اور واقعات نگاری پر زور دیا۔ اپنے اطراف واکناف کے حالات کو ملحوظ رکھنے اور ان کی اپنے کلام میں ترجمانی کو اپنا مسلک قرار دیا۔ جھوٹ، بے جا مبالغہ، سطحیت اور فروعی باتوں سے گریز کرنے کی تلقین کی۔ حالؔی نے ''مقدمہ شعر وشاعری'' میں واضح طور پر اپنے خیالات کا اظہار کیا ہے اور اقبالؔ نے بھی اپنے مضامین اور خطوط وغیرہ میں اس سمت اشارے کئے ہیں۔'' (۱)

اقبالؔ اور حالیؔ کے شعری نظریات میں یکسانیت بیان کرنے کے علاوہ دیگر امور جیسے اپنے بھائیوں سے وابستگی، غالبؔ سے عقیدت، دہلی سے لگاؤ، مسلمانوں کی اصلاح کے عزائم، حرکت و عمل کا پیغام، مسدس حالیؔ و شکوہ جواب شکوہ کا تقابل وغیرہ میں حالیؔ اور اقبالؔ میں یکسانیت کے پہلو تلاش کئے ہیں اور مضمون کے آخر میں پروفیسر سلیمان اطہر جاوید لکھتے ہیں:

''اقبال کی مرتبت اردو شاعری میں جو بھی ہو۔ وہ حالیؔ سے خاصے متاثر رہے۔ اوران سے ممکنہ طور پر استفادہ کیا۔ آگے چل کر انہوں نے جداگانہ راہ نکال لی۔ لیکن ایک دور تھا کہ انہوں نے حالیؔ کے فن سے روشنی حاصل کی اور پھر حالیؔ ہی کے مشن کو آگے بڑھایا۔ کوئی شبہ نہیں وہ ایک دوسرے کا تسلسل ہیں۔ حالیؔ اقبال کا ماضی ہیں تو اقبال حالیؔ کا مستقبل......(۲)

اقبالؔ اور حالیؔ کے مابین یکسانیت کو پیش کرنے والا یہ مضمون پروفیسر سلیمان اطہر جاوید کے تقابلی مطالعہ اور تقابلی تنقید کی ایک اچھی مثال ہے۔ تاہم یہ مضمون اردو کے دو شعراء کے مابین یکسانیت کو اجاگر کرنے والے پہلو پر ہی زیادہ زور دیتا ہے۔

''اقبال اور جاوید اقبال'' نامی مضمون میں پروفیسر سلیمان اطہر جاوید نے اقبالؔ کے اپنے فرزند جاوید اقبالؔ کے ساتھ روابط اور ان کی خاندانی زندگی کو اجاگر کیا ہے۔ اس کے علاوہ اقبالؔ کی تینوں شادیوں اور ان کی بیویوں اور اولادوں کا تذکرہ کرتے ہوئے یہ بھی لکھا کہ اقبالؔ کو جاوید سے کیوں اور کس حد تک لگاؤں تھا۔ جاوید اقبالؔ کی تیسری بیوی سردار بیگم کی اولاد تھے۔ اقبالؔ نے چونکہ سردار بیگم کے ساتھ زیادہ عرصہ گزارا تھا۔ لہذا ان

کی اولاد جاویدؔ کے بارے میں بھی وہ جذباتی تھے۔ جاویدؔ کو بخار آنے پر اپنا سفر ملتوی کرنے غلام رسول مہر کو خط لکھتے ہیں اقبالؔ کے جذبات ملاحظہ ہوں:

''میں تو آج دہلی جانے کے لئے تیار ہو گیا تھا مگر جاوید کا بخار بدستور ہے ۔رات بھی اسے ایک سو پانچ ہو گیا تھا۔ آج ڈاکٹر صاحب نے دیکھا ہے ان کو شبہ ہے کہ بخار میعادی ہے۔ پختہ پتہ کل صبح کے معائنہ سے ہوگا۔ اس تشویش کی حالت میں میرے لئے سفر مشکل ہے۔ ڈاکٹر نے بھی یہی مشورہ دیا ہے۔ آپ میری طرف سے ہز ہائی نس کی خدمت میں معذرت کریں کہ میں ان کے حکم کی تعمیل میں سفر کے لئے تیار تھا۔ مگر مذکورہ بالا ناگہانی افتاد کی وجہ سے رک گیا۔ زیادہ کیا عرض کروں بہت متوشش ہوں ۔''(۱)

اقبال کے اس طرح کے خطوط کے علاوہ پروفیسر سلیمان اطہر جاوید نے وہ حالات بھی تفصیل سے بیان کئے جن سے بچوں کی صحیح اور اسلامی ماحول میں پرورش اور ان کے بعد از وفات بچوں کی پرورش کے انتظامات کے ضمن میں اقبالؔ کی فکر مندی کا اظہار ہوتا ہے ۔ اقبالؔ اپنے بچوں جاوید اور منیرہ کو جتنا چاہتے تھے اتنا ہی ان کے بچے ان سے عقیدت رکھتے تھے۔ اپنے مضمون ''ابا جان'' میں جاوید لکھتے ہیں:

''بقر عید کے روز ہمیشہ مجھے تلقین کیا کرتے تھے کہ بکرے کے ذبح کرتے وقت میں وہاں موجود رہوں ۔لیکن اپنا یہ حال تھا کہ کسی قسم کا خون بہتے نہ دیکھ سکتے تھے۔ ایک دفعہ دالان میں مجھے کھیلتے ہوئے ٹھوکر لگی تو منہ کے بل

گر پڑا۔ میرا نچلا ہونٹ اندر سے کٹ گیا۔ ابا جان اتفاق سے ادھر آ نکلے اور میرے منہ سے خون بہتا دیکھ کر بجائے اس کے کہ میرے قریب پہنچیں یا مجھ سے پوچھیں کیا ہوا ہے وہ چند لمحوں کے لیے ساکت و مبہوت کھڑے رہے۔ پھر ان کے قدم ڈگمگائے اور بے ہوش ہو کر وہیں گر پڑے جب ہوش میں آنے پر انہیں بتایا گیا کہ معمولی چوٹ تھی اور میں ٹھیک ہوں تو بڑے متعجب ہوئے کہنے لگے۔ اس کے منہ سے تو خون کے فوارے چھوٹ رہے تھے۔''(۲)

پروفیسر سلیمان اطہر جاوید لکھتے ہیں کہ اقبالؔ کی جاوید سے محبت ایسی نہ تھی کہ بے جا لاڈ و پیار میں بچہ بگڑ جائے بلکہ وہ ہمیشہ اخلاق کی حدوں میں رہتے ہوئے جاوید کو چاہتے تھے۔ جاوید کے لئے اقبالؔ نے کئی اشعار بھی کہے تھے جن میں سے چند پروفیسر سلیمان اطہر جاوید نے بھی پیش کیے۔

دیار عشق میں اپنا مقام پیدا کر
نیا زمانہ نئے صبح و شام پیدا کر
خدا اگر دل فطرت شناس دے تجھ کو
سکوت لالہ و گل سے کلام پیدا کر
حیا نہیں ہے زمانے کی آنکھ میں باقی
خدا کرے کہ جوانی تری رہے بے داغ (۱)

جاوید کے لئے اقبال کی بے پایاں محبت اور شخصیت پر تبصرہ کرتے ہوئے مضمون

کے آخر میں پروفیسر سلیمان اطہر جاوید لکھتے ہیں:

''انہوں نے ایک مشفق باپ کی طرح جاوید کو پیار کیا۔ اس کی پرورش میں غیر معمولی دلچسپی لی۔ اس کی تربیت کو اپنی ایک اہم ترین ذمہ داری متصور کیا۔ اس کے حال ہی پر توجہ نہیں دی بلکہ اس کے مستقبل کے باب میں بھی فکر کی اور اس کو بہتر بنانے، سنوارنے اور اپنی حیات کے بعد بھی اس کی زندگی سے غافل نہیں رہے۔ اسی کے ساتھ جاوید کو اقبال نے ایک امانت بھی سمجھا۔ نئی نسل کو جاوید کے روپ میں دیکھا اور جاوید کو نئی نسل کا نمائندہ خیال کیا۔ چنانچہ انہوں نے جاوید کی جس زاویہ سے پرورش کی گویا وہ اسی زاویہ سے نئی نسل کی نشو و نما چاہتے تھے۔ مختصر یہ کہ جاوید کے مستقبل میں وہ نئی نسل کی پرچھائیں محسوس کرتے تھے۔ یوں جاوید صرف ان کا بیٹا نہیں۔ ان کی فکر کا اہم گوشہ، ان کے تصورات کے افق کا ستارہ ان کے خوابوں کی تعبیر، ان کے نظریات کا اہم پہلو اور ان کی شاعری کا ایک اہم کردار ہے اور یہی اقبال کی حیات شخصیت فکر اور شاعری میں جاوید کی اہمیت ہے۔''

(۲)

جاوید کو نہ صرف اپنا بیٹا بلکہ مستقبل کے تمام بچوں کو جاوید کی طرح بنانے کے اس خیال کو پروفیسر سلیمان اطہر جاوید نے اپنے اس مضمون کے ذریعہ جس انداز میں اجاگر کیا ہے اس کی ستائش کرتے ہوئے لاہور پاکستان کے پروفیسر ڈاکٹر رفیع الدین ہاشمی ''اقبال ماورائے دیر و حرم'' پر تبصرہ کرتے ہوئے لکھتے ہیں:

''اقبال اور جاوید اقبال'' بالکل نیا موضوع ہے۔ انہوں نے جاوید سے اقبال کی غیر معمولی اور والہانہ وابستگی کے ذکر کے بعد بجا طور پر یہ نتیجہ اخذ کیا ہے کہ ''اقبال نے ایک مشفق باپ کی طرح جاوید کو پیار کیا۔...... آج جب اقبآل کی وفات پر پچاس برس گزر چکے ہیں اور جاوید بھی ایک بھرپور زندگی گزار کر سبکدوشی کی منزل پر ہیں۔ ان کے باب میں یا اس کے حوالے سے نئی نسل کے متعلق اقبآل کی تمنائیں کس حد تک پوری ہوئیں۔ اور جاوید کے لئے اقبآل کے خوابوں کی تعبیر کی صورت کیا رہی۔...... بھارت سے اقبالیات پر شائع ہونے والی کتابوں خصوصاً مقالات کے مجموعوں میں ''اقبال ماورائے دیر وحرم'' ایک اچھا اور معیاری مجموعہ ہے۔''

(۱)

اس مضمون میں پروفیسر سلیمان اطہر جاوید نے اقبآل کی شخصیت کے ان پہلوؤں کو اجاگر کیا جو بہ حیثیت شاعر کے ان کے مشہور ہوجانے کے بعد لوگوں کے سامنے نہیں آ سکے تھے۔ اپنے بیٹے کے بارے میں اقبآل کی زندگی کے واقعات اور ان کے کلام سے منتخب اشعار پیش کرتے ہوئے پروفیسر سلیمان اطہر جاوید نے بہ حیثیت شخص اور شاعر اقبآل کو ایک مشفق اور مہرباں باپ کے طور پر پیش کیا۔

''اقبال ماورائے دیر وحرم'' تنقیدی کتاب میں شامل آخری مضمون کتاب کے نام پر مبنی ہے۔ یعنی ''اقبال ماورائے دیر وحرم'' کے عنوان سے تحریر کردہ اس مضمون میں پروفیسر سلیمان اطہر جاوید نے اقبآل کے مذہبی افکار کو پیش کیا ہے اور لکھا کہ اقبآل کے فکر و

فن کا محور اسلام ہے۔لیکن انہوں نے اپنی شاعری میں سری کرشن ،بیکن ، کانٹ، ہیگل، برگساں، ڈیورنگ، مارکس، اینگلز،نطشے ،شوپن ہار، فان ہیمر وغیرہ فلسفیوں کے فکروفن سے بھی استفادہ کیا ہے۔اقبآل کی فکر کو ایک عالمی فکر قرار دیتے ہوئے پروفیسر سلیمان اطہر جاوید لکھتے ہیں:

''اقبال نے خود کو شاعر مشرق کہا ہے۔یہ کہتے ہوئے انہوں نے شاعرانہ تعلیٰ سے کام لیا ہے۔میرے نزدیک درست نہیں حقیقت تو یہ ہے کہ اس طرح اقبال نے غیر معمولی انکساری سے کام لیا ہے۔اقبآل کے کلام میں ایک دنیا بولتی، ساری انسانیت کا دل دھڑکتا اور تمام تہذیبوں کی نبض چلتی ہوئی محسوس ہوتی ہے۔جس طرح انہوں نے سارے مذاہب کا احترام کیا ہے ان کے دل میں مشرق کا درد بھی ہے اور وہ مغرب کو بھی عزیز رکھتے ہیں ......جس طرح اقبآل کی شاعری کا ہیرو حلقہ آفاق میں گرمی محفل کا باعث ہے۔بعینہ اقبال کی شاعری بھی ایں وآں ، رنگ ونسل اور دیر وحرم سے ماوراء حلقۂ آفاق کی اور حلقۂ آفاق میں گرمی محفل کی شاعری ہے۔''(۲)

اس مضمون میں پروفیسر سلیمان اطہر جاوید نے اقبال پر لکھنے والوں پر یہ تنقید کی کہ دنیا نے انہیں محض اسلامی فکر وفلسفہ کا شاعر قرار دیا جبکہ حقیقت یہ ہے کہ اقبال کے ہاں بیشتر مذاہب اور مفکرین وفلسفیوں کی فکر وفلسفہ سے استفادہ ملتا ہے۔اس طرح اقبال صرف شاعر مشرق ہی تک محدود نہیں رہ جاتے بلکہ وہ ایک آفاقی شاعر کہلانے کے مستحق ہیں ۔اقبال کی شعری عظمت کے اس گوشے کو پروفیسر سلیمان اطہر جاوید نے بڑی خوبی سے

اجاگر کیا ہے۔

مجموعی طور پر ''اقبال ماورائے دیر وحرم'' نامی یہ کتاب گوشۂ اقبال میں اہم اضافہ ہے، ہر چند کہ مسجد قرطبہ، اقبال کا تصور ابلیس اور اسی نوعیت کے دوسرے مضامین پر بہت کچھ لکھا گیا ہے لیکن ''اقبال اور جاوید اقبال'' جیسے مضامین پروفیسر سلیمان اطہر جاوید کے وسیع تر مطالعہ کا پتہ دیتے ہیں۔ انہوں نے اپنے مطالعہ سے اقبال پر سابق میں لکھے گئے موضوعات میں جان ڈالنے کی کوشش کی ہے۔ مسجد قرطبہ کا جس گہرائی اور گیرائی اور جغرافیائی و تاریخی حیثیت سے جائزہ لیا گیا ہے۔ اس سے قبل اس طرح کی مثال نہیں ملتی۔ کلام اقبالؔ سے منتخب اشعار پیش کرتے ہوئے پروفیسر سلیمان اطہر جاوید نے موضوعات کی تشریح و تفہیم کی ہے اور اقبال کے فکر و فلسفہ کے مختلف پہلو اجاگر کئے۔ اقبالؔ اور حالؔی کے مابین معنوی تعلق تلاش کیا اور اقبالؔ کے کلام میں طنز و مزاح اور ہندوستانیت کے پہلو تلاش کرنے کے دوران پروفیسر سلیمان اطہر جاوید نے تحقیق و تنقید کے جملہ اصولوں کو خاطر میں لایا۔ ان تمام باتوں کے پیش نظر یہ کہا جاسکتا ہے کہ اقبالؔ کے فلسفہ پر مبنی یہ کتاب ''اقبالیات'' کے خزانہ میں نمایاں اضافہ ہے اور اس کتاب سے اقبال کے محققین اور ناقدین میں ایک اور معتبر نام کا اضافہ ہوا ہے۔

☆☆☆☆☆

غالبؔ کے چند نقاد

پروفیسر سلیمان اطہر جاوید کی ایک اور تحریر کردہ نمائندہ تنقیدی و تحقیقی کتاب ''غالب کے چند نقاد'' ہے۔۲۴۲ صفحات پر مشتمل یہ دیدہ زیب کتاب شاہد ماہلی کے زیر اہتمام غالبؔ انسٹی ٹیوٹ ایوان غالب مارگ نئی دہلی سے ۱۹۹۵ء میں شائع ہوئی۔ کتاب کی قیمت ۶۰ روپئے ہے۔ کتاب میں علی گڑھ کے نذیر احمد اور مصنف پروفیسر سلیمان اطہر جاوید کے تحریر کردہ پیش لفظ کے علاوہ غالبؔ کے جملہ ۱۶ نقادوں پر مشتمل مضامین ہیں۔ ان کے نام اس طرح ہیں۔ الطاف حسین حالیؔ، غلام رسول مہر، عبدالرحمٰن بجنوری، سید عبداللطیف، یگانہ چنگیزی، شیخ محمد اکرام، مالک رام، قاضی عبدالودود، یوسف حسین خاں، مجنوں گورکھپوری، رشید احمد صدیقی، شوکت سبزواری، سردار جعفری، ظ۔ انصاری، آل احمد سرور اور خورشید الاسلام'' غالبؔ کے چند نقاد'' کتاب کا پیش لفظ لکھتے ہوئے نذیر احمد نے پروفیسر سلیمان اطہر جاوید کو اردو کا مشہور نقاد قرار دیا اور اس کتاب کے دو اہم فائدے بیان کئے ہیں وہ لکھتے ہیں:

> ''اس (کتاب) کے دو واضح فائدے مرتب ہوں گے۔ اول یہ کہ ان نقادوں کے فن کے بارے میں ہم کو مفید اطلاع مل سکے گی۔ دوم یہ کہ غالبؔ کی شخصیت اور فن کے تعلق سے بہت مفید معلومات کا وسیلہ یہ کتاب فراہم کرے گی۔ اس لحاظ سے یہ کتاب ایک طرف تو غالبؔ شناسی میں اور دوسری طرف اردو کے تنقیدی ادب میں مفید اضافہ ہے۔''(۱)

اس کتاب کا عمومی جائزہ لیتے ہوئے نذیر احمد نے پروفیسر سلیمان اطہر جاوید کی ستائش کی اور لکھا کہ تحقیق وتنقید لازم وملزوم ہونے کے سبب پروفیسر سلیمان اطہر جاوید نے اس کتاب میں غالبؔ کے دو اہم محققین قاضی عبدالودود اور مالک رام کو نقادوں کی فہرست میں شامل کرلیا۔ تاہم مولانا امتیاز علی خاں عرشی کو نظر انداز کرنے پر تعجب کا اظہار کیا۔ اسی طرح غالبؔ کے نقادوں کی فہرست میں کسی پاکستانی نقاد کے نہ ہونے پر بھی تعجب کیا۔ اسی طرح ایسے نقادوں کا انتخاب کیا گیا جو غالبؔ کی شاعری پر تنقید کے لئے مشہور ہیں جبکہ غالبؔ کی نثر، مکاتیب اور ان کی تاریخ نگاری وغیرہ پر تنقید کرنے والوں کو شامل نہیں کیا۔ نذیر احمد نے یہ امید ظاہر کی کہ پروفیسر سلیمان اطہر جاوید اسی طرح کی دوسری تنقیدی کتاب میں غالبؔ کی شاعری کے علاوہ دیگر اصناف پر تنقید کرنے والوں کا بھی جائزہ لیں گے۔ نذیر احمد کا تحریر کردہ پیش لفظ حقیقی معنوں میں ایک کتاب کا سچا جائزہ ہے جو اردو تنقید کے محاسن ومعائب کی تلاش کے مفہوم پر کھرا اترتا ہے۔ ورنہ آج کل اردو کتابوں کے تقاریظ اور پیش لفظ تعریفی وتوصیفی نوعیت کے ہوتے ہیں۔ کسی بڑے ادیب، شاعر یا نقاد سے پیش لفظ اس لئے لکھایا جاتا ہے کہ پیش لفظ لکھنے والے کے نام سے کتاب کی اہمیت ووقعت بڑھ جائے۔ تاہم پروفیسر سلیمان اطہر جاوید نے اپنی کتاب کے لئے ایک ایسا پیش لفظ تحریر کروایا جس میں تعریف وتنقید دونوں پہلو مساوی طور پر پیش کئے گئے ہیں۔ نذیر احمد کے پیش لفظ کے بعد خود پروفیسر سلیمان اطہر جاوید نے پیش لفظ کے عنوان سے اپنے خیالات کا اظہار کیا ہے۔ ابتداء میں انہوں نے غالبؔ کو بین الاقوامی شہرت کا حامل شاعر قرار دیتے ہوئے لکھا کہ غالبؔ کے چاہنے والوں اور ان کے مخالفین دونوں نے غالب پر بہت کچھ لکھا

ہے۔اس کتاب کی وجہ تصنیف بیان کرتے ہوئے پروفیسر سلیمان اطہر جاوید لکھتے ہیں:

> ''یہاں جن نقادوں کی تحریروں کا جائزہ لیا گیا ہے اس کا مطلب یہ نہیں کہ ان کے علاوہ اور نمائندہ نقاد نہیں۔ جی نہیں ایسا نہیں ہے اور بھی نمائندہ نقاد ہوسکتے ہیں۔ خاص طور پر ان اصحاب کے ہاں بھی تنقید ملتی ہے جو غالبؔ کے محقق کی حیثیت رکھتے ہیں۔ میں نے ان میں سے بعض کے ہاں غالبؔ پر جتنی بھی تنقید ملتی ہے۔ ان کو اس کتاب کے دائرہ میں شامل کیا ہے۔غرض مجموعی طور پر یہ سعی رہی ہے کہ مختلف تنقیدی زاویوں کی یہاں نمائندگی ہوجائے۔''(۱)

کتاب کی اشاعت کے سطح نظر کو واضح کرنے کے بعد پروفیسر سلیمان اطہر جاوید نے اس موضوع پر کام کی اجازت دینے کے لئے غالبؔ انسٹی ٹیوٹ اور اس کے احباب کا شکریہ ادا کیا ہے۔

تنقیدی کتاب ''غالبؔ کے چند نقاد'' میں شامل پہلا مضمون ''الطاف حسین حالیؔ'' ہے۔ حالیؔ کو غالبؔ کا اولین نقاد سمجھا جاتا ہے۔ حالیؔ غالبؔ کی محبت میں رہے تھے اور انہیں غالبؔ سے ایک طرح کی عقیدت تھی جس کا اظہار انہوں نے اپنی کتاب ''یادگار غالبؔ'' میں جا بجا کیا ہے۔ اسی لئے شبلیؔ نے حالیؔ کے مقدمہ شعر و شاعری کو غالبؔ کی مدلل مداحی قرار دیا تھا۔ تاہم اس مضمون میں پروفیسر سلیمان اطہر جاوید نے غالبؔ پر حالیؔ کی عقیدت مندی اور مدح سرائی کو پیش کرتے ہوئے ان کی تحریروں کے ایسے پہلو بھی پیش کیے۔ جس سے یہ ظاہر ہوتا ہے کہ حالیؔ کی تنقید میں معروضیت اور توازن پایا جاتا ہے۔ حالیؔ کی تنقید

نگاری کے اس پہلو کو واضح کرتے ہوئے پروفیسر سلیمان اطہر جاوید نے ان کا یہ اقتباس پیش کیا ہے۔

''شعر کی بڑی خوبی یہ سمجھی جاتی تھی کہ ادھر شاعر کے منہ سے نکلا، ادھر سامع کے دل میں اتر گیا۔ مگر مرزا کے ابتدائی ریختے میں یہ بات بالکل نہ تھی جیسے خیالات اجنبی تھے ویسی ہی زبان غیر مانوس تھی۔ فارسی زبان کے مصادر فارسی کے حروف ربط اور توابع فعل جو کہ فارسی کی خصوصیات میں سے ہیں ۔ان کو مرزا اردو میں عموماً استعمال کرتے تھے۔ اکثر اشعار ایسے ہوتے تھے کہ اگر ان میں ایک لفظ بدل دیا جائے تو سارا شعر فارسی زبان کا ہو جائے ۔''(۱)

غالبؔ کی مشکل پسند شاعری کے بارے میں حالیؔ کی نکتہ چینی پر مبنی اس رائے کو پیش کرتے ہوئے پروفیسر سلیمان اطہر جاوید نے یہ ثابت کرنے کی کوشش کی کہ حالیؔ نے اعتدال کے ساتھ غالبؔ کے فن کا جائزہ لیا ہے۔ غالبؔ کے کلام پر حالیؔ کی آراء کی مختلف مثالوں کو پیش کرتے ہوئے پروفیسر سلیمان اطہر جاوید نے غالبؔ پر حالیؔ کی تنقید کی مختلف جہتوں کو اجاگر کیا ہے ۔ اپنے مضمون کے آخر میں پروفیسر سلیمان اطہر جاوید اپنی رائے ظاہر کرتے ہوئے لکھتے ہیں:

''حالیؔ نے غالبؔ کے تعلق سے عقیدت سے کام لیا۔ انہیں لینا بھی چاہئیے تھا لیکن جیسا کہ گزشتہ صفحات میں ظاہر کیا گیا ہے وہ غالبؔ کی خامیوں کی پردہ پوشی نہیں کرتے اپنے انداز میں وہ اس سمت ہماری توجہ مبذول بھی

کرا دیتے ہیں ۔ یہ ضرور ہے کہ انھوں نے نہایت معتدل اور متوازن طریقہ سے کام لیا ہے۔ان کے ہاں میانہ روی ہے۔شائستگی ہے۔متانت ہے ۔تہذیبی قدروں کا رچاؤ ہے اور ایک لیا دیا انداز ہے ۔ یہ صرف غالبؔ کے احترام کا نتیجہ نہیں بلکہ یہ حالیؔ کی اپنی مرنج و مرنجان شخصیت کا پر تو بھی ہے۔(۲)

حالیؔ کی تنقید پر اپنی رائے پیش کرتے ہوئے پروفیسر سلیمان اطہر جاوید نے خود اپنی تنقید میں توازن پیدا کرنے کی کوشش کی ہے اور حالیؔ کی تنقید کے مثبت اور منفی پہلوؤں کو اجاگر کرتے ہوئے اپنے آپ کو ایک معتدل نقاد ثابت کیا ہے۔

''غالبؔ کے چند نقاد'' کتاب میں شامل دوسرے نقاد پر مبنی مضمون ''غلام رسول مہر'' ہے۔جن کا تعارف کراتے ہوئے پروفیسر سلیمان اطہر جاوید نے لکھا کہ غالبؔ سے متعلق ان کا کام غالبؔ کی سوانح کی ترتیب اور خطوط کی تدوین ہے۔سوانحی کتاب کی اہمیت واضح کرتے ہوئے وہ لکھتے ہیں:

''انھوں نے غالبؔ کے مکاتیب اور دیگر تحریروں وغیرہ سے اقتباسات لے کر انہیں اس انداز سے ترتیب دیا ہے کہ غالبؔ کی اچھی خاصی سوانح تیار ہوگئی ہے۔ چونکہ یہ تحریریں غالبؔ کی اپنی ہیں۔ اس لیے اسے غالبؔ کی ''خود نوشت سوانح'' بھی قرار دیا جاسکتا ہے۔یہی وجہ ہے کہ غالبؔ کے کئی ایک سوانح حیات لکھے جانے کے باوجود غلام رسول مہر کی اس سوانح کو جو پہلی مرتبہ ۱۹۳۶ء میں شائع ہوئی آج بھی غالبیات میں ایک

اہم اور ممتاز مقام حاصل ہے۔"(۱)

حالؔی کی طرح غلام رسول مہر کو بھی غالبؔ کا عقیدت مند قرار دیتے ہوئے پروفیسر سلیمان اطہر جاوید نے لکھا کہ غالبؔ کا کلام اور مولانا حسرت موہانی کی شرح غالبؔ پڑھنے کے بعد غالبؔ سے ان کی عقیدت میں اضافہ ہوا تھا۔ اس کے باوجود غالبؔ پر تنقید کے بارے میں ان کے اعتدال پسندی اور رواداری کا پہلو تلاش کرتے ہوئے پروفیسر اطہر جاوید لکھتے ہیں۔

"غالب سے اس غیر معمولی جذباتی عقیدت کے اظہار کی وجہ سے یہ نہ سمجھنا چاہئیے کہ غلام رسول مہر نے غالبؔ کی شخصیت اور شاعری کا جائزہ بھی کچھ اسی زاویہ سے لیا ہے۔ اس کے برعکس غالبؔ پر تنقید کی راہ میں ان کی عقیدت کم ہی حائل ہوتی ہے۔ تکلف برطرف کے انداز میں نہ سہی تاہم تنقیدی تقاضوں کو انہوں نے بڑی حد تک پورا کرنے کی سعی کی ہے ۔غالبؔ کی طرفداری کے باوجود سخن فہمی سے کام لیا ہے۔"(۲)

اپنے خیال کی تائید میں پروفیسر سلیمان اطہر جاوید نے غلام رسول مہر کی تحریروں سے ایسے اقتباسات پیش کیئے۔ جن میں غالبؔ پر تنقید کے دوران انہوں نے اعتدال سے کام لیا ہے۔ تاہم مضمون کے آخر میں انہوں نے لکھا کہ مجموعی طور پر غلام رسول مہر نے غالبیات پر بہت کم کام کیا ہے۔ اس طرح حالؔی کے بعد غلام رسول مہر کی تنقیدات غالبؔ میں پروفیسر سلیمان اطہر جاوید نے عقیدت مندی سے قطع نظر اعتدالی تنقید کے پہلوؤں کو تلاش کرنے کی سعی کی ہے۔

تنقیدی کتاب ''غالبؔ کے چند نقاد'' میں تیسرے نقاد کے طور پر ''عبدالرحمٰن بجنوری'' سے متعلق مضمون دیا گیا ہے۔عبدالرحمٰن بجنوری اپنی کتاب محاسن کلام غالبؔ کے لئے مشہور ہیں اور اس کتاب کے اقوال غالبؔ کی تعریف وتحسین کرنے والوں نے بہ طور حوالہ استعمال کئے ہیں۔ ''محاسن کلام غالبؔ'' کو بجنوری کی مصنوعی تنقید قرار دیتے ہوئے پروفیسر سلیمان اطہر جاوید نے پروفیسر گیان چند جین کے ان خیالات کو بہ طور اقتباس پیش کیا ہے۔

> ''یہ محاسن کلام غالبؔ،تنقید نہیں،تشریح نہیں،قصیدہ خوانی ہے۔انشائیہ ہے۔طبل نوازی ہے۔اشتہار ہے وکالت ہے اور ان سب کے پردے میں اپنے علم کی بھدی نمائش ہے۔مقالہ میں جس قماش کی تنقید ہے اس کا نچوڑ پہلے جملہ میں آ گیا ہے۔''ہندوستان کی الہامی کتابیں دو ہیں ۔وید مقدس اور دیوان غالبؔ''۔یہ نثری شعر ہے۔لیکن معنی سے تہی۔یہ کچھ بھی ہو تنقید نہیں ہے۔یہ مداحی ہے لیکن غیر مدلل۔'' (۳)

غالبؔ کے بارے میں بجنوری کی عقیدت مندی پر مختلف نقادوں کی آراء کو پیش کرنے کے بعد غالبؔ سے بجنوری کی ارادت کے پہلوؤں کا گہرائی سے مطالعہ کرتے ہوئے پروفیسر سلیمان اطہر جاوید نے لکھا کہ بجنوری نے مغرب کا دورہ کیا تھا اور آزادی سے قبل ہندوستان کے حالات میں جو غلامی کے جذباتی پائے جاتے تھے۔انہیں دور کرنے کے لئے انہوں نے غالبؔ جیسے شاعر کا سہارا لیتے ہوئے ہندوستان کی عظمت کو بڑھانے کی خاطر اپنی تحریروں میں اس طرح کا انداز اختیار کیا۔مولوی عبدالحق کی فرمائش پر لکھی گئی اس

کتاب میں بجنوری کے طرز تحریر کی تائید کرتے ہوئے پروفیسر سلیمان اطہر جاوید نے لکھا کہ

''بجنوری کے نزدیک کلام غالبؔ کا مطالعہ،صرف غالب کا مطالعہ نہیں ،صرف اردو شعروادب کا مطالعہ بھی نہیں ۔ یہ مشرق کے ادب ،تہذیب ، ثقافت ،سماجی علوم ،فنون لطیفہ اور فکر وفلسفہ کا مطالعہ ہے۔مشرق کی میراث اور ہمارے تہذیبی ورثہ کی بازیافت کی کوشش ہے ......بجنوری نے در اصل ایک ذمہ دار ادیب کا فرض ادا کیا۔ان کے ہاں تھوڑی بہت خامیاں پائی جاتی ہوں لیکن انہوں نے اپنی تحریروں سے اس احساس کمتری کو دور کرنے ہم میں ایک اعتماد پیدا کرنے ہم کو ماضی کی قدر و قیمت کو پہچاننے کا اہل بنانے اور ہم میں قومی عظمت کا شعور جگانے کی کوشش کی ہے۔''(۱)

بجنوری کی تنقید میں سماجی پہلو کو تلاش کرنے کے علاوہ پروفیسر سلیمان اطہر جاوید نے تقابلی تنقید کی مثالیں بھی پیش کی ہیں اور ان پر کی جانے والی تنقیدوں کی مخالفت کرتے ہوئے غالبؔ کے نقاد کے طور پر انہوں نے بجنوری کی تائید کی ہے۔

اپنی کتاب میں چوتھے نقاد کے طور پر سید عبداللطیف کو پیش کرتے ہوئے پروفیسر سلیمان اطہر جاوید نے لکھا کہ بجنوری کی رد میں سید عبداللطیف نے منفی انداز اختیار کرتے ہوئے غالبؔ پر تنقید کی ہے ۔حالیؔ اور بجنوری کی کتابوں کے بعد سید عبداللطیف نے غالبؔ کی شاعری پر کتاب لکھی تھی اور انہوں نے غالبؔ کی عظمت کو کم

کرتے ہوئے بجنوری کی تردید میں اپنے قلم کا زور دکھایا۔اس خیال کی تائید میں پروفیسر سلیمان اطہر جاوید نے سید عبداللطیف کی تنقید پر مبنی یہ اقتباس پیش کیا ہے۔

''کلام غالبؔ کا اگر غور سے مطالعہ کیا جائے تو یہ ظاہر ہوگا کہ اس کا اصلی رنگ ذہنی اور دماغی ہے۔ زندگی بھر شاعر کی یہ آرزو رہی کہ وہ فکر و اظہار میں اچھوتا معلوم ہو۔ اور ایک لحاظ سے اس کا یہ مقصد پورا بھی ہوا لیکن اس سے اس کی شاعری ماری گئی۔ اس کے اردو کلام میں شاعری سے زیادہ فکر و تخیل یا خیال آرائی کے آثار پائے جاتے ہیں۔ جہاں احساس کے نشان پائے بھی جاتے ہیں۔ وہاں عقل کا رنگ چڑھانے کی محسوس کوشش ظاہر ہو جاتی ہے۔''(۲)

لطیف کی تنقید کی یہ مثال دینے کے علاوہ پروفیسر سلیمان اطہر جاوید نے غالبؔ اور ان کے کلام پر لطیف کی تنقیدوں کے اقتباسات پیش کرتے ہوئے یہ بحث کی ہے کہ غالبؔ پر ان کی نکتہ چینی کچھ زیادتی پر مبنی ہے۔ مضمون کے آخر میں اس زیادتی کی وجہ پر روشنی ڈالتے ہوئے پروفیسر سلیمان اطہر جاوید لکھتے ہیں:

''جب وہ مغربی اصولوں کی روشنی میں غالب کا جائزہ لیتے ہیں تو غالبؔ میں انہیں کئی خامیاں محسوس ہوتی ہیں اور وہ غالبؔ کا شمار مشاہیر عالم میں نہیں کرتے۔ لطیف نے غالبؔ کے بارے میں جو بھی لکھا ہے وہ بجنوری کی رد میں لکھا ہے۔ ورنہ وہ ایسے کور ذوق بھی نہیں کہ غالبؔ اور اس کی شاعری کی خوبیوں اور محاسن کو پرکھ نہ سکیں۔''(۱)

پروفیسر سلیمان اطہر جاوید نے سید عبداللطیف کی تنقیدی روش کو پیش کرتے ہوئے انہیں غالبؔ کے پہلے منفی نقاد کے طور پر پیش کیا۔ اس سے قبل حالیؔ، غلام رسول مہر اور عبدالرحمٰن بجنوری کے ہاں پائے جانے والے مدحی پہلو کو واضح کیا تھا اور اب لطیف کی شکل میں غالبؔ مخالف نقاد کو پیش کرتے ہوئے غالبؔ یا بجنوری سے ان کی مخالفت کی وجوہات کا تفصیلی جائزہ لیا اور اس جائزے میں تحقیقی نقطہ نظر کے ساتھ توضیحی وتشریحی انداز تنقید بھی پایا جاتا ہے جو پروفیسر سلیمان اطہر جاوید کی اردو ادب پر گہری نظر کا ثبوت ہے۔

تنقیدی کتاب ''غالبؔ کے چند نقاد'' کی فہرست میں شامل اگلے نقاد'' یگانہ چنگیزی'' ہیں۔ جو اردو ادب کی تاریخ میں غالبؔ کی مخالفت اور ان پر نکتہ چینی کے لئے مشہور ہیں۔ اس ضمن میں ان کا اہم مضمون ''غالبؔ شکن'' ہے۔ تاہم یگانہ چنگیزی کی اس مخالف غالبؔ شبیہہ کو ایک طرف رکھتے ہوئے پروفیسر سلیمان اطہر جاوید نے اس مضمون کے آغاز میں یگانہ کے ان خیالات کو پیش کیا ہے جس میں انہوں نے خود غالبؔ کی عظمت کا اعتراف کیا ہے۔ اس کے بعد غالبؔ پر ان کی روایتی تنقید کو اقتباسات کے ذریعہ سمجھانے کی کوشش کی ہے۔ اسی طرح کا یگانہ کا یہ اقتباس دیا ہے۔

''غالبؔ کیا ہے؟ زیادہ سے زیادہ ہندوستان کا ایک بلند خیال، دقت پسند شاعر جو بسا اوقات اپنے اوٹ پٹانگ تخیلات کی بھول بھلیوں میں گم ہو جایا کرتا ہے اور اس کے ساتھ ہی وہ پرلے درجے کا بے سرا بھی ہے۔ پرانا چور اور چور کے ساتھ گونگا بھی ہے۔ مضمون چرانے کو چراتا ہے مگر ہضم نہیں کر سکتا۔ تصریف کی قدرت نہیں رکھتا۔ چوری کھل جاتی ہے۔ زبان

ایسی گونگی کہ نفس مطلب کو شاعرانہ زبان میں بیان نہیں کر سکتا۔ ٹھونس ٹھانس کر تک بندی کر لیتا ہے۔''(۲)

یگانہ کے اس انداز تنقید کو غیر اصولی قرار دیتے ہوئے پروفیسر سلیمان اطہر جاوید نے لکھا :

''یگانہ کے ہاں معروضی انداز تنقید کا فقدان ہے۔ ناقد ہو یا شارح اس کو سب سے پہلے معروضی اور غیر جانبدارانہ رویہ اختیار کرنا چاہئیے۔ ورنہ اگر یہ نہ ہو تو اس کی ساری علمیت اور ساری لیاقت مشکوک ہو جاتی ہے۔''(۱)

اپنے تفصیلی مضمون میں پروفیسر سلیمان اطہر جاوید نے مثالوں کے ذریعہ واضح کیا کہ یگانہ نے غالبؔ کی شاعری کے کن کن پہلوؤں کو حدف تنقید کا نشانہ بنایا اور یگانہ کے اس انداز تنقید پر اردو کے دیگر نقادوں نے کس طرح اپنی رائے دی۔ تاہم یگانہ کی اس تنقیدی روش سے مثبت نتائج اخذ کرتے ہوئے مضمون کے آخر میں پروفیسر سلیمان اطہر جاوید نے لکھا :

''غالبؔ کے حق میں افزوں ہوتے ہوئے غلو اور غالبؔ پرستی کے شدید جذبات کو تھامنے اور ان میں توازن پیدا کرنے میں یگانہ کی تحریروں نے ایک کردار ادا کیا ہے ...... غالبؔ کی شخصیت اور کلام کے بارے میں معروضی رویہ کو بڑھاوا ملا۔ غیر جانبداری کے ساتھ اور واقعی تحقیقی اور تنقیدی اصولوں کی روشنی میں غالب کا جائزہ لینا عام ہوا۔''(۲)

یگانہ کے تنقیدی رویے کا تفصیلی جائزہ لیتے ہوئے پروفیسر سلیمان اطہر جاوید نے

اپنے مخصوص انداز میں یگانہ کے فن کے محاسن و معائب کو اجاگر کیا ہے اور بہ حیثیت نقاد غالبؔ ان کے رویے کو قارئین تک پہنچانے کی کوشش کی ہے اور مثالوں اور وضاحتوں کے ذریعہ یگانہ کی تنقید کو واضح کیا۔

حالیؔ ،مہرؔ ،بجنوری کے مدحتی رویے اور لطیف اور یگانہؔ کے غالبؔ مخالف منفی رویے پر مبنی نقادوں کے بیان کے بعد اپنی کتاب میں پروفیسر سلیمان اطہر جاوید نے جس نقاد کو پیش کیا وہ شیخ محمد اکرام ہیں۔انہیں غالبؔ کا ایک معتدل نقاد قرار دیتے ہوئے وہ لکھتے ہیں:

''اکرام نے دیوانِ غالبؔ کا مطالعہ نہ اس کو آسمانی صحیفہ سمجھ کر کیا اور نہ فلسفہ کی کوئی کتاب متصور کر کے انہوں نے کلام غالبؔ کا ادبی اور شعری نقطہ نظر سے جائزہ لیا......اسی وجہ سے ان کو اپنے مقصد میں ناکامی ہوئی نہ مایوسی۔'' (۳)

شیخ محمد اکرام کے بارے میں اپنی رائے پیش کرنے کے بعد پروفیسر سلیمان اطہر جاوید نے ان کی تحریروں سے اقتباسات پیش کرتے ہوئے غالبؔ کے بارے میں شیخ محمد اکرام کے تنقیدی رویے کو پیش کرنے کی کوشش کی ہے۔اس ضمن میں ان کا یہ اقتباس اکرام کے تنقیدی رویے کو واضح کرتا ہے:

''شاہ جہاں کا تاج محل اور غالبؔ کی شاعری فن کے دو مختلف اصناف کے شاہکار ہیں۔لیکن دونوں کی تہہ میں ایک ہی روح کارفرما ہے۔تخیل کی سربلندی و لطافت تلاش حسن،فنی پختگی دونوں میں معراج کمال پر ہے۔

فرق اتنا ہے کہ جب مغلوں کے سامنے خزانوں کے منہ کھلے ہوئے تھے تو ان کے سنہرے خواب اور حسین آرزوئیں سنگ مرمر کے قیمتی لباس میں جلوہ گر ہوئیں۔ لیکن جب یہ خزانے خالی ہو گئے اور آرزوؤں اور خوابوں پر افسردگی چھا گئی تو ان کا اظہار حسین وجمیل الفاظ اور حزیں و دلگداز اشعار میں ہوا۔''(۱)

شیخ محمد اکرام کی غالبؔ پر تنقید کی اس مثال کو پیش کرنے کے علاوہ غالبؔ کے فن پر مختلف انداز میں اکرام کی جانب سے پیش کی جانے والی آراء اور تنقید کا پروفیسر سلیمان اطہر جاوید نے معروضی انداز میں تجزیہ کیا ہے اور اکرام کی تنقید کی خوبیوں اور خامیوں کو واضح کرنے کی کوشش کی ہے اور آخر میں ان کی تنقید پر اپنی مجموعی رائے پیش کرتے ہوئے لکھتے ہیں:

''شیخ محمد اکرام نے غالبؔ کی شاعری کے سارے پہلوؤں پر نظر رکھی۔ ان کی شخصیت کو بھی نظر انداز نہیں کیا۔ ہر جگہ ان کا رویہ تجزیاتی رہا۔ پرستش اور تعصب سے ماورا ہو کر انہوں نے قلم اٹھایا۔''(۲)

شیخ محمد اکرام کے بعد پروفیسر سلیمان اطہر جاوید نے اپنی کتاب میں غالبؔ کے نقاد کے طور پر مالک رام کو پیش کیا ہے۔ مالک رام اردو ادب کی تاریخ میں غالبؔ پر تحقیق کرنے والوں کے ضمن میں مشہور ہیں۔ انہوں نے زندگی بھر غالبؔ ہی کو اپنا موضوع بنایا۔ غالبؔ کے بارے میں ان کے بنیادی رویے کو بیان کرتے ہوئے پروفیسر سلیمان اطہر جاوید لکھتے ہیں:

''غالبؔ کے پرستار ہونے کے باوجود مالک رام نے غالبؔ کی شخصیت اور شاعری، دونوں کے منفی اور مثبت دونوں پہلوؤں پر اظہار خیال کیا ہے ۔ بڑی حد تک غالبؔ سے ان کا رویہ ہمدردانہ ہے ۔لیکن یہ کورانہ ہمدردی نہیں بلکہ وہ غالبؔ کے خوب وخراب کو پورے طور پر پرکھتے اور سمجھتے ہیں ۔''(۳)

مضمون کے آگے پروفیسر سلیمان اطہر جاوید نے مالک رام کی کتابوں ''ذکر غالبؔ''اور''غبارِ غالبؔ'' سے مختلف اقتباسات پیش کرتے ہوئے غالبؔ کے بارے میں ان کے تنقیدی رویے کو سمجھانے کی کوشش کی ہے ۔ غالبؔ کے کلام کی عظمت اور ان کے کلام کی مختلف شرحیں لکھے جانے کی وجہ کو عام کرتے ہوئے مالک رام کے اس اقتباس کو پیش کیا ہے:

''غالب کا کلام بہت پہلو دار ہے اور اس کے شعراس کے بقول واقعی'' گنجینہ معنی کا طلسم'' ہیں ۔یہی وجہ ہے کہ اس کے دیوان کی اتنی شرحیں لکھی گئی ہیں ۔اگر کلام مختلف تعبیرات کا متحمل نہ ہوسکتا تو اتنی شرحیں نہیں لکھی جاسکتی تھیں ۔''(۱)

اس اقتباس کو پیش کرتے ہوئے پروفیسر سلیمان اطہر جاوید نے مالک رام کی غالبؔ سے عقیدت کے پہلو کو واضح کیا ہے ۔مضمون کے آخر میں مالک رام پر اپنی رائے ظاہر کرتے ہوئے پروفیسر سلیمان اطہر جاوید لکھتے ہیں:

''مالک رام نے جس گہرائی اور گیرائی کے ساتھ غالبؔ کا مطالعہ کیا ہے

۔اس کی مثال کم ہی ملے گی ۔ یہ مالک رام کی بھی ایک امتیازی خصوصیت ہے۔''(۲)

تحقیقی وتنقیدی کتاب '' غالبؔ کے چند نقاد'' میں شامل اگلا مضمون '' قاضی عبدالودود'' ہے جو بنیادی طور پر اردو کے بلند پایہ محقق اور نقاد کے طور پر مشہور ہیں ۔ان کا تعارف پیش کراتے ہوئے پروفیسر سلیمان اطہر جاوید لکھتے ہیں:

'' قاضی عبدالودود اردو تحقیق وتنقید میں اپنی شدت پسندی اور سخت گیری کے لئے نیک نام بھی ہیں اور بدنام بھی ۔لیکن واقعہ یہ ہے کہ انہوں نے تحقیق وتنقید کو ایک حیثیت دی ،ایک وزن وقار اور اعتبار عطا کیا۔''(۳)

آگے مضمون میں قاضی عبدالودود کے فن کے بارے میں نقادں اور ادیبوں میں کلیم الدین احمد ، مسعود حسین رضوی ، گوپال متل وغیرہ کی رائے کو پیش کرنے کے بعد پروفیسر سلیمان اطہر جاوید نے غالبؔ کے بارے میں قاضی عبدالودود کے کام کا تعارف کرایا اور لکھا کہ انہوں نے غالبؔ کی '' قاطع برہان'' پر کیئے گئے اعتراضات کا بھرپور جواب دیا ہے۔ان کی کتاب ''نقد غالبؔ'' سے اقتباسات پیش کرتے ہوئے عبدالودود کی تنقید کو واضح کیا ہے۔آخر میں ان کی تنقید پر مجموعی تاثر قائم کرتے ہوئے پروفیسر سلیمان اطہر جاوید لکھتے ہیں:

'' قاضی عبدالودود نے غالبؔ کی شخصیت اور فن کے بعض رخوں کا اپنے زاویہ سے جائزہ لیا۔ دلائل اور براہین کو کام میں لایا۔ غیر جانبداری اور معروضیت کو ہاتھ سے جانے نہیں دیا۔ سنجیدہ لب ولہجہ اور غیر جذباتی انداز

تحریر اختیار کیا۔ ...... انہوں نے غالبؔ کی شخصیت اور ان کے فن کو صحیح زاویہ سے آئینہ دکھایا اور ان کے صحیح خدوخال نمایاں کرنے کی بڑی حد تک کامیاب کوشش کی۔''

قاضی عبدالودود کے بعد پروفیسر سلیمان اطہر جاوید نے اپنی کتاب میں ''یوسف حسین خاں'' کو پیش کیا ہے اور لکھا کہ یوسف حسین خاں نے غالبؔ، اقبالؔ اور اردو غزل پر بنیادی طور پر کام کیا ہے۔ غالبؔ پر انہوں نے کسی کی تنقید پر تائید یا مخالفت نہیں کی بلکہ اپنے طور پر غالبؔ کو سمجھنے اور سمجھانے کی کوشش کی ہے۔ شاعری میں غالبؔ کی استعمال کردہ زبان پر رائے پیش کرنے کے بعد یوسف حسین خاں کی کتابوں ''غالبؔ اور آہنگ غالبؔ'' اور ''حکیم فرزانہ'' سے اقتباسات پیش کرتے ہوئے ان کے تنقیدی رویہ کو اجاگر کیا ہے۔ غالبؔ کی شاعری میں تعقل کے مقابلے میں تخیل کی اہمیت کو اجاگر کرتا ہوا یہ اقتباس پیش کیا ہے۔

''بعض دفعہ انسان حیرت میں پڑ جاتا ہے کہ سیدھے سادے لفظوں میں یہ بے پناہ تاثیر کہاں سے آ گئی۔ غالبؔ کے یہاں جذبے فکر اور تخیل کا جو توازن اور امتزاج ملتا ہے۔ وہ ہمارے کسی اور شاعر کے یہاں نہیں ملتا۔ انہوں نے اپنے کلام میں منطقی اور تحلیلی فکر کے بجائے تخیلی فکر کی رہبری قبول کی جس کے بغیر اعلیٰ درجہ کا تغزل ممکن نہیں۔''(۱)

یوسف حسین خاں کی تنقید پر مبنی اس طرح کے اقتباسات پیش کرنے کے بعد مضمون کے آخر میں ان کی غالبؔ پر کی گئی تنقید کو بیان کرتے ہوئے پروفیسر سلیمان اطہر

جاوید اس نتیجہ پر پہنچتے ہیں :

''یوسف حسین خاں نے غالبؔ کا مجموعی طور پر نہایت گہرائی کے ساتھ اور وسیع تناظر میں مطالعہ کیا ہے۔ خاص طور پر مشرقی شعریات کے قدما کی بنیادوں کو انہوں نے ملحوظ رکھا ہے۔ کہیں کہیں انہوں نے عقیدت اور قدر پرستش کا اظہار بھی کر دیا ہو۔ لیکن زیادہ تر ان کی آراء کسی ذہنی تحفظ کے بغیر اور میانہ روی کے حامل رہی ہیں۔ شعر وادب اور تاریخ پر ان کی عمیق نگاہی نے غالبؔ کو ایک نئے زاویے سے دیکھا اور پرکھا، غالبؔ کی عظمت کا اندازہ لگایا اور غالبیات کو اردو ادب کا ایک گراں بہا اور وقیع حصہ بنانے میں قابل لحاظ کردار ادا کیا۔'' (۲)

''غالبؔ کے چند نقاد'' کتاب میں شامل اگلے نقاد مجنوں گورکھپوری ہیں۔ غالبؔ پر ان کی کتاب ''غالبؔ شخص اور شاعر'' ہے۔ پروفیسر سلیمان اطہر جاوید نے لکھا کہ مجنوں نے غالبؔ پر کم کام کیا ہے۔ لیکن ادبی اور سائنٹفک انداز میں جامع کام کیا ہے۔

غالبؔ کی اظہار کی صلاحیت پر مجنوں کے خیالات کی عکاسی کرتا ہوا یہ اقتباس پیش کیا ہے:

''غالبؔ کی ایک بڑی دین جرات اظہار ہے۔ چاہے خدا کے سامنے ہو۔ چاہے معشوق کے سامنے، وہ انتہائی بے باکی کے ساتھ حق بات کہہ دیتے ہیں اور خدا کے روبرو، بندے اور معشوق کے روبرو عاشق کا وقار قائم رکھتے ہیں۔ لیکن ان کی جرات اور بے باکی میں تہذیب اور شائستگی کے

ساتھ تہہ در تہہ نزاکتیں ہوتی ہیں۔ بعد کی نسلوں نے کیا شاعری میں کیا نثر میں جہاں غالبؔ سے اور بہت کچھ سیکھا ہے۔ وہاں اظہار کا یہ راست بازانہ اور جرات مندانہ سلیقہ بھی سیکھا ہے۔'' (۱)

مجنوں کے اس اقتباس کو پیش کرنے کے علاوہ دیگر اقتباسات پیش کرتے ہوئے آخر میں ان کی تنقید غالبؔ پر اپنی رائے پیش کرتے ہوئے پروفیسر سلیمان اطہر جاوید لکھتے ہیں:

''مجنوں گورکھپوری نے شخص اور شاعر دونوں حیثیتوں سے غالب کا مجمل لیکن سیر حاصل جائزہ لیا ہے۔ انہوں نے غالبؔ کی حیات اور کلام کے مختلف رخوں پر روشنی ڈالتے ہوئے غالبؔ کے انداز فکر کی بھی ستائش کی ہے اور ان کی پیرایہ بیان کی بھی۔'' (۲)

رشید احمد صدیقی کا نام بھی غالبؔ کے نقادوں کی فہرست میں شامل ہے۔ چنانچہ پروفیسر سلیمان اطہر جاوید نے انہیں بھی اپنی کتاب میں شامل کیا ہے۔ غالبؔ کے بارے میں رشید احمد صدیقی کے تنقیدی رویے کے بارے میں پروفیسر سلیمان اطہر جاوید نے لکھا کہ وہ تاثراتی انداز میں اپنے اسلوب کے ذریعہ لوگوں کو اپنے خیالات سے قائل کرانے کی کوشش کی ہے۔

غالبؔ کے بارے میں رشید احمد صدیقی کی کتاب ''غالب کی شخصیت اور شاعری'' ہے۔ غالبؔ کے بارے میں رشید احمد صدیقی کا یہ مقبول عام اقتباس ملاحظہ ہو:

''مجھ سے اگر پوچھا جائے کہ ہندوستان کو مغلیہ سلطنت نے کیا دیا تو میں

بے تکلف یہ تین نام لوں گا۔ غالبؔ، اردو اور تاج محل۔ یہ ہندوستان کی تہذیبی پیداوار ہیں اور ہندوستان کے سوا کہیں اور ظہور نہیں پاسکتے تھے۔ ان تینوں میں ہندوستان کے صوری اور معنوی امتیازات جھلکتے ہیں:''(۳)

غالبؔ کے بارے میں رشید احمد صدیقی کا یہ بیان ان کے مخصوص اسلوب نگارش کی عکاسی کرتا ہے جس کی طرف پروفیسر سلیمان اطہر جاوید نے اشارہ کیا ہے۔ مضمون میں آگے انہوں نے غالبؔ کی شخصیت اور شاعری پر رشید احمد صدیقی کے بیان کردہ خیالات کو اقتباسات کی مدد سے پیش کرتے ہوئے اپنی رائے قائم کی ہے اور آخر میں رشید احمد صدیقی کی غالبؔ پر کی گئی تنقید پر تاثر پیش کرتے ہوئے لکھتے ہیں :

''رشید احمد صدیقی نے غالبؔ پر اپنی تحریروں کو خاصا متوازن بنالیا ہے۔ وہ غالبؔ کی ستائش اور ثنا خوانی کرتے ہوئے تاثراتی انداز سے کام لیتے ہیں۔لیکن لگتا ہے ادب کے ایک استاد، شعر وادب کے ایک پارکھ، اردو کی تہذیبی روایات کے پاسدار کی حیثیت سے وہ اپنی ذمہ داری کو بھی محسوس کرتے ہیں۔اس لئے ان کے ہاں مدح وستائش کے ساتھ غالبؔ کی شخصی ہوں کہ شاعرانہ خامیوں اور منفی پہلوؤں پر بھی نظر ہے۔''(۱)

''غالب کے چند نقاد'' کتاب میں شامل اگلے نقاد ''شوکت سبز واری'' ہیں اس مضمون میں پروفیسر سلیمان اطہر جاوید نے شوکت سبز واری کی کتاب ''فلسفہ کلام غالبؔ'' کے حوالے سے غالبؔ پر کی گئی ان کی تنقید کو واضح کرنے کی کوشش کی ہے اور لکھا کہ شوکت سبز واری نے اپنی زیادہ تر کوشش غالبؔ کو ایک فلسفی شاعر ثابت کرنے میں صرف کردی۔

اس ضمن میں دیگر اقتباسات کے علاوہ ان کا یہ اقتباس بھی پیش کیا ہے۔

''غالبؔ کے آرٹ کی بڑی خصوصیت یہ ہے کہ اس کے فلسفہ کو اس کے فن سے جدا نہیں کیا جاسکتا اور یہی وجہ ہے کہ میں غالبؔ کے فلسفہ پر تبصرے کے سلسلے میں ان کے آرٹ کو بھی زیر بحث لا رہا ہوں۔ غالبؔ کا فلسفہ ان کا آرٹ ہے اور غالبؔ کا آرٹ ان کا فلسفہ، اس ایک مختصر سے جملہ میں ان کی فنی اور حکیمیاتی ژرف نگہی پنہاں ہے۔ غالبؔ کی کوئی تصویر مکمل نہیں ہوسکتی جب تک آرٹ اور فلسفہ کے اس لطیف امتزاج کو پیش نظر نہ رکھا جائے۔''(۲)

فلسفہ کے بارے میں غالبؔ پر زور دینے شوکت سبزواری کے خیالات پر تبصرہ کرتے ہوئے پروفیسر سلیمان اطہر جاوید نے لکھا کہ ہر شاعر کا اپنا ایک فلسفہ ہوتا ہے۔ لہذا اس معاملے میں صرف غالبؔ پر ہی زور دینا اصولی بات نہیں۔ اپنے طویل مضمون میں شوکت سبزواری کے غالبؔ پر پیش کردہ خیالات کا جائزہ لیتے ہوئے پروفیسر سلیمان اطہر جاوید نے آخر میں لکھا کہ وہ غالبؔ کی شخصیت اور شاعری دونوں کے قائل ہیں اور ان میں انسانیت کو ایک مشترک قدر کے طور پر دیکھا ہے۔

شوکت سبزواری کے بعد پروفیسر سلیمان اطہر جاوید نے غالبؔ کے نقاد کے طور پر جس شخص کا انتخاب کیا ہے وہ ''سردار جعفری'' ہیں۔ یہ بنیادی طور پر ترقی پسند شاعر ہیں۔ تاہم ''پیغمبرانِ سخن'' کے نام سے موجود کتاب میں غالبؔ پر ان کی تنقید بھی ملتی ہے۔ پروفیسر سلیمان اطہر جاوید نے اس کتاب سے دیگر اقتباسات کے علاوہ سردار جعفری کا یہ

اقتباس بھی پیش کیا ہے۔جس میں اپنے عہد سے متاثر ہونے غالبؔ کی کوشش کا ذکر ملتا ہے
۔سردار جعفری لکھتے ہیں:

''انیسویں صدی کے آخر اور بیسویں صدی کی ابتداء میں غالبؔ کی مقبولیت میں جو اضافہ ہوا ہے ۔اس میں اور باتوں کے علاوہ اس نئے مزاج کا بھی دخل ہے ۔ یہ احساس آزادی سے بیدار ہونے والے نئے ہندوستان کے مزاج سے ہم آہنگ ہے ۔ جسے عظمت رفتہ پر ناز بھی ہے اور دکھ بھی ہے اور نئ عظمت کی تلاش بھی ہے۔ غالبؔ نے سیاسی شاعری نہیں کی ۔لیکن نئے عہد کے مزاج کو سمولیا اور جب نئے طوفانوں سے کھیلنے والے آئے تو انھوں نے بلاخیز موجوں سے لڑنے کے لئے غالبؔ کی شاعری سے تقویت حاصل کی۔''(۱)

غالبؔ پر کی گئی سردار جعفری کی تنقید پر اپنے مجموعی تاثر کا اظہار کرتے ہوئے
پروفیسر سلیمان اطہر جاوید لکھتے ہیں:

''غالبؔ پر کئی ایک نے لکھا ہے لیکن مختصر یہ ہے کہ سردار جعفری نے جس انداز سے کام کیا ہے وہ ان کا اپنا ہے۔وہ غالبؔ کے سماجی حالات،ان کی ضرورتوں،ان کے مسائل اور مصائب ان کی خوشیوں اور مسرتوں اور غموں اور دکھوں کو اہمیت دیتے ہیں اور انہی کے حوالے سے غالبؔ کے کلام کی جہات کا تعین کرتے ہیں۔(۲)

سردار جعفری کے بعد بہ حیثیت غالبؔ کے نقاد پروفیسر سلیمان اطہر جاوید نے ظ

۔انصاری کو پیش کیا ہے اور ان کی کتاب ''غالبؔ شناسی'' کے حوالے سے غالبؔ پر کی جانے والی ان کی تنقید کا جائزہ لیا ہے۔ اس ضمن میں انہوں نے لکھا کہ ''معروضی انداز میں ظ۔ انصاری نے تنقید کی ہے اور غالبؔ کی پرستش یا غالبؔ شکنی سے اپنے آپ کو بچائے رکھا۔ انسان کی عظمت کو غالبؔ کی شاعری کی اساس ظاہر کرتے ہوئے ظ۔ انصاری کا یہ اقتباس پروفیسر سلیمان اطہر جاوید نے منتخب کیا ہے۔ وہ لکھتے ہیں:

> ''فرد کی حیثیت اور اس کی سربلندی، غالبؔ کی شاعری میں پوری طرح ابھر کر آتی ہے اور انسان کی عظمت کا ترانہ بن جاتی ہے۔ وہ انسان کو پوری کائنات کے دائرہ کا مرکزی نقطہ سمجھتا ہے اور کہتا ہے کہ دنیا کی رونق انسان کے دم سے ہے۔ مٹی کی یہی مورت پورے عالم فطرت کی ''غرض آفرینش '' ہے اور یہی ہے جو ''بے معنی اگنے والی چیزوں'' میں ترتیب و تنظیم قائم کر کے اس سے آرائش اور آسائش کا سامان مہیا کرتی ہے۔ انسان کا وجود ایک نعمت ہے۔ اس وجود پر دکھوں اور حسرتوں کا اتنا بوجھ ہے۔ جس کے سامنے گناہ کا تصور اور گناہوں کی حیثیت کچھ نہیں۔ (۳)

اس طرح کے اقتباسات پیش کرتے ہوئے پروفیسر سلیمان اطہر جاوید نے غالبؔ پر کی گئی ظ۔ انصاری کی تنقید کا جائزہ لیا ہے۔

ظ۔ انصاری کے بعد پروفیسر سلیمان اطہر جاوید نے اردو کے حالیہ عرصہ کے ایک مشہور نقاد آل۔ احمد سرور کو بہ طور نقاد غالبؔ کے پیش کیا ہے اور لکھا کہ سرور نے غالبؔ پر کم لکھا لیکن اچھا لکھا۔ غالبؔ پر لکھنے کے دوران انہوں نے ''نسخہ حمیدیہ'' کو اہمیت دی ہے۔

اپنی کتاب ''مسرت سے بصیرت تک'' میں آل احمد سرور نے جابجا غالبؔ کے حوالے سے نسخۂ حمیدیہ کے مطالعہ پر زور دیا۔ اس ضمن میں پروفیسر سلیمان اطہر جاوید نے دیگر اقتباسات کے علاوہ آل احمد سرور کا یہ اقتباس پیش کیا ہے۔

''نسخۂ حمیدیہ میں خس و خاشاک بھی ہے۔ مگر باغبانیٔ صحرا میں خس و خاشاک سے گزرنا ہی پڑتا ہے۔ آخر عمر میں غالبؔ سہل ممتنع پر بہت اصرار کرتے تھے۔ لیکن غالبؔ کی عظمت ان کے سہل ممتنع میں نہیں ہے۔ حقیقی غالبؔ کی جھلک نسخۂ حمیدیہ میں نظر آتی ہے۔ یہاں خیال کا نشہ ہے۔ آگے چل کر اس خیال کو بہتر لباس ضرور عطا کیا گیا ہے۔''(۱)

نسخہ حمیدیہ پر زور دینے آل احمد سرور کے نظریات پیش کرنے کے بعد پروفیسر سلیمان اطہر جاوید نے غالبؔ کے بارے میں آل احمد سرور کے تنقیدی نظریات کا تجزیہ کرتے ہوئے لکھا ہے :

''آل احمد سرور نے غالبؔ کا ایک شاعر، ایک فنکار کی حیثیت سے جائزہ لیا ہے وہ غالبؔ کے کسی فکر، فلسفہ یا نظریہ سے وابستگی یا عدم وابستگی کو اہمیت نہیں دیتے ...... آل احمد سرور نے غالبؔ کی شاعری کو ایک بالغ ذہن کی شاعری قرار دیا ہے جس ذہن نے زندگی کے نہاں خانوں تک رسائی حاصل کی زندگی کے درون میں جھانکا اور وہ دیکھا جس کو عام آنکھ دیکھنے سے قاصر تھی۔''(۲)

آل احمد سرور کے بعد تنقیدی و تحقیقی کتاب ''غالبؔ کے چند نقاد'' میں شامل

آخری نقاد ''خورشید الاسلام'' ہیں۔ اس مضمون میں پروفیسر سلیمان اطہر جاوید نے خورشید الاسلام کی کتاب ''غالبؔ۔ تقلید اور اجتہاد'' کے حوالے سے غالبؔ پر لکھی گئی ان کی تنقید کا جائزہ لیا اور لکھا کہ بہ حیثیت شخص اور شاعر خورشید الاسلام نے غالبؔ کا مطالعہ کیا ہے۔ پروفیسر سلیمان اطہر جاوید نے اس مضمون میں غالبؔ کی حیات اور ان کی شاعری پر مختلف موضوعات پر مبنی اقتباسات اور ان کے تجزیے پیش کرنے کے ساتھ ساتھ خورشید الاسلام کا یہ اقتباس بھی پیش کیا ہے۔ جس میں غالبؔ کے غم کے تعلق سے خورشید الاسلام لکھتے ہیں:

> ''غالبؔ نے جو سیرت پیش کی اس کے نظام میں غم بنیادی چیز ہے۔ لیکن غالبؔ نے غم کو محض احساس سے وابستہ نہیں کیا ہے اور نہ غم کو یاس تک پہنچنے دیا ہے بلکہ دانش سے کام لے کر غم کو نشاط میں تبدیل کر دیا ہے۔ غالبؔ شاعری کو ایک خاص قسم کی سیرت کا مظاہرہ سمجھتے ہیں اور یہ سیرت غم کو نشاط اور زہر کو نوشینہ بنانے سے ابھرتی ہے۔''(۳)

خورشید الاسلام کے تنقیدی رویے کے بارے میں اظہار خیال کرتے ہوئے پروفیسر سلیمان اطہر جاوید لکھتے ہیں:

> ''خورشید الاسلام نے مشرقی شعر و ادب کا مطالعہ کیا ہی ہے۔ گہرا اور وسیع مطالعہ، جس کا اظہار ان کی تحریروں سے با آسانی لگایا جا سکتا ہے و نیز وہ مغربی شعر و ادب اور تنقید سے بھی کما حقہ واقفیت رکھتے ہیں۔ کسی زمانہ میں وہ اس ماحول میں رہے بھی۔ غالبؔ سے ان کی ذہنی وابستگی ضرور ہے۔ اور تھوڑی بہت ہمدردی بھی۔ وہ غالبؔ سے ہمدردی رکھتے ہیں۔ لیکن قلم

اٹھاتے ہوئے انہوں نے ممکنہ حد تک بے تعلقی کو کام میں لیا ہے۔(۱)

خورشید الاسلام کے بارے میں اپنی رائے پیش کرنے کے ساتھ ہی پروفیسر سلیمان اطہر جاوید کی کتاب ''غالبؔ کے چند نقاد'' کا اختتام عمل میں آتا ہے۔

اس کتاب کے مجموعی جائزے سے بہت سی باتیں سامنے آتی ہیں۔ سب سے پہلی بات یہ کہ یہ کتاب غالبؔ پر لکھنے والوں کو ایک پلیٹ فارم پر لاتی ہے اور بہ یک نظر قاری غالبؔ کے سرکردہ نقادوں سے واقف ہوجاتا ہے اور غالبؔ پر تنقید کے ساتھ ساتھ ان نقادوں اور ان کے فن کا تعارف بھی ہوجاتا ہے۔ پروفیسر سلیمان اطہر جاوید نے نقادوں کی ترتیب میں زمانے کا خاص خیال رکھا اور غالبؔ کے عہد کے نقاد حالیؔ سے ابتداء کرتے ہوئے آگے بڑھے۔ اس سے غالبؔ پر کام کرنے والوں کا بتدریج مطالعہ بھی ممکن ہے۔ اس کتاب میں پروفیسر سلیمان اطہر جاوید نے غالبؔ کی شخصیت اور ان کی شاعری پر تنقید کرنے والوں کو پیش کیا ہے۔ اس میں حالیؔ اور بجنوری جیسے غالبؔ کے ارادات منداور عقیدت مند بھی شامل ہیں اور یگانہ اور عبداللطیف جیسے غالبؔ کے کٹر مخالف بھی۔ ان میں وہ نقاد بھی شامل ہیں جو مذکورہ بالا دونوں گروپوں سے اپنے آپ کو علحدہ رکھتے ہوئے تنقید برائے تنقید کے اصول کو اختیار کرتے ہوئے غالبؔ کا مطالعہ کرنے کی کوشش کی ہے۔ اس طرح پروفیسر سلیمان اطہر جاوید کا غالبؔ کے نقادوں کا یہ انتخاب توازن کو پیش کرتا ہے اور ان کے معتدل تنقیدی رجحان کی دلالت کرتا ہے۔ اپنی کتاب میں پروفیسر سلیمان اطہر جاوید نے غالبؔ کے نقادوں کو پیش کرتے ہوئے تحقیقی اور تنقیدی انداز اختیار کیا ہے۔ کسی نقاد کی غالبؔ کے بارے میں رائے کو پیش کرنے کے بعد وہ تحقیقی انداز اختیار کرتے ہیں

اور اپنے ذوق مطالعہ و تحقیقی جستجو کے بل بوتے پر دیگر ناقدین فن کی رائے کو پیش کرتے ہوئے نقاد کا تقابلی مطالعہ کرتے ہیں۔اس کے بعد اپنی تنقیدی بصیرت سے نقاد کے بارے میں مثبت یا منفی رائے قائم کرتے ہیں۔ان کے اس تنقیدی انداز کے بارے میں ڈاکٹر وہاب تسنیم لکھتے ہیں:

''پروفیسر صاحب کا تنقیدی اسلوب تدریجاً حقیقت کی نقاب کشائی کرتا ہے اور سچ تو یہ ہے کہ پروفیسر صاحب بھی حالؔی کی طرح ہیں بھی کچھ ایسے سلیم الطبع اور شریف النفس کہ وہ اوروں کے بارے میں دوٹوک انداز اور کڑے لہجے میں کچھ نہیں کہتے۔ ہر ناقد اپنی انفرادیت رکھتا ہے۔جاوید صاحب کی انفرادیت یہ ہے کہ وہ ایک متوازن نظریہ اپنے قاری کے سامنے رکھنے سے پہلے اسے افراط وتفریط کے مرحلوں سے روشناس بھی کرادیتے ہیں۔ان کا قاری جب ان کے ہمراہ قدم زن رہتا ہے تو ہر مرحلہ پر حقیقت کے ایک نئے پہلو سے روشناس ہوتا ہے۔''(۱)

''غالبؔ کے چند نقاد'' کتاب میں پروفیسر سلیمان اطہر جاوید نے ہمیشہ کی طرح معروضی انداز تنقید اختیار کیا ہے اور وابستگی یا نفرت کے پہلو کو ایک طرف رکھتے ہوئے کسی بھی نقاد کے فن کو فن تنقید کی کسوٹی پر پرکھا ہے۔حالؔی اور بجنوریؔ کی غالبؔ سے حد سے زیادہ اظہار عقیدت مندی ہو یا یگانہ ولطیفؔ کی غالبؔ سے کٹر مخالفت دونوں کے رویوں پر معروضی انداز میں تجزیہ کیا ہے اور قاری کے سامنے غالبؔ پر کی گئی تنقید کے اچھے اور برے پہلوؤں کو واضح کیا ہے۔اس کتاب میں ان کا اسلوب رواں ہے۔تنقیدی کتاب ہونے

کے باوجود قاری کو کتاب کے مطالعے میں روانی اور تسلسل کا احساس ہوتا ہے۔ چونکہ یہ کتاب غالبؔ کے نقادوں پر لکھی گئی ہے۔اس لئے بعض نقادوں کے فن کے بارے میں رائے کی تکرار کا اظہار ہوتا ہے۔ غالبؔ کی شاعری اوران کے عہد کی کشمکشوں سے قاری کو واقفیت ہوتی ہے۔تاہم غالبؔ کے دوست احباب، ان کی خطوط نگاری، نثر اور قلعہ سے ان کی وابستگی سے متعلق امور تشنگی طلب ہیں۔لیکن غالبؔ پر تنقید کے مقابلے میں نقادوں کے فن اوران کے رجحانات کا اچھا خاصا تعارف اس کتاب سے مل جاتا ہے۔اس لحاظ سے ”غالبؔ کے چند نقاد“ کتاب اردو تحقیق وتنقید کے باب میں قیمتی اضافہ تصور کی جائے گی۔

☆☆☆☆☆

☆☆☆☆☆☆☆

دیوانِ غالبؔ کا پہلا شعر

پروفیسر سلیمان اطہر جاوید کی تحریر کردہ تنقیدی کتابوں کی فہرست میں شامل ان کی نئی تصنیف ''دیوان غالبؔ کا پہلا شعر'' ہے۔ ۶۰ صفحات پر مشتمل یہ چھوٹی سی کتاب ۔ ۲۰۰۳ء میں حیدرآباد سے شائع ہوئی ۔ یہ کتاب دراصل پروفیسر سلیمان اطہر جاوید کا تحریر کردہ ایک مقالہ تھا جو ''شعر وحکمت دور سوم کتاب ۔۵ ۔ میں شائع ہوا تھا۔ صاحبان فن نے جب ان کی اس کاوش کو سراہا تو پروفیسر سلیمان اطہر جاوید نے اسے کتابی شکل دے ڈالی۔ کتاب کے دیدہ زیب سرورق پر کتاب کا موضوع اور غالبؔ کے دیوان کا مشہور عام یہ پہلا شعر درج ہے۔

نقش فریادی ہے کس کی شوخی تحریر کا
کاغذی ہے پیرہن ہر پیکر تصویر کا

کتاب کے آخر میں غالبؔ کی قلمی تصویر ہے۔ کتاب کی قیمت ۵۰ روپے مقرر کی گئی ہے۔ ''غالبؔ کے چند نقاد'' کے بعد غالبیات پر ان کی یہ دوسری تصنیف ہے۔ کتاب میں ''پیش گفتار'' کے عنوان سے پروفیسر سلیمان اطہر جاوید نے اپنے خیالات کا اظہار کیا ہے۔ اس کے بعد اس کتاب پر اردو کے مایہ ناز نقاد پروفیسر مغنی تبسم نے ''پیش رس'' کے عنوان سے اپنی گراں قدر رائے پیش کی ہے۔ اس کے بعد'' دیوان غالبؔ کا پہلا شعر'' مقالہ کا آغاز ہوتا ہے۔ ''پیش گفتار'' میں اس موضوع کو منتخب کرنے کی وجوہات بیان کرتے ہوئے پروفیسر سلیمان اطہر جاوید نے لکھا کہ غالبؔ پر اتنا لکھا گیا کہ اب کوئی

موضوع باقی نہیں رہا اور جو کچھ لکھا جا رہا ہے اس میں تکرار زیادہ ہے۔ اس کے بعد وہ لکھتے ہیں کہ غالبؔ کے شارحین نے دیوان غالبؔ کے پہلے شعر پر بہت کچھ لکھا لیکن مجھے اس میں تشنگی محسوس ہوئی۔ اس ضمن میں وہ لکھتے ہیں:

> ''غالبؔ کے اس شعر کا مطالعہ میرے برسوں کی کمائی ہے۔ ضروری نہیں کہ میری توجیہات اور تعبیرات سے پڑھنے والے اتفاق کریں۔ لیکن غالبؔ کے ذہن کو سمجھنے میں اس شعر سے بڑی مدد ملے گی...... یہاں صرف شعر کی شرح پر اکتفا نہیں کیا گیا ہے۔ غالبؔ کی شخصیت اور فکر وفن کے کئی گوشے بھی سامنے آتے ہیں۔ یہ شعر ہے ہی کچھ ایسا پہلو دار۔ ایسا جادو جگاتا۔ میں یہ تو نہیں کہتا کہ یہ تحریر غالبیات میں کوئی اضافہ ہے۔ ہاں اتنا ضرور ہے کہ آپ اس کا مطالعہ کرتے ہیں۔ یہ محسوس کریں گے کہ ہاں، اس شعر کا ان زاویوں سے بھی جائزہ لیا جانا چاہیئے تھا۔ یہی میری کامیابی ہوگی۔ (۱)

ان خیالات کے اظہار کے بعد پروفیسر سلیمان اطہر جاوید نے کتاب کے مطالعے کے ضمن میں مواد فراہم کرنے والے اداروں اور احباب کا شکریہ ادا کیا۔ ''پیش رس'' کے عنوان سے پروفیسر مغنی تبسم نے اس موضوع پر پروفیسر سلیمان اطہر جاوید کی کاوش کی ستائش کی اور لکھا کہ ایسا پہلی بار ہوا ہے کہ کسی شعر کو لے کر پورا مقالہ تحریر کر دیا گیا ہو۔ انہوں نے اس کتاب کے لکھنے کے دوران پروفیسر سلیمان اطہر جاوید کی تحقیقی جستجو کی ستائش کی اور کاغذی پیرہن کی روایت کی کھوج، شعر کی معنویت، فنی خوبیوں اور عصری حسیت پر

اظہار خیال کیلئے انہیں مبارکباد دی ہے اور ماضی اور حال میں اس شعر کی معنویت کو اجاگر کرتی پروفیسر سلیمان اطہر جاوید کی یہ توجیح پیش کی ہے جو اس کتاب کے موضوع کا خلاصہ ہے:

''انیسویں صدی کا ہندوستان جو مغل سلطنت کے زوال کا ہندوستان ہے ۔اس شعر میں متشکل، متشخص اور مجسم ہوگیا ہے۔ ہر پیکر خاکی فریادی ہے کہ ذات الٰہی نے اس کو کیوں اس بحرانی دور میں ان آفات و مصائب کے شکنجے میں ان ابتلا و آزمائش کے حالات میں وجود بخشا جو قطعی عارضی ہے۔ وقتی ہے ۔لمحاتی ہے ۔ ناپائیدار ہے اور اسی وجہ سے باعث رنج و ملال موجب آزار ہے۔ یہ شعر آج کے حالات پر بھی پوری طرح منطبق ہوتا ہے۔اسی طرح آنے والا دور بھی کچھ اطمینان بخش نہیں ہوگا۔اس طرح ہر دور میں غالبؔ کا یہ شعر اپنی معنویت کو اجاگر کرتا رہے گا۔'' (۲)

پروفیسر مغنی تبسم نے مبسوط انداز میں پروفیسر سلیمان اطہر جاوید کی اس کاوش کا جائزہ لیا ہے اور اس امید کا اظہار کیا کہ غالبؔ کے اس شعر کی معنویت ہر دور میں اپنا مفہوم پیش کرتی رہے گی۔

مقالے کے آغاز میں پروفیسر سلیمان اطہر جاوید نے مختلف نسخوں کی مدد سے غالبؔ کے مرتبہ دیوانوں کا حوالہ دیتے ہوئے لکھا کہ غالبؔ کے مستند دیوانوں میں تقریباً سبھی دیوانوں کا آغاز جس شعر سے ہوا ہے وہ غالبؔ کا یہ مقبول عام شعر ہے۔

نقش فریادی ہے کس کی شوخیٔ تحریر کا

کاغذی ہے پیرہن ہر پیکر تصویر کا

پروفیسر سلیمان اطہر جاوید نے لکھا کہ انہوں نے جب بھی یہ شعر پڑھا اس کی گہری معنویت نے انہیں متاثر کیا۔ آگے تحقیقی انداز اختیار کرتے ہوئے انہوں نے واضح کیا کہ دیوان غالبؔ کے دیگر نسخوں کے علاوہ نسخہ حمیدیہ میں بھی غالبؔ کا یہ شعر موجود ہے۔ شعر کی معنویت پر غور کرنے سے معلوم ہوتا ہے کہ شاعر نے عمر کا ایک عرصہ گزارنے کے بعد اپنی زندگی کے تجربات کو بروئے کار لاتے ہوئے یہ شعر کہا ہوگا لیکن پروفیسر سلیمان اطہر جاوید نے لکھا کہ جس وقت نسخہ حمیدیہ لکھا گیا اس وقت غالبؔ کی عمر (۲۴) سال تھی۔ اس طرح غالبؔ نے یہ شعر اپنے ابتدائی ایام میں کہا ہوگا۔

آگے اس شعر کے بارے میں مزید تحقیق پیش کرتے ہوئے پروفیسر سلیمان اطہر جاوید نے لکھا کہ غالبؔ کے دور اور آج بھی اکثر شعراء اپنے دیوان کی ابتداء حمد، نعت و منقبت وغیرہ سے کیا کرتے تھے اور یہ کہ غالبؔ کے دیوان کا پہلا شعر بھی حمدیہ ہے۔ لیکن شعر میں حمد نہیں شکایت ہے اور یہ شکایت شوخی کے انداز میں ہے۔ غالبؔ کے کلام میں خدا سے شوخی کی مثالیں پیش کرتے ہوئے پروفیسر سلیمان اطہر جاوید نے ان کے یہ اشعار نقل کیے ہیں:

پکڑے جاتے ہیں فرشتوں کے لکھے پر ناحق
آدمی کوئی ہمارا دم تحریر بھی تھا

ہم کو معلوم ہے جنت کی حقیقت لیکن
دل کے بہلانے کو غالبؔ یہ خیال اچھا ہے (۱)

خدا سے شوخی کی مثالیں پیش کرنے کے بعد پروفیسر سلیمان اطہر جاوید نے لکھا کہ اس شعر میں خدا سے غالبؔ نے یہ شکایت کی ہے کہ ہر نقش فریادی ہے اور ہر پیکر تصویر کا پیرہن کاغذی کیوں ہے۔ اس شعر کو حمدیہ قرار دیتے ہوئے نیاز فتح پوری کی یہ توجیہ دی گئی ہے۔

''یہ شعر حمد کا ہے اور مقصود یہ ظاہر کرنا ہے کہ کائنات کے تمام مظاہر و آثار جملہ موجوداتِ عالم فنا پذیر ہیں اور خدا کے سوا کسی کو ثبات نہیں۔'' (۲)

اس شعر میں خدا کی حمد کے پہلو کو ثابت کرنے کے لئے پروفیسر سلیمان اطہر جاوید نے جمال الدین نوری، اثر لکھنوی وغیرہ کی توجیہات پیش کی ہیں:

دیوان غالبؔ کے پہلے شعر کے اہم الفاظ کی طرف توجہ دلاتے ہوئے پروفیسر سلیمان اطہر جاوید نے نقش، فریادی، شوخی تحریر اور پیکر تصویر کو کلیدی قرار دیا اور کاغذی پیرہن کی تفصیلات واضح کرتے ہوئے غالبؔ کی بیان کردہ روایت بیان کی کہ ''ایران میں ایک رسم ہے کہ اگر کسی کو بادشاہ کے دربار میں فریاد کرنا ہو تو وہ کاغذی لباس پہن کر دربار میں جاتا تھا'' کاغذی پیرہن کی روایت کی تحقیق میں پروفیسر سلیمان اطہر جاوید نے کئی محققین کی رائے بیان کی ہے۔ تاکہ اس روایت کی اصل تلاش کی جائے۔ اس ایک روایت کی تحقیق میں اور اردو شعر و ادب میں بہ طور تلمیح اس روایت کے بیان کو مثالوں کے ذریعہ واضح کیا۔ اس کے لئے کئی صفحات پر مشتمل مواد پیش کیا۔ جو پروفیسر سلیمان اطہر جاوید کی گہری تحقیقی و تنقیدی بصیرت کی دلالت کرتا ہے۔ کاغذی پیرہن والی روایت کی کھوج کے نتیجے پر پہنچتے ہوئے پروفیسر سلیمان اطہر جاوید کہتے ہیں:

''اس سارے تناظر میں قطعیت کے ساتھ کہا
جا سکتا ہے کہ تاریخی طور پر ایسی کوئی بات نہیں۔
یہ چیز بہ طور شعری روایت رہی جیسے اور کئی
چیزوں کا تذکرہ روایتی انداز میں ہماری شاعری
میں ہوتا آرہا ہے۔''(۱)

کاغذی پیرہن کو صرف روایت قرار دیتے ہوئے پروفیسر سلیمان اطہر جاوید نے لکھا کہ غالبؔ کے شارحین نے اپنی علمیت کے اظہار کے لئے اس شعر کی تشریح میں زمین آسمان کے قلابے ملا دئے اور مفہوم واضح کرنے کے بجائے قارئین کو مزید الجھا دیا۔ اس ضمن میں پروفیسر سلیمان اطہر جاوید کا خیال ہے کہ کاغذی پیرہن کو صرف شعری روایت کے طور پر برتتے ہوئے آگے بڑھیں تو شعر کا مفہوم مزید واضح ہوگا۔ کاغذ چونکہ مضبوطی کے اعتبار سے کمزور ہوتا ہے۔ اس لئے کاغذ سے بنا لباس بھی بودا اور کمزور واقع ہوگا۔ لہذا اس لفظ سے کمزوری اور فنا کا مفہوم اخذ کرتے ہوئے پروفیسر سلیمان اطہر جاوید لکھتے ہیں:

''خالق کائنات کا ہر نقش، ہر پیکر تصویر، مثل پیرہن کاغذی بودا ہے۔ کم زور
ہے۔، ناپائیدار ہے۔ خواہ حیوانات، جمادات یا نباتات کسی سے متعلق ہو
ساری چیزیں فنا ہونے والی ہیں۔ گویا کاغذی پیرہن علامت ہے، فنا
سامانی کی اور فریاد کی۔''(۲)

کاغذی پیرہن کو فنا سے تعبیر کرنے کے بعد پروفیسر سلیمان اطہر جاوید اس شعر کے مفہوم کے سلسلے میں بات کو آگے بڑھاتے ہوئے لکھتے ہیں کہ کاغذی پیرہن پہنے ہوا ہر

نقش فریادی کیوں ہے۔اس کی فریاد کیا ہے اور وہ کس سے فریاد کر رہا ہے۔ان سوالوں کے کرنے میں غالبؔ کے شعر میں طنز اور تجاہل عارفانہ کی موجودگی کا پتہ دیتے ہوئے پروفیسر سلیمان اطہر جاوید نے کلام غالبؔ سے خدا سے تجاہل عارفانہ برتنے والے چند اشعار نقل کیئے ہیں:

کیا وہ غرور کی خدائی تھی
بندگی میں مرا بھلا نہ ہوا
ہم کہاں کے دانا تھے ، کس ہنر میں یکتا تھے
بے سبب ہوا غالبؔ دشمن آسماں اپنا (۱)

غالبؔ کے کلام میں تجاہل عارفانہ کی مثالیں دینے کے بعد ایک مرتبہ پھر اصل موضوع کی طرف آتے ہوئے پروفیسر سلیمان اطہر جاوید نے لکھا کہ غالبؔ کے زیر بحث شعر میں ''نقش'' کے معنی تصویر وجود، پیکر اور صرف انسانی پیکر نہیں ۔ نگارخانہ، عالم یا کائنات کا ہر پیکر، موجودات کی ہر ایک شئے ، ہر چیز ہر ذرہ کے ہوتے ہیں۔آگے شوخی تحریر کی وضاحت کے لئے مختلف شارحین غالبؔ کے خیالات کو پیش کرنے کے بعد پروفیسر سلیمان اطہر جاوید لکھتے ہیں ۔ عالم کے سارے نقوش خدا تعالیٰ کے بنائے ہوئے ہیں۔اور یہ نقوش بہ معنی تحریر اپنے نقاش کی شوخی کو ظاہر کرتے ہیں۔اس لفظ سے نقاش اول کی بے مثل صنعت گری، یعنی خوبی تخلیق کی طرف اشارہ ہوتا ہے ۔مضمون کے آگے پروفیسر سلیمان اطہر جاوید نے اس شعر کے الفاظ شوخی ، اور تحریر کے بارے میں منطقی مباحث کئے ہیں ۔لفظ ''کس کی'' کے تعلق سے بحث کو آگے بڑھاتے ہوئے پروفیسر

سلیمان اطہر جاوید نے لکھا کہ لفظ ''کس کی'' کے ذریعہ نقاش کو واضح نہیں کیا گیا اور یہ کہ اس نقاش نے ایسی ہستی کو وجود میں ہی کیوں لایا۔ اس ضمن میں پروفیسر سلیمان اطہر جاوید فلسفیانہ انداز اختیار کرتے ہوئے لکھتے ہیں:

''اس ہستیِ بے اعتبار و بے ثبات و پر ملال کی پیدائش کا اس کو عدم سے وجود میں لانے کا مقصد ہی کیا ہے؟ جب ثبات اس کے مقدر میں نہیں جب سسکنا ہی اس کا حاصل ہے۔ جب اذیتیں ہی اس کا انعام ہیں۔ جب غم ہی غم اور غم کے سوائے اس کی جھولی میں کچھ نہیں اور جب فنا ہی اس کی تقدیر ہے تو اس کو تاعمر وجود کے کرب میں کیوں مبتلا کیا گیا؟'' (۲)

پروفیسر سلیمان اطہر جاوید نے ان خیالات کا اظہار کرتے ہوئے تصویر کا ایک رخ پیش کیا ہے۔ جبکہ خالق کائنات نے اس دنیا کو مجموعہ رضدار بنایا ہے۔ یہاں ہر نشیب کے بعد فراز اور ہر غم کے بعد خوشی، ہر رات کے بعد دن کا آنا فطری اور لازمی امر ہے۔

خدا کی ذات باقی ہے اور سارے عالم فانی۔ انسان کو جو عارضی حیات دی گئی ہے اور وجود بخشا گیا ہے۔ اس میں غم اور خوشی لازم و ملزوم ہیں۔ انسان کو یہاں عمل کے لئے بھیجا گیا ہے تاکہ روز جزاء میں اسے عمل کا بدلہ دیا جاسکے۔ اقبالؔ نے اس دنیا میں انسان کو خودی کا فلسفہ پڑھاتے ہوئے مرد مومن کو عمل پر ابھارا تھا اور ایک کامل انسان کو یہ نوید بھی سنائی تھی کہ:

خودی کو کر بلند اتنا کہ ہر تقدیر سے پہلے
خدا بندے سے خود پوچھے بتا تری رضا کیا ہے

چنانچہ غالبؔ کے شعر میں یاسیت کے پہلو کو بیان کرنے کے بعد پروفیسر سلیمان اطہر جاوید نے لکھا کہ غالبؔ خود اپنی زندگی میں قنوطیت یا یاسیت کے شکار نہیں تھے۔ اس ضمن میں وہ لکھتے ہیں:

''غالبؔ کے یہاں یاسیت اور قنوطیت نہیں ۔ کیوں کہ انہیں تبسم ریز آفتاب کے طلوع ہونے کا یقین ہے......اس کی شاعری نہیں اس کی نثر بلکہ اس کی زندگی کا مطالعہ کر لیجئے۔ امید اور رجائیت کی کرنیں پھوٹتی ملیں گی ۔ نامساعد حالات میں بھی اس نے مسکرانا اور زندگی کو خوشگوار بنالینا سیکھا۔(۱)

غالبؔ کے یہاں غم اور خوشی کے ملے جلے جذبات کو واضح کرنے کے بعد زیر بحث شعر کے مفہوم کو آگے بڑھاتے ہوئے پروفیسر سلیمان اطہر جاوید رقم طراز ہیں کہ:

''اس شعر میں پیکر تصویر کنایہ ہے وجود ظاہری سے جس سے روح کا حذف ظاہر ہے اور یہ ہستی جس کی حیثیت انتہائی ضعیف کمزور اور بودی ہے۔ کاغذی لباس کی طرح فریاد کناں ہے کہ اس کو وجود میں لاکر اور زندگی دے کر کسی کی شوخی تحریر نے مار ڈالا۔ اس کو زندگی نہیں موت بنام زندگی دی گئی ۔ وجود نہیں بخشا گیا فنا سے نوازا گیا۔ اس کی ہستی ہستی نہیں نیستی ہے۔''(۲)

شعر مذکور میں زندگی کی بے ثباتی کے تذکرے کی موجودگی کی اطلاع دیتے ہوئے پروفیسر سلیمان اطہر جاوید نے لکھا کہ اس موضوع پر دیگر شعراء کے ہاں بھی بڑے

خوبصورت اشعار ملتے ہیں۔ چنانچہ انہوں نے حوالے کے طور پر چند اشعار بھی پیش کئے جن میں میرؔ کا یہ شعر بھی دیا گیا ہے۔

ہستی اپنی حباب کی سی ہے

یہ نمائش سراب کی سی ہے(۳)

پروفیسر سلیمان اطہر جاوید نے میرؔ کے علاوہ اقبالؔ، فانیؔ اور دیگر شعراء کے کلام سے زندگی کی بے ثباتی کے موضوع پر منتخبہ اشعار پیش کئے اور اس بحث کو آگے بڑھاتے ہوئے لکھا کہ دنیا کے تمام بڑے مذاہب اور مفکرین نے زندگی اور وجود کو غم سے معمور بنایا ہے۔ آگے وجود اور زندگی کے بارے میں صوفیانہ خیالات کا ذکر کرتے ہوئے پروفیسر سلیمان اطہر جاوید نے غالبؔ کے ایک شعر کی مدد سے فراق ووصال کے بارے میں بتایا۔ اس ضمن میں وہ لکھتے ہیں:

''اردو کی متصوفانہ شاعری میں غم، دکھ، رنج، ہجر اور جدائی وغیرہ کی تشریح اور تعبیر طرح طرح کی گئی ہے بلکہ صوفیہ کے نزدیک وجود ہی جدائی کا دوسرا نام ہے۔ خاص طور پر صوفیا کے عقیدہ وجود کے مطابق حالت ہستی ہی زمانہ فراق ہے۔ انسان ازل میں عین ذات الٰہی تھا۔ عمل تخلیق نے اسے حق کا غیر بنا دیا۔ انسان کی ذات الٰہی سے دوری ایک المیہ ہے۔ ایک شدید المیہ جس کو غالبؔ نے نہایت شاعرانہ پیرائے میں بیان کیا ہے۔

نہ تھا کچھ تو خدا تھا کچھ نہ ہوتا تو خدا ہوتا

ڈبویا مجھ کو ہونے نے نہ ہوتا میں تو کیا ہوتا (۱)

تصوف پر مبنی خیال پیش کرنے کے بعد پروفیسر سلیمان اطہر جاوید نے لکھا کہ غالبؔ کے عہد میں صوفیانہ مزاج رکھنے والے لوگ تھے۔ غالبؔ کی بادہ خواری کے سبب لوگوں نے انہیں ولی نہ سمجھا ہو لیکن غالبؔ نے اپنے کلام میں مسائل تصوف کو بیان کیا ہے۔ غالبؔ کے زیر بحث شعر میں بھی تصوفانہ خیالات کی موجودگی پر لوگوں نے بحث کی ہے۔ پروفیسر سلیمان اطہر جاوید نے آگے غالبؔ کے شعر میں ''نہ ہوتا میں تو کیا ہوتا'' کی تشریح کرتے ہوئے فلسفیانہ انداز میں تفہیم کی کوشش کی ہے۔اس ضمن میں وہ رقم طراز ہیں:

> ''ظاہر ہے ''نہ میں ہوتا'' تو کچھ نہ ہوتا۔ کیوں کہ ذاتِ الٰہی وجود حقیقی تھی، ۔ ہے، اور رہے گی اور نہ میں ہوتا تو اس کا حصہ ہوتا۔اس کے وجود میں ہوتا ۔جس طرح حباب، جب تک حباب ہے حباب ہے۔اس کی حیثیت اور توقیر کم ہے کہ وہ محض حباب ہے۔ اور جب ''فنا ہوا'' وہ سمندر میں مل گیا ۔اس کا وجود ختم ہو چکا تو یہ ظاہر اس کا وجود ختم ہو چکا ورنہ وہ تو فنا ہو کر سمندر بن گیا ہے۔ بنیادی طور پر وہ الگ نہیں وہ تو سمندر ہی کا حصہ ہے۔ ہم کو اپنی آنکھ سے ختم اور نابود محسوس ہوتا ہے۔ جب کہ ایسا نہیں ہے وہ تو ایک عظیم ترین ہستی سمندر کا جزو بن چکا ہے۔ حباب اور سمندر میں کوئی دوئی، کوئی جدائی نہیں۔'' (۲)

ہستی کے فنا اور وجود کے سلسلے میں یہ فلسفیانہ بحث پیش کرتے ہوئے غالبؔ کے زیر بحث شعر کے مفہوم کو آگے بڑھایا ہے۔ آگے غالبؔ کے شعر کے مفہوم کا مولانا روم کی مثنوی ''معنوی'' کے اشعار سے تقابل کیا اور لکھا کہ دونوں شہرہ آفاق شعراء نے اسی طرح

کا مضمون بیان کیا ہے۔ مولانا روم نے مثنوی میں تفصیل سے اور غالبؔ نے غزل کا شعر ہونے کی وجہ سے ایک ہی شعر میں یہ مفہوم ادا کر دیا ہے۔

مضمون کے آگے پروفیسر سلیمان اطہر جاوید نے شارحین غالبؔ کے اس خیال پر کہ اس مضمون کے بیان میں غالبؔ نے دیگر شعراء سے خوشہ چینی کی ہے۔ تفصیلی تحقیقی اور اصولی بحث کی ہے اور غالبؔ کی انفرادیت کو بیان کرتے ہوئے ان کی شاعرانہ عظمت بیان کی ہے۔

فنی اعتبار سے غالبؔ کے مذکورہ شعر پر بحث کو آگے بڑھاتے ہوئے پروفیسر سلیمان اطہر جاوید نے شعر کی بحر، الفاظ کی نشست و برخاست اور انداز بیان پر روشنی ڈالی اور لکھا کہ غالب، نے یہ غزل۔ بحر رمل مثمن مخذوف یا مقصور میں کہی ہے۔ غالبؔ کی یہ پسندیدہ بحر ہے جس میں انہوں نے (۲۶) غزلیں کہی ہیں اور یہ کہ اس بحر کو غالبؔ کی کہی ہوئی غزلوں میں تیسرا مقام ہے۔ شعر میں الفاظ کے استعمال کی خوبیاں بیان کرتے ہوئے پروفیسر سلیمان اطہر جاوید لکھتے ہیں:

> ''پہلے مصرعے میں ''فریادی'' کس کی ''شوخی'' اور دوسرے مصرعے میں'' کاغذی جیسے الفاظ استعمال کرتے ہوئے اندرونی قوافی کا اہتمام کیا ہے۔ اس طرح دوسرے مصرعہ میں ''ہر'' اور ''پیکر تصویر'' کے الفاظ لائق توجہ ہیں ......دوسرے مصرعے میں کاغذی پیرہن بطور تلمیح ہے......لیکن اس کی خوبی یہ ہے کہ اس تلمیح سے صفت حسن تعلیل پیدا کی گئی ہے کہ قاری من حیث المجموع محظوظ ہوتا ہے۔''(۱)

شعر کی فنی خوبیوں کو بیان کرنے کے بعد ایک مرتبہ پھر پروفیسر سلیمان اطہر جاوید شعر کی معنوی خوبیوں کی طرف متوجہ ہوتے ہیں اور شعر میں تصوف، فکر و فلسفہ کو بیان کرنے کے بعد اس میں موجود زندگی کی کشمش سے پردہ اٹھانے کی کوشش کی اور لکھا کہ یہ شعر نہ صرف غالبؔ کی زندگی اور ان کے عہد کا عکاس ہے بلکہ عصر حاضر میں بھی اس کی معنویت میں کوئی کمی واقع نہیں ہوئی ہے۔

انیسویں صدی کے غالبؔ کے عہد، دلی کی تباہی اور عمومی طور پر سارے ہندوستان میں زندگی کی شکست وریخت کے خونیں باب تاریخ میں محفوظ ہیں۔اس کی تصویر اس شعر میں غالبؔ نے جس انداز میں بیان کی ہے اور یہ شعر عصر حاضر کے حالات پر جس انداز میں منطق ہوتا ہے۔اس ضمن میں پروفیسر سلیمان اطہر جاوید لکھتے ہیں:

''انیسویں صدی کا ہندوستان جو مغل سلطنت کے زوال کا ہندوستان ہے اس شعر میں متشکل، مشخص اور مجسم ہوگیا ہے۔ ہر پیکر خا کی فریادی ہے کہ ذات الٰہی نے اس کو کیوں اس بحرانی دور میں ان آفات ومصائب کے شکنجے میں، ان ابتلاء وآزمائش کے حالات میں وجود بخشا۔ وجود جو قطعی عارضی ہے۔ وقتی ہے۔ لمحاتی ہے۔ ناپائیدار ہے اور اسی وجہ سے باعث رنج وملال اور موجب آراء ہے۔ اس لئے ہر نفس خدائے لم یزل سے شاکی ہے۔غالبؔ کے اس شعر کی خوبی یہ بھی ہے کہ یہ اس دور ہی کے نہیں آج کے حالات سے بھی مطابقت رکھتا ہے۔آج بھی انسان پروردگار کے حضور میں اسی طرح نوحہ کناں اور شکایات کا دفتر لیے ہوئے ہے۔

اپنے کاغذی پیرہن جیسے ناپائیدار اور بودے وجود کے ساتھ فریادی ہے ۔آنے والا دور بھی کچھ اطمینان بخش نہیں ۔اس شعر کی صداقت اس کی گہرائی واضح ہوگی اوراس کی معنویت کی تہیں کھلتی جائیں گی۔اور غالبؔ کا یہ دعویٰ ان کے اور کئی اشعار کی طرح یہاں بھی درست ثابت ہوگا کہ ان کے اشعار میں آنے والا ہر لفظ گنجینہ معنی کا طلسم ہے۔''(۱)

غالبؔ کے شعر کی زمانہ ماضی اور زمانہ حال میں اہمیت اجاگر کرتے ہوئے پروفیسر سلیمان اطہر جاوید نے''دیوانِ غالبؔ کا پہلا شعر'' نامی اپنا مقالہ ختم کیا ہے۔کتاب کے اختتام پر کتابیات دی گئی ہے۔اس مقالہ کو ترتیب دینے کے لئے پروفیسر سلیمان اطہر جاوید نے قدیم وجدید تقریباً ۳۲ کتابوں سے حوالے لئے ہیں۔اس سے ان کی تحقیقی بصیرت کا اندازہ ہوتا ہے۔

تنقیدی کتاب''دیوانِ غالبؔ کا پہلا شعر'' کا مجموعی طور پر جائزہ لیں تو اندازہ ہوتا ہے کہ اگر تحقیقی اور تنقیدی انداز میں گہرائی سے مطالعہ کیا جائے تو ایک شعر کا مفہوم بھی اس گہرائی وگیرائی سے اخذ کیا جاسکتا ہے۔ویسے غالبؔ کی شاعری ہے ہی ایسی کہ اس میں معنی کا گنجینہ پوشیدہ ہے۔غالبؔ کے دیوان کے پہلے شعر کے مفہوم کو واضح کرنے میں پروفیسر سلیمان اطہر جاوید نے غالبؔ کے دیگر شارحین کے خیالات ،خود غالبؔ کی تشریحات ، مسائل ،تصوف ، سیاسی وسماجی پس منظر ،شعر کی فنی خوبیوں کو سلیس ورواں انداز میں بیان کیا ہے۔اور غالبؔ کے شعر کا مفہوم ہر لحاظ سے کھول کر رکھ دیا ہے۔اس کتاب کے مطالعے سے عملی تنقید میں پروفیسر سلیمان اطہر جاوید کی دسترس کا پتہ چلتا ہے۔کتاب پر اردو کے

نامور نقاد پروفیسر مغنی تبسم کا تبصرہ اس کتاب کی اہمیت کو دوبالا کر دیتا ہے۔ غالبؔ شناسی میں یہ کتاب ضرور ایک گراں قدر اضافہ سمجھی جائے گی۔ اس کے لئے پروفیسر سلیمان اطہر جاوید قابل مبارکباد ہیں۔ ان سے امید کی جاتی ہے کہ اردو تنقید و تحقیق کے فروغ میں ان کا قلم مسلسل چلتا رہے گا۔

ادب کا بدلتا مزاج :

تنقیدی مضامین پر مشتمل پروفیسر سلیمان اطہر جاوید کی ایک کتاب ''ادب کا بدلتا مزاج'' کے عنوان سے ۲۰۰۶ء میں دہلی سے شائع ہوئی۔ اس کتاب میں شامل مضامین کے عنوانات اس طرح ہیں۔ (۱) ادب اور اقدار (۲) ادب کا بدلتا مزاج (۳) محمد قلی قطب شاہ کی شاعری میں ہندوستانی عناصر (۴) ولی کی اہمیت (۵) دکنی مثنوی کے اہم کردار (۶) دکنی شاعری کی تدریس، طریقہ کار اور مسائل (۷) جوش اور غزل (۸) غزل تغزل اور اختر الایمان (۹) سجاد ظہیر کی نثری شاعری (۱۰) غبار خاطر کا اسلوب (۱۱) عزیز احمد کی افسانہ نگاری (۱۲) مدار۔ ایک مطالعہ (۱۳) ذاکر صاحب کے تعلیمی خطبات (۱۴) پطرس بخاری بحیثیت نقاد (۱۵) ناشاعری (۱۶) ہندی غزل۔

کتاب کے پیش لفظ میں پروفیسر سلیمان اطہر جاوید نے اپنے تنقیدی خیالات پر روشنی ڈالی اور لکھا کہ:

> ''اردو تنقید میں ان دنوں معروضیت کا سکہ زیادہ رواں ہے۔ یہ رویہ اطمینان بخش ہے۔ فال نیک ہے۔ تنقید میں میری کوشش یہی ہوتی ہے کہ ادب اور زندگی کے تقاضوں کو ملحوظ رکھوں اور معروضیت سے کام لوں۔ (۱)

اپنے اسی طرح کے تنقیدی خیالات ظاہر کرتے ہوئے پروفیسر سلیمان اطہر جاوید نے اپنے مضمون ''ناشاعری'' میں مواد اور ہیئت کے نئے تجربوں کے نام پر ادب میں لائے جارہے بگاڑ کی وجوہات بیان کی ہیں کہ اینٹی غزل، ناشاعری کے وجود میں آنے کی وجہ کیا ہے۔ چنانچہ وہ لکھتے ہیں:

نئی اصناف کو اختیار کرنا خواہ وہ کسی زبان کی ہوں انسب بات ہے۔ نئے رویوں اور میلانات وغیرہ کو اختیار کرنا بھی چاہئیے۔ شعروادب کی توسیع و ترقی اور اس کے سرمایہ کو وافر کرنے کیلئے ایسی کوششوں کی ہمت افزائی ہونی چاہئیے۔ لیکن اگر یہ کوششیں منفی نوعیت کی ہیں۔ ہمارے ادبی اور تہذیبی سرمایے سے ہم آہنگ نہیں باعث زیاں ہو رہی ہیں اور غلط فہمیوں کا باعث بھی تو ان کی ہمت شکنی ضروری ہوجاتی ہے کہ یہ ہمارے شعرو ادب کو زنگ آلود اور کھوکھلا کرنا چاہتی ہیں...... میں ان کرتب بازیوں کو زندگی اور معاشرے میں ہونے والی تبدیلیوں کا عکس قرار دیتا ہوں۔ معاشرتی انتشار، اخلاقی بحران، معاشی ابتری، کساد بازاری، ذخیرہ اندوزی، منافع خوری، مفاد پرستی، رشوت ستانی، ذات پات کے اختلافات، لسانی تنازعات، فرقہ پرستی، علاقائی جھگڑے، مذہب کا منفی مقاصد کے لئے استعمال، خودغرض قیادت، سیاسی قائدین کی بوالعجمیاں، غرض ہر سمت، ہر جہت ہر طرف بکھراؤ۔ بکھراؤ اور بکھراؤ کے سوائے کچھ اور نہیں۔ شعروادب میں بھی ان کا ردعمل ہونا چاہئیے۔ لیکن تعمیری انداز میں ایسا ہوا بھی اور نہیں

بھی۔(۲)

پروفیسر سلیمان اطہر جاوید نے شعر و ادب میں روایت شکنی کے عنوان سے آئے بگاڑ پر جس طرح اپنے خیالات کا اظہار کیا ہے ان کے اعتدال پسند تنقید کا رویے کی دلالت کرتا ہے۔ وہ ادب میں تبدیلی تو چاہتے ہیں لیکن بگاڑ نہیں چاہتے۔ اسی طرح کے تنقیدی خیالات ان کے دیگر مضامین میں بھی جا بجا ملتے ہیں۔ جوش کی غزل گوئی پر تنقید کرتے ہوئے پروفیسر سلیمان اطہر جاوید لکھتے ہیں:

> جوشؔ نے غزل کو غزل ہی رہنے دیا۔ انہوں نے غزل کی روایتی کردار کو نکھارا اور اس کو متاثر یا تبدیل کرنے کی کوشش نہیں کی۔ گویا وہ غزل کے آبگینے کو ٹھیس لگانا نہیں چاہتے تھے۔ چنانچہ اگر یہ کہا جائے کہ نظم کا شاعر جوشؔ اور غزل کا شاعر جوشؔ دو علحدہ علحدہ شخصیات ہیں تو درست ہوگا اور یہ دونوں شخصیات ایک دوسرے کو رد کرتی ہیں۔(۱)

مجموعی طور پر یہ کتاب بھی سلیمان اطہر جاوید کے اعتدال پسند تنقیدی رویے کی عکاسی کرتی ہے۔ موضوعات کی خاطر خواہ تشریح کے ساتھ قاری کو راہ دکھاتے یہ تنقیدی مضامین اردو ادب کے چند اہم گوشوں پر رہبری کرتے ہیں۔

غالبؔ اور غالبؔ

پروفیسر سلیمان اطہر جاوید کے تنقیدی مضامین پر مشتمل ایک کتاب کا نام ''غالبؔ اور غالبؔ'' ہے۔ اس کتاب میں غالبؔ کے فن اور ان پر ہونے والی تحقیق و تنقید سے متعلق چند اہم تنقیدی و تحقیقی مضامین شامل ہیں۔ یہ کتاب ۲۰۰۶ء میں پریم گوپال متل کے

زیر اہتمام اور اردو اکیڈیمی آندھرا پردیش کے جزوی مالی تعاون سے دہلی سے شائع ہوئی۔ اس کتاب میں شامل مضامین کے عنوانات (۱) مکاتیب غالبؔ میں سماجی اور تہذیبی پس منظر (۲) غالبؔ اور نشاۃ الثانیہ (۳) گنجینۂ معنی کا طلسم کلام غالبؔ (۴) دیوان غالبؔ کا پہلا شعر (۵) حالیؔ اور تفہیم غالبؔ (۶) حالیؔ غالبؔ کے محقق کی حیثیت سے (۷) طباطبائی کی شرح دیوان غالبؔ (۸) غالبؔ کے دو ناقدین (۹) یگانہ چنگیزی غالبؔ کے ناقد کی حیثیت سے ہیں۔ زیر نظر کتاب سے قبل ''غالبؔ'' سے متعلق پروفیسر سلیمان اطہر جاوید کی دو کتابیں غالبؔ کے چند نقاد اور دیوان غالبؔ کا پہلا شعر۔ منظر عام پر آ چکی تھیں۔ چنانچہ اس کتاب میں' دیوان غالبؔ کا پہلا شعر' کتاب مکمل اور غالبؔ کے چند نقاد کتاب میں سے چند مضامین شامل کئے گئے ہیں۔ کتاب میں شامل نئے مضامین مکاتیب غالبؔ میں سماجی اور تہذیبی پس منظر' غالبؔ اور نشاۃ الثانیہ اور گنجینۂ معنی کا طلسم کلام غالبؔ ہیں۔ کتاب کے پیش لفظ میں پروفیسر سلیمان اطہر جاوید نے وجہ تصنیف بیان کرتے ہوئے لکھا کہ:

> ''غالبؔ کو سمجھنے کے لئے ہم میں سے بہت سوں کی طرح میں نے بھی غالبؔ کو پڑھا اور کئی بار پڑھا ہے' کبھی کبھی تھوڑی بہت نئی باتیں ذہن میں آئی ہیں۔ فکر کے نئے دریچے وا ہوئے ہیں۔ اور کچھ غالبؔ کی شخصیت فکر اور فن پر نئے زاویوں سے غور کرنے کا موقع ملا ہے۔ ''غالبؔ اور غالبؔ'' غور و فکر کے کچھ ایسے ہی لمحوں کا حامل ہے''۔(۲)

پروفیسر سلیمان اطہر جاوید نے اس پیش لفظ میں اعتراف کیا ہے کہ غالبؔ پر بہت کچھ لکھا جا چکا ہے اور کچھ لکھنا نیا نہیں ہوگا۔ تاہم انہوں نے اپنی صلاحیت کے اعتبار

سے غالبؔ سے متعلق چند گوشوں سے پردہ اٹھانے کی کوشش کی ہے۔

''مکاتیب غالبؔ میں تہذیبی اور سماجی پس منظر'' اور غالبؔ اور نشاۃ الثانیہ مضامین میں پروفیسر سلیمان اطہر جاوید نے غالبؔ کے خطوط اور ان کی دیگر تحریروں میں ان کے عہد کے حالات کو کھوجنے کی کوشش کی ہے۔''غالبؔ اور نشاۃ الثانیہ'' مضمون میں پروفیسر سلیمان اطہر جاوید نے غالبؔ کے سفر کلکتہ اور وہاں کی ترقی دیکھنے کے بعد غالبؔ کی فکر میں آنے والی تبدیلیوں کو بنیاد بنا کر ان کے کلام سے اشعار کا انتخاب پیش کرتے ہوئے یہ واضح کرنے کی کوشش کی کہ دہلی میں قدیم طرح کی زندگی دیکھنے کے باوجود غالبؔ کلکتہ میں دیکھی گئی نئی طرح کی زندگی اور مادی ترقی سے متاثر تھے۔ غالبؔ کی زندگی کے اس پہلو کو اجاگر کرتے ہوئے پروفیسر سلیمان اطہر جاوید لکھتے ہیں:

> ''غالبؔ نے بھی ہندوستان میں نشاۃ الثانیہ کیلئے اپنا حصہ ادا کیا۔ یہ کچھ کم اہمیت کی بات نہیں ہے کہ شاعر ہونے کے باوجود غالبؔ تصور پرست نہیں رہے اور ایک عملی انسان کے بطور زیست کی۔ شعروادب میں جہاں پامال راہوں سے گریز کیا نئے نئے افق' آسمان تلاش کئے۔ نئے نئے مضامین' تشبیہات' استعارات اور نئی تراکیب کو اختیار کیا۔ نئے نئے پیرائے اپنائے۔ اپنی خوش طبعی سے زندگی کو نئے معانی پہنائے۔ اور اس کو گوارا بنایا۔ ماضی کو مسترد نہ بھی کیا ہو اس کے بطن سے پیدا حال میں گزر کر کے آنے والی نسل کو ایک نئے مستقل کی نوید دی...... جہاں بھی ان کو نیا پن' طرفگی' روشنی' رجائیت اور تعلق پسندی دکھائی دی انہوں نے اس کی سمت

دیکھا اور اس کا استقبال کیا...... انہوں نے ہندوستان کے نشاۃ الثانیہ کو صحیح تناظر میں دیکھا اور اس کے ہراول دستہ میں شامل رہے جو نہ ہوتا تو آج ملک کا نقشہ کچھ اور ہوتا۔''(۱)

حالیؔ غالبؔ کے محقق کی حیثیت سے''مضمون میں پروفیسر سلیمان اطہر جاوید نے حالیؔ کی تصنیف''یادگارِ غالبؔ'' کے حوالے سے غالبؔ پر کی گئی حالیؔ کی تحقیق کے مختلف گوشوں کو اجاگر کیا اور حالیؔ کی تحقیق میں پائی جانے والی کوتاہیوں کے بارے میں اصولی بحث کی۔ مجموعی طور پر کتاب''غالبؔ اور غالبؔ'' میں پروفیسر سلیمان اطہر جاوید نے اپنی تنقیدی بصیرت کو بروئے کار لاتے ہوئے تحقیقی انداز میں''غالبؔ'' سے متعلق چند اچھوتے موضوعات پر قلم اٹھایا ہے۔ ان کی یہ کتاب''غالبیات'' کے باب میں ایک اہم اضافہ ہے اور پروفیسر سلیمان اطہر جاوید کے اعتدال پسند نکھرے ہوئے تنقیدی رجحان کی عکاسی کرتی ہے۔

☆☆☆☆

تنقید شعر

پروفیسر سلیمان اطہر جاوید کی ایک اور تنقیدی کتاب ''تنقید شعر'' ہے۔ یہ کتاب ۱۹۷۱ء میں ایک ہزار کی تعداد میں نیشنل بک ڈپو چارکمان حیدرآباد سے شائع ہوئی۔ کتاب کے جملہ صفحات ۱۶۳ ہیں اوراس کی قیمت چار روپئے مقرر کی گئی۔ یہ کتاب فیض احمد فیض کے نام معنون کی گئی۔ پروفیسر سلیمان اطہر جاوید کی دیگر کتابوں کی طرح یہ کتاب بھی ان کے تنقیدی مضامین پر مشتمل ہے۔ پیش لفظ کے بعد جملہ ۱۱ مضامین ہیں۔ جن کے نام اردو شاعری میں رومانیت۔ فرانس میں اشاریت پسند شعراء، حلقہ ارباب ذوق۔ ن۔م راشد ایک مطالعہ۔ مخدوم رومان اور انقلاب کا امتزاج۔ فیض اور جدیدیت، یگانہ کی غزل۔ نذرل کا ذہنی ارتقاء۔ نسیم میسوری۔ سرور ڈنڈا کی شاعرانہ عظمت اور عبداللہ قطب شاہ کی شاعری ہیں۔ اس کتاب میں شامل مضامین کا تعلق چونکہ شعرا اور شاعری سے ہے۔ اسی مناسبت سے پروفیسر سلیمان اطہر جاوید نے اس کتاب کا نام ''تنقید شعر'' رکھا۔ پیش لفظ میں مروجہ تنقیدی اصولوں میں لچک کی ضرورت کا اظہار کرتے ہوئے پروفیسر سلیمان اطہر جاوید اپنی اس تنقیدی کتاب کے بارے میں لکھتے ہیں:

> ''تنقید شعر'' جو میرے تنقیدی مضامین کا دوسرا مجموعہ ہے ایسے ہی تنقیدی ذہن کی کارفرمائی ملے گی۔ جیسا کہ اس مجموعہ کا عنوان ہے۔ اس میں شامل مضامین کے موضوعات شاعر اور ان کے شعری کارنامے ہیں۔ یہ شاعر نہ صرف مختلف ادوار سے متعلق ہیں بلکہ مختلف نظریات اور مکاتیب خیال کی

نمائندگی بھی کرتے ہیں۔''(۱)

پیش لفظ میں کتاب کی وجہہ تسمیہ بیان کرنے کے بعد پروفیسر سلیمان اطہر جاوید نے نیشنل بک ڈپو کے پروپرائیٹر جناب اعظم علی صاحب کا شکریہ ادا کیا۔ جن کی دلچسپی سے اس کتاب کی اشاعت میں انہیں تعاون حاصل ہوا۔

''تنقید شعر'' کتاب میں شامل پہلا مضمون ''اردو شاعری میں رومانیت'' ہے۔ حسن و عشق کے موضوعات کو رومان سے علحدہ قرار دیتے ہوئے اس مضمون کے آغاز میں پروفیسر سلیمان اطہر جاوید نے لکھا کہ رومان کا تعلق فطرت، جذبات اور احساسات سے ہوتا ہے۔ انیسویں صدی میں رومانیت کے آغاز کی اطلاع دیتے ہوئے پروفیسر سلیمان اطہر جاوید نے مغربی شعر و ادب میں اسے بہ طور تحریک اختیار کرنے اور اردو میں نظیرؔ اکبر آبادی، مرزا مظہر، شاہ حاتمؔ، سوداؔ، میرؔ، سوزؔ، قائمؔ، حسرتؔ، رنگینؔ، شاہ نصیرؔ، ممنونؔ، غالبؔ، ذوقؔ، جراتؔ، انشاؔ، مصحفیؔ اور ناسخؔ وغیرہ کو کلاسیکی شاعر قرار دیتے ہوئے ان کے ہاں بھی رومانیت کی موجودگی کا اظہار کیا ہے۔ رومانی شاعر کی فکر کو بیان کرتے ہوئے پروفیسر سلیمان اطہر جاوید لکھتے ہیں:

> ''رومانی شاعر اپنے حالات سے بیزار اور تخیل کی دنیا کا خالق ہوتا ہے۔ وہ سکون کا متلاشی رہتا ہے۔ اس لئے دنیا کی ہر شئے اور فطرت کے ہر گوشہ میں حسن کو ڈھونڈتا ہے کہ اس کی تسکین دل و جان کا سامان میسر ہو۔ اس کی اس تلاش میں جب جذبات کی شدت اور تخیل کے بانکپن کا امتزاج ہوتا ہے تو یہی چیز اس کے پڑھنے والوں کے لئے ایک جنت کا سامان فراہم

کردیتی ہے۔‘‘(۱)

نظیر کے ہاں رومانیت تلاش کرتے ہوئے پروفیسر سلیمان اطہر جاوید نے فطرت کی عکاسی کرنے والی ان کی نظموں کو رومان سے بھرپور قرار دیا ہے۔ان نظموں میں ’’دیوالی‘‘ ’’راکھی‘‘ ’’جوانی‘‘ عالم پیری برسات کی بہاریں،تل کے لڈو۔آگرے کی ککڑی،کورا برتن،ہولی،بنجارہ نامہ،شہرا کبرآباد۔آدمی کی فلاسفی،تربوزہ وغیرہ نظموں کی مثالیں دیتے ہوئے ان میں پائے جانے والے ہندوستانی عنصر کو نظیر کا اہم کارنامہ قرار دیا ہے۔رومانی شاعری کے لئے عقل پر جذبات کے حاوی ہونے کو ضروری قرار دیتے ہوئے اس مضمون میں پروفیسر سلیمان اطہر جاوید نے نظیر کے بعد۔غالبؔ،اقبالؔ،جوشؔ،جوشؔ،اختر شیرانی ،حفیظ جالندھری،ساغر نظامیؔ،مخدوم محی الدین،احمد ندیم قاسمی،فیضؔ،علی سردار جعفری وغیرہ کے ہاں رومانیت کے عناصر تلاش کئے ہیں۔حفیظؔ جالندھری کی رومانیت میں حسن پرستی، فطرت پرستی،غنائیت،شائستگی اور شگفتگی کی موجودگی کی اطلاع دیتے ہوئے پروفیسر سلیمان اطہر جاوید نے بہ طور مثال ان کی نظم ’’ابھی تو میں جوان ہوں‘‘ کے یہ بند پیش کئے ہیں:

اٹھی حسینۂ سحر پہن کے سر پہ تاج زر
لباس نور زیبِ بر
چڑھی فرازِ کوہ پر
وہ خندہ زن نگاہ سے پہاڑ طور بن گئے
وہ عکس جلوہ گاہ سے سحابِ نور بن گئے

ندائے جوئبار اٹھی
صدائے آبشار اٹھی
ہواؤں کے رباب اٹھے خوش آمدید کے لئے
اٹھی حسینہ سحر پہن کے سر پہ تاج زر(۲)

مضمون کے آخر میں جدیدت کو رومانیت کے لئے نقصان قرار دیتے ہوئے پروفیسر سلیمان اطہر جاوید لکھتے ہیں:

''عصر حاضر کی جدیدیت جو ایک طرح سے منفی ادبی تصوف ہے رومانیت کے حق میں سم قاتل سے کم نہیں۔ اس نام نہاد جدیدیت کے باعث نہ تو رومانیت کو فروغ حاصل ہو رہا ہے اور نہ اس کے امکانات ہیں۔ یہ جدیدیت واضح فکر، خوش گوار تخیل اور لطافت سے محروم ہے اور انداز قطعی عامیانہ ہے۔ جس کے باعث اس دور کی اردو شاعری میں رومانیت کے پھلنے پھولنے کے امکانات موہوم ہو جاتے ہیں۔''(۱)

پروفیسر سلیمان اطہر جاوید نے جدیدیت اور رومانیت کے تعلق سے اپنے ان خیالات کے اظہار کے ساتھ مضمون کا اختتام کیا ہے۔ ان کا یہ مضمون تحقیقی اور مطالعاتی نوعیت کا ہے۔ جس میں انہوں نے اردو شعر و شاعری میں رومانیت کے پہلوؤں کو تلاش کرنے کی کوشش کی ہے اور مختلف شعراء کے کلام کے انتخابات پیش کرتے ہوئے ان کے ہاں پائی جانے والی رومانیت کو بیان کیا ہے۔

''تنقید شعر'' کتاب میں شامل دوسرا مضمون ''فرانس میں اشاریت پسند شعراء''

ہے۔ اشاریت کا موضوع پروفیسر سلیمان اطہر جاوید کے لئے پسندیدہ رہا ہے اور ''اردو شاعری میں اشاریت'' کے عنوان سے انہوں نے مفصل تحقیقی کام بھی کیا ہے۔اس کام کے دوران انہوں نے مغربی، شعروادب میں اشاریت کا مطالعہ بھی کیا۔ چنانچہ اس مطالعہ کے ایک پہلو کے طور پر انہوں نے ''فرانس میں اشاریت پسند شعراء'' کے عنوان سے ایک تجزیاتی مضمون لکھا ہے۔اس مضمون میں انہوں نے فرانس میں اشاریت پسندی کے فروغ کی وجوہات بیان کرتے ہوئے فرانسیسی ادیبوں وشعراءجین موریس، لین، ریمبو، اسٹیفن مالا رامے، ٹرسٹاں، کورہیری، جولس لافورج وغیرہ کے ہاں مختصر طور پر اشاریت کے پہلو تلاش کئے ہیں۔ مضمون کے آخر میں فرانس میں اشاریت کے عروج وزوال کے بارے میں پروفیسر سلیمان اطہر جاوید لکھتے ہیں:

> ''تحریک کی حیثیت سے اشاریت پسندی فرانس میں صرف (۵۰) سال رہ سکی۔ اشاریت چونکہ رومانیت، فطرت پسندی اور حقیقت نگاری کے خلاف ایک ردعمل کی حیثیت رکھتی تھی۔اس لئے جلد یا بدیر اشاریت کے خلاف ردعمل ناگزیر تھا۔ ۱۸۹۰ء کے لگ بھگ اشاریت کو زوال شروع ہوا۔''(۲)

فرانس میں اشاریت پسندی مضمون کے بعد پروفیسر سلیمان اطہر جاوید کی اس کتاب میں شامل اگلا تنقیدی مضمون ''حلقہ ارباب ذوق'' ہے۔اس مضمون میں انہوں نے اردو میں ترقی پسند تحریک کے ردعمل کے طور پر حلقہ ارباب ذوق کے نام سے فروغ پانے والی تحریک کا جائزہ لیا ہے۔ترقی پسند تحریک نے ادب برائے زندگی کا نعرہ دیا تھا۔لیکن کچھ

لوگ ایسے تھے جو اس تحریک میں اظہار ذات، انفرادی جذبات واحساسات کی ترجمانی، انسانی نفسیات کی تحلیل، واردات قلبی کا انکشاف وغیرہ کو نہ پائے تھے۔ چنانچہ ان خیالات کے حامیوں نے حلقہ ارباب ذوق کی راہ ہموار کی۔ اس تحریک کے آغاز میں حصہ لینے والوں کا ذکر کرنے کے بعد پروفیسر سلیمان اطہر جاوید نے حلقہ ارباب ذوق کی سرگرمیوں کا احاطہ کرنے کی کوشش کی ہے۔ اس حلقہ کے فنکاروں کے بنیادی وصف کے بارے میں وہ لکھتے ہیں:

> ''کسی خیال کو اختصار کے ساتھ بیان کرنے اور الفاظ کے جامہ کو چست کرنے کی سعی نے جامعیت بھی پیدا کی اور ابہام بھی۔ دوسری بات یہ کہ حلقہ ارباب ذوق کے شاعروں کے ہاں مجموعی طور پر اس قدر ابہام نہیں ہے جس قدر ابہام کہ خصوصی طور پر میراجی کے ہاں ملتا ہے۔ یہ میراجی کی اپنی نفسیاتی الجھنوں۔ ذاتی مسائل اور جنسی پیچیدگیوں کا نتیجہ تھا چنانچہ حلقہ ارباب ذوق اور میراجی کے مقام کو متعین کرنے کے لئے ان کو ایک دوسرے کے ساتھ دیکھتے ہوئے جداگانہ طور پر بھی دیکھنا ہوگا۔'' (۱)

حلقہ ارباب ذوق کی ان خصوصیات کا جائزہ لینے کے علاوہ پروفیسر سلیمان اطہر جاوید نے اس حلقہ پر لگائے گئے عریانیت کے الزامات کا بھی اعتدال پسندی کے ساتھ جائزہ لیا۔ مضمون کے آخر میں جدیدیت کے اثرات کا جائزہ لیتے ہوئے مستقبل میں حلقہ ارباب ذوق کی خصوصیات کے امکانات کا جائزہ لیا ہے۔

''تنقید شعر'' کتاب میں شامل اگلا مضمون ''ن۔م۔راشد'' ایک مطالعہ ہے۔

اس مضمون میں ن۔م راشد کے حوالے سے ان کے کلام کی خصوصیات اشاریت، انفعالیت ،فراریت ، یاسیت اور جنسیت کا جائزہ لیا گیا ہے۔ راشد کی اس نظم کا حوالہ دیتے ہوئے پروفیسر سلیمان اطہر جاوید نے ان کی شعری خصوصیات کو واضح کرنے کی کوشش کی ہے۔

''آ مری جان مرے پاس دریچے کے قریب
دیکھ کس پیار سے انوارِ سحر چومتے ہیں۔
مسجد شہر کے میناروں کو
جن کی رفعت سے مجھے
اپنی برسوں کی تمنا کا خیال آتا ہے۔'' (۲)

''مسجد شہر کے مینار یہاں علامت ہیں بلند حوصلگی، عالی ظرفی اور فکر رسا کے لئے۔ لیکن اوروں کی بلند حوصلگی بھی راشد کے اس کردار کو تحریک اور ولولہ نہیں دیتی۔ وہ عمل کی سمت راغب نہیں ہوتا۔ صرف اپنی تمناؤں کا خیال کر کے خاموش ہو جاتا ہے۔ بالکل اس طرح راشد کے یہاں اس دنیا اور یہاں کے لیل و نہار سے بیزاری، گریز اور نفرت کے جذبات ملتے ہیں۔ اس دنیا کو تہس نہس کر دینے اور یہاں سے فرار حاصل کرنے کے جذبات۔'' (۱)

راشد کے کلام کی مختلف خصوصیات کا ان کی شاعری کے ذریعہ جائزہ لینے کے بعد مضمون کے آخر میں پروفیسر سلیمان اطہر جاوید، ن۔م۔ راشد پر اپنا مجموعی تاثر پیش کرتے ہوئے لکھتے ہیں:

"مجموعی طور پر راشد کی شاعری کا جائزہ لیں تو قنوطیت اور فراریت ہی نہیں عزم وایقان بھی نظر آئے گا۔ راشد کے ہاں جلال بھی ہے اور جمال بھی۔ دنیا کے حسن و عشق میں کھو جانے کا جنون بھی ہے اور میدان کار زار میں مجاہد کا کردار ادا کرنے کا حوصلہ بھی۔ راشد نے زندگی سے اکتاہٹ محسوس کی ہو اسی کے ساتھ اس نے زندگی کو پورے جذب وشوق سے چاہا ہے۔(۲)

ن۔م۔راشد ایک مطالعہ مضمون کے بعد اس تنقیدی کتاب میں شامل اگلے مضمون کا عنوان "مخدوم۔رومان اور انقلاب کا امتزاج" ہے۔اس مضمون میں پروفیسر سلیمان اطہر جاوید نے مخدوم کی شاعری کا جائزہ ان کی شخصیت کے مختلف پہلوؤں کے اعتبار سے لیا ہے۔مخدوم کو سیاست داں، مزدور لیڈر اور شاعر ہونے کے باوجود انہیں انسان کہتے ہیں۔مخدوم کی ابتدائی رومانی شاعری کے بعد آگے ان کی انقلابی شاعری کا ذکر ہے اور ان کے شعری مجموعوں "سرخ سویرا" اور "گل تر" کے حوالے سے ان کی انقلابی شاعری کا جائزہ لیا گیا ہے۔مخدومؔ کی نظم "سب کا خواب" کو ایک اہم اور کامیاب سیاسی نظم قرار دیتے ہوئے اسے بہ طور اقتباس جائزے کے لئے پیش کیا ہے۔مخدومؔ کہتے ہیں:

لاکھ دل ہوتے تھے لیکن
جب دھڑکتے تھے تو اک دل کی طرح
جب مچلتے تھے تو اک دل کی طرح
جب اچھلتے تھے تو اک دل کی طرح

جب مہک اٹھتے تو دنیا کا مہک اٹھتا تھا دل
والگا کا، یانگسی کا، نیل کا، گنگا کا دل
آپ میں اک گرمیٔ احساس ہوتی تھی
نہیں معلوم وہ کیا ہوگئی
چاندنی سی میرے دل کے پاس ہوتی تھی
نہیں معلوم وہ کیا ہوگئی۔'' (۱)

مخدوؔم کے کلام سے سے اقتباسات پیش کرتے ہوئے پروفیسر سلیمان اطہر جاوؔیدان کے کلام پر اپنی رائے بھی پیش کرتے جاتے ہیں۔ مخدوؔم کی شاعری کا تجزیہ کرتے ہوئے وہ لکھتے ہیں:

''سماج اور اس کے دکھ درد، زندگی اور اس کے مسائل سے یہ مطابقت مخدوم کی شاعری کا بنیادی عنصر ہے۔ انہوں نے اپنی شاعری کو سیاسی جدوجہد کے کام میں لایا ہو یا نہیں، لیکن اپنے سیاسی کردار سے شاعری کو آب ورنگ ضرور دیا ہے۔'' (۲)

مضمون کے آخر میں مخدوؔم کے شعری اسلوب اور آہنگ کا جائزہ لیتے ہوئے کمیت میں کم ہونے کے باوجود ان کے کلام کو اردو شاعری کا وقیع حصہ قرار دیتے ہوئے پروفیسر سلیمان اطہر جاوید نے یہ مضمون ختم کیا ہے۔ ''تنقید شعر'' میں شامل اگلا مضمون ''فیض اور جدیدیت'' ہے۔ اشاریت کی طرح جدیدیت بھی پروفیسر سلیمان اطہر جاوید کا ایک مقبول موضوع رہا ہے۔ چنانچہ اس مضمون میں انہوں نے فیض اور جدیدیت کے

عنوان سے اپنا مطالعہ پیش کیا ہے۔ مضمون کے ابتداء میں پروفیسر سلیمان اطہر جاوید نے میسور میں فیض سے اپنی ملاقات کی یاد تازہ کرائی ہے اور فیضؔ کی شخصیت، ان کی گفتگو کے انداز اور اس موقع پر بیان کردہ فیض کے خیالات کو پیش کیا۔ جس میں ادب برائے ادب، ادب برائے زندگی۔ جدیدیت، حلقہ ارباب ذوق، عصر حاضر کی شاعری وغیرہ پر فیض کے خیالات کو بیان کیا ہے۔ فیضؔ کی شاعری پر جذباتی انداز میں تبصرہ کرتے ہوئے پروفیسر سلیمان اطہر جاوید لکھتے ہیں:

> ''فیضؔ کی شاعری بہتی ہوئی ندی کے خاموش ترنم کی حامل ہوتی ہے۔ ان کے کلام کی فضاء کچھ یوں رہتی ہے جیسے بارش ابھی تھمی ہو۔ فضاء میں تازگی رچ بس گئی ہو۔ شادابیوں نے ڈیرہ جمالیا ہو۔ ہر طرف نکھار ہی نکھار ہو، رعنائی ہی رعنائی ہو۔ ان کے کلام میں تیز روشنی کی آنکھوں کو چکا چوند کر دینے والی کیفیت ہے اور نہ تیز رنگوں کی شوخی۔ اس طرح ان کے لب ولہجہ بھی بڑا دھیما اور شگفتگی کا حامل ہوتا ہے۔'' (۳)

فیض سے ملاقات پر مبنی مضمون پروفیسر سلیمان اطہر جاوید کے خاکوں کے مجموعے میں بھی شامل ہے۔

''فیض اور جدیدیت'' مضمون کے بعد ''تنقید شعر'' میں شامل اگلا مضمون ''یگانہ کی غزل'' ہے۔ ''غالبؔ کے چند نقاد'' کتاب میں پروفیسر سلیمان اطہر جاوید نے غالبؔ پر یگانہ کی تنقید کو پیش کیا تھا ۔ اس مضمون میں ان کی غزل گوئی کے مختلف پہلوؤں کو اجاگر کیا ہے۔ یاس کو بہ حیثیت ''غالب شکن'' قرار دیتے ہوئے اردو نقادوں کو انہیں نظر انداز

کر دینے کا الزام عائد کرتے ہوئے پروفیسر سلیمان اطہر جاوید نے لکھا کہ ''یگانہ'' کی شاعری کے مثبت پہلوؤں کو بہت کم اجاگر کیا گیا ہے۔ یگانہ کی غزل گوئی کے بارے میں وہ لکھتے ہیں:

> ''یگانہ کی غزل کی خصوصیات جو ہمارا دل موہ لیتی ہیں وہ اس کی سادگی و سلاست ہے۔ بانکپن ہے۔ اچھوتا انداز ہے۔ ندرت بیان ہے۔ فکری عناصر ہیں۔ غرض مجموعی طور پر غزل کا ڈکشن ہے جو یگانہ کے ہاں منفرد حیثیت میں ملتا ہے۔ غزل پر یگانہ کی گرفت اس قدر مضبوط اور بھرپور ہے کہ یوں محسوس ہوتا ہے شاعر غزل نہیں کہہ رہا ہے بلکہ غزل اپنے آپ کو شاعر سے کہلوا رہی ہے۔'' (۱)

یگانہ کی غزل گوئی پر اس مجموعی تاثر کے بعد پروفیسر سلیمان اطہر جاوید نے یگانہ کی فکر، ان کے لب و لہجہ و اسلوب، ان کے موضوعات شاعری کا جائزہ لیا ہے۔ زندگی کو حرکت سے تشبیہہ دیتے ہوئے یگانہ کی غزل کے یہ اشعار بھی بہ طور انتخاب پیش کئے ہیں۔

رفتار زندگی میں سکون آئے کیا مجال
طوفان ٹھہر بھی جائے تو دریا بہا کرے

کار گاہِ دنیا کی نیستی بھی ہستی ہے
اک طرف اجڑتی ہے اک طرف بستی ہے

خاک کا پتلا، بگولا دشت کا ہوجائے گا
مٹ کے بھی اک پیکر نشو ونما ہوجائے گا (۲)

مضمون کے آخر میں پروفیسر سلیمان اطہر جاوید نے یگانہ کی شاعری کے منفی پہلو جیسے سطحیت اور پھکڑ پن کا تذکرہ کرتے ہوئے اپنی تنقید کو جانبداری سے بچایا اور یگانہ کی ایک معتدل تصویر پیش کرنے کی کوشش کی ہے۔

یگانہ کی غزل گوئی کے جائزے کے بعد کتاب میں شائع اگلے مضمون ''نذرل کا ذہنی ارتقاء'' میں پروفیسر سلیمان اطہر جاوید نے بنگلہ زبان کے نامور شاعر قاضی نذرالاسلام کے فکروفن کا جائزہ پیش کیا ہے۔ نذرل کے حالات زندگی اور سماجی پس منظر پیش کرتے ہوے انہوں نے نذرل کی شاعری کے مختلف پہلوؤں کو اجاگر کیا ہے۔ نذرل کی شاعری کو متاثر کرنے والے پہلو بیان کرتے ہوئے پروفیسر سلیمان اطہر جاوید لکھتے ہیں:

''نذرل کی زندگی میں یہ تعمیری موڑ اس وقت آتا ہے جب وہ فوج میں بھرتی ہوکر عراق وغیرہ پہنچتا ہے۔ نذرل کے دل ودماغ میں انقلاب کا لاوا اوائل عمر سے پک رہا تھا۔ اس لاوے کے باہر نکل آنے کی کوئی تدبیر نہ تھی فوجی ملازمت کے دوران اس نے انگریزوں کی بہیمت، ظلم وستم جبر واستبداد اور سفاکی وعیاری کا قریب سے مطالعہ کیا۔ اس نے ہر جگہ انگریزوں کے زیر سایہ بربریت اور دہشت پسندی کا عریاں رقص دیکھا۔ اس نے دیکھا کہ انگریز، عربوں اور مسلمانوں سے آج تک بھی صلیبی جنگوں کا انتقام لینا چاہتے ہیں۔ اس کو انگریزوں سے بے پناہ نفرت ہوئی۔ ان سب نے اس کے دل میں پوشیدہ انقلابی جذبات کو ابھارنے کے لئے مہمیز کا کام دیا''۔(۱)

نذرل کی انقلابی شاعری کی مثال پیش کرتے ہوئے اس کی ایک نظم کا یہ اقتباس

پیش کیا ہے:

''اے مجاہد ! اے مجاہد! بج رہا ہے طبل جنگ
باندھ لے عمامہ ، اپنے سر کو اونچا کر کے بڑھ
عصر نو نے دی ہے تجھ کو دعوت عزم و عمل
ٹوٹے قلعوں پر پھریرا اڑا رہا ہے آج پھر
ہاتھ میں تلوار ہو اور نعرہ توحید ہو ۔
جوش ملی قلب میں ہو موجزن۔
پھر بڑھا آگے قدم
اے مجاہد! پھر بڑھا آگے قدم
بج رہا ہے طبل جنگ!
بج رہا ہے طبل جنگ!(۲)

نذرل کی انقلابی شاعری اور دیگر موضوعات کی شاعری کا جائزہ لینے کے بعد مجموعی طور پر نذرل کے کلام کا جائزہ لیتے ہوئے پروفیسر سلیمان اطہر جاوید لکھتے ہیں:

''نذرل کے ذہنی ارتقاء میں رومانیت اور روحانیت کے نقوش بہر کیف ملتے ہوں لیکن انقلاب کی جھنکار مسلسل سنائی دیتی ہے۔ کہیں کہیں یہ جھنکار دیگر آوازوں میں شامل ہو کر واضح محسوس نہیں ہوتی لیکن حقیقت یہ ہے کہ یہ بتدریج گونجدار ہوتی گئی۔ اس کی وجہ یہ ہے کہ نذرل بنیادی طور پر انقلابی مزاج کا حامل ہے۔ اس کا دل بھی انقلابی ہے اور دماغ بھی حتی کہ

روح بھی......''(۱)

نذرل کے شعری رجحانات کا احاطہ کرتے ہوئے پروفیسر سلیمان اطہر جاوید نے اردو میں انقلابی شاعروں کے تذکرے میں ایک اہم شاعر کا اضافہ کیا ہے۔''تنقید شعر'' کتاب میں شامل اگلا تنقیدی مضمون ''نسیم میسوری'' ہے۔ یہ میسور کے مقبول اور نامور شاعر محمد حسین علی خاں سلطان قریشی نسیم پر مبنی ہے۔ نسیم کی دبستان لکھنؤ سے وابستگی اور لکھنؤی شاعری کی خصوصیات جیسے خارجیت، زبان کا استعمال مشکل زمین، قافیہ بندی، خمریات وغیرہ کا جائزہ لیتے ہوئے ان کے کلام سے ان خصوصیات کو واضح کیا اور ان کے کلام کا دیگر لکھنوی شعراء سے تقابل کیا ہے اور نسیم میسوری کے کلام سے ان اشعار کو بہ طور اقتباس پیش کیا ہے۔

اب وہ آنکھوں سے بھی مردوں کو جلانا سیکھے
کام بیمار سے لیتے ہیں مسیحائی کا
اگر وہ ناز سے نکلیں ذرا خرام کریں
تمام دیر کے اٹھ اٹھ کر بت سلام کریں
ڈھونڈ لوں گا نسیم اور پری
کیا حسینوں کا کال ہے مجھ کو
ہم جن کو چاہے وہ لگے چاہنے ہمیں
صدمہ کبھی اٹھائے نہیں ہجر یار کا(۲)

نسیم کی غزل گوئی کے علاوہ حمد، نعت، مدح، منقبت، مرثیہ اور مثنوی کا بھی جائزہ

لیا ہے اور آخر میں لکھا ہے کہ لکھنؤ سے دور رہتے ہوئے بھی نسیم نے لکھنؤ کی شعری روایات کو برقرار رکھا۔

''نسیم میسوری'' کے بعد ''سرور ڈنڈا کی شاعرانہ عظمت'' کے عنوان سے پروفیسر سلیمان اطہر جاوید نے دکنی کے مشہور شاعر سرور ڈنڈا کی شعری خوبیوں کا احاطہ کیا ہے۔ دکنی شعراء نے عموماً انسانی مسائل اور سیاسی حالات پر شاعری کی ہے۔ ڈنڈا کی نظم'' ادے نادیشم (یہی میرا دیس ہے؟) میں وہ لوگوں کے مسائل اور احساسات کو اس طرح پیش کیا ہے۔

جاں جینے پو ٹکساں جاں مرنے پو ٹکساں
جاں جنور سے بدتر ہیں بے چارے انساں
جاں ملنا بھی مشکل ہے بیڑی کے دودم
ادے نادیشم ۔ ادے نادیشم (۱)

اسی طرح ان اشعار میں انسان کی غربت کو اس طرح واضح کیا ہے :

ان کی قسمت میں مرغی و مچھی
میری قسمت میں دال ہے سو ہے
نہ مرنے میں شامل نہ جینے میں شامل
کئی سال گزرئیں لٹکتے لٹکتے (۲)

سرور ڈنڈا کی شاعری کو طنز و مزاح کی دھوپ چھاؤں قرار دیتے ہوئے پروفیسر سلیمان اطہر جاوید لکھتے ہیں:

''ڈنڈا کے ہاں طنز وظرافت دھوپ چھاؤں کی حیثیت بھی رکھتے ہیں۔ مسائل اور موضوعات پر طنز دھوپ ہے اور ان کا لہجہ واسلوب چھاؤں۔ اس دھوپ چھاؤں میں وہ اپنے سامعین وقارئین کو لئے لئے چلتے ہیں۔ ان کے سامعین وقارئین دھوپ کی تمازت کو سامنے دکھائی دینے والی چھاؤں کے باعث نہ صرف برداشت کر لیتے ہیں بلکہ دل کھول کر داد دینے پر مجبور بھی ہو جاتے ہیں۔''(۳)

زندگی سے متعلق ڈنڈا کی گہری واقفیت اور اسے اپنی شاعری میں برتنے کو ہی ان کی شاعرانہ عظمت قرار دیتے ہوئے پروفیسر سلیمان اطہر جاوید نے ڈنڈا کو خراج پیش کیا ہے۔ ''تنقید شعر'' کتاب میں شامل آخری مضمون عبداللہ قطب شاہ کی شاعری ہے اس مضمون میں پروفیسر سلیمان اطہر جاوید نے قطب شاہی فرمانروا عبداللہ قطب شاہ کی شعری خدمات کا احاطہ کیا ہے۔ عبداللہ قطب شاہ کی غزلوں میں رومانی پہلو بیان کرتے ہوئے ان اشعار کو بہ طور انتخاب پیش کیا ہے۔

سکھی کچ بھی سمجھ توں دل میں اپنے
کتا منت کرے عاشق بچارا
کسے پیار کرنا کہاں ہے پیارا
ہمیچ ہیں ہمارے ۔ نہیں کئی ہمار(۱)

عبداللہ قطب شاہ کی رومانی شاعری کے علاوہ ان کی حمدیہ، نعتیہ اور دیگر منظوم شاعری کا جائزہ بھی اس مضمون میں شامل ہے۔ زبان و بیان کی خوبیوں کا احاطہ کرتے

ہوئے اور انہیں ایک عظیم شاعر قرار دیتے ہوئے پروفیسر سلیمان اطہر جاوید نے اپنے مضمون کا اختتام کیا ہے۔

''تنقید شعر'' کتاب میں شامل مضامین کا مجموعی طور پر جائزہ لیں تو اندازہ ہوتا ہے کہ پروفیسر سلیمان اطہر جاوید نے ان مضامین میں تحقیق وتنقید کے اصولوں کو مدنظر رکھتے ہوئے وسیع تر مطالعہ پیش کیا ہے اور اپنے پیش کردہ موضوعات کو قارئین کے سامنے کھول کر بیان کیا ہے۔تنقید کے دوران محاسن ومعائب کو اعتدال کے ساتھ پیش کیا ہے۔اسلوب نگارش سلیس اور رواں ہے۔اس کتاب میں شامل مضامین اردو شعروادب کے علاوہ دیگر مشرقی ومغربی زبانوں کے شعروادب کے مختلف رجحانات سے واقفیت بہم پہونچاتے ہیں۔اردو تنقید کی تاریخ میں یہ کتاب اہم مقام رکھتی ہے۔

ادب میں ابہام اور اس کے مسائل

''ادب میں ابہام اور اس کے مسائل'' پروفیسر سلیمان اطہر جاوید کے تنقیدی مضامین کا تیسرا مجموعہ ہے۔یہ کتاب ۱۹۷۴ء میں نیشنل بک ڈپو کے زیراہتمام ایک ہزار کی تعداد میں شائع ہوئی۔انتساب والدہ محترمہ کے نام ہے۔ابتدائیہ کے عنوان سے پروفیسر سلیمان اطہر جاوید کے خیالات اور پروفیسر خواجہ احمد فاروقی کے پیش لفظ کے علاوہ کتاب میں ادب کے مختلف گوشوں کو اجاگر کرتے۔جملہ ۱۶ مضامین ہیں جن کے عنوانات حسب ذیل ہیں:

ہیئت ۔ادب میں ابہام اوراس کے مسائل ۔امیجزم ۔ایک تحریک، ساتویں دہائی کا طنز ومزاح ، پیروڈی اردو شاعری میں ۔ سردار جعفری کی شاعری ، خورشید احمد جامی اور عصری آگہی ۔بشیر النساء بیگم بشیر کی شاعری، نئی شاعری، لہو کے پھول ایک مطالعہ۔ احتشام حسین کا تنقیدی رویہ ، مصحفی کا عصری شعور۔ داغ کی شاعری میں ان کے عہد کا معاشرتی کرب میر محبوب علی خاں آصف ۔ انیس اور عصر حاضر۔ تلگو شاعری میں جدید رجحانات ۔ روس میں اشاریت پسند شعراء۔

ابتدائیہ میں پروفیسر سلیمان اطہر جاوید نے اپنے تنقیدی شعور کی طرف اشارہ کیا ہے ۔ پیش لفظ میں پروفیسر خواجہ احمد فاروقی نے اردو تنقید کی اہمیت و مقام کو اجاگر کرتے ہوئے جدید اردو نقادوں میں پروفیسر سلیمان اطہر جاوید کو ایک اہم نقاد قرار دیا ہے۔ مستقبل میں ان سے تنقید کے میدان میں مزید کارناموں کی تمنا کرتے ہوئے وہ لکھتے ہیں:

> ’’جاوید صاحب کا صدف جس گوہر کی پرورش کر رہا ہے اس کی آب و تاب میں شبہ نہیں ۔ اگرچہ ابھی اسے بہت سی موجوں سے سیراب ہونا اور بحر کو پایاب سمجھنا ہے۔ جاوید صاحب کی تنقید میں ادعائیت نہیں ہے۔ ان کا ذہن جامد نہیں ہے۔ وہ فارمولوں میں بند نہیں ہیں۔ ان کے یہاں جذباتی شدت یا غیر مہذب بیباکی نہیں ہے ۔ ایک قسم کی سنجیدگی ، کشادہ قلبی اور ہمہ جہتی انداز ہے۔ جس سے اندازہ ہوتا ہے کہ ان کا مستقبل حال سے زیادہ روشن ہے۔‘‘ (۱)

پروفیسر خواجہ احمد فاروقی نے پروفیسر سلیمان اطہر جاوید کے بارے میں آج سے

تیس سال قبل جو اندازے لگائے تھے وہ بالکل سچ ثابت ہوتے ہیں اور آج پروفیسر سلیمان اطہر جاوید ہندوستان کے چنندہ نامور محققین اور نقادوں میں شمار ہوتے ہیں اور ان کا تنقیدی سفر آج زور وشور سے جاری ہے۔تنقیدی کتاب ''ادب میں ابہام اور اس کے مسائل'' میں شامل پہلا تنقیدی مضمون ''ہیت'' ہے۔جس کے آغاز میں پروفیسر سلیمان اطہر جاوید نے واضح کیا کہ ''ہیئت'' کا مفہوم ''سانچہ'' یا Form سے کہیں بڑھ کر ہے۔لفظ ''ہیئت'' کی وسعت اور ہمہ گیری کو واضح کرتے ہوئے پروفیسر سلیمان اطہر جاوید لکھتے ہیں:

''ہیئت'' میں صرف ''سانچہ'' نہیں الفاظ کا استعمال، جملوں یا مصرعوں کی ترکیب، ترتیب اور تنظیم بھی آجاتی ہے اور غزل یا نظم کتنی طویل ہوں کسی بحر کا استعمال کب کرنا چاہئیے۔غنائیت کیسی اور کتنی ہو۔نظم افسانہ یا ناول وغیرہ ہو تو اس کا عنوان کیا ہو۔کم وبیش یہ ساری باتیں ہیئت میں شامل ہیں۔فنکار صرف ونحو کا استعمال کس طرح کرتا ہے۔اس پر ہی ہیئت کے بانکپن اور ندرت کا انحصار ہوتا ہے...... ہیئت اپنی ایک اکائی رکھتی ہے۔اس کی ایک وحدت ہے۔''(۱)

''ہیئت'' کی وسعت بیان کرنے کے بعد پروفیسر سلیمان اطہر جاوید نے واضح کیا کہ ہر فنکار کو تخلیقی مواد کے اظہار کے لئے ''ہیئت'' کی ضرورت پڑتی ہے۔آگے ہیئت کی اقسام بیان کرنے کے علاوہ مختلف شعراء اور ادیبوں کی تخلیقات کی طرف اشارہ کرتے ہوئے ''ہیئت'' کے مفہوم کو اجاگر کیا گیا ہے۔

پروفیسر سلیمان اطہر جاوید کی زیر نظر تنقیدی کتاب میں شامل دوسرا مضمون ''ادب

میں ابہام اوراس کے مسائل'' ہے۔ یہ کتاب کا عنوان بھی ہے ۔مضمون کے آغاز میں پروفیسر سلیمان اطہر جاوید نے لکھا کہ شاعری میں ابہام حسن کی دلیل ہے ۔لیکن اگر یہ توازن سے بڑھ جائے تو نقصان دہ ہوسکتا ہے۔روسی ادب میں ابہام کے آغاز کا تذکرہ کرتے ہوئے اردو شعر وادب میں ابہام کا استعمال اوراس کی وجوہات کو بیان کیا ہے۔ مقصدی ادب میں وسیلہ کو اہمیت دینے اور بہ طور فن ادب کو استعمال کرنے میں ابہام کا ذکر کیا گیا ہےاور دبستان لکھنؤ اور حلقہ ارباب ذوق کے ہاں برتے جانے والے ابہام کو بیان کیا ہے۔اسی طرح شاعر کی نفسیاتی الجھنوں کو استعارات وغیرہ کے ذریعہ مبہم انداز میں پیش کرنے کی مثالیں بھی پروفیسر سلیمان اطہر جاوید نے اس مضمون میں دی ہیں۔ابہام کو مناسب طور پر استعمال کرنے کا مشورہ دیتے ہوئے پروفیسر سلیمان اطہر جاوید لکھتے ہیں:

''ابہام کو اگر آرٹ کے بہ طور استعمال کیا جائے تو فن کی وقعت میں اضافہ ہوتا ہےاوراس طرح فن پارہ کی لطافت سے زیادہ سے زیادہ محظوظ ہونا ممکن ہےاس کے برخلاف اگر ابہام آرٹ نہیں صنعت ہو تو فن پارہ مجہول اور مہمل لگتا ہے۔یوں دکھائی دیتا ہے کہ فن کار کو فن کی عظمت ورفعت اوراس کے تقدس کا احساس نہیں۔''(۲)

زندگی کے روزمرہ مسائل میں بھی ابہام کا تذکرہ کرتے ہوئے پروفیسر سلیمان اطہر جاوید نے یہ رائے دی ہے کہ قاری اور فنکار اپنے اطراف موجود ابہام کو سمجھتے ہوئے اسے واضح کرنے کی کوشش کریں۔ ورنہ مبہم انداز زندگی حقیقی خوشیوں سے محروم کردے گا۔ ''ادب میں ابہام اور مسائل'' مضمون کے بعد اس کتاب میں شامل اگلے مضمون کا عنوان''

امیجزم۔ایک تحریک!'' ہے۔اس مضمون میں کسی تخلیق کے بارے میں قاری کے ذہن میں ابھرنے والی تصویر کو''امیج'' قرار دیتے ہوئے اس ضمن میں تفصیلات دی گئی ہیں۔''امیج'' کے مفہوم کو واضح کرتے ہوئے پروفیسر سلمان اطہر جاوید لکھتے ہیں:

''شاعر کچھ یوں ہمارے تصورات کو چھیڑتا ہے کہ ہمارے شیشۂ ذہن پر آپ ہی آپ کوئی تصویر ابھرآتی ہے۔ یہ تصویر جتنی سرعت کے ساتھ، جتنی بھرپور اور جس قدر متحرک ہوگی۔امیج اتنا ہی کامیاب کہلائے گا۔امیج کو کسی نے حسیاتی پیکر کی بازیافت کا نام دیا ہے تو کسی کے نزدیک یہ کسی شئے کی مصورانہ پیش کش کا نام ہے۔''(۱)

امیج کی وضاحت کے بعد پروفیسر سلیمان اطہر جاوید نے لکھا کہ ادب میں اسے تحریک کے طور پر اختیار کیا گیا اور چونکہ اس کا مقصد خیال کی فوری اور مکمل ترسیل ہے۔ یہ تحریک ابہام اور اشاریتی تحریک کے ردعمل کے طور پر وجود میں آئی ۔ اسے روایت اور بغاوت کا خوشگوار امتزاج قرار دیتے ہوئے پروفیسر سلیمان اطہر جاوید نے انسانی ذہن ودل ودماغ پر پڑنے والے طرح طرح کے اثرات کا جائزہ لیتے ہوئے امیجزم کی اقسام بیان کی ہیں اور اس کے اصول بیان کئے اور مغربی شعر وادب کے نمائندہ امجسٹ شعراء کے فن کا جائزہ پیش کرتے ہوئے آخر میں لکھا کہ بہ حیثیت تحریک امیجزم کا ۱۹۳۰ء میں خاتمہ ہوگیا۔

''ساتویں دہائی کا طنز ومزاح'' تنقیدی کتاب ''ادب میں ابہام اور مسائل'' میں شامل اگلا مضمون ہے۔اس مضمون میں پروفیسر سلیمان اطہر جاوید نے اردو میں طنز ومزاح کے ابتدائی نقوش اجاگر کرتے ہوئے   ۷۰ء کی دہائی میں

اردو میں طنز و مزاح کی روایات کا جائزہ لیا ہے۔ چنانچہ اس دور کے مزاح نگاروں کے تحت پروفیسر سلیمان اطہر جاوید نے مولانا عبدالماجد دریا آبادی۔ کرشن چندر، فکر تونوی، شاہد صدیقی، کیفی اعظمی، تخلص بھوپالی، مجتبیٰ حسین، یوسف ناظم، سلمیٰ صدیقی، دلاور فگار، رضا نقوی واہی، یوسف پاپا، رشید احمد صدیقی، وجاہت علی سندیلوی، مجید لاہوری، کنہیا لال کپور، شفیق الرحمٰن، شوکت تھانوی، طغرل فرقان، راجہ مہدی علی خان، احمد جمال پاشا کے طنز و مزاح کا جائزہ لیا۔ یہ جائزہ نثر و نظم کی جدا جدا اصناف پر مبنی ہے۔ غالبؔ کی شرحیں لکھنے میں اردو کے نقادوں نے جو تگ و دو کی ہے اس پر یوسف ناظم کے اس اقتباس کو پیش کیا ہے :

> ”ہندوستان میں سرجری کا آغاز اصل میں غالبؔ سے ہوا۔ عام طور پر شاعروں کا کلام پڑھنے یا سننے کیلئے ہوتا ہے۔ (اب جو کلام رونما ہو رہا ہے وہ صرف گانے کے لئے ہوا کرتا ہے)۔ لیکن غالبؔ کا کلام ڈیسکٹنگ کے لئے استعمال ہوتا ہے۔ کئی لوگ جنہیں کرنے کے لئے اور کوئی کام نہ تھا۔ عمر بھر غالبؔ کے کلام کی شرح کرتے رہے۔ ان کے اشعار کا وہ مطلب نکالا جو ان میں نہیں تھا۔ یہ بھی بڑا کارنامہ ہے۔ مارو گھٹنا پھوٹے آنکھ اسے ہی کہتے ہیں۔“ (۱)

یوسف ناظم کی طرح دیگر طنز و مزاح نگاروں کے اقتباسات پیش کرتے ہوئے پروفیسر سلیمان اطہر جاوید نے ساتویں دہائی کے طنز و مزاح کے مختلف پہلوؤں کو اپنے اس مضمون میں اجاگر کیا ہے اور آخر میں اس نتیجہ پر پہنچتے ہیں کہ اس دہائی میں مجموعی طور پر اردو

طنز ومزاح کا کینوس وسیع ہوا ہے۔

طنز و مزاح کے جائزے کے اسی سلسلے کو جاری رکھتے ہوئے کتاب کے اگلے مضمون ''پیروڈی اردو شاعری میں'' پروفیسر سلیمان اطہر جاید نے فن پیروڈی اور اردو شاعری میں اس کے رواج کا جائزہ پیش کیا ہے۔ پیروڈی دراصل کسی فن پارے کے طرز پر پیش کی جانے والی دوسری تخلیق کو کہتے ہیں۔ اس کی اہمیت واضح کرتے ہوئے پروفیسر سلیمان اطہر جاوید لکھتے ہیں:

> ''ہمارے ہاں پیروڈی عموماً ادبی ذائقہ تبدیل کرنے کے لئے لکھی جاتی ہے۔ پیروڈی میں تفریح طبع کا عنصر کارفرما ضرور ہوتا ہے۔ لیکن پیروڈی مزاح پارہ ہی نہیں خصوصاً معیاری پیروڈی مزاح کے علاوہ اور پہلوؤں کی بھی حاصل ہوتی ہے۔ پیروڈی ادبی تفریح کا ذریعہ ہی نہیں ادبی تنقید بھی ہے جو کسی سنجیدہ اسلوب کی ایمان دارانہ نقل کا نتیجہ ہوتی ہے۔ فن پارہ کے موضوع کو نشانہ بنانا پیروڈی کا ایک سطحی تصور ہے۔'' (۲)

پیروڈی کی وضاحت کے بعد اس کی ایک اور شکل تحریف کی وضاحت کرتے ہوئے پروفیسر سلیمان اطہر جاوید نے پیروڈی کے آغاز وارتقاء کا تحقیقی انداز میں جائزہ لیا اور مغربی و مشرقی شعراء اور ادیبوں کے ہاں اس فن کی موجودگی کا پتہ لگایا۔ اردو میں پیروڈی نگاری کے باضابطہ آغاز کو بیسویں صدی کے ربع دوم سے بتاتے ہوئے پروفیسر سلیمان اطہر جاوید نے اردو کے مشہور پیروڈی نگاروں کنھیا لال کپور، محمد عاشق، دلاور فگار، مجید لاہوری، راجہ مہدی علی خاں، ماچس لکھنوی، واہی، سلیمان خطیب اور سید محمد

جعفری وغیرہ کی پیروڈی نگاری کا جائزہ لیا۔ اقبال کی مشہور نظم ''شکوہ'' پر لکھی جانے والی پیروڈیوں کا ذکر کرتے ہوئے پروفیسر سلیمان اطہر جاوید نے بہ طور اقتباس سید محمد جعفری کو پیروڈی کا یہ انتخاب پیش کیا ہے جس کا عنوان ''وزیروں کی نماز'' رکھا گیا۔ اقبال کے شکوہ کے طرز پر سید محمد جعفری لکھتے ہیں:

''عطر میں ریشمی رومال بسایا ہم نے
ساتھ لاتے تھے مصلی وہ بچھایا ہم نے
دور سے چہرہ وزیروں کو دکھایا ہم نے
ہر بڑے شخص کو سینے سے لگایا ہم نے
پھر بھی ہم سے یہ گلہ ہے کہ وفادار نہیں
کون کہتا ہے کہ ہم لائق دربار نہیں(۱)

اسی طرح نظیر اکبر آبادی کی مشہور نظم ''آدمی نامہ'' پر مجید لاہوری کی لکھی گئی پیروڈی سے بہ طور انتخاب یہ اشعار پیش کیے ہیں:

مونچھیں بڑھا رہا ہے سو ہے وہ بھی آدمی
داڑھی منڈھا رہا ہے سو ہے وہ بھی آدمی
مرغے جو کھا رہا ہے سو ہے وہ بھی آدمی
دلیا پکا رہا ہے سو ہے وہ بھی آدمی
ٹکڑے چبا رہا ہے سو ہے وہ بھی آدمی
اور لنچ اڑا رہا ہے سو ہے وہ بھی آدمی'' (۲)

دیگر پیروڈی نگاروں کے کلام کا جائزہ لیتے ہوئے مضمون کے آخر میں پروفیسر سلیمان اطہر جاوید ایک مرتبہ پھر پیروڈی کے مفہوم کے بارے میں احتیاط کا مشورہ دیتے ہوئے لکھتے ہیں:

''اردو میں پیروڈی کے مفہوم کے اطلاق میں احتیاط کی ضرورت ہے۔ ظاہر ہے صرف نقل، گرہ لگانا، طرح میں لکھنا، تضمین وغیرہ پیروڈی سے دور ہیں۔ تا آنکہ فکر، میلان، نظریہ کا مضحکہ طرز اور پیرایہ اظہار کا مذاق، اسلوب پر طنز، فنی اصولوں کی کورانہ اور کٹر پابندی کی تضحیک اور ادبی تنقید نہ ہو۔ معیاری پیروڈی مکمل نہیں ہوتی۔ پھر پیروڈی نگار کا معاشرتی شعور اور عصری حسیت کا حامل ہونا بھی ضروری ہے۔ جو پیروڈی کے رنگ کو چوکھا کر دیتا ہے۔'' (۳)

پیروڈی کے بارے میں اردو ادب میں بہت کم معلومات ملتی ہیں۔ پروفیسر سلیمان اطہر جاوید نے اس مضمون کے ذریعہ تحقیقی انداز میں پیروڈی کے تعلق سے تفصیلات پیش کی ہیں اور اس صنف سے وابستہ کئی گمنام شعراء کے کلام کو بہ طور انتخاب پیش کیا ہے۔

''ادب میں ابہام اور اس کے مسائل'' کتاب میں اگلا مضمون ''سردار جعفری کی شاعری'' ہے۔ اس مضمون میں پروفیسر سلیمان اطہر جاوید نے سردار جعفری کی شاعری کے مختلف پہلو جیسے انقلابیت، رومانیت خواب، بین قومیت، عالمگیریت، آفاقیت، جدوجہد آزادی، تصور عورت، جدیدیت، غنائیت، نثری شاعری زبان و بیان وغیرہ کا مثالوں کے

ساتھ تفصیلی جائزہ پیش کیا ہے اور بہ طور شاعر سردار جعفری کی ایک مکمل اور واضح تصویر قاری کے روبرو پیش کی ہے۔ شعراء نے کسی خواہش کو لے کر خواب کے انداز میں شاعری کی ہے۔ سردار جعفری کے خوابوں کے ہندوستان کے بارے میں پروفیسر سلیمان اطہر جاوید لکھتے ہیں:

''خواب کو اپنی شاعری کا ایک عزیز ترین موضوع بنانے کے تعلق سے سردار جعفری کے میلانات کا تجزیہ کریں تو یہ نتیجہ اخذ کیا جاسکتا ہے کہ ۱۹۴۷ء سے قبل جدوجہد آزادی میں شریک ہندوستانی ادیبوں اور شاعروں نے ہندوستان مابعد آزادی کے کئی خواب دیکھے تھے۔ اپنی حقیقت نگاری کے باوصف ترقی پسند بھی خواب دیکھنے والوں میں شامل رہے۔ سردار جعفری نے نئے ہندوستان کے اپنے خواب کو ''نئی دنیا کو سلام'' میں پیش کیا ہے۔ لیکن ان کی سیاسی مثنوی ''جمہور'' میں یہ خواب مکمل، بھرپور اور واضح ہے۔''(۱)

سردار جعفری کی خوابوں والی شاعری کا تذکرہ کرتے ہوئے پروفیسر سلیمان اطہر جاوید نے ان کی مشہور نظم ''جمہور'' کا یہ انتخاب پیش کیا ہے۔

یہ افلاس کی رات ڈھل جائے گی
کسانوں کی دنیا بدل جائے گی
نہ ہوگا مشینوں کا انسان غلام
مشینوں پر قبضہ کریں گے عوام
سجادیں گے چیزوں سے بازار ہم

لگا دیں گے دولت کے انبار ہم
پھلے اور پھولے گا بھارت کا باغ
جلیں گے ہر اک گھر میں گھی کے چراغ
کریں گے یہاں رقص حسن و شباب
زمین پر اتر آئے گا آفتاب
وہ شاداب چہروں پر ہوگا نکھار
کہ جھیپیں اجنتا کے نقش و نگار
نئی دیں گے ماتھوں کو تنویر ہم
بدل دیں گے انساں کی تقدیر ہم'' (۱)

سردار جعفری کی شاعری کی مختلف خصوصیات بیان کرنے کے بعد مضمون کے آخر میں انہیں ایک بڑا شاعر قرار دیتے ہوئے پروفیسر سلیمان اطہر جاوید اپنے خیالات کا اظہار ان الفاظ میں کرتے ہیں:

''سردار جعفری کی شاعری آفاقیت، گہرائی اور ان دائمی قدروں کی حامل ہے جو ہر دور میں انسانیت کو عزیز رہی ہیں۔ وہ ترقی پسند تحریک کے سرگرم کارکن ہیں۔ لیکن ان کا شاعرانہ منصب و مقام ترقی پسند تحریک کے حدود سے ماورا ہے۔ ترقی پسند تحریک سے وابستگی کے باعث کئی شعراء کو ادب میں مقام ملے گا۔ جب کہ سردار جعفری کی شخصیت اور شاعرانہ انفرادیت کے باعث ترقی پسند تحریک ہمیشہ یاد رکھی جائیگی۔'' (۲)

''سردار جعفری کی شاعری'' مضمون کے بعد زیر نظر کتاب میں شامل اگلا مضمون ''خورشید احمد جامی اور عصری آ گہی'' ہے۔ اس مضمون میں پروفیسر سلیمان اطہر جاوید نے دوسری جنگ عظیم کے بعد کے دور کے غزل کے مشہور شاعر خورشید احمد جامؔی کی شاعری کا جائزہ پیش کیا ہے اور اس دور کے حالات کی روشنی میں ان کے کلام پر پڑنے والے اثرات کا جائزہ لیا ہے۔ زندگی کے موضوع پر جامؔی کے ان اشعار کو پیش کیا گیا۔

''جس طرف دیکھئے ماحول کی پیشانی پر
ایک جلتی ہوئی تصویر نظر آتی ہے
چاہتیں ہیں کہ پگھلتی ہوئی زنجیریں ہیں
زندگی ہے کہ سلگتا ہوا ارمان کوئی
زندگی آج وہ صحرائے الم ہے جس میں
آرزوں کے بھٹکتے ہوئے آہو بھی نہیں'' (۳)

جامؔی کی غزلوں سے انتخابات پیش کرنے کے علاوہ ان کے اسلوب کے بارے میں پروفیسر سلیمان اطہر جاوید لکھتے ہیں:

''اردو غزل میں جامؔی کا اسلوب ایک نئی آواز ہے۔ عصر حاضر میں کئی شاعر موضوعات کے اعتبار سے جدید غزل کہنے کے باوجود غزل کو جدید اسلوب نہ دے سکے۔ ...... جامؔی کا اسلوب اس قدر تر و تازہ، شاداب و شاداں، نکھرا ستھرا، بانکا تیکھا، دلنواز اور روح پرور ہے کہ جدید غزل کو یہ صرف جامؔی کی دین ہے۔'' (۱)

جاؔمی کی شاعری کے تجزیے کے بعد پروفیسر سلیمان اطہر جاوید نے اپنے اگلے مضمون میں ''بشیر النساء بشیر کی شاعری'' کے عنوان سے ممتاز خاتون شاعرہ کے کلام کا جائزہ لیا ہے۔ حیدرآباد کی خواتین کی محفلوں کی روح رواں رہنے والی بشیر النساء بشیر کی شاعری کے مختلف پہلوؤں کو اجاگر کرتے ہوئے ان کی شاعری کے فلسفیانہ روپ پر اس طرح اظہار خیال کیا ہے:

''بشیر النساء بشیؔر کی شاعری میں فلسفیانہ نکتہ سنجیاں نہیں۔ لیکن ان کے ہاں شاعرانہ فلسفہ ضرور ہے۔ جو ان کے دور کے فلسفیانہ افکار کے مطالعہ کا نتیجہ ہے اور فنی پختگی، اسلوب کی متانت اور ان کے مزاج کے ٹھہراؤ کے باعث نکھر آیا ہے۔ موت وحیات کے خصوص میں اظہار خیال کرتے ہوئے وہ اس مہارت اور قدرت کے ساتھ گویا ہوتی ہیں۔ جیسے کوئی فلسفی شاعر۔ مثلاً ان اشعار میں

تعمیر نو کا ذوق ہے نقش کہن کی موت
صورت گر وجود عدم کا نظام ہے
میرا وجود میرے عدم کا ثبوت ہے
بودو نبود میری حقیقت کا نام ہے (۲)

بشیؔر کی شاعری پر مبنی مضمون کے بعد اس کتاب میں شامل اگلے مضمون کا عنوان'' نئی شاعری۔ ایک سوالنامہ کے جواب میں'' ہے۔ اس مضمون میں پروفیسر سلیمان اطہر جاوید نے انشا پردازی کی ایک جدید طرز اختراع کی اور ادبی موضوعات پر سوالات تحریر کرتے ہوئے ان سوالات کے اپنی تحقیقی وتنقیدی معلومات اور علمی وادبی بصیرت کے

مطابق جوابات تحریر کیئے۔ادبی عنوانات پر سوالات تلاش کرنا اوران کے سیر حاصل جواب دینا پروفیسر سلیمان اطہر جاوید کی گہری علمی قابلیت کو ظاہر کرتا ہے۔اس مضمون میں انہوں نے حسب ذیل سوالات کے جوابات دیئے ہیں۔سوالات اس طرح ہیں:

(۱) سنہ متعین کرتے ہوئے تفصیلاً بتلائیے کہ آپ کے نزدیک نئی شاعری کہاں سے شروع ہوتی ہے۔

(۲) نئی شاعری کو آپ کیا سمجھتے ہیں۔ایک تحریک، رجحان، عمل، ردعمل یا پھر کچھ اور؟

(۳) ہر ''آج'' نیا رہا ہے؟ پھر کیا وجہ ہے کہ آج کی شاعری کو نئی شاعری کہا جائے؟

(۴) بعض لوگ نئی شاعری پر بڑے شدید حملے کرتے ہیں۔مثلاً یہ تنہائی کا پرچار کرتی ہے۔اس میں حد سے زیادہ ابہام پایا جاتا ہے۔اوراس کی تنہائی اور ابہام ذاتی نہیں بلکہ (Borrowed) ہیں۔آپ کے نزدیک یہ الزامات کہاں تک صحیح ہیں؟

(۵) ایک نظریہ کے مطابق ترقی پسند شاعری خط مستقیم کی شاعری ہے لیکن ادھر کچھ برسوں سے بعض ترقی پسند شاعر ایسی نظمیں کہہ رہے ہیں جس میں خط مستقیم والی بات نظر نہیں آتی۔علاوہ اس کے یہ نظمیں زندگی کے نئے تقاضوں کی بھرپور عکاسی بھی کرتی ہیں۔آپ ایسے شاعروں کو کیا کہیں گے؟

(۶) نئی شاعری (غزل) کے ایک گروپ کا لہجہ، میرؔ کا لہجہ ہے۔غالبؔ شناسی، غالبؔ پرستی اور غالبؔ دوستی کے اس دور میں ایسا کیوں؟

(۷) نظم اور نثر کے مابین ''ردم'' کا فرق ایک مسلم اور نمایاں فرق ہے۔لیکن نئی

شاعری (نظم) کے ایک گروپ کی نظمیں خالص نثری ٹکڑوں پر مشتمل ہوتی ہے ۔کیا آپ بھی ان نثری تکڑوں کو نظمیں کہیں گے؟ اگر ہاں تو کیوں؟ اور اگر نہیں تو پھر ایسی چیزوں کو اردو جرائد کے حصہ نظم میں دیکھ کر آپ کو بڑی کوفت ہوتی ہوگی!

پروفیسر سلیمان اطہر جاوید کے پیش کردہ ان سوالات کو دیکھنے سے اندازہ ہوتا ہے کہ کہیں یہ کسی جامعہ کے امتحان کا پرچہ سوال تو نہیں لیکن ان سوالوں کے مثالوں کے ساتھ جوابات دیتے ہوئے پروفیسر سلیمان اطہر جاوید نے ان میں اپنی علمی صلاحیتوں اور معلومات کو بھرپور طور پر ظاہر کیا ہے ۔نئی شاعری کے زمانے کا تعین کرتے ہوئے پروفیسر سلیمان اطہر جاوید لکھتے ہیں:

''تقاضائے فطرت ہے کہ ہر دور اپنے ہمراہ نئی تحریکات اور نئے رجحانات لے آتا ہے ۔ ماقبل آزادی ہندوستان کے معاشی ، معاشرتی اور سیاسی حالات جو بھی تھے من بعد آزادی ان میں واضح تبدیلی آچکی تھی ۔ترقی پسند تحریک ان کے ہم قدم اور ہم آہنگ نہیں ہوسکتی تھی ۔ ۱۹۴۷ء کے بعد چھ آٹھ سال کی مدت کو ہم عبوری دور سے موسوم کر سکتے ہیں ۔ جبکہ ترقی پسند تحریک منظر سے ہٹتی اور تاریخ کا جزو بنتی جارہی تھی ۔محترم اور معتبر جزو ۔ اس عبوری دور میں جو چند رجحانات وجود میں آرہے تھے ۔ نئی شاعری انہی میں سے ہے ۔''(۱)

نئی شاعری کی مثالیں پیش کرتے ہوئے پروفیسر سلیمان اطہر جاوید نے دیگر

شعراء کے علاوہ سلام مچھلی شہری کی ایک نظم ''ھپی ازم'' پیش کی ہے۔ جس سے نئی شاعری کی ایک جھلک محسوس کی جاسکتی ہے۔ نظم اس طرح ہے:

''وہی سگریٹ
وہی وہسکی
وہی عورت
وہی میں۔
وہی چاہت وہی نفرت
وہی میں۔
مجھ سے اچھے تو یہ ہپی ہیں نئی دلی میں
زیست کا واضح تصور تو کوئی رکھتے ہیں
کم سے کم یہ تو بتاتے ہیں
زندگی فلسفہ قید ہے چھوڑو اس کو
اور تہذیب بھی زنجیر ہے توڑو اس کو۔''(۱)

اسی طرح کی نظموں کو بطور مثال پیش کرتے ہوئے سوال جواب کے انداز میں پروفیسر سلیمان اطہر جاوید نے نئی شاعری اور اس کی مختلف جہات کو پیش کیا ہے اور آخر میں اس امید کا اظہار کیا کہ نئے شاعری صحت مند اقدار کو اختیار کریں گے۔

تنقیدی مضامین پر مشتمل کتاب ''ادب میں ابہام اور اس کے مسائل'' میں شامل اگلا مضمون ''لہو کے پھول ایک مطالعہ'' ہے۔ اس مضمون میں پروفیسر سلیمان اطہر جاوید نے

حیات اللہ انصاری کے ناول ''لہو کے پھول'' کا جائزہ پیش کیا ہے۔ یہ ناول جدوجہد آزادی کے پس منظر میں لکھا گیا۔ ناول طویل ہے اور ادیبوں نے اس پر کافی تنقیدیں بھی کی ہیں لیکن پروفیسر سلیمان اطہر جاوید نے ایک سلجھے ہوئے نقاد کی طرح حیات اللہ انصاری کے اس ناول کے محاسن و معائب کا جائزہ لیا ہے اور اس کی کہانی، پلاٹ، کردار مکالموں اور دیگر خوبیوں اور خامیوں کو پیش کیا ہے۔ ناول ''لہو کے پھول'' میں پائے جانے والے ہندوستانی عناصر کی وضاحت کرتے ہوئے پروفیسر سلیمان اطہر جاوید لکھتے ہیں:

''ناول کی ایک ممتاز خصوصیت اس کی ''ہندوستانیت'' ہے۔ یہ تو خیر نہیں کہ اسی ناول میں ہندوستانیت پیش کی گئی ہو۔ لیکن اتنا ضرور ہے کہ ہندوستانی زندگی کے جتنے زیادہ پہلو اس ناول میں پیش کیے گئے ہیں۔ شائد ہی اردو کے کسی ناول میں پیش کیے گئے ہوں ...... رہن سہن، بول چال، رنگ ڈھنگ، لباس، غذا، تراش خراش، جذبات و احساسات، تہذیب واقفیت مذہب اور رسم و رواج غرض سب کچھ ہندوستانی ہے۔''

(۱)

مضمون کے آخر میں ناول میں موجود خامیوں کا ذکر کرتے ہوئے پروفیسر سلیمان اطہر جاوید نے ''لہو کے پھول'' کو اپنے وقت کا ایک کامیاب ناول قرار دیا ہے۔ کتاب میں شامل اگلے مضمون '' احتشام حسین کا تنقیدی رویہ'' ہے۔ اس مضمون میں پروفیسر سلیمان اطہر جاوید نے احتشام حسین کے تنقیدی نظریات اور ان کی تنقیدی کتابوں کا تفصیلی جائزہ لیا ہے۔ اس ضمن میں وہ لکھتے ہیں:

''احتشام حسین اگر سماجی اقدار کی اہمیت وعظمت کے قائل ہیں تو اسی کے ساتھ ساتھ انہوں نے ایک سچے ترقی پسند کی طرح فرد کی اہمیت وعظمت کو بھی نظر انداز نہیں کیا ہے۔ان کی امتیازی خصوصیت یہ ہے کہ ان کا تنقیدی رویہ خاصا لچکدار اور لوچدار ہے۔ چونکہ وہ ادب تنقید دونوں کو زندگی سے وابستہ رکھتے ہیں اور زندگی کو تغیر پذیر مانتے ہیں۔اس لئے وہ نہ تو ترقی پسندی کے اٹل اصولوں کے قائل ہیں اور نہ تنقید کے۔''(۲)

احتشام حسین کے تنقیدی مضامین کی روشنی میں ان کے نظریات کا جائزہ لیتے ہوئے پروفیسر سلیمان اطہر جاوید نے انہیں ایک بے باک اور جرائت مند نقاد قرار دیا ہے۔

''مصحفی کا عصری شعور'' نامی مضمون میں پروفیسر سلیمان اطہر جاوید نے اردو کے نامور شاعر غلام ہمدانی مصحفی کی شاعری میں ان کے عہد کی جھلک تلاش کرنے کی کوشش کی ہے۔ مصحفی کا دور اوران کے عہد کے حالات کے پس منظر کو بیان کرتے ہوئے پروفیسر سلیمان اطہر جاوید نے ان کی شاعری کے انتخاب کے ذریعہ عصری شعور کو اجاگر کیا ہے۔ دلی کی تباہی سے پریشان ہوکر میر کی طرح مصحفی نے بھی لکھنؤ کا رخ کیا تھا۔تاہم لکھنؤ بھی انہیں راس نہیں آیا۔ چنانچہ اس پہلو کو پیش کرتے ہوئے مصحفی کے کلام سے یہ رباعی پیش کی گئی ہے۔

''یارب شہر اپنا یوں چھڑایا تو نے
ویرانے میں مجھ کو لا بٹھایا تو نے
میں اور کہاں یہ لکھنو کی خلقت

اے وائے، یہ کیا کیا خدایا تو نے۔'' (۳)

مصحفیؔ کے دور کے اہم واقعات کو ان کے اشعار کے پس منظر میں پیش کرنے کے بعد مضمون کے آخر میں اظہار خیال کرتے ہوئے پروفیسر سلیمان اطہر جاوید لکھتے ہیں:

مصحفی کے کلام میں جو سپردگی ہے...... یہ سب کچھ محض یونہی نہیں اور نہ صرف ان کے غم عشق کا فیض اور ان کی حدیث دل ہے یہ تو حدیث دلی بھی ہے۔غم زمانہ بھی ہے صرف خود کے لٹ جانے کے باعث نہیں۔ زمانے کو لٹتا دیکھنے کا ردعمل بھی ہے......اس میں کوئی شبہ نہیں کہ مصحفیؔ اپنے عہد کے ان چند شاعروں میں ہیں۔ جنہوں نے زمانے کی رفتار کو موڑ نہ دیا ہو۔ ہوا کے رخ کو ضرور پہچانا اور جہاں تک ممکن ہوسکا اپنے کلام میں اس کی عکاسی کی۔'' (۱)

معاشرتی مطالعہ پر مبنی پروفیسر سلیمان اطہر جاوید کا ایک اور مضمون '' داغؔ کی شاعری میں ان کے عہد کا معاشرتی کرب'' ہے۔ سابقہ مضمون کی طرح اس مضمون میں بھی مصنف نے دبستان دہلی کے نمائندہ شاعر داغؔ کی شاعری میں ان کے عہد کی معاشرت کو تلاش کرنے کی کوشش کی ہے۔ داغؔ کے دور کے حالات خصوصاً مغلیہ سلطنت کے زوال کے پس منظر میں ان کے کلام کو سمجھانے کی کوشش کی ہے۔ دہلی کی تباہی پر اس دور کے تقریباً تمام شعراء نے جذباتی شاعری کی ہے۔ دلی کی تباہی پر مرثیہ خوان یہ غزل پروفیسر سلیمان اطہر جاوید نے پیش کی ہے۔

یوں مٹا جیسے کہ دہلی سے گمان دہلی

تھا مرا نام و نشان نام و نشان دہلی
لے گئے لوٹ کے اب شوکت و شان دہلی
پور بی پہلے اڑاتے تھے زبان دہلی
اس سے بڑھ کر کوئی محشر میں نہیں طول حساب
بس یہی ہوگا کہ ہم اور بیان دہلی
یا خدا مسجد جامع کار ہے نام بلند
کعبہ والے کہیں وہ آئی اذانِ دہلی
آسمان پر سے بھی نوحہ کی صدا آتی ہے
کیا فرشتے بھی ہوئے مرثیہ خوانِ دہلی ''(۲)

یہ اشعار پیش کرنے کے بعد دلی کی تباہی پر داغؔ اور دیگر شعراء کے ردعمل کے بارے میں پروفیسر سلیمان اطہر جاوید لکھتے ہیں:

''داغ نے اپنی کئی غزلوں میں دلی کی تباہی پر آنسو بہائے ہیں دلی کی یاد ان کے دل میں ایک داغ بن کر رہ گئی ہے...... دلی نام ہی کی جہاں آباد نہیں تھی۔ اس میں ایک جہاں آباد بھی تھا۔ عیش و مسرت کا جہاں، رنگ و بو کا جہاں بے فکری اور بے نیازی کا جہاں۔ اس کے ویران ہونے پر کس کس نے اپنے دل کو ویران نہیں پایا۔ غالبؔ نے حالیؔ نے داغؔ نے مصحفیؔ نے، سب نے۔ سب کے چشم نم ہیں۔ دامن تر۔ اس جہاں آباد کا ماتم سب نے کیا۔''(۱)

دلی کی تباہی کے علاوہ داغ کے عہد کے دیگر حالات پر ان کے اشعار پیش کرنے کے بعد مضمون کے آخر میں پروفیسر سلیمان اطہر جاوید نے اس خیال کا اظہار کیا کہ اپنے عہد کے حالات سے ہر فرد متاثر ہوتا ہے۔ چنانچہ داغ نے بھی زمانے کے سرد و گرم محسوس کئے۔ اور انہیں اپنے کلام میں پیش کیا۔ ''ادب میں ابہام اور اس کے مسائل'' کتاب میں شامل اگلا مضمون ''میر محبوب علی خاں آصف'' ہے۔ اس مضمون میں ریاست حیدر آباد کے فرماں روا آصف جاہ ششم میر محبوب علی خاں، آصف کی شاعرانہ عظمت کو بیان کیا گیا ہے۔ ایک بادشاہ کو ہر طرح کی آسائش حاصل ہوتی ہے۔ پھر بھی اگر اس کے کلام میں درد و غم سوز و گداز ہو تو یہ اس کے کہنہ مشق شاعر ہونے کی دلیل ہے۔ میر محبوب علی خاں کے کلام سے سوز و گداز پر مبنی یہ اشعار پیش کئے ہیں:

نہ دل میں صبر، نہ دل میں قرار باقی ہے
کسی کی یاد فقط یادگار باقی ہے
گنتی کے داغ یاس مرے دل میں رہ گئے
یہ ہیں نشان لٹی ہوئی فصل بہار کے

(محبوب علی خاں)

ان اشعار کو پیش کرنے کے بعد پروفیسر سلیمان اطہر جاوید محبوب علی خاں کے کلام میں درد و غم کے جذبات کی موجودگی پر اظہار خیال کرتے ہوئے لکھتے ہیں :

''کتنا غم، کتنا رنج، کتنی حسرتیں اور کتنی سسکتی ہوئی تمنائیں پوشیدہ ہیں ان اشعار میں کون کہتا ہے کہ آصف صرف شاہ دکن تھے۔ ان کے سینے میں

بادشاہ کا نہیں بس عام انسان کا دل تھا۔''(۲)

اس مضمون میں آصف کی شاعری کی دیگر خصوصیات جیسے تصوف، قادرالکلامی وغیرہ کا جائزہ بھی پیش کیا گیا اور اردو شعروادب کے فروغ میں ان کی خدمات کو بیان کیا گیا۔

''انیس اور عصر حاضر'' مضمون میں پروفیسر سلیمان اطہر جاوید نے مشہور مرثیہ گو شاعر میر انیسؔ کے کلام میں عہد حاضر کے مسائل اور تقاضوں کی موجودگی کو تلاش کیا ہے ۔انیسؔ کا عہد انیسویں صدی کا زمانہ تھا۔اس دور کے لکھنؤ کے تہذیبی و معاشرتی انحطاط کا تذکرہ کرنے کے بعد پروفیسر سلیمان اطہر جاوید نے مراثی انیس میں بیان کردہ واقعات کربلا، جذبات نگاری، معاشرت نگاری وغیرہ کے ضمن میں انیسؔ کی شاعری کو عصر حاضر سے منطبق کرنے کی کوشش کی ہے۔واقعات کربلا میں امام حسینؓ اور ان کے اہل خانہ وغیرہ کی شہادت اور جذبہ قربانی کو بیان کرنے کے بعد پروفیسر سلیمان اطہر جاوید لکھتے ہیں:

> ''سیرت حسینیؑ کے ان پہلوؤں کو انیسؔ نے اس طرح ابھارا اور اجاگر کیا ہے کہ ہر دور میں یزیدی طاقتوں سے مقابلہ کرنے کے لئے ان سے بڑھاوا ملتا ہے۔ ان کے علاوہ بھی انیسؔ نے مختلف کرداروں کی زبانی شریفانہ جذبات کو ابھارنے،تہذیبی قدروں کو نکھارنے انسانی احساسات کو بیدار کرنے اور ان کے پہلوؤں کو عوام میں باعث توقیر بنانے کی سعی کی جو انسانیت کے لئے باعث شرف ہیں۔''(۱)

انیسؔ کے مرثیوں سے منتخب اشعار پیش کرتے ہوئے غم کے جذبات کے ہر زمانے میں یکساں ہونے اور ان کے کلام کی معنویت تازہ ہونے کا تذکرہ بھی اس مضمون میں کیا گیا ہے۔مجموعی طور پر پروفیسر سلیمان اطہر جاوید نے یہ بات واضح کرنے کی کوشش

کی ہے کہ انیس کے کلام میں صرف واقعہ کربلا کا بیان ہی نہیں ملتا بلکہ اس میں بیان کردہ بیشتر جذبات واحساسات کی عکاسی ہر زمانے میں ہوتی رہتی ہے۔

مضمون ''تلگو شاعری میں جدید رجحانات'' میں پروفیسر سلیمان اطہر جاوید نے اپنے مطالعہ کو دیگر زبانوں تک وسعت دیتے ہوئے تلگو شاعری میں جدید رجحانات کا ذکر کیا ہے۔ تلگو زبان کی وسعت اور اہمیت کو اجاگر کرنے کے بعد تلگو کے اہم شعراء ویرا سالنگم پنتلو، گوراجاڑا اپاراؤ وغیرہ کو تلگو شاعری میں جدید رجحانات لانے والا قرار دیا اور ان کے علاوہ دیگر شعراء کے کلام میں پائی جانے والی خصوصیات جیسے اشاریت امیجزم، وجودیت، فوق الواقعیت (سرریلزم) فنی اعتبار سے آزاد شاعری معریٰ شاعری وغیرہ رجحانات کا جائزہ لیا گیا ہے۔ تنقیدی کتاب ''ادب میں ابہام اوراس کے مسائل'' میں شامل آخری مضمون کا عنوان ''روس میں اشاریت پسند شعراء'' ہے۔ یہ مضمون بھی پروفیسر سلیمان اطہر جاوید کے دیگر زبانوں پر عبور کی دلالت کرتا ہے۔ اشاریت ان کا پسندیدہ موضوع ہے۔ ''اردو شاعری میں اشاریت'' کتاب میں بھی انہوں نے علحدہ موضوع پر دنیا کی سرکردہ زبانوں کے شعروادب میں اشاریت کو پیش کیا تھا۔ اسی مطالعہ کی ایک کڑی کے طور پر اس مضمون میں پروفیسر سلیمان اطہر جاوید نے روسی شعروادب میں اشاریت کے رجحانات کی وجوہات بیان کرتے ہوئے روس کے اشاریت پسند شعرا بالمونٹ، برائیوسوف، ڈوبرولیوف، کونیوسکی، زیندراہپی لیس، فیڈروسولوگپ، آئینکی، آئیوانوف، بلاک، ماروسکی وغیرہ کی اشاریت پسندی کا جائزہ پیش کیا ہے۔

روسی شعراء کی اشاریت پسندی کے بارے میں پروفیسر سلیمان اطہر جاوید لکھتے ہیں:

"روسی اشاریت پسندوں کا فلسفہ بے حد دلچسپ ہے۔ انہوں نے اس کائنات کو اشاریتی نظام متصور کیا۔ ان کے نزدیک کسی شئے کی اہمیت اس شئے کی وجہ سے نہیں بلکہ اس وجہ سے ہے کہ وہ کسی اور شئے کا پرتو ہے۔ یہ نقطہ نظر روسی اشاریت اور اشاریت پسندوں کو ایک مابعد الطبیعاتی کردار کا حامل بنا دیتا ہے۔ روسی شاعروں نے الفاظ کو محض خیالات کے اظہار کا وسیلہ نہیں بنایا ان سے جذبات و احساسات کی ترجمانی کی۔"(۱)

اس مضمون کے ساتھ ہی پروفیسر سلیمان اطہر جاوید کی اس تنقیدی کتاب کا اختتام عمل میں آتا ہے۔ اس کتاب میں مضامین تنقیدی نوعیت کے ہیں۔ کتاب کے عنوان پر مشتمل ایک مضمون ہے۔ دیگر مضامین کا کتاب کے موضوع پر اطلاق نہیں ہوتا۔ اپنے مضامین کو کتابی شکل دے کر ایک مضمون کو کتاب کا عنوان بنایا گیا ہے۔ تاہم اس کتاب میں موجود مضامین پروفیسر سلیمان اطہر جاوید کے تنقیدی رویے کی عکاسی کرتے ہیں۔ تمام مضامین میں تحقیق، تجزیہ، محاسن و معائب کا بیان جیسے پہلو ملتے ہیں۔ مضامین کے تنوع سے اندازہ ہوتا ہے کہ پروفیسر سلیمان اطہر جاوید کی ادب کے مختلف گوشوں پر کتنی گہری نظر ہے۔ ادب کے ساتھ ساتھ انہوں نے معاشرے اور تہذیب کا بھی مطالعہ کیا اور مختلف مضامین میں معاشرت، تہذیب اور عہد کے تاریخی حالات کے حوالے سے شعر و ادب کا جائزہ پیش کیا گیا ہے۔ مجموعی طور پر یہ کتاب پروفیسر سلیمان اطہر جاوید کے تنقیدی رجحان کو جلا دینے والی ثابت ہوئی ہے۔ کیونکہ آگے چل کر اپنے تجربات کی روشنی میں انہوں نے اپنے تنقیدی شعور کو مزید پختہ کیا اور اردو کے نامور نقادوں میں شمار ہونے لگے۔ تنقیدی کتاب "ادب میں ابہام اور اس کے مسائل" میں اسلوب سلیس اور رواں ہے۔ پیش کردہ پہلو کو اجاگر

کرنے کے لئے اشعار کے حوالے دئے گئے ہیں اور تحقیقی انداز اختیار کرتے ہوئے شعراء اور ادیبوں کے دور کو بھی متعین کیا گیا ہے۔تنقید میں اکثر گنجلک اسلوب اختیار کیا جاتا ہے۔ لیکن پروفیسر سلیمان اطہر جاوید کی تحریر میں روانی ہے اور وہ شعر وادب کے خشک سمجھے جانے والے موضوعات کو بھی اپنے سلیس اور رواں اسلوب کی مدد سے آسانی سے سمجھا دیتے ہیں ۔ ہیئت، امیجزم، پیروڈی وغیرہ امور کو پروفیسر سلیمان اطہر جاوید نے اپنے نمائندہ اسلوب کے ذریعہ بخوبی سمجھایا ہے۔کتاب میں تشریحی پہلو زیادہ ہے۔تنقید میں محاسن پر زیادہ توجہ دی گئی ہے۔ معائب کم بیان کئے گئے ہیں۔ مجموعی طور پر یہ کتاب سائنٹفک تنقید کی اچھی مثال قرار دی جاسکتی ہے۔

تنقیدی افکار

پروفیسر سلیمان اطہر جاوید کی ایک اور تنقیدی کتاب ''تنقیدی افکار'' ہے۔شعر و ادب کے مختلف تنقیدی مضامین پر مشتمل یہ کتاب نظامس اردو ٹرسٹ کے جزوی مالی تعاون سے ۱۹۷۷ء میں شائع ہوئی۔ پروفیسر سلیمان اطہر جاوید نے یہ کتاب اپنے استاد پروفیسر مسعود حسین خاں کے نام معنون کی ہے۔پیش لفظ کے علاوہ کتاب میں جملہ ۱۴ مضامین ہیں ۔جس کے عنوانات حسب ذیل ہیں۔(۱) روایت اور بغاوت، احتشام حسین کا اسلوب، اردو تنقید اور آل احمد سرور، مشتاق احمد یوسفی کا طنز و مزاح، فراق کی نظم نگاری، اقبال کے کلام میں ہندوستانیت، انیس کی انفرادیت، صفی اورنگ آبادی، ہمعصر اردو غزل، قومی یکجہتی کا تصور اور

امیر خسرو کی دین۔عصر حاضر میں دکنی شاعری۔سلیمان خطیب ،تلگو میں ناول نگاری تلگو شعروادب میں مسلمانوں کا حصہ۔

مندرجہ بالا مضامین میں سے چند ایک مضامین پروفیسر سلیمان اطہر جاوید کی دیگر کتابوں میں بھی شامل ہیں۔کتاب کے پیش لفظ میں زندگی ،ادب اور تنقید میں قریبی رشتہ ظاہر کرتے ہوئے پروفیسر سلیمان اطہر جاوید نے لکھا کہ اس کتاب میں اس رشتے کا اثر ملے گا۔مضامین خیالات کی تکرار کی اطلاع دیتے ہوئے مصنف نے کتاب کی اشاعت میں تعاون کرنے والے نظامس ٹرسٹ اور دیگر احباب کا شکر ادا کیا ہے۔

تنقیدی کتاب ’’تنقیدی افکار‘‘ کا پہلا مضمون ’’روایت اور بغاوت‘‘ ہے ۔روایت کے مفہوم کو واضح کرتے ہوئے پروفیسر سلیمان اطہر جاوید نے لکھا کہ لوگ فرسودہ یا معمولی بات کو روایت سمجھتے ہیں۔جبکہ قدیم عادات کو اپنانے میں روایت کا مفہوم مثبت طور پر استعمال کیا گیا ہے۔روایت کی تعریف کرتے ہوئے پروفیسر سلیمان اطہر جاوید لکھتے ہیں:

> ’’روایت دراصل وہ ادبی لہر،ادبی رو یا ادبی روح ہے جو ماضی سے ہم کو بطور ورثہ کے ملتی ہے۔خواہی نہ خواہی ہم کو اس کا حامل ہونا ہے۔ ماضی سے حال اور حال سے مستقبل تک اس کا سلسلہ جاری وساری رہتا ہے یہ ایک دریا ہے۔جو زمانے کے سرد گرم سے بے خبر رواں دواں ہوتا ہے۔‘‘
>
> (۱)

روایت کا مفہوم واضح کرنے کے بعد پروفیسر سلیمان اطہر جاوید اس بات پر زور دیتے ہیں کہ روایت صحت مند بھی ہوتی ہے۔اور غیر صحت مند بھی۔صحت مند روایت لچکدار

ہوتی ہے اور نئی تبدیلیوں کو خوش آمدید کہتی ہے۔ زندگی میں قدیم سے جدید کی ترقی کی مثالیں دیتے ہوئے پروفیسر سلیمان اطہر جاوید نے روایت میں لچکداری کی مثالیں دیں۔ آگے قدروں کے قدیم ہونے پر ان میں شکست و ریخت کے عمل کو بغاوت قرار دیتے ہوئے پروفیسر سلیمان اطہر جاوید لکھتے ہیں کہ باغی کے لئے روایت کا صحیح اور گہرا شعور ناگزیر ہے۔ کیوں کہ جب تک اپنی روایات کا صحیح شعور نہ ہو ان کی پاسداری یا بغاوت نہیں کی جاسکتی۔ روایت اور بغاوت کے مفہوم کو پیش کرنے کے بعد پروفیسر سلیمان اطہر جاوید نے اردو ادب میں روایتوں اور ان سے کی جانے والی بغاوتوں کو بیان کیا ہے۔ خاص طور سے غزل کی قدیم روایات اور ان سے بغاوت کے بعد غزل میں کئے گئے نئے تجربوں کو بیان کیا اور لکھا کہ مافوق الفطرت باتیں آج قصہ پارینہ بن گئی ہیں۔ ترقی پسند تحریک کے بعد کارخانہ، مل، مزدور، خون جیسے الفاظ عام تھے۔ بعد میں ادب میں اشارات استعمال ہونے لگے اور آج مجموعوں کے نام اس طرح ہیں۔ ٹوٹی ہوئی پتیاں، آوارہ سجدے، آواز کا جسم شعاعوں کی صلیب، لفظوں کا پل، پہچان کا درد، سورج کا شہر وغیرہ ۔اپنے مضمون کے اختتام پر بغاوت کے لئے روایت کے گہرے شعور کو لازمی قرار دیتے ہوئے پروفیسر سلیمان اطہر جاوید لکھتے ہیں:

''ادب میں بغاوتیں ہوتی رہی ہیں اور ہوتی رہیں گی۔ لیکن ایک بات طئے ہے کہ باغی کو روایت کا جس قدر زیادہ اور بہتر شعور وادراک ہوگا وہ عصری تقاضوں اور مسائل کی جتنی زیادہ آگہی رکھتا ہوگا اس کی فکر جتنی رسا ہوگی، بغاوت اتنی ہی زیادہ کامیاب اور ادب و معاشرہ کی صلاح وفلاح کا باعث

ہوگی۔"(۱)

اس مضمون میں پروفیسر سلیمان اطہر جاوید نے اردو شعروادب کی دو اصطلاحوں روایت اور بغاوت کو مثالوں کے ذریعہ سمجھاتے ہوئے بغاوت کے لئے روایت کے لازمی شعور کے نکتہ کو بخوبی واضح کیا ہے۔ اپنے موضوع کی تفہیم میں ان کا یہ مضمون نہایت کارآمد دکھائی دیتا ہے۔

"تنقیدی افکار" میں شامل دوسرا مضمون "احتشام حسین کا اسلوب" ہے۔ اس مضمون میں پروفیسر سلیمان اطہر جاوید نے اردو کے نامور نقاد احتشام حسین کے اسلوب نگارش کو موضوع بحث بنایا ہے۔ اسلوب اور شخصیت کو ایک تصویر کے دو رخ قرار دیتے ہوئے انہوں نے کہا کہ احتشام حسین کا اسلوب ان کی شخصیت کا پرتو ہے اس کے لئے پروفیسر سلیمان اطہر جاوید نے احتشام حسین کی تنقیدات سے چند اقتباسات پیش کرتے ہوئے ان کے اسلوب کی خصوصیات کو اجاگر کرنے کی کوشش کی ہے۔ حسرت کی شاعری کے بارے میں احتشام حسین کا یہ اقتباس دیا گیا ہے:

> "حسرت کی شاعری کا مطالعہ کیجئے تو نہ کہیں فلسفیانہ موشگافیاں ملتی ہیں۔ نہ فکر انگیز خیالات ، نہ والہانہ پن اور ربودگی نہ غیر معمولی کرب اور اضطراب لیکن زندگی ہے کہ ان سے پھوٹی پڑتی ہے۔ کیونکہ حسرتؔ نے زندگی کی فطری خواہشات، محبت اور جدوجہد سے کبھی دوری اختیار نہیں کی ۔اس میں ان کی حقیقت پسندی کا راز بھی پوشیدہ ہے۔"(۱)

اس اقتباس کو پیش کرتے ہوئے پروفیسر سلیمان اطہر جاوید نے لکھا کہ حسرت کی

شاعری پر خیالات ظاہر کرتے ہوئے خود احتشام حسین کے اسلوب سے زندگی پھوٹتی دکھائی دیتی ہے۔احتشام حسین کے اسلوب پر مجموعی نظر ڈالتے ہوئے پروفیسر سلیمان اطہر جاوید لکھتے ہیں:

''احتشام حسین کے اسلوب میں تیکھا پن نہیں ہے۔شدت نہیں ہے۔تندی بھی نہیں۔کوئی داؤ پیچ بھی نہیں،سلامت روی ہے۔ایک دھیما پن ہے۔ان کی تحریر میں پڑھئے خشکی اور ٹھنڈک کا احساس ہوتا ہے۔ایک آہستگی کا، شائستگی اور تہذیب کا ان کے اسلوب میں ایک مرنجا مرنج کیفیت ہے۔جیسا کہ خود احتشام حسین تھے!......احتشام حسین نے نہ صرف تنقیدی سرمایہ کو گرانبہا کیا بلکہ اپنے اسلوب کی دلنوازی اور دلداری سے اردو تنقید کو ایک نئے اور جاندار اسلوب سے روشناس کرایا۔ان کے ہاں اسلوب اور انتقاد یکجا ہو چکے ہیں کہ ان کو جدا کرنا ممکن نہیں وہ اردو کے ان چند نقادوں میں شامل ہیں جو اپنی تنقیدات ہی کیلئے نہیں اپنے اسلوب کی وجہ سے بھی اردو ادب کی تاریخ میں کبھی فراموش نہیں کیئے جاسکیں گے۔''(۲)

احتشام حسین کے اسلوب کی خوبیوں کو اجاگر کرتا پروفیسر سلیمان اطہر جاوید کا یہ مضمون اسلوبیاتی اور تاثراتی تنقید کی اچھی مثال ہے۔''تنقیدی افکار'' کتاب میں شامل اگلا مضمون ''اردو تنقید اور آل احمد سرور'' ہے۔آل احمد سرور دور حاضر کے ایک اہم اور بزرگ نقاد ہیں۔ان کی تنقیدی کتاب ''مسرت سے بصیرت تک'' کے حوالے سے یہ

حیثیت نقادان کے فن کا جائزہ لیا ہے۔ انگریزی تنقید کے ان کے گہرے مطالعہ اور مشرقی تنقیدی افکار سے لگاؤ کا تذکرہ کرتے ہوئے پروفیسر سلیمان اطہر جاوید نے اس مضمون میں آل احمد سرور کی تنقیدوں سے حوالے دیتے ہوئے ان کی تنقید کی مختلف جہات سے پردہ اٹھایا ہے۔ مختصر جملوں میں بڑی بات کہہ دینے سرور صاحب کی ایک خصوصیت کو اجاگر کرتے ہوئے پروفیسر سلیمان اطہر جاوید نے ان کی تنقیدوں سے یہ اقتباسات پیش کئے ہیں:

''درد ہمارے محترم ہیں مگر محبوب نہیں ہو سکتے۔ غالبؔ کی عظمت اس بات میں ہے کہ ان کے پاس دل کی آنکھ بھی ہے اور سیر لالہ زار بھی''۔

''جگر جدید نہیں ہیں۔ وہ ایک معنی میں ابدی Ageless ہیں۔ حسرت کی شاعری میں زندگی ہے اور جگر کی زندگی میں شاعری۔''(۱)

آل احمد سرور کی کتاب ''مسرت سے بصیرت تک'' میں شامل مضامین کے حوالے سے ان کی تنقید پر تبصرہ کرتے ہوئے پروفیسر سلیمان اطہر جاوید اس تنقیدی مضمون کے آخر میں لکھتے ہیں:

''سرور صاحب نے اپنے مضامین میں تنقید کی جو نئی راہیں وا کی ہیں۔ نئے اور پرانے چراغ جلائے ہیں۔ تنقیدی اشاروں میں ادب اور تنقید کی تفصیل پیش کی ہے۔ اردو ادب کو جو نظر اور نظریے دیے ہیں۔ مسرت اور بصیرت عطا کی ہے۔ ان پر ایمان نہ لانا ادبی کفر نہیں تو اور کیا ہوگا۔ سرور صاحب نے ایجاز و اختصار سے ضرور کام لیا ہے۔ لیکن اردو تنقید کو آب و

رنگ دینے نئی رعنائی اور سرشاری سے ہمکنار کرنے نئی لطافت اور نزاکتوں کا حامل بنانے، نیا اعتماد اور اعتبار دینے اور نئی دلآویزی اور خوشبو سے مہکانے میں ان کے اپنے چیدہ چیدہ مضامین کو کبھی فراموش نہیں کیا جاسکتا۔'' (۲)

آل احمد سرور کی تنقید نگاری کا جائزہ لینے کے بعد پروفیسر سلیمان اطہر جاوید نے اردو کے صاحب طرز مزاح نگار ''مشتاق احمد یوسفی کا طنز و مزاح'' نامی مضمون کے ذریعہ یوسفی کی مزاح نگاری کا جائزہ لیا ہے۔ معاشی اور معاشرتی ناہمواریوں کو یوسفی کے مزاح کی اساس قرار دیتے ہوئے پروفیسر سلیمان اطہر جاوید نے مشتاق احمد یوسفی کی مزاح نگاری کے موضوعات، ان کے مزاحیہ کردار، اسلوب وغیرہ کو پیش کیا ہے یوسفی کے مخصوص کردار، مرزا سے متعلق ان کے ایک مزاحیہ مضمون (ہوئے مر کے ہم جو رسوا) کا یہ اقتباس پیش کیا ہے:

''میں نے گفتگو کا رخ موڑنے کی خاطر گنجان قبرستان کی طرف اشارہ کرتے ہوئے کہا۔ دیکھتے ہی دیکھتے چپہ چپہ آباد ہوگیا۔ مرزا حسب معمول پھر بیچ میں کود پڑے کہنے لگے دیکھ لینا وہ دن زیادہ دور نہیں جب کراچی میں مردے کو کھڑا گاڑنا پڑے گا اور نائلون کے ریڈی میڈ کفن میں اوپر زپ (Zip) لگے گی۔ تاکہ منہ دیکھنے دکھانے میں آسانی رہے۔''

(۳)

مشتاق احمد یوسفی کی مزاح نگاری کا سبب ان کے گہرے مطالعہ کو قرار دیتے ہوئے

پروفیسر سلیمان اطہر جاوید لکھتے ہیں:

> ''مشتاق یوسفی کا زندگی اور زمانے کا مطالعہ گہرائی اور گیرائی کا حامل ہے۔ انہوں نے زندگی کے مختلف پہلوؤں کا باریک بینی کے ساتھ جائزہ لیا ہے ۔ادبی، معاشرتی، سیاسی، اور تہذیبی موضوعات پر انہوں نے دل کھول کر لکھا ہے۔کہیں طنز ہے۔کہیں مزاح اور کہیں ان دونوں کا امتزاج،...... عالمانہ انداز، باغ و بہار اسلوب، شعر و ادب کی اعلی کلاسیکی اور موقر روایات سے جو عصر حاضر کے کسی بھی طنز و مزاح نگار کے مقابلے میں مشتاق یوسفی کے ہاں بہت زیادہ ہے۔''(۱)

اپنے عہد کے گہرے مطالعے کو یوسفی کی مزاح نگاری کی اساس قرار دینے کے علاوہ پروفیسر سلیمان اطہر جاوید نے یوسفی کے گہرے مطالعہ، مشاہدات و تجربات کی پرکھ، کلاسیکی ادب پر عبور، زبان و بیان پر بے پناہ قدرت وغیرہ عوامل کو بھی یوسفی کی مزاح نگاری کی کامیابی کا ایک ذریعہ قرار دیا اور ان کی کتابوں ''چراغ تلے'' اور'' خاکم بدہن'' سے مختلف اقتباسات پیش کرتے ہوئے انہیں اپنے وقت کا ایک کامیاب مزاح نگار قرار دیا ہے۔یوسفی کی مزاح نگاری پر پروفیسر سلیمان اطہر جاوید کا تحریر کردہ یہ مضمون تاثراتی تنقید کی ایک اچھی مثال ہے۔اس مضمون میں جابجا مصنف نے یوسفی کی تحریروں پر اپنے گہرے تاثر کو ظاہر کیا ہے۔''تنقیدی افکار'' میں شامل اگلا مضمون ''فراق کی نظم نگاری'' ہے۔اس مضمون میں پروفیسر سلیمان اطہر جاوید نے فراق کو بیسویں صدی کا منفرد شاعر قرار دیتے ہوئے ان کی غزل گوئی پر سرسری نظر ڈالی۔ان کی نظم نگاری کا تفصیلی جائزہ لیا اور ان میں

پائے جانے والے تغزل، سنسکرت، ہندی کی روایات، ہندوستانی عناصر کی موجودگی، منظر نگاری، فارسی اثرات کی موجودگی، جذبات نگاری، انقلابیت جیسے عناصر کا جائزہ لیا ہے۔ فراقؔ کی نظم نگاری کے موضوعات کا جائزہ لیتے ہوئے پروفیسر سلیمان اطہر جاوید لکھتے ہیں:

فراقؔ کی شاعری کا آہنگ من حیثیت المجموع جمالیاتی ہے۔اگرچہ انہوں نے انقلاب کی باتیں کم کی ہیں۔لیکن جب بھی انہوں نے انقلاب، بغاوت اور سماجی نظام کی تبدیلی پر زور دیا ہے۔ بیشتر ترقی پسند شاعروں کی طرح اپنی جمالیاتی اور رومانی لئے پر قابو نہیں پا سکے ہیں۔اس طرح ان کی انقلابیت میں وہ گھن گرج، بلند آہنگی، بانکپن، کج کلاہی اور آشفتہ سری پیدا نہیں ہوسکی ہے۔ جو انقلاب پسندوں کا شیوہ ہے۔ یہ ان کی دوروں مزاجی اور داخلیت پسندی کے سبب ہے جو ان کو ایک کامیاب اور منفرد غزل گو تو بنادیتی ہے لیکن نظم نگار کی حیثیت سے ان کو اونچے مقام اور معیار کا حامل بنانے میں مانع ہے۔''(۲)

فراق کی غزل گوئی کے موضوعات کی ان کی نظموں میں تکرار کے پہلو کو پیش کرتے ہوئے پروفیسر سلیمان اطہر جاوید نے یہ مضمون ختم کیا ہے۔

''تنقیدی افکار'' میں شامل اگلا مضمون ''اقبال کے کلام میں ہندوستانیت'' ہے۔ پروفیسر سلیمان اطہر جاوید کا یہ مضمون ان کی کتاب ''اقبال ماورائے دیر وحرم'' میں بھی شامل ہے۔اس مضمون میں انہوں نے اقبالؔ کی شاعری میں وطن پرستی کے جذبات اور ہندوستانی عناصر کی نشاندہی کی ہے۔اقبالؔ کے عہد اور اس وقت کے حالات خاص طور سے جدوجہد

آزادی کی کشمکش کے ان کی شاعری پر پڑنے والے اثرات کو پیش کرتے ہوئے پروفیسر سلیمان اطہر جاوید نے اقبالؔ کی ہندوستانی عناصر پر مبنی نظموں، بلاد اسلامیہ اور دیگر نظموں پر تبصرہ پیش کیا ہے اور ان کے کلام میں ہندوستانی جدوجہد آزادی کے معماروں، ہندوستانی تہذیب، یہاں کے رہنے والوں کو پیش کئے گئے خراج کو واضح کیا ہے۔ اس ضمن میں پروفیسر سلیمان اطہر جاوید لکھتے ہیں :

''اقبال نے غالبؔ ہی کیا ہندوستان کی کئی شخصیات کو نذرانۂ عقیدت گزرانا ہے۔ جن میں ہر طرح کی شخصیات ہیں۔ ادبی شخصیات میں غالبؔ کے علاوہ داغؔ اور سر عبدالقادر ۔ مذہبی شخصیتوں میں بہ درگاہ حضرت محبوب الٰہی ان کا سر جھک جاتا ہے۔ قومی شخصیتوں میں ٹیپو سلطان۔ مزید برآں سوامی رام تیرتھ، رام چندر جی اور گرونانک جیسی شخصیتوں سے بھی اقبالؔ غیر معمولی طور پر متاثر رہے ہیں۔''(۱)

اقبالؔ کی ہندوستانیت کے بارے میں ان خیالات کے اظہار کے ساتھ ساتھ پروفیسر سلیمان اطہر جاوید نے اقبالؔ کی جن نظموں سے اقتباسات پیش کئے ہیں۔ ان میں سے چند اشعار یوں ہیں:

''خاور کی امیدوں کا یہی خاک ہے مرکز　　اقبال کے اشکوں سے یہی خاک ہے سیراب

چشم مہ و پرویں ہے اسی خاک سے روشن　　یہ خاک کہ جس کا خزف ریزہ درتاب

اس خاک سے اٹھے ہیں وہ غواص معانی　　جن کے لئے ہر بحر پر آشوب ہے پایاب

جس ساز کے نغموں سے حرارت تھی دلوں میں　　محفل کا وہی ساز ہے بیگانہ مضراب

بتخانے کے دروازے پہ سوتا ہے برہمن تقدیر کو روتا ہے مسلمان تہہ محراب '' (۲)

اقبالؔ کے اس طرح کے کلام کی مثالیں پیش کرتے ہوئے پروفیسر سلیمان اطہر جاوید نے اقبالؔ کے کلام میں ہندوستانیت کو واضح کرنے کی کوشش کی ہے۔ اس مضمون میں پروفیسر سلیمان اطہر جاوید نے اقبالؔ کی مشہور عام نظموں، ہندوستانی بچوں کا قومی گیت ، نیا شوالہ، ہمالہ، وغیرہ وطن پرستی پر مبنی نظموں کا حوالہ نہیں دیا۔ بلکہ ایسی نظموں کا حوالہ دیا جس میں ہندوستان کا ذکر زیادہ ہے۔

مضمون ''اقبال کے کلام میں ہندوستانیت'' کے بعد زیر نظر کتاب میں شامل اگلا مضمون ''انیسؔ کی انفرادیت'' ہے۔ اس مضمون میں پروفیسر سلیمان اطہر جاوید نے مرثیہ نگاری کے امام انیسؔ کے کلام کی خوبیوں کو واضح کرتے ہوئے انہیں ایک منفرد شاعر واضح کرنے کی کوشش کی ہے۔ انیسؔ کے کلام میں دبستان لکھنؤ کی تمام خصوصیات کی موجودگی کا تذکرہ کرتے ہوئے پروفیسر سلیمان اطہر جاوید نے انیسؔ کے کلام میں خارجیت، جزئیات نگاری، منظر نگاریؔ سراپا نگاری، کردار نگاری، جذبات نگاری وغیرہ خصوصیات کو ان کے مراثی کے انتخابات کے ذریعہ واضح کیا۔ انیسؔ کی مرثیہ نگاری کو ایک مقصدی شاعری قرار دیتے ہوئے پروفیسر سلیمان اطہر جاوید لکھتے ہیں:

> ''انیسؔ نے مرثیہ کو مرثیہ رکھتے ہوئے اس میں ایک نیا جادو جگا دیا۔ اس کو ایک نئی وسعت دی اور اس کا نہج بدلا۔ اس کے انداز و آداب کی تہذیب کی اس کو نئی مقصدیت سے آشنا کرایا۔ اس سے نیا کام لیا۔ غافلوں کو چونکانے اور سوروتوں کو بیدار کرانے کا ذریعہ بنایا۔ اس کے ذریعہ

معاشرہ کو غور وفکر پر آمادہ کیا۔ اس کو اپنے ماحول کا ترجمان اور تہذیبی قدروں کا حامل بنایا۔ انیسؔ کے دور تک مرثیے کا مقصد اور منہاج محدود تھا۔ انیسؔ نے اس کو بیکراں کیا۔ یہی انیسؔ کی انفرادیت ہے۔ چنانچہ انیسؔ کا یہ دعویٰ اور مطالبہ بے جا نہیں ہے۔"

مری قدر کر اے زمین سخن تجھے بات میں آسماں کر دیا
سبک ہو چلی تھی ترازوئے شعر مگر ہم نے پلہ گراں کر دیا (۱)

انیسؔ کی شاعرانہ عظمت پر اردو نقادوں نے بے شمار مضامین لکھے ہیں۔ "انیس شناسی" نامی کتاب میں انیسؔ کی شاعرانہ خصوصیات پر علحدہ علحدہ مضامین ملتے ہیں۔ پروفیسر سلیمان اطہر جاوید نے بھی اپنے طور پر انیسؔ کی شعری خصوصیات بیان کرتے ہوئے انہیں اردو مرثیہ کا ہی نہیں بلکہ اردو شعر و شاعری کا ایک منفرد شاعر قرار دینے کی کوشش کی ہے۔ تنقیدی افکار میں شامل اگلا مضمون صفی اورنگ آبادی ایک صاحب طرز شاعر ہے۔ اس مضمون میں پروفیسر سلیمان اطہر جاوید نے سرزمین اورنگ آباد سے ابھرنے والے نامور شاعر صفیؔ کی شاعرانہ عظمت کو بیان کیا ہے۔ مضمون کے آغاز میں پروفیسر سلیمان اطہر جاوید نے صفیؔ کے حالات زندگی بیان کئے اور ان کی شخصیت کے مختلف پہلوؤں کو اجاگر کیا ہے۔ صفیؔ کے سلسلہ کو داغؔ نے ملاتے ہوئے پروفیسر سلیمان اطہر جاوید نے لکھا کہ صفیؔ کی شاعری کا لب ولہجہ بھی داغؔ سے ملتا ہے۔ صفیؔ کی غزل گوئی میں عشق، تصوف زبان کا رکھ رکھاؤ جیسی خوبیوں کو اجاگر کرتے ہوئے پروفیسر سلیمان اطہر جاوید نے صفیؔ کے کلام کی دیگر کتابوں کے علاوہ یہ رباعی بھی پیش کی ہے۔

تن ڈھانپوں تو آگ پیرہن کو لگ جائے
دیمک جنگل کی تن بدن کو لگ جائے
کپڑا ضرورت کی چیز ہے مگر اے دست جنوں
تجھ سے جو بچاؤں تو کفن کو لگ جائے (صفؔی) (۱)

صفؔی کے کلام میں مقامی اثرات کی موجودگی کی اطلاع دیتے ہوئے پروفیسر سلیمان اطہر جاوید رقم طراز ہیں:

''صفؔی پر ایک اعتراض یہ کیا جاتا ہے کہ ان کے ہاں ''مقامیت'' بہت زیادہ ہے۔ یہ اعتراض اپنی جگہ درست بھی ہے۔ صفؔی نے حیدرآباد کی عام بول چال کی زبان کا خاصا استعمال کیا ہے۔ ان کے ہاں حیدرآبادی روز مرہ، محاورے اور ضرب الامثال ہیں۔ جہاں تہاں مقامی تلفظ بھی پایا جاتا ہے یہ اور اسی طرح کی ''مقامیت'' اول یہ چیز کسی فنکار کی خامی نہیں بلکہ ایک طرح سے خوابی ہے۔ یہ ثبوت بھی ہے اس امر کا کہ فنکار اپنے اکناف اور ماحول سے متاثر ہوتا ہے۔ دوم یہ کہ ہر فنکار کے ہاں خصوصاً ہر بڑے فنکار کے ہاں ایسی مقامیت ضرور پائی جاتی ہے۔(۲)

صفؔی کے کلام کی یہ اور دیگر خصوصیات کا تذکرہ کرتے ہوئے اور ان کے کلام کے منتخبہ اشعار پیش کرتے ہوئے پروفیسر سلیمان اطہر جاوید نے اپنا یہ مضمون ختم کیا ہے۔

''تنقیدی افکار'' میں شامل اگلا مضمون ''ہمعصر اردو غزل'' ہے۔ اس مضمون میں پروفیسر سلیمان اطہر جاوید نے مختلف ادوار میں غزل کے بدلتے ہوئے رجحانات کا جائزہ

لیا ہے۔غزل کو اردو شاعری کی آبرو اور پہچان قرار دیتے ہوئے انہوں نے غزل کے موضوعات میں آرہے تنوع کو پیش کیا ہے۔غزل اور اردو تہذیب کو لازم وملزوم قرار دیتے ہوئے پروفیسر سلیمان اطہر جاوید نے محمد قلی قطب شاہ کے دور سے لے کر عصر حاضر تک غزل میں اپنے دور کے حالات کی عکاسی کرنے اور اپنے دور کی تصویر پیش کرنے کی صلاحیت کا جائزہ لیا ہے اور مختلف ادوار میں غزل میں برتی جانے والی مخصوص لفظیات کو بھی منتخبہ اشعار کی پیشکشی کے ذریعہ واضح کیا ہے۔

ہائے یہ انتظار کے لمحے
جیسے سگنل پہ رک گئی ہو ریل

(جاں

نثار اختر)

کرفیو بن کے فسادوں میں نظر آتا ہوں
کسی صحرا کا نہیں شہر کا سناٹا ہوں

(خلش بروڈوی)

بس کی کیو میں تھک گئے لڑکی کے پاؤں
اپنے سر کو اب کروں کس پر سوار

(باقر مہدی)

چاروں طرف سے بریکیں لگیں ہارن بج اٹھے
سڑکوں کے بیچوں بیچ وہ لڑکی ٹھہر گئی

(عادل منصوری)(۱)

اردو غزل میں سگنل، ریل، کرفیو، کیو، ہارن، بریک جیسے الفاظ کے برتے جانے کو پیش کرتے ہوئے پروفیسر سلیمان اطہر جاوید نے اردو غزل میں عصر حاضر کی عکاسی کو پیش کیا ہے۔اسی طرح مضمون کے آگے انہوں نے مختلف ادوار میں اردو غزل میں حقیقت نگاری، لفظی بازیگری اور دیگر رجحانات کو پیش کرتے ہوئے ہم عصر اردو غزل کے مثبت اور منفی پہلوؤں کو پیش کیا۔ اردو غزل کے منفی اثرات کو اجاگر کرتے ہوئے مضمون کے آخر میں پروفیسر سلیمان اطہر جاوید لکھتے ہیں:

''ہم عصر اردو غزل میں فن کی بے اعتدالیاں بھی بہت زیادہ ہیں۔کہیں ترقی پسندی، کہیں ترقی پسندی سے گریز، کہیں نئے پن اور جدیدیت کے نام پر من مانی اور زبان و بیان کے تعلق سے بے پروائی بھی برتی گئی ہے۔ سہل نگاری اور تن آسانی سے بھی کام لیا گیا ہے۔جس کے باعث اہمال، بے معنویت الفاظ کی شعبدہ گری، بعید از فہم تشبیہات، واستعارات لایعنی ترکیبوں، مضحکہ خیز قافیوں اور ردیفوں کو بھی رواج پانے کا موقع ملا۔ یہ دراصل فکر، مواد اور اسلوب میں ہم آہنگی اور توازن کے فقدان کا نتیجہ ہے ۔اسی کے باعث فنکاروں کو ترسیل کی ناکامی کے المیہ کا شکار ہونا پڑا۔ یہ

غزل کا بھی المیہ ہے۔''(۲)

اپنے ان خیالات کی تائید میں پروفیسر سلیمان اطہر جاوید نے اردو غزلوں سے ایسے اشعار بھی پیش کئے جو معنویت سے عاری ہیں اور مشغلے کے طور پر لکھے گئے ہیں۔ مجموعی طور پر اس مضمون میں پروفیسر سلیمان اطہر جاوید نے مختلف زمانوں میں اردو غزل میں کئے گئے تجربوں اور غزل میں ان کی موجودگی کو پیش کیا ہے۔

کتاب کا اگلا مضمون ''قومی یکجہتی کا تصور اور امیر خسرو کی دین'' ہے۔ اس مضمون میں پروفیسر سلیمان اطہر جاوید نے ہندوستان میں قومی یکجہتی کی روایت اور اس کے فروغ میں امیر خسرو کی شاعرانہ خدمات کو پیش کیا ہے۔ ہندوستان میں قومی یکجہتی کی تصویر پیش کرتے ہوئے پروفیسر سلیمان اطہر جاوید لکھتے ہیں:

''خسرو کے دور میں قومی یکجہتی کا تصور وہ نہ رہا ہو جو آج ہے لیکن خسرو جس مسلک سے وابستہ تھے اس کا مقصود وہی تھا جو آج قومی یکجہتی کا ہے۔ ہندوستان جیسے ملک میں جہاں مختلف مذہبوں، نسلوں زبانوں اور رنگوں کے لوگ رہتے بستے ہیں امن کی برقراری، عوام کی خوشحالی اور نظم ونسق کی کامیابی آج سے نہیں ابتداء سے اسی صورت میں ممکن ہے۔ جبکہ یہاں قومی یکجہتی کے جذبات کارفرما ہوں۔ قومی یکجہتی یہاں ہر دور میں حکومت کی سیاسی حکمت عملی نہیں عوام کی ناگزیر ضرورت تھی اور رہے گی۔''(۱)

ہندوستانی قومی یکجہتی کی تصویر پیش کرنے کے بعد پروفیسر سلیمان اطہر جاوید نے امیر خسرو کے حالات زندگی پیش کئے اور ہندوستان میں قومی یکجہتی کے جذبے کو فروغ

دینے میں خسرو کی شاعری کے رول کو پیش کیا ہے اور خسرو کی شاعری میں ان کی مثنویوں کا حوالہ دیتے ہوئے قومی یکجہتی کے عناصر کو پیش کیا ہے۔

امیر خسرو کی مثنوی ''نہ سپہر'' سے ہندوستان کی تعریف پر مبنی اشعار کا خلاصہ پیش کرتے ہوئے پروفیسر سلیمان اطہر جاوید لکھتے ہیں:

''انہوں (خسرو) نے ہر طرح سے ہندوستان کو ترجیح دی اور اس کی برتری کو بیان کیا ہے۔ وہ لکھتے ہیں کہ ہندوستان نے علم وفن میں تمام ممالک سے زیادہ ترقی کی ہے۔ یہاں دنیا کے مختلف ممالک سے لوگ تحصیل علم کے لئے آتے ہیں۔ وہ سنسکرت کا ذکر غیر معمولی احترام سے کرتے ہوئے اس کو فارسی سے ترقی یافتہ زبان قرار دیتے ہیں۔ یہاں کے لوگوں میں اس قدر قابلیت ہے کہ وہ دنیا کی ہر زبان میں مہارت حاصل کر سکتے ہیں ۔ یہاں فن موسیقی دیگر ممالک کے مقابلے میں کہیں آگے ہے۔ خسرو لکھتے ہیں ہندوستان نے شطرنج جیسا کھیل ایجاد کیا ہے اور یہاں وید جیسی قابل قدر تصنیف ملتی ہے۔ جس میں مذہب، سیاست، موسیقی اور معاشرت کی وقیع اور عمدہ پیمانے پر عکاسی کی گئی ہے۔ یہاں کی اہم تصنیف ''پنچ تنترہ'' ہے۔ جس کا ترجمہ عربی فارسی اور ترکی کے علاوہ دنیا کی مزید کئی زبانوں میں کیا گیا ہے۔''(۲)

امیر خسرو کی شاعری چونکہ موجودہ اردو سے کافی پرانی تھی۔ اس لئے اصل شعر دینے کے بجائے پروفیسر سلیمان اطہر جاوید نے ان کے کلام کے موضوعات کو نثری انداز

میں بیان کیا اور ہندوستان اور ہندوستانی تہذیب، یہاں کے رسم و رواج وغیرہ کے بارے میں امیر خسروؔ کے قومی یکجہتی پر مبنی خیالات کو پیش کرتے ہوئے اپنے مضمون کو ختم کیا ہے۔

''تنقیدی افکار'' میں شامل اگلا مضمون عصر حاضر میں دکنی شاعری ہے۔ جنوبی ہند کے علاقوں میں آج بھی دکنی شعر و ادب کی مقبولیت کا ذکر کرتے ہوئے پروفیسر سلیمان اطہر جاوید نے اپنے مضمون میں دکنی شاعری کی بنیادی خصوصیات بیان کی ہیں اور لکھا کہ دکنی شاعری میں ارادی اور شعوری کوشش جھلکتی ہے۔ دکنی شاعری کے طنز و مزاح تک محدود رہنے پر تنقید کرنے کے علاوہ اس کے محاسن بیان کرنے کے بعد پروفیسر سلیمان اطہر جاوید نے دکنی کے نمائندہ شعراء رحیم صاحب میاں، نذیر احمد دہقانی، علی صائب میاں، اعجاز حسین کھٹا، سرور ڈنڈا، سلیمان خطیب، گلی نلگنڈوی، اشرف خوندمیری، ڈھکن رائچوری اور بگڑ رائچوری کے کلام سے انتخاب پیش کرتے ہوئے دکنی شاعری کے نمایاں خدوخال کو پیش کرنے کی کوشش کی ہے۔ سرور ڈنڈا کی شاعری پر تبصرہ کرتے ہوئے پروفیسر سلیمان اطہر جاوید لکھتے ہیں:

> دکنی شاعری کا ایک پروقار نام علی سرور ڈنڈا ہے۔ ڈنڈا کی عظمت اس میں ہے کہ ان کی شاعری غیر معمولی حد تک دکنی ہے۔ ان کی دکنی میں موجودہ اردو کا امتزاج نہیں یا ہے تو بے حد کم۔ ان کا معاشرتی اور سیاسی شعور بے حد تیز تھا۔ انہوں نے طنز و ظرافت سے بھی کام لیا ہے اور ہنستے ہنساتے دکھتی رگوں کو چھیڑا ہے۔ عصری زندگی کا شاید ہی کوئی مسئلہ ہوگا۔ جس کا ڈنڈا کی شاعری میں ذکر نہ ہو۔ ڈنڈا کے طنز بالخصوص ارباب سیاست و

حکومت پر بے حد تیز ہیں اور اس قدر کامیاب کہ متعلقہ افراد کو تلملا کر اپنے آپ میں رہ جانے کے سوائے اور کوئی چارہ نہیں ہوگا۔''(۱)

''بگڑ رائچوری کی نظم'' حیدرآباد نگینہ اندر مٹی اوپر چونہ'' کا یہ انتخاب پیش کیا ہے۔

امرایاں تک پیچ کو کھائے
تھے سوزنیاں رہن رکھائے
اللہ ایسا وقت نہ لائے
باقی نہیں ہیں گھر کے پائے
حیدرآباد نگینہ اندر مٹی اوپر چونہ۔(۲)

اس طرح کے شعراء کے کلام کے نمونے پیش کرتے ہوئے پروفیسر سلیمان اطہر جاوید نے دکنی شاعری کے رخ کو پیش کیا ہے ۔

کتاب کا اگلا مضمون ''سلیمان خطیب'' ایک ہمہ جہت شاعر ہے۔ اس مضمون میں پروفیسر سلیمان اطہر جاوید نے سلیمان خطیب کی دکنی اور اردو شاعری پر تبصرہ کیا ہے اور انہیں مزاحیہ کے علاوہ سنجیدہ شاعر بھی ثابت کرنے کی کوشش کی ہے اور اس کے لئے ان کی سنجیدہ شاعری کی مثالیں بھی دی ہیں۔ سلیمان خطیب کی شاعری میں جذبات کے عنصر کو پیش کرتے ہوئے پروفیسر سلیمان اطہر جاوید نے ان کے یہ اشعار پیش کئے ہیں۔

''ہم نے کبھی نہ سوچا اپنے وطن میں یارو
ایسی چلے گی آندھی ویران باغ ہوگا

اولاد ہی کے ہاتھوں منہ پر لگے گی کالک
آنکھوں میں اشک ہوں گے سینے پہ داغ ہوگا
بچوں کو میرے یارب جینے کا تو ہنر دے
آنکھیں تو دی ہیں تو نے آنکھوں میں تو نظر دے
بیٹی ہو چاند بی بی بیٹا ہو ٹیپو جیسا
ورنہ تو میرے مالک ماؤں کو بانجھ کردے (۱)

سلیمان خطیب کی شاعری کی مختلف خصوصیات کو مثالوں کے ذریعہ واضح کرنے کے بعد پروفیسر سلیمان اطہر جاوید مجموعی طور پر سلیمان خطیب کی شاعری کا جائزہ لیتے ہوئے لکھتے ہیں:

''سلیمان خطیب کی شاعری کثیر الجہت ہے۔ ان کے ہاں موضوعات ہی میں نہیں زبان و بیان اور لب ولہجہ میں بھی طرفگی، رنگا رنگی اور باغ و بہار کی کیفیت ملتی ہے۔'' (۲)

سلیمان خطیب کی شعری خصوصیات بیان کرنے کے بعد معاشرے کے سدھار میں ان کی شاعری کی اہمیت بیان کرتے ہوئے پروفیسر سلیمان اطہر جاوید نے اپنے مضمون کا اختتام کیا ہے۔

''تنقیدی'' افکار میں شامل آخری دو مضامین تلگو ادب سے تعلق رکھتے ہیں۔ اس سلسلے کا پہلا مضمون ''تلگو میں ناول نگاری'' ہے۔ اس مضمون میں پروفیسر سلیمان اطہر جاوید نے تلگو ناول نگاری کے آغاز، ناولوں کے تراجم اور اہم تلگو ناولوں جیسے ویریش لنگم پنٹلو کا''

راج شیکھر چرترم'' چلکا مارتی لکشمی نرسمہم کا'' رامچندر رجیامو''انادالکشمی نارائن کا'' مالا پلی''
اور دیگر ناولوں کا تعارف پیش کیا اور مختلف ادوار میں تلگو ناول نگاری کے رجحانات کو پیش کیا
۔مضمون کے آخرمی تلگو ناول نگاری کے بارے میں اپنے خیالات کا اظہار کرتے ہوئے
پروفیسر سلیمان اطہر جاوید لکھتے ہیں:

''دیگر ہندوستانی زبانوں کے مقابلے میں تلگو میں اگرچہ افسانہ نگاری کے مقابلے میں ناول کا فن کم ترقی یافتہ ہے ۔لیکن ایسا بھی نہیں کہ اونچی توقعات وابستہ نہیں کی جاسکیں ۔موجودہ بھیڑ چال کے باوجود بعض ناول نگاروں کی فنی اورادبی حیثیت سے اچھی امیدیں وابستہ کی جاسکتی ہیں ۔ تلگو میں اچھے عمدہ اور معیاری ناولوں کی موجودگی کے باوجود یقین کیا جاسکتا ہے کہ اور ایسے ناول لکھے جائیں گے جن سے ہندوستانی زبانوں میں تلگو زبان کا قد مزید اونچا ہوگا۔''(۱)

مضمون'' تلگو شعر وادب میں مسلمانوں کا حصہ'' میں پروفیسر سلیمان اطہر جاوید نے زبان کو مذہب ،عقیدہ یا علاقے سے جدا قرار دیتے ہوئے جنوبی ہند کی اہم دراوڑی زبان تلگو کی سرپرستی اوراسے شعر وشاعری میں برتنے میں مسلمانوں کے رول کا جائزہ لیا اور سلطان ابراہیم قطب شاہ ، امین خاں ، سلطان محمد قلی قطب شاہ ، عمر علی شاہ ، عبدالغفور ، الحاج ٹی این پیراں نظامی ، شیخ داؤد ، سید نوراللہ قادری ، بڈن صاحب ، شیخ پاپا ، محمد حسین ، ڈاکٹر زینت ساجدی ، سلیمان اطہر جاوید ، محمد قاسم خاں ، غلام یسین ، قاسم یوسفی ، روشن مسز اینچ خواجہ ، اور شیخ محمد حارث کی تلگو شعر وادب کی سرپرستی اور تلگو شعر وشاعری کا ذکر کیا ہے۔ا

س طرح مضمون میں پروفیسر سلیمان اطہر جاوید نے شاہی دور میں مسلم بادشاہوں کی تلگو شعر و ادب کی سرپرستی سے لے کر موجودہ زمانے میں تلگو شعر و ادب لکھنے والے مسلمان شاعروں اور ادیبوں کی ایک مختصر تاریخ بیان کر دی۔ اپنے موضوع پر یہ ایک اہم معلوماتی و تحقیقی مضمون کہا جا سکتا ہے۔ اس مضمون کے ساتھ ہی پروفیسر سلیمان اطہر جاوید کے تنقیدی مضامین پر مشتمل کتاب ''تنقیدی افکار'' کا اختتام عمل میں آتا ہے۔ اس کتاب میں مصنف نے قدیم و جدید اردو اور تلگو ادب کے مختلف موضوعات پر اپنے تنقیدی اور تحقیقی نقطہ نظر کو پیش کیا ہے۔ زیادہ تر مضامین شاعری اور شعراء سے متعلق ہیں۔ لیکن ان مضامین میں پروفیسر سلیمان اطہر جاوید نے جن نکات کو پیش کیا ہے وہ اہمیت کے حامل ہیں جیسے روایت اور بغاوت، اقبال کے کلام میں ہندوستانیت، ہمعصر اردو غزل، قومی یکجہتی کا تصور امیر خسرو کی دین، وغیرہ مضامین مصنف کے گہرے اور وقیع مطالعہ کا پتہ دیتے ہیں۔ ان تمام مضامین کو جوڑنے والی کڑی پروفیسر سلیمان اطہر جاوید کا وہ سلجھا ہوا تنقیدی شعور ہے جس کی بدولت وہ کسی بھی شعری یا ادبی مسئلہ کی تفہیم کرتے ہیں اور اسے پرکھ اور پہچان کے ذریعہ کھرے اور کھوٹے کی کسوٹی پر پرکھتے ہیں ان مضامین میں ان کا اسلوب رواں سادہ اور سلیس ہے اور قاری روانی میں متعلقہ مضمون کے بارے میں اپنی معلومات میں اضافہ کرتا جاتا ہے۔ موضوعات میں تنوع سے قطع نظر تنقیدی بصیرت اور تحقیقی مواد کے پیش نظر پروفیسر سلیمان اطہر جاوید کی یہ تنقیدی کتاب اردو تنقید میں ایک اہم اضافہ سمجھی جائے گی۔

عزیز احمد کی ناول نگاری

پروفیسر سلیمان اطہر جاوید کی ایک اور تنقیدی کتاب ''عزیزی احمد کی ناول نگاری'' ہے۔۸۰ صفحات پر مشتمل یہ کتاب پہلی مرتبہ ستمبر ۱۹۸۶ء میں پریم گوپال متل کے زیر اہتمام ماڈرن پبلشنگ ہاؤس نئی دہلی سے شائع ہوئی۔اس کتاب میں پروفیسر سلیمان اطہر جاوید نے اردو کے ایک اہم ناول نگار، افسانہ نگار ونقاد عزیز احمد کے چھ (۶) ناولوں (۱) ہوس (۱۹۳۲ء)، (۲) مرمر اور خون (۱۹۳۲ء)، (۳) گریز (۱۹۴۳ء)، (۴) آگ (۱۹۴۵ء)، (۵) ایسی بلندی ایسی پستی (۱۹۴۷ء)، اور شبنم (۱۹۵۱ء)، کا مختصراً تنقیدی جائزہ پیش کیا ہے۔عزیز احمد قیام حیدرآباد کے دوران جامعہ عثمانیہ میں انگریزی کے پروفیسر بھی رہ چکے تھے اور انہوں نے اپنے زمانہ طالب علمی اور زمانہ ملازمت مختلف علاقوں میں قیام کے دوران مقامی حالات اور ماحول سے متاثر ہوتے ہوئے یہ ناول لکھے تھے۔عزیز احمد کی ناول نگاری بھی ترقی پسند تحریک کی دین ہے۔کتاب کے پیش لفظ میں عزیز احمد کی ناول نگاری پر کام کی اہمیت اور اس دوران پیش آنے والے مسائل کا تذکرہ کرتے ہوئے پروفیسر سلیمان اطہر جاوید لکھتے ہیں:

> ''عزیز احمد پر چند ایک مضامین شائع ہوئے ہیں اور جہاں تک ناول نگاری کا تفصیلی تذکرہ ہوتا ہے ان کے نام اور ناولوں کا کم یا زیادہ، حوالہ بھی دے دیا جاتا ہے۔تاہم یہ حقیقت اپنی جگہ ہے کہ ان کی شخصیت اور فن پر سیر حاصل انداز میں قلم اٹھانے کی ضرورت ہے۔مجھے اس کا بخوبی احساس ہے

۔لیکن اس وقت میں نے ان کی ناول نگاری پر ہی خاصا طویل مقالہ تحریر کیا ہے......عزیز احمد کے ناول بہت کم ملتے ہیں۔شائد ہی کسی کتب خانے میں ان کے تمام ناول ہوں۔حیدرآباد میں بھی جوایک طرح ان کا وطن رہا اور جہاں کا معاشرہ اور معاشرت،عزیز احمد کے سارے ناولوں میں موجود ہے ۔عزیز احمد کے ناول عام طور پر نہیں ملتے۔بہرکیف میں ڈاکٹر زبیدہ خاتون (کرنول) اور پروفیسر محمد ہاشم علی (میسور) کا شکر گزار ہوں کہ ان کی وساطت سے عزیز احمد کے بعض ناول فراہم ہو سکے۔جو مجھے کہیں اور سے نہیں مل پائے تھے۔میں ڈاکٹر جمیل جالبی وائس چانسلر کراچی یونیورسٹی کراچی (پاکستان) کا بھی ممنون ہوں کہ انہوں نے عزیز احمد اور ان کے ناولوں کے بارے میں معلومات فراہم کیں اور خاص طور پر ''ہوس'' کے دیباچہ کی زیراکس کاپی ارسال کی سب سے زیادہ شکریہ تو برادرم پریم گوپال متل کا جن کے ادارے ماڈرن پبلشنگ ہاؤس سے اس کتاب کی اشاعت عمل میں آرہی ہے۔''(۱)

تنقیدی کتاب ''عزیز احمد کی ناول نگاری'' میں ابواب نہیں دئے گئے۔بلکہ سیدھے تبصرہ شروع کردیا گیا۔کتاب کے آغاز میں پروفیسر سلیمان اطہر جاوید نے عزیز احمد کی ناول نگاری کے دور کا ذکر کرتے ہوئے لکھا کہ آج سے چالیس پچاس سال قبل لکھے گئے یہ ناول زمانے کی دوری کا پتہ نہیں دیتے اور یہ کہ عزیز احمد نے ناول نگاری کے فن کے سلسلے میں روایتوں کی پاسداری یا ان سے بغاوت نہیں کی بلکہ اردو ناول کو نئے تجربوں سے

روشناس کرایا۔عزیز احمد کے غیر معمولی تنقیدی شعور کی ستائش کرتے ہوئے پروفیسر سلیمان اطہر جاوید لکھتے ہیں:

''ناول نگاری ہی نہیں اصناف ادب میں بھی انہوں نے اپنی بہترین صلاحیتوں کا مظاہرہ کیا ہےاور یہ بھی کہ وہ غیر معمولی نکھرے ستھرے تنقیدی شعور کے حامل تھے۔''ترقی پسند ادب''ان کے مزاج کےاس پہلو کا آئینہ دار ہے۔ان کا کمال یہ تھا کہ انہوں نے تنقیدی شعور کو اپنے لئے بھی کام میں لایا، اپنے فن کا محاسبہ کیا اور اپنے محاسن پر اصرار کرتے ہوئے اپنے معائب کا اعتراف کیا اوران پر اظہار افسوس بھی۔''(۲)

عزیز احمد کے تنقیدی شعور کے تعارف کے بعد پروفیسر سلیمان اطہر جاوید نے ان کے ناولوں کے جائزہ کا آغاز کیا۔ابتداء میں ان کے دو مختصر ناولوں ''ہوس اور'' مرمر اور خون'' کا جائزہ لیا گیا ہے ۔عزیز احمد نے یہ دونوں ناول اپنے زمانہ طالب علمی میں لکھے تھے۔جبکہ ترقی پسند تحریک کے زیر اثر اردو کے افسانوی ادب میں روایت سے بغاوت کے عنوان سے حقیقت نگاری کو عروج حاصل ہوا تھا اور جنس کے متعلقات اور سستی جذباتیت کو کھلے عام پیش کیا جار ہا تھا۔چنانچہ اسی ماحول سے متاثر ہوکر عزیز احمد نے بھی یہ ناول لکھتے۔عزیز احمد کا پہلا ناول ''ہوس'' ہے۔اس ناول کو اس لئے اہمیت حاصل ہے کہ اس کا مقدمہ مولوی عبدالحق نے لکھا ہے۔جس میں انہوں نے اس ناول کے موضوع کو متعین کرنے کی کوشش کی ہے۔مولوی عبدالحق مقدمے میں لکھتے ہیں:

''دراصل مصنف کا مقصود اس ناول کو لکھنے سے موجودہ رسم پردہ کا تاریک

پہلو دکھانا ہے۔ نئی پود جس نے مغربی تعلیم اور مغربی خیالات اور جدید حالات میں پرورش پائی ہے وہ اس فرسودہ اور ناکارہ رسم سے بیزار ہے۔ پردے کے حامی اسے اخلاق کا محافظ سمجھتے ہیں اور یہ مخرب الاخلاق اور مانع ترقی۔'' (۲)

مولوی عبدالحق کے بموجب ناول ''ہوس'' کا موضوع پردہ کی مخالفت ہے۔ لیکن پروفیسر سلیمان اطہر جاوید نے اس بات کی تردید کی ہے اور لکھا کہ پردے کے موضوع کو اس ناول میں کچھ بنیادی اہمیت حاصل نہیں ہے بلکہ پردے سے زیادہ جنس اور رومانیت ناول پر چھائی ہوئی ہے۔ تھوڑی بہت نفسیات نگاری اور فلسفیانہ انداز بھی مل جاتا ہے۔

ناول کے دو مرکزی کردار ''نسیم'' اور ''زلیخا'' ہیں۔ نسیم کے کردار کو واضح کرنے کے لئے پروفیسر سلیمان اطہر جاوید نے ناول سے دو اقتباسات پیش کئے ہیں۔ جس سے پتہ چلتا ہے کہ نسیم معاشرے کے اخلاقی اصولوں کو فرسودہ سمجھتا ہے۔ وہ ایک آزاد مزاج انسان دکھائی دیتا ہے۔ اسے پردہ اور اسی قسم کی دوسری پابندیاں خودساختہ دکھائی دیتی ہیں ۔اسی لئے وہ اپنے ہی رشتے کی بہن کے گھر قیام کرتے ہوئے اسے پہلے اپنی ہوسنا کی کا شکار بناتا ہے اور پھر محبت کا دم بھرتے اور شادی کا وعدہ کر کے چلا جاتا ہے۔ جب وہ ایک عرصہ کے بعد واپس آتا ہے تب تک اس کی محبت کسی اور کی ہو جاتی ہے۔ نسیم کے کردار پر سخت تنقید کرتے ہوئے پروفیسر سلیمان اطہر جاوید لکھتے ہیں:

''نسیم کا کردار عام اور معمولی سے نوجوان کا کردار ہے۔ اپنے معاشرے کا جنسی طور پر ناآسودہ نوجوان! عزیز احمد نے ہر چند بین الاقوامی شہرت کے

حامل اونچے اور ممتاز مصوروں اور پینٹنگس کے ناموں کو نسیم کی مصوری سے وابستہ کر کے اس کردار کو وقیع اور گمبھیر بنانے کی سعی کی ہے۔ پھر بھی یہ کردار یونہی سا رہتا ہے...... عزیز احمد نے اپنے طور پر اس کردار کو کہیں کہیں معتبر بنانے کی سعی کی ہے۔ فلسفیانہ اور سنجیدہ مباحث چھیڑ دیئے ہیں جو نسیم کے کردار سے بنیادی طور پر ہم آہنگ نہیں ہوتے۔ علانیہ احساس ہوتا ہے کہ ایسے مواقع پر کردار نسیم نہیں عزیز احمد بول رہے ہیں۔ یہی نتیجہ کچھ اس وقت اخذ کیا جا سکتا ہے۔ جب وہ نسیم کو حساس اور ذمہ دار بنا کر پیش کرتے ہیں۔(۱)

پروفیسر سلیمان اطہر جاوید نے ناول ''ہوس'' کے مرکزی کردار کا تجزیہ اپنے مطالعہ کی بنیاد پر کیا ہے۔ لیکن ایک نئے قاری کو نسیم کے کردار کی حقیقت کا اندازہ نہیں ہو پاتا۔ کیونکہ کردار کو بیان کرنے کیلئے ناول کی کہانی پیش نہیں کی گئی اور نہ ہی ناول میں کردار کے ارتقاء کو ثابت کرنے والے اقتباسات دئے گئے۔ دو دو سطروں کے دو اقتباسات ایک کردار کی نفسیات کو سمجھنے کے لئے ناکافی ہوتے ہیں۔ چنانچہ پروفیسر سلیمان اطہر جاوید کے مطالعہ کی بنیاد پر قاری کو نسیم کے کردار کا اندازہ لگانا پڑتا ہے۔ ناول کے دوسرے مرکزی کردار ''زلیخا'' کے بیان کے لئے بھی پروفیسر سلیمان اطہر جاوید نے دو مختصر سے اقتباسات کا سہارا لیا ہے۔ اس کردار کو بیان کرتے ہوئے پروفیسر سلیمان اطہر جاوید لکھتے ہیں:

''نسیم کی طرح زلیخا بھی گھٹے ہوئے ماحول کی اور جنسی طور پر ناآسودہ لڑکی ہے۔ نسیم کے لئے گھر سے باہر بھی دلچسپیاں ہو سکتی تھیں۔ یا گھر میں

آمنہ اور سلیمہ بھی، لیکن زلیخا کے لئے نسیم کے علاوہ اور کوئی گنجائش نہیں تھی۔ تاہم وہ پہل نہیں کرتی۔ ونیز نسیم کے پہل کرنے پر بھی اس کا ردعمل فوراً نہیں ہوتا۔ وہ اپنے درون میں نسیم کے لئے جیسے بھی جذبات رکھتی ہو۔ ابتداء بے حد محتاط رہتی ہے......عزیز احمد نے ناول کا جو بھی حسن تھا اس کو اس کے انجام کے باعث زائل کر دیا ہے۔''ہوس'' کا انجام بڑا ابناوٹی اور غیر فطری ہے۔ زلیخا جو نسیم کے رویہ سے اس کی مخالف، شدید مخالف بلکہ دشمن ہو جاتی ہے۔ تعجب ہے، اپنے اور نسیم کے تعلقات کی اس حد تک پردہ پوشی کر لیتی ہے۔ چلیے مزید بدنامی کے اندیشے کے باعث اس نے ایسا کیا ہو۔ لیکن اسی نسیم سے وہ اپنی بہن سلیمہ کی شادی کے لئے کیسے آمادہ ہو جاتی ہے۔ اس جیسی خود پسند، خودسر پرنخوت اور الجھی مزاج کی عورت سے یہ ممکن ہی دکھائی نہیں دیتا۔(۱)

نسیم کے مقابلہ میں پروفیسر سلیمان اطہر جاوید نے زلیخا کے کردار کو کچھ حد تک واضح طور پر پیش کیا ہے اور واقعاتی اشارات کے ذریعہ زلیخا کے کردار کو ابھارنے کی کوشش کی ہے۔ نسیم اور زلیخا کے کرداروں کو پیش کرتے ہوئے پروفیسر سلیمان اطہر جاوید نے اس عہد کے نوجوانوں کے کردار کا نفسیاتی جائزہ بھی لیا کہ کس طرح نوجوان اعلیٰ تعلیم کی آڑ میں مذہب اور معاشرہ سے بیزار ہو کر بے راہ روی کا شکار ہو رہے تھے۔ آج سے ساٹھ ستر سال قبل جبکہ اخلاقی قدریں مضبوط تھیں۔ سماج میں آئی اس اچانک تبدیلی پر بہ حیثیت نقاد پروفیسر سلیمان اطہر جاوید چپ نہیں رہ سکے چنانچہ وہ عزیز احمد کے اس ناول میں پیش کردہ

ماحول پر تنقید کرتے ہوئے لکھتے ہیں:

''جنس آج کے معاشرے میں کچھ ایسی ممنوعہ شئے نہیں رہی اچھے برے کئی ناولوں میں جنس کا تذکرہ کسی نہ کسی صورت میں ملتا ہے۔ لیکن آج سے نصف صدی قبل کے اردو معاشرے کا تصور کیجئے جہاں جنس قطعی ممنوع اور اس خصوص میں اشاروں کنایوں میں بھی گفتگو کرنا واہیات متصور کیا جاتا تھا۔ایسے میں عزیز احمد نے جنس کو اپنے ناولوں کا موضوع بنایا اور اس دور کے حالات کو مدنظر رکھتے ہوئے نسبتاً بیبا کی کے ساتھ۔ کچھ ایسا لگتا ہے کہ اس طرح اظہار پر معاشرے کے ردعمل کے اندیشے سے انہوں نے پردے کے موضوع کو پردہ بنایا۔ ورنہ ناول اچھا یا برا جیسا بھی ہو جنس اور رومانیت کے گرد ہی گھومتا ہے۔ بلکہ جنسی جذبہ ''ہوس'' میں غالب ہے۔ جس کو ناپختہ عمر اور شعور کی ہوسنا کی یا عنفوان شباب کی سستی جنسیت سے بھی تعبیر کیا جاسکتا ہے۔اس میں محبت کا کوئی اعلی یا پا کیزہ تصور نہیں ملتا۔''

(۲)

عزیز احمد کے پہلے ناول ''ہوس'' پر اس طرح تبصرہ کرتے ہوئے پروفیسر سلیمان اطہر جاوید نے عزیز احمد کی ناول نگاری کے رجحانات کا اندازہ لگایا ہے۔انہوں نے جنس اور رومانیت کو موضوع تنقید بنایا۔ تاہم جس ماحول کے تحت اس طرح کی تخلیق عمل میں آئی اس کا تذکرہ نہیں ملتا۔صرف ناول پڑھ کر اس سے تاثر قائم کرتے ہوئے انہوں نے اپنی رائے قائم کی ہے۔حالانکہ وہ نسیم کے کردار کے بیان کے دوران کہانی کے بنیادی واقعات

سے قاری کو آ گاہ کر سکتے تھے۔لیکن انہوں نے عزیز احمد کی اس رائے پر کہ ''ناول بہت پھس پھسا ہو کر رہ گیا ہے'' ناول پر تبصرہ کو طول نہیں دیا۔تاہم ناول کا یہ اقتباس نسیم کے کردار اور ناول اور اس دور کے ماحول کی بھر پور عکاسی کرتا ہے۔عزیز احمد لکھتے ہیں:

''میرے دل سے دھڑکنے کی آواز آرہی تھی۔میرے عنفوان شباب کا زمانہ تھا۔میں محسوس کر رہا تھا کہ میں ایک عورت سے اس قدر قریب بیٹھا ہوں اور بالکل تنہائی میں اس وقت وہ مجھے ایک عورت معلوم ہو رہی تھی۔گوشت پوست کی ایک نوجوان عورت۔اس وقت فطرت اپنی پوری حکومت کے ساتھ میرے دل سے اس پیہم پیدا ہونے والے احساس کو زائل کر رہی تھی کہ وہ میری چچازاد بہن بھی ہے۔''(۱)

اس اقتباس کے ذریعہ پروفیسر سلیمان اطہر جاوید نے عزیز احمد کی ذہنیت اور اس دور کے ماحول کی عکاسی کرنے کی کوشش کی کہ کس طرح روایتی مشرقی تہذیب میں پلا بڑھا ایک نوجوان گھٹے گھٹے ماحول سے آزاد ماحول میں آنے پر کس طرح جذباتی ہو کر بے قابو ہو جاتا ہے۔نسیم کے کردار پر تبصرہ پروفیسر سلیمان اطہر جاوید کی تاثراتی و نفسیاتی تنقید کی ایک اچھی مثال ہے۔تحلیل نفسی کے ذریعہ انہوں نے نسیم اور زلیخا کے کردار کی نفسیات کا جائزہ لیا ہے اور اس کے لئے ایک حد تک انہوں نے سماج کو بھی ذمہ دار قرار دیا ہے۔بہر حال عزیز احمد کے پہلے ناول ''ہوس'' پر ان کا یہ مختصر تبصرہ ناول کو بہتر طور پر سمجھنے میں مدد دیتا ہے۔

پروفیسر سلیمان اطہر جاوید نے عزیز احمد کے دوسرے ناول ''مرمر اور خون'' پر تبصرہ صرف تین صفحوں میں ہی ختم کر دیا۔کیوں کہ ان کے خیال میں یہ ناول بھی عزیز احمد کے پہلے ناول ''ہوس'' کی طرح جنس اور رومان کے ناپاک تصور پر مبنی ہیں۔اس ناول کی

وجہ تخلیق کے بارے میں عزیز احمد نے جن خیالات کو پیش کیا تھا۔ ان پر مبنی ایک طویل اقتباس دیا گیا۔ جس کا خلاصہ یہ ہے کہ عزیز احمد نے بت تراشی کے پس منظر میں لکھے گئے انگریزی جنسی ورومانی ناولوں کے مطالعہ کے بعد خیالی کرداروں کو لے کر یہ ناول لکھا اور اس کا مرکزی کردار ایک سنگتراش طلعت ہے۔ جبکہ پہلے ناول ''ہوس'' کا مرکزی کردار ''نسیم'' تھا۔ اس دور میں مصوری اور سنگتراشی کو موضوع بحث بنا کر نا آسودہ جذبات کی تسکین کی ناکام کوشش افسانوی ادب تحریر کرتے ہوئے کی گئی تھی۔ عزیز احمد کا یہ ناول بھی اس قسم کی ایک کڑی ہے۔ پروفیسر سلیمان اطہر جاوید نے اس ناول کو حقیقت سے دور قرار دیا اور اس ناول کی چند ایک خوبیوں جیسے نفسیات نگاری وغیرہ کی ستائش کی ناول کے اس پہلو پر کتاب کے دیباچے میں مولوی عبدالحق نے بھی مصنف کی ستائش کی تھی۔ مولوی عبدالحق کا اقتباس اس طرح ہے:

> ''ہونہار مصنف نے زبان کی صفائی اور قوت بیان میں پہلے کی نسبت ترقی کی ہے۔ نفسیاتی اور خاص کر جذباتی کیفیتوں کو بعض موقعوں پر بڑی خوبی اور دلکشی سے بیان کیا ہے۔ جس میں کہیں استادانہ کمال نظر آتا ہے۔''(۱)

مولوی عبدالحق کے بیان کو بنیاد بنا کر پروفیسر سلیمان اطہر جاوید نے ناول مرمر اور خون کے نفسیاتی پہلوؤں اور کرداروں کے بارے میں سرسری انداز میں تذکرہ کیا ہے اس ضمن میں وہ لکھتے ہیں:

> ''نفسیات نگاری کے تعلق سے ''مرمر اور خون''، ''ہوس'' سے آگے ہے۔ عذرا، طلعت اور زینب کے کرداروں کی نفسیات نگاری میں عزیز احمد نے

چابک دستی سے کام لیا ہے۔ یہاں انسانی زندگی کے گہرے اور قریبی مطالعے کی بھی عکاسی ہوتی ہے۔''(۲)

ناول ''ہوس'' کی طرح ''مرمر اور خون'' پر کیا گیا یہ تبصرہ بھی صرف ناول کے مطالعہ پر مبنی ہے۔ کرداروں کی نفسیات نگاری کے بارے میں عزیز احمد کی جس چابک دستی کا تذکرہ پروفیسر سلیمان اطہر جاوید نے کیا ہے اسے ثابت کرنے کے لئے انہوں نے ناول سے خاطر خواہ اقتباسات پیش نہیں کئے۔ یہاں یہ بات بھی غور طلب ہے کہ پروفیسر سلیمان اطہر جاوید نے عزیز احمد کے بعض ناولوں کی کمیابی کا تذکرہ کیا تھا ہوسکتا ہے کہ پروفیسر سلیمان اطہر جاوید کو عزیز احمد کے یہ دو ابتدائی دو ناول سرے سے دستیاب ہی نہ ہوئے ہوں اور انہوں نے کسی اور تبصرے سے حوالہ اخذ کرتے ہوئے اپنے مضمون کو مکمل کرنے کی کوشش کی ہو۔ کیونکہ اگر انہیں حقیقی ناول دستیاب ہوتا تو وہ تبصرہ برائے تبصرہ نہیں کرتے بلکہ ناول کی پلاٹ، کردار اور دیگر کئی اصولوں پر بھی تبصرہ کرتے۔ بہر حال عزیز احمد کے دوسرے ناول ''مرمر اور خون'' پر ان کا تبصرہ تشنگی ظاہر کرتا ہے۔ تاہم عزیز احمد کی ناول نگاری پر اردو ناول کے بیشتر نقادوں نے بھی خاطر خواہ تبصرے کئے ہیں۔ جن کے مطالعے سے عزیز احمد کے فن کا پتہ چلتا ہے اور ان نقادوں کی آراء اور پروفیسر سلیمان اطہر جاوید کی رائے کے تقابل سے عزیز احمد کی ناول نگاری کے مقام کا اندازہ ہوسکتا ہے۔ اردو ناول کے جن نقادوں نے عزیز احمد کے فن پر تبصرہ کیا ہے۔ ان میں ایک سہیل بخاری بھی ہیں جو ناول ''مرمر اور خون'' پر تبصرہ کرتے ہوئے ان خیالات کا اظہار کرتے ہیں:

''مرمر اور خون'' کی اساس تضاد پر رکھی گئی ہے۔ مشرق و مغرب کا تضاد

غیر فطری روح (مجسمہ) اور ذی روح انسان کا تضاد فطرت وصفت کا تضاد، تخیل وحقیقت کا تضاد، ضعیفی وجوانی کا تضاد، امارات وافلاس کا تضاد، غرض اس میں ہر قسم کا تضاد پایا جاتا ہے...... پورا ناول ایک رومانی فضاء میں ڈوبا ہوا ہے۔ جو نور وظلمت سے تیار کی گئی ہے۔ جا بجا چاندنی، ہجوم، اشجار، تنہائی، پانی، ابر کے تکڑوں، ہوا کے جھونکوں، پھولوں، سبزہ، لیمپ اور قمقموں کا تذکرہ موجود ہے۔ اس طرح ناول ابتداء سے انتہا تک دھوپ چھاؤں کا منظر پیش کرتا ہے۔ منظر کشی نہایت دلکش ہے اور اس سے واقعات کو ابھارنے اور چمکانے کا جائز مصرف لیا گیا ہے۔''(۱)

سہیل بخاری کے تجزیہ سے ناول ''مرمر اور خون'' کے مزید چند نئے گوشوں کا پتہ چلتا ہے جن کی طرف پروفیسر سلیمان اطہر جاوید نے نظر نہیں ڈالی۔

''مرمر اور خون'' کے جائزے کے بعد پروفیسر سلیمان اطہر جاوید نے عزیز احمد کے تیسرے ناول ''گریز'' کا جائزہ لیا ہے اور آغاز میں ہی اس ناول کے بارے میں عزیز احمد کی رائے کو پیش کیا ہے:

''یہ پہلا ناول ہے جس کو اپنا کہتے ہوئے مجھے شرم نہیں آتی۔ کئی لحاظ سے میں اس کو اپنا سب سے کامیاب ناول سمجھتا ہوں۔''(۲)

عزیز احمد نے یہ ناول ۱۹۴۲ء میں لکھا تھا جب کہ وہ یورپ میں چند سال قیام کے بعد وہاں کے ماحول اور موضوعات اور وہاں کے طرز زندگی سے متاثر ہوتے تھے۔ ناول پر پروفیسر سلیمان اطہر جاوید کی رائے سے قبل چند دیگر نقادوں کی رائے سے ناول

کے موضوع اور مصنف کے فن کا اندازہ لگایا جاسکتا ہے۔ ناول ''گریز'' پر تبصرہ کرتے ہوئے وقار عظیم لکھتے ہیں:

> '' ''گریز'' پہلی اور دوسری عالمگیر جنگوں کے درمیانی وقفہ کے پرشورش یوروپ اور انگلستان کی زندگی کا ناول ہے۔ اس میں اس عہد کی سیاسی و معاشی فضاء کا ایک منتشر سا خاکہ ہے۔ لیکن ناول کے سیاسی اور معاشی پس منظر پر جنسی حقائق کا غلبہ ہے۔ جنہیں مصنف نے مزے لے لے کر بیان کیا ہے اور اپنے قاری کو اس مزے میں پوری طرح شریک ہونے کی دعوت دی ہے۔'' (۳)

اور اس ناول پر تبصرہ کرتے ہوئے ڈاکٹر ہارون ایوب یوں رقمطراز ہیں:

> ''گریز'' نہ ایک اظہار جنس کا وسیلہ ہے نہ ہی سماج کی اصلاح کا اس میں تلذذ ہے۔ جس میں دوسروں کو بھی شریک کرنے کی کوشش کی گئی ہے۔''
>
> (۴)

وقار عظیم اور ڈاکٹر ہارون ایوب کے اقتباسات سے اندازہ ہوتا ہے کہ عزیز احمد کا یہ ناول جنسی باتوں کے بیان سے قارئین کو تلذذ پہنچانے کے مقصد سے لکھا گیا ہے اور اس میں خود مصنف کی ناموس بھی کھل کر سامنے آ گئی ہے۔ ناول کا مرکزی کردار نعیم ہے جو یوروپی ممالک کی سیر و تفریح کے دوران وہاں کے حسن میں کھو جانے کی ناکام کوشش کرتا ہے۔ نعیم کی آڑ میں مصنف عزیز احمد نے اپنے دورہ یوروپ کو پیش کیا ہے اور جنس، عریانیت اور رومانس سے اپنے گہرے لگاؤ کو واضح کیا ہے۔ ناول کا ایک اقتباس پیش

کرتے ہوئے نعیم کے ذریعہ پروفیسر سلیمان اطہر جاوید عزیز احمد کی نفسیات پیش کرنے کی کوشش کی ہے۔ ''گریز'' میں عزیز احمد لکھتے ہیں:

''یہ تو مجھے بھی نہیں معلوم کہ مجھے سچی محبت کسی کے ساتھ ہوئی بھی یا نہیں۔ شائد مجھ میں سچی محبت کی صلاحیت ہی نہیں۔ مگر اب تک اپنی زندگی میں تین لڑکیاں مجھے ایسی ملیں جن کی وجہ سے میں کئی راتوں نہیں سویا، کئی دن پریشان رہا اور سمجھتا رہا کہ ان کا حاصل کر لینا میری زندگی کا سب سے بڑا مقصد ہے۔ ایک ایلس، دوسری میری، اور تیسری کون؟ تیسری ایک ہندوستانی لڑکی تھی۔ میری چچازاد بہن اس کا نام بلقیس تھا۔'' (۱)

اس اقتباس کو پیش کرتے ہوئے پروفیسر سلیمان اطہر جاوید نے اس ناول کے حوالے سے عزیز احمد کے فن کو سمجھنے کی کوشش کی ہے اور لکھا کہ عزیز احمد نے انگریزی ادب کا مطالعہ کیا تھا اور اسی کے زیر اثر ان کے ناولوں میں عریانی کو بہ طور فن پیش کیا گیا ہے اور جنس کے ساتھ محبت کے بدلتے رویے کو پیش کیا گیا ہے ۔جس میں نعیم تین تین لڑکیوں سے عشق لڑا رہا ہے اور پھر بھی اپنے آپ کو غیر مکمل محسوس کرتا ہے۔ پروفیسر سلیمان اطہر جاوید نے عزیز احمد کے ناول ''گریز'' کا تاریخی حیثیت سے بھی جائزہ لیا ہے اور لکھا کہ یہ ناول کرشن چندر کے ناول ''شکست'' اور سجاد ظہیر کے ناول ''لندن کی ایک رات'' کے عہد میں لکھا گیا۔ لہذا ان ناولوں کے اثرات بھی ''گریز'' میں پائے جاتے ہیں۔ پروفیسر سلیمان اطہر جاوید نے ناول کے دوران بیان کئے گئے عالمی سیاسی، سماجی و معاشی حالات کا تجزیہ کرتے ہوئے لکھا کہ پہلی و دوسری عالمی جنگوں کے اثرات بھی اس ناول میں پائے جاتے

ہیں۔اس ضمن میں وہ لکھتے ہیں:

''یہ پہلی اور دوسری عظیم جنگوں کے درمیان کا ناول ہے۔اس دور کی معاشرت اور عالمی سیاست سب کو عزیز احمد نے انتہائی سلیقے اور نہایت عمدگی کے ساتھ سمٹ لیا ہے۔......قومی اور بین قومی سیاست بین الاقوامی سازشوں، سیاسی اونچ نیچ، مختلف اقوام وملل کی معاشرت، ملکوں ملکوں کی صورتحال وہاں کے عوام، مزاح، ان کی تفریحات، شعروادب، موسیقی اور مصوری۔غرض زندگی اور زمانے پر وہ (عزیز احمد) گہری نظر رکھتے ہیں اوران کے ایک ایک پہلو کا جائزہ من حیث المجموع لیتے ہیں ۔''(۲)

ناول''گریز'' میں پیش کردہ سیاسی و معاشرتی ماحول کے جائزے کے بعد پروفیسر سلیمان اطہر جاوید نے ناول میں پیش کردہ دیگر اہم کرداروں کا جائزہ لیا ہے۔ان میں وہ نسوانی کردار ہیں جو دوران سفر یوروپ کے ماحول میں نعیم کی زندگی میں آئے تھے۔ ان کے بارے میں پروفیسر سلیمان اطہر جاوید نفسیاتی انداز میں تجزیہ کرتے ہوئے لکھتے ہیں :

نعیم کے بعد بہ ظاہر اہم کردار ایلس کا ہے۔ یہ مغرب کی ایک بھرپور لڑکی کی حیثیت سے سامنے آتی ہے......میری پاول اور کرا کسلے من موجی اور بے حد دلچسپ کردار ہیں ۔ پیرس کی روایتی رنگین مزاجی لاابالی اور بے نیازی گویا ان کرداروں میں مجسم ہو کر رہ گئی ہے ...... برتھا اور مارگریٹ کے کردار یوروپ کے جذباتی اور نابالغ ذہنوں کی نمائندگی کرتے ہیں ۔

جن کا زندگی کے کسی موضوع اور مسئلہ پر کوئی موقف اور کوئی نقطہ نظر نہیں جو لمحہ بیت گیا اور جیسا بیت گیا یہی بسا غنیمت ہوا۔ البتہ ہروشا کا کردار بے حد اہم ہے۔ عزیز احمد نے اس کردار کی تشکیل پر توجہ بھی زیادہ صرف کی ہے۔ یہ باشعور اور بالغ نظر کردار ہے۔ بعض زاویوں سے یہ نعیم کے کردار کی ضد ہے۔''(۱)

یورپ کے ان نسوانی کرداروں کا تجزیہ کرنے کے بعد پروفیسر سلیمان اطہر جاوید نے بلقیس کے روپ میں ہندوستانی کردار کو بھی پیش کیا ہے اور دونوں کرداروں کا موازنہ کرتے ہوئے مشرق و مغرب کے تضاد کو پیش کرنے کی کوشش کی ہے۔ بلقیس کے کردار کو بیان کرتے ہوئے پروفیسر سلیمان اطہر جاوید لکھتے ہیں:

''ایک کردار جو منظر پر کم آتا ہے۔ بلقیس کا ہے۔ لیکن سارے ناول پر یہ کردار محیط ہے۔ قاری صرف ہندوستان ہی میں نہیں۔ جہاز پر یوروپ اور برطانیہ میں ہر محفل اور ہر موقع پر اس کردار سے دوچار ہوتا ہے...... یہ بڑا خاموش سا کردار۔ خالص ہندوستانی مشرقی مزاج، اسی کے ساتھ ذکی اور فہیم بھی۔ خوددار اپنی انفرادیت پر زور دینے والا...... بلقیس کے کردار میں عزیز احمد نے اس معاشرے اور سطح کی لڑکی کے جذبات و احساسات کی عمدہ عکاسی کی ہے۔''(۲)

ناول ''گریز'' کے کرداروں کے تفصیلی جائزے کے ضمن میں پروفیسر سلیمان اطہر جاوید نے کہا کہ عزیز احمد کا یہ ناول کرداری ناول بھی کہا جا سکتا ہے۔ ناول کے موضوع

اور کرداروں کے جائزے کے بعد پروفیسر سلیمان اطہر جاوید نے ''گریز'' کے فنی پہلوؤں کو بھی اجاگر کرنے کی کوشش کی ہے اور اس میں ناول نگاری کے فن کے مختلف پہلو تلاش کئے ہیں۔اس سلسلے میں وہ لکھتے ہیں کہ:

''گریز'' میں انہوں نے ڈائری اور مکاتیب کی ہیئتوں سے بھی کام لیا۔واحد متکلم کے طریقے کو اپنا کر انہوں نے ایک ڈرامائی کیفیت پیدا کردی ......عزیز احمد کے ناولوں کی ایک اور خصوصیت ان کا چونکا دینے والا انداز ہے اور اس دور میں جب کہ اردو ناول نے ایسی ترقی نہیں کی تھی۔ان کے ناولوں کی مقبولیت کا ایک سبب یہ بھی تھا ......عزیز احمد نے شعور کی رو کی تکنیک کو باضابطہ انداز میں اور شعوری طور پر برتا ہے۔تاہم واحد متکلم، خود کلامی اور ڈرامائیت کے باعث ان کے ہاں شعور کی رو کا احساس کیا جاسکتا ہے۔'' (۱)

''گریز کے فنی پہلوؤں کے جائزے سے اندازہ ہوتا ہے کہ پروفیسر سلیمان اطہر جاوید کی تنقید سطحی نہیں بلکہ جامع ہوتی ہے اور یہ کہ وہ مختلف اصناف سخن اور تخلیقی اسالیب کی فنی باریکیوں سے بہ خوبی واقف ہیں اور کسی بھی پیش کردہ تخلیق میں وہ باآسانی فنی خوبیوں اور خامیوں کو ڈھونڈ نکالتے ہیں۔یہ ایک نقاد کی جامعیت اور اس کی عظمت کی علامت ہے۔''گریز'' کے جائزے کو ختم کرتے ہوئے پروفیسر سلیمان اطہر جاوید نے اس امید کا اظہار کیا کہ اگر ناول میں جنس اور عریانی کو مزید پوشیدہ رکھا جاتا اور ذہنی وفکری سطح بلند کی جاتی تو یہ ناول مزید مقبول ہوتا۔اس طرح پروفیسر سلیمان اطہر جاوید کی تنقیدی کتاب ''عزیز احمد کی

نگاری'' میں پہلی مرتبہ ناول ''گریز'' کا تبصرہ ایک مکمل اور جامع تبصرہ دکھائی دیتا ہے۔ تجزیاتی انداز میں پروفیسر سلیمان اطہر جاوید نے ناول کے موضوعات، کرداروں اور ناول کے پلاٹ اور فن پر بھرپور تبصرہ کیا ہے۔ ناول کے قصہ سے قطع نظر اس کے اہم نکات جیسے جنس، عریانیت، نفسیات وغیرہ کا تجزیہ قاری کو عزیز احمد کے فن سے واقف ہونے میں مدد دیتا ہے۔ پروفیسر سلیمان اطہر جاوید نے تکنیکی اعتبار سے جہاں عزیز احمد کی ناول نگاری کی ستائش کی ہے اس کی تائید مشہور نقاد احسن فاروقی نے بھی کی ہے۔ وہ کہتے ہیں:

> ''عزیز احمد کا ٹکنک پر قابو داد کے قابل ہے۔ ان کے مطالعہ اور علم نے اس معاملہ میں ان کی پوری مدد کی۔ اردو ناول کا ٹکنیکی معیار انہوں نے بہت بلند کیا۔'' (۲)

پروفیسر سلیمان اطہر جاوید نے عزیز احمد کی جنس اور عریاں نگاری کو تنقیدی نظر سے دیکھا وہیں ان کے عہد کے ایک نقاد اور استاد پروفیسر یوسف سرمست عزیز احمد کی عریاں نگاری کو فنی خوبی قرار دیتے ہیں اور کہتے ہیں کہ:

> ''عزیز احمد راست اور کھلے طور پر جنسیت کو پیش کرتے ہیں۔ وہ جنسی جذبہ کو نہ ذلیل سمجھتے ہیں نہ ذلیل دکھانے کی کوشش کرتے ہیں۔ اس لئے آج تک ان کی عریاں نگاری فحش نہیں بنی ہے۔ بلکہ اس کے برخلاف جنس کا عنصر ان کی ناول نگاری میں بڑی فنی قدر و قیمت رکھتا ہے۔'' (۳)

عزیز احمد کی ناول نگاری کے رجحانات کی تائید یا تنقید کرنے میں اردو ناول کے نقادوں کا دہرا معیار نقادوں کی اپنی اپنی ذہنی اپج پر ہے اور تنقید کے علحدہ علحدہ دبستانوں

سے اپنی وابستگی کو ظاہر کرتی ہے۔ تاہم تکنیکی اعتبار سے عزیز احمد کے فن پر اتفاق رائے سے جہاں عزیز احمد کے فن کی قدر ظاہر ہوتی ہے وہیں پروفیسر سلیمان اطہر جاوید کی تنقیدی بصیرت بھی عیاں ہوتی ہے۔

''گریز'' کے بعد پروفیسر سلیمان اطہر جاوید نے عزیز احمد کے چوتھے ناول'' آگ'' کا تجزیہ کیا ہے۔ عزیز احمد نے یہ ناول ۱۹۴۵ء میں لکھا تھا۔ موضوع کے اعتبار سے عزیز احمد کا یہ ناول ان کے سابقہ ناولوں کے پسندیدہ موضوعات جنس اور عریانیت سے بالکل علحدہ معاشرت وتہذیب پر مبنی ہے۔ اس ناول میں عزیز احمد نے اس دور کے کشمیر کی تہذیب و معاشرت کو فنکاری کے ساتھ پیش کیا ہے۔ ناول کے موضوع کا جائزہ لیتے ہوئے پروفیسر سلیمان اطہر جاوید نے لکھا کہ:

> ''اس میں کشمیری مسلمانوں کی زندگی کی ایک خاصی حد تک واضح تصویر ملتی ہے اور یہ محض تاریخ یا واقعات کی کھتاونی نہیں بلکہ ایک فنکار کے اپنے محسوسات اور تاثرات ہیں۔ جن کو ڈوبے ہوئے اور موثر انداز میں ناول کا روپ دے دیا گیا ہے۔ اس میں کردار و واقعات تو محض ذیلی اور ضمنی نوعیت رکھتے ہیں اور کشمیری معاشرہ اور اس کے سیاسی، سماجی اور اقتصادی مضمرات اہم ہیں کہ ایک طرح اس کو کشمیر کی تہذیبی تاریخ بھی کہا جا سکتا ہے۔''(۱)

ناول کے موضوع کا احاطہ کرنے کے ساتھ پروفیسر سلیمان اطہر جاوید نے ناول ''ہوس'' کے دیباچہ سے عزیز احمد کا ایک اقتباس پیش کیا جس میں عزیز احمد نے اپنے ناول'' آگ''، میں پیش کردہ کشمیری تہذیب و معاشرت کو ایک مکمل تصویر قرار دیتے ہوئے کرشن

چندر اور راما نند ساگر پر الزام عائد کیا کہ انہوں نے اپنے ناولوں اور افسانوں میں کشمیری تہذیب وتمدن کی واضح تصویر پیش نہیں کی۔

پروفیسر سلیمان اطہر جاوید کے بموجب ''آگ'' چونکہ ایک تہذیبی اور معاشرتی ناول ہے۔لہذا اس میں ہیرو، ہیروئین یا مرکزی کرداروں کو اہمیت حاصل نہیں۔ ہیرو اور ہیروئین کی تلاش میں عزیز احمد کی ناکامی کے بیانات پر مبنی اقتباسات پروفیسر سلیمان اطہر جاوید نے پیش کیے ہیں۔جس سے کشمیری معاشرے کے اصول وضوابط کا بھی اندازہ ہوتا ہے۔عزیز احمد لکھتے ہیں:

> ''میں واحد متکلم اجنبی ملک کا رہنے والا۔اس سرزمین میں ہیروئین کہاں سے ڈھونڈوں جہاں سوائے مزدور عورتوں کے دوسرے طبقے کی عورتیں سڑکوں پر چلتی پھرتی دکھائی نہیں دیتیں۔دکانوں میں سودا نہیں خریدتیں، ڈونگوں میں بیٹھ کر باغوں کو ضرور جاتی ہیں۔مگر ان کے ساتھ ان کے مرد ہوتے ہیں۔جو ان کی ہر اٹھتی نگاہ، ان کی گردن کی ہر جنبش، ان کے برقعے کی ہر شکن پر احتساب کرتے ہیں...... مجھے سب سے زیادہ فکر اس بات کی ہے کہ ہیرو بھی میرے ہاتھ سے نکلا جا رہا ہے۔سکندر جو کی جگہ کشمیر کے مناظر اور کشمیر کی زندگی اس ناول کے ہیرو بنے جا رہے ہیں۔''(۱)

عزیز احمد کے بیان کو بہ طور اقتباس پیش کرتے ہوئے پروفیسر سلیمان اطہر جاوید نے ناول ''آگ'' کے اصل موضوع یعنی کشمیری معاشرت کو واضح کرنے کی کوشش کی ہے۔کشمیر کو جنت نشان علاقہ کہا جاتا ہے۔لیکن ناول کا عنوان ''آگ'' رکھتے ہوئے عزیز احمد

نے کشمیری معاشرہ میں پھیلے افلاس، بھوک، دکھ، درد وغیرہ کو پیش کیا ہے۔عزیز احمد کے اس خیال پر مبنی اقتباس کو پروفیسر سلیمان اطہر جاوید نے پیش کیا ہے:

''اپنے ملک کی حالت دیکھ کر میری آنکھوں میں خون اتر آتا ہے۔ ہم لوگوں سے بھیڑ بکریاں، گھوڑے خچر اچھے ہیں۔ وہ مار کھاتے ہیں تو کبھی کبھی سرکشی بھی کرتے ہیں۔ ہم کو تو کسی چیز کا احساس ہی نہیں۔ یہ بھوک دیکھئے۔ یہ غربت دیکھئے۔ یہ افلاس، یہ سب دیکھ کر میرا خون کھولتا ہے۔

(۲)

کشمیری معاشرت کی اس افلاس زدہ تصویر کے علاوہ پروفیسر سلیمان اطہر جاوید نے ناول ''آگ'' سے ایسے اقتباسات بھی پیش کئے۔جن میں کشمیری ہاوس بوٹوں میں زندگی کی رمق دمق دکھائی دیتی ہے۔اس طرح اقتباسات کے انتخاب میں پروفیسر سلیمان اطہر جاوید نے اپنے اعتدال پسند تنقیدی شعور کو واضح کیا ہے۔ناول ''آگ'' چونکہ کشمیری ماحول میں لکھا گیا ہے۔ جب کشمیر کا ذکر ہو تو وہاں کے خوبصورت مناظر کے بیان سے مصنف اپنے آپ کو عہدہ برآ نہیں کرسکتا۔ چنانچہ پروفیسر سلیمان اطہر جاوید لکھتے ہیں کہ ناول میں جا بجا وادی کشمیر کے خوبصورت مناظر کے بیان سے ناول میں منظر نگاری اور فطرت نگاری کو جگہ دی گئی ہے۔ کشمیر کی منظر نگاری پر مبنی دو اقتباسات پیش کئے گئے ہیں۔ ان میں سے ایک اقتباس پروفیسر سلیمان اطہر جاوید کے حسن انتخاب کی داد دیتا ہے۔عزیز احمد ایک ماہر مصور یا فوٹو گرافر کی طرح خوبصورت انداز میں کشمیر کی برفانی چوٹیوں کی منظر نگاری ان لفظوں میں کرتے ہیں:

''سامنے تخت سلیمان پر سرمئی دھند کی رنگ کا بادل اپنے لطیف رومانی لمس کے ساتھ دائیں طرف ہٹ رہا ہے۔ پیچھے کی پہاڑی سلسلے کی چوٹیاں گہرے سرمئی رنگ کے بادلوں میں چھپ گئی تھیں۔جن میں ایک شگاف سے مہاویر کی سفید برفانی مانگ نظر آ رہی تھی۔دوسری طرف سورج کی ہلکی سنہری شعائیں بڑی نرمی اور دلگداز شفقت سے پیر نچال کی سر بفلک برف پر چمک رہی تھیں اوراس طرف دور دور تک کوئی بادل نہیں تھا۔''(۱)

منظر نگاری کے تبصرے کے بعد پروفیسر سلیمان اطہر جاوید نے واقعاتی اعتبار سے ناول ''آ گ'' کا جائزہ لیا ہے اور لکھا کہ عزیز احمد نے ۱۹۰۸ء تا ۱۹۵۴ء کے درمیانی عرصے کی کشمیری زندگی کے بیان کے لئے ایک خاندان کی تین نسلوں غضنفر جو،اس کے بیٹے سکندر جو اوراس کے بیٹے انور جو کی زندگی کے واقعات کے بیان کے سہارے ناول کو آگے بڑھایا ہے اوراس بیان کے ساتھ اس دور کے ملکی و عالمی حالات، سیاست، معاشرت وغیرہ کو بھی بیان کیا ہے۔عزیز احمد چونکہ بیمار ذہنیت کے مالک تھے۔لہذا اس ناول میں بھی انہوں نے اپنے کرداروں کے ذریعہ کہیں نہ کہیں جنس کے غیر حقیقی اور ناپاک پہلو کو بیان کرنے کی راہ نکال لی ہے۔اس دور کے سرمایہ دارانہ طبقہ کے نارکردہ گناہوں کو عزیز احمد نے اپنے کرداروں کے ذریعہ پیش کیا ہے۔اس پر تبصرہ کرتے ہوئے پروفیسر سلیمان اطہر جاوید لکھتے ہیں:

''جس معاشرے میں کوئی عورت جس مرد کی داشتہ ہو۔اسی عورت کی بیٹی سے اس شخص کے بیٹے کے ناجائز تعلقات رہتے ہوں تو اس معاشرے کی

اخلاقی سطح کا اندازہ لگایا جا سکتا ہے۔''(۲)

''آ گ''میں پیش کردہ اخلاقی و معاشرتی بگاڑ پر تبصرہ کے بعد پروفیسر سلیمان اطہر جاوید نے ناول کے ضمنی کرداروں کا سرسری طور پر جائزہ لیا ہے اور لکھا کہ ان کرداروں سے کشمیری زندگی کو سمجھنے میں مدد ملتی ہے۔ یہ ناول چونکہ ہندوستان کی آزادی سے عین قبل لکھا گیا ہے۔لہذا اس میں عزیز احمد نے اس دور کی سیاست کو اپنے نقطہ نظر سے پیش کیا ہے ۔ پروفیسر سلیمان اطہر جاوید اس ناول میں پیش کردہ سیاسی نظریات کے تجزیہ کے بعد لکھتے ہیں :

''کرداروں کے ذریعہ کشمیر کی مقامی سیاست، دوقومی نظریہ کانگریس اور مسلم لیگ کی کشمکش، شیخ عبداللہ کا کردار نیشنل کانفرنس کی حکمت عملی، سب کچھ کہیں غیر جانبداری اور کہیں ایک نقطہ نظر کے ساتھ پیش کیئے گئے ہیں و نیز قومی سطح پر جواہر لال، محمد علی جناح اور مولانا آزاد کے تذکرے تو بین قومی سطح پر ہٹلر، جاپان، جرمنی اور اسٹالن گراڈ کو بھی موضوع بناتے ہوئے انہوں نے ''آ گ'' کے کینوس کو بے حد کشادہ کر دیا ہے۔''(۳)

ناول میں بیان کردہ مقامی ،قومی و بین الاقوامی سیاسی موضوعات کے تذکرے سے پروفیسر سلیمان اطہر جاوید نے اپنے گہرے مطالعے کا ثبوت دیا ہے۔آخر میں ناول کا فنی تجزیہ کرتے ہوئے انہوں نے لکھا کہ عزیز احمد نے اس ناول میں وقت کے بہاؤ کے ساتھ بیانیہ انداز میں ناول تحریر کیا ہے۔ واحد متکلم، خود کلامی اور ڈرامائیت اس ناول میں نہیں ہے۔سنجیدگی کے ساتھ بات کو بیان کیا گیا ہے۔ ناول ''آ گ'' سے ایک اقتباس

پیش کرتے ہوئے پروفیسر سلیمان اطہر جاوید نے اسے پورے ناول کی تلخیص قرار دیا ہے۔
عزیز احمد لکھتے ہیں:

''واقعتاً کشمیر میں آگ کے سوا اور ہے کیا۔ بھوک کی آگ جو خواجہ سکندر جو اور ان کی طرح کے بیچ کے پونچھ کھانے والوں نے پھیلائی ہے۔ لکڑی کے کھودنے والے۔ دیدے پھوڑ کر کپڑے پر رنگ برنگ پھول کاڑھنے والے، دیدہ ریزی کر کے قالین بننے والے ہر سال ابتدائے بہار میں زوجی لا کے گیارہ فٹ عبور کرنے والے مزدوروں کی محنت کا یہ ثمر مگر کیا یہ آگ اس کو اور اس مہاجنی نظام، جاگیرداری نظام کو نہ جلائے گی۔ ہر طرف آگ ہی آگ، بھوک کی آگ، چنار کی آگ، لالے کی آگ، بیماریوں کی آگ۔''(۱)

اس اقتباس کے ذریعہ عزیز احمد نے جہاں کشمیر کے غربت زدہ پہلو کو اجاگر کرنے کی کوشش کی وہیں اس اقتباس کے انتخاب سے پروفیسر سلیمان اطہر جاوید نے عزیز احمد کی زبانی ناول کے نچوڑ کو پیش کرنے کی کوشش کی۔ اس طرح پروفیسر سلیمان اطہر جاوید نے اس بیان پر کہ آج بھی کشمیر میں عزیز احمد کے اٹھائے ہوئے سوال حل طلب ہیں۔ ناول کی سنجیدگی کو اس کی مقبولیت میں کمی کا ذمہ دار قرار دیتے ہوئے ناول کا جائزہ ختم کیا ہے۔

ناول ''گریز'' کی طرح ''آگ'' پر تبصرہ بھی اس لحاظ سے مکمل قرار دیا جا سکتا ہے کہ اس ناول کے اہم پہلو کشمیری زندگی، وہاں کی معاشرتی تہذیب، منظر نگاری وغیرہ پر سیر حاصل تبصرہ اور واقعات و کرداروں کے سرسری بیان سے پروفیسر سلیمان اطہر جاوید نے

ناول ''آگ'' کی مکمل تصویر پیش کردی۔ تاہم اس ناول میں سرمایہ دار کرداروں پر تنقیدی بیان کے علاوہ پروفیسر سلیمان اطہر جاوید کا انداز اکثر و بیشتر توضیحی وتشریحی رہا ہے۔ انہوں نے بہت کم تنقید کی ہے اور صرف ناول کی تشریح پر ہی اکتفا کیا ہے۔ فنی اور دیگر امور، پلاٹ، کہانی ،کرداروں کے بیان وغیرہ کے دوران پروفیسر سلیمان اطہر جاوید کا تنقید رویہ اختیار نہ کرنا ان کے مزاج کے خلاف دکھائی دیتا ہے۔ تاہم ان کا یہ تجزیہ اور تبصرہ تاثراتی تنقید کی ایک اچھی مثال قرار دیا جاسکتا ہے۔

ناول ''آگ'' کے بعد پروفیسر سلیمان اطہر جاوید نے عزیز احمد کے پانچویں ناول ''ایسی بلندی ایسی پستی'' کا جائزہ پیش کیا ہے۔ عزیز احمد نے آزادی سے قبل حیدرآباد کی نوابی زندگی کے موضوع پر یہ ناول ۱۹۴۷ء میں لکھا تھا۔ ناول کے بنیادی موضوع اور دیگر بیان کردہ موضوعات کا تعارف پیش کرتے ہوئے پروفیسر سلیمان اطہر جاوید لکھتے ہیں:

> ''ایسی بلندی ایسی پستی'' عزیز احمد کا بے حد مقبول ناول ہے۔ ''گریز'' کی طرح یہ بھی اردو کے ممتاز ناولوں میں شمار کیا جاتا ہے۔ ''آگ کی طرح ایک معاشرہ کی عکاسی کرتا ہے اور یہ معاشرہ ہے۔ حیدرآباد کا۔ حیدرآباد کی اعلی سوسائیٹی اور جاگیر دارانہ طبقہ اس کا موضوع خاص ہے۔ حیدرآبادی معاشرت اور اسی کے ساتھ ریاست حیدرآباد کی سیاست ، بنجارہ تہذیب سرسید کا زمانہ، مسوری کی تفریح گاہیں۔ اینگلو انڈین تمدن بین الاقوامی سیاست ، دوسری جنگ عظیم ، جوہری بم ، طبقہ واری کشمکش سرمایہ داری، کمیونزم، چیانگ ، کائی شک ، اردو شاعری، ترقی پسندی، تقسیم

ہند، فرقہ وارانہ فسادات۔ کسی کو منظر اور کسی کو پس منظر کے طور پر۔ عزیز احمد نے ایک علاقے ایک دور اور ایک طبقہ کی معاشرت کی عکاسی میں کمال دکھایا ہے۔''(۱)

پروفیسر سلیمان اطہر جاوید نے موضوعات کی رنگا رنگی کو بیان کرتے ہوئے ناول کی ہمہ گیری کو واضح کیا ہے۔ ناول کی وجہ تصنیف بیان کرتے ہوئے پروفیسر سلیمان اطہر جاوید تحقیقی انداز اختیار کر لیتے ہیں اور لکھتے ہیں کہ ۱۹۴۲ء میں عزیز احمد جامعہ عثمانیہ کے پروفیسر تھے۔ اس وقت کچھ عرصے کے لئے انہیں آصف سابع میر عثمان علی خاں کی بہو شہزادی درشہوار کے سکریٹری کے طور پر کام کرنے کا موقع ملا تھا۔ انہوں نے نوابی زندگی کو قریب سے دیکھا اور اس ناول میں اپنے مشاہدات کو اس طرح برتا کہ وہ ایک حقیقت کی تصویر دکھائی دیتی ہے۔ ناول میں پیش کردہ معاشرہ زوال آمادہ معاشرہ ہے اور کرداروں کی اخلاقی پستی کو بیان کرتے ہوئے عزیز احمد نے ظاہر میں اونچے عہدوں اور دولت وثروت کی بلندی پر فائز لوگوں کی نچلی حرکتوں کو بیان کرتے ہوئے اس دور کے زوال پذیر معاشرے کی پستیوں کو بیان کیا ہے۔ اس ضمن میں پروفیسر سلیمان اطہر جاوید لکھتے ہیں:

''درباری واقعات، امراء کی باہمی سازشیں، خاندانی رقابتیں، ایک دوسرے کو نیچا دکھانے کی کوشش اپنے تمول کا اظہار، دوسروں پر اپنی برائی جتانے کا رجحان، ان کے عشق ان کی ہوس پرستیاں، ان کی عیاشیاں، مستورات کے آداب و انداز گفتگو، زنانی محفلوں کی ہنگامہ آرائیاں، ظاہری خلوص در پردہ حسد، مشرقی تہذیب کو اختیار کرتے ہوئے مشرقی

تہذیب سے دوری اور مغربی تہذیب کو اپنانے کی کوشش، کعبہ اور کلیسا کی کشمکش، اس طرف دولت وثروت کا جاہ وجلال اور دوسری طرف اخلاقی بے مائیگی ایسی بلندی، ایسی پستی، ان سب کی تصویریں، تصویری ہی نہیں ان پیچ وختم کے چلتے پھرتے مظاہرے سارے ناول میں جا بجا ملتے ہیں۔''

(۲)

پروفیسر سلیمان اطہر جاوید نے لکھا کہ عزیز احمد نے اس ناول میں بھی کسی طرح اپنے پسندیدہ موضوع جنس اور عریانیت کے بیان کے لئے جگہ نکال ہی لی ہے اور یہ کہ ان کے کردار ہوس پرستانہ جذبات کی عکاسی کرتے دکھائی دیتے ہیں۔ ناول کے موضوع حیدرآبادی زوال آمادہ معاشرہ کا تذکرہ کرنے کے بعد پروفیسر سلیمان اطہر جاوید نے ناول ''ایسی بلندی ایسی پستی'' کے بنیادی کرداروں کا تعارف پیش کیا ہے اور اسی حوالے سے عزیز احمد کے کرداروں کی نفسیات کا بھی تجزیہ کیا ہے۔ اس ضمن میں وہ لکھتے ہیں:

''ہیرو اور ہیروئین کے کرداروں کی حیثیت سے قاری سلطان حسین اور نور جہاں سے متعارف ہوتا ہے اور ناولوں کے مقابلے میں ان کرداروں کی نوعیت مختلف ہے۔ لیکن بنیادی طور پر عزیز احمد کے ہیرو، ہیروئین یکساں ہوتے ہیں۔ جنسی طور پر بھوکے، ہوسناک، اپنی ہوس کی تکمیل کے مواقع کے متلاشی اور زیادہ تر کامیاب، ہوس میں زلیخا نسیم کی ہوس کا نشانہ بنتی ہے اور سلیمہ کسی اور کی: ''مرمر اور خون'' میں عذرا نے رفعت کے ہاتھوں اپنی عفت کھوئی اور زینب طلعت سے لٹتی ہے۔ ''گریز'' میں نعیم کا نشانہ کون کون نہیں

بنتے۔ ایلس برتھا وغیرہ۔''آگ'' میں زون غضنفر جو کی اور فضلی سکندر جو کی داشتہ ہوتی ہے۔ یہاں سلطان حسین کا کردار بھی اساسی طور پر بدلا ہوا نہیں ہے۔ بندہ ہوس، بنیادی طور پر ایک عیاش اور اوباش انسان کا کردار ہے۔''

(۱)

ناول کی کہانی کے اعتبار سے پروفیسر سلیمان اطہر جاوید سلطان حسین کے کردار کی تشریح کرتے ہوئے لکھتے ہیں کہ سلطان حسین متوسط طبقہ کا کردار ہے۔لیکن ناول میں اس کی طبقہ بالا تک رسائی دکھائی گئی ہے اور یہ کہ عزیز احمد نے اس کردار کے ذریعہ جاگیر دارانہ معاشرے کے معائب کو اجاگر کیا ہے۔ سلطان حسین کی بیوی نور جہاں ہے جو پڑھی لکھی ہے۔لیکن خاموش فطرت ہے وہ سلطان حسین کی رنگ رلیوں کو برداشت کرتے ہوئے زندگی بسر کرتی ہے۔ پروفیسر سلیمان اطہر جاوید نے نور جہاں کے کردار اور عزیز احمد کی جذبات نگاری کے بیان کو اقتباسات کے ذریعہ پیش کیا ہے۔ ایسے ہی ایک اقتباس میں عزیز احمد نے نور جہاں کے جذبات کو ان الفاظ میں پیش کیا ہے۔

''نور جہاں کی آنکھیں سرخ تھیں اور اس کا سر درد سے پھٹا پڑتا تھا۔اس نے دوپہر کا کھانا نہیں کھایا اور متلی کی تکلیف اور زیادہ بڑھ گئی۔جلیس کا اسے خیال آیا اور پھر اپنا اور پھر تمام مسوری کا جس کے در و دیوار چاند کی کرنوں سے جل گئے تھے۔جس کے مال پر آبلے پڑ گئے تھے۔جس کی چٹانیں ٹوٹ کر بکھر گئی تھیں۔جس کے نیچے دہرہ دون کے قریب اندھیری رات میں جنگل جل رہا تھا اور یہ تمام ملبہ یہ تمام خاشاک یہ ٹوٹتی چٹانیں، یہ

زلزلہ اس کے اپنے دکھتے ہوئے جسم اور دل پر گر رہا تھا۔'' (۲)

نور جہاں کے کردار کے جذبات پیش کرنے کے بعد پروفیسر سلیمان اطہر جاوید نے اس ناول میں پیش کردہ دیگر کرداروں کے نام بھی گنائے ہیں اور لکھا کہ سریندر کے کردار میں عزیز احمد کی شخصیت جھلکتی ہے اور ناول کے دیگر کردہ بہ ظاہر آسودہ حال دکھائی دیتے ہیں۔ لیکن ہر کردار غمزدہ اور بے چین معلوم ہوتا ہے۔ یہی اس ناول کی بلندی اور پستی ہے۔ اس طرح پروفیسر سلیمان اطہر جاوید نے موضوع کے اعتبار سے ناول کا جائزہ لے لیا ۔تاہم اس میں تفصیلات کی کمی ہے۔ ناول کے قصہ سے قاری واقف نہیں ہو پاتا۔ کرداروں کا ارتقاء بیان نہیں کیا گیا اور نہ ہی فنی اصولوں کے اعتبار سے ناول کا جائزہ لیا گیا۔ جذبات نگاری کو پیش کرنے والے چند ایک اقتباسات کے سہارے پروفیسر سلیمان اطہر جاوید نے ناول کے فن کا جائزہ لیا ہے۔ سلطان حسین اور نور جہاں کے کرداروں سے قاری کو واقفیت ہوتی ہے۔ تاہم نئے قاری کو اصل ناول کے مطالعہ کے بغیر اس جائزے سے عزیز احمد کے اس ناول ''ایسی بلندی ایسی پستی'' کے محاسن و معائب کا مناسب اندازہ نہیں ہو پاتا۔ اس لئے کہا جاسکتا ہے کہ پروفیسر سلیمان اطہر جاوید کا یہ تبصرہ بہت حد تک ادھورا ہے۔ پھر بھی قاری عزیز احمد کی ناول نگاری کے رجحانات کے سہارے اس ناول کے موضوع سے واقف ہوسکتا ہے۔

''ایسی بلندی ایسی پستی'' کے بعد پروفیسر سلیمان اطہر جاوید نے عزیز احمد کے آخری ناول ''شبنم'' کا جائزہ لیا ہے۔ عزیز احمد نے یہ ناول ۱۹۵۰ء میں لکھا تھا۔ تبصرہ کے آغاز میں پروفیسر سلیمان اطہر جاوید نے ناول کا اجمالی تعارف پیش کر دیا اور لکھا کہ عزیز

احمد کے دیگر ناولوں کے مقابلہ میں اس ناول میں نسوانی کردار ''شبنم'' کو مرکزی حیثیت حاصل ہے اور یہ دوسرے ناولوں کے کرداروں کے برخلاف متوسط طبقہ سے تعلق رکھتی ہے۔ اس ناول میں بھی عزیز احمد نے عریانی کو بیان کرنے کے مواقع ڈھونڈ نکالے ہیں لیکن متوسط طبقہ کے کردار ہونے کے سبب اس میں عریانی کا بیان کم ہے۔ پروفیسر سلیمان اطہر جاوید لکھتے ہیں کہ اس ناول کا موضوع ''ہوس'' اور ''مرمر اور خون'' سے ملتا جلتا ہے۔ تاہم فنی اعتبار سے یہ ناول عزیز احمد کے پہلے دو ناولوں کے مقابلہ میں بہتر ہے۔ ''شبنم'' ارشد علی خاں'' نامی نوجوان سے محبت کرتی ہے۔ تاہم دونوں ایک دوسرے کے نہ ہو کر بھی خوش ہیں۔ ناول کے اس غیر فطری انجام سے پروفیسر سلیمان اطہر جاوید اتفاق نہیں کرتے۔ ''شبنم'' کے کردار کا تجزیہ کرتے ہوئے پروفیسر سلیمان اطہر جاوید لکھتے ہیں:

> ''شبنم۔ ''شبنم'' کا مرکزی اور اہم ترین کردار ہے۔ زلیخا، عذرا بلقیس اور نور جہاں کے مقابلے میں یہ کردار اپنی ایک جداگانہ شخصیت رکھتا ہے۔ حالانکہ یہ بھی متوسط، پردہ دار اور روایتی مشرقی گھرانے سے تعلق رکھتی ہے بلکہ شبنم اور اس کے گھرانے کو عزیز احمد نے جس طرح پیش کیا ہے اس سے یہ اور زیادہ قدامت پسند، مشرقی بلکہ دقیانوسی حد تک مشرقی گھرانے کی فرد معلوم ہوتی ہے لیکن اپنی طبعیت کی شوخی، طرحداری، بے باکی، عاشق مزاجی آداب مجلس سے آگاہی اور انداز گفتگو کی وجہ سے مذکورہ سارے نسوانی کرداروں سے آگے ہے۔''(۱)

''شبنم'' کی کردار سازی کے بارے میں پروفیسر سلیمان اطہر جاوید نے عزیز

احمد کے قلم سے مزید تشنگی کا اظہار کیا ہے اور لکھا کہ اس کردار کی تشکیل میں عزیز احمد نے احتیاط سے کام لیا ہے۔ ارشد علی خان کے کردار کا تجزیہ کرتے ہوئے پروفیسر سلیمان اطہر جاوید نے لکھا کہ ہمیشہ سے صحافی یہ نوجوان منچلا اور عاشق مزاج بن کر ابھرتا ہے۔ دیگر کرداروں کے متعلق انہوں نے لکھا کہ یہ مرکزی کرداروں کے ذیل میں آ گے ہیں۔ ''شبنم '' کی ٹکنیک کے بارے میں پروفیسر سلیمان اطہر جاوید نے لکھا کہ عزیز احمد نے اس میں '' خطوط'' کے ذریعہ کہانی کو آ گے بڑھایا ہے۔ ''شبنم'' ناول کے بارے میں اس مختصر تبصرے کے پروفیسر سلیمان اطہر جاوید نے عزیز احمد کی ناول نگاری کا مجموعی طور پر جائزہ شروع کیا ہے اوراس جائزے میں تمام ناولوں پر طائرانہ نظر ڈالتے ہوئے ان میں ناولوں کے اجزاء تلاش کرنے کی کوشش کی ہے۔ ابتداء میں انہوں نے عزیز احمد کے ناولوں کے پلاٹ کا جائزہ لیا ہے۔ عزیز احمد کے ناولوں میں پلاٹ کی عدم موجودگی کی اطلاع دیتے ہوئے پروفیسر سلیمان اطہر جاوید لکھتے ہیں:

> ''ان کے ناول پلاٹ لس (Ploteless) ہوتے ہیں۔ ان کے ناولوں کو (Deplot) ناول کہا جاسکتا ہے کہ وہ پلاٹ پر بنیادی توجہ نہیں دیتے وہ اپنے طور پر ناول کے تانے بانے بنتے ، واقعات کو ترتیب دینے اور ابواب کو تحریر کرتے جاتے ہیں۔ کسی خاص ترتیب کے ساتھ نہیں۔ جس باب کا موڈ ہو۔ جب ہوانھوں نے اپنے ناول عموماً اسی انداز میں لکھے ہیں۔...... پلاٹ سے اس بے نیازی کے باوجود عزیز احمد کے ناولوں میں ترتیب، تسلسل، ارتباط اور ہم آہنگی کی دلکشی پائی جاتی ہے جو شائد پلاٹ کو

ملحوظ رکھنے کی صورت میں کچھ ایسی ممکن نہ ہوتی۔"(۱)

پروفیسر سلیمان اطہر جاوید نے پلاٹ کے سلسلے میں بیان کردہ اپنے خیالات کی تائید میں عزیز احمد کے ناولوں "گریز" اور "ایسی بلندی ایسی پستی" سے حوالے بھی دیئے۔

عزیز احمد کی کردار نگاری کے بارے میں پروفیسر سلیمان اطہر جاوید نے لکھا کہ اردو ناول نگاری کی روایت کے برخلاف عزیز احمد نے مرد کرداروں کو اپنے ناولوں میں مرکزی حیثیت سی۔ صرف "شبنم" کا مرکزی کردار عورت ہے۔ تمام ناولوں کے مرکزی کرداروں کے تجزیہ کے بعد پروفیسر سلیمان اطہر جاوید اس نتیجے پر پہنچتے ہیں کہ یہ کردار نا آسودہ مزاج کے حامل ہیں۔ چنانچہ وہ لکھتے ہیں:

> "یہ سب کچھ دراصل اس نسل اور اس دور کا مقدر تھا زوال آمادہ معاشرے میں خاص طور پر نوجوان نسل ایسے ہی حالات کا شکار ہوتی ہے۔ نا آسودہ منتشر الذہن بے مقصد اخلاقی طور پر روبہ انحطاط، پریشان فکر، بے منزل اور اپنی ذات سے بھی گریزاں! عزیز احمد کے ناولوں میں اپنے عصر کی معاشرت کی بھرپور اور متحرک تصاویر ملتی ہیں۔ ان کے کردار برے ہوں یا بھلے، بلاشبہ اپنے عصر کی معاشرت کے نمائندے ہیں۔"(۱)

پروفیسر سلیمان اطہر جاوید نے ایک ماہر نفسیات کی طرح عزیز احمد کے کرداروں کا جائزہ لیا ہے اور تحلیل نفسی کے ذریعہ انہوں نے عزیز احمد اور ان کے عہد کی تہذیب و معاشرت اور مغربی تہذیب کے مشرقی تہذیب پر پڑنے والے اثرات کا جائزہ لیا ہے۔ کردار نگاری کے بعد پروفیسر سلیمان اطہر جاوید نے عزیز احمد کے موضوعات اور ان کے

ناولوں میں پیش کردہ معاشرت کا جائزہ لیا ہے اور حوالوں کے ذریعہ ثابت کیا کہ عزیز احمد نے جس تہذیب و معاشرت میں زندگی کے شب و روز گزارے تھے۔انہی کے نقوش اپنے ناولوں میں فنکاری کے ساتھ پیش کیے۔اس سلسلے میں وہ لکھتے ہیں:

''شادی بیاہ کی تقاریب ہوں یا احباب کی عام محفلیں، جاگیردارانہ ماحول ہو یا متوسط طبقے کے حال چال، مزدوروں اور نچلے طبقات کی گزر بسر ہو یا کوئی اور پہلو۔کسی بھی دور سطح یا طبقے کی تہذیب و معاشرت کو بیان کرتے ہوئے وہ ممکنہ تفصیل سے کام لیتے ہیں اور جزئیات نگاری سے بھی۔منظر کو بھی بیان کرتے ہیں اور پس منظر کو بھی۔کچھ بیان بھی کرتے ہیں اور کچھ بین السطور میں بھی ہوتا ہے۔گویا وہ ناول نگاری نہیں، معاشرت نگاری میں بھی ید طولیٰ رکھتے ہیں اور بڑے حقیقت پسندانہ انداز میں گویا کچھ اور نہیں فوٹوگرافی ہے۔''(۲)

معاشرت نگاری پر اس تبصرے کے بعد عزیز احمد کی جذبات نگاری اور نفسیات نگاری کا جائزہ لیتے ہوئے پروفیسر سلیمان اطہر جاوید نے لکھا کہ عزیز احمد اپنے پیش کردہ کرداروں کے نفسیات داں تھے اور ماہر نباض کی طرح وہ کرداروں کے جذبات و احساسات اور اونچ نیچ سے واقف تھے۔اس کا ثبوت ان کے وہ کردار ہیں جو ان کے ناولوں میں اپنی پہچان خود کراتے ہیں۔پروفیسر سلیمان اطہر جاوید نے عزیز احمد کی جذبات نگاری کے بیان کے سلسلے میں ان کے ناولوں سے حوالے دیے۔عزیز احمد کی ناول نگاری کو ان کے شخصی حالات سے تعبیر کرتے ہوئے پروفیسر سلیمان اطہر جاوید نے لکھا کہ عزیز احمد کا

تعلق متوسط گھرانے سے تھا لیکن ان کی رسائی طبقہ بالا کے گھرانوں تک ہوئی۔ ملک و بیرون ملک کئی سفر کئے۔ ہر طرح کے افراد سے ملاقات کی۔ مختلف زبانوں کے ادبیات کا مطالعہ کیا۔ قومی و بین الاقوامی سیاست پر گہری نظر رکھی اور اپنے تمام مشاہدات کو اپنے ناولوں میں برتا۔ اس طرح پروفیسر سلیمان اطہر جاوید نے عزیز احمد کے مشاہدات کی ایک طویل فہرست پیش کرتے ہوئے ان کے ناولوں کو ان کے مشاہدات کا نچوڑ قرار دیا۔

عزیز احمد کے اسلوب کا جائزہ لیتے ہوئے پروفیسر سلیمان اطہر جاوید ستائش کے موڈ میں نظر آتے ہیں۔ عزیز احمد کے فن کی تعریف کرتے ہوئے وہ لکھتے ہیں:

> ''جہاں تک انداز بیان اور اسلوب وطرز ادا کا تعلق ہے۔ عزیز احمد کی صلاحیتوں کا اعتراف کرنا پڑتا ہے۔ ان کے ہاں زبان و بیان میں جھول نہیں ملے گا۔ عجز و اظہار کی بات بھی نہیں کہی جاسکتی۔ وہ الفاظ کے انتخاب میں بے حد محتاط ہوتے ہیں۔ ان کا انداز تحریر رواں دواں ہوتا ہے۔ اپنی فارسی آمیز تحریر کے باوجود جو ان کے دور میں عام سی بات تھی۔ ان کے ناولوں میں بوجھل پن اور گراں باری کا احساس نہیں ہوتا۔''(۱)

عزیز احمد کے اسلوب کے دیگر پہلوؤں میں دکنی زبان کا استعمال، چھوٹے چھوٹے فقروں میں بات کرنا وغیرہ جزئیات کا احاطہ کرتے ہوئے پروفیسر سلیمان اطہر جاوید نے عزیز احمد کے اسلوب کو ایک کامیاب اسلوب قرار دیا ہے اور مختلف مثالوں کے ذریعہ انہوں نے عزیز احمد کے اسلوب کی نیرنگیوں کو بیان کیا ہے۔

کتاب کے آخر میں عزیز احمد کے مستقبل کے حالات بیان کرتے ہوئے پروفیسر سلیمان اطہر جاوید نے لکھا کہ عزیز احمد نے ''شبنم'' کے بعد کوئی ناول نہیں لکھا۔ بعد میں انہوں نے چار ناولٹ لکھے اور پھر اپنے آپ کو انگریزی اور اسلامیات کے لئے وقف کر دیا۔ پروفیسر سلیمان اطہر جاوید نے عزیز احمد کی اردو ناول نگاری ترک کرنے کو اردو ادب کے لئے ایک نقصان قرار دیتے ہوئے کہا کہ اگر وہ مزید ناول نگاری کرتے تو اردو ادب کو اچھے ناول فراہم کرتے اور یہ کہ اردو ناول کے تذکرے میں ان کا نام ضرور لیا جاتا رہے گا۔

ان حوصلہ افزاء کلمات کے ساتھ پروفیسر سلیمان اطہر جاوید کی تحریر کردہ تنقیدی کتاب ''عزیز احمد کی ناول نگاری'' کا اختتام عمل میں آتا ہے۔ اس کتاب کا جب اجمالی طور پر جائزہ لیا جائے تو اندازہ ہوتا ہے کہ یہ کتاب عزیز احمد کی ناول نگاری کا اچھا تعارف ہے۔ قاری اس کتاب کے مطالعے سے سرسری طور پر عزیز احمد کے ناولوں ان کے موضوعات، اہم کرداروں اور عزیز احمد کے فن سے بخوبی واقف ہو جاتا ہے۔ ناول ''گریز'' پر تبصرہ تفصیلی ہے جبکہ ''ہوس'' اور ''مرمر اور خون'' کا تبصرہ تشنگی طلب اور ''ایسی بلندی اور ایسی پستی'' اور ''آگ'' و ''شبنم'' کے تبصرے تعارفی نوعیت کے ہیں۔ پھر بھی پروفیسر سلیمان اطہر جاوید مجموعی طور پر عزیز احمد کی ناول نگاری کے جائزے کے ذریعہ قاری تک اپنے نقطہ نظر کو پہنچانے میں کامیاب رہے ہیں۔ ناولوں کا تنقیدی جائزہ وضاحتی اور تفسیری یا تشریحی انداز لئے ہوئے ہے۔ پروفیسر سلیمان اطہر جاوید کی اس تنقیدی کتاب کو تاثراتی تنقید اور نفسیاتی تنقید کی اچھی مثال قرار دیا جا سکتا ہے۔ مختلف مقامات پر عزیز احمد کے

ناولوں کے مطالعہ کے بعد اپنے ذہن میں تاثر لے کر عزیز احمد نے تنقید کی ہے۔اسی طرح عزیز احمد کے ان ناولوں میں جن میں جنس اور رومانیت کو بے باکی سے بیان کیا گیا ہے۔ پروفیسر سلیمان اطہر جاوید نے نفسیاتی تنقید کو استعمال کرتے ہوئے تخلیق کار کی نفسیاتی الجھنوں اور تشنگیوں کو تلاش کرنے کی کوشش کی ہے۔عموماً تنقیدی کتابوں کا اسلوب خشک اور روکھا پھیکا ہوتا ہے۔ تاہم پروفیسر سلیمان اطہر جاوید اپنے رواں اسلوب اور لفظوں کی مناسب نشست و برخاست سے تحریر میں روانی پیدا کرتے ہیں۔انہیں اپنے پیش کردہ نکتہ کو قاری تک مکمل طور پر پہنچانے اور اسے اپنے خیال سے متفق کرانے میں خاص ملکہ حاصل ہے۔اس کے لئے وہ مناسب اقتباسات پیش کرتے ہیں۔ان کے پیش کردہ اقتباسات ان کے اٹھائے گئے نکتہ کی بھرپور تائید کرتے ہیں۔مختصر جملوں میں مطلب کو بیان کرتے ہیں اور اپنے موضوع سے بھٹکتے نہیں۔کسی بھی مرحلہ پر وہ ایک تخلیق کے محاسن اور معائب ساتھ ساتھ بیان کرتے جاتے ہیں۔ان تمام خوبیوں کے پیش نظر ہم پروفیسر سلیمان اطہر جاوید کو ایک کامیاب نقاد اور ان کی تنقیدی کتاب ''عزیز احمد کی ناول نگاری'' کو ایک اچھی تنقیدی کتاب قرار دے سکتے ہیں۔اردو ادب کی ایک ستم ظریفی ہے کہ اچھا ادب راست طور پر مقبول نہیں ہوتا بلکہ ادب تخلیق ہونے کے بعد اس پر کی گئی تنقید سے اس ادب یا تخلیق کو شہرت ملتی ہے۔ پروفیسر سلیمان اطہر جاوید کا شمار بھی ایسے ہی نقادوں میں کر سکتے ہیں۔جن کی تنقیدی تحریروں کے بدولت کئی گمنام ادیبوں اور اچھی تخلیقات اردو ادب میں متعارف ہوئیں۔اس کے لئے اردو کے گمنام ادیب ضرور ان کے شکر گزار رہوں گے۔

پروفیسر سلیمان اطہر جاوید بہ حیثیت تبصرہ نگار

پروفیسر سلیمان اطہر جاوید کی تنقیدی تحریریں ان کی تنقیدی کتابوں کے علاوہ مختلف شعراء اورادیبوں کی کتابوں پر لکھے گئے پیش لفظ، رسائل اور اخبارات میں شائع ہونے والے تبصروں اوران کے سلسلہ وار کالم میں ملتی ہیں۔ پروفیسر سلیمان اطہر جاوید کا بہ حیثیت محقق اورنقاد برصغیر ہندوپاک میں ایک معتبر نام ہے۔ چنانچہ نئے اور پرانے شعراء اورادیب اکثر اپنی تخلیقات کا پیش لفظ ان کے ذریعہ لکھوانے کو اپنی کتاب کے لئے اعزاز سمجھتے ہیں۔ جن کتابوں کے تعارف اور پیش لفظ پروفیسر سلیمان اطہر جاوید نے لکھے ہیں اس کی ایک طویل فہرست ہے۔ ذیل میں چند کتابوں کے نام دئے جاتے ہیں۔ جن کے پیش لفظ پروفیسر سلیمان اطہر جاوید نے لکھے ہیں۔

سات سمندر از بدیع الزماں خاور جنوری ۱۹۸۲ء، تقابل و تجزیہ از قدیر امتیاز ۱۹۸۲ء، جاگتی دہلیز از مظہر محی الدین اکتوبر ۱۹۸۴ء، کرشن چندر کے ناولوں میں نسوانی کردار از نورزمانی بیگم ۱۹۸۷ء، جدید اردو افسانے میں عصری حسیت از یاسمین فاطمہ ڈسمبر ۱۹۸۷ء اردو ناولوں میں تعلیمی تصورات از ڈاکٹر وحید کوثر ۱۹۸۷ء، نذیر احمد کے ناولوں میں نسوانی کردار ڈاکٹر زینت کوثر ۱۹۸۷ء، نواب اعظم و مثنوی اعظم نامہ از افضل الدین اقبال جولائی ۱۹۸۷ء، سراب از مقبول فاروقی جون ۱۹۸۸ء، نمی دانم از رشید عبدالسمیع جلیل فبروری ۱۹۸۸ء، ہندوستانی تہذیبی عناصر محمد قلی قطب شاہ کی شاعری میں از سید عبدالستار جون ۱۹۸۸ء، نظیر شناسی از اکبر علی بیگ محمد علی اثر ۱۹۸۸ء، ترقیم از راہی فدائی

۱۹۹۰ء، حرف نم دیدہ از محمد علی اثر ۱۹۹۰ء، سکندر علی وجد شاعر و شخص از اختر جہاں فبروری ۱۹۹۱ء، اوراق تارہ از قطب سرشار ۱۹۹۳ء، دکھوں کا سمندر سکھوں کا جزیرہ۔ شاغل ادیب ۱۹۹۴ء اردو غزل کا استعاراتی نظام از مظفر شاہ میری ۱۹۹۴ء، کہکشاں از ڈاکٹر مظفر شاہ میری، اصغر گونڈوی شخصیت اور فن از ڈاکٹر زبیدہ خاتون ۱۹۹۴ء، کسے سنائیں از حمید رونق ۱۹۹۵ء، بیاض نور از ڈاکٹر عقیل ہاشمی ۱۹۹۵ء، انشائے صفی از محبوب علی خاں اخگر ۱۹۹۶ء، دبستان گولکنڈہ کی شاعری میں ہندوستانی عناصر از ڈاکٹر عبدالستار ساحر جنوری ۱۹۹۷ء، مہک ڈاکٹر راہی ڈسمبر ۱۹۹۷ء، کرچی کرچی خواب از انیس فاروقی ۱۹۹۸ء، تحقیق و تجزیہ از وہاب عندلیب جون ۱۹۹۹ء، آب زر۔ از اکرام کاوش، ۱۹۹۲ء قہقہ بردوش از سگار لکھنوی نومبر ۱۹۹۹ء، دور کا سورج از شیدا رومانی ۲۰۰۰ء، مقالات اثر از ڈاکٹر محمد علی اثر ۲۰۰۲ء، حیدر آباد دکن کے علمی و ادبی رسائل از ڈاکٹر محمد نور الدین ۱۹۹۷ء، جموں و کشمیر میں اردو ادب کی نشوونما از ڈاکٹر برج پریمی ۲۰۰۰ء، اصلاحی اشعار اردو ادب کی نشوونما از ڈاکٹر برج پریمی ۲۰۰۰ء، اصلاحی اشعار از محمد عبدالمنان صدیقی ڈسمبر ۲۰۰۰ء، ارض مقدس میں چند روز از اے امیر النساء ۲۰۰۱ء مسیح دکن ڈاکٹر ارسطو یار جنگ از بلقیس عابد علی، جولائی ۲۰۰۱ء اوس کی جھیل، انل ٹھکر ۲۰۰۲ء وغیرہ۔

انل ٹھکر کے ناول ''اوس کی جھیل'' پر تبصرہ کرتے ہوئے پروفیسر سلیمان اطہر جاوید لکھتے ہیں:

> ''انل ٹھکر۔ اردو کمیشن کا ایک اہم ممتاز اور منفرد نام ہے۔ ڈرامہ نگار اور افسانہ نویس کی حیثیت سے اردو دنیا میں ان کا اونچا مقام ہے۔ انہوں نے

ڈرامہ نگاری سے اپنی ادبی زندگی کی ابتداء کی ۔ یا یہ کہیے کہ ان کی پہلی کتاب (جو میرے مطالعہ میں آئی) ''خالی خانے'' ڈراموں کا مجموعہ ہے اور دوسری کتاب ''اندھے رشتے'' ایک طویل ڈرامہ ہے اور پھر انہوں نے افسانوں کا مجموعہ شائع کیا۔ ''گرم برف'' اور پھر ان کے افسانوں کا ایک اور مجموعہ شائع ہوا ۔ موسمی پرندے ۔ ان میں ان کے بعض ایسے شاہکار ڈرامے اور افسانے ہیں کہ اردو ڈراموں ، افسانوں کے کڑے سے کڑے انتخاب میں بھی ان میں سے چند ایک ضرور شامل کیے جائیں گے ۔ اور اب ان کا ناول ''اوس کی جھیل'' پڑھنے کا موقع ملا ۔ گویا انہوں نے فکشن کی مملکت کے تیسرے حصہ ناول کو بھی زیرنگیں کرلیا ہے۔'' (۱)

پروفیسر سلیمان اطہر جاوید کے اس تبصرہ سے اندازہ ہوتا ہے کہ وہ کسی کتاب پر تبصرہ کرتے ہوئے مصنف کا مکمل ادبی تعارف بھی کراتے ہیں اور کتاب کی خوبیاں اور خامیاں بیان کرتے ہیں۔ ان کا یہ انداز ان کے دیگر تبصروں میں بھی ملتا ہے۔

اردو شعر ادب کی شائع ہونے والی نئی کتابوں اور غیر معروف ادیبوں اور شعراء کی کتابوں کے بارے میں یہ الزام عائد کیا جاتا ہے کہ ان کتابوں میں مشہور و معروف نقادوں اور ادیبوں سے تعارف اور پیش لفظ فرمائشی طور پر لکھوائے جاتے ہیں اور ان میں صرف صاحب کتاب کی تعریف اور توصیف ہوئی ہے اور محاسن سے قطع نظر معائب کی طرف جان بوجھ کر نظر نہیں ڈالی جاتی ۔ اس کوشش کا مقصد یہ ہوتا ہے کہ قاری کے ذہن پر کتاب اور صاحب کتاب کے بارے میں اچھا تاثر قائم ہو اور ادبی حلقوں میں اس کی پذیرائی ہو اور

اگلی منزل پر اس کی کتاب ایوارڈ کے لئے منتخب ہو۔لیکن پروفیسر سلیمان اطہر جاوید کے لکھے گئے پیش لفظ اور تعارف کے بارے میں یہ الزام نہیں لگایا جاسکتا۔ وہ ایک اعتدال پسند نقاد ہیں اور کسی کتاب کے بارے میں تنقید کے مجوزہ اصولوں کی روشنی میں اپنی رائے پیش کرتے ہیں اس میں محاسن اور مصائب دونوں ہوتے ہیں ۔ پروفیسر سلیمان اطہر جاوید کی تبصرہ نگاری کے ضمن میں پروفیسر عابد صفی لکھتے ہیں:

''جاوید صاحب نے بہت ساری کتابوں پر مقدمے، پیش لفظ یا تعارف بھی لکھے ہیں اور یہاں بھی انہوں نے اپنی الگ ہی راہ نکالی ہے۔ کتابوں پر مقدموں اور تعارفی مضامین میں آسمان اور زمین کے قلابے ملانا عام بات ہوگئی ہے۔قلم کیا ہاتھ میں آیا ممدوح کے سر کو غالبؔ واقبالؔ کے سر سے جاٹکرایا۔ اس ٹکراؤ سے اس کا سر پھوٹ ہی کیوں نہ جائے ۔ بڑے بڑے نقاد اس چل چلاؤ کے شکار نظر آتے ہیں ۔لیکن جاوید صاحب کے مقدموں یا دیباچوں سے مصنف کو اس طرح کا خطرہ لاحق نہیں ہوسکتا۔ کتنی ہی کتابوں پر ان کے مقدمے اور پیش لفظ آ گئے لیکن ہر جگہ بے جا توصیف یا مبالغہ آمیز مدح سرائی سے وہ اجتناب ہی کرتے ملے۔ اس ضمن میں انہوں نے جو بھی لکھا اس کی روشنی میں ادیب یا شاعر یا تصنیف کے صحیح خال وخط ہی ابھرے ہیں۔ اگر چہ خیال خاطر احباب کا پہلو بھی ان کے آگے رہتا ہوگا لیکن اس سے انہوں نے اپنے تنقیدی موقف کا سودا نہیں کیا۔''(۱)

ادبی کتابوں کے پیش لفظ کے علاوہ تبصرہ نگاری بھی ایک ایسا شعبہ تنقید ہے جس میں پروفیسر سلیمان اطہر جاوید کی تنقید نگاری کا ایک اچھا خاصا ذخیرہ ہے۔ روزنامہ سیاست کے ادبی سپلمنٹ میں ''نئی کتابیں تبصرہ'' کالم میں اور حیدرآباد دکن سے پابندی سے شائع ہونے والے ادبی رسالہ ''سب رس'' کے کالم ''نقدہ نظر'' کے علاوہ ملک و بیرون ملک کے منتخبہ رسائل میں پروفیسر سلیمان اطہر جاوید کے تبصرے شائع ہوتے رہتے ہیں۔ ان تبصروں میں وہ کتاب کی مشمولات کا مکمل تعارف پیش کرتے ہوئے ان پر اپنی تنقیدی رائے پیش کرتے ہیں اور آخر میں کتاب کے ناشر، قیمت اور ملنے کا پتہ دیتے ہوئے ادب میں کتاب کی اہمیت واضح کرتے ہیں۔ اپنے رفیق اور حیدرآباد سنٹرل یونیورسٹی کے سابق پروفیسر، پروفیسر رحمت یوسف زئی کی کتاب ''اردو شاعری میں صنائع بدائع'' پر تبصرہ کرتے ہوئے پروفیسر سلیمان اطہر جاوید لکھتے ہیں:

> ''اردو شاعری'' میں صنعتیں زیادہ تر فارسی سے آئیں اور فارسی ہی میں نہیں اردو میں بھی صنائع بدائع پر لکھا گیا ہے۔ صنائع بدائع کی ماہیت حقیقت، ان کے استعمال کے طور طریقوں اور ان کا فنی جائزہ لیتے ہوئے اور خاطر خواہ لیکن ان میں سے بیش تر کتابیں اپنے طرز تحریر کی وجہ سے آج کی نوجوان نسل کے زیادہ تر شاعروں اور طلباء بلکہ بعض اوقات اساتذہ کی فہم کی زد میں بھی نہیں آتیں۔ اس پس منظر میں اردو شاعری میں صنائع بدائع کا عام فہم اور آسان زبان میں تفصیلی جائزہ ضروری تھا۔ خوشی اس امر کی ہے کہ یہ کام انجام پایا اور مزید خوشی اس کی کہ اچھے ہاتھوں انجام پایا۔

پروفیسر رحمت یوسف زئی کی کتاب اس زاویے ہی سے نہیں اس موضوع پر بھی اہم اور سیر حاصل انداز میں تحریر کی گئی کتاب ہے۔ پروفیسر رحمت یوسف زئی نے اس موضوع کے تمام گوشوں پر سیر حاصل پیرائے میں تشفی بخش طور پر لکھا ہے ......کوئی شبہ نہیں کہ یہ کتاب اردو ادب میں ایک اہم کمی کی تکمیل کرے گی۔ بھاری بھرکم کتابیات کو دیکھنے سے مصنف کے بے کنار مطالعے کی وسعتیں سامنے آتی ہیں۔سستی شاعری کے مجموعوں، طنز ومزاح کے نام پر گلڑ پن اور چوتھے پانچویں درجے کے افسانوں کے مجموعے اس دوران کچھ زیادہ ہی شائع ہورہے ہیں۔ایسے میں ''اردو شاعری میں صنائع بدائع'' جیسی کتابیں اپنا وزن اور وقار رکھتی ہیں۔''(۱)

علی ظہیر کے مضامین کے مجموعہ ''دست رس'' پر تبصرہ کرتے ہوئے پروفیسر سلیمان اطہر جاوید ان لفظوں میں اپنے خیالات کا اظہار کرتے ہیں:

''فی زمانہ تنقیدی نظریات کی گرم بازاری ہے۔علی ظہیر کے یہاں کسی نظریے سے وابستگی نہیں۔انہوں نے کسی نظریے سے زیادہ اپنی نظر سے کام لیا ہے اور وہی لکھا ہے جو انہیں لکھنا تھا ان کے مضامین عصری تنقیدی منظر نامے میں اپنی اچھوتی اور رواں دواں طرز تحریر کی وجہ سے پسند ہی نہیں کیئے جائیں گے بلکہ قدر کی نگاہوں سے بھی دیکھے جائیں گے۔آخر میں مشرف عالم ذوقی کے الفاظ میں یہی کہوں گا کہ علی ظہیر ''مغرب سے مستعار فلسفوں کی پیروی نہیں کرتے بلکہ وہ ایک نیا وژن دینے کی کوشش

کرتے ہیں۔"(۲)

پروفیسر سلیمان اطہر جاوید کی تبصرہ نگاری پر مجموعی طور پر نظر ڈالیں تو پتہ چلتا ہے کہ ان کا یہ فن سمندر کو کوزے میں بند کرنے کے مماثل ہے۔ آج ہر طرف وقت کی کمی کا چرچہ ہے۔ ایسے میں قاری مکمل کتاب پڑھ کر اس کتاب کے بارے میں اپنی رائے قائم کے بجائے نقادوں کے تحریر کردہ تبصروں سے کتاب پر رائے قائم کرسکتا ہے۔ اس کے علاوہ پروفیسر سلیمان اطہر جاوید کے یہ تبصرے ادب کو مناسب راہ دکھانے میں بھی نمایاں خدمات انجام دے رہے ہیں۔ نقاد کی تنقید کو مدنظر رکھتے ہوئے بھی تخلیق کار اپنی آنے والی تخلیقات میں مناسب تبدیلیاں لاسکتا ہے۔ ان تبصروں سے ایک دور میں پیش ہونے والی تخلیقات کی روش کا بھی پتہ لگایا جاسکتا ہے۔ اس طرح دیکھا جائے تو پروفیسر سلیمان اطہر جاوید کی تبصرہ نگاری ان کے عہد کی تخلیقات کی آئینہ دار ہے۔

اردو تنقید میں پروفیسر سلیمان اطہر جاوید کا مقام

گزشتہ صفحات میں پروفیسر سلیمان اطہر جاوید کی تنقیدی کتابوں کے تفصیلی جائزے اور ان کے پیش لفظ اور تبصروں کا جائزہ لینے کے بعد پروفیسر سلیمان اطہر جاوید اردو ادب کے ایک قد آور نقاد کے طور پر ابھر کر سامنے آتے ہیں۔ انہوں نے ادب کے مختلف گوشوں کا جائزہ لینے، اور شعراء، ادیبوں، نقادوں اور مزاح نگاروں کا جس انداز سے جائزہ لیا ہے اسے دیکھنے کے بعد کہا جاسکتا ہے کہ پروفیسر سلیمان اطہر جاوید تنقید کے کسی

ایک دبستان کی نمائندگی نہیں کرتے بلکہ وہ تاثراتی، تقابلی، سائنٹفک ہر طرح کی تنقید کو برتتے ہیں۔ان کی تنقیدوں میں تاثراتی رنگ زیادہ دکھائی دیتا ہے۔وہ اکثر کسی فن پارے کا گہرائی سے مطالعہ کرتے ہیں اور اس پر تنقید کے مروجہ اصولوں کی روشنی میں اپنی رائے قائم کرتے ہیں۔فن پارے کے محاسن و مصائب میں یکساں طور پر اعتدال برتتے ہیں اور جانبداری کے الزام سے اپنے آپ کو بچاتے ہیں۔ رشید احمد صدیقی کی مرقع نگاری کے جملہ اوصاف بیان کرتے ہوئے پروفیسر سلیمان اطہر جاوید ان کے فن کے محاسن یوں بیان کرتے ہیں:

> ''رشید صدیقی کی مرقع نگاری میں ان کی انشا پردازی کے جملہ اوصاف منعکس ہو جاتے ہیں۔مرقع میں وہ کسی شخصیت کے انہی پہلوؤں کو پیش نظر رکھتے ہیں جن سے ان کا واسطہ رہا ہو۔معاشرتی پس منظر کی کمی کے باعث ان کے مرقعوں میں جو کمی پائی جاتی ہے۔رشید صدیقی نے اس کو اپنے ذاتی روابط کے خلوص اپنی عقاب نگاہی اور اسلوب کے رچاؤ سے نہ صرف غیر محسوس کر دیا ہے بلکہ ان خصوصیات نے ان مرقعوں میں شخصیات کو پروقار اور جیم بنا دیا ہے۔ان کے مرقعے مرقعے نہیں فلم کے اسکرین بن جاتے ہیں جہاں شخصیات اپنے حقیقی خدوخال میں ابھر آتی ہیں اور سارے واقعات ہمارا آنکھوں دیکھا حال بن جاتے ہیں۔''(۱)

کسی فن یا فنکار کے معائب کے بیان میں بھی پروفیسر سلیمان اطہر جاوید تردد سے کام نہیں لیتے اور اکثر راست باز دکھائی دیتے ہیں۔رشید احمد صدیقی کے اسلوب کی

انہوں نے کئی خامیاں بھی بیان کی ہیں۔اس ضمن میں وہ لکھتے ہیں:

''رشید صدیقی کے اسلوب کا ایک اور پہلو بہک جانا اور موضوع سے ہٹ کر بات میں بات کرتے ہوئے طول طویل مباحث چھیڑ دینا ہے۔ یہ رشید صدیقی کی خوبی بھی ہے اور خامی بھی۔اس طرح تحریر میں رنگا رنگی، طرفگی اور طرحداری پیدا ہوکر جہاں قاری کی دلچسپی قائم رہتی ہے۔اس کے ساتھ بات میں بات پیدا کرتے ہوئے مصنف جب اصل موضوع سے ہٹ جاتا ہے اور تحریر میں جہاں تہاں سطحیت پیدا ہونے سے اکتاہٹ محسوس ہونے لگتی ہے۔''(۱)

بحیثیت نقاد پروفیسر سلیمان اطہر جاوید کے فن پر اکثر ماہرین نے رائے دیتے ہوئے انہیں بلند پایہ نقاد قرار دیا ہے۔ چنانچہ پروفیسر قمر رئیس لکھتے ہیں:

''پروفیسر سلیمان اطہر جاوید کی تجزیاتی تنقید میں ابتداء ہی سے نکتہ رسی، ژرف بینی اور اعتدال وتوازن کا احساس ہوتا ہے اور یہ بلا شبہ ان کے انہماک، غور وفکر، وسیع مطالعہ اور محنت کا ثمرہ ہے۔''(۲)

پروفیسر گیان چند لکھتے ہیں:

''میری یہ پختہ رائے ہے کہ دکن کی چاروں ریاستوں میں ڈاکٹر مغنی تبسم اور سلیمان اطہر جاوید ہی صف اول کے نقاد ہیں۔ سلیمان اطہر جاوید ملک گیر شہرت کے مالک ہی نہیں انہیں پاکستان میں بھی جانا جاتا ہے۔(۳)

پروفیسر عابد صفی نے جاوید صاحب کو بہ حیثیت نقاد پیش کرنے میں گہرائی سے

کام لیا ہے۔اس ضمن میں وہ لکھتے ہیں:

”جاوید صاحب بنیادی طور پر تنقید کے آدمی ہیں اور اچھے برے کی تمیز کا اچھا اور بہت اچھا سلیقہ رکھتے ہیں۔ وسعت نظری اور کشادہ ذہنی ان کی تنقید کو ارفع و اعلی بنا جاتی ہے جب بھی رائے زنی کا موقع آتا ہے وہ اپنی بات کو بحث ہی سے نکالتے ہیں۔......تنقید میں انتہا پسندی انہیں یکسر پسند نہیں۔ وہ اس ترقی پسندی کے بھی قائل نہیں جو کسی بندھے ٹکے اصولوں کے تحت ہر مسئلہ کا فیصلہ کردیتی ہے۔ان کا تنقیدی رویہ خاصا لچکیلا ہے۔ کیونکہ ان کے پاس ادب اور تنقید دونوں زندگی سے وابستہ ہیں اور زندگی جب تغیر پذیر ہے تو پھر ادب اور ادب کی تنقید کیسے جامد ہوسکتی ہے......جدیدیت کے ساتھ ان کا رویہ بھی ان کے احترام میں اضافہ کردیتا ہے۔ بہت کم ان جیسے نقاد ملیں گے۔ جو ترقی پسند ادب سے وابستگی کے باوجود جدیدیت کا پوری دلچسپی اور سنجیدگی کے ساتھ مطالعہ کرتے ہیں اور اس کے لئے اپنے دلوں میں نرم گوشہ رکھتے ہیں۔“(۴)

اسی طرح ڈاکٹر ہارون ایوب پروفیسر سلیمان اطہر جاوید کے تنقیدی رویے کے بارے میں لکھتے ہیں:

”ڈاکٹر سلیمان اطہر جاوید صاحب نے اپنے تنقیدی مضامین سے عصری ادب کو خاصا متاثر کیا ہے۔ کیونکہ اعتدال پسند خیالات لے کر وہ تنقید کے میدان میں اترے ہیں......ان کا مثبت رویہ اردو شعر و ادب میں ایک

روایت بن گیا۔ کیونکہ انہوں نے انسانی المیے کو کبھی نہیں ابھارا بلکہ ان کا مقصد گم شدہ مسرتوں کی تلاش کرتا رہا ہے۔ ڈاکٹر جاوید کے تنقیدی مضامین میں تلاش و انکشاف کا زاویہ ہمیشہ نمایاں رہا ہے۔ مشاہدہ اور تجربہ کے متوازن امتزاج سے وہ اپنے خیالات کو اس طرح پیش کرتے ہیں کہ قاری کے دل و دماغ پر دیرپا اثر چھوڑ جاتے ہیں۔''(۱)

پروفیسر سلیمان اطہر جاوید کے فکر و فن اور ان کی تنقید نگاری کے بارے میں مختلف مشاہیر ادب کی آراء کو دیکھتے ہوئے ہم یہ کہہ سکتے ہیں کہ پروفیسر سلیمان اطہر جاوید کا نام اردو تنقید میں کافی بلند ہے۔ وہ ہندوستانی نقادوں میں ایک بلند مرتبہ کے حامل ہیں۔ انہوں نے اپنے وسیع مطالعہ اور جستجو سے ادب کی بدلتی جہتوں اور روایتوں سے اپنے آپ کو ہم آہنگ کیا۔ ادب کی پرکھ کے لئے اعتدال پسندی کی راہ اختیار کی اور اپنی تنقیدوں سے اردو تنقید کے خزانہ کو مالا مال کیا۔ وہ بلا شبہ ایک بلند پایہ کے نقاد ہیں اور ان کی تنقید یں صرف تنقید ہی نہیں بلکہ تخلیق کا درجہ رکھتی ہیں۔ عمر بڑھنے کے ساتھ ساتھ ان کی تنقید نگاری کا سفر بھی جاری ہے اور جس رفتار اور مقدار سے وہ لکھ رہے ہیں ان سے امید کی جاتی ہے کہ اردو تنقید میں وہ مزید شاہکار پیش کریں گے اور ان کے کارناموں سے اردو ادب اور تنقید ضرور ان کی مرہون منت ہوگی۔

☆ چوتھا باب

پروفیسر سلیمان اطہر جاوید بہ حیثیت خاکہ نگار و مرقع نگار

پروفیسر سلیمان اطہر جاوید مشہور محقق، نقاد، ادیب و شاعر کے علاوہ ایک اچھے خاکہ نگار و مرقع نگار بھی ہیں۔ ان کے خاکوں و مرقعوں کا مجموعہ ''چہرہ چہرہ داستان'' کے عنوان سے جون ۱۹۷۷ء میں زیور طباعت سے آراستہ ہو کر شائع ہو چکا ہے۔ اس کتاب میں پروفیسر سلیمان اطہر جاوید کے تحریر کردہ جملہ گیارہ (۱۱) خاکے و مرقعے ہیں۔ جن کے نام اس طرح ہیں۔ (۱) ایک تہذیب کی موت، (۲) جامعہ عثمانیہ مرحوم، (۳) زور صاحب، (۴) سروری صاحب، (۵) مولاناؒ، (۶) غروب آفتاب، (۷)......جنگل اداس، (۸) انا للہ و انا الیہ راجعون، (۹) رفعت صاحب، (۱۰) یونس صاحب، (۱۱) دلدارِ عروس سخن۔

پروفیسر سلیمان اطہر جاوید نے اپنے خاکوں و مرقعوں کے مجموعہ ''چہرہ چہرہ داستان'' کو اپنی استاد پروفیسر رفیعہ سلطانہ کے نام معنون کیا ہے۔ نیشنل فائن پرنٹنگ پریس چارکمان حیدرآباد میں طبع ہونے اور نیشنل بک ڈپو چارکمان حیدرآباد سے تقسیم ہونے والی ڈیمائی سائز کی اس کتاب میں جملہ ۱۲۸ صفحات ہیں۔

اردو میں خاکہ نگاری کی روایت:

پروفیسر سلیمان اطہر جاوید کی خاکہ نگاری و مرقع نگاری پر تفصیلی جائزہ لینے سے قبل مرقع نگاری کی تاریخ اور اس کے فن پر مختلف ماہرین ادب کی آراء معلوم کرنے سے پتہ چلتا ہے کہ اردو ادب میں خاکہ نگاری و مرقع نگاری کے ابتدائی نقوش بیسویں صدی کے اوائل سے ملتے ہیں۔ اس سے قبل اردو تذکروں میں اس کی کچھ جھلکیں دکھائی دیتی ہیں۔ خاکہ نگاری و مرقع نگاری ایک مشکل فن ہے اور اردو میں بہت کم لوگ اس صنف پر عبور حاصل کرتے ہوئے اس کا پورا حق ادا کر پاتے ہیں۔ یہ فن چونکہ انشاء پردازی کا ہنر مانگتا ہے اس لئے ایسے لوگ جو انشاء پردازی میں مہارت رکھتے ہیں وہی اس صنف میں کامیاب ہوئے ہیں۔

اردو کی نثری اصناف میں ناول، افسانہ، ڈرامہ اور انشائیہ کی طرح خاکہ و مرقع بھی ادب کی ایک جداگانہ اور منفرد صنف ہے۔ اردو ادب میں خاکہ نگاری و مضمون نگاری کے ابتدائی نقوش داستانوں، تذکروں اور دیگر نثری مضامین میں ملتے ہیں۔ لیکن خاکہ نگاری مستقل صنف ادب کی حیثیت سے اردو میں انگریزی ادب کے اثر سے رائج ہوئی۔ جبکہ انگریزی ادب میں ہمیں ملٹن، مرے، شیلی وغیرہ بلند پایہ خاکہ نگار ملتے ہیں۔ اردو ادب میں مولوی عبدالحق، مرزا فرحت اللہ بیگ اور رشید احمد صدیقی دور قدیم کے کامیاب خاکہ نگار و مرقع نگار تصور کئے جاتے ہیں اور نئے لکھنے والوں میں مجتبیٰ حسین، یوسف ناظم، طیب انصاری اور پروفیسر سلیمان اطہر جاوید کے نام اس صنف میں کارہائے نمایاں انجام دینے والوں میں گنے جاتے ہیں۔

خاکے کی تعریف:۔

خاکہ کے لئے انگریزی اصطلاح (Sketch) رائج ہے۔ یہ اصطلاح فن مصوری میں بھی استعمال ہوتی ہے۔ اگر ایک مصور کسی شخص کی ہو بہو تصویر بنا دے تو اسے (Portrait) کہتے ہیں۔ اس کے برخلاف چند آڑے ترچھے خطوط کی مدد سے کسی شخصیت کے ظاہری خدوخال کی جھلک دکھانے کی کوشش کی جائے تو اسے (Sketch) کہتے ہیں۔ مصور کے بنائے ہوئے اسکیچ میں کسی شخصیت کے ظاہری خدوخال ہی جھلکتے ہیں ۔لیکن ایک خاکہ نگار جب لفظوں کے ذریعہ کسی شخصیت کی صورت گری کرتا ہے تب اس خاکہ کے ذریعہ شخصیت کی نہ صرف ظاہری شکل وشبہات کا نقشہ قاری کے ذہن میں اتر جاتا ہے بلکہ شخصیت کا باطن، اس کا کردار اور اس کا رکھ رکھاؤ سب کچھ سامنے آجاتا ہے اور ایک خاکے کے ذریعہ ایک مکمل اور جامع شخصیت پیش ہوتی ہے۔ اس طرح کسی مصور کے بنائے ہوئے اسکیچ کے مقابلے میں ایک خاکہ نگار کے تحریر کردہ خاکہ یا اسکیچ کی تصویر زیادہ واضح ہوتی ہے۔

اردو کے نقادوں اور انشا پردازوں نے خاکہ نگاری کو تعریفیں کی ہیں۔ ''صابرہ سعید نے اپنی کتاب'' اردو ادب میں خاکہ نگاری میں خاکہ نگاری کی تعریف کے سلسلے میں مختلف نقادوں اور ماہرین ادب کی آراء پیش کی ہیں:

''نثار احمد فاروقی کے بموجب'' خاکہ کسی شخصیت کا معروضی مطالعہ ہے۔''

آمنہ صدیقی کہتی ہیں کہ سوانح نگاری کی بہت سی صورتیں ہیں۔ ان ہی میں سے ایک شخصی خاکہ ہے۔ یہ دراصل مضمون نگاری کی ایک قسم ہے۔ جس میں کسی شخصیت کے ان نقوش کو اجاگر کیا جاتا ہے۔ جن کے امتزاج سے

کسی کردار کی تشکیل ہوتی ہے۔

محمد حسین لکھتے ہیں: نوک قلم کی تصویر کشی خاکہ نگاری ہے۔"

شمیم احمد کرہانی لکھتے ہیں کہ: خاکہ نگاری! ادب کی ایک صنف ہے۔ جس میں شخصیتوں کی تصویریں اس طرح براہ راست کھینچی جاتی ہیں کہ ان کے ظاہر و باطن دونوں قاری کے ذہن نشین ہو جاتے ہیں اور ایسا معلوم ہوتا ہے جیسے پڑھنے والے نے نہ صرف قلمی چہرہ دیکھا ہے بلکہ خود شخصیت کو دیکھا بھالا سمجھا بوجھا ہو۔" (۱)

مختلف نقادوں اور ماہرین ادب کی آراء کو پیش نظر رکھتے ہوئے خاکہ نگاری کی یہ عمومی تعریف کی جاسکتی ہے کہ

"خاکہ نگاری لفظوں کے ذریعہ کسی شخصیت کی ایسی تصویر کشی ہے۔ جس سے اس کا ظاہر اور باطن قاری کے سامنے پیش ہو جائے اور مذکورہ شخصیت کا خاطر خواہ تعارف ہو جائے۔"

خاکہ نگاری سے ملتی جلتی اصناف سوانح عمری، انشائیہ اور مضمون نگاری وغیرہ ہیں۔ سوانح عمری میں کسی شخصیت کے حالات زندگی جزئیات کے ساتھ پیش ہوتے ہیں جبکہ خاکہ نگاری میں کسی فرد کی زندگی اور اس کے کردار کی جھلکیاں پیش ہوتی ہیں۔

سوانح نگاری ادب کی ایک ایسی صنف ہے۔ جس میں افراد کی زندگی کی تاریخ بیان کی جاتی ہے۔ اس میں شخصیت اور اس کے کارناموں کو واضح طور پر پیش کیا جاتا ہے۔ اردو میں حالیؔ نے پہلی مرتبہ اپنی سوانحی تخلیقات حیات سعدی (۱۸۸۲ء) یادگار غالبؔ

(۱۸۹۷ء) اور حیات جاوید (۱۹۰۱ء) کے ذریعہ سوانح نگاری کی جامع اور مکمل تصویریں پیش کی ہیں۔ان سوانح عمریوں میں وہ تمام خوبیاں موجود ہیں جوایک اچھی سوانح میں ہونی چاہئیں ۔اس لئے حالؔی کی تحریر کردہ ان سوانح عمریوں کواردوادب کی آبرو سمجھا جاتا ہے۔حالؔی کے بعد اردو نثر میں سوانح نگاروں کا ایک کارواں دکھائی دیتا ہے۔شبلی نے تاریخی اورادبی پہلوکوپیش نظر رکھ کر سوانح نگاری کی۔ بعد میں نسبتاً مختصراً سوانح عمریاں لکھی جانے لگیں ۔ جوسوانحی خاکے کہلائیں ۔فرحت اللہ بیگ نے ''نذیراحمد کی کہانی کچھ ان کی کچھ میری زبانی''، قاضی عبدالغفار نے ''حکیم اجمل خان''، رشید احمد صدیقی نے ''ڈاکٹر انصاری''، عابد حسین نے ''راس مسعود''، شیخ محمد اکرام نے ''غالبؔ'' اور عبدالرزاق کانپوری نے ''یادایام'' کے نام سے سوانحی خاکے مختلف لوگوں کے پیش کئے۔

خاکہ نگاری کا فن :-

خاکہ نگاری کا فن بھی سوانح نگاری سے ملتا جلتا ہے۔سوانح نگاری میں شخصیت کے حالات زندگی کے بیان پر زور دیا جاتا ہے اور اس بیان میں سوانح نگار کے اپنے جذبات اوراحساسات کم ہوتے ہیں۔اس کے برخلاف خاکہ نگاری میں مضمون نگار اپنی منتخبہ شخصیت کے حالات بیان کرنے میں اپنے جذبات واحساسات کو استعمال کرتے ہوئے مذکورہ شخصیت کے بارے میں اپنا نقطہ نظر بیان کرنے کی کوشش کرتا ہے۔ خاکہ نگاری میں سوانح نگاری کے برخلاف ادبی چاشنی اور جذبات نگاری زیادہ ہوتی ہے۔ مصنف کی شخصیت سے مرعوبیت یا ذاتی وابستگی بعض دفعہ شخصیت کی حقیقی زندگی پر غالب آجاتی ہےاور شخصیت مصنف کے بیان کردہ انداز کے تابع ہوجاتی ہے۔سوانح نگاری میں

تحقیقی نقطہ نظر پایا جاتا ہے اور اس میں حقائق کو توڑ مروڑ کر پیش کرنے کی گنجائش نہیں ہوتی۔ جبکہ خاکہ نگاری میں زیر بحث شخصیت، خاکہ نگار کی مرہون منت ہوتی ہے۔ خاکہ نگار اگر چاہے تو اس کے کردار کے مثبت پہلو تلاش کر کے اسے شہرت کی بلندیوں پر پہنچادے یا اس کے کردار کے منفی پہلوؤں کو بے نقاب کر کے اس کے نام کو داغدار کر دے۔ لیکن اردو ادب کی تاریخ میں خاکہ نگاروں کی اکثریت نے اپنے خاکوں کے ذریعہ پیش کی جانے والی شخصیتوں کے احوال اس انداز میں بیان کئے کہ بیش تر شخصیتیں خاکوں کی بدولت ہی دوامی شہرت اختیار کر گئیں۔

سوانح نگاری اور خاکہ نگاری سے ملی جلی ایک صنف انشائیہ نگاری بھی ہے جس کے لئے اردو میں انشاء اور مضمون اور انگریزی میں (Essay) کی اصطلاحیں رائج ہیں۔ خاکہ میں صرف شخصیت موضوع بحث ہوتی ہے جب کہ انشائیہ میں کائنات کی ہر چیز پر اظہار خیال ہوتا ہے۔ اس میں موضوع کے بیان کے ساتھ جذبات نگاری کو بھی خاص دخل ہوتا ہے۔ پروفیسر سیدہ جعفر انشائیہ کے بارے میں لکھتی ہیں:

> ''انشائیہ ایک ہلکا پھلکا پر لطف اور شگفتہ مضمون ہوتا ہے۔ جس میں انشائیہ نگار کی شخصیت اپنا جلوہ دکھاتی ہے۔ انشائیہ ایک طرح سے ادب لطیف اور رومانی طرز نگارش کا پروردہ ہوتا ہے۔''(۱)

انشائیہ کی تعریف کرتے ہوئے ڈاکٹر صابرہ سعید یوں رقمطراز ہیں:

> ''انشائیہ ایک مختصر صنف ادب ہے۔ اس کی ضخامت کا تعین تو نہیں کیا گیا ہے۔ لیکن اسے اتنا طویل نہیں ہونا چاہئیے کہ کوئی کتاب یا کتابچہ بن جائے

اوراس کے مطالعے کے لئے کافی وقت درکار ہو۔علمی اور سائنسی مقالوں کی طرح اس میں خیالات کو میکانیکی انداز میں ترتیب نہ دیا جائے اور نہ انہیں منطقی طور پر ثابت کرنے کی کوشش کی جائے۔اس کے برخلاف اس کا انداز بیان شگفتہ بے تکلف اور غیر رسمی ہونا چاہئیے۔''(۲)

انشائیہ کی مختلف تعریفوں سے پتہ چلتا ہے کہ یہ ایک ہلکی پھلکی تحریر ہوتی ہے۔ جس میں معلومات جذبات واحساسات کے ساتھ دلچسپ اسلوب بیان کے ذریعہ اس انداز میں پیش کی جاتی ہیں کہ قاری موضوع کی عمومیت کے باوجود انشائیہ نگار کے انداز بیان کی ندرت کی وجہ سے تحریر کو پڑھنے کی جانب راغب ہو جاتا ہے۔

اس طرح سوانح نگاری، خاکہ نگاری اور انشائیہ نگاری اپنی ہیئت میں یکساں ہوتے ہوئے بھی اپنے لوازمات کے سبب جداگانہ خصوصیت رکھتے ہیں۔ خاکے عموماً شخصیتوں کے بارے میں لکھے جاتے ہیں۔لیکن ان کی بھی طرح طرح کی اقسام پائی جاتی ہیں۔خاکوں کی اقسام کے بارے میں صابرہ سعید لکھتی ہیں:

''خاکہ نگاری کے محرکات، مقاصد، ہیئت، مواد پیرایہ بیان اور ادبی تکمیل کو پیش نظر رکھا جائے تو شخصی خاکوں کو درج ذیل اقسام کے تحت بیان کیا جاسکتا ہے۔تعارفی، سرسری، تاثراتی، مدحیہ، توصیفی، بیانیہ، سنجیدہ، کرداری، سوانحی، معلوماتی اجتماعی، ذاتی یا خودنوشت اور انٹرویو۔''(۱)

خاکہ نگاری کی ان قسموں سے قطع نظر یہ بات اہمیت کی حامل ہے کہ خاکہ نگاری کا فن کن بنیادی اصولوں کا متقاضی ہے۔ڈاکٹر خلیق انجم خاکہ نگاری کے بارے میں لکھتے

ہیں:

''خاکہ کافن بہت مشکل اور کٹھن فن ہے۔اسے اگر نثر میں غزل کافن کہا جائے تو غلط نہ ہوگا۔جس طرح غزل میں طویل مطالب بیان کرنے پڑتے ہیں۔ٹھیک اسی طرح خاکہ میں مختصر الفاظ میں پوری شخصیت پر روشنی ڈالنی پڑتی ہے۔''(۲)

خلیق انجم کے خیالات سے پتہ چلتا ہے کہ ایک کامیاب خاکہ نگار کو اپنے فن کا ماہر ہونا چاہئیے۔خاکہ نگار کے سامنے ایک شخصیت ہوتی ہے اور وہ لفظی بازیگری سے ایک شخصیت کو حیات نو بخشتا ہے۔خاکہ نگار کو حقیقت بیانی کے ساتھ شخصیت کا اصلی رنگ وروپ اور ماحول پیش کرنا پڑتا ہے۔خاکہ نگار کے لئے یہ ضروری ہے کہ وہ اپنے جذبات اور جوش کو اعتدال میں رکھے اور غیر جانبداری کے ساتھ شخصیت سے متعلق تمام مواد کو اس طرح ترتیب دے کہ شخصیت کی حقیقی تصویر سامنے آئے۔واقعات کو صحت کے ساتھ اس طرح ترتیب دے کہ ماضی حال ہوجائے۔اس کے لئے خاکہ نگار میں جدت اور مشاہدے کی قوت ہونی چاہئیے۔ایک اچھے خاکے کے لئے درکار ضروری باتوں کے بارے میں صابرہ سعید لکھتی ہیں:

''خاکے میں اختصار وتنظیم کے ساتھ ایک طرح کی سرعت اور تیز رفتار بھی ضروری ہوتی ہے ہم یہ کہنے پر اکتفا کریں گے کہ خاکہ ان فنی لوازم کا متقاضی ہے۔سچائی، صحیح مرقع کشی، عمدہ تربیت، دیانت داری، اظہار کی حرارت، شعوری فراست، بچے تلے الفاظ میں شخصیت کے ظاہری اور

اندرونی حدود اربعہ کا بیان ، وحدت تاثر ،معروضی انداز ،شخصیت کی باز تخلیق وغیرہ، چونکہ خاکہ تخلیقی انداز کی شعوری کوشش ہے۔اس لئے کوشش یہ کی جائے کہ انتخاب ،ترتیب اور شعور کوشش سے تشکیل پانے والا مرقع بے جان واقعات اور تفصیلات کا مجموعہ نہ بننے پائے بلکہ ایک ایسی زندہ اور متحرک تصویر کا ادب میں اضافہ کرے جو حقیقت کو بھی شرما دے۔'' (۳)

پروفیسر سلیمان اطہر جاوید کی خاکہ نگاری و مرقعوں کا مجموعہ ''چہرہ چہرہ داستان'' کا تنقیدی جائزہ :-

خاکہ نگاری و مرقع نگاری کی مختلف تعریفوں اور خاکہ نگاری کے فن کی جزئیات کا جائزہ لینے اور اس کی مختصر تاریخ پر روشنی ڈالنے کے بعد ذیل میں پروفیسر سلیمان اطہر جاوید کی خاکہ نگاری و مرقع نگاری کا جائزہ لیا جا رہا ہے۔ اردو میں مضمون نگاری کے ارتقاء کے ساتھ جنوبی ہند میں بھی نثر نگار شہرت پانے لگے تھے۔ دکن کے علاقے میں بیسویں صدی میں جن نثر نگاروں نے اپنی تحریروں سے لوگوں کے دلوں میں جگہ بنائی ان میں ایک اہم نام پروفیسر سلیمان اطہر جاوید کا ہے۔

محمد قلی قطب شاہ کے بسائے شہر حیدرآباد کی روز افزوں ترقی نے اسے ایک علمی و تہذیبی شہر بنا دیا۔ آصف جاہی دور کے آتے آتے اس شہر سے وابستہ کئی ہستیوں نے نہ صرف حیدرآباد میں بلکہ اپنی گوناگوں صفات سے ساری دنیا میں نام کمایا۔ حیدرآبادی تہذیب وتمدن نے زندگی کے مختلف شعبوں سے وابستہ ایسی کئی ہونہار اور نابغہ روزگار شخصیات کو جنم دیا۔ جنہوں نے اپنی شخصیت اور کارناموں سے نہ صرف اپنے عہد اور ماحول

کومتاثر کیا بلکہ ان کے کارنامے اوران کی حیات آنے والی نسلوں کے لئے مشعل راہ ہیں۔ ضرورت اس بات کی تھی کہ ایسی گراں قدر شخصیات کے احوال اور کارنامے لوگوں کے سامنے لائے جائیں تاکہ لوگ ان کے حالات کی روشنی میں اپنی زندگی کی مشکل راہیں آسانی سے طئے کرسکیں۔ چنانچہ پروفیسر سلیمان اطہر جاوید نے اپنے ان خاکوں اور مرقعوں کے ذریعہ اہم شخصیات کی زندگیوں کو آنے والی نسلوں کے لئے محفوظ کردیا ہے۔

خاکوں اور مرقعوں کا مجموعہ ''چہرہ چہرہ داستان'' کا پیش لفظ خود پروفیسر سلیمان اطہر جاوید نے لکھا ہے اوران خاکوں کے لکھنے کی وجہ بیان کی ہے وہ کہتے ہیں:

> ''یہ ان شخصیات کے مرقعے ہیں جنہوں نے زندگی کے کسی نہ کسی موڑ پر مجھے متاثر کیا ہے۔مختلف نظریوں اور مزاجوں کے حامل ان شخصیات کے افکار و نظریات سے ضروری نہیں کہ میں مکمل ہم آہنگی رکھتا ہوں۔(ایسا ممکن بھی نہیں) تاہم ان شخصیات اور میرے مابین ایسی قدریں رہی ہیں جنہوں نے مجھے ان سے قریب ہونے اور ایک طرح کی وابستگی محسوس کرنے پر مجبور کیا ہے۔میں چاہتا ہوں کہ یہ قدریں عام ہوں پھولیں۔پھلیں۔''(۱)

پروفیسر سلیمان اطہر جاوید کے ان خیالات سے معلوم ہوتا ہے کہ یہ منتخبہ شخصیتوں کے بارے میں تاثراتی تحریریں ہیں اور یہ کہ ان میں اعلی اقدار کے لوگوں کے احوال بیان کئے گئے ہیں اوران خاکوں کے ذریعہ اونچی قدروں کو عام کیا جاسکتا ہے۔ چنانچہ یہ کہا جاسکتا ہے کہ خاکہ نگاری ایک ایسا ذریعہ ہے جس سے اپنے عہد وسماج سے تعلق رکھنے والی نامور شخصیتوں کے احوال اگلے زمانے کے لوگوں تک پہنچائے جاسکتے ہیں تاکہ لوگ ان

شخصیتوں کے احوال پڑھ کر رہنمائی حاصل کریں۔

ایک تہذیب کی موت:

مرقعوں اور خاکوں کا مجموعہ ''چہرہ چہرہ داستان'' کا پہلا خاکہ ''ایک تہذیب کی موت! (آصف سابعؒ)'' ہے۔ پروفیسر سلیمان اطہر جاوید نے یہ خاکہ آصف جاہی عہد کے آخری فرمان روا نواب میر عثمان علی خان بہادر کو خراج عقیدت پیش کرنے کے لئے لکھا ہے۔اس خاکہ میں حیدرآباد اور حیدرآبادی تہذیب کو بھی زبردست خراج تحسین پیش کیا گیا ہے۔ حیدرآباد کی یادگاروں کے ذریعہ انہیں حیدرآباد کی پہچان قرار دیتے ہوئے انہوں نے بالراست طور پر ان یادگاروں کے خالق آخری فرمان روائے حیدرآباد آصف سابع کی عظمت کا اظہار کیا ہے۔ حیدرآباد اور اس کی پہچان قرار دئے جانے والی یادگاروں کو بیان کرتے ہوئے پروفیسر سلیمان اطہر جاوید لکھتے ہیں:

''حیدرآباد میرے نزدیک ایک استعارہ ہے۔ ایک علامت ہے ایک اشارہ ہے۔حیدرآباد میرے نزدیک چارمینار کا نام بھی ہوسکتا ہے جو سالہا سال سے سربلند و سرفراز، قطب شاہوں کی عظمت و شکوہ کی شہادت دیتا ہے۔ حیدرآباد کو میں رود موسی بھی سمجھتا ہوں جو ہر دم رواں دواں ہے اور آج بھی مختلف حکمرانوں کے عروج و زوال کی داستانیں اپنی مثل آئینہ سطح آب پر منعکس کرتی ہیں۔ حیدرآباد میرے خیال میں کتب خانہ آصفیہ بھی ہے۔ جہاں علم و ادب کے قارون کا خزانہ محفوظ ہے۔ جہاں آگہی آج بھی تسکین جاں پاتی ہے۔ حیدرآباد میرے لئے جامعہ عثمانیہ بھی ہے جو گئی

نسلوں کی خالق ہے رنگ و روشنی کا سر چشمہ ہے۔ آج نہ صرف حیدرآباد بلکہ ہندوستان بھر میں علم کی جتنی روشنی ہے وہ کسی نہ کسی طرح اور کچھ نہ کچھ اسی جامعہ کی شمع فروزاں کی مرہون منت ہے اور ان سب سے بڑھ کر حیدرآباد ایک گنگا جمنی تہذیب کا نام ہے جو بڑی دلنواز اور دلدار ہے۔ اپنا ایک وزن وقار اور حجم رکھتی ہے ۔ حیدرآباد میرے نزدیک حضور نظام آصف سابعؒ کا نام بھی ہے میں حیدرآباد اور حضور نظام کو ایک دوسرے سے جدا قرار نہیں دے سکتا۔'' (۱)

اس طرح حیدرآباد اور اس کی یادگاروں کا تعلق آصف سابع سے جوڑتے ہوئے پروفیسر سلیمان اطہر جاوید نے کہا کہ اگر آصف سابع نہ ہوں تو حیدرآباد بھی ادھورا ہے۔ خاکہ میں آگے انہوں نے لکھا کہ بیرون ملک لوگوں میں آصف سابع سے متعلق چند غلط فہمیاں پائی جاتی ہیں۔ لیکن حیدرآبادی لوگ جب ان کے کارنامے بیان کرتے ہیں تو لوگ ان کی شخصیت پر تعجب کرتے ہیں۔ خاکہ لکھنے سے ۱۹ سال قبل آصف سابع کی حکومت کو زوال ہوتا ہے اور خاکہ نگار ان ۱۹ سالوں میں ہونے والے زمانے کے اونچ نیچ پر افسوس کرتے ہوئے کہتے ہیں کہ زمانہ میں کیسے کیسے انقلابات آتے ہیں اور ایک فرمان روا کا عہد لوگوں کے ذہنوں سے مٹتا جاتا ہے۔ ۲۴ ر فبروری کو آصف سابع کی رحلت کے حادثے سے مضمون نگار سنبھل نہیں پاتے ہیں۔ چنانچہ انہیں خراج عقیدت پیش کرتے ہوئے لکھتے ہیں:

''کسی کی عظمت و مقبولیت کا اندازہ، اس کے عروج واقبال کے دور میں

اس کی زندگی میں نہیں، اس کے عہد زوال میں، اس کی موت کے بعد کیا جاسکتا ہے۔ جن آنکھوں نے آصف سابع کو اس جہاں فانی سے وداع ہوتے ہوئے دیکھا ہے۔ وہ ان کے مقام و مرتبہ کا صحیح اندازہ لگا سکتے ہیں۔ یہ منصب جلیل دنیا کی بہت کم شخصیات کے حصہ میں آیا ہے۔" (۱)

پروفیسر سلیمان اطہر جاوید نے اس خاکے میں آگے آصف سابع کی فلاحی خدمات بیان کی ہیں اور ایک اعتدال پسند رویہ اختیار کرتے ہوئے یہ بھی لکھا کہ شخصی حکومت میں جو خامیاں اور خرابیاں پائی جاتی ہیں ان میں سے چند ایک کی جھلکیاں آصف سابع کے دور حکومت میں بھی پائی گئی ہیں لیکن ان کی فلاحی خدمات ان کی خامیوں کی پردہ پوشی کرتی ہیں۔ ان خدمات کو خراج پیش کرنے کے بعد ذوقؔ کا یہ شعر پیش کرتے ہوئے پروفیسر سلیمان اطہر جاوید یوں رقمطراز ہیں:

نام منظور ہے توفیض کے اسباب بنا
پل بنا چاہ بنا دریا و تالاب بنا

"آصف سابع نے اس سے زیادہ فیض کے اسباب بنائے، عثمان ساگر، حسین ساگر، نظام ساگر، دواخانہ عثمانیہ، آرتھوپیڈک دواخانہ، شفا خانہ نظامیہ، جامعہ عثمانیہ، کتب خانہ آصفیہ، عدالت العالیہ، جوبلی ہال، معتمدین کی عمارت، ریاست بھر میں سمنٹ کی سڑکوں کا جال، مکڑی کے جال کی طرح بچھی ہوئی ریلوے لائن، گلی گلی کوچے کوچے میں برقی و آب کی سربرہی، اپنے وقت کا ترقی یافتہ نظم و نسق، تعلیم کی فیاضانہ اشاعت، غرض

کیا بیان کروں اور کیا نہیں کہ سفینہ چاہئیے بحر بیکراں کے لئے۔''(۲)

آصف سابع کی فلاحی خدمات کی تفصیلات بیان کرنے کے بعد پروفیسر سلیمان اطہر جاوید نے ان کے اہم کارناموں جامعہ عثمانیہ کے قیام کو خراج تحسین پیش کیا ہے۔ خاکہ نگار نے خود جامعہ عثمانیہ سے اعلیٰ تعلیم حاصل کی تھی۔ چنانچہ اردو ذریعہ تعلیم کی اس جامعہ کے قیام کو ہندوستان میں اردو کی ترقی کا واحد ذریعہ قرار دیتے ہوئے اس کارنامے کا سہرا انہوں نے آصف سابع کے سر باندھا ہے۔ پروفیسر سلیمان اطہر جاوید نے لکھا کہ ان کی آصف سابع سے تو ملاقات نہیں ہوئی بلکہ ان کے جانشین آصف ثامن سے ملاقات ہوئی۔ البتہ جامعہ عثمانیہ میں قدم رکھنے سے آصف سابع کی یاد تازہ ہو جاتی ہے۔ جامعہ عثمانیہ کے بیان میں پروفیسر سلیمان اطہر جاوید بڑے جذباتی ہو جاتے ہیں وہ لکھتے ہیں:

''میں جامعہ عثمانیہ کی پرشکوہ اور باعظمت عمارت میں وہی جمال وجلال پاتا ہوں جو اپنی رعیت سے اپنی اولاد کی طرح محبت کرنے والے حکمران میں ملتا ہے۔ میں جامعہ کی عمارت کو حضور نظام کی اردو نوازی کا نقطہ عروج اور اردو دوستی کا پیکر کہوں تو غلط نہ ہوگا۔ میں نے کتنی بار اس عمارت کو دیکھا ہے بتا نہیں سکتا۔ آج بھی جب اس پر تقدس عمارت کو دیکھتا ہوں تو میرا سر احتراماً جھک جاتا ہے۔ میں آنکھیں نیچے کر لیتا ہوں ...... مجھے اس عمارت سے آصف سابع کا پیکر ابھرتا محسوس ہوتا ہے۔''(۱)

جامعہ عثمانیہ کو ان بھرپور الفاظ میں خراج پیش کرنے کے بعد پروفیسر سلیمان اطہر جاوید نے لکھا کہ آصف سابع کی قائم کردہ دیگر یادگاروں کو دیکھنے سے بھی انہیں ایسا محسوس

ہوتا ہے جیسے آصف سابع ان سے ملاقات کر رہے ہوں۔ محرم کے موقع پر بی کے علم کو ڈھٹی چڑھانے آصف سابع کی روایتی آمد کا نقشہ کھینچتے ہوئے انہوں نے آصف سابع کے خیالی پیکر کو پیش کیا ہے وہ لکھتے ہیں:

''محرم کی ساتویں تاریخ ہے۔ حضور نظام پنچ بھائی کے الاوہ کو جارہے ہیں میں اپنے بھائی بہنوں اور دوستوں کے ساتھ اپنے باپ کی انگلی تھامے پل قدیم کے قریب ایک دکان پر بیٹھا ہوں۔ دیکھو سرکار جارہے ہیں۔ سرکار یہ ہیں...... یہیں...... وہ ہیں۔ ایک ساتھ آوازیں آنے لگتی ہیں اور میں دیکھتا ہوں ایک دبلا پتلا منحنی سا شخص، ترکی ٹوپی اور شیروانی میں ملبوس موٹر میں بیٹھا ہے اس کی ایک جھلک دیکھ پانے سے ہم سب کو کتنی خوشی ہوتی ہے۔ کتنی مسرت۔ جس کا کوئی حساب نہیں۔''(۲)

آصف سابع کی پیکر تراشی کے بعد ان کی رحلت کو انہوں نے ایک تہذیب کی موت قرار دیتے ہوئے اس خاکہ کا اختتام کیا ہے اور جامعہ عثمانیہ کے عالمگیر شہرت یافتہ مونو گرام ''ع'' سے آصف سابع کی یاد ہمیشہ باقی رہنے کی حقیقت کا اظہار کیا ہے۔ وہ لکھتے ہیں:

''جب بھی میں اپنے بی۔ اے اور ایم۔ اے کی اسنادات کو دیکھتا ہوں تو جامعہ کے مونو گرام میں موجود ''ع'' میں مجھے آصف سابع کا چہرہ جھانکتا دکھائی دیتا ہے۔ جیسے کہتا ہو''انسان کا جسم فنا ہو سکتا ہے''اس کے کارنامے نہیں۔ عثمان علی خان کو موت اپنے آغوش میں لے سکتی ہے۔ لیکن عثمان

علی خان کے کارنامے نہیں مر سکتے ۔ تاریخ کے صفحات پر یہ ساری یادگاریں رہتی دنیا تک محفوظ رہیں گی اور اپنے مالک کا نام باقی رکھیں گی ۔ یہ جامعہ عثمانیہ یہ عثمانیہ دواخانہ، یہ کتب خانہ آصفیہ یہ...... یہ......لیکن اس تہذیب کی بازیافت ممکن نہیں جو آصف سابع کے دم سے ان کے وجود سے شاد و شادماں اور آباد تھی ۔ آج ایک تہذیب مر چکی ہے ۔آصف سابع کی موت ایک تہذیب کی موت ہے۔'' (۱)

آصف سابع اور حیدرآبادی تہذیب کے بارے میں ان خیالات کے ساتھ ہی یہ خاکہ اختتام کو پہنچتا ہے۔ خاکہ کے اختتام پر اس کا سنہ تنصیف ۱۱/اپریل ۱۹۶۷ء لکھا ہوا ہے۔ ایک تہذیب کی موت ''آصف سابعؒ'' اس خاکہ پر مجموعی نظر ڈالنے سے یہ اندازہ ہوتا ہے کہ یہ ایک تاثراتی نوعیت کا مرقع ہے۔اس میں آصف سابع کی شخصیت سے زیادہ حیدرآباد کے لئے ان کے فلاحی کارناموں کو خراج عقیدت پیش کیا گیا ہے اور آصف سابع نے جن یادگاروں کو چھوڑا ہے وہ اب حیدرآبادی تہذیب کی پہچان ہیں۔ چنانچہ مضمون نگار آصف سابع کی رحلت پر جذباتی ہوجاتے ہیں ۔ پروفیسر سلیمان اطہر جاوید نے دیگر قدیم حیدرآبادیوں کی طرح آصف جاہی حکومت کا خاتمہ پولیس ایکشن ریاست حیدرآباد کے انڈین یونین میں انضمام جامعہ عثمانیہ کے ذریعہ تعلیم کی اردو سے دیگر زبانوں میں تبدیلی جیسے اہم واقعات کو نہ صرف دیکھا ہے بلکہ اس عہد کی ان تلخیوں کو جھیلا ہے اور اب ان کڑوی حقیقتوں کی یادوں کا بوجھ سہار رہے ہیں ۔ایسے میں آصف سابعؒ سے ان کا گہرا لگاؤ اور عقیدت اور ان کی رحلت پر ان کی یادگاروں کے حوالے سے انہیں خراج عقیدت پیش کرنا

ایک فطری امر ہے۔ اس کے باوجود ایک غیر جانبدار انسان کی طرح پروفیسر سلیمان اطہر جاوید نے آصف سابع کی شخصیت اور ان کی حکمرانی پر ہلکی سی تنقید اور نکتہ چینی بھی کی ہے اور جہاں ان کی فلاحی خدمات کی قصیدہ خوانی کی ہے وہیں انہیں ایک مطلق العنان حکمران بھی لکھا ہے اور شخصی حکومت میں پائی جانے والی خامیوں کا اعتراف بھی کیا ہے اس طرح ممدوح کے بیان میں توازن اختیار کرتے ہوئے پروفیسر سلیمان اطہر جاوید نے اس خاکہ میں غیر جانبداری کا اظہار کیا ہے۔ یہی بات ایک خاکے کو نثری قصیدہ بنانے سے بچاتی ہے ۔ پروفیسر سلیمان اطہر جاوید کی خاکہ نگاری کی یہی صفت انہیں ایک کامیاب خاکہ نگار بناتی ہے۔

جامعہ عثمانیہ مرحوم:

خاکوں اور مرقعوں کا مجموعہ ''چہرہ چہرہ داستان'' میں شامل دوسرا خاکہ ''جامعہ عثمانیہ مرحوم'' ہے۔ پروفیسر سلیمان اطہر جاوید نے یہ خاکہ یکم ر اکتوبر ۱۹۶۸ء کو اس وقت لکھا جبکہ عثمانیہ یونیورسٹی کے قیام کے پچاس سال کی تکمیل پر اس کی گولڈن جوبلی تقاریب منائی جارہی تھیں ۔ جامعاتی سطح پر اردو ذریعہ تعلیم کی اس عظیم یونیورسٹی کا قیام ۱۹۱۸ء کو آصف سابع میر عثمان علی خان کے حکم سے عمل میں آیا تھا اور بہت قلیل عرصے میں اس یونیورسٹی نے زندگی کے ہر شعبہ میں اردو سے اعلی تعلیم بہم پہنچانے میں نمایاں کردار انجام دیا تھا۔ تاہم آزادی کے بعد لسانی عصبیت کا مظاہرہ کرتے ہوئے اس یونیورسٹی سے اردو ذریعہ تعلیم کو ختم کردیا گیا اور اس کی جگہ انگریزی زبان نے لے لی اور جامعاتی سطح پر اردو سے سائنسی و دیگر سماجی علوم کی اعلی تعلیم کا موقع ختم ہوگیا۔ اردو والوں کے لئے اسے سانحہ قرار

دیتے ہوئے پروفیسر سلیمان اطہر جاوید نے یہ خاکہ لکھا اور کہا کہ یہ جامعہ اس لئے مرحوم ہوگئی کہ جس مقصد کے لئے اس کا قیام عمل میں لایا گیا تھا وہ مقصد ہی فوت ہو چکا ہے۔ لہذا اب اس ظاہری شکل میں موجود جامعہ کی گولڈن جوبلی منانا کیا معنی رکھتا ہے۔ یہ شخصی خاکہ تو نہیں لیکن پروفیسر سلیمان اطہر جاوید کے نزدیک جامعہ عثمانیہ ہماری تہذیب کا ایک اہم کردار ہے۔ جامعہ عثمانیہ کے شاندار ماضی اور دردناک مستقبل کی جذباتی انداز میں تصویر کھینچتے ہوئے پروفیسر سلیمان اطہر جاوید لکھتے ہیں:

''جامعہ عثمانیہ کی تاسیس کا تصور کرتے ہی ذہن میں ایک چاندنی سی چٹک جاتی ہے۔ تخیل لالہ کار ہو جاتا ہے۔ شعور کی بزم میں کیف وکم کا سماں بندھ جاتا ہے۔ فکروفن کے دریچوں سے مہک سی آنے لگتی ہے۔ غرض عالم تمام مطلع انوار ہو جاتا ہے اور جب جامعہ کے ''دم واپسیں'' کا خیال آتا ہے تو یوں محسوس ہوتا ہے۔ شش جہت سے خوفناک اور مہیب آوازیں بلند ہو رہی ہیں۔ آگ سی لگ گئی ہے اور ہر سمت شعلے ہی شعلے ہیں۔ گویا زمین سے آسمان تک سوختن کا باب ہے۔ جامعہ کی کہانی بس اتنی سی ہے۔ شفق جو چند ثانیوں کے لئے اپنی بہار دکھا کر غائب ہوگئی۔ ایک نور کا لہرا کہ جواب رفت گیا اور بود تھا، کی تفسیر بنا ہوا ہے۔ ایک مترنم آواز جو فضاء میں بکھری اور کھو گئی ایک حقیقت جس کو افسانہ بنا دیا گیا۔ ایک تعبیر جو اب خواب کا روپ دھار چکی ہے۔'' (۱)

جامعہ عثمانیہ کے سفر میں آنے والے اس اتار چڑھاؤ پر اپنے جذبات کا اظہار

کرنے کے بعد پروفیسر سلیمان اطہر جاوید نے ایک شخصی کردار کے احوال کی طرح جامعہ عثمانیہ کے احوال بیان کئے اور لکھا کہ پنجشنبہ ۴ / رجب المرجب ۱۳۳۵ھ (۱۹۱۸ء) کو شاہی حکم کے ذریعہ اس یونیورسٹی کا قیام عمل میں آیا اور مادری زبان اردو میں قوم کی اعلیٰ تعلیم اس جامعہ کے قیام کا مقصد اولین قرار پایا اس تجربے کو عملی جامہ پہنانے اور مقصد کے حصول کے لئے ہونے والی کوششوں کی تفصیلات بیان کرتے ہوئے پروفیسر سلیمان اطہر جاوید لکھتے ہیں:

"ہندوستان میں یہ اپنی نوعیت کا پہلا تجربہ، پہلا اقدام تھا۔ جرأت مندانہ والہانہ بلکہ عاشقانہ کہیئے! اس آگ میں عشق بے خطر کود پڑا تھا اور خردمند سوچ رہے تھے کہ آیا ایک علاقائی زبان میں جامعاتی سطح پر تعلیم ممکن ہے۔ بیشتر انگشت بدندان تھے کہ اردو جیسی "کم مایہ" زبان اور جامعاتی تعلیم، ثبوت حق کے لئے عرصہ درکار نہ ہوا۔ بہت جلد اردو نے ثابت کر دیا کہ دوہ ان تمام صلاحیتوں کی حامل ہے جو اعلیٰ تعلیم کے لئے ضروری ہیں۔ دارالترجمہ قائم ہوا۔ تدوین اصلاحات کا کام بھی شروع ہوا۔ وہ مہم جو جمہوری حکومتیں اور زیادہ وسائل رکھنے کے باوجود برسوں میں سرانجام نہیں دے سکتیں۔ ایک شاہی حکومت نے جلد ہی اور کامیابی کے ساتھ منزل کو پالیا۔ آرٹس اور کامرس ہی کیا، طب انجنیئر نگ اور جملہ سائینسی علوم کی تعلیم اسی اردو میں دی جانے لگی۔" (۱)

جامعہ عثمانیہ کی کم عرصہ میں ہونے والی اس ترقی کو بیان کرنے کے بعد پروفیسر

سلیمان اطہر جاوید نے حکومت کے اس اقدام پر تنقید کی کہ ایک طرف تعلیم کو مادری زبان میں دینے پر زور دیا جاتا ہے اور دوسری طرف ملک کے ایک بڑے طبقہ کو جس کی مادری زبان اردو ہے اسے اس کی اپنی زبان میں اعلی تعلیم کے حق سے کیوں کر محروم کر دیا گیا ہے۔ آزادی کے ۲۱ سال بعد اب جبکہ علاقائی زبانوں میں تعلیم کا رجحان ترقی پا رہا ہے تو اردو زبان جو کہ ایک کامیاب تجربے سے گزر چکی تھی۔ اسے ترقی کے مراحل طئے کرنے سے روک دیا گیا۔ پروفیسر سلیمان اطہر جاوید لکھتے ہیں کہ حکومت نے تسلی کے لئے اردو کو دستور کی مسلمہ زبانوں میں شامل کر لیا اور پبلک سرویس کمیشن کے امتحانوں کے جوابات اردو میں دینے کی اجازت دے کر یہ ثابت کرنے کی کوشش کی ہے کہ اردو والوں پر احسان کیا جا چکا ہے۔ انہوں نے کہا کہ یہ احسان بے فیض ہے کیونکہ اردو ذریعہ تعلیم سے تعلیم کے حصول کے مواقع ختم کر دینا اردو کے پر کترنے کے مماثل ہے۔ اس فیصلے کو انہوں نے اخلاقی قدروں کی پامالی سے تعبیر کیا کہ سیاستدانوں کے فیصلے مصلحت پر مبنی اور موقتی ہوتے ہیں لیکن یہ اقدار کی بات ہے کہ جامعہ عثمانیہ کے سابقہ کردار کو بحال کیا جائے یا نہیں۔ انہوں نے اس خدشہ کا بھی اظہار کیا کہ اب چونکہ ریاست کی سرکاری زبان تلگو ہے تو کہیں جامعہ کو تلگو ذریعہ تعلیم کی جامعہ نہ بنا دیا جائے۔ اس صورتحال کے لئے انہوں نے اہل اردو کو موردالزام ٹھہرایا کہ وہ سیاستدانوں کے فریب کا شکار ہو کر معصوم بنے جا رہے ہیں۔ اس لئے خاکہ کے آخر میں وہ اردو کا مقدمہ عوام کی عدالت میں رکھتے ہیں اور عوام کے ذریعہ حکومت سے یہ استفسار کرتے ہیں کہ جامعہ عثمانیہ کا وقار چھین کر یہ کیسی گولڈن جوبلی منائی جا رہی ہے۔ وہ لکھتے ہیں:

اس پس منظر میں ہر اردو دوست اس استفسار کا حق محفوظ رکھتا ہے کہ آج کس جامعہ کی طلائی جوبلی منائی جارہی ہے؟ اگر یہ جوبلی تقاریب اس جامعہ کی ہیں جس کے نام میں لفظ ''عثمانیہ'' شامل ہے جس کے مونوگرام میں اور سب ختم کر کے بادل ناخواستہ صرف ''ع'' رکھا گیا ہے اور باب الداخلہ میں سامنے شکستہ جال مونوگرام موجود ہے۔ جس کے سنیٹ ہال میں آج بھی حضور نظام اور میر اکبر حیدری کی تصاویر موجود ہیں جس کی پر شکوہ عمارت آج بھی مضبوط و مستحکم ہے تو کچھ کہنے کی ضرورت نہیں۔ لیکن اگر آج اردو بنیاد جامعہ عثمانیہ کی طلائی جوبلی تقاریب منائی جارہی ہیں۔ جس کی تاسیس ۱۹۱۸ء میں عمل میں آئی تھی تو یہ گولڈن جوبلی منانے والوں کی غلط فہمی ہے۔ وہ اردو بنیاد جامعہ تو کبھی کے سیاسی انقلاب کے نتیجے میں پیدا ہونے والی لسانی جارحانہ عصبیت کا شکار ہو چکی ہے۔ اس کا کبھی کا قتل کیا جا چکا ہے۔ وہ مرحوم ہو چکی ہے۔ انا للہ و انا الیہ راجعون''

(۱)

اس طرح مایوسی کے عالم میں پروفیسر سلیمان اطہر جاوید کا یہ خاکہ انجام کو پہنچتا ہے۔ یہ خاکے سے زیادہ جامعہ عثمانیہ کا مرقع ہے۔ جس میں جامعہ کے نشیب و فراز پر ایک اردو کے استاد اور ہمدرد کے دلی جذبات ملتے ہیں۔ پروفیسر سلیمان اطہر جاوید جامعہ عثمانیہ کے اس دور کے طالب علم تھے جب کہ بہ حیثیت اردو ذریعہ تعلیم اس یونیورسٹی نے نہ صرف ہندوستان بلکہ سارے عالم میں اپنی شہرت کے جھنڈے گاڑ دئے تھے۔ لیکن زمانے کے

اونچ نیچ اور آزادی کے بعد لسانی بنیاد پر ریاستوں کی تقسیم اور اردو کے بجائے ہندی کو ملک کی سرکاری زبان بنانا یہ چند ایسے امور ہیں جس نے جیتے جی جامعہ عثمانیہ کے اردو نواز کردار کو ختم کردیا اور اپنے قیام کے ۳۸ سال میں ہی اس کی ہیئت میں تبدیلی آگئی۔ چنانچہ اس مرقع میں پروفیسر سلیمان اطہر جاوید نے جامعہ عثمانیہ کے بارے میں چند اصولی بحثیں اٹھائی ہیں جن کا جواب تو ارباب حل وعقد دے سکتے ہیں۔لیکن یہ ایک حقیقت ہے کہ جامعہ عثمانیہ سیاسی ریشہ دوانیوں کا شکار ہوگئی ہے۔آج اس کی عمارتیں اور اس کا مونوگرام ہی اس کے بانی کی یادگار رہ گیا ہے باقی سب کچھ بدل چکا ہے۔ایسے میں پروفیسر سلیمان اطہر جاوید کا یہ مرقع اردو والوں کے دلوں کو جھنجھوڑتا ہے۔

زورصاحب:

پروفیسر سلیمان اطہر جاوید کے مرقعوں اور خاکوں کا مجموعہ ''چہرہ چہرہ داستان'' میں شامل تیسرا خاکہ ''زورؔ صاحب'' ہے۔ یہ خاکہ انہوں نے ۳۰ رستمبر ۱۹۶۲ء کو اس وقت لکھا جبکہ ۲۴ ستمبر کو زورؔ صاحب کا کشمیر میں انتقال ہوگیا تھا۔اس طرح یہ خاکہ بھی ایک عظیم شخصیت کے انتقال پر انہیں ان کی خدمات کے حوالے سے خراج عقیدت پیش کرنے کے لئے تحریر کیا گیا۔

یہ بات اظہر من الشمّس ہے کہ زورؔ صاحب اور دکنی زبان دونوں لازم وملزوم ہیں ۔یعنی جب بھی اردو ادب کی تاریخ میں دکنی زبان کا نام لیا جائے گا اس وقت زورؔ صاحب کا نام بھی ضرور سامنے آئے گا اور آج ادارہ ادبیات اردو کی ترقی اپنے بانی کی یاد دلاتی رہتی ہے۔ پروفیسر سلیمان اطہر جاوید نے خاکے کے آغاز میں زورؔ صاحب سے ان کی ملاقاتوں

کا تذکرہ کیا کہ ۱۹۵۳ء میں جبکہ زورؔ صاحب، چادر گھاٹ کالج کے پرنسپل تھے۔ پروفیسر سلیمان اطہر جاوید نے شناختی کارڈ پر دستخط لینے کے علاوہ زورؔ صاحب سے آٹو گراف بک پر دستخط لئے تھے۔ جس پر زورؔ صاحب نے ''ہمیشہ مسکراتے رہو'' لکھا۔ پروفیسر سلیمان اطہر جاوید نے اس جملے کو ان کے حق میں دعا قرار دیتے ہوئے لکھا کہ آج بھی اس دعا کے ثمرات ان کی زندگی میں جاری وساری ہیں زور صاحب کا سراپا بیان کرتے ہوئے وہ لکھتے ہیں:

''زورؔ صاحب کا مسکراتا چہرہ، بیشتر اوقات مجھ کو یاد آتا ہے۔ آج بھی یاد آرہا ہے۔ کشادہ پیشانی بڑی بڑی آنکھیں، جن سے فراست ٹپک رہی ہو اور بقول جوش ملیح آبادی امارت کا خمار پوشیدہ ہو، ستوان ناک چوڑی تھوڑی، لانبے بال، منہ میں پان ابھرے ہوئے رخسار سرخ وسپید رنگ اور مجموعی طور پر مسکراتا چہرہ !...... رشید احمد صدیقی نے لکھا ہے کہ مغل سلطنت نے ہندوستان کو تین چیزیں دی ہیں۔ تاج محل، اردو اور غالبؔ، میرا خیال ہے آصف جاہی سلطنت نے حیدرآباد کو دو چیزیں دی ہیں۔ جامعہ عثمانیہ اور ڈاکٹر زورؔ۔ زورؔ صاحب بڑی بانکی شخصیت کے حامل تھے۔ ان کا انداز گفتگو ان کا چلنے کا انداز، پان کھانے کا قرینہ ان کے لباس کی سج۔ وہ دکنی تہذیب کا زندہ مرقع تھے۔''(۱)

زورؔ صاحب کا سراپا بیان کرنے کے علاوہ پروفیسر سلیمان اطہر جاوید نے اس خاکے میں ان کے مختصر حالات زندگی اور ان کی شخصیت کے مختلف پہلو اور ان کی اردو زبان و

ادب کے لئے کی گئیں خدمات کو بیان کیا ہے۔ زورؔ صاحب کے حالات زندگی بیان کرتے ہوئے وہ لکھتے ہیں کہ زور صاحب ۸؍ رمضان ۱۳۲۳ھ میں پیدا ہوئے۔ ۱۹۲۵ء میں بی اے اور ۱۹۲۷ء میں ایم اے کیا۔ اگست ۱۹۲۷ھ میں حکومت کے وظیفہ پر یوروپ گئے اور آریائی زبانوں کے تقابلی مطالعہ کے موضوع پر لندن یونیورسٹی سے پی ایچ۔ ڈی کی ڈگری حاصل کی۔ ۱۹۳۱ء میں وہ یوروپ سے واپس ہوئے اور جامعہ عثمانیہ میں اردو کے پروفیسر و صدر شعبہ رہے۔ ۱۹۶۰ء تک حیدرآباد میں رہے اور پھر کشمیر یونیورسٹی کے صدر شعبہ مقرر ہوئے۔ انتقال کے بعد وہیں دفن ہوئے۔ زورؔ صاحب کے کشمیر میں دفن ہونے کے واقعہ پر تبصرہ کرتے ہوئے پروفیسر سلیمان اطہر جاوید جذباتی ہوجاتے ہیں اور لکھتے ہیں:

> ''کشمیر سے راس کماری تک کا علاقہ اردو کا وطن ہے۔ زورؔ صاحب نے اپنی حیات اور موت سے اس کو ثابت بھی کردیا۔ وہ حیدرآباد میں پیدا ہوئے اور کشمیر میں پیوند خاک! ...... انہوں نے اپنی تحقیق و جستجو سے کئی شاعروں اور ادیبوں کو منظر عام پر لایا۔ دکن کے مختلف علاقوں میں گھوم پھر کر کتنے ہی شاعروں اور ادیبوں کے مقابر اور مزاروں کا تعین کیا اور ان پر کتبے نصب کئے۔ ایک طرف تو زورؔ صاحب کو دکن اور دکن کی زبان سے اتنا غیر معمولی عشق تھا۔ لیکن جب یہ اطلاع ملی کہ انہیں سری نگر میں مسجد حضرت بلؒ کے صحن میں سپرد خاک کیا گیا تو بے اختیار ظفر کا یہ شعر زبان پر آ گیا۔
>
> کتنا ہے بدنصیب ظفر دفن کے لئے
> دو گز زمین بھی نہ ملی کوئے یار میں''(۲)

زورؔ صاحب کی دکن اور دکنی زبان کی خدمات اور ان کے بے شمار مداحوں کی دکن کے علاقے میں موجودگی کے باوجود ان کی آخری آرام گاہ کا کشمیر میں ہونا یقیناً دکن والوں کے لئے باعث غم و یاس ہے اور اسی جذبہ کو ظفرؔ کے مشہور شعر کے ذریعہ پروفیسر سلیمان اطہر جاوید نے پیش کیا ہے۔ ''زورؔ صاحب'' خاکہ کے باقی حصے میں ان کے کارناموں کا احاطہ کیا گیا ہے۔ خصوصاً دکنی ادب کی تحقیق، ادارہ ادبیات اردو کے قیام وغیرہ کے بارے میں تفصیلات دی گئی ہیں۔ پروفیسر سلیمان اطہر جاوید نے لکھا کہ زورؔ صاحب نے اپنی تحریروں سے ثابت کیا کہ اردو کا آغاز تو یقیناً شمالی ہند میں ہوا۔ لیکن اردو ادب کے اولین شاہکار دکن میں ہی ملتے ہیں۔ دکنی کے قدیم مخطوطات کو تحقیق کے ذریعہ انہوں نے روشناس کروایا۔ قطب شاہی سلاطین کے ادبی کارنامے بیان کئے۔ دکنی ادب میں ان کی خدمات حرف آخر کی حیثیت رکھتی ہیں۔ ۱۹۳۱ء میں ادارہ ادبیات اردو کا قیام ان کا عظیم کارنامہ ہے۔ باہر رہنے کے دوران بھی وہ ادارہ کی سرگرمیوں سے واقف رہتے تھے۔ وہ بڑے باعمل انسان تھے۔ وقت کی قدر و قیمت کے ساتھ کام انجام دیتے تھے۔ وہ سحر انگیز شخصیت کے مالک تھے۔ دوست ہو یا دشمن ان کی مقناطیسی شخصیت کا ضرور گرویدہ ہو جاتا تھا۔ غرور و تکبر سے دور، خوش خلقی سے وہ لوگوں سے پیش آتے تھے۔ ان کے حلقہ احباب میں مسلم و غیر مسلم چھوٹا بڑا ہر شخص تھا۔ وہ اردو کے بارے میں ہمیشہ پرامید رہتے تھے اور لوگوں کو بھی مایوسی سے بچاتے تھے۔ لسانیات تحقیق و تنقید سے متعلق ان کی زائد از پچاس کتابیں ہیں۔ ان کا اسلوب شگفتہ اور رواں ہے۔ زورؔ صاحب کو ہیرو قرار دیتے ہوئے اور ان کی رحلت سے پیدا ہونے والے خلا پر اظہار افسوس کرتے ہوئے پروفیسر

سلیمان اطہر جاوید نے انہیں یوں خراج عقیدت پیش کیا ہے:

''گزشتہ ربع صدی سے زیادہ عرصہ میں حیدرآباد کی اردو کی تہذیبی تاریخ میں زورؔ صاحب نے ہیرو کا کردار ادا کیا ہے۔ اردو اور اردو والوں پر زورؔ صاحب کے احسانات کی فہرست طویل ہے۔ اتنی طویل کہ نہ تیار کی گئی ہے اور نہ شائد تیار کی جاسکے۔ اقبال کا شعر۔

نظر بلند ، سخن دلنواز ، جان پرسوز
یہی ہے رخت سفر میر کارواں کے لئے

زور صاحب پر پوری طرح صادق آتا ہے...... آج ادارہ ادبیات اردو حیران و پریشان ہے کہ اس کا والی کہاں ہے! قلعہ گولکنڈہ کے کھنڈر سر بگریباں ہیں کہ ان کے شاہوں کو بعد از موت ''زندگی'' دینے والا آج خود موت سے ہمکنار ہو چکا ہے۔ ادارہ ادبیات اردو کے مخطوطات اس کا قیمتی کتب خانہ ایوان اردو اور اردو میوزیم۔ زورؔ صاحب اگر ایک لفظ بھی تحریر نہ کرتے تب بھی یہ کارنامے زورؔ صاحب کے نام کو حیات دوام عطا کرنے کے لئے کافی تھے۔ زورؔ صاحب کو جنوبی ہند میں وہی مرتبہ حاصل تھا ہے اور رہے گا جو سرسید کو شمالی ہند میں حاصل تھا ہے اور رہے گا۔''(۱)

اس طرح پروفیسر سلیمان اطہر جاوید نے زورؔ صاحب کی شخصیت کو خراج پیش کیا ہے۔ یہ خاکہ ایک لحاظ سے مکمل خاکہ کہا جاسکتا ہے کیونکہ اس میں مذکورہ شخصیت کے مختصر حالات زندگی کے علاوہ شخصیت کے مختلف پہلوؤں کو اجاگر کیا گیا ہے۔ اور قاری کے ذہن

میں ایک شخصیت کی بھرپور تصویر ابھرتی ہے ۔ اس خاکہ میں زورؔ صاحب کی تعریف و توصیف کی گئی ہے اور ان کے گزر جانے کو ایک عظیم نقصان قرار دیا گیا ہے۔ اس لحاظ سے یہ ایک مدحیہ خاکہ کہلایا جا سکتا ہے۔ ویسے دکن والوں کے لئے زورؔ صاحب کی شخصیت اتنی قد آور ہے کہ ان کی جتنی بھی ستائش کی جائے وہ ان کے کارناموں اور خدمات کے سامنے بالکل کم ہے۔ اس کے علاوہ پروفیسر سلیمان اطہر جاوید نے زورؔ صاحب پر خاکہ لکھ کر ان کی شخصیت کو اگلی نسلوں کیلئے محفوظ کر دیا ہے۔ اس طرح ''زورؔ صاحب'' خاکہ ایک کامیاب خاکہ تصور کیا جائے گا۔

سروری صاحب:

پروفیسر سلیمان اطہر جاوید کا تحریر کردہ اگلا خاکہ ''سروری صاحب'' ہے۔ یہ خاکہ انہوں نے اپنے استاد پروفیسر عبدالقادر سروی کی یاد میں لکھا ہے ۔ پروفیسر سلیمان اطہر جاوید اپنی زندگی میں جن دو اساتذہ سے بہت زیادہ متاثر تھے وہ زورؔ صاحب اور سروری صاحب ہیں ۔ کیونکہ ان دونوں شخصیتوں کی یاد میں انہوں نے خاکے بھی لکھے اور اپنے شعری مجموعے ''آنگن آنگن دکھ کے پیڑ'' میں ان کے اسمائے گرامی کے نام سے نظمیں بھی لکھیں اور اس طرح اپنے اساتذہ کو انہوں نے نثر اور نظم دونوں اصناف میں خراج عقیدت پیش کیا ہے۔

پروفیسر عبدالقادر سروری کی زندگی کا بیشتر حصہ کشمیر میں گزرا لیکن حیدرآباد میں ان کا قیام بہ حیثیت استاد اردو جامعہ عثمانیہ یادگار رہا ہے ۔ چنانچہ حیدرآباد میں سروری صاحب کی یادوں کے ذریعہ پروفیسر سلیمان اطہر جاوید نے یہ مختصر خاکہ لکھا ہے۔ اس میں

سروری صاحب کے مکمل احوال تو سامنے نہیں آتے البتہ ان کی شخصیت کے چیدہ چیدہ پہلوؤں پر روشنی پڑتی ہے۔ سابقہ خاکوں کی طرح پروفیسر سلیمان اطہر جاوید نے بھی یہ خاکہ پروفیسر عبدالقادر سروری کے وصال پر بہ طور اظہار افسوس لکھا۔ سروری صاحب کے وطن کے بارے میں جذباتی انداز میں وہ لکھتے ہیں:

''لوگ کہتے ہیں سروری صاحب نے وطن سے دور رہ کر وفات پائی۔ اگر لوگ کہتے ہیں کہ کشمیر سروری صاحب کا وطن نہیں تھا تو میں کہتا ہوں کہ حیدرآباد بھی سروری صاحب کا وطن نہیں تھا۔ سروری صاحب کا وطن تو اردو تھا وہ اردو کی خاک سے اٹھے اور اردو ہی کی خاک میں مدفون ہوئے۔''(۲)

سروری صاحب کے لئے یہ خراج اردو کے ایک نامور استاذ کے لئے اردو کے ایک ہونہار طالب علم کی طرف سے خراج عقیدت ہے۔ خاکہ کے آغاز میں سابقہ خاکوں کی طرح پروفیسر سلیمان اطہر جاوید نے سروری صاحبؒ کے انتقال کی خبر پڑھنے کے بعد اپنے تاثرات سے کیا اور لکھا کہ وہ کشمیر تو نہیں جاسکتے لیکن ایسا محسوس ہوتا ہے کہ وہ سروری صاحب کے جنازے کے پاس ہیں اور ان کے آخری سفر میں بہ نفس نفیس برابر کے شریک ہیں۔ اس تاثر کے بعد سروری صاحب کی یادوں کا سلسلہ شروع ہوتا ہے۔ شاگردوں سے سروری صاحب کے برتاؤ کے بارے میں پروفیسر سلیمان اطہر جاوید لکھتے ہیں:

''سروری صاحب اپنے شاگردوں سے بہ حیثیت استاد ہی پیش نہیں آتے تھے وہ اپنے شاگردوں کے ایک بزرگ، ایک مشفق ایک صلاح کار

اور ایک دوست بھی تھے ۔ وہ اپنے شاگردوں کے گھریلو مسائل ، بھائی بہنوں، بچوں، ان کی ملازمتوں، مصروفیتوں دلچسپیوں اور ان کے نجی مسائل سے بھی ایسی ہی گہری دلچسپی لیتے جیسے یہ سب داخل درنصاب ہوں۔ یہی وجہ تھی کہ شاگرد اپنی طالب علمی کے دور کے بعد بھی ملتے اور ملتے رہتے۔''

(۱)

طالب علموں کے ساتھ سروری صاحب کے رویے کے علاوہ پروفیسر سلیمان اطہر جاوید نے ان کا طریقہ تدریس بیان کرتے ہوئے لکھا کہ وہ اپنے کمرے میں ہی کلاس لینے اور اکثر جلدی میں دکھائی دیتے۔ لسانیات کو بڑے ہی سہل انداز میں پڑھاتے۔ مصروفیات کی وجہ سے کلاس نہ لیں تو بعد میں زیادہ وقت دیتے تھے۔ طلباء کو کبھی اپنے ظہرانے میں شریک کر لیتے۔ طلباء سے مسائل پر کھل کر بات کرتے۔ ان کی شخصیت کے دیگر پہلو بیان کرتے ہوئے پروفیسر سلیمان اطہر جاوید نے لکھا کہ وہ خطوط کے جوابات پابندی سے اور بڑی اپنائیت سے دیتے تھے۔ ملاقاتی پہلی ہی ملاقات میں ان کے گرویدہ ہو جاتے تھے۔ لوگوں کی حوصلہ افزائی کرتے۔ دوستوں سے دوستی کا حق ادا کرتے اور دشمنی کرنے والوں سے عالی ظرفی کا مظاہرہ کرتے ہوئے خاموشی اختیار کرتے۔ وہ ایک محقق، نقاد اور ماہر لسانیات تھے۔ ان کی تصنیف و تالیف کے بارے میں پروفیسر سلیمان اطہر جاوید لکھتے ہیں:

''ان کی تصانیف و تالیف کی تعداد (۲۵) کے لگ بھگ ہے اور تقریباً ہر کتاب ہندوستان کی کسی نہ کسی یونیورسٹی میں اردو کے نصاب میں شامل ہے اور جو چند کتابیں شامل نصاب نہیں ہیں وہ حوالہ کی کتاب میں ممتاز

حیثیت رکھتی ہیں کہ اس موضوع پر بعد میں لکھی جانے والی کسی بھی کتاب میں اس کا حوالہ ناگزیر ہے۔ ایسی کتابوں میں ''دنیائے افسانہ، جدید اردو شاعری، زبان اور علم زبان اردو کی ادبی تاریخ، سراج سخن، کشمیر میں فارسی ادب کی تاریخ اور تا حال غیر مطبوعہ ''کشمیر میں اردو'' کے نام لئے جا سکتے ہیں۔'' (۲)

اردو زبان کے لئے سروری صاحب کی خدمات کو بھرپور خراج عقیدت پیش کرتے ہوئے پروفیسر سلیمان اطہر جاوید نے انہیں ''سفیر اردو'' کا لقب دیا اور لکھا کہ:

''سروری صاحب کی حیثیت دراصل اردو کے ایک ذمہ دار سفیر کی تھی وہ شمال کے پیغام کو جنوب اور جنوب کے پیغام کو شمال میں پہنچاتے اور پھیلاتے رہے...... حیدرآباد میں انہوں نے اردو کے لئے جو کچھ کیا اس سے زیادہ انہوں نے میسور اور کشمیر میں کیا۔ یہاں کے افراد میں اردو سے محبت پیدا کی، اردو کی خدمت کا جذبہ بیدار کیا۔ ان کے ذوق کی صحیح رہنمائی کی۔ اردو کی انجمنیں اور ادارے قائم کروائے۔ حکومت سے ممکنہ تعاون اور اعانت حاصل کی اور اردو تحریک کو تقویت پہنچانے کے لئے خود کو دامے درمے، قدمے اور سخنے وقف کر دیا اور ایک مرد مومن کی طرح جو اپنی مرضی کو اللہ کی مرضی کے تابع کر دیتا ہے سروری صاحب نے بھی اپنی مرضی کو اردو کے تابع کر دیا تھا۔'' (۱)

سروری صاحب کی اردو کے لئے خدمات کسی سے چھپی ہوئی نہیں ہیں اور

پروفیسر سلیمان اطہر جاوید نے بھی بحیثیت شاگرد اپنے استاد کی خدمات کو خاص و عام کرنے میں کوئی کسر اٹھا نہیں رکھی۔ سروریؔ صاحب کی اردو خدمات کے بیان کے ساتھ ہی یہ خاکہ اختتام کو پہنچتا ہے۔ پروفیسر سلیمان اطہر جاوید نے سروری صاحب کی شخصیت کی صرف خوبیاں ہی بیان کی ہیں۔ان کی شخصیت کے کسی مخصوص منفی پہلو کی طرف روشنی نہیں ڈالی۔ البتہ اجتماعی طور پر طلباء کی جانب سے دوران کلاس ان کی جلد بازی پر ٹوکنے سے متعلق واقعہ کی طرف اشارہ ملتا ہے۔اس خاکہ سے سروریؔ صاحب کی حیات پر روشنی نہیں پڑتی بلکہ اردو کی خدمات اور دیگر چند ایک امور پر سرسری نظر سے پتہ چلتا ہے کہ اس خاکہ میں سروریؔ صاحب کو اردو کے اہم خادم کے طور پر پیش کیا گیا ہے۔ پروفیسر سلیمان اطہر جاوید نے یہ خاکہ بھی اپنے ممدوح کے وصال پر انہیں خراج عقیدت پیش کرنے کے لئے لکھا ہے اس لئے اس میں مدحیہ پہلو غالب ہے اوراس وجہ سے قاری کے روبرو خاکہ میں پیش کردہ شخصیت کی مکمل تصویر پیش نہیں ہوتی۔اس کے باوجود یہ خاکہ سروریؔ صاحب کی شخصیت کی یادوں کو محفوظ کرنے کا ایک ذریعہ ثابت ہوگا اوراس کام میں پروفیسر سلیمان اطہر جاوید ضرور کامیاب قرار پائیں گے۔

مولانا :

’’چہرہ چہرہ داستان‘‘ خاکوں کے مجموعہ میں شامل پانچواں خاکہ ’’مولانا‘‘ ہے۔ یہ خاکہ دراصل پروفیسر سلیمان اطہر جاوید کے استاد مولانا ابوالوفا صاحب کی یاد میں لکھا گیا ہے۔ پروفیسر سلیمان اطہر جاوید کی زندگی کا اوڑھنا بچھونا اردو رہا ہے۔لیکن ان کے آبا و اجداد کا تعلق بزرگان دین سے رہا ہے اور خود ان کے دادا اور والد وغیرہ میاں میر نواب

صاحبؒ کے حلقہ ارادت میں شامل رہ چکے ہیں۔لہذا پروفیسر سلیمان اطہر جاوید اپنی زندگی میں دینی اعتبار سے جس بزرگ سے بہت زیادہ متاثر تھے وہ مولانا ابوالوفا صاحب کی ذات گرامی تھی۔چنانچہ اپنے دینی استاد کے وصال پر جذبات سے مغلوب ہوکرانہوں نے یہ خاکہ لکھا۔اس میں انہوں نے ابوالوفا صاحب کوصرف مولانا ہی سے مخاطب کیا ہے۔ اپنے دوست کے ذریعہ مولانا سے پہلی ملاقات پران کے گھر اوران کا سراپا بیان کرتے ہوئے پروفیسر سلیمان اطہر جاوید یوں رقمطراز ہیں:

''ایک سیدھا سادہ،مختصر پاک وصاف مکان اوراس سے بھی زیادہ سیدھا سادہ پاک وصاف فرش، چہارسمت الماریاں، کتابوں سے بھری ہوئیں اورکمروں میں بھی جہاں تک نظریں گیئں صرف الماریاں،صرف کتابیں، صرف کاغذات، درودیوارعلم کی خوشبو سے مہکے ہوئے ہم جب تک وہاں بیٹھے اپنے مشام جاں کومعطر کرتے رہے اس پس منظر میں ستون سے لگا تکیہ اوراس سے ٹیک لگائے اپنے روبروقلمدان اوراطراف کتابوں، خطوں اورکاغذوں کے انبار میں ایک سروقد سرخ وسفید پیکر،کھلا ہوا کتابی چہرہ پتلے پتلے ہونٹ،ستواں ناک، کشادہ پیشانی ہم سب کے لئے پیارو محبت لئے جگمگاتی آنکھیں،سفید بے داغ لباس، یوں محسوس ہوا جیسے مولانا ابھی ابھی نور کے دریا سے نہا کرآئے ہوں ۔''(۱)

مولانا کے مکان کانقشہ اوران کا سراپا بیان کرتے ہیں پروفیسر سلیمان اطہر جاوید نے یہ واضح کیا کہ مولانا ایک علمی شخصیت تھے۔خاکہ میں آگے مولانا کے عادات واطوار

اوران کی علمی گفتگو وغیرہ کے اظہار میں انہوں نے اپنی عاجزی وانکساری کے ساتھ مولانا کی بڑائی بیان کی اور لکھا کہ مولانا پیچیدہ مسائل کو بڑی آسانی سے سمجھاتے تھے۔ مہمانوں کا چائے سے استقبال کرتے مولانا کے ملاقات کے اوقات مقرر تھے اتوار کو درس ہوتا۔ مولانا کی انگریزوں سے شدید نفرت کی بناء پر وفیسر سلیمان اطہر جاوید خود شیروانی ٹوپی لگا کر جاتے۔ مولانا کا وطن افغانستان تھا جسے وہ اکثر یاد کرتے تھے۔ مولانا کی اپنے ملک اور عمومی طور پر مشرق وسطی ممالک کے سیاسی حالات پر گہری نظر رہتی تھی، سادگی پسند تھے۔ محلّہ میں لوگ انہیں ''آغا بابا'' کہتے تھے۔ ان کے شاگرد دور دراز تک پھیلے ہوئے تھے۔ وہ ایک پیشہ ور مولوی نہیں بلکہ سیدھے سادھے انسان تھے۔ حق پرست تھے اور حق بات ہی کہتے تھے جلسے جلوسوں سے پرہیز کرتے تھے۔ جامعہ نظامیہ کے استحکام کے لئے کام کیا: اکثر اوقات تصنیف و تالیف میں گزارتے تھے اور بلا تحقیق کوئی بات نہیں لکھتے تھے۔ پروفیسر سلیمان اطہر جاوید نے لکھا کہ ان کے تروپتی آنے کے بعد مولانا سے ملاقاتیں کم ہوگئیں۔ ۱۹۵۷ء میں مولانا نے انہیں انتقال سے قبل یاد کیا تھا۔ اس بات پر وہ رنجیدہ ہوکر لکھتے ہیں:

> ''مولانا کی شدید علالت اور پھر انتقال کی خبر ملی۔ دل بجھ سا گیا۔ طبعیت پر ایک بوجھ سا محسوس ہوا۔ جذبات عقیدت امڈ آئے۔ قلم چلنے لگا...... میں مولانا کا مقروض ہوں، ان کی یادوں کا مقروض مولانا میں آپ سے بے حد شرمندہ ہوں، آپ کی یادوں کا یہ قرض مجھ پر تاحیات رہے گا۔''(۱)

مولانا کے بارے میں ان تاثرات کے ساتھ یہ خاکہ مکمل ہوتا ہے۔

اس طرح دیکھا جائے تو یہ ایک شخصی اور تاثراتی خاکہ ہے۔ چونکہ مولانا سے پروفیسر سلیمان اطہر جاوید کو بڑی عقیدت تھی لہذا انہوں نے یہ خاکہ لکھ کر مولانا سے اپنی عقیدت کا اظہار کیا اور ایک نیک صفت، علم دوست، انسان کی خدمات کو تاریخ کے صفحات میں محفوظ کر دیا۔ تاکہ آنے والے لوگ مولانا کی شخصیت اور ان کے اوصاف حمیدہ و اعلی اخلاق سے مستفید ہوں۔ اس خاکہ میں بھی پروفیسر سلیمان اطہر جاوید نے صرف شخصیت و کردار کی جانب ہی توجہ کی ہے۔ چنانچہ ان کے خاکوں اور مرقعوں سے شخصیت سے وابستہ اہم پہلوؤں پر روشنی پڑتی ہے اور شخصیت نے جس میدان میں ترقی پائی اسی کا بیان زیادہ ملتا ہے۔ ایک دینی مزاج کی حامل شخصیت پر خاکہ لکھتے ہوئے انہوں نے اپنے مضامین میں پائے جانے والے تنوع کا اظہار کیا ہے۔

غروب آفتاب:

''خاکوں کا مجموعہ چہرہ چہرہ داستان'' میں شامل اگلا خاکہ ''غروب آفتاب'' ہے ۔ یہ خاکہ سابق صدر جمہوریہ ہند ڈاکٹر ذاکر حسین کی وفات پر لکھا گیا ۔ ذاکر حسین ایک ہمہ پہلو شخصیت کے مالک تھے۔ پروفیسر سلیمان اطہر جاوید نے رشید احمد صدیقی پر اپنا پی۔ ایچ۔ ڈی کا مقالہ لکھنے کے دوران ان سے ملاقات کی تھی اور اسی ملاقات کو یادگار بنانے اور اس کا حق ادا کرنے کیلئے پروفیسر سلیمان اطہر جاوید نے یہ خاکہ لکھا ہے۔ ٹرین میں دوران سفر انہیں ذاکر صاحب کے انتقال کی خبر ملنے پر وہ سکتے میں آجاتے ہیں۔ ڈاکٹر صاحب کو ایک عہد ساز شخصیت قرار دیتے ہوئے ان کے بارے میں یوں رقمطراز ہیں:

''ذاکر صاحب ایک فرد نہیں ایک عہد تھے۔ اپنی ذات سے ایک ادارہ اور

انجمن تھے۔ان کی وفات حسرت آیات سے ہندوستان کی تاریخ کا ایک باب ختم ہوگیا۔ ان کے نہ ہونے سے ایک خلا پیدا ہو چکا ہے......ڈاکٹر صاحب ایک انسان ہی تھے۔ایک ایسا انسان جس نے قوم کی تقدیر کو متاثر کیا ہو۔ وہ ایک عہد نہیں ایک لمحہ تھے۔ایک ایسا لمحہ جو جاوداں ہو چکا ہو۔ وہ نشان راہ تھے۔اور صاحب منزل بھی ان کی عظمت اس میں مضمر ہے۔'' (۲)

ذاکر صاحب کے سانحہ ارتحال پر اپنے جذبات کے اظہار کے بعد پروفیسر سلیمان اطہر جاوید نے ذاکر صاحب سے ان کی ملاقات کا حال بیان کیا ہے۔جبکہ ۱۹۶۲ء میں پی ایچ۔ڈی کے سلسلے میں وہ رشید احمد صدیقی کے رفقاء سے ملاقات کرنا چاہتے تھے۔ذاکر حسین صاحب رشید احمد صدیقی کے قریبی ساتھی تھے۔ چنانچہ اس وقت کے نائب صدر جمہوریہ ہند کو انہوں نے ڈرتے ڈرتے جواب نہ ملنے کے یقین کے ساتھ خط لکھ کر ملاقات کی خواہش ظاہر کی۔لیکن ذاکر صاحب نے نہ صرف انہیں خط کا جواب دیا بلکہ ان سے دہلی میں ملاقات کا وعدہ کیا۔ چنانچہ ۲۳ رنومبر ۱۹۶۲ء کو ذاکر صاحب کی رہائش گاہ پر ان سے ملاقات ہوئی۔انہوں نے رشید صاحب کے بارے میں تفصیلی معلومات فراہم کیں اور یہ خواہش کی کہ رشید صاحب کے حالات زندگی کا باب مکمل ہونے کے بعد لا کر دیں۔ چنانچہ رشید صاحب کی سوانح کا باب دینے کے لئے ایک مرتبہ پھر ۱۹۶۵ء میں پروفیسر سلیمان اطہر جاوید کی ملاقات ذاکر صاحب سے ہوئی اور بہت سی علمی باتیں ہوئیں۔ پروفیسر سلیمان اطہر جاوید نے لکھا کہ بعد میں بھی ان کی ذاکر صاحب سے خط و کتابت جاری رہی اور ذاکر صاحب اپنی بے پناہ مصروفیتوں کے باوجود پابندی سے ان کے خطوط

کے جوابات ارسال کرتے رہے۔ ان کے پی ایچ۔ڈی کے مقالے کی تکمیل پر انہیں مبارکباد دی اور بعد میں جب یہ مقالہ کتابی شکل میں چھپ رہا تھا تب پروفیسر سلیمان اطہر جاوید نے اس کا پیش لفظ لکھنے کے لئے ذاکر صاحب سے درخواست کی جو اس وقت صدر جمہوریہ بن چکے تھے۔ ذاکر صاحب نے پیش لفظ تو نہیں لکھا البتہ ایک خط کے ذریعہ انہیں ایک مشورہ دیا۔ پروفیسر سلیمان اطہر جاوید نے ذاکر صاحب کے الفاظ نقل کئے جو اس طرح ہیں۔

"سچ تو یہ ہے کہ مجھے یہ رسم پسند نہیں ہے۔ دوسروں سے کچھ لکھانے کے بجائے خود ہی لکھنا چاہئیے ۔ آپ بھی اگر اس رسم سے بچ سکیں تو احتراز فرمایئے۔"(۱)

چنانچہ پروفیسر سلیمان اطہر جاوید نے لکھا کہ انہوں نے اپنی کتاب بغیر پیش لفظ کے پروفیسر مسعود حسین خان کے تعارف کے ساتھ ہی شائع کرائی اور ذاکر صاحب کی خدمت میں پیش کر دی جس پر ذاکر صاحب نے خط کے ذریعہ پسند کا اظہار کیا۔ ذاکر صاحب سے قریبی مراسم کا تذکرہ کرنے کے بعد ذاکر صاحب سے ان کے مختلف عہدوں کے دوران استفادہ نہ کر سکنے کے افسوس کا اظہار کرتے ہوئے پروفیسر سلیمان اطہر جاوید نے ذاکر صاحب کے صدر جمہوریہ ہند ہونے پر جذباتی انداز میں یوں خراج پیش کیا۔

"ذاکر صاحب نے معلّمی کی ، میں ان کا طالب علم نہیں رہا۔ انہوں نے سیاسی قیادت کی میں ان کا پیرو نہ ہوا...... وہ دو جامعات کے وائس چانسلر رہے مجھے ان میں تعلیم حاصل کرنے کا موقع نہ ملا۔ بہار کی گورنری کی میں

اس ریاست کا باشندہ نہ ہوا۔ وہ نائب صدر جمہوریہ ہند اور صدر جمہوریہ ہند ہوئے۔ میرا سر عز و افتخار سے بلند ہو جاتا ہے کہ میں اسی صدر جمہوریہ کا شہری ہوں۔'' (۲)

ذاکر صاحب کی خدمات کی تفصیلات بیان کرتے ہوئے خاکہ نگار پروفیسر سلیمان اطہر جاوید نے اپنی ذات کو ان سے منسلک کرنے کی کوشش کی ہے۔ ہر انسان کی خواہش ہوتی ہے کہ کسی اعلی عہدے اور رتبے والے شخص سے اس کے روابط ہوں اور اگر کسی طرح کا تعلق پیدا بھی ہو جائے تو اس کے اظہار سے فخر کرنے کی کوشش کی جاتی ہے۔ اس خاکہ میں بھی ذاکر صاحب کی شخصیت اور ان کی خدمات کو خراج تحسین پیش کرنے سے زیادہ پروفیسر سلیمان اطہر جاوید کی ذاکر صاحب سے ہوئی ملاقاتوں اور خط و کتابت کا تذکرہ ملتا ہے۔ تاہم اس بیان کا مثبت پہلو یہ ہے کہ ذاکر صاحب کا یہ اعلی وصف رہا کہ انہوں نے پروفیسر سلیمان اطہر جاوید کو ملاقات کا شرف بخشا۔ اس کی وجہ یہ بھی ہو سکتی ہے کہ پروفیسر سلیمان اطہر جاوید کا تعلق جہاں حیدرآباد سے ہے وہیں ذاکر صاحب کی جائے پیدائش بھی حیدرآباد ہی ہے۔ اس لئے ذاکر صاحب نے ان سے خلوص و اپنائیت کا اظہار کیا ہو تو کوئی عجیب بات نہیں۔ پھر بھی اس خاکہ میں ذاکر صاحب کی شخصیت سے اپنا قد ملانے کی پروفیسر سلیمان اطہر جاوید کی کوششیں جھلکتی دکھائی دیتی ہے۔ ذاکر صاحب سے اپنے لگاؤ کی بناء ان کے انتقال کی خبر سے پروفیسر سلیمان اطہر جاوید حد درجہ مغموم ہو جاتے ہیں۔ چنانچہ ان کی رحلت سے پیدا ہونے والے خلاء اور چاروں طرف چھا جانے والے غم کی تصویر کشی کرتے ہوئے وہ لکھتے ہیں:

آج ان کو ڈھونڈ نے کوئی کہاں جائے ۔کیا کرے ! آج حیدرآباد کے درودیوارغم زدہ ہیں ۔آج قائم گنج کا ماحول سربگریباں ہے۔علی گڑھ مسلم یونیورسٹی خاموش ، ریاست بہارخزاں رسیدہ ،مولانا آزادروڈ ماتم کدہ اور راشٹر پتی بھون سرتا پا حزن وملال نوحہ کناں ہے۔مکین آج یہ مکان چھوڑ کر چلا گیا ہے۔ ہمیشہ ہمیشہ کے لئے دلی سوگوار ہے: چپ چاپ ماتم کناں،مہر بلب ، چاک گریباں اوران سب سے بڑھ کر جامعہ ملیہ اسلامیہ ۔ ذاکر صاحب جنہوں نے جامعہ ملیہ کوقراروا ستحکام بخشنے کے لئے گراں بہا حصہ ادا کیا۔اس کے معماروں سے زیادہ......آج بس ایک آنسو بن چکی ہے۔ خون کا آنسو......آج جب ان کے بعدایک گہری تاریکی،گھٹاٹوپ اندھیرا، بے کراں سناٹا ، بے پایا سکوت بے ثغور اداسی ، مایوسی ، پژمردگی ، ویرانی ناامیدی اورگھٹن محسوس ہوتی ہےتو سوچتا ہوں ذاکر صاحب کی وفات آیا غروب آفتاب سے کم ہے۔‘‘(۱)

ذاکر صاحب کےغم میں ڈوبے ان مقامات کا تذکرہ کرتے ہوئے پروفیسر سلیمان اطہر جاوید نے یہ تاثر پیش کرنے کی کوشش کی کہ تقریباً سارا ہندوستان ہی ان کی جدائی پرغم میں ڈوبا ہوا ہے۔غم کے اظہار کے لئے انہوں نے مختلف طرح کے جوالفاظ و تراکیب استعمال کی ہیں اس سے انشا پردازی میں ان کے کمال کا اظہار ہوتا ہے ۔ ذاکر صاحب کے گزرجانے کو’’غروب آفتاب‘‘ سے تشبیہہ دیتے ہوئے انہوں نے یہ خاکہ ختم کیا ۔ یہ خاکہ بہ حیثیت مجموعی تاثراتی نوعیت کا خاکہ ہےاوراس میں ذاکر صاحب کی شخصیت کی

تعریف وتوصیف بیان کی گئی ہے۔ ذاکر صاحب کے حالات میں ان کی خدمات کے بیان اور خود مصنف سے ان کے برتاؤ کا ذکر ہے۔ اس سے شخصیت کے مخصوص پہلو ہی واضح ہوتے ہیں۔ دیگر تفصیلات تشنگی کا اظہار کرتی ہیں۔

جنگل اداس ہے:

خاکوں کا مجموعہ ''چہرہ چہرہ داستان'' میں شامل اگلا خاکہ...... ''جنگل اداس ہے'' ہے۔ یہ خاکہ رشید احمد صدیقی کی وفات پر لکھا گیا۔ خاکہ کے آغاز میں پروفیسر سلیمان اطہر جاوید نے لکھا کہ ریڈیو سے رشید صاحب کے انتقال کی خبر ملتے ہی ان پر سکتہ طاری ہوگیا کیونکہ رشید احمد صدیقی سے ان کے قریبی روابط اس لئے بھی تھے کہ ان کی حیات اور شخصیت پر پروفیسر سلیمان اطہر جاوید نے پی ایچ ڈی کا تحقیقی مقالہ لکھا تھا اور مواد کی فراہمی کے سلسلے میں وہ رشید صاحب کے پاس کئی مرتبہ علی گڑھ گئے تھے۔ رشید احمد صدیقی (۸۴) سال گزارنے کے بعد کافی علیل ہوگئے تھے اور بقول پروفیسر سلیمان اطہر جاوید ان کے انتقال کی اطلاع میرے لئے ایک طرح غیر متوقع نہیں تھی۔ رشید صاحب ایک صاحب طرز انشاء پرداز، ادیب ونقاد تھے۔ علی گڑھ یونیورسٹی سے انہیں بہت لگاؤ تھا اور رشید احمد صدیقی اور علی گڑھ دونام ایک قالب ہوگئے تھے۔ رشید صاحب کی ادبی خدمات کا تعارف کراتے ہوئے پروفیسر سلیمان اطہر جاوید لکھتے ہیں:

> ''وہ اردو ادب کی امید اور اردو والوں کا شہر آرزو تھے۔ بہ حیثیت فنکار اور بہ حیثیت شخص کے بھی ان کا اپنا ایک رنگ تھا۔ اور ان کی پہچان صرف ان سے ممکن تھی۔ انہوں نے غزل کو اردو شاعری کی آبرو قرار دیا تھا۔ اس میں

کوئی شبہ نہیں کہ خورشید صاحب اردو ادب کی آبرو تھے۔ انہوں نے اردو ادب کو وہ مرقعے دیئے کہ شخصیات جیتی جاگتی چلتی پھرتی سامنے آ گئیں۔ ان کی تنقید کہ جس پر تخلیق کا گمان ہوتا ہے۔ ان کا طنز و مزاح کہ جو اپنی جگہ متین، اور کلاسیکی قدروں کا حامل ہے اور ان کا اسلوب کہ جو اردو کی عالمانہ ، سنجیدہ، شائستہ اور شستہ روایات سے رچا رچایا ہے۔ ایک رشید صاحب کے اٹھ جانے سے کیا کچھ نہیں اٹھ گیا۔'' (۱)

رشید احمد صدیقی کی ادبی خدمات کا تعارف بیان کرنے کے بعد خاکے میں تفصیلی طور پر انہوں نے رشید صاحب کی شخصیت کے مختلف پہلوؤں کو اجاگر کیا اور لکھا کہ رشید صاحب مجلسی آدمی نہ تھے۔ تاہم اپنے حلقے کے لوگوں سے کھل کر ملتے تھے اور بیشتر لوگوں سے ملاقات سے احتراز کرتے تھے۔ وہ جس سے ملاقات سے کتراتے تھے اس سے ہر طرح کا تعلق توڑ لیتے تھے۔ انہیں پھولوں اور باغبانی سے دلچسپی تھی اور اس کے لئے وقت نکالتے۔ رشید احمد صدیقی کا سراپا بیان کرتے ہوئے پروفیسر سلیمان اطہر جاوید لکھتے ہیں:

''اوسط قد، اوسط جسامت، بڑی بڑی آنکھیں، گھنی بھنویں، چھوٹی پیشانی جس پر سالہا سال کے غور و فکر کے شکنوں کی صورت میں نشان، قدرے موٹے موٹے ہونٹ، لبیں ترشی ہوئیں، مضبوط تھوڑی، کھلتا ہوا رنگ، علی گڑھ، کٹ، پاجامہ، ٹوپی پہنے، عینک لگائے یہ تھے۔ رشید احمد صدیقی''۔

(۱)

رشید صاحب کا سراپا بیان کرنے کے بعد پروفیسر سلیمان اطہر جاوید نے رشید

صاحب سے اپنی ملاقات کا حال بیان کیا ہے اور اس ضمن میں رشید صاحب کی شخصیت کے مختلف پہلوؤں کو بھی سامنے لے آئے۔ پروفیسر سلیمان اطہر جاوید نے لکھا ہے کہ پروفیسر مسعود حسین خان کو رشید صاحب اپنے بیٹے احسان رشید کی طرح دیکھتے تھے۔ چنانچہ مسعود حسین خان نے پروفیسر سلیمان اطہر جاوید کو رشید صاحب سے ملاقات، ان سے گفتگو اور ان کی پسند ناپسند کے بارے میں تفصیلات بتا کر علی گڑھ روانہ کیا۔ پروفیسر سلیمان اطہر جاوید نے دوبار علی گڑھ کا سفر کیا اور تقریباً دو ماہ وہاں قیام کیا اور رشید صاحب سے ان کی حیات اور فن پر تفصیلی گفتگو کی اور رشید صاحب نے انہیں سیر حاصل جوابات اور اپنے سے متعلقہ مواد فراہم کیا۔ جب پروفیسر سلیمان اطہر جاوید کا تحقیقی مقالہ ''رشید احمد صدیقی شخصیت اور فن'' کتابی شکل میں شائع ہونے لگا تو پروفیسر سلیمان اطہر جاوید نے ان سے کتاب پر رائے کے اظہار کی خواہش کی جس پر انہوں نے مکتوب کے ذریعہ یہ جواب دیا!

> ''جو کتاب اپنے ہی پر لکھی گئی ہو اس پر کیا لکھوں۔ یوں بھی کتاب وغیرہ پر بہت کم ریویو کرتا ہوں۔(۲)

اسی طرح کتاب کے دوسرے ایڈیشن کی اشاعت پر ہمدردانہ انداز میں خط کے ذریعہ انہوں نے ان خیالات کا اظہار کیا۔

> ''کتاب المناقب ''رشید احمد صدیقی شخصیت اور فن'' موصول ہوئی۔ آنکھوں کی تکالیف کے باوجود جہاں تہاں ورق گردانی کر گیا اس لئے اور کہ ہر جگہ تعریف ہی تعریف تھی۔ کہیں تنقید تھی بھی تو برائے نام جسے میں نے تسلیم کرلیا۔ دل میں اتنی وسعت تو ہونی ہی چاہئے۔ آپ کے کرم کا

شکر گزار ہوں۔ ہماری تہذیب کے بھلے یا برے جیسے تقاضے رہے ہوں ان کو دیکھتے ہوئے کچھ ایسا خیال ہوتا ہے کہ کسی ''مصنف یا شاعر پر اس کی زندگی میں کسی شریف النفس طالب علم کو تحقیقات کرنے میں تامل کرنا چاہیئے۔ اس لئے کہ نوجوان تحقیق کرنے والے کی شرافت نفس اکثر اس کی بے لاگ تنقید پر غالب آتی رہتی ہے۔'' (۳)

رشید احمد صدیقی کے یہ خیالات ہر اس بڑے ادیب کے کردار کی دلالت کرتے ہیں جو اپنی زندگی میں اپنی بیجا تعریف وتوصیف سے دور بھاگتا ہے۔ خاکے میں آگے رشید احمد صدیقی کے تحریر کردہ مکاتیب میں جھلکنے والی رشید صاحب کی شخصیت کا حوالہ دیتے ہوئے پروفیسر سلیمان اطہر جاوید نے لکھا کہ وہ ان مکاتیب میں اپنے وطن اپنے دل ودماغ کو بے نقاب کر دیتے ہیں۔ تاریخ ادب اردو میں جب بھی رشید احمد صدیقی کا نام آئے گا اس کے ساتھ علی گڑھ کا تذکرہ ضرور آئے گا۔ چنانچہ رشید صاحب اور علی گڑھ کے میل جول کو بیان کرتے ہوئے پروفیسر سلیمان اطہر جاوید لکھتے ہیں:

''ان کے نزدیک اردو کا دوسرا نام علی گڑھ بھی تو ہے۔ رشید صاحب علی گڑھ کے پرستار، علی گڑھ کے عاشق زار رہے۔ اردو سے بھی ان کا یہی رشتہ تھا۔ رشید صاحب نے علی گڑھ کو چاہا چاہنے والوں کی طرح۔ سرسید کو علی گڑھ کے معمار اولین کی حیثیت حاصل ہے۔ علی گڑھ کے معمار اعظم بھی وہی ہیں۔...... رشید صاحب نے علی گڑھ کی تعمیر اور تشکیل اور ترقی میں وہ حصہ تو ادا نہیں کیا جو سرسید ادا کر چکے تھے۔ لیکن وہ علیگڑھ کے عاشق تھے

۔ سچے عاشق ، انہوں نے علی گڑھ سے جیسا جتنا اور جس طرح کا عشق کیا کسی اور نے تو کجا سرسید نے بھی شائد ایسا اتنا اور اس طرح کا عشق نہ کیا ہوگا...... رشید صاحب نے کسی ستائش کی تمنا اور صلے کی پروا کئے بغیر علی گڑھ کو اپنی تحریروں کا مرکز ومحور بنایا۔ صرف علی گڑھ کے لئے علی گڑھ سے محبت ان کی زندگی کا سرمایہ تھی ! رشید صاحب کو متحرک علی گڑھ بھی کہا گیا ہے۔ آج ان کے انتقال سے علیگڑھ کا ایک دور ختم ہوگیا۔ رشید صاحب کا علی گڑھ سے ارتباط ۱۹۱۵ء سے رہا ۱۹۷۷ء کے ابتدائی دنوں تک ۔(۱)

رشید احمد صدیقی کی علی گڑھ سے وابستگی کی تفصیل بیان کرنے کے بعد انہیں علی گڑھ کا مجنوں قرار دیتے ہوئے اس مصرع۔

مجنوں جو مر گیا ہے تو جنگل اداس ہے

کے ذریعہ اس خاکہ کو ختم کرتے ہیں۔ چنانچہ مصرعہ کے الفاظ جنگل ''اداس'' ہے کو انہوں نے خاکہ کا عنوان بنایا اور رشید احمد صدیقی سے متعلق یادیں تازہ کیں۔ اس خاکہ میں رشید صاحب کا سراپا ان کی عادات واطوار لوگوں کے ساتھ ان کا برتاؤ پروفیسر سلیمان اطہر جاوید کی رہنمائی، علی گڑھ کی یادیں وغیرہ بہت کچھ معلومات پائی جاتی ہیں۔ اس لحاظ سے یہ خاکہ پچھلے خاکوں کے مقابلہ میں نسبتاً بہتر کہا جا سکتا ہے اور قاری کو مطالعہ سے رشید احمد صدیقی کی ذات اور ان کی شخصیت کے مختلف پہلوؤں سے آ گہی ہوتی ہے۔ تاہم اس خاکہ میں بھی رشید صاحب سے ملاقات کے ذکر میں خاکہ نگاری کی شخصیت کا اظہار ہو جاتا ہے۔ جبکہ ایک اچھے خاکہ کی یہ خصوصیت ہوتی ہے کہ اس میں زیر بحث شخصیت کا بیان زیادہ

ہوتا ہے۔لیکن اس خاکہ میں خاکہ نگار واحد متکلم کی حیثیت سے خود کو خاکہ میں شامل کر لیتے ہیں۔خاکہ نگار کی اس عادت سے قطع نظر بہ یک وقت رشید احمد صدیقی کی شخصیت سے متعلق جنگل اداس ہے' ایک اچھا خاکہ ہے۔

انا للہ و انا الیہ راجعون

خاکوں کا مجموعہ ''چہرہ چہرہ داستان'' میں شامل، اگلا خاکہ ''انا للہ و انا الیہ راجعون '' کے عنوان سے ہے اور یہ خاکہ رشید احمد صدیقی کے قریبی دوست اور اردو کے نامور ادیب مولانا عبدالماجد دریا آبادی کی یاد میں لکھا گیا ہے۔رشید احمد صدیقی کے خطوط جمع کرنے کے سلسلے میں پروفیسر سلیمان اطہر جاوید کی ماجد صاحب سے خط و کتابت اور ملاقاتیں رہیں اور اسی تعلق کی بناء ان کی وفات پر انہیں خراج تحسین پیش کرنے کے لئے انہوں نے یہ خاکہ لکھا۔خاکہ کے آغاز میں مصنف کے نام ماجد صاحب کو لکھا گیا ایک خط پیش کیا گیا جو مصنف کو ۱۸؍جولائی ۱۹۷۲ء کو ملتا ہے۔جس میں ماجد صاحب کے وطن دریا آباد پہنچنے کے لئے سواری کی تفصیل بیان کی گئی ہے۔آگے پروفیسر سلیمان اطہر جاوید نے لکھا کہ ان کی خواہش پر ماجد صاحب نے ''صدق جدید'' میں ان کی کتاب ''رشید احمد صدیقی '' پر گراں قدر تبصرہ لکھا، جسے پروفیسر سلیمان اطہر جاوید اپنی زندگی کا اہم موڑ سمجھتے ہیں اور ادبی ذوق وجلا کو ماجد صاحب کے مرہون منت سمجھتے ہیں۔ماجد صاحب کی شخصیت کو خراج پیش کرتے ہوئے لکھتے ہیں:

> ''ماجد صاحب اردو دنیا میں چراغ راہ کبھی رہے ہوں اب تو چراغ منزل تھے۔مینارہ نور، انہوں نے اپنے طور پر ادب کی مہتمم بالشان خدمات انجام

دیں۔لیکن اس کے ساتھ انہوں نے نہ جانے کتنوں کو روشنی دکھائی، کتنوں کی رہبری کی، کتنوں کو منزل تک رسائی میں اعانت کی کتنوں کی حوصلہ افزائی کی۔کتنوں کے ذوق کو صیقل کیا۔کتنوں کی ادبی صلاحیتوں کو ابھارا۔ ماجد صاحب کی ذات استعداد آفرین تھی۔وہ ایک شجر سایہ دار سے تھے۔نہ جانے آج اردو کے صف اول کے کتنے ممتاز ادیب، نقاد اور انشا پرداز ہیں جن کا قلم ماجد صاحب کی حوصلہ افزائی کا مرہون منت ہے۔''(۱)

مولانا عبدالماجد دریاآبادی کو خراج پیش کرنے کے بعد پروفیسر سلیمان اطہر جاوید نے اپنے سفر لکھنؤ و دریاآباد اور ماجد صاحب سے ملاقات کے احوال تفصیلی طور پر بیان کئے اور اس بیان کے طور اتر پردیش کے دیہاتوں کی منظر کشی بھی کی ہے۔ ماجد صاحب نے ملاقات کے دوران پروفیسر سلیمان اطہر جاوید سے اپنے قیام حیدرآباد کی یادوں کو تازہ کیا جبکہ وہ جامعہ عثمانیہ کے قیام کے سلسلہ میں سررشتہ تالیف وترجمہ میں ایک سال رہے تھے۔آگے گفتگو میں ماجد صاحب کی تصانیف کا تذکرہ کیا گیا۔اس خاکہ میں تھوڑی دیر کے لئے ایسا لگتا ہے کہ پروفیسر سلیمان اطہر جاوید یہ بھول گئے کہ وہ ماجد صاحب پر خاکہ لکھ رہے ہیں۔کیونکہ بیانیہ انداز میں وہ ماجد صاحب کی ادبی زندگی پر تبصرہ کرنے لگتے ہیں اور یہ تبصرہ ایک دو صفحوں پر نہیں بلکہ چار چھ صفحوں تک چلا گیا ہے جو قاری پر بوجھ محسوس ہوتا ہے۔

پروفیسر سلیمان اطہر جاوید نے ماجد صاحب کے بارے میں لکھا کہ وہ اردو کے نامور ادیب ہونے کے علاوہ عربی اور فارسی پر اچھی خاصی دسترس رکھتے تھے۔انہوں نے

قرآن شریف کی تفسیر بھی لکھی۔ بائیبل کا گہرا مطالعہ کیا تھا۔ انگریزی مستشرقین کے کاموں سے وہ واقف تھے۔ فلسفہ پر عبور رکھتے تھے۔ وہ مذہبی ضرور تھے لیکن مذہب کو زندگی کی ایک اہم حقیقت سمجھتے تھے۔ ان کی تصنیفات میں ''فلسفہ اجتماع''، ''مبادی فلسفہ''، ''فلسفہ جذبات''، ''مکالمات برکلے''، ''اکبر نامہ''، ''انشائے ماجد'' ''مقالات ماجد''، ''حکیم الامت''، ''محمد علی کی ذاتی ڈائری''، ''مشاہیر کے خطوط'' اور ''سفیر مجاز'' وغیرہ شامل ہیں۔ انہوں نے پروفیسر سلیمان اطہر جاوید کی مرتبہ کتاب ''مکاتیب رشید'' کا پیش لفظ بھی لکھا۔ ماجد صاحب کے بارے میں یہ تمام باتیں پروفیسر سلیمان اطہر جاوید نے ان سے ملاقات کے دوران حاصل کیں۔ انہیں ماجد صاحب کی مخصوص مہمان نوازی نے بھی متاثر کیا۔ دریا آباد سے لکھنؤ اور حیدرآباد واپسی کے بعد ماجد صاحب کے انتقال پر انہوں نے اپنے تاثرات کو خاکے میں قلمبند کیا ہے اور ان کے وفات پانے کی اطلاع پا کر وہ اپنے جذبات کا اظہار ان الفاظ میں کرتے ہیں:

> ''نئے سال کا سورج گہن آلود نکلا جو نہ ہونا تھا ہوا مگر وہی تو ہوا جو ہونا تھا۔
> موت برحق ہے اس سے کس کو رستگاری ہے ماجد صاحب نے تو مسکراتے ہوئے خوشدلی کے ساتھ فرشتہ موت کا استقبال کیا ہوگا۔'' (۱)

چنانچہ انا للہ و انا الیہ راجعون پر انہوں نے اپنے خاکہ کو ختم کیا۔ اس خاکہ میں بھی رشید احمد صدیقی کے خاکے کی طرح پروفیسر سلیمان اطہر جاوید اور ماجد صاحب کے درمیان ہونے والی ملاقات اور اس میں پیش آئی باتوں کو بنیاد بنا کر خاکہ تحریر کیا گیا۔ اس خاکہ میں بنیادی طور پر ماجد صاحب کی شخصیت اور فن سے متعلق باتیں ملتی

ہیں ۔لیکن ماجد صاحب کی شخصیت ویسی کھل کرنہیں آتی جیسی کہ ایک خاکے میں ہونی چاہئیے اس کے باوجود ماجد صاحب کے ادبی تعارف کے ضمن میں یہ خاکہ کافی معلومات پر مبنی ہےاوراس سے قاری لکھنؤ ،بارہ بنکی اوردریا آباد تک سفر کےاحوال بھی پڑھ سکتا ہے۔

رفعت صاحب

خاکوں کا مجموعہ چہرہ چہرہ داستان‘‘ میں شامل نواں خاکہ ’’رفعت صاحب‘‘ ہے ۔خاکہ میں رفعت صاحب کے عمومی تعارف کی تفصیل نہیں لکھی گئی بلکہ یہ کہا گیا کہ وہ جامعہ عثمانیہ کی اس نسل سے تعلق رکھتے ہیں جس کے بیشتر افراد پروفیسر سلیمان اطہر جاوید کے اساتذہ ہیں اور رفعت صاحب کی کتابوں کے نام ’’عرب اوراسلام‘‘ ’’تاریخ ادبیات ایران‘‘ مقام جمال الدین افغانی اور’’ سجاد حیدر یلدرم‘‘ وغیرہ دیئے گئے ہیں۔تاہم اس سے اردو کے ایک عام قاری کورفعت صاحب کی شناخت میں دشواری پیش آتی ہیں۔اس خاکہ میں بھی رفعت صاحب کی علمی وادبی خدمات کوخراج پیش کیا گیا ہے۔ان کی شخصیت، سیرت وکردار کےمختلف پہلواجاگر کئے گئے ہیں اور مصنف سے ان کی ملاقاتوں کےاحوال بیان کئے گئے ہیں۔تاہم دیگرخاکوں کے مقابلے میں اس خاکہ کی اہم خصوصیت یہ ہے کہ یہ زیرموضوع شخصیت کی حیات میں ہی لکھا گیا اوراس امید کے ساتھ خاکہ کا اختتام عمل میں لایا گیا کہ رفعت صاحب کی خدمات کا سلسلہ جاری رہے۔ یہ خاکہ چونکہ ایک غیر معروف شخصیت کے بارے میں لکھا گیا ہے۔اس لئے اس میں قاری کی دلچسپی کم ہوسکتی ہےاورخاکہ نگارکی بھی یہ خامی ہے کہ وہ شخصیت کا خاطرخواہ تعارف نہیں کراسکا۔ پروفیسر سلیمان اطہر جاوید’’رفعت صاحب‘‘ سے جتناواقف ہیں یہ ضروری نہیں کہ اردو کا عام قاری

بھی ان سے اتنا ہی واقف ہو۔ چنانچہ انہیں چاہیئے تھا کہ وہ خاکہ میں پیش کردہ شخصیت کا ایسا حوالہ دیتے جس سے عام اردو قاری وار دو کا طالب علم انہیں پہچان سکے۔ خاکہ میں یہ کمی بہت کھٹکتی ہے۔

یونس صاحب

خاتون کا مجموعہ ''چہرہ چہرہ داستان'' میں شامل دسواں خاکہ ''یونس صاحب'' ہے ۔ یہ خاکہ مشہور زمانہ اردو فلم میگزین ''شمع'' کے مدیر یونس دہلوی صاحب کی یاد میں لکھا گیا۔ یونس صاحب ''شمع'' کے علاوہ دیگر رسائل کے بھی ایڈیٹر تھے۔ پروفیسر سلیمان اطہر جاوید بھی چونکہ شروع سے اخبارات ورسائل کے لئے لکھتے تھے اور ان کی ملاقات یونس صاحب سے بھی تھی۔ چنانچہ ان کی یادوں کو محفوظ کرنے کے لئے پروفیسر سلیمان اطہر جاوید نے یہ خاکہ لکھا۔خاکہ کا آغاز یونس دہلوی کے سراپا کے بیان سے ہوتا ہے:

> ''چہرہ قدرے گول اور قدرے کتابی ، جس پر خلوص ومحبت کی ہر آیت پڑھی جاسکتی ہے ۔ناک جس کو ادارہ شمع کی ناک کہنا چاہیئے عینک کے شیشوں کے پیچھے سے (مسکراتی ہیں) متبسم آنکھیں ،جن میں متانت اور سنجیدگی کی لہریں موجود پیشانی کی شکنیں فکر وتدبر کی تفسیریں لئے ہوئے گفتگو مختصر نپی تلی اور برموقع جیسے شمع ادبی معموں کے اشارے ، قد و قامت متوسط ، جیسے اعتدال پسندی کا پیکر اور بڑی ہی باوقار اور باوزن چال۔ان سب کے امتزاج کا نام ہے۔یونس دہلوی!''(۱)

یونس دہلوی کا سراپا بیان کرتے ہوئے ایک طرح پروفیسر سلیمان اطہر جاوید

نے ان کی شخصیت کا تعارف کرایا ہے۔اس کے بعد آگے ان سے ۱۹۵۲ء میں ہوئی اپنی ملاقات کا حال بیان کیا اور لکھا کہ ۱۹۶۲ء میں پی ایچ۔ڈی کے مواد کے حصول کے لئے علی گڑھ کو ہونے والے سفر کے موقع پر دہلی جا کر انہوں نے یونس صاحب سے دوسری مرتبہ ملاقات کی۔ پروفیسر سلیمان اطہر جاوید کی یونس صاحب سے تیسری ملاقات حیدرآباد ایرپورٹ پر ہوئی جبکہ رمضان کے دن تھے، یونس صاحب کے روزہ سے ہونے پر پروفیسر سلیمان اطہر جاوید نے تعجب کرتے ہوئے لکھا کہ ایک فلمی رسالہ کا مدیر مذہب کا اس قدر پابند ہوتا ہے۔انہوں نے ''شمع'' کو سنوارنے کیلئے یونس صاحب کی خدمات کا احاطہ کیا۔ شمع کے ادبی معموں کو نکھارنے میں یونس صاحب کی کاوشوں کو بیان کرتے ہوئے لکھتے ہیں

:

''وہ معمہ سازی میں غیر معمولی تجربہ اور مہارت رکھتے ہیں وہ اونچا ادبی ذوق رکھتے ہیں۔ کسی بھی ادبی مسئلہ پر ان سے گفتگو کیجئے اس کا اندازہ باآسانی لگایا جاسکتا ہے۔ وہ نہ صرف پروانوں کی نفسیات سے کما حقہ واقف ہیں بلکہ ملک کی معاشی ، معاشرتی سیاسی اور مذہبی زندگی کا بھی ادراک رکھتے ہیں۔شمع معموں کے اشارے ملک کے حالات موسموں اور عوام کے عادات واطوار کی آئینہ داری کرتے ہیں۔''(۱)

یونس صاحب کی شمع ادبی معموں کے لئے کی گئی کاوشوں کو مثالوں کے ذریعہ پیش کرنے کے علاوہ ان کی انتظامی صلاحیتوں اور دیگر رسائل ، کھلونا ، بانو وغیرہ کے جائزے سے پروفیسر سلیمان اطہر جاوید نے ان کی شخصیت کے مختلف پہلوؤں کو اجاگر کرنے کی

کوشش کی اور آخر میں اس بات کا اعتراف کیا کہ یونس صاحب کے بارے میں پیش کردہ ان کی معلومات ادھوری ہیں۔ تاہم ان سے ہی دو تین ملاقاتوں کے ذریعہ انہوں نے یونس صاحب کی شخصیت کو پیش کرنے کی سعی کی ہے۔ اس کوشش میں وہ ایک حد تک کامیاب ہوئے ہیں۔ تاہم ساری دنیا میں اردو کے جاننے والے قدیم قارئین ضرور اس بات کے مشتاق رہیں گے کہ ایک عرصے تک گھر گھر کی فلمی و ادبی معلومات و معموں کے مشغلوں کی شکل میں تشنگی دور کرنے والے ان کے محبوب رسالہ ''شمع'' کے مدیر کی شخصیت کے اور پہلو کیا ہیں۔ آج ''شمع'' بند ہو چکا ہے تاہم پروفیسر سلیمان اطہر جاوید کا یہ خاکہ ضرور اردو کے قدیم قارئین کو ''شمع'' اور اس کے مدیر یونس دہلوی کی یاد دلائے گا۔

دلدارئی عروس سخن:

''چہرہ چہرہ داستان'' خاکوں اور مرقعوں کے مجموعہ میں قابل گیارہویں اور آخری خاکہ ''دلدارئی عروس سخن'' ہے۔ یہ خاکہ اردو کے مشہور شاعر فیض احمد فیض کی یاد میں لکھا گیا ہے۔ یہ دراصل ایک انٹرویو کی وضاحتی شکل ہے جبکہ مصنف کی ملاقات فیض کے دورہ میسور کے موقع پر ہوئی تھی جبکہ ۲؍جون ۱۹۷۰ء کو فیض نیشنل بک ٹرسٹ نئی دہلی کے مصنفین کیمپ میں شرکت کے لئے آئے تھے۔ میسور یونیورسٹی میں اردو کی پروفیسر محترمہ حبیب النساء بیگم کے گھر فیض سے پروفیسر سلیمان اطہر جاوید کی ملاقات ہوئی۔ فیض سے ملاقات پر ان کا سراپا بیان کرتے ہوئے پروفیسر سلیمان اطہر جاوید لکھتے ہیں:

''فیض کی شخصیت میں ان کی شاعری کی طرح بڑا اسلجھاؤ، ہمواری، قرار، متانت، تہذیب، شائستگی وزن اور وقار پایا جاتا ہے۔ ان کا کلام

روایت اور بغاوت کا خوبصورت سا امتزاج ہے۔ میں نے ان کی شخصیت میں بھی بغاوت کا کم اور روایت کا عنصر زیادہ پایا...... وہ سادہ سے لباس میں تھے۔ پتلون اور شرٹ ! متعارف ہوتے ہی میں نے محسوس کیا ان کی شخصیت اور شاعری میں کہیں زیادہ ہم آہنگی پائی جاتی ہے۔ گویا وہ ایک ہی تصویر کے دو رخ ہوں۔'' (۱)

فیضؔ کا سراپا بیان کرنے کے بعد پروفیسر سلیمان اطہر جاوید نے اس موقع پر مختلف موضوعات پر ہوئی گفتگو کی تفصیلات بیان کی ہیں۔ انہوں نے لکھا کہ فیضؔ نے ہند پاکستان ثقافتی تعلقات، ہندوستان اور پاکستان کے ادیبوں کے مسائل، آزادی کے بعد شاعری کے مزاج میں ہونے والی تبدیلیوں، روایت سے بغاوت، جدیدیت، ادب برائے ادب وادب برائے زندگی، میراجی کی شاعری آزادی ومغربی شاعری، عربی وفارسی شاعری جیسے موضوعات پر اپنے خیالات کا اظہار کیا اور اپنا منتخبہ کلام سنایا۔ اس طرح میسور سے فیض کی واپسی پر پروفیسر سلیمان اطہر جاوید نے ان کی ایک نظم کے دو اشعار پر اپنا خاکہ ختم کیا وہ اشعار یہ ہیں:

مہک رہی ہے فضاء زلف یار کی صورت
ہوا ہے گرمئی خوشبو سے اس طرح بدمست
ابھی ابھی کوئی گزرا ہے '' گلبدن '' گویا
کہیں قریب سے گیسو بہ دوش عنبر دست (۲)

اس طرح فیضؔ کا یہ خاکہ دراصل ایک رپورتاژ ہے۔ جس میں پروفیسر سلیمان

اطہر جاوید نے فیضؔ کے ایک محفل میں بیان کردہ خیالات کو پیش کیا ہے۔ فیضؔ کے سراپا کے بیان سے ان کی شخصیت کی ہلکی سی جھلک قاری کے ذہن میں آتی ہے۔ فیضؔ کے خیالات اردو کی کتابوں میں جابجا بکھرے ہوئے ہیں۔ چنانچہ خاکہ میں اردو ادب کے مسائل سے ان کی ادبی شناخت کا اعادہ ہوتا ہے۔ تاہم ایک خاکہ میں شخصیت کا جس طرح بیان ہونا چاہیئے وہ اس خاکہ میں نہیں ملتا۔ پروفیسر سلیمان اطہر جاوید کی یہ عادات سامنے آتی ہے کہ وہ جس بڑی شخصیت سے متعارف ہوتے ہیں اس سے ملاقات کی یادوں کو یکجا کر کے اسے خاکے کی شکل میں پیش کر دیتے ہیں اور خاکے میں شخصیت کے ساتھ اپنی موجودگی کو ظاہر کر دیتے ہیں۔ ان کے بیشتر خاکوں میں یہ بات ملتی ہے۔ اس طرح فیض احمد فیض کے خاکے کے ساتھ کتاب ''چہرہ چہرہ داستان'' کا اختتام عمل میں آتا ہے۔

پروفیسر سلیمان اطہر جاوید کی خاکہ نگاری کا اجمالی تنقیدی جائزہ :-

پروفیسر سلیمان اطہر جاوید کے مرقعوں اور خاکوں کے مجموعہ ''چہرہ چہرہ'' داستان میں شامل تمام (۱۱) خاکوں اور مرقعوں کے انفرادی جائزے کے بعد جب ان کے خاکوں پر طائرانہ نظر ڈالی جائے تو ان کی خاکہ نگاری کے بارے میں چند نکات سامنے آتے ہیں اور ان کی خاکہ نگاری کے محاسن و معائب بھی دکھائی دیتے ہیں۔

عام طور سے ہر تخلیق کا مقصد ترسیل ہوتا ہے اور تخلیق کار چاہتا ہے کہ اس کی تخلیق کو کوئی پڑھے اور دیکھے اور سمجھے۔ چنانچہ ادبی تخلیقات کا بنیادی مقصد قاری تک تخلیق کار کے خیالات کی ترسیل ہوتا ہے۔ خاکہ نگاری بھی قارئین تک ایک شخصیت کے احوال پہنچانے کی کوشش ہوتی ہے۔ ایک قاری کسی شخصیت کا خاکہ کیوں کر پڑھنا چاہتا ہے۔ اس ضمن میں

صابرہ سعید لکھتی ہیں:

''خاکہ جہاں ایک اچھے افسانے کی طرح قاری کے لئے تفریح طبع اور سکون قلب کا سامان مہیا کرسکتا ہے وہیں ایک اچھے دوست کا بدل بھی ہوسکتا ہے۔ جبکہ اس میں ڈرامائیت اور موضوعیت موجود ہو۔ ایک اچھے خاکے کی خاص خوبی یہ ہے کہ اس کے پڑھنے کے بعد قاری یہ کہہ اٹھے کہ میں تو اس شخص سے واقف ہوں جس کا تعارف کرایا گیا ہے ...... عظیم شخصیتوں کے خاکوں کا مطالعہ نہایت عمدہ اور مستحسن جذبات پیدا کرتا ہے۔ انسان ان کی صحبت میں بیٹھ کر اپنی خوبیوں اور خامیوں اور صلاحیتوں کا ان سے مقابلہ کرتا ہے اور اس طرح خود اعتمادی حاصل کرتا ہے اور لغزشوں سے بچنے کی کوشش کرتا ہے۔''(۱)

خاکہ نگاری اور قاری کے مابین رشتہ کے بارے میں صابرہ سعید کے ان خیالات کو پڑھنے کے بعد پروفیسر سلیمان اطہر جاوید کی خاکہ نگاری کا جائزہ لیا جائے تو معلوم ہوتا ہے کہ انہوں نے بھی یہ خاکے قارئین کی تسکین کیلئے لکھے۔ حضور نظام آصف سابع، زور صاحب، رشید صاحب، سروری صاحب، مولانا ابوالوفاء صاحب، مولانا عبدالماجد دریا بادی اور فیضؔ وغیرہ پر لکھے گئے ان کے خاکے ان شخصیات کے سماجی، علمی و ادبی کارناموں اور فلاحی خدمات کو قارئین سے متعارف کرانے اور ان سے سبق حاصل کرنے کے لائق ہیں۔ چنانچہ پروفیسر سلیمان اطہر جاوید کے یہ خاکے لوگوں کے لئے مشعل راہ سے کم نہیں۔ ان خاکوں کی اخلاقی افادیت اور اہمیت یہ ہے کہ یہ خاکے ایسی شخصیتوں کے ہیں

جنہوں نے نامساعد حالات کا پامردی کے ساتھ مقابلہ کیا لیکن کسی دنیوی مفاد کی خاطر اپنے اصولوں کو قربان نہیں کیا اور مسلسل جدوجہد کے ذریعہ اعلی درجات پر فائز ہوئے۔ ان کی زندگی نئی نسل کے لئے قابل تقلید مثال بن سکتی ہے۔

خاکہ نگاری اور قاری کے مابین رشتے کے بعد دوسرا اہم پہلو خاکہ کے لئے شخصیت کا انتخاب ہے۔ عموماً اردو کے خاکہ نگاروں نے صرف مخصوص یا ایک ہی طرح کے افراد کو موضوع نہیں بنایا۔ ان کے خاکوں میں سربراہ حکومت، افسران اعلی، ادیب، شاعر، نقاد، رہنما، مصلح قوم، علماء، مدیر، وزیر، سیاست داں، صحافی، مقرر، محقق، فلسفی، مترجم، مزاح نگار وغیرہ شامل ہوتے ہیں۔ زیادہ تر خاکہ نگاروں نے عظیم ہستیوں پر خاکے اس لئے لکھے تاکہ ان کی سیرت کی بے نقابی انسانی مشاہدات و تجربات میں اضافے کا سبب بن سکے۔ عام اشخاص پر خاکے کم لکھے گئے کیونکہ خاکہ نگار کو کسی ایسی شخصیت کی تلاش ہوتی ہے جو زندگی کے کسی شعبہ میں اونچا مقام رکھتی ہو۔ لیکن مولوی عبدالحق نے ''نام دیو مالی'' اور ''نور خاں'' جیسے عام انسانوں پر خاکے لکھ کر یہ ثابت کیا کہ خاکہ نگاری کے لئے شخصیت کا انتخاب دنیوی شان وشوکت کی بناء نہیں بلکہ انسانیت کے سبب قرار پایا ہے۔ ''چند ہم عصر'' میں مولوی عبدالحق لکھتے ہیں:

> ''دولت مندوں، امیروں، بڑے لوگوں ہی کے حالات لکھنے اور پڑھنے کے قابل نہیں ہوتے بلکہ غریبوں میں بھی بہت سے ایسے ہوتے ہیں کہ ان کی زندگی ہمارے لئے سبق آموز ہوسکتی ہے۔ انسان کا بہترین مطالعہ انسان ہے اور انسان ہونے میں غریب امیر کا کوئی فرق نہیں۔''

پھول میں گر آن ہے تو کانٹے میں بھی شان ہے۔''(۱)

موضوع کے انتخاب کے سلسلے میں دیکھا جائے تو پروفیسر سلیمان اطہر جاوید نے بھی پہلے زمرہ یعنی نامور ہستیوں پر خاکے لکھے ہیں۔''چہرہ چہرہ'' داستان'' کے خاکوں میں شامل شخصیتیں نامور شعراء و ادیب اور سربراہ مملکت ہیں ۔ مولانا صاحب اور رفعت صاحب دو خاکے ایسے ہیں جن میں بیان کردہ شخصیات عام قاری کے لئے نامانوس ہیں اس کے علاوہ آصف سابع ، رشید احمد صدیقی ، ڈاکٹر زورؔ، ڈاکٹر عبدالقادر سروری ، فیض احمد فیض وغیرہ تمام معروف شخصیات ہیں ۔ پروفیسر سلیمان اطہر جاوید نے جن شخصیات کا انتخاب کیا ان کا خاص پہلو یہ ہے کہ ان کا کسی نہ کسی انداز میں خاکہ نگار سے تعلق اور ربط رہا ہے۔ چند ایک ملاقاتوں پر مبنی معلومات کو استعمال میں لاتے ہوئے بھی انہوں نے خاکے لکھے ۔ رشید احمد صدیقی ، عبدالماجد دریا بادی ، ڈاکٹر زورؔ ، سروری صاحب وغیرہ ایسی شخصیات ہیں جن سے زمانہ طالب علمی میں پروفیسر سلیمان اطہر جاوید کا خاص ربط رہا اور اس ربط کو یادگار بنانے اور اپنے اساتذہ اور بزرگوں کو خراج عقیدت پیش کرنے کیلئے انہوں نے یہ خاکے لکھے۔ جامعہ عثمانیہ کا خاکہ اس لئے اہم ہے کہ انہوں نے جامعہ عثمانیہ کو ایک شخصیت کا روپ دے کر اس کے بدلے ہوئے کردار پر اپنی رائے پیش کی ہے۔ مولوی عبدالحق کے بیان کے مطابق پروفیسر سلیمان اطہر جاوید کے آس پاس اونچے طبقہ کے علاوہ نچلے طبقہ میں بھی ایسی کئی شخصیات نظر آسکتی ہیں۔ جن پر اچھے خاکے لکھے جاسکتے ہیں ۔ اگر وہ اپنی خاکہ نگاری کا سفر جاری رکھیں تو ان سے موضوعات میں تنوع کی امید کی جاسکتی ہے۔ پروفیسر سلیمان اطہر جاوید نے بیشتر شخصیات پر خاکے ان کی وفات کے بعد لکھے اور

اکثر خاکوں میں یہ احساس دلایا کہ ان شخصیات کے گزر جانے سے عظیم نقصان ہوا ہے اور خود بھی ان خاکوں میں اظہار افسوس کرتے دکھائی دیتے ہیں۔اس طرح خاکوں میں انہوں نے جا بجا اپنی موجودگی کو ظاہر کیا ہے۔زورؔ صاحب خاکے میں انہوں نے اپنی موجودگی کو ظاہر کرتے ہوئے لکھتے ہیں :

''میں چادرگھاٹ کالج میں انٹرمیڈیٹ کے دوسرے سال کا طالب علم تھا ۔۱۳/ اگست ۱۹۵۳ء کی بات ہے کالج کے شناختی کارڈ پر مجھ کو پرنسپل صاحب کے دستخط لینے تھے ۔ زورؔ صاحب پرنسپل تھے ۔ میں ان کے اجلاس پر جا پہنچا۔ انہوں نے شناختی کارڈ پر دستخط کردیئے ۔ اس وقت اتفاق سے آٹوگراف بک بھی میرے پاس تھی ۔ میں نے زور صاحب کے آگے بڑھادی ۔ انہوں نے میری اس حرکت پر مجھے کچھ اس طرح دیکھا کہ میں مسکرائے بغیر نہ رہ سکا۔ زورؔ صاحب نے بغیر کچھ کہے آٹو گراف بک پرلکھ دیا۔'ہمیشہ مسکراتے رہو' ۔''(۱)

اسی طرح اپنے وقت کے نائب صدر جمہوریہ ڈاکٹر ذاکر حسین سے ملاقات کے وقت اپنی موجودگی کو یوں نمایاں کیا ہے:

''ذاکر صاحب نے مصافحہ کے لئے ہاتھ آگے بڑھاتے ہوئے دریافت کیا کہیے اچھے ہیں؟ آپ کا مقالہ ختم نہیں ہوا۔ ذاکر صاحب کے ان الفاظ نے مجھ میں ایک عجیب امنگ اور حوصلہ پیدا کردیا۔ مجھے حیرت ہوئی کہ ذاکر صاحب نے مجھ کو فراموش نہیں کیا ہے ۔ میں نے انہیں رشید صاحب کی

سوانح کا باب پیش کیا۔ چند لمحوں کے لئے انہوں نے ادھر ادھر سے اس کو دیکھا۔اظہار پسندیدگی کیا اور پھر میرے بارے میں دریافت کرنے لگے۔ مجھے محسوس ہوا جیسے میں اپنے عزیز سے مدت کے بعد مل رہا ہوں اور وہ میرے حالات دریافت کرر ہا ہے۔''(۲)

مندرجہ بالا اقتباسات سے اندازہ ہوتا ہے کہ ان خاکوں میں پروفیسر سلیمان اطہر جاوید نے اپنی شخصیت کو ابھارنے کی کوشش کی ہے۔اس سے اصل شخصیت سے کبھی کبھار خاکہ نگار کی شخصیت زیادہ واضح ہوجاتی ہے۔ ذاکر صاحب تو ساری دنیا کے لئے جانی پہچانی شخصیت ہے لیکن اگر کوئی ان سے دو تین مرتبہ ملاقات کرتا ہے اور ذاکر صاحب اسے یاد بھی رکھتے ہیں تو یہ اس شخصیت کی بڑائی کا باعث ہوگی۔اس طرح ان خاکوں میں پروفیسر سلیمان اطہر جاوید نے دانستہ یا نادانستہ طور پر اپنی شخصیت اپنے کارناموں اور نامور شخصیتوں سے اپنے روابط کو ظاہر کیا ہے جو ان خاکوں کی ایک خامی بھی تصور کی جاسکتی ہے ۔محترمہ عابدہ خاتون نے پروفیسر سلیمان اطہر جاوید کی اسی عادت پر تنقید کرتے ہوئے لکھا کہ:

''پروفیسر سلیمان اطہر جاوید کی مرقع نگاری کے ان اوصاف سے قطع نظر کہیں کہیں ایسا لگتا ہے جیسے ممدوح کے بجائے مرقع نگار کی شخصیت نمایاں ہورہی ہے۔''(۱)

تاہم انہوں نے یہ کہہ کر خاکہ نگار کی اس عادت کی تائید کی کہ:

''مرقع نگار کی صاحب مرقع کے ساتھ جس قدر دلی وابستگی ہوگی اسی قدر

مرقع کامیاب ہوگا۔ کیوں کہ ایسے حالات جو عام طور پر دستیاب نہیں ہوتے مرقع نگار اپنے نجی تعلقات کی وجہ سے حاصل کر لیتا ہے۔'' (۲)

عابد خاتون نے مواد کے سلسلے میں صاحب مرقع کے ساتھ جس وابستگی کا ذکر کیا ہے اس وابستگی کے بغیر بھی بہت سے دیگر ذرائع سے خاطر خواہ معلومات شخصیت کے بارے میں حاصل کی جاسکتی ہیں۔ چنانچہ خاکہ نگار کے لئے ضروری ہے کہ اس میں فنی مہارت ہو اور حاصل شدہ مواد کو اس طرح ترتیب دینے کی صلاحیت ہو کہ اس کی تخلیق فن کی کسوٹی پر پوری اترے اور ماہرین ادب اور قارئین کے نزدیک قبولیت کا درجہ رکھتی ہو۔ پروفیسر سلیمان اطہر جاوید ایک نامور محقق و نقاد کے علاوہ ایک اچھے نثر نگار بھی ہیں۔ ان کی تنقیدی تحریریں آئے دن روزناموں و رسائل کی زینت بنتی ہیں۔ چنانچہ انہوں نے جو خاکے لکھے ہیں ان میں فنی لوازم چند ایک خامیوں کو چھوڑ کر اور اسلوب نگارش بہت حد تک پختگی کا حامل ہے۔

خاکہ نگاری کے لئے موضوع سے متعلق شخصیت کے انتخاب اور فنی مہارت رکھنے کے بعد سب سے اہم مرحلہ خاکے کا مواد ہوتا ہے۔ ایک اچھے خاکے کے ذریعے ایک شخصیت کا بھرپور تعارف مطلوب ہوتا ہے۔ اس کے لئے شخصیت کے حالات زندگی، اہم واقعات، کارنامے، سیرت وصورت، گفتار و کردار، پسند ناپسند عادات و اطوار اس کے دوست احباب وغیرہ سے واقفیت ضروری ہوتی ہے۔ اگر شخصیت باحیات ہو تو اس سے راست انٹرویو لے کر اس کے بارے میں معلومات حاصل کی جاسکتی ہیں۔ جیسا کہ فیض احمد فیض کے خاکہ میں پروفیسر سلیمان اطہر جاوید نے انٹرویو کے انداز میں فیض کے ادبی

رجحانات اورادب وزندگی کے بارے میں ان کے خیالات معلومات کرتے ہوئے ان کی شخصیت کی صورت گری کی کوشش کی ہے۔تاہم انہوں نے فیض یا دیگر شخصیات کے شخصی حالات کی تفصیلات اطمینان بخش انداز میں بہم نہیں پہنچائی ہیں۔ حالانکہ وہ شخصیت کے افراد خانہ دوست احباب، شخصیت کے لکھے ہوئے خطوط، ہم عصر شخصیتوں کے خطوط اور تحریروں سے بھی خاکہ کے لئے کارآمد مواد حاصل کر سکتے تھے۔لیکن انہوں نے شخصیات سے اپنی ملاقاتوں اور ان کے ساتھ گزرے وقت کی ہی بنیاد پر خاکے لکھنے کی کوشش کی اور زیادہ معلومات بہم پہونچانے میں اپنی معذوری کا بھی اظہار کیا ہے۔یونس دہلوی کے خاکہ میں وہ لکھتے ہیں:

''میرے لئے ممکن نہیں کہ ان کی شخصیت کے ہر ہر پہلو کو صفحہ قرطاس پر رقم کردوں تاہم میں نے محدود ملاقاتوں میں ان کی شخصیت کا ممکنہ حد تک لامحدود مطالعہ کرنے کی سعی کی ہے۔اس سعی میں میں کہاں تک کامیاب ہوسکا۔اس کا اندازہ اوروں سے زیادہ خود یونس صاحب ہی کرسکیں گے۔
''(۱)

خاکوں میں شخصیت سے متعلق تفصیلات کے بیان میں معذوری کا اعتراف کرنے کے باوجود ان کے تحریر کردہ بہت سے خاکے اپنے مخصوص انداز بیان اور جذبات نگاری کی وجہ سے اہمیت کے حامل ہیں۔انہوں نے ان خاکوں کا مواد زیادہ تر شخصیت سے براہ راست ملاقات کے ذریعہ حاصل کیا ہے۔اس کے علاوہ بیشتر شخصیتیں پروفیسر سلیمان اطہر جاوید کے استاد رہ چکی ہیں۔ چنانچہ انہوں نے ان شخصیتوں سے اپنے تعلقات کے

احوال کو خاکوں کے مواد کے طور پر استعمال کیا ہے اور اپنے مخصوص اسلوب اور انداز بیان سے ان خاکوں میں ادبی جان و ادبی شان لانے کی کوشش کی ہے۔

خاکہ نگاری کی کامیابی کے لئے ایک اور ضروری بات خاکوں کا اسلوب ہے۔ دیگر اصناف ادب کی طرح خاکہ نگار کے اظہار کا ذریعہ بھی زبان ہوتی ہے۔خاکہ میں چونکہ شخصیت کا تعارف ہوتا ہے۔لہذا اس کا اسلوب بیانیہ ہونا چاہئیے۔ بیان کی صناعی کے ذریعہ ہی خاکہ نگار کسی شخصیت کے معائب ومحاسن قوتوں اور کمزوریوں اور اس کی خدمات کو پیش کرسکتا ہے۔اچھے خاکے میں اسلوب کی اہمیت کو بیان کرتے ہوئے صابرہ سعید لکھتی ہیں :

> ''خاکہ نویس خاکے کی ابتداء سے اس کے اختتام تک کسی جگہ، حسن بیان کے رشتے کو ہاتھ سے جانے نہ دے، اگر اس سے ذراسی چوک ہوجائے تو تاثر میں کمی واقع ہوجاتی ہے اور خاکے میں انتشار پیدا ہوجانے کا امکان رہتا ہے۔ دراصل انداز پیشکش ہی خاکے کی اہم خصوصیت ہے۔انتخاب ترتیب وتشکیل کی صلاحیت سے اگر کوئی فن کار بہرہ ورنہیں تو وہ مواد کو ٹھیک طرح سے سمیٹ سکتا ہے اور نہ موضوع کی بہتر عکاسی ہی میں کامیاب ہوسکتا ہے۔مبہم انداز اور بے تکی صاف گوئی بھی اثر کو بگاڑ سکتی ہے۔اس لئے اس سے اجتناب ضروری ہے۔ اگر خاکہ نویس کیمرے کی آنکھوں سے دیکھنے اور مصور کے موقلم سے لکھنے کے فن سے ناواقف ہے تو اس کی تحریر موضوع کے مزار کا کتبہ تو بن سکتی ہے۔اس کی زندگی کا آئینہ نہیں اور

اگر موضوع اور بیان دونوں دلکش ہوں تو خاکہ نگاری خوب ہوتی ہے۔"

(۲)

خاکہ نگاری میں بیانیہ اسلوب کی اہمیت کو مدنظر رکھتے ہیں کہ پروفیسر سلیمان اطہر جاوید کے خاکوں کے اسلوب کو دیکھا جائے تو ان خاکوں میں بھی جابجا بیانیہ اسلوب دکھائی دے گا ۔تاہم بیانیہ اسلوب کے ساتھ جذبات نگاری اور اشعار وغیرہ کے استعمال کے ذریعہ ادبی چاشنی پیدا کی گئی ہے۔شخصیت کے حالات بیان کرنے میں بیانیہ اسلوب اختیار کیا گیا ہے۔چھوٹے چھوٹے جملوں کے ذریعہ انہوں نے شخصیت کے احوال بیان کئے ہیں۔زورؔ صاحب کے خاکے میں ان کے حالات زندگی بیان کرتے ہوئے لکھتے ہیں:

"زور صاحب ۸/رمضان ۱۳۲۳ھ میں پیدا ہوئے۔انہوں نے ۱۹۲۵ء میں بی۔اے اور ۱۹۲۷ء میں ایم اے کیا۔اگست ۱۹۲۷ء میں حکومت کے وظیفہ پر یوروپ گئے ۔"جہاں آریائی زبانوں کا تقابلی مطالعہ" کے موضوع پر انہوں نے لندن یونیورسٹی سے پی ۔ ایچ - ڈی کی ڈگری حاصل کی ۔۱۹۳۱ء میں وہ یوروپ سے واپس ہوئے اور جامعہ عثمانیہ میں اردو کے پروفیسر مقرر ہوئے اور بعد میں صدر شعبہ ۱۹۶۰ء تک وہ حیدرآباد میں رہے ۔ یہاں چادر گھاٹ کالج کے پرنسپل کی حیثیت سے سبکدوش ہونے پر حکومت جموں وکشمیر نے انہیں صدر شعبہ اردو کشمیر یونیورسٹی مقرر کیا۔"(۱)

پروفیسر سلیمان اطہر جاوید نے بیشتر خاکوں میں شخصیتوں کے انتقال کی خبر کو بنیاد

بنا کر اپنے مخصوص اسلوب سے حزن و یاس کی کیفیت پیدا کی ہے اور اپنے غم کو کائنات کا غم بنا کر پیش کیا ہے۔ زورؔ صاحب کے انتقال پر اپنے جذبات کا اظہار اس طرح کرتے ہیں:

> ''زورؔ صاحب چل بسے۔ نہیں! ایک تحریک چل بسی۔ ایک ادارہ چل بسا بلکہ ایک عہد چل بسا۔ کسی نے اردو زبان کو لوٹ لیا۔ حیدر آباد کی ادبی تاریخ کا ایک باب ختم ہو گیا۔ دکن کا ایک متوالا۔ ایک عاشق زور چلا گیا۔ آہ یہ کیا ہو گیا۔ یہ کیوں ہو گیا۔ کیوں ہو گیا!! آہ...... وہ حیدر آباد میں پیدا ہوئے اور کشمیر میں پیوند خاک! لیکن زور صاحب، زورؔ صاحب جیسی شخصیات مرتی کہاں ہیں۔ زورؔ صاحب تو دراصل ان کارناموں کا نام ہے جو آج بھی زندہ ہیں اور جب تک یہ کارنامے زندہ و باقی رہیں گے زورؔ صاحب مر نہیں سکتے۔ وہ جاوداں رہیں گے۔'' (۲)

پروفیسر سلیمان اطہر جاوید چونکہ محقق و نقاد ہونے کے ناطے اردو ادب سے گہرائی سے وابستہ رہے ہیں۔ چنانچہ اپنے خاکوں میں شخصیات کے بیان میں جاری اردو اشعار کا استعمال کیا ہے۔ جس سے ان کا اسلوب بیان دلچسپ ہو گیا ہے۔ زورؔ صاحب کی حیدر آباد سے وابستگی اور کشمیر میں ان کے دفن ہونے کے واقعہ کو بیان کرتے ہوئے ظفر کا یہ شعر لکھا ہے۔

کتنا ہے بدنصیب ظفر دفن کے لئے
دو گز زمین بھی نہ ملی کوئے یار میں (۳)

زورؔ صاحب کی ہی شخصیت اور ان کے کارناموں کو خراج پیش کرتے ہوئے

اقبال کا یہ شعر لکھتے ہیں:

نظر بلند ، سخن دلنواز ، جان پرسوز
یہی ہے رخت سفر میر کارواں کے لئے (۱)

اپنے استاد پروفیسر عبدالقادر سروری کی ہمیشہ متحرک رہنے کی عادت کو بیان کرتے ہوئے جوش کا یہ شعر نقل کرتے ہیں:

ہر شئے کو مسلسل جنبش ہے راحت کا جہاں میں نام نہیں۔
اس عالم سعی و کاوش میں دم بھر کے لئے آرام نہیں (۲)

مولانا ابوالوفا صاحب کی حق گوئی کی فطرت کو اقبال کے اس شعر کے ذریعہ بیان کرنے کی کوشش کی ہے۔

ہزار خوف ہو لیکن زبان ہو دل کی رفیق
یہی رہا ہے ازل سے قلندروں کا طریق (۳)

رشید احمد صدیقی کو علی گڑھ کا دیوانہ عاشق اور مجنوں قرار دیتے ہوئے یہ مصرعہ ان کی نذر کرتے ہیں۔

مجنوں جو مرگیا ہے تو جنگل اداس ہے (۴)

یونس دہلوی سے اپنی ملاقاتوں کی یاد کو جگر کے اس شعر کے ذریعہ تازہ کرنے کی کوشش کی ہے۔

وہ کب آئے بھی اور گئے بھی نظر میں اب تک سمارہے ہیں
یہ چل رہے ہیں وہ پھر رہے ہیں یہ آرہے ہیں وہ جارہے ہیں (۵)

اشعار کے علاوہ پروفیسر سلیمان اطہر جاوید نے عربی دعا انا للہ و انا للہ و انا الیہ راجعون کو بھی اکثر استعمال کیا ہے اور عبدالماجد دریا آبادی کے خاکہ کا بھی یہی عنوان تھا۔ ایک کامیاب خاکے کے لئے اثر انگیز اسلوب کے ساتھ ساتھ اعلی پائے کی کردار نگاری کی اہمیت بھی اپنی جگہ مسلم ہے۔ خاکے میں بیان کردہ شخصیت کے خدو خال، حرکات وسکنات، لباس، نفسیاتی اور ذہنی کیفیات وتغیرات کے مجموعہ سے شخصیت کا کردار بنتا ہے۔ خاکے میں کردار نگاری کی اہمیت بیان کرتے ہوئے صابرہ سعید لکھتی ہیں:

> ''خاکہ میں خاکہ نگار کو اپنی فنکاری سے شخصیت کی دوبارہ تخلیق کرنی پڑتی ہے۔ اس طرح کہ وہ خاکے کے کینوس پر متحرک بھی ہو اور اس کے نقوش ایسے گہرے ہوں کہ پڑھنے والے کا ذہن اسے مدت تک بھلا نہ سکے۔ اس مقصد کے لئے خاکہ نگار کسی شخصیت کے رنگ وروپ، وضع قطع اور عادات واطوار کی ایک جھلک دکھاتا ہے۔ یہ اجمالی تصویر اتنی جاذب نظر ہوتی ہے کہ پڑھنے والے کے ذہن پر نقش ہو جاتی ہے۔ اس لئے کردار نگاری میں شبیہہ نگاری کو بڑی اہمیت حاصل ہے۔ شبیہہ نگار کے لئے ضروری ہے کہ انسانی شکل وصورت کے ساتھ اس کی فطرت کا راز داں بھی ہوتا کہ وہ سیرت کو صورت کے ساتھ نمایاں کر سکے۔''(۱)

پروفیسر سلیمان اطہر جاوید نے بھی اپنے خاکوں میں کرداروں کو اجاگر کرنے کے لئے شخصیت کی وضع قطع اور عادات واطوار کو بہ خوبی بیان کیا ہے اور اس کے ذریعہ قاری تک شخصیت کی ہو بہو لفظی تصویر پہنچانے کی کوشش کی ہے۔ عبدالماجد دریا آبادی کا

سراپا بیان کرتے ہوئے وہ لکھتے ہیں۔

''دراز قد، چوڑا چکلا سینہ، سرخ و سپید رنگ، کسی قدر خمیدہ مگر بھرا بھرا جسم، کتابی چہرہ، ستواں ناک، عبادت و ریاضت سے پرنور دراز اور بھرپور داڑھی، روشن آنکھیں......سفید کرتا، سفید پائجامہ میں نے اپنے تصور میں ماجد صاحب کی جو شبیہہ بنائی تھی زیادہ فرق نہیں نکلا۔'' (۲)

شخصیت کا سراپا بیان کرنے کے علاوہ انہوں نے اس کی عادات و اطوار اور طور طریق کو بھی بیان کیا ہے۔ اپنے استاذ پروفیسر عبدالقادر سروری کی مصروف شخصیت کو بیان کرتے ہوئے لکھتے ہیں:

وہ جامعہ کو اپنی کار میں آتے۔ تاہم انہیں کبھی کبھار تاخیر ہو جاتی۔ موسم سرما میں تاخیر کا اوسط زیادہ ہوتا۔ اس سال ایم۔اے میں ہم صرف چار طالب علم تھے۔ شاذ، تمکنت، مہرالنساء، ذاکر فاروقی اور میں' سروری صاحب اپنی کلاس عموماً اپنے کمرے ہی میں لیتے، اپنی اس تاخیر کے باعث کمرے میں آتے ہی وہ بے حد عجلت میں ہوتے، خاصے مصروف بھی، کبھی کوئی کاغذ دیکھ رہے ہیں۔ کبھی کوئی خط، کبھی جیب سے کچھ نکال رہے ہیں کبھی ہم میں سے کسی سے کچھ پوچھ رہے ہیں اور اس دوران کوئی اور آ جائے تو ان سب کے ساتھ اس سے گفتگو بھی......'' (۳)

ایک خاکے کو کامیاب اور دلچسپ بنانے میں واقعات کے بیان سے بھی مدد لی جاسکتی ہے۔ شخصیت کی زندگی میں وقوع پذیر ہونے والے اہم اور دلچسپ واقعات کو خاکے

میں بیان کرنے سے شخصیت کی سیرت پوری طرح بے نقاب ہوسکتی ہے۔ خاکہ نگار کی اطلاع پر یہ بات عیاں ہوتی ہے کہ شخصیت کی زندگی سے کس نوع کے واقعات کا انتخاب کرنا ہے۔ واقعات عموماً تعمیری ارادے سے اور اخلاقی اور سماجی نقطہ نظر سے منتخب کئے جاتے ہیں۔واقعات کے بیان سے خاکے میں نہ صرف دلچسپی پیدا ہوتی ہے بلکہ ان کی پیشکشی سے خاکوں کو تاریخی دستاویز کی حیثیت حاصل ہوجاتی ہے۔ کیونکہ ایک عرصہ گزر جانے کے بعدان واقعات کی تفصیلات مختلف مضامین سے حاصل ہونے والی جزئیات کے ذریعہ قارئین کے ذہن میں تازہ ہوتی ہیں۔ پروفیسر سلیمان اطہر جاوید نے بھی ان خاکوں میں واقعات بیان کئے ہیں جو تاریخی اہمیت کے حامل ہیں اوران سے شخصیات کے کرداروں پر بھی روشنی پڑتی ہے۔

آصف سابع میر عثمان علی خان کی محرم کے جلوس کے وقت پرانی حویلی میں آمد اوربی کے علم کو ڈھٹی پیش کرنے کے واقعہ کو بیان کرتے ہوئے پروفیسر سلیمان اطہر جاوید لکھتے ہیں:

> ''محرم کی دس تاریخ ہے۔ پرانی حویلی میں آصف سابع بی کے علم کو ڈھٹی چڑھارہے ہیں۔ میں پرانی حویلی کے روبرو واقع عمارت کی دوسری منزل پر ہوں۔ کتنی عقیدت اور احترام سے وہ ڈھٹی باندھتے ہیں۔مجسم عجز و انکسار۔ بادشاہ بھی کبھی خود کو رعیت میں شامل کرلیتا ہے۔ میں نے اس وقت ایسا ہی محسوس کیا ہے۔''(۱)

اسی طرح دیگر خاکوں میں بھی پروفیسر سلیمان اطہر جاوید نے واقعات بیان

کرتے ہوئے ان خاکوں کی دلچسپی میں اضافہ کیا ہے۔

منظر نگاری اور جزئیات نگاری کو بھی اگر خاکہ نگاری کا ضروری عنصر سمجھا جائے تو یہ عناصر پروفیسر سلیمان اطہر جاوید کے خاکوں میں پائے جاتے ہیں۔ مولانا عبدالماجد دریا آبادی کے خاکے میں ان سے ملاقات کے لئے دریا آباد پہنچنے کے بعد پروفیسر سلیمان اطہر جاوید نے وہاں کا منظر اس طرح بیان کیا ہے۔

> ''دریا آباد اتر پردیش کے ضلع بارہ بنکی کا ایک چھوٹا سا قصبہ ہے۔ ریلوے اسٹیشن بھی چھوٹا موٹا نہ ریل پیل نہ گڑبڑ، نہ ہنگامہ آرائی نہ شور پکار، جو کسی ریلوے اسٹیشن کا نام لیتے ہی تصور میں ابھر آتے ہیں۔ لیا دیا سا ماحول ہر طرف سکون و عافیت سی۔ جیسے ماجد صاحب کی شخصیت یہیں سے اپنا پتہ دے رہی ہو۔ ٹرین آنے پر اترنے والے بھی دو چار اور سوار ہونے والے بھی اتنے ہی۔ اسٹیشن سے باہر چند قدیم وضع کے ٹانگے جن کے چلانے والے سواریوں کی تلاش میں خود پلیٹ فارم پر موجود ہیں!'' (۲)

پروفیسر سلیمان اطہر جاوید کے یہ خاکے اپنی منظر نگاری یا جذبات نگاری سے زیادہ اپنی جذبات نگاری کے لئے مشہور ہو سکتے ہیں۔ کیونکہ ان خاکوں میں جا بجا شخصیتوں کے بارے میں مصنف کے جذبات کی جھلک دکھائی دیتی ہے۔ پروفیسر سلیمان اطہر جاوید نے اپنی خاکہ نگاری کے دوران ایک نیا تجربہ بھی کیا ہے اور جامعہ عثمانیہ کو بہ حیثیت ایک کردار کے پیش کرتے ہوئے خاکہ لکھا عموماً خاکے گوشت پوست کے زندہ یا مردہ انسانوں پر لکھے جاتے ہیں۔ تاہم انہوں نے ایک درس گاہ پر خاکہ لکھتے ہوئے اسے جیتا جاگتا کردار

بنادیا اور اس خاکہ میں جس طرح انہوں نے اردو کا مقدمہ عوام اور حکومت کے سامنے پیش کیا ہے اس سے ایوان حکومت میں ہلچل ہوسکتی ہے اور خود اردو والوں کے لئے باعث غیرت ہے کہ وہ اپنی ہی قائم کردہ جامعہ میں اپنی مادری زبان میں اعلی تعلیم سے محروم ہیں۔ چنانچہ جامعہ عثمانیہ پر لکھا گیا پروفیسر سلیمان اطہر جاوید کا خاکہ اردو کے کھوئے ہوئے وقار کو بحال کرنے کی کسی بھی تحریک میں نمایاں مقام پر ہوگا۔ پروفیسر سلیمان اطہر جاوید نے خاکوں کے نام بھی دلچسپ رکھے ہیں اور ''ایک تہذیب کی موت''، ''جامعہ عثمانیہ مرحوم''، مولانا، غروب آفتاب، جنگل اداس ہے۔ دلداری عروس سخن جیسے نام رکھتے ہوئے قاری کو اس جستجو پر مجبور کیا کہ وہ خاکے کو مکمل طور پر پڑھے اس طرح اپنی خاکہ نگاری کو وہ قارئین تک پہنچانے میں کامیاب رہے ہیں۔ تاہم ان خاکوں کا ایک منفی پہلو یہ ہے کہ ان تمام میں حزن وملال اور غم ویاسیت کی کیفیت چھائی ہوئی ہے۔ ان میں سے بیشتر خاکے شخصیتوں کے انتقال پر لکھے گئے ہیں اور شاعر نے ان شخصیتوں سے اپنے روابط اور وابستگی کی بنا اپنے غم کا اظہار کیا ہے اور اپنے غم کی رو میں انہوں نے جامعہ عثمانیہ جیسی عظیم درسگاہ کو بھی مرحوم بنادیا۔ ان خاکوں کی ایک کمزوری یہ بھی ہے کہ ان میں شخصیتوں کے احوال تفصیلی طور پر بیان نہیں کئے گئے بلکہ مصنف اور شخصیت کے روابط اور اس دوران پیش آنے والے واقعات کی مدد سے شخصیت کی کردار سازی کی کوشش کی گئی ہے۔ ایک محقق ہونے کے ناطے چاہیں تو پروفیسر سلیمان اطہر جاوید مختلف ذرائع اختیار کرتے ہوئے شخصیتوں کے بارے میں تفصیلات اکھٹی کرسکتے تھے۔ تاہم انہوں نے ان خاکوں میں تاثراتی پہلو پر زور دیا چنانچہ یہ خاکہ مصنف کے تاثرات بن کر رہ گئے اور خاکہ کے ذریعہ ایک شخصیت جس

طرح ابھر کر آنی چاہیئے تھی وہ نہیں آ سکی۔ تاہم ان خاکوں کے ادبی و جمالیاتی پہلو سے انکار نہیں کیا جاسکتا۔ ان خاکوں کے ذریعہ گزشتہ حیدرآباد کی تاریخ نہ صرف محفوظ ہوگئی بلکہ مختلف شعبوں سے تعلق رکھنے والی علمی و ادبی و سماجی ہستیوں کے حالات نئی نسل کے لئے محفوظ ہوگئے۔ پروفیسر سلیمان اطہر جاوید کے یہ خاکے اردو خاکہ نگاری کی تاریخ میں ضرور ایک سنگ میل ہیں۔ اگر وہ اپنی خاکہ نگاری کا سفر جاری رکھیں تو اردو دنیا کو بیش بہا خاکے فراہم کر سکتے ہیں۔

بزم چراغاں (مرقع نگاری)

پروفیسر سلیمان اطہر جاوید کے تحریر کردہ خاکوں مرقعوں کا دوسرا مجموعہ ''بزم چراغاں ہے۔ ۱۴۴ اصفحات پر مشتمل یہ کتاب اردو اکیڈیمی کی جزوی مالی اعانت سے مکتبہ جدید نئی دہلی کے زیر اہتمام ۲۰۰۳ء میں شائع ہوئی۔ انہوں نے یہ کتاب اپنے عزیز دوست ''پریم گوپال متل'' کے نام کی ہے۔ اس کتاب میں مصنف کے پیش لفظ کے بعد ۱۷ خاکے ہیں۔ جن کے اسمائے گرامی اس طرح ہیں ۔(۱) انہی کے فیض سے میری نگاہ روشن ہے۔ (۲) استاد محترم زورؔ صاحب ، (۳) قتیل صاحب ، (۴) رفیعہ آپا ، (۵) گوپال متل صاحب ، (۶) فاروقی صاحب (۷) اردو علی خاں (۸) جگر صاحب (۹) لطیف پاشا (۱۰) ظ۔ صاحب (۱۱) حبیب جالب (۱۲) پھر نظر میں پھول مہکے (۱۳) حبیب النساء بیگم صاحبہ (۱۴) یار عزیز۔ شاذ تمکنت (۱۵) سلیمان خطیب (۱۶) مسیح انجم (۱۷) چھوٹی آپا۔

کتاب کے آغاز میں ''پیش لفظ'' کے عنوان سے پروفیسر سلیمان اطہر جاوید نے ان خاکوں کے بارے میں اپنے تاثرات کا اظہار کیا ہے اور لکھا کہ:

''جن شخصیات کے بارے میں یہ مرقعے تحریر کئے گئے ہیں وہ مختلف الطبع ہیں۔ان کے افکار و نظریات میں ممکن نہیں کہ ایک دوسرے سے ہم آہنگی پائی جاتی ہو۔لیکن ان سب کو دیکھنے اور محسوس کرنے کا زاویہ ایک میرا ہے۔میں نے ان شخصیات کو جس طرح محسوس کیا ہے۔اس کے اظہار کی سعی کی ہے۔ضروری نہیں کہ مرقع نگار کے زاویہ سے قارئین اتفاق کریں۔لیکن جن اقدار اور آداب کو میں نے ان شخصیات میں پایا ان کے شستہ و قیع اور اعلی ہونے میں کوئی شبہ نہیں۔میری مرقع نگاری کا مقصد یہی ہے کہ یہ اعلی اقدار عام ہوں۔اور ہم علمی ادبی اور تہذیبی سطح پر اپنے معاشرہ کو نکھار سکیں۔''(۱)

پیش لفظ کے بعد ''بزم چراغاں'' میں شامل پہلا خاکہ یا مرقع ''انہی کے فیض سے میری نگارہ روشن ہے'' ہے۔خاکہ کا عنوان طویل لکھا ہے اور یہ کسی شعر کا مصرعہ ہے۔لیکن عنوان سے جس بات کا اشارہ ملتا ہے وہ کسی ایک شخص سے متعلق نہیں بلکہ یہ خاکہ جامعہ عثمانیہ سے وابستہ ان اساتذہ کے بارے میں مصنف کے جذبات پر مبنی ہے جن کے فیض تربیت سے پروفیسر سلیمان اطہر جاوید مستفیض ہوئے تھے اور انہیں اجمالی طور پر ایک خاکے کے ذریعہ خراج تحسین پیش کیا ہے۔اس خاکہ میں جن اساتذہ جامعہ عثمانیہ کا تذکرہ ہے۔ان میں پروفیسر عبدالقادر سروری،سید محمد صاحب،رفیعہ سلطانہ،قتیل شفائی،شطاری

صاحب ، پروفیسر مسعود حسین خاں صاحب وغیرہ۔ مختصر انداز میں پروفیسر سلیمان اطہر جاوید نے ان اساتذہ کے انداز تدریس، ان سے اپنی وابستگی اور جذباتی لگاؤ کا تذکرہ دلنشین انداز میں کیا ہے۔اس تحریر کو خاکہ یا مرقع سے زیادہ ایک تاثراتی تحریر یا انشائیہ قرار دیا جاسکتا ہے۔مضمون کے آخر میں اپنے اساتذہ کو خراج پیش کرتے ہوئے پروفیسر سلیمان اطہر جاوید لکھتے ہیں:

''آج جب جامعہ عثمانیہ میں تعلیم کے دوران اپنے اساتذہ کا تذکرہ کررہا ہوں تو یہ تحریر کرتے ہوئے قلم تو ان کے حضور میں سر بہ سجدہ ہے ہی اپنا سر بھی خم پاتا ہوں...... آج بھی جب ان میں سے کسی سے نیاز حاصل کرنے کا موقع ملتا ہے اور کچھ نہیں اپنے طالب علم ہونے کا خوشگوار احساس ہوتا ہے ...... میں کچھ بھی نہیں لیکن جو کچھ بھی ہوں یہ انہی کا عزم ہے انہی کا فیض۔''

انہی کے فیض سے میری نگاہ روشن ہے
انہی کے فیض سے میرے سبو میں ہے جیحوں (۱)

''بزم چراغاں'' میں شامل دوسرا خاکہ ''استاذ محترم زورؔ صاحب'' ہے۔اس خاکہ میں پروفیسر سلیمان اطہر جاوید نے زورؔ صاحب کا بہ حیثیت استاد جائزہ لیا ہے اور اپنے زمانۂ طالب علمی کے دوران زورؔ صاحب کے مشاہدات کی تصویر کھینچی ہے۔ زورؔ صاحب پر ایک مرقع ''چہرہ چہرہ داستان'' میں بھی شامل ہے۔اس خاکہ میں پروفیسر سلیمان اطہر جاوید نے اپنی یادوں کو ازسرنو تازہ کیا اور آخر میں کشمیر میں زورؔ صاحب اور سروری

صاحب کے مزارات پر اپنی حاضری کا تذکرہ شامل ہے۔ اپنے استاذ سے فیضیابی کا ذکر کرتے ہوئے پروفیسر سلیمان اطہر جاوید لکھتے ہیں:

''زورؔ صاحب سے میں نے صرف کلاس روم ہی میں نہیں سیکھا اور نہ صرف شعر و ادب کے باب میں بلکہ اس سے ہٹ کر بھی لوگوں سے ملنے ملانے کے آداب، گفتگو کرنے کے طریقے، اپنے ورثے کی تعظیم، تہذیبی اقدار کی پاسداری، لاکھ انتظامی ذمہ داریوں اور دیگر مصروفیات کے باوجود لکھنے پڑھنے سے غافل نہ رہنا، کام سے اخلاص، اوروں ہی کا نہیں اپنا بھی احترام کہ لوگ آپ کا احترام کریں اور ایک اونچے اور عالی مقصد کے لئے سرگرداں رہنا۔'' (۲)

زورؔ صاحب کے اس خاکہ میں پروفیسر سلیمان اطہر جاوید نے ان کا سراپا، ان کے مساوات و اطوار، طریقہ تدریس اور دیگر امور پر روشنی ڈالی ہے اور اپنے استاذ کے اعلی اقدار بیان کئے۔

اسی طرح کا ایک اور خاکہ قتیلؔ صاحب ہے۔ جس میں انہوں نے پروفیسر حفیظ قتیل کا بہ حیثیت استاذ تعارف کرایا ہے۔ اس خاکہ میں قتیلؔ صاحب کا سراپا ان کا اٹھنا بیٹھنا، عادات، و اطوار، غزل پڑھانے کا انداز، طلبہ سے ان کا برتاؤ، پروفیسر سلیمان اطہر جاوید سے ان کے مشفقانہ مراسم کا تذکرہ ہے۔ غزل کی تدریس کے دوران قتیل صاحب کی کیفیت بیان کرتے ہوئے پروفیسر سلیمان اطہر جاوید لکھتے ہیں:

''غزل تو قتیل صاحب کی کمزوری بھی تھی اور طاقت بھی۔ غزل تو قتیل

صاحب کی شخصیت کا دوسرا نام تھا۔ قتیل صاحب کی شخصیت تو ترکیب پائی تھی غزل سے، اتنے کھو کر، اتنے محو ہو کر اور اتنے ڈوب کر دہ غزل پڑھاتے کہ محسوس ہی نہ ہوتا...... قتیل صاحب اپنے فن میں ڈوب کر سراغ غزل پا چکے تھے۔ وہ اپنے بنے ہوں یا نہیں غزل کے تو بن چکے تھے۔''(۱)

پروفیسر حفیظ قتیل کے بعد جامعہ عثمانیہ سے وابستہ ایک اور استاذ پروفیسر رفیعہ سلطانہ کی یادوں پر مبنی مرقع ''رفیعہ آپا'' میں پروفیسر سلیمان اطہر جاوید نے انہیں علم کی دیوی سے تشبیہہ دی ہے۔ اس خاکہ میں اپنی یادوں کے سہارے پروفیسر سلیمان اطہر جاوید نے رفیعہ سلطانہ کی شخصیت کے مختلف پہلوؤں کو کامیابی سے اجاگر کیا ہے اور قاری ان کی شخصیت سے واقف ہوتا ہے۔ اس خاکہ میں پروفیسر سلیمان اطہر جاوید نے اپنی ان یادوں کا تذکرہ واقعات کے انداز میں کیا جو رفیعہ سلطانہ سے متعلق تھیں۔ ان یادوں کو پڑھنے سے ایسا معلوم ہوتا ہے کہ ایک طرف ایک سعادت مند شاگرد اپنے مشفق استاد کو خراج تحسین پیش کر رہا ہے تو دوسری طرف اپنے استاد کو یاد کرتے ہوئے ان کا حق ادا کرنے کا جذبہ بھی کارفرما نظر آتا ہے۔ بہر حال پروفیسر سلیمان اطہر جاوید کے یہ خاکے تاثراتی تحریروں کا ایک سلسلہ ہیں۔ جس میں وہ اپنے سے متعلق شخصیتوں کے احوال اپنی یادداشت کی بنا سناتے جاتے ہیں۔

''بزم چراغاں'' میں شامل اگلا خاکہ ''گوپال متل صاحب'' ہے۔ اس خاکہ میں پروفیسر سلیمان اطہر جاوید نے اپنے عزیز اور کرم فرما شاعر و ادیب گوپال متل کا ذکر خیر کیا ہے۔ پروفیسر سلیمان اطہر جاوید اپنے دوست سے اس حد تک متاثر دکھائی دیتے ہیں کہ اپنی

بعض کتابوں کا انتساب انہوں نے پریم گوپال متل کے نام ہی لکھا ہے۔ اس خاکہ میں انہوں نے لکھا کہ دہلی میں قیام کے دوران ان کی ملاقاتیں متل صاحب سے ہوئیں۔ متل صاحب کی نثر اور شاعری کا جائزہ لینے ان کی یادوں کو تازہ کرنے اور انہیں اردو کا خدمت گزار قرار دیتے ہوئے پروفیسر سلیمان اطہر جاوید لکھتے ہیں:

''گوپال متل صاحب کی شخصیت ہمہ جہت اور پہلودار ہے۔ وہ اردو کے سچے خدمت گزار رہے۔ اردو کے بارے میں جب بھی کسی نے کچھ کہا اردو کی اہمیت کو کم کرنے اور اس کی ترقی کی راہ میں مواقع پیدا کرنے کی کوشش کی وہ اپنا قلم اٹھانے پر مجبور ہوئے......لوگ مندر میں پوجا کرتے ہوں لیکن مسجد بھی ان کے لئے مقدس تھی، اور مسجد میں عبادت کرتے ہوں ،لیکن مندر بھی ان کے لئے محترم! کاش یہ ماحول ایک بار پھر آ جائے۔ متل صاحب نے زندگی اور زمانے کو ہمیشہ اسی نظر سے دیکھا ہے ان کے نزدیک، دوستی، انسانیت اور صلاحیتوں کی اہمیت رہی۔ جب بھی کسی نے ہندو مسلم کی اصطلاحوں میں گفتگو کی۔ متل صاحب نے اس کو قطعاً ناپسند کیا۔ متل صاحب کی تحریریں اس کی گواہ ہیں۔''(۱)

پریم گوپال متل کی اردو خدمات اور مذہبی رواداری کے علاوہ پروفیسر سلیمان اطہر جاوید نے ان کی بذلہ سنجی اور ادبی زندگی کے واقعات بیان کئے۔ جس سے ان کی شخصیت کی چند جھلکیں قارئین تک پہنچتی دکھائی دیتی ہیں۔ ''پریم گوپال متل'' کی شخصیت کے بیان کے بعد ''بزم چراغاں''میں شامل اگلا خاکہ ''فاروقی صاحب'' ہے۔ یہ خاکہ اردو کے نامور

ادیب و نقاد خواجہ احمد فاروقی کی یادوں پر مبنی ہے۔ اس خاکہ میں بھی پروفیسر سلیمان اطہر جاوید نے خواجہ احمد فاروقی سے اپنی ملاقاتوں اور یادوں کے سہارے ان کی شخصیت کی مصوری کرنے کی کوشش کی ہے۔ اس خاکہ کے بعد جو خاکہ دیا گیا ہے اس کا نام چونکا دینے والا ہے۔ یعنی ''اردو علی خاں'' یہ دراصل ''روزنامہ سیاست'' کے بانی و مدیر جناب عابد علی خاں صاحب کی علمی، ادبی، تہذیبی، ثقافتی وصحافتی خدمات کے اعتراف میں لکھا گیا مضمون ہے۔ پروفیسر سلیمان اطہر جاوید نے جناب عابد علی خاں صاحب سے اپنے روابط کے واقعات بیان کئے اس کے علاوہ ان کی اور جگر صاحب کی مصروفیات، ادبی ٹرسٹ کے مشاعروں وادارہ ادبیات اردو کی سرپرستی، اردو اکیڈیمی سے ان کے تعلق کی تفصیلات بیان کیں۔ ان کا سراپا بیان کرتے ہوئے پروفیسر سلیمان اطہر جاوید لکھتے ہیں:

> ''سرخ وسپید رنگ، گول چہرہ، میانہ قد، عینک لگائے اور عینک کے شیشوں کے پیچھے سے دانشورانہ چمک لئے جھانکتی آنکھیں، تپلی تپلی انگلیاں، جن میں میں نے یا تو قلم دیکھا یا کوئی فارن سگریٹ! خوش لباس ہمیشہ کرتا پاجامہ اور ہلکے رنگ کی شیروانی زیب تن کئے۔ نرم گفتار، سبک رفتار، تہذیب، شستگی اور شائستگی کا مجسمہ اور مجموعی طور پر ان اقدار کے حامل جو سدا زندگی، ادب، صحافت اور تہذیب کی سربلندی کی شناخت اور ضامن رہی ہیں۔ وہ اپنے ظاہر و باطن، صورت وسیرت، نظر اور نظریے، گفتار اور کردار سے اردو ثقافت کی ایسی علامت تھے جو ایک عرصہ تک تابندہ اور فروزاں رہے گی۔ اپنے گھرانے، اپنے پس منظر، اپنے مذاق، اپنے کاروبار اور

اپنے نظریہ زندگی کے اعتبار سے وہ اردو اور سراپا اردو تھے۔ عابد علی خاں نہیں اردو علی خاں تھے۔ اور ایک دنیا بھی ان کو اسی حیثیت سے یاد رکھے گی۔'' (۱)

عابد علی خاں صاحب کو بھر پور خراج عقیدت پیش کرنے کے بعد اگلے خاکے میں پروفیسر سلیمان اطہر جاوید نے ''جگر صاحب'' کے عنوان سے عابد علی خاں صاحب کے دیرینہ رفیق، مشہور مزاح نگار مجتبیٰ حسین اور ادیب ابراہیم جلیس کے بھائی و ادارہ سیاست کی روح رواں جناب محبوب حسین جگر پر خاکہ لکھا۔ انہیں اردو صحافت کا چمکتا ستارہ قرار دیتے ہوئے لکھا کہ:

''سیاست'' آخری سانس تک ان کی شخصیت اور ان کی ذات رہا۔ سیاست کے بغیر جگر صاحب کا اور جگر صاحب کے بغیر ''سیاست'' کا تصور میں نہیں سمجھتا کوئی کر سکتا ہے۔ میں تو نہیں کر سکتا۔ میں نے تو انہیں سر تا بہ قدم ''سیاست'' پایا۔ ''سیاست'' اور جگر صاحب ''من تو شدم تو من شدی'' کی تفسیر ہو چکے تھے۔'' (۲)

''جگر صاحب اور ادارہ سیاست'' کو ایک جان دو قالب قرار دینے کے بعد پروفیسر سلیمان اطہر جاوید نے جگر صاحب کے ساتھ اپنی یادوں کا تذکرہ کیا اور ادارہ سیاست کے لئے ان کی بے لوث خدمات، ادبی انجمنوں میں ان کی جلوہ گری، عابد علی خاں سے ان کے روابط وغیرہ کا تذکرہ کیا اور ان کے انتقال سے پیدا ہونے والے خلاء اور عظیم نقصان کی تلافی کے امکانات کا جائزہ لیتے ہوئے خاکہ ختم کیا۔ جگر صاحب کی یاد کے بعد

پروفیسر سلیمان اطہر جاوید نے اپنے اگلے خاکے ''لطیف پاشا'' میں اپنے مربی و رہنمائے دکن کے روح رواں جناب لطیف الدین قادری کی یادوں پر مبنی خاکہ لکھا۔ پروفیسر سلیمان اطہر جاوید نے چونکہ زمانہ طالب علمی میں ''رہنمائے دکن'' میں کام کیا تھا۔ اس لئے لطیف پاشا سے ان کے دیرینہ مراسم تھے۔ لہذا ان مراسم کا تذکرہ کرتے ہوئے لطیف پاشا کے انتقال کی اطلاع پر جذباتی ہوکر انہوں نے یہ خاکہ لکھا۔ اس خاکہ میں لطیف پاشا کی شخصیت، رہنمائے دکن کے لئے ان کی خدمات، قومی و بین الاقوامی سیاست پر ان کی نظر، ملازمین سے ان کی شفقت وغیرہ کا تذکرہ کیا ہے۔ اپنے قلم کی طاقت کو رہنمائے دکن کی دین قرار دیتے ہوئے لطیف پاشا کو ان الفاظ میں خراج عقیدت پیش کیا:

> ''رہنما میں لکھنے اور لکھتے رہنے سے اس قلم نے کچھ لکھنا سیکھا ہے۔ اب ''رہنما'' کے رہنما کے بارے میں چند سطور لکھ لوں تو شائد تھوڑی بہت تالیف قلب ہو جائے کہ اس قلم نے ان کا کچھ تو حق ادا کیا ہے۔ کچھ تو قرض واپس کیا ہے آہ! لطیف پاشاہ'' (۳)

''بزم چراغاں'' میں اپنے اساتذہ اور اردو کے نامور صحافیوں پر خاکے پیش کرنے کے بعد پروفیسر سلیمان اطہر جاوید نے اپنے رفقائے کار ادیبوں اور شعراء اور عزیز و اقارب پر خاکے پیش کیے۔ اس ضمن میں ان کا ایک خاکہ ''ظ۔ صاحب'' ہے جو اردو کے مشہور ادب و افسانہ نگار ظ۔ انصاری کی شخصیت پر مبنی ہے۔ اس خاکہ میں زیادہ تر اردو کانفرنسوں اور سمیناروں میں ظ۔ صاحب اور پروفیسر سلیمان اطہر جاوید کی ملاقاتوں کے بیان کے ذریعہ ان کی شخصیت کو ابھارنے کی سعی کی گئی ہے۔ ظ۔ صاحب کے نظریات اور

ان کی خدمات کا اعتراف کرتے ہوئے پروفیسر سلیمان اطہر جاوید لکھتے ہیں:

> ''ظ۔صاحب نے اپنے ضمیر کی آواز کو کبھی نہیں دبایا۔اسٹیج اور مباحث ہی میں نہیں ۔ عام زندگی میں بھی ۔ ابتدائی زندگی میں مذہب ان کے مزاج پر حاوی رہا اور پھر وہ ترقی پسند تحریک اور کمیونزم سے متاثر ہوئے۔ اس قدر کہ ہندوستان میں ایسے پکے کمیونسٹ کم ہی ہوں گے۔انہوں نے اپنے رجحانات اور نظریات کو شدت کے ساتھ پیش کیا۔روس کا انہوں نے کئی بار سفر کیا۔ بلکہ ہندوستان اور روس تو ان کے لئے گھر آنگن کی حیثیت رکھتے تھے۔انہوں نے روسی زبان پر غیر معمولی قدرت حاصل کی اور اس طرح روسی اور اردو دونوں زبانوں کی خدمات انجام دیں۔''(۱)

ظ۔صاحب کی یادوں ، مشاعروں اور محفلوں کے تذکرے کے ساتھ پروفیسر سلیمان اطہر جاوید نے اس خاکے کو ختم کیا اور لکھا کہ اپنے نام کو ایک حرف تہجی میں سمیٹ لینے والے ظ۔صاحب کو سبھی یاد کریں گے۔

ظ۔صاحب کے بعد بزم چراغاں میں شامل اگلا خاکہ ''حبیب جالبؔ'' ہے۔ اس خاکہ میں پروفیسر سلیمان اطہر جاوید نے پاکستان کے مشہور شاعر حبیب جالبؔ کی شخصیت کو اجاگر کیا ہے۔۱۹۸۹ء میں دہلی میں منعقدہ عالمی اردو کانفرنس میں پہلی ملاقات کے تاثرات کے ساتھ حبیب جالبؔ کی شخصیت اور ہندوستان و پاکستان میں اردو کے مسائل ،سرگرمیوں ، رجحانات ، اردو شعراء کے بارے میں رائے وغیرہ کا احاطہ اس خاکہ میں ملتا ہے۔ پروفیسر سلیمان اطہر جاوید نے حبیب جالبؔ کے کلام کا نمونہ بھی دیا ہے۔

جس کے چند اشعار اس طرح ہیں:

اور سب بھول گئے حرف صداقت لکھنا
رہ گیا کام ہمارا ہی بغاوت لکھنا
تم سے پہلے وہ جو اک شخص یہاں تخت نشین تھا
اس کو بھی اپنے خدا ہونے پہ اتنا ہی یقین تھا(۲)

''حبیب جالبؔ'' کے خاکے کے بعد ''بزم چراغاں'' میں شامل اگلا خاکہ ''پھر نظر میں پھول مہکے'' ہے یہ خاکہ عثمانیہ یونیورسٹی، علی گڑھ مسلم یونیورسٹی کے سابقہ وائس چانسلر ہاشم علی اختر کی یادوں پر مبنی ہے۔ جس میں جامعہ عثمانیہ کی وائس چانسلری کے دوران ہاشم علی اختر کی مصروفیات، علی گڑھ میں مصنف کی ان سے ملاقات کا تذکرہ اور مسلم یونیورسٹی کی وائس چانسلری کی ذمہ داریوں کے احوال بیان کئے گئے ہیں۔ اردو زبان کے لئے ان کی خدمات کو خراج پیش کرتے ہوئے پروفیسر سلیمان اطہر جاوید لکھتے ہیں:

''ہاشم علی اختر صاحب جامعہ عثمانیہ کے اردو دور کی پیداوار ہیں۔ ان کے ضمیر اور خمیر میں اردو رچی بسی ہے۔ وہ اردو مزاج ہیں۔ اردو تہذیب کے ساختہ پرداختہ اور ترجمان! ابھی گزشتہ دنوں سیاست مورخہ ۱۴ر فبروری میں انہوں نے حسن چشتی کے موسومہ اپنے خط کا یوں اختتام کیا ہے۔''

ابتداء سے انتہا تک اردو میں تعلیم حاصل کیا ہوا خادم اردو''(۱)

ہاشم علی اختر کی یادوں کے بعد پروفیسر سلیمان اطہر جاوید نے ''حبیب النساء بیگم صاحبہ'' کے عنوان سے تحریر کردہ خاکہ میں میسور یونیورسٹی کی سابق صدر شعبہ کے احوال

بیان کئے ہیں۔ان کی خدمات بیان کرتے ہوئے پروفیسر سلیمان اطہر جاوید لکھتے ہیں:

''حبیب النساء بیگم صاحبہ نہایت مرنج و مرنجان شخصیت رکھتی تھیں۔ان کے روابط ہندوستان بھر کے اردو اساتذہ، ادیبوں اور شاعروں سے رہے۔جہاں کہیں جانا ہوا اردو کے حلقوں میں ان کا نام عزت و احترام سے لیا گیا۔ادبی سیاست اور گروہ بندی سے دور رہ کر انہوں نے اردو زبان و ادب کے لئے خدمات انجام دیں۔وہ ان ابتدائی چند خواتین میں ہیں جو اردو تدریس سے وابستہ ہوئیں اور یہ تو ان کا امتیاز ہے کہ وہ اردو دنیا کی پہلی خاتون ہیں جو پروفیسر اور صدر شعبہ اردو مقرر ہوئیں۔''(۲)

خاکوں و مرقعوں کا مجموعہ ''بزم چراغاں'' میں شامل اگلا خاکہ ''یار عزیز۔شاذ تمکنت'' ہے۔اس خاکہ میں پروفیسر سلیمان اطہر جاوید نے زمانہ طالب علمی کے اپنے رفیق اور حیدرآباد کے ممتاز شاعر شاذ تمکنت کی رحلت پر انہیں خراج عقیدت پیش کرتے ہوئے یہ خاکہ لکھا اور ان سے وابستہ اپنی یادوں کو بیان کیا۔شاذ کے انتقال کی اطلاع دیتے ہوئے مخدوم کی رحلت پر شاذ کے کہے گئے اشعار شاذ کے لئے استعمال کئے۔وہ اشعار اس طرح ہیں:

''قلم کسی نے دیکھتے ہی دیکھتے چرالیا
دوات چھن سے ٹوٹ کر بکھر گئی
حروف کھو کے رہ گئے
معانی رو کے رہ گئے

ادھورے خواب سونپ کر

کہاں چلا گیا ہے تو

بجھی بجھی ہے روشنی

دھواں دھواں ہے بام در

پکارتی ہے رہ گزر

کہاں چلا گیا ہے تو!''(۱)

شاؔذ کے انتقال پر اظہار افسوس کے بعد ماضی کے جھروکے میں جاتے ہوئے پروفیسر سلیمان اطہر جاوید نے دوران ایم۔اے شاؔذ کی لاابالی طبعیت کے واقعات سنائے۔بعد میں شاؔذ کی شہرت، ہندوستان و پاکستان میں ان کی مقبولیت شاؔذ کی شاعری وشخصیت وغیرہ کی تفصیلات پیش کیں۔شاؔذ تمکنت کے مزاج اور رکھ رکھاؤ کے بارے میں پروفیسر سلیمان اطہر جاوید لکھتے ہیں:

''شاؔذ نفیس مزاج اور اعلیٰ ذوق کا انسان تھا۔کھانے پینے میں بھی لباس اور رہن سہن میں بھی۔لباس کے تعلق سے وضع اور تراش خراش اور موقع محل کی مناسبت ہمیشہ اس کو ملحوظ رہتی۔حتیٰ کہ اس کے جوتے بھی اس کے لباس سے ہم آہنگ ہوتے۔اسی طرح وہ اپنے کلام کی نوک پلک سنوارنے میں بھی غیر معمولی احتیاط اور نزاکت سے کام لیتا۔''(۲)

شاؔذ کے بارے میں اس طرح کا لہجہ استعمال کرتے ہوئے پروفیسر سلیمان اطہر جاوید نے ان سے اپنی بہت زیادہ قربت اور لگاؤ کا ثبوت دیا ہے۔اس خاکہ سے شاؔذ تمکنت

کی شخصیت اورشاعری کے بارے میں قاری کوبھرپور معلومات ملتی ہیں۔

شاذؔ تمکنت کے بعد ''سلیمان خطیب'' کے عنوان سے پروفیسر سلیمان اطہر جاوید نے دکنی کے مشہور مزاحیہ شاعر کے بارے میں تاثراتی خاکہ لکھا ہے۔اس خاکہ میں ریل کے سفر کے دوران سلیمان خطیب کی یادوں کے سہارے ان کے بارے میں تفصیلات بیان کی ہیں۔اردوادب میں اس طرح کے اظہار بیان کی ٹکنک کوشعور کی روکی ٹکنک کہتے ہیں۔ جس میں مصنف اپنے ماضی کی یادوں کے سہارے کچھ کہتا جاتا ہے۔چنانچہ پروفیسر سلیمان اطہر جاوید ایک مرتبہ حیدرآباد سے تروپتی جاتے ہوئے سلیمان خطیب کی یادوں کو اپنا ہم سفر بنالیتے ہیں اوران کی یادیں رقم کرتے جاتے ہیں۔سلیمان خطیب کی شاعری کو مقصدی شاعری قرار دیتے ہوئے پروفیسر سلیمان اطہر جاوید لکھتے ہیں:

> ''خطیب صاحب کی منظومات ، چھورا چھوری ، سانپ ، پہلی تاریخ ، ساس بہواور محبوب اور محبوب بی، کی روشنی میں غور کیجئے تو اندازہ ہوگا کہ خطیب صاحب معاشرے کی اس بے چارگی کواجاگر کرنا چاہتے تھے کہ سب کچھ جانتے ہوئے بھی لوگ اپنی بہن ، اپنی بیٹی کو ان کے پلے باندھنا گوارا کرلیتے تھے ...... کہنے کو تو وہ ہنساتے تھے اور مزاحیہ مشاعروں کی کامیابی کا سہرا ان کے سر ہوتا تھا۔لیکن درحقیقت وہ معاشرے کی صحیح تصویر پیش کرتے ہوئے لوگوں کے احساسات کو بیدار کرتے۔''(۱)

سلیمان خطیب کی شاعری کے بارے میں اپنے خیالات کے اظہار کے ساتھ

پروفیسر سلیمان اطہر جاوید نے ان کے کلام کا نمونہ بھی دیا ہے۔ جو ان کے خیالات کی تائید کرتا ہے۔ سلیمان خطیب کے منتخبہ اشعار یوں ہیں:

میں ظلمتوں کا دشمن ، ماہ تمام جیسے
لڑتا ہوں ہر بدی سے ، رن میں امام جیسے
کس سے کہوں میں دل کی ، اب کون یاں سنے گا
جھوٹوں میں یوں کھڑا ہوں ، لنکا میں رام جیسے
ہر نبض ڈوبی ڈوبی ہر شئے بجھی بجھی سی
دن دھاڑے آ گئی ہے مقتل کی شام جیسے (۲)

سلیمان خطیب کو دکنی تہذیب کی آبرو اور ان کی جدائی کو دکن کا نقصان قرار دیتے ہوئے پروفیسر سلیمان اطہر جاوید نے یہ خاکہ ختم کیا ہے۔ سلیمان خطیب کے خاکے کے بعد پروفیسر سلیمان اطہر جاوید نے ''اعظم صاحب'' کے عنوان سے نیشنل بک ڈپو کے مالک اعظم صاحب عرف خواجہ پاشا کی شخصیت اردو کتابوں کی اشاعت میں ان کی بے لوث خدمات اور بالواسطہ طور پر فروغ اردو میں ان کے تعاون کو سراہا ہے اور ان کے انتقال کو ایک عظیم نقصان قرار دیا گیا ہے۔ اس خاکے کے بعد ''مسیح انجم'' کے عنوان سے حیدرآباد کے ممتاز مزاح نگار ''مسیح انجم'' کے انتقال پر ان کی یادوں پر مبنی خاکہ پیش کیا ہے۔ اس خاکے میں مسیح انجم کے فن پر تبصرے سے زیادہ ان کی شخصیت کے مختلف پہلوؤں کو اجاگر کیا گیا ہے اور مصنف اور مسیح انجم کی ملاقاتوں کا تذکرہ کیا گیا ہے۔

''بزم چراغاں'' مرقعوں کے مجموعہ میں شامل آخری خاکہ ''چھوٹی آپا'' کے

عنوان سے ہے۔ اس خاکہ میں پروفیسر سلیمان اطہر جاوید نے اپنی بڑی بہن کے بارے میں تاثرات بیان کئے ہیں جنہیں وہ چھوٹی آپا کہہ کر پکارا کرتے تھے۔ مضمون کا آغاز نہایت جذباتی انداز سے کیا گیا ہے۔ پروفیسر سلیمان اطہر جاوید لکھتے ہیں:

''جب ماں مرتی ہے تو ماں نہیں مرتی، بہن کے وجود میں زندہ رہتی ہے۔
لیکن جب بہن مرتی ہے تو بہن ہی نہیں مرتی ماں بھی مرجاتی ہے۔''(۱)

اس خاکے میں پروفیسر سلیمان اطہر جاوید نے جذباتی انداز میں اپنی ماں کے انتقال کے بعد ان کی تربیت میں چھوٹی بہن کے رول کو بیان کیا اور زندگی کی مختلف راہوں میں ان کے ساتھ ان کی عادتوں، ان کے رہن سہن رکھ رکھاؤ وغیرہ کی تفصیلات کو واقعات کے ساتھ بیان کیا۔ ان کے انتقال کے بعد بھی ان کی یادوں کو اپنے اندر تازہ محسوس کرتے ہوئے پروفیسر سلیمان اطہر جاوید لکھتے ہیں:

''ان کا انتقال ہوگیا۔ وہ چلی گئیں۔ لیکن چلی کہاں گئیں۔ وہ تو ہمارے آس پاس ہیں۔ ہم بھائی بہنوں کی آنکھوں میں وہ بسی ہیں۔ گھر کی فضاؤں میں ہیں۔ گھر کے درودیوار ان کی باتیں کرتے ہیں۔ لگتا ہے وہ کب کی آئیں بھی اور گئیں بھی۔ نظر میں اب تک سما رہی ہیں۔ یہ چل رہی ہیں۔ وہ پھر رہی ہیں یہ آرہی ہیں وہ جارہی ہیں اور یہ احساس میری زندگی کی آخری سانس تک تازہ و تابندہ اور مہکتا رہے گا۔ چھوٹی آپا!''(۲)

چھوٹی آپا کے اس خاکے کے ساتھ ''بزم چراغاں'' کا اختتام عمل میں آتا ہے۔ اپنے خاکوں اور مرقعوں کے اس دوسرے مجموعے میں پہلے مجموعہ ''چہرہ چہرہ داستان'' کے

مقابلے میں پروفیسر سلیمان اطہر جاوید کا فن خاکہ نگاری کچھ کچھ نکھرا نکھرا نظر آتا ہے۔ لیکن بنیادی طور پر ان کے انداز میں تبدیلی نظر نہیں آتی ۔ دونوں مجموعوں کی مشترکہ خصوصیات میں یہ بھی ہیں کہ اس مجموعہ میں بھی پروفیسر سلیمان اطہر جاوید نے ایسی شخصیات کے خاکے لکھے جن سے یہ راست یا بالراست طور پر متاثر تھے یا ان سے ملاقاتیں رہی تھیں ۔ کیونکہ ان خاکوں میں بیان کردہ شخصیات کے ساتھ خاکہ نگار کی شخصیت ان کے کارنامے وغیرہ جھلک جاتے ہیں اور خاکے میں بیان کردہ شخصیت کے صرف وہ پہلو سامنے آتے ہیں جو خاکہ نگار نے اپنی ملاقات یا معلومات سے اکھٹا کی تھیں ۔ پروفیسر سلیمان اطہر جاوید چونکہ اپنے اساتذہ اور کرم فرماؤں سے زیادہ متاثر دکھائی دیتے ہیں ۔ لہذا بیشتر ایسی شخصیات پر خاکے لکھے جن سے انہیں حصول علم کا موقع ملا یا جن کی خدمات انجام دیتے ہوئے انہیں روزگار یا ملازمت ملی ۔ یا ان دوست احباب کے مرقعے لکھے ۔ جنہوں نے زمانہ سفر یا سمیناروں یا ملاقاتوں میں ان کا ساتھ دیا۔ اپنے اساتذہ کے تذکرے میں وہ اکثر اپنے مادر علمیہ جامعہ عثمانیہ اور اس کے درودیوار کو بھی یاد کرتے ہیں اور اس بیان میں بڑے جذباتی دکھائی دیتے ہیں۔ ''رفیعہ آپا'' خاکے میں وہ لکھتے ہیں:

> ''میں یہ سطور لکھ رہا ہوں اور میرے تصورات کے افق پر ایک سنگین پرشکوہ اور مہتمم بالشان عمارت دھیرے دھیرے ابھر رہی ہے۔ یہ جامعہ عثمانیہ کا کلیہ فنون ہے ۔ آرٹس کالج کی عمارت ! یہاں سے ہزاروں تشنگان علم سیراب ہو چکے ہیں ۔ سیراب ہو رہے ہیں اور سیراب ہوتے جائیں گے ۔ آیئے ہم بھی علم کے اس مندر پر ایک تقدس کی نظر ڈالتے اور اس کی

چوکھٹ پر اپنی روح کو جھکائے اس کے پر جلال باب الداخلہ سے ہوتے
ہوئے اندر جائیں۔''(۱)

جامعہ عثمانیہ کے تذکرے کے علاوہ پروفیسر سلیمان اطہر جاوید نے اپنے زمانہ طالب علمی کے بہت سے واقعات ان خاکوں کے دوران پیش کئے ہیں۔اس سے اس دور کے جامعہ عثمانیہ کے علمی ماحول کی ایک تصویر قارئین کے سامنے آجاتی ہے۔ان خاکوں کی ایک اور خصوصیت یہ ہے کہ ان میں سے بیشتر خاکے شخصیات کے انتقال کے بعد ان کی یاد میں یا انہیں خراج تحسین پیش کرنے کے لئے لکھے ہیں اور اپنی پسندیدہ شخصیت کے انتقال کی خبر دیتے ہوئے وہ عربی دعا انا للہ و انا الیہ راجعون O پڑھتے دکھائی دیتے ہیں ۔اس دعا کا انھوں نے اکثر خاکوں میں استعمال کیا ہے۔جیسے محبوب حسین جگر کے انتقال کی اطلاع دیتے ہوئے لکھتے ہیں:

''وہ اس دنیا کے نہیں تھے۔انہوں نے اسی وقت اپنا رخت سفر باندھ لیا تھا۔
اور بس طبعی موت کا انتظار تھا۔۱۳/ مارچ کو یہ وقت بھی آ پہنچا وہ اپنے مالک
حقیقی سے جا ملے اور اپنے محبّ حقیقی عابد علی خان صاحب سے بھی۔انا للہ
و انا للہ راجعون O(۲)

اپنے پہلے مجموعہ کی طرح اس دوسرے مجموعہ میں شامل بیشتر خاکوں میں بھی پروفیسر سلیمان اطہر جاوید نے متذکرہ شخصیتوں کے سراپے دلچسپ انداز میں بیان کئے ہیں ۔ان سے ایک شخصیت کی لفظی تصویر قاری کے سامنے آجاتی ہے۔زورؔ صاحب کا سراپا بیان کرتے ہوئے پروفیسر سلیمان اطہر جاوید لکھتے ہیں:

''زورصاحب نہایت کلے ٹھلے کے آدمی تھے۔فربہ جسم لیکن موزوں اور متناسب رعب دار چہرہ ، چوڑی تھوڈی ، اونچی پیشانی ، روشن اور ذہین آنکھیں ،زلفیں نہیں لیکن قدرے لانبے بال کھنک داراور بلند آہنگ آواز ،شیروانی کبھی چھوٹے چھوٹے پھولوں کی جوان دنوں دیکھنے میں کم ہی آتی ہےاور بسااوقات اسی کپڑے کی ٹوپی مجموعی طور پراپنے دور کی تشنگی وشائستگی اورتہذیب وشرافت کا پیکر۔(۱)

سراپا نگاری کے علاوہ ان خاکوں میں شخصیت کی نشست و برخاست عادات و اطوار پسند ناپسند، علمی وادبی کارنامے،شاعری کے نمونے غرض شخصیت سے متعلق تفصیلات ملتی ہیں۔خاکے چونکہ خاکہ نگار کی پسند ناپسند اس کے اپنے انداز بیان اوراسلوب نگارش کے تحت لکھے جاتے ہیں۔لہذاان خاکوں میں خاکہ نگار کی نظر سے اوراسی کے نقطہ نظر سے شخصیت کی تصویرکشی ہوتی ہے۔لہذا قاری بھی ایک شخص سے خاکہ نگار کی صوابدید سے متعارف ہوتا ہے۔ چنانچہ''چہرہ چہرہ داستان'' اور''بزم چراغاں'' میں شامل خاکوں کی شخصیات بھی پروفیسر سلیمان اطہر جاوید کے سہارے قارئین سے متعارف ہوتی ہیں۔لہذا مختلف قارئین کے مختلف نقاط نظر کی تشفی ان خاکوں سے نہیں ہو پاتی۔اس کے باوجود پروفیسر سلیمان اطہر جاوید نے ان شخصیات کے بارے میں مثبت نقطہ نظراختیار کیا ہے۔

جہاں تک اسلوب کا سوال ہے''بزم چراغاں'' تک آتے آتے پروفیسر سلیمان اطہر جاوید کا اسلوب مزید نکھر گیا ہے۔سلاست روانی اور بیانیہ انداز کے ساتھ پروفیسر سلیمان اطہر جاوید نے شخصیتوں کے احوال لکھے ہیں۔''چہرہ چہرہ داستان'' میں تجسس اور

جذباتیت کا پہلو غالب تھا۔ جب کہ ''بزم چراغاں'' میں ایک ٹھہراؤ کی سی کیفیت پائی گئی ہے۔ پروفیسر سلیمان اطہر جاوید کے یہ خاکے تاثراتی انداز لئے ہوئے ہیں۔ لہذا انہیں تاثراتی تحریروں کی اچھی مثال قرار دیا جاسکتا ہے۔ ان خاکوں میں ان کی انشا پردازی کے گر بھی کھل کر سامنے آتے ہیں۔ چند ایک خامیوں کو چھوڑ کر ''بزم چراغاں'' کے خاکے اردو خاکہ نگاری میں ایک اہم اضافہ ہیں اور پروفیسر سلیمان اطہر جاوید کے ذریعہ بیان کردہ شخصیات کے احوال تاریخ ادب میں محفوظ سمجھے جائیں گے۔

☆☆☆☆

☆☆☆☆☆☆

☆ پانچواں باب

پروفیسر سلیمان اطہر جاوید بہ حیثیت سوانح نگار

پروفیسر سلیمان اطہر جاوید ایک نامور محقق و نقاد کے علاوہ ایک سلجھے ہوئے سوانح نگار بھی ہیں۔ انہوں نے اپنی زندگی تصنیف و تالیف میں گزاری ہے۔ اور آئے دن تحقیقی و تنقیدی مضامین و کتابیں شائع کرتے رہتے ہیں۔ چنانچہ سوانح نگاری کو بھی انہوں نے اپنا موضوع بنایا۔ ان کی دو سوانحی کتابیں ''رشید احمد صدیقی'' (۱۹۸۸ء) میں اور ''ساحر لدھیانوی'' (۱۹۹۶ء) میں چھپ کر شائع ہوئیں۔ یہ دونوں کتابیں ساہتیہ اکادمی دہلی نے ہندوستانی ادب کے معمار سیریز کے تحت شائع کیں۔ پروفیسر سلیمان اطہر جاوید کی تحریر کردہ سوانحی کتابوں کے جائزے اور بہ حیثیت سوانح نگار ادب میں ان کے مقام کے تعین سے قبل فن سوانح نگاری کی مبادیات کا جائزہ ضروری ہو جاتا ہے۔

سوانح نگاری کا فن :-

سوانح نگاری کے ذریعہ ایک شخصیت کی زندگی کے حالات تفصیلی طور پر جمع کرتے ہوئے شخصیت اور اس سے متعلقہ عہد کو محفوظ کر دیا جاتا ہے اور شخصیت کے تمام پہلوؤں کو اجاگر کرنے کی کوشش کی جاتی ہے۔ سوانح نگاری ادب کی ایک ایسی صنف ہے۔ جس میں افراد کی زندگیوں کی تاریخ بیان کی جاتی ہے۔ دیگر اصناف کی طرح سوانح نگاری کا فن بھی انگریزی ادب کے زیر اثر اردو زبان میں رائج ہوا۔ انسائیکلو پیڈیا آف برٹانیکا میں

سوانح عمری کی یہ تعریف کی گئی ہے۔

''سوانح عمری کسی انسانی روح کی مہمات حیات کی ہو بہو تصویر ہے۔''(۱)

محقق و نقاد و جامعہ عثمانیہ کے سابق پروفیسر مرزا اکبر علی بیگ سوانح عمری کے بارے میں اپنے خیالات کا اظہار کرتے ہوئے لکھتے ہیں:

''سوانح حیات کا مطالعہ ایک خاص نقطہ نظر سے مطالعہ فطرت ہے اور اس کا لکھنا حقیقت میں فطرت نگاری ہے ۔ سوانح حیات ایک ریکارڈ ان ارتسامات کا ہوتے ہیں جو گونا گوں خارجی واقعات اور داخلی تاثرات کے تسلسل سے تشکیل پاتے ہیں۔''(۲)

انسانی تمدن کی ترقی کے ساتھ ساتھ ادب کی اصناف میں بھی تنوع پیدا ہوتا گیا ۔انیسویں صدی میں چھاپہ خانوں کے عام ہونے سے کتابوں اور اخبارات و رسائل کا چلن عام ہونے لگا۔ تعلیم کے فروغ کے ساتھ لوگوں کی توجہ اپنے اطراف اور اپنے ماضی میں گزری ان سرکردہ شخصیتوں کی جانب ہوئی جن کی شخصیت اوران کے کارنامے و خدمات اس قابل تھے کہ انہیں محفوظ کر کے آنے والی نسلوں کیلئے ان سے رہنمائی کا کام لیا جاسکے ۔ ایسے ماحول میں افراد کی زندگی کے حالات قلمبند کرنے کی طرف توجہ ہوئی ۔ جو متوسط اور نچلے طبقے سے تعلق رکھتے تھے، جنہوں نے کسی علم یا فن میں کمال حاصل کیا تھا یا اپنے کردار اور تعلیمات سے معاشرے کو فائدہ پہنچایا تھا، سوانح میں ایسے ہی لوگوں کے احوال بیان کئے جانے لگے تا کہ ان کی زندگیوں کو لوگ مشعل راہ بنا سکیں۔ سوانح میں ہیرو کے کارناموں کے بیان کے ساتھ اس کی سیرت کے مختلف پہلوؤں کو اجاگر کیا جانے لگا۔

سوانح دو قسم کی ہوتی ہے۔ایک تاریخی دوسری ادبی۔تاریخی حیثیت سے اس میں فرد کی زندگی کے واقعات سچائی کے ساتھ بیان ہوتے ہیں۔ادبی حیثیت میں سوانح کے اسلوب اور سانچے کے ذریعہ جمالیاتی ذوق پہچاننے کی کوشش کی جاتی ہے۔جدید سوانح نگاروں میں ''پلوٹارک'' اور ''باسول'' شہرت رکھتے ہیں۔ان لوگوں نے اپنی سوانح میں کسی انسان کے حالات ہی قلمبند نہیں کیئے بلکہ ایک روح کی مکمل تحقیق کی ہے۔داستان کی طرح سوانح میں بھی ابتداء سے آخر تک دلچسپی برقرار رکھنا سوانح کی کامیابی کی علامت سمجھا جاتا ہے۔سوانح میں شخصیت کی سیرت بے نقاب ہوتی ہے۔غیر جانب داری کے ساتھ شخصیت کے ذاتی اور نجی حالات بیان کیئے جاتے ہیں۔سوانح میں موضوع کی کوئی قید نہیں ہوتی۔ ایک معمولی انسان سے لے کر عظیم ترین شخصیات بھی سوانح کا موضوع ہوسکتی ہیں۔سوانح نگار تصوراتی نہیں بلکہ ایک حقیقی شخصیت کی مرقع کشی کرتے ہیں اور اس دوران مکالمے، لطائف، ظرافت، خطوط اور افسانے کا رنگ استعمال کرتے ہوئے کسی شخصیت کی سوانح میں دلچسپی پیدا کی جاتی ہے۔صابرہ سعید ایک اچھے سوانح نگار کے لئے درکار مہارت کے بارے میں لکھتی ہیں:

''سوانح نگار کے لئے ضروری ہے کہ ایک مکمل تصویر پیش کردے جو کسی انسان کی پیدائش سے لے کر موت تک تمام حالات افکار و افعال کی تاریخ وار نقوش سے مزین ہو......ایک مستقل سیرت میں انسان کی زندگی کے تقریباً تمام پہلوؤں پر روشنی ڈالی جاتی ہے......سوانح نگار کو اپنے موضوع کی شخصیت اور کارناموں کو واضح طور پر پیش کرنا پڑتا ہے......سوانح نگار

کے لئے ضروری ہے کہ وہ اپنے ہیرو کو ایک انسان کی حیثیت سے پیش کرے اس کی شخصیت کے تمام پہلو پوری طرح واضح ہوں تا کہ اس کا ہیرو ایک جیتا جاگتا انسان معلوم ہو اور وہ اپنی انفرادیت کی تمام گہرائیوں اور داخلیت کی ساری وسعتوں کے ساتھ قاری کے ذہن پر نقش ہو جائے۔''

(۱)

اردو ادب میں حالؔی نے ''حیات سعدؔی'' ''یادگار غالبؔ'' اور ''حیات جاوید'' جیسی جامع سوانح عمریاں لکھ کر سوانح نگاری کی ایک پختہ روایت قائم کی جسے آگے چل کر شبلی نعمانی، فرحت اللہ بیگ اور رشید احمد صدیقی وغیرہ نے پروان چڑھایا اور آگے چل کر پروفیسر سلیمان اطہر جاوید جیسے سوانح نگار اس میدان صنف میں دکھائی دئے۔

رشید احمد صدیقی :-

سوانح نگاری کی تعریف، اس کے فنی لوازم اور اردو میں سوانح نگاری کی روایات کے بارے میں معلومات کے بعد آیئے اب دیکھیں کہ پروفیسر سلیمان اطہر جاوید نے اپنی سوانحی کتابوں میں سوانح نگاری کے فن کو کس حد تک برتا ہے۔

پروفیسر سلیمان اطہر جاوید کی تحریر کردہ پہلی سوانحی کتاب ''رشید احمد صدیقی'' ہے۔ یہ کتاب دراصل اردو کے صاحب طرز انشا پرداز و ادیب و علی گڑھ کی نمائندگی کرنے والے رشید احمد صدیقی کی زندگی اور ان کے فن و شخصیت کا بھرپور اجمالی تعارف ہے۔ ''رشید احمد صدیقی شخصیت اور فن'' کے عنوان سے پروفیسر سلیمان اطہر جاوید نے اپنے پی ایچ۔ ڈی کے تحقیقی مقالہ کو کتابی شکل دی تھی۔ اس کتاب کا انداز تحقیقی نوعیت کا تھا اور اس

میں حوالوں کی مدد سے بات پیش کی گئی تھی۔اس کتاب میں سوانحی انداز اختیار کرتے ہوئے رشید احمد صدیقی کا تعارف پیش کیا گیا ہے۔کل ۸۸ صفحات پر مشتمل اس کتاب میں حرف آغاز اور کتابیات کے بشمول آٹھ (۸) ابواب ہیں۔ دیگر ابواب میں حالات زندگی، علی گڑھ کا عاشق منفرد طنز ومزاح نگار، بے مثال مرقع نگار، تاثراتی نقاد اور صاحب طرز انشا پرداز ہیں۔حرف آغاز کے عنوان سے رشید احمد صدیقی کی شخصیت کا اجمالی تعارف پیش کرتے ہوئے پروفیسر سلیمان اطہر جاوید لکھتے ہیں:

''رشید احمد صدیقی عام طور پر طنز ومزاح نگار کی حیثیت سے معروف ہیں۔ لیکن واقعہ یہ ہے کہ وہ بڑی متنوع شخصیت کے مالک تھے۔اردو تنقید اور مرقع نگاری میں بھی ان کو امتیازی حیثیت حاصل ہے اور سب سے بڑھ کر یہ کہ وہ ایک ایسے صاحب طرز انشا پرداز تھے جن کی مثال عصر حاضر میں بہت کم ملتی ہے۔انہوں نے اردو طنز ومزاح کو علمی وقار اور تہذیبی رچاؤ سے نکھارا۔تنقید کو شگفتگی اور شادابی سے روشناس کرایا۔مرقعوں کے ذریعہ متعلقہ شخصیات کو مجسم کرتے ہوئے اعلی انسانی اقدار کو سراہا اور ان کو عام کرنے اور مقبول بنانے میں حصہ ادا کیا۔اردو ادب کی اعلی اقدار سے آگہی، الفاظ کی مزاج شناسی، معاشرتی صالح اقدار سے ذہنی و جذباتی وابستگی نے ان کے اسلوب کو طرفگی اور طرح داری دی۔ و نیز علی گڑھ کی علمی، ادبی تعلیمی اور تہذیبی روایات سے ان کے بے پناہ وابستگی، علی گڑھ سے ان کا عشق۔جس کا جواب پیدا ہونا مشکل ہے۔''(۱)

حرف آغاز میں آگے کتاب کی اشاعت کے لئے ساہتیہ اکادمی کا شکریہ ادا کرتے ہوئے پروفیسر سلیمان اطہر جاوید نے لکھا کہ رشید احمد صدیقی کی شخصیت اور فن پر مزید لکھنے کی ضرورت ہے۔

رشید احمد صدیقی نامی سوانحی کتاب کے پہلے باب ''حالات زندگی'' میں پروفیسر سلیمان اطہر جاوید نے اپنی تحقیقی کتاب کے مواد سے استفادہ کرتے ہوئے رشید احمد صدیقی کے حالات زندگی بیان کئے ہیں اور اس کے لئے بیانیہ انداز اختیار کیا ہے۔ ان کے آباء واجداد، والد بھائی بہن کا تذکرہ، تاریخ پیدائش، بچپن، تعلیم، عادات واطوار، مشاغل، اعلی تعلیم، ملازمت، شادی، عملی زندگی، کارنامے، بیماری اور وفات کا تذکرہ سلسلہ وار انداز میں ملتا ہے۔ پروفیسر سلیمان اطہر جاوید نے رشید احمد صدیقی کے حالات زندگی میں الگ سے کوئی واقعہ یا قصہ اس انداز میں نہیں بیان کیا کہ پڑھنے والے کو دلچسپی پیدا ہوتی بلکہ وہ رشید احمد صدیقی کے بارے میں معلومات فراہم کرنے کے انداز میں یکے بعد دیگرے ان کے حالات بیان کرتے جاتے ہیں۔ تاہم ان حالات کے بیان میں معلومات واضح اور مکمل انداز میں دی گئی ہیں۔ مثال کے طور پر رشید احمد صدیقی کی اولاد کے بارے میں پروفیسر سلیمان اطہر جاوید نے ایک محقق کی طرح تفصیلات اکٹھا کی ہیں اور لکھا کہ:

> ''رشید احمد صدیقی کے پانچ لڑکے اور چار لڑکیاں ہوئیں۔ بڑے لڑکے اقبال رشید کراچی میں ایک برطانوی فرم کے مینجر ہیں۔ دوسرے لڑکے احسان رشید ان دنوں مملکت شام میں پاکستان کے سفیر ہیں۔ تیسری اور چوتھی لڑکیاں سلمی اور عذرا ان کے بعد کے لڑکے نیازی رشید بنگلہ دیش میں

ملازم ہیں ۔ نیازی رشید کے بعد دو لڑکیاں جڑواں پیدا ہوئیں ۔ لیلیٰ اور عاصمہ ان کے بعد کے لڑکے احمد رشید ملتان (پاکستان) میں اطالوی فرم میں ملازم ہیں ۔ آخری لڑکے اکبر رشید راج ونش کے نام سے فلموں میں کام کرتے ہیں ۔ جن کی پہلی فلم ''غریبی ہٹاؤ'' تھی ۔ (۱)

اس اقتباس سے اندازہ ہوتا ہے کہ پروفیسر سلیمان اطہر جاوید نے معلومات بہم پہنچانے میں تفصیل سے کام لیا ہے اور ان معلومات کے پڑھنے سے قاری کو تشنگی کا احساس نہیں ہوتا ۔ سوانحی کتاب کا مطلب مذکورہ شخصیت کا ہر لحاظ سے مکمل تعارف ہوتا ہے ۔ اس میں شخصیت کے حالات کے علاوہ اس کی عادات واطوار ، رکھ رکھاؤ ، پسند ناپسند بھی بیان ہوتے ہیں ۔ پروفیسر سلیمان اطہر جاوید نے بھی رشید احمد صدیقی کی شخصیت کے ان پہلوؤں کو بیان کیا ہے ۔ سفر سے گھبراہٹ کی رشید احمد صدیقی کی فطرت کے بارے میں پروفیسر سلیمان اطہر جاوید لکھتے ہیں :

''رشید احمد صدیقی سفر سے گھبراتے تھے ۔ سفر کے بارے میں ان کی اپنی رائے تھی کہ جب تک گھر سے بہتر فضاء نہ ہو خواہ مخواہ سفر کیوں کیا جائے ۔ کسی میٹنگ یا کانفرنس میں شرکت کے لئے یا کسی اور مقصد کے لئے جانا ہوتا تو وہ علی گڑھ سے آخری ٹرین سے روانہ ہوتے اور مصروفیات کے ختم ہوتے ہی پہلی ٹرین سے علی گڑھ واپس ہوتے ۔ بعض اوقات تو ایسا بھی ہوا کہ جس اجلاس کا انھوں نے افتتاح کیا ۔ اس کے صدر کی تقریر سنے بغیر اجلاس سے واپس ہوگئے ۔ (۱)

اس طرح کے اقتباسات دیتے ہوئے پروفیسر سلیمان اطہر جاوید نے رشید احمد صدیقی کی شخصیت کو ابھارنے کی کوشش کی ہے۔ سوانحی کتاب رشید احمد صدیقی'' کا دوسرا باب ''علی گڑھ کا عاشق ہے۔ در حقیقت رشید احمد صدیقی اور علیگڑھ ایک سکے کے دو رخ تھے۔ رشید احمد صدیقی کی کتابوں سے اخذ کردہ اقتباسات سے ان کی علی گڑھ سے حد درجہ وابستگی اور جذباتیت پر روشنی ڈالتے ہوئے پروفیسر سلیمان اطہر جاوید نے لکھا کہ:

''علی گڑھ سے اس قدر جذباتی وابستگی کی وجہ سے رشید احمد صدیقی پر ایک اعتراض یہ کیا جاتا ہے کہ علی گڑھ کی محبت میں انہوں نے اپنی شخصیت کو محدود اور مقید کر لیا۔ جب کہ کسی ادیب کو یہ زیب نہیں دیتا کہ وہ اپنی ذات کو یوں محصور کر لے کیونکہ اس طرح ادیب کے فن کی وسعت اور اس کی مقبولیت متاثر ہوتی ہے۔ لیکن رشید احمد صدیقی کو علی گڑھ سے جو عشق تھا اس کی وجہ سے ان کو نہ اپنے فن کی وسعت سے غرض رہی اور نہ اس کی مقبولیت سے وہ ایک جذباتی اور تاثراتی انسان تھے۔ علی گڑھ کے بارے میں بھی ان کا موقف جذباتی اور تاثراتی رہا۔'' (۲)

رشید احمد صدیقی کی علی گڑھ سے جذباتی وابستگی پر تبصرے کے بعد علی گڑھ کے بارے میں ان کے نظریات پیش کئے گئے اور پروفیسر سلیمان اطہر جاوید نے لکھا کہ رشید احمد صدیقی علی گڑھ کے سیکولر کردار، اردو اور علی گڑھ کے رشتہ کے بارے میں سرسری تبصرہ ملتا ہے۔ علی گڑھ سے رشید احمد صدیقی کی طویل وابستگی کے دوران بے شمار ایسے واقعات پیش آتے ہوں گے جو کہ ان کی شخصیت کو مزید واضح کر سکتے تھے۔ لیکن اس کتاب میں

چونکہ پروفیسر سلیمان اطہر جاوید نے اختصار سے کام لیا ہے۔ چنانچہ موضوعات کا صرف تعارف دیا ہے اوران کی تفصیلات سے احتراز کیا ہے۔

سوانحی کتاب ''رشید احمد صدیقی'' کا تیسرا باب ''منفرد طنز و مزاح نگار'' ہے۔ رشید احمد صدیقی ایک اچھے صاحب طرز انشا پرداز اور مزاح نگار تھے۔ لہذا پروفیسر سلیمان اطہر جاوید نے ان کی شخصیت کے مزید دریچوں سے پردہ اٹھانے کے طور پر انہیں بہ حیثیت مزاح نگار متعارف کروایا ہے اور لکھا کہ رشید احمد صدیقی کے طنز و مزاح کو سمجھنے کے لئے ان کی زندگی اوران کے ماحول کا مطالعہ ضروری ہے۔ اس خیال کی تائید کے طور پر مولانا عبدالماجد دریابادی کا ایک حوالہ بھی دیا اور طنز و مزاح کے آغاز کے بارے میں رشید احمد صدیقی کی کتاب ''آشفتہ بیانی میری'' کا یہ اقتباس بھی دیا ہے۔ جس میں وہ کہتے ہیں:

''طنز و مزاح کی میری ابتدائی مشق کچی بارک اور ڈائننگ ہال سے شروع ہوئی۔ یہی کچی بارک اور ڈائننگ ہال علی گڑھ سے باہر کہیں نصیب ہوئے ہوتے تو کچھ تعجب نہیں۔ طبعیت یا طنز وظرافت کی طرف ہی مائل نہ ہوتی یا پھران کا وہ انداز میسر نہ آتا جو یہاں آیا'' (۱)

کچی بارک علی گڑھ یونیورسٹی میں طلباء کے قیام کی جگہ تھی اس جگہ کے بارے میں اور یونیورسٹی میں کھانے کے واقعات کو رشید احمد صدیقی نے مزاحیہ انداز میں ''آشفتہ بیانی میری'' میں لکھتے ہوئے اپنے طنز و مزاح کے سفر کا آغاز کیا تھا۔ چنانچہ پروفیسر سلیمان اطہر جاوید لکھتے ہیں کہ رشید احمد صدیقی کے مزاح سے لطف اٹھانے کے لئے ان کی زندگی کے پس منظر سے واقفیت ضروری ہے۔ انہوں نے لکھا کہ رشید احمد صدیقی اکبرالہ آبادی سے

متاثر تھے اور انگریز سامراج کے خلاف سخت چوٹیں کیں۔ اپنے عہد کی سیاست اور سیاست دانوں پر تنقیدیں کی ہیں۔ کسی علاقے میں لیڈر کی آمد پر وہاں کی تیاریوں پر طنز کرتے ہوئے وہ لکھتے ہیں:

''وباء یا کسی بڑے آدمی کی آمد ہوتی ہے تو اس کے سایے پہلے نمودار ہوتے ہیں۔ جہاں کہیں بڑے پیمانے پر صفائی ہوتے دیکھتا ہوں تو میرے ذہن میں دو خیال فوراً پیدا ہوتے ہیں۔ یعنی وباء پھیلنے والی ہے یا کوئی بڑا آدمی آنے والا ہے۔ ان دو اندیشوں میں سے ایک ضرور صحیح ہوتا ہے۔ میں نے نہیں تو آپ نے یقیناً ایسے آدمی ضرور دیکھے ہوں گے جو وباء بھی ہوتے ہیں اور بڑے بھی۔'' (۲)

رشید احمد صدیقی کی مزاحیہ تحریر کے اس نمونہ کو پیش کرتے ہوئے پروفیسر سلیمان اطہر جاوید نے ان کی مزاح نگاری کے انداز کو قارئین کے لئے پیش کرنے کی کوشش کی ہے۔ مزاح میں رشید احمد صدیقی کے موضوعات کے تنوع کو پیش کرتے ہوئے مختلف موضوعات پر ان کی مزاحیہ تحریروں کے نمونے پیش کئے اور آخر میں ان کی مزاح نگاری کی خصوصیات بیان کرتے ہوئے لکھا کہ رشید احمد صدیقی کی مزاح نگاری میں بزلہ سنجی، گہرائی سنجیدگی، اقدار پرستی وغیرہ پائی جاتی ہے۔ رشید احمد صدیقی کی مزاح نگاری میں بذلہ سنجی کو ثابت کرنے کے لئے ان کی مختلف کتابوں سے مندرجہ ذیل فقرہ نما اقتباسات پیش کئے۔

''چٹا گانگ میں ایک مسلم بورڈنگ ہاوز میں قیام کرنا پڑا۔ جہاں سونے کے لئے تخت اور مبتلا ہونے کے لئے ہیضہ موجود تھا۔ (آشفتہ بیانی میری)

''ہاں تو ہم موٹر پر اس تیزی کے ساتھ بلندی کی طرف بڑھ رہے تھے جیسے کسی مہاجن کا سودی قرض''۔ (مضامین رشید)

'' جہاں اپنی عقل کام نہ دے وہاں دوسروں کی حماقت سے فائدہ اٹھانا چاہئیے''۔(خنداں)

''ڈاکٹر نہ ہوں تو موت آسان اور زندگی دلچسپ ہو جائے''۔(خنداں)

''آج کل سب سے آسان بات ثابت کر دینا ہے۔ دس بے وقوف کسی بات پر متفق ہو جائیں وہ بات ثابت ہو جائے''۔(۱)

رشید احمد صدیقی کی تحریروں کے ان اقتباسات کو پیش کرتے ہوئے اور اردو کے مزاح نگاروں فرحت اللہ بیگ اور پطرس بخاری سے موازنہ کرتے ہوئے پروفیسر سلیمان اطہر جاوید نے انہیں ایک منفرد مزاح نگار کے طور پر پیش کیا ہے۔

سوانحی کتاب ''رشید احمد صدیقی'' کا ''اگلا باب بے مثال مرقع نگار'' ہے۔اس باب میں پروفیسر سلیمان اطہر جاوید نے رشید احمد صدیقی کی مرقع نگاری کی خصوصیات بیان کی ہیں۔ابتداء میں مرقع نگاری اور سوانح نگاری کے فرق کو بیان کیا اور لکھا کہ رشید احمد صدیقی کی مرقع نگاری کے مجموعوں گنجہائے گرانمایہ''اور''ہم نفسان رفتہ'' کے مرقعوں میں مشہور شخصیات جیسے مولانا محمد علی جوہر، ابوالکلام آزاد، جواہر لال نہرو اور ڈاکٹر ذاکر حسین جیسی بلند پایہ شخصیتوں کے علاوہ کالج کے چپراسی ''کندن'' جیسی شخصیت پر بھی مرقع لکھا اور یہ کہ ان کے مرقعوں میں پیش کردہ شخصیات کی تفصیلات اتنی واضح ہوتی ہیں کہ قاری اپنے آپ کو زیر تبصرہ شخصیت کے روبرو پاتا ہے۔ رشید احمد صدیقی کی مرقع نگاری کی

خصوصیات کو واضح کرنے کے لئے پروفیسر سلیمان اطہر جاوید نے ان کے تحریر کردہ مختلف مرقعوں سے اقتباسات پیش کئے ہیں۔ مرقع نگاری کے لئے شخصیتوں کے انتخاب کے بارے میں رشید احمد صدیقی کے اصولوں کو پرکھتے ہوئے پروفیسر سلیمان اطہر جاوید لکھتے ہیں:

''انہوں نے دنیاوی مقام ومرتبہ سے کم دلچسپی لیتے ہوئے اپنے ممدوحین کو اخلاقی کسوٹی پر پرکھا ہے اور اپنی طرف سے رنگ آمیزی کئے بغیر شخصیات کو انہی کے رنگ میں پیش کیا ہے۔ اس وجہ سے شخصیات ویسی ہی دکھائی دیتی ہیں جیسی کہ ہیں یا تھیں۔ رشید احمد صدیقی شخصیات کو متاثر نہیں کرتے بلکہ کیمرے کی آنکھ کی طرح ان کو دیکھتے اور کیمرے کی تصویر کی طرح کاغذ پر منتقل کر دیتے ہیں۔'' (۲)

موضوعات کے انتخاب کے طریقہ کار، کردار نگار، نفسیات نگاری اسلوب نگارش جیسی خوبیوں کی تفصیلات بیان کرتے ہوئے پروفیسر سلیمان اطہر جاوید نے رشید احمد صدیقی کی مرقع نگاری کے باب کو ختم کیا۔ اس کے بعد ''تاثراتی نقاد'' کے عنوان سے رشید احمد صدیقی کی شخصیت ان کے فن کے ایک پہلو تنقید نگاری کو زیر موضوع لایا۔ عنوان کے ذریعہ ہی پروفیسر سلیمان اطہر جاوید نے یہ طئے کر دیا کہ رشید احمد صدیقی ایک تاثراتی نقاد ہیں۔ اس باب میں پروفیسر سلیمان اطہر جاوید نے تقریباً ان ہی خیالات کا اعادہ کیا جو انہوں نے اپنی تحقیقی کتاب ''رشید احمد صدیقی شخصیت اور فن'' میں بہ حیثیت نقاد رشید احمد صدیقی کا جائزہ پیش کیا تھا۔ چنانچہ اس باب میں وہ لکھتے ہیں کہ رشید احمد صدیقی ممتاز

مزاح نگار ہونے کے باوجود انہوں نے نثر کے مقابلے میں تنقید کے لئے شاعری کو موضوع بنایا اور اپنے طویل مضمون ''جدید غزل'' میں اردو کے غزل گوشعراء اور فن غزل گوئی پر اپنے تنقیدی خیالات کا اظہار کیا۔ انہیں تاثراتی نقاد قرار دیتے ہوئے اردو کے بیشتر شعراء اور ادیبوں پر رشید احمد صدیقی کی تنقیدی آراء کے اقتباسات پیش کیے۔ آخر میں ان کے فن تنقید کی خوبیوں اور خامیوں پر مجموعی نظر ڈالتے ہوئے پروفیسر سلیمان اطہر جاوید لکھتے ہیں:

> ''رشید احمد صدیقی کی تنقید سے واضح ہوتا ہے کہ اپنے طنزیہ و مزاحیہ مضامین کی طرح یہاں بھی وہ ادھر ادھر کی کہتے ہوئے جہاں سے سرسری گزر جاتے ہیں اور یہ نہیں دیکھ پاتے کہ ہر جا جہان دیگر ہے واضح اور غیر مبہم طور پر تمام پہلوؤں کا احاطہ کیا جا سکے۔ ایک اور خامی یہ ہے کہ وہ کسی ادیب یا شاعر پر اظہار خیال کرتے ہوئے کسی دوسرے کے بارے میں بھی اپنے خیالات ظاہر کرنے لگتے ہیں۔ اس طرح کی بے راہ روی ان کی تنقید ہی میں نہیں دیگر مضامین میں بھی ملتی ہے۔ چنانچہ ان باتوں کی وجہ سے نقاد کی حیثیت سے ان کی مرتبت ایسی اونچی نہ سہی لیکن اپنی ذہانت کے باعث کسی فن پارے کے بارے میں وہ جو رائے قائم کر لیتے ہیں وہ چونکا دینے والی ہوتی ہے اور ان کی انفرادیت کی غماز اس طرح رشید احمد صدیقی نے شعر و ادب کا طرحداری اور سرشاری سے جائزہ لے کر ایک نئی روایت قائم کی ہے۔ ان کے لب و لہجہ کی جھنک کے باعث یہ روایت اردو کے تنقیدی سرمایہ میں یقیناً ایک خوشگوار اضافہ ہے۔''(۱)

رشید احمد صدیقی کی تنقید نگاری کے اس اجمالی جائزے کے ذریعہ پروفیسر سلیمان اطہر جاوید نے اس باب کا اختتام کیا ہے اور رشید احمد صدیقی کو بہ حیثیت تاثراتی نقاد پیش کرتے ہوئے ان کی تنقید نگاری کی بعض نمایاں خامیوں کو ظاہر کیا ہے۔ اس طرح اس سوانحی کتاب میں پروفیسر سلیمان اطہر جاوید نے اپنے ممدوح سے متاثر ہوئے بغیر کھرے کھوٹے کو الگ الگ پیش کرنے کی سعی کی ہے اور صرف مدح خوانی سے احتراز کیا ہے۔ جو ایک اچھے سوانح نگار کی خوبی کہلائی جا سکتی ہے۔ سوانحی کتاب ''رشید احمد صدیقی'' کا آخری باب ''صاحب طرز انشا پرداز'' ہے۔ اس باب میں پروفیسر سلیمان اطہر جاوید نے رشید احمد صدیقی کے اسلوب نگارش کی وضاحت کرتے ہوئے اس کی خوبیوں اور خامیوں کو اجاگر کیا ہے۔ اسلوب کو شخصیت کا عکاس قرار دیتے ہوئے نامور ادیبوں کے اسلوب کی طرف اشارہ کیا ہے اور لکھا کہ رشید احمد صدیقی کا اسلوب بھی ان کی شخصیت کی عکاسی کرتا ہے۔ مختلف اصناف میں ان کے اسلوب کی خصوصیات بیان کرتے ہوئے وہ لکھتے ہیں:

> ''تنقید میں ان کا لہجہ ادبی اور عالمانہ ہے۔ مرقع نگاری میں حجم وقار اور تدبر ہے۔ طنز میں تبسم زیر لب کی کیفیت اور معنی خیز شوخی ہے تو مزاح میں مسکراہٹ اور کہیں کہیں قہقہہ ایک طرح کی متانت لئے ہوئے۔''(۱)

رشید احمد صدیقی کے اسلوب کی ان متنوع خصوصیات کو پیش کرتے ہوئے پروفیسر سلیمان اطہر جاوید نے انہیں ایک ہمہ جہت اسلوب کی حامل شخصیت قرار دینے کی کوشش کی ہے۔ رشید احمد صدیقی کے اسلوب میں سرشاری کا تذکرہ کرتے ہوئے ان کی

تحریروں سے حسب ذیل انتخاب پیش کیا ہے۔

''غزل شاعری نہیں تہذیب بھی ہے''۔ (جگر میری نظر میں)

''غزل صنف سخن ہی نہیں معیار سخن بھی ہے''۔ (جدید غزل)

''شاعری زیور کی محتاج ہے اور زیور غزل کا محتاج ہے'' ۔ (جدید غزل)(۲)

اسلوب میں سرشاری کے علاوہ جدت، زبان و بیان کی بندش، ایجاز و اختصار مخصوص فقروں کا استعمال وغیرہ خصوصیات بیان کرتے ہوئے پروفیسر سلیمان اطہر جاوید نے رشید احمد صدیقی کو ایک منفرد صاحب طرز انشا پرداز کے طور پر پیش کرنے کی کوشش کی ہے۔ چھوٹے چھوٹے فقروں سے کام کی بات کہہ جانے ان کے اسلوب کی ایک نمایاں خصوصیت کو بیان کرتے ہوئے پروفیسر سلیمان اطہر جاوید نے رشید احمد صدیقی کی تحریروں سے یہ اقتباسات پیش کیے ہیں۔

''جب رزق اور موت کے دروازے بند ہو جاتے ہیں تو ہندوستان میں اخبار نویسی کے دروازے خود بخود کھل جاتے ہیں۔'' (خنداں)

''یہ زمانہ بے روزگاری اور روشن خیالی کا ہے''۔ (خنداں)

''غالبؔ کے تصرف سے غزل اردو کی تاثیر اور تقدیر بن گئی''۔ (جدید غزل)

''اقبال کی نظموں کا شباب، اقبال کی غزلوں کی شراب میں ڈوبا ہوا ہے''
۔ (جدید غزل)

''محمد علی پر دولت اور شہرت کی بارش ہوئی۔ محمد علی نے ان دونوں کو سیلاب بنا کر بہا دیا''۔ (گنجہائے گرانمایہ)

''وہ (آنجہانی نہرو) خدا سے چاہے جتنے دور رہے ہوں اس کی مخلوق سے بہت قریب تھے۔ (فکر ونظر علی گڑھ) (۳)

رشید احمد صدیقی کی تحریروں کے ان اقتباسات کے انتخاب کے ذریعہ پروفیسر سلیمان اطہر جاوید نے اپنے مطالعہ کی گہرائی کا ثبوت پیش کیا ہے اور خود رشید احمد صدیقی کو ایک اچھا انشا پرداز ثابت کیا ہے۔ باب کے آخر میں بہ حیثیت انشا پرداز ان کے مقام کا تعین کرتے ہوئے پروفیسر سلیمان اطہر جاوید لکھتے ہیں:

''اس میں کوئی شبہ نہیں کہ رشید احمد صدیقی صاحب طرز انشا پرداز اور منفرد صاحب اسلوب ہیں۔ان کی تحریر ان تمام اوصاف کی حامل ہے جس سے ایک اچھا اسلوب عبارت ہوتا ہے۔ انہوں نے ایک ایسے اسلوب کی طرح ڈالی اور اس کو بارآور کیا جو ان کا اور صرف ان کا اپنا ہے۔جس کے خوشہ چین تو بہت مل جائیں گے لیکن حقیقی مقلد شائد ہی کوئی ہو۔یوں مجموعی طور پر اردو کے اسالیب کے گرانمایہ خزانے میں ان کا اسلوب وقیع ،جمیم اور ادبی تہذیبی قدروں کے امتزاج کی وجہ سے نمایاں ترمہتمم بالشان اور دیرپا اثرات کا حامل ہے اور رہے گا۔'' (۱)

رشید احمد صدیقی کے اسلوب کے بارے میں اپنی رائے پیش کرتے ہوئے پروفیسر سلیمان اطہر جاوید نے اس باب اور اپنی کتاب کو ختم کیا ہے اور رشید احمد صدیقی کی بہ حیثیت ادیب سوانح کو پیش کرنے کی کوشش کی ہے۔ جب اس کتاب کا مجموعی طور پر جائزہ لیں تو پتہ چلتا ہے کہ پروفیسر سلیمان اطہر جاوید نے رشید احمد صدیقی کے مختصر حالات

وزندگی پیش کرتے ہوئے ادبی زندگی میں ان کی شخصیت کے مختلف پہلوؤں مثلاً بہ حیثیت مزاح نگار، مرقع نگار، نقادوانشا پرداز کے پیش کرنے کی کوشش کی ہےاور علی گڑھ سے ان کی وابستگی کا اظہار خیال کیا ہے۔ تاہم ایک مکمل سوانح کی حیثیت سے اس کتاب میں مزید تشنگی باقی رہتی ہے۔ رشید احمد صدیقی نے علی گڑھ میں ملازمت کی تھی۔ بہ حیثیت ملازم ان کی خدمات کا بیان بالکل کم کیا گیا ہے۔ اس کے علاوہ ان کی دیگر سماجی خدمات، گھریلو زندگی تفصیلات وغیرہ مزید تفصیل طلب ہیں۔ اس کے باوجود اس مختصر کتاب میں پروفیسر سلیمان اطہر جاوید نے رشید احمد صدیقی کی حیات اور ان کی شخصیت کے اہم پہلوؤں کو محفوظ کردیا ہے۔ رشید احمد صدیقی کے مکمل تعارف کے متلاشی کسی طالب علم کے لئے یہ کتاب مکمل رہنما ثابت ہوگی۔ اس کتاب میں پروفیسر سلیمان اطہر جاوید نے بیانیہ اسلوب اختیار کیا ہے اور ایسا لگتا ہے کہ ایک بندھے ٹکے فارمولے کے تحت وہ معلومات بیان کرتے جاتے ہیں۔ اسلوب میں چاشنی کم ہے۔ اس کی وجہ سے یہ ہے کہ پروفیسر سلیمان اطہر جاوید بنیادی طور پر ایک نقاد ہیں اور تنقیدی تحریریں لکھتے لکھتے ان کی تحریروں میں علمی رنگ آ گیا ہے۔ لہذا سوانح نگاری کے لئے جس طرح ادبی چاشنی سے بھرپور اسلوب کی ضرورت تھی وہ ان میں پائی نہیں جاتی۔ پھر بھی انہوں نے رشید احمد صدیقی کی تحریروں کے دلچسپ فقرے پیش کرتے ہوئے اس کتاب کے قاری کی دلچسپی کا سامان فراہم کیا ہے۔ الطاف حسین حالی نے ''یادگار غالبؔ'' میں بھی غالبؔ کی زندگی کے پرلطف واقعات بیان کرتے ہوئے اپنی سوانحی کتاب میں دلچسپی پیدا کی تھی۔

حالیؔ کی سوانح نگاری پر یہ الزام عائد کیا جاتا ہے کہ وہ مدلل مداحی ہیں۔ جبکہ

پروفیسر سلیمان اطہر جاوید اپنی متوازن تنقیدوں سے شخصیت کی خوبیوں اور خامیوں کو یکساں طور پر بیان کرتے ہوئے اس الزام سے بچ جاتے ہیں۔اس کتاب میں متذکرہ شخصیت کو ابھارنے کے لئے واقعات بھی کم بیان کئے گئے ہیں۔واقعات کے سہارے جہاں شخصیت کی خوبیاں بیان ہوسکتی ہیں وہیں کتاب میں دلچسپی بھی پیدا کی جاسکتی ہے۔چنانچہ واقعات کی کمی کھٹکتی ہے۔چند ایک خامیوں کے باوجود ''رشید احمد صدیقی'' نامی یہ سوانحی کتاب اردو ادب کی سوانحی کتابوں میں ایک اہم اضافہ ہے اوراس سے پروفیسر سلیمان اطہر جاوید اردو ادب کی تاریخ میں بہ حیثیت سوانح نگار متعارف ہوتے ہیں۔اس کتاب کی ترتیب کے لئے پروفیسر سلیمان اطہر جاوید نے رشید احمد صدیقی کی ۱۶ (سولہ) کتابوں کے علاوہ جن کتابوں سے استفادہ کیا ان میں ''آتش گل از جگر مرادآبادی''''اردو کے اسالیب بیان، از: ڈاکٹر سید محی الدین قادری زور'' باقیات بجنوری''از: عبدالرحمٰن بجنوری''انشائے ماجد'' (حصہ اول) از: عبدالماجد دریابادی،''پریم چند کا تنقیدی مطالعہ''از: قمر رئیس''نقد غالب'' از: مختار الدین احمد کے علاوہ آج کل اور دیگر اردو رسائل شامل ہیں۔ان کتابوں کا استفادہ کرتے ہوئے پروفیسر سلیمان اطہر جاوید نے اپنی سوانحی کتاب ''رشید احمد صدیقی'' کو معلوماتی بنانے کی کوشش کی ہے۔

ساحرلدھیانوی

پروفیسر سلیمان اطہر جاوید کی دوسری سوانحی کتاب ''ساحرلدھیانوی'' کے نام سے ۱۹۹۶ء میں ساہتیہ اکادمی کے زیراہتمام شائع ہوئی۔فلمی دنیا میں نغمہ نگاری کے باعث ساحرلدھیانوی کو بے پناہ مقبولیت حاصل ہوئی تھی۔بہ حیثیت شاعر انھوں نے نظمیں اور

غزلیں دونوں کہی تھیں۔ پروفیسر سلیمان اطہر جاوید نے اس سوانحی کتاب میں حالات زندگی، ساحر کی شاعری، نظم نگاری، غزلیں، ساحر فلمی دنیا میں اور ساحر کا اسلوب شاعری کے عنوانات سے ساحر کی شخصیت کا جائزہ لینے کی کوشش کی ہے۔

حالات زندگی کے باب میں پروفیسر سلیمان اطہر جاوید نے ساحر کے وطن لدھیانہ، ان کے آبا و اجداد، ان کے والد کے حالات اور ساحر کی زندگی کی تفصیلات لکھی ہیں ۔ لدھیانہ کے بارے میں انہوں نے لکھا کہ سلاطین لودھی کے زمانہ، اقتدار میں بسائے گئے اس شہر کا نام لدھیانہ پڑا اور یہ کہ ساحر کے آباءواجداد گوجر قوم سے تھے۔ ساحر کے والد نے اولاد نرینہ کی خواہش میں (۱۱) شادیاں کیں اور کشمیری خاتون سردار بیگم سے انہیں جو واحد اولاد نرینہ ہوئی وہ ساحر تھے۔ جو ۸/ مارچ ۱۹۲۱ء کو لدھیانہ میں پیدا ہوئے ۔ والد نے قرآن دیکھ کر ان کا نام عبدالحئی رکھا۔ بچپن میں ساحر کی پرورش نازونعم میں ہوئی۔ ساحر کے والد عیش پرست واقع ہوئے تھے۔ وہ جائیداد بیچ کر عیش وعشرت کرنے لگے۔ ساحر کی ماں نے انہیں روک ٹوک کر سمجھانے کی کوشش کی ۔ لیکن ساحر کے والد فضل محمد نہ مانے ۔ ساحر کی ماں نے پہلے اپنے شوہر سے علحدگی اختیار کی اور بعد میں یہ کہہ کر ان پر مقدمہ دائر کر دیا کہ ان کا بیٹا اس جائیداد کا تنہا وارث ہے۔ اس لئے وہ جائیداد بیچ نہیں سکتے ۔ مقدمہ ۲۰ سال تک چلتا رہا۔ بعد میں ساحر کی خواہش پر وہ اپنی ماں کے ساتھ رہنے لگے۔ ماموں، عبدالرشید میوہ فروش نے ان کی پرورش کی۔

ساحر کی ابتدائی زندگی کے حالات بیان کرنے کے بعد پروفیسر سلیمان اطہر جاوید نے ان کی اسکولی تعلیم، کالج کی تعلیم، گورنمنٹ کالج لدھیانہ سے ڈگری کی تعلیم اسی

دوران سیاسی و ادبی سرگرمیوں کے آغاز کی تفصیلات اور جدوجہد آزادی کی تحریکوں میں حصہ لینے کی تفصیلات پیش کیں۔ ساحر کی لاہور اور پھر وہاں سے منتقلی، تقسیم ہند کے بعد کے حالات، فسادات کی تفصیلات کے دوران ساحر کی زندگی اور ان کے شعری سفر، انہیں ملنے والے ایوارڈز وغیرہ کی تفصیلات ماں کی علالت اور وفات اور بعد میں ساؔحر کی زندگی کے واقعات بیان کئے اور لکھا کہ ساحر نے زندگی بھر شادی نہیں کی۔ پنجابی شاعرہ امریتا پریتم سے ان کے معاشقے کے واقعات بیان کرتے ہوئے لکھا کہ ۱۹۷۶ء میں ماں کی وفات کے بعد ساحر کو صدمہ پہنچا اور ۲۵/ اکتوبر ۱۹۸۰ء کو ساحر بھی اس دار فانی سے کوچ کر گئے اور بمبئی میں دفن کئے گئے۔ اس طرح پروفیسر سلیمان اطہر جاوید نے ساحر کے حالات زندگی مفصل انداز میں بیان کئے۔ مشہور شاعر کیفی اعظمی کا ساحر کو جو سراپا بیان کیا تھا وہ اقتباس پروفیسر سلیمان اطہر جاوید نے پیش کیا ہے۔ کیفی لکھتے ہیں:

> ''ساڑھے پانچ فیٹ کا قد، جو کسی طرح سیدھا کیا جائے تو چھ فیٹ ہو جائے۔ لانبی لانبی لچکیلی ٹانگیں۔ پتلی سی کمر، چوڑا سینہ، چہرے پر چیچک کے داغ، سرکش ناک، خوبصورت آنکھیں، آنکھوں میں جھینپا جھینپا سا تفکر، بڑے بڑے بال، لجلجی چال، جسم پر قمیض، پتلون منڈھی ہوئی اور ہاتھ میں سگریٹ کاٹن۔''(۱)

ترقی پسند ادیبوں سے ساحر کی وابستگی کے بارے میں پروفیسر سلیمان اطہر جاوید نے لکھا کہ:

> ''اکتوبر ۱۹۴۵ء میں حیدرآباد کے ترقی پسند مصنفین کی کل ہند کانفرنس

منعقد ہوئی۔ ساحر نے اس کانفرنس میں شرکت کی اور اپنا مقالہ پڑھا۔
ساحر کا نام یوں تو بیشتر کی زبان پر تھا اور ان کی شاعری سے کئی واقف تھے
۔لیکن شخصی طور پر ساحر کی ملاقاتیں بہت کم اصحاب سے تھیں۔ مقالہ پیش
کرنے کے بعد ترقی پسند قلم کاروں کی گویا ایک دنیا ساحر سے ذاتی طور پر
متعارف ہوگئی۔ سجاد ظہیر نے ساحر کو گلے لگایا اور جب بمبئی کا قافلہ واپس
ہونے لگا تو سجاد ظہیر، کرشن چندر سردار جعفری اور مجاز وغیرہ ساحر کو اپنے
ہمراہ بمبئی لے گئے۔''(۲)

ساحر لدھیانوی کے حالات زندگی پروفیسر سلیمان اطہر جاوید نے لطیف انداز میں بیان کئے ہیں اور ان کے بچپن، ان کی زندگی کے آخری ایام اور ان کے معاشقوں کے حالات پڑھتے ہوئے قاری کو ساحر کی شخصیت سے ایک ہمدردی سی ہو جاتی ہے اور اس ہمدردی کے پیدا کرنے میں ساحر کے حالات کے علاوہ پروفیسر سلیمان اطہر جاوید کا سلیس و پرلطف انداز بیان بھی ہے۔ ساحر کی شاعری کے باب میں پروفیسر سلیمان اطہر جاوید نے شاعری کے بارے میں ساحر کے نظریات کی نشاندہی کی۔ ساحر تخلص اختیار کرنے کا واقعہ بیان کرتے ہوئے لکھتے ہیں:

''جہاں تک ساحر کے تخلص اختیار کرنے کا تعلق ہے۔ یہ واقعہ بھی عجیب ہے
۔ وہ کتابوں کی ورق گردانی کرتے رہے کہ کوئی اچھا سا تخلص مل جائے اسی
دوران ان کی نظر اقبال کے اس مرثیہ پر پڑی جو انہوں نے داغ کی یاد میں
لکھا ہے۔اس شعر پر گویا وہ رک سے گئے۔

اس چمن میں ہوں گے پیدا بلبل شیراز بھی
سینکڑوں ساحر بھی ہوں گے صاحب اعجاز بھی

''انہیں لفظ ''ساحر'' پسند آیا۔ اوراس قدر کہ اس کو اپنے تخلص کے بطور اختیار کرلیا اور ساؔحر لدھیانوی بن گئے۔''(۱)

ساحر کے ہم عصر شاعروں کے بارے میں پروفیسر سلیمان اطہر جاوید نے لکھا کہ جوش، احسان دانش، فیض، سردار جعفری اور مجاز وغیرہ ساحر کے ہم عصر تھے اور یہ کہ گوپال متل کے ایماء پر ساحر نے سوشلزم اور کمیونزم کا مطالعہ کیا۔ ترقی پسند تحریک سے متاثر ہوئے اور اپنی شاعری سے مارکسی نظریات کو پیش کیا۔ ترقی پسندی کے زیر اثر انہوں نے حقیقت نگاری کو اپنایا۔ اس ضمن میں پروفیسر سلیمان اطہر جاوید لکھتے ہیں:

''انہوں نے اس معاشرہ سے یونہی بغاوت نہیں کی بلکہ انہوں نے جب دیکھا کہ محنت کشوں، مزدوروں، کسانوں اور غریبوں سے انتہائی ناگوار سلوک کیا جاتا ہے اور عورت کی حیثیت کسی کھلونے سے بڑھ کر نہیں تو ان کے اندر کے انسان نے ان چہروں کو گوارا نہیں کیا۔ کہیں جھنجھلاہٹ اور تلخی، کہیں ہلکے طنز اور کہیں رواں دواں تبصرے کے ساتھ انہوں نے اپنے خیالات کی ترسیل کی۔ ساحر کی شاعری کو ان کے معاشرے کے خوب و خراب، پیچ وخم اور سیاہ وسفید کا ردعمل کہنا چاہیئے۔ ساحر کے مجموعہ کلام ''تلخیاں'' کے ہر ایڈیشن کے ابتدائی صفحہ پر یہ شعر درج ملتا ہے۔''

دنیا نے تجربات و حوادث کی شکل میں

جو کچھ مجھے دیا ہے وہ لوٹا رہا ہوں میں (۲)

ساحر کی شعری فکر پر روشنی ڈالنے کے بعد ''نظم نگاری'' کے باب میں شاعر کی شاعری کی تفصیلات بیان کی ہیں اور لکھا کہ ساحر کی شاعری کے چار مجموعے '' گاتا جائے بنجارہ''، ''پرچھائیاں''، ''تلخیاں'' اور ''آؤ کوئی خواب بنیں'' میں نظمیں بھی شامل ہیں اور غزلیں بھی۔

ساحر کی شاعری کو تین ادوار، رومان، حقیقت اور رومان میں منقسم کرتے ہوئے لکھا کہ ساحر نے عنفوان شباب اور آخری ایام میں رومانی شاعری کی اور زندگی کے درمیانی ایام میں مارکسزم کے زیر اثر حقیقت نگاری کو اپنایا۔ ساحر کی مشہور نظم ''تاج محل'' کو ان کے اشتراکی نظریات کی غماز قرار دیتے ہوئے اس نظم کے دو بند بہ طور اقتباس پیش کیے ہیں:

''میرے محبوب انہیں بھی تو محبت ہوگی
جن کی صناعی نے بخشی ہے اسے شکل جمیل
ان کے پیاروں کے مقابر رہے بے نام و نمود
آج تک ان پہ جلائی نہ کسی نے قندیل
یہ چمن زار ، یہ جمنا کا کنارا یہ محل
یہ منقش درد دیوار یہ محراب یہ طاق
اک شہنشاہ نے دولت کا سہارا لے کر
ہم غریبوں کی محبت کا اڑایا ہے مذاق '' (۱)

ساحر کی رومانی شاعری کو ان کے دل کی آواز اور حقائق کا بیان قرار دیتے ہوئے

ان کی چند مشہور نظموں کا انتخاب پیش کیا ہے۔ ایک رومانی نظم ''متاع غیر'' کے یہ اشعار بطور انتخاب پیش کیے ہیں:

میرے خوابوں کے جھرکوں کو سجانے والی
تیرے خوابوں میں کہیں میرا گزر ہے کہ نہیں
تو کسی اور کے دامن کی کلی ہے لیکن
میری راتیں تیری خوشبو سے بنی رہتی ہیں
تو کہیں بھی ہو ترے پھول سے عارض کی قسم
تیری پلکیں میری آنکھوں پہ جھکی سی رہتی ہیں (۲)

ایک اور نظم ''خوبصورت موڑ'' میں ہجر کی تڑپ کو بیان کرتے ہوئے ان اشعار کو بہ طور انتخاب پیش کیا ہے۔

تعارف روگ بن جائے تو اس کا بھولنا اچھا
تعلق بوجھ بن جائے تو اس کا توڑنا اچھا
وہ افسانہ جسے تکمیل تک لانا نہ ہو ممکن
اسے اک خوبصورت موڑ دے کر چھوڑنا اچھا
چلو، اک بار پھر سے اجنبی بن جائیں ہم دونوں (۱)

ساحر کی رومانی شاعری کی مثالیں دینے کے بعد پروفیسر سلیمان اطہر جاوید نے ساحر کی سیاسی شاعری کی مثالیں بھی دی ہیں۔ ان کی سیاسی شاعری کے بارے میں پروفیسر سلیمان اطہر جاوید لکھتے ہیں:

’’ساحر کی سیاسی اور مسائلی شاعری ان کے دور کی آواز ہے ۱۹۴۷ء سے پہلے ہو کہ بعد ساحر نے بے شمار قومی، سیاسی اور معاشرتی مسائل کو موضوع گفتگو بنایا۔ وہ اپنے مخصوص نقطہ نظر سے جائزہ لیتے ہوں لیکن انسان دوستی اور امن پسندی، استحصال سے نفرت اور ظلم و ستم کے خلاف احتجاج کا دامن انہوں نے کہیں نہیں چھوڑا ایسی شاعری اپنی گونج گرج کے باعث بالعموم نعرہ بازی کی شکار ہو جاتی ہے۔ ساحر کے پاس بھی کہیں کہیں یہ کیفیت مل جاتی ہے لیکن ان کی شاعری بسا اوقات غیر ضروری جذبات سے مبرا ہے۔ چونکہ عوام اور عوامی مسائل سے انہیں ایک گونہ تعلق ہے۔ لہٰذا اخلاص اور دردمندی کی وجہ سے ان کی ایسی منظومات پڑھنے والوں کو بھی متاثر کرتی ہیں۔‘‘ (۲)

ساحر کی سیاسی شاعری پر اپنی رائے پیش کرنے کے بعد ان کی مختلف نظموں کے بارے میں پروفیسر سلیمان اطہر جاوید نے تبصرہ کیا ہے۔ ہند پاک جنگ اور تاشقند معاہدہ کی سالگرہ کے ایک موقع پر انہوں نے ایک مشہور نظم ’’اے شریف انسانو!‘‘ کا یہ اقتباس پیش کیا ہے۔

جنگ تو خود ہی ایک مسئلہ ہے
جنگ کیا مسئلوں کا حل دے گی
آگ اور خون آج بخشے گی
بھوک اور احتیاج کل دے گی

اس لیے اے شریف انسانو !
جنگ ٹلتی رہے تو بہتر ہے
آپ اور ہم سبھی کے آنگن میں
شمع جلتی رہے تو بہتر ہے(۱)

ساحر کے رومانی اور سیاسی شاعری کے جائزے کے بعد پروفیسر سلیمان اطہر جاوید نے ان کی نظموں میں منظر نگاری، فکر انگیزی زبان و بیان وغیرہ خصوصیات کو مثالوں کے ساتھ پیش کیا ہے۔

''ساحر لدھیانوی'' سوانحی کتاب کے اگلے باب ''غزلیں'' میں پروفیسر سلیمان اطہر جاوید نے ساحر کی غزل گوئی کا جائزہ پیش کیا ہے اور لکھا کہ ساحر کی غزلوں کی جملہ تعداد صرف ۲۶ ہے۔ لیکن معنویت اور کیفیت کے اعتبار سے ساحر کی غزلیں پڑھنے والوں کو اپنی جانب موڑ لیتی ہیں۔ ساحر کی غزلوں میں پائے جانے والے عشق کے موضوعات، سیاست، معاشرت فلسفہ وغیرہ موضوعات پر مبنی منتخبہ اشعار پیش کئے ہیں۔ عشق کی تڑپ کے بارے میں ساحر کے یہ اشعار پیش کئے ہیں۔

ہم سے اگر ہے ترک تعلق تو کیا ہوا
یارو ! کوئی تو ان کی خبر پوچھتے چلو
انہیں اپنا نہیں سکتا ، مگر اتنا بھی کیا کم ہے
کہ کچھ مدت حسین خوابوں میں کھو کر جی لیا میں نے
ان کا غم ، ان کا تصور ، ان کے شکوے اب کہیں

اب تو یہ باتیں بھی اے دل ہوگئیں آئی گئی
گر زندگی میں مل گئے پھر اتفاق سے
پوچھیں گے اپنا حال تری بے بسی سے ہم (۲)

ساحر کی غزل گوئی کے جائزے کے بعد پروفیسر سلیمان اطہر جاوید نے ساحر کی فلمی نغمہ نگاری کا جائزہ ''ساحر فلمی دنیا میں'' باب کے تحت کیا ہے اور لکھا کہ تعلیم ختم کرنے کے بعد روزگار کی تلاش میں ساحر فلمی دنیا کی طرف متوجہ ہوئے اور ۱۹۵۴ء میں اپنے دوست کے ہمراہ لاہور سے بمبئی منتقل ہوئے۔ اور ''آزادی کی راہ پر'' فلم کے لئے گیت لکھے۔ یہیں ان کی ملاقاتیں اردو کے نامور شعراء اور ادیبوں سے ہوئی جن میں کرشن چندر، اختر الایمان، کیفی اعظمی، مجروح سلطانپوری، عصمت چغتائی وغیرہ شامل ہیں۔ ساحر کو ابتداء میں دو سال تک فلمی دنیا میں قدم جمانے کے لئے سخت جدوجہد کرنی پڑی۔ بالاخر موسیقار ایس ڈی برمن کی فرمائش پر انہوں نے گیت لکھے اور انہیں مقبولیت ملی ان کا گیت یہ ہے

ٹھنڈی ہوائیں
لہرا کے آئیں
رت ہے حسیں
تم ہو کہیں
کیسے بھلائیں
ٹھنڈی ہوائیں (۱)

ساحر کے فلمی دنیا میں قدم جمانے کے واقعات کے بعد پروفیسر سلیمان اطہر جاوید نے ساحر کے مشہور فلمی نغموں کی مثالیں دیں اور فلمی شاعری کے موضوعات فلمی دنیا کی پسند ناپسند، ساحر کی فلمی شاعری کی خصوصیات مثالوں کے ذریعہ واضح کی ہیں۔ فلمی گیتوں میں منظر نگاری پر ساحر کے کمال کو ظاہر کرتے ہوئے پروفیسر سلیمان اطہر جاوید لکھتے ہیں:

''ساحر کو منظر نگاری میں بھی بڑا کمال حاصل تھا۔ انہوں نے فطرت کا جس گہری نظر اور توجہ کے ساتھ مطالعہ کیا ہے۔ اس کا اظہار ان کے ایسے نغموں میں ہوتا ہے جن میں انہوں نے اپنے منفرد انداز میں نغمہ نگاری کی ہے۔ قلم کے جادو کی داد دینی پڑتی ہے کہ منظر نظر کے سامنے متحرک ہو جاتا ہے بلکہ ذرا اور توجہ سے کام لیں تو ہم منظر میں کھو جاتے ہیں۔ بلکہ منظر کا ایک حصہ بن جاتے ہیں۔ فلم ''شگون'' کا یہ نغمہ ملاحظہ کیجئے جس کے موسیقار تھے خیام:

پربتوں کے پیڑوں پر شام کا بسیرا ہے
سرمئی اجالا ہے چمپئی اندھیرا ہے
دونوں وقت ملتے ہیں دو دلوں کی صورت میں
آسماں نے خوش ہو کر رنگ سا بکھیرا ہے
ٹھہرے ٹھہرے پانی پر گیت سرسراتے ہیں
بھیگے بھیگے جھونکوں میں خوشبوؤں کا ڈیرا ہے(۲)

ساحر کی فلمی شاعری کے مختلف پہلو اور محاسن بیان کرتے ہوئے پروفیسر سلیمان

اطہر جاوید نے انہیں ایک کامیاب نغمہ نگار قرار دیا اور لکھا کہ جد و جہد کے ذریعہ ساحر نے فلمی نغمہ نگاری کے میدان میں نام کمایا۔

سوانحی کتاب ''ساحر لدھیانوی'' کے آخری باب ''ساحر کا اسلوب شاعری'' میں پروفیسر سلیمان اطہر جاوید نے ساحر کی شاعری کے اسالیب بیان، موضوعات کی پیشکشی کے انداز وغیرہ کا جائزہ لیا اور لکھا کہ ساحر کی شاعری فراق، ہجر اور محبوب سے جدائی کی شاعری ہے۔ ان کی شاعری میں عشق کی بھینی بھینی مہک آتی ہے۔ سیاسی شاعری میں احتجاجی لب و لہجہ، طنز تیکھا پن پایا جاتا ہے۔ ساحر کی شاعری میں نغمگی اور موسیقیت کا پتہ دیتے ہوئے ان کی ایک نظم کو بہ طور مثال پیش کیا ہے اور اس میں موسیقیت اور صوتی آہنگ کا اشارہ دیا ہے وہ نظم ''پرچھائیاں'' ہے۔ جس کے چند اشعار اس طرح ہیں۔

انسان کی قسمت گرنے لگی　　اجناس کے بھاؤ چڑھنے لگے
چوپال کی رونق گھٹنے لگی　　بھرتی کے دفاتر بڑھنے لگے
بستی کے سجیلے شوخ جواں　　بن بن کے سپاہی جانے لگے
جس راہ سے کم ہی لوٹ سکے　　اس راہ پہ راہی جانے لگے (۱)

ساحر کے اسلوب کی مختلف خصوصیات کو مثالوں سے واضح کرتے ہوئے پروفیسر سلیمان اطہر جاوید نے لکھا کہ ساحر نے متقدمین اور معاثرین کا اثر قبول کیا۔ لیکن اسلوب میں اپنا ایک علحدہ رنگ اختیار کیا جو ان کی یاد دلاتا ہے۔

اس طرح ''ساحر لدھیانوی'' سوانحی کتاب اختتام کو پہنچتی ہے۔ اس کتاب میں بنیادی طور پر پروفیسر سلیمان اطہر جاوید نے ساحر لدھیانوی کو بہ طور شاعر پیش کیا ہے۔ اس کے علاوہ ان کے حالات زندگی، ان کے فلمی سفر وغیرہ ابواب سے ان کی

زندگی کے بہت سے واقعات کا قاری کوعلم ہوتا ہےاور ساحر کی شخصیت کے دیگر پہلو بھی سامنے آتے ہیں ۔ اس طرح دیکھا جائے تو پروفیسر سلیمان اطہر جاوید کی یہ سوانحی کتاب اردو ادب کی سوانحی کتابوں میں ایک اہم اضافہ سمجھی جائے گی۔

پروفیسر سلیمان اطہر جاوید کی سوانح نگاری کا عمومی جائزہ

رشید احمد صدیقی اور ساحر لدھیانوی کی شخصیات پر سوانحی کتابیں لکھتے ہوئے پروفیسر سلیمان اطہر جاوید ایک سلجھے ہوئے سوانح نگار کے طور پر ابھر کر آتے ہیں اور ان کی سوانح نگاری کی بہت سی خصوصیات سامنے آتی ہیں۔ سوانح نگاری کی پرکھ اور جانچ کے لئے تنقید کے کسی اسکول نے کوئی خاص اصول مرتب نہیں کئے ہیں۔ اس لئے ڈاکٹر عبدالقیوم اپنی کتاب ''حالی کی اردو نثر نگاری'' میں لکھتے ہیں:

> ''یہ موضوع (سوانح نگاری) جس قدر دلچسپ ہے اسی قدر سیماب صفت بھی ۔ افسانوں کے اصول بنائے گئے ، ڈرامہ لکھنے کے قاعدے مقرر ہوئے ۔ نظموں میں اصناف کے علحدہ علحدہ قاعدے مرتب کئے گئے ۔ تاریخ کے لئے چند چیزوں کی موجودگی ضروری ہے ۔ ورنہ اس کے بغیر تاریخ نہ رہے گی ۔ لیکن سوانح عمری کے لئے اب تک کوئی باقاعدہ ایسا اصول نہیں بنایا جاسکا جسے سامنے رکھ کر ہم سوانح عمریوں کی جانچ کرسکیں۔ تنقید لکھتے وقت جن سے مدد لیں پس ایسا معلوم ہوتا ہے کہ جو سوانح عمری اچھی لکھی گئی ہے وہ اچھی سوانح عمری ہے۔''(۱)

ڈاکٹر عبدالقیوم کے سوانح نگاری کے بارے میں پیش کئے گئے خیالات کی روشنی میں پروفیسر سلیمان اطہر جاوید کی تحریر کردہ سوانحی کتابوں ''رشید احمد صدیقی'' اور ''ساحر

لدھیانوی''، کو بھی ہر لحاظ سے اچھی سوانح عمریاں کہا جا سکتا ہے۔ کیوں کہ انھوں نے اردو ادب سے وابستہ بیسویں صدی کی دو اہم شخصیتوں کے احوال قلمبند کیئے۔ ان میں سے ایک شخصیت علی گڑھ سے بے پناہ لگاؤ کے سبب اور دوسری شخصیت فلمی نغمہ نگاری کے سبب شہرت پا چکی تھی۔ لیکن ان سوانح عمریوں میں موضوع کی پیش کشی، واقعات کے بیان اور اسلوب وغیرہ کو مدنظر رکھتے ہوئے پروفیسر سلیمان اطہر جاوید کی سوانح نگاری کی جزئیات کا جائزہ بھی ضروری معلوم ہوتا ہے۔

سوانح نگاری کے لئے شخصیت کو بہ طور موضوع دو وجوہ سے منتخب کیا جاتا ہے۔ ایک بااعتبار عقیدت مندی جیسے شبلی کی ''سیرت نبوی ﷺ'' دوسری بااعتبار بزرگی جس کی مثال سرسید احمد خاں کی سوانح عمری ''حیات جاوید'' ہے جسے حالی نے اپنے مربی و بزرگ سرسید کے اعتراف خدمات کے طور پر لکھا تھا۔ ان دونوں صورتوں میں سوانح نگار کے ذہن میں شخصیت کی بزرگی اور تقدس چھایا رہتا ہے۔ اور شخصیت سے جتنی زیادہ عقیدت ہوتی ہے۔ اتنی ہی ممدوح کی خامیاں بھی اچھی معلوم ہوتی ہیں۔ اسی وجہ سے سوانح نگاری میں اعتدال نہیں آتا بلکہ وہ کتاب یا مضمون ممدوح کا نثری قصیدہ بن جاتا ہے۔ جس کی بہترین مثال حالی کی ''حیات جاوید'' اور ''یادگار غالب'' ہے۔ چونکہ حالی سرسید سے بے حد متاثر تھے اور غالبؔ حالیؔ کے استاد تھے۔ اس لئے مولانا حالیؔ نے ان دونوں سوانحی کتابوں میں ارادتاً یا بلا ارادہ جانب داری سے کام لیا ہے۔ اس جانب داری کا نقصان یہ ہوتا ہے کہ شخصیت کے مخالفین اس کی زندگی کے منفی و قبیح پہلو نمایاں کر کے دکھانے لگتے ہیں۔ چنانچہ ''یادگار غالبؔ'' کے خلاف پروفیسر عبداللطیف نے ''غالبؔ'' نامی کتاب میں غالبؔ کی شخصیت کے منفی پہلو بیان کیئے۔ اس لئے سوانح نگار کا فرض ہے کہ وہ جس کی سیرت یا سوانح عمری لکھے اس کی

زندگی کے اچھے اور برے دونوں پہلوؤں کو پیش کرے تاکہ پڑھنے والا شخصیت کے بارے میں ایک صحیح رائے قائم کر سکے۔ اگر سوانح نگار اس اصول سے ہٹتا ہے تو سوانح نگاری کا حق ادا نہیں ہوتا۔ تاہم اس کسوٹی پر بہت کم سیرت نگار اترتے ہیں۔ مندرجہ بالا امور کو مدنظر رکھتے ہوئے پروفیسر سلیمان اطہر جاوید کی سوانح نگاری کا جائزہ لیں تو پتہ چلتا ہے کہ وہ بھی ایک حد تک حالیؔ اور شبلیؔ کے طرز کے سوانح نگار دکھائی دیتے ہیں۔ موضوع یعنی شخصیت کے انتخاب میں عقیدت کا پہلو نمایاں ہے۔ کیونکہ پروفیسر سلیمان اطہر جاوید نے ''رشید احمد صدیقی'' پر تحقیقی مقالہ لکھا تھا اور اس دوران وہ ان کی رعب دار شخصیت سے متاثر ہوئے تھے۔ رشید احمد صدیقی کی وساطت سے اس وقت کے صدر جمہوریہ ڈاکٹر ذاکر حسین اور دیگر بلند مرتبہ شخصیتوں سے ملاقات کا موقع ملا تھا۔ چنانچہ رشید احمد صدیقی سے اظہار عقیدت کے طور پر انہوں نے یہ کتاب لکھی اس طرح رشید احمد صدیقی کی شخصیت کے مختلف پہلو بیان کرتے ہوئے ان سے عقیدت کے اظہار کا اثر نمایاں ہوتا ہے۔ ''ساحر لدھیانوی'' پر سوانحی کتاب پروفیسر سلیمان اطہر جاوید کی تحقیقی جستجو کی غمازی کرتی ہے اور انہوں نے عقیدت یا تاثر کے بغیر ایک ایسی شخصیت کو اپنی سوانح کا موضوع بنایا۔ جس نے جستجو اور لگن سے اپنی زندگی میں ایک مقام بنایا اور شاعر ہونے کے باوجود فلمی نغمہ نگاری کو بہ طور پیشہ اپناتے ہوئے زندگی گزاری۔ فلمی دنیا میں قدم جمانے کے لئے ساحر لدھیانوی کی جدوجہد کا بیان روزگار کے لئے جدوجہد کرنے والے نوجوانوں کے لئے ضروری مشعل راہ ثابت ہوگا۔ چنانچہ پروفیسر سلیمان اطہر جاوید کی اس سوانحی کتاب پر جانبداری کا الزام عائد نہیں ہوسکتا۔ تاہم شخصیت کی زندگی کے منفی پہلوؤں سے پردہ پوشی کے الزام سے پروفیسر سلیمان اطہر جاوید بھی بری نہیں ہوتے۔ کوئی انسان ایک شعبہ میں کتنا ہی مشہور کیوں نہ ہو۔ اس کے بارے میں یہ نہیں کہا

جاسکتا کہ زندگی بھر وہ معصوم رہا۔ رشید احمد صدیقی اور ساحر لدھیانوی کی شخصیت کے بھی منفی پہلو ہو سکتے ہیں۔ تاہم ان کی پردہ پوشی کی گئی ہے۔ اس کی وجہ یہ ہے کہ اکثر سوانح نگار کسی شخصیت کی سوانح لکھنے کا ارادہ تب ہی کرتے ہیں۔ جب کہ آیا وہ شخصیت سے خود متاثر ہوتے ہیں یا یہ سمجھتے ہیں کہ شخصیت کے احوال آنے والی نسلوں کے لئے مفید ہو سکتے ہیں۔ چنانچہ عقیدت، ارادت، تاثر اور سماجی و تہذیبی اہمیت کے پیش نظر سوانح نگاری کے لئے شخصیتوں کا انتخاب ہوتا ہے۔ سوانح چونکہ ایک اعلی مقصد کے لئے لکھی جاتی ہے۔ اس لئے اس میں شخصیت کی مدح کا پہلو زیادہ ہوتا ہے اور اس کے کردار کے منفی پہلو یا تو کم ہوتے ہیں یا بالکل نہیں ہوتے۔ پروفیسر سلیمان اطہر جاوید نے بھی اپنی سوانحی کتابوں ''رشید احمد صدیقی'' اور'' ساحر لدھیانوی'' میں آٹے میں نمک کی طرح چیدہ چیدہ مقامات پر اپنی ممدوح شخصیتوں کی خامیاں بیان کی ہیں۔ لیکن خوبیوں کے بیان اور کردار کے مثبت پہلوؤں کے بیان پر تفصیل سے کام لیا گیا ہے۔ رشید احمد صدیقی کا کردار بیان کرتے ہوئے پروفیسر سلیمان اطہر جاوید لکھتے ہیں:

> ''رشید احمد صدیقی صاف گو انسان تھے۔ وہ بچے ہوں یا بڑے دوست احباب ہوں یا اجنبی۔ ہر کسی سے اپنے خیالات کا اظہار جرات کر کے۔ وہ دوسروں کی مدد کرنے سے پیچھے نہیں ہٹتے تھے۔ حتی کہ سفارش کرنے پر بھی آمادہ رہتے۔ لیکن اگر کام نہ بنے تو متعلقہ امیدوار سے صاف کہہ دیتے کہ عہدیدار تم کو ناپسند کرتا ہے اور تمہارے کام سے خوش نہیں ہے۔ ہر کسی کے بارے میں کلمہ خیر کہنا ان کی زندگی کا خاصہ تھا۔ دوسروں کو نقصان پہنچانا وہ اپنی توہین سمجھتے تھے۔ وہ کسی کی عیب جوئی نہیں کرتے تھے۔ عزیز، دوستوں اور شاگردوں کی ہمت افزائی کرتے اور ان کو بڑا

دیکھنا چاہتے تھے۔"(۱)

شخصیت کے بارے میں اس طرح کی تعریفی باتیں پروفیسر سلیمان اطہر جاوید کی سوانحی کتابوں میں جابجا ملتی ہیں۔ تاہم بعض مواقع پر انہوں نے تنقیدی نقطہ نظر بھی اپنایا ہے۔ رشید احمد صدیقی کی تنقید کی خامیوں کو بیان کرتے ہوئے لکھتے ہیں:

"ایک اور خامی یہ ہے کہ وہ کسی ادیب یا شاعر پر اظہار خیال کرتے ہوئے کسی دوسرے کے بارے میں بھی اپنے خیالات ظاہر کرنے لگتے ہیں۔ اس طرح کی بے راہ روی ان کی تنقید ہی نہیں دیگر مضامین میں بھی ملتی ہے۔ چنانچہ ان باتوں کی وجہ سے نقاد کی حیثیت سے ان کی مرتبت ایسی اونچی نہ سہی لیکن اپنی ذہانت کے باعث کسی فن پارے کے بارے میں وہ جو رائے قائم کر لیتے ہیں وہ چونکا دینے والی ہوتی ہے"(۱)

اس طرح پروفیسر سلیمان اطہر جاوید نے اپنی تنقید اور سوانح نگاری میں توازن پیدا کرنے کی کوشش کی ہے اور اس طرح کے بیان سے ان کی سوانح عمریاں مدلل مداحی نہیں بلکہ ایک حد تک تعریفی و توصیفی پہلو کی حامل دکھائی دیتی ہیں۔ ایک اور پہلو یہ ہے کہ سوانح میں چوں کہ شخصیت کے احوال حقیقی انداز میں بیان کئے جاتے ہیں اور ان میں سوانح نگار کو ردو بدل کا کوئی اختیار نہیں ہوتا اس لئے سوانح نگار کی شخصیت کے تئیں جانب داری کو خود شخصیت کی عظمت قرار دیا جا سکتا ہے۔

جہاں تک مواد کی پیش کشی کی بات ہے پروفیسر سلیمان اطہر جاوید نے بڑی تحقیق و جستجو سے رشید احمد صدیقی اور ساحر لدھیانوی کے آباء و اجداد، تاریخ پیدائش، بچپن کے حالات، تعلیم، زمانہ طالب علمی کے حالات، ملازمت، گھریلو حالات، علمی و ادبی خدمات کا

تفصیلی جائزہ لیا ہے۔ تاہم حالات کے بیان میں واقعات کی کمی محسوس ہوتی ہے اور صرف بیانیہ انداز میں یکے بعد دیگرے حالات لکھے گئے ہیں۔ ساحر لدھیانوی کے حالات میں ان کے والد اور والدہ کے مابین مقدمہ آرائی کے واقعات تفصیلی انداز میں بیان کئے جا سکتے تھے۔ لیکن ایسا لگتا ہے پبلشر کی خواہش پر انہوں نے کتاب کی ضخامت کم کرنے کیلئے اختصار سے کام لیا ہو۔ اس طرح ان کی یہ سوانحی کتابیں سوانحی مقالے بن کر رہ جاتی ہیں۔ اسلوب میں سادگی اور سلاست کے ساتھ بیانیہ انداز اختیار کیا گیا ہے۔ رشید احمد صدیقی نے جہاں پر لطف فقروں اور جملوں سے اپنے اسلوب میں انفرادیت پیدا کی تھی۔ اس طرح کی دلچسپی پروفیسر سلیمان اطہر جاوید کی تحریر میں نہیں پائی جاتی۔ بنیادی طور پر وہ ایک نقاد ہیں اور تنقیدی تحریروں میں حقائق کے بیان کی وجہ سے دلچسپی کا عنصر کم پایا جاتا ہے۔ اس لئے سوانحی کتابوں میں بھی ان کا تنقیدی اسلوب ظاہر ہوتا ہے۔ اس کے باوجود قاری ان کی تحریروں کے مطالعے سے بیزار نہیں ہوتا اور نہ ہی کسی موڑ پر تشنگی محسوس کرتا ہے۔ اس طرح مجموعی طور پر پروفیسر سلیمان اطہر جاوید ایک اچھے سوانح نگار کے طور پر ابھرتے ہیں۔ اگر وہ سوانح نگاری کا سلسلہ جاری رکھیں تو ہماری تہذیبی زندگی کی مزید شخصیات کے حالات کو سوانحی کتابوں میں محفوظ رکھ سکتے ہیں اور اردو کے سوانحی ادب میں گراں قدر اضافہ ہوسکتا ہے۔

☆☆☆☆

☆☆☆☆☆☆

☆ چھٹا باب

پروفیسر سلیمان اطہر جاوید بہ حیثیت شاعر

شعری مجموعہ ''آنگن آنگن دکھ کے پیڑ'' کا تنقیدی جائزہ

پروفیسر سلیمان اطہر جاوید نامور محقق و نقاد، مرقع نگار و صحافی ہی نہیں بلکہ ایک اچھے شاعر بھی ہیں۔ان کا ایک عدد شعری مجموعہ ''آنگن آنگن دکھ کے پیڑ'' کے عنوان سے ۱۹۹۶ء میں اردو اکیڈیمی آندھراپردیش حیدرآباد کے جزوی مالی تعاون سے شائع بھی ہو چکا ہے اوراس میں شامل شعری انتخاب سے معلوم ہوتا ہے کہ پروفیسر سلیمان اطہر جاوید نظم ہی کے نہیں بلکہ غزل کے بھی اچھے شاعر ہیں۔ چند غزلوں میں انہوں نے جاوید تخلص اختیار کیا ہے۔

پروفیسر سلیمان اطہر جاوید کی شاعری پر ایک طائرانہ نظر ڈالنے سے قبل اردو شاعری اور خاص کر اردو غزل کے ارتقاء پر نظر ڈالنے سے پتہ چلتا ہے کہ اردو میں غزل عربی اور فارسی کے زیر اثر نشو ونما پائی ہے۔ ولی کے شمالی ہند سفر کرنے کے بعد شمال کے شاعروں نے اردو میں غزل گوئی پر توجہ کی۔ ولیؔ محمد قلی قطب شاہ، میرؔ و غالبؔ، انشاؔ، مصحفیؔ، مومن، آتشؔ و ناسخؔ، ذوقؔ، فراقؔ، دردؔ، جگر وغیرہ جہاں اردو کے نامور شعراء میں شمار کیے جاتے ہیں۔ وہیں ترقی پسند تحریک کے زیر اثر غزل کے موضوعات میں تبدیلی آئی اور اردو شاعری میں جدیدیت اور مابعد جدیدیت جیسی اصطلاحیں وجود میں آئیں۔ اردو شاعری کی پہلی

باضابطہ تنقیدی کتاب حالی کی ''مقدمہ شعروشاعری'' ہے جس میں پہلی مرتبہ انہوں نے مغربی تنقید کے انداز میں اردو شاعری اوراس کی مختلف اصناف پر اصولی بحث کی ہے۔ شاعری کے بارے میں انہوں نے کہا کہ یہ اکتساب سے حاصل نہیں ہوتی بلکہ اگر کسی شخص میں شاعری کا مادہ اور موزونئ طبع ہوتو وہی شخص شاعر بن سکتا ہے۔شاعری اپنے اندر تاثیر رکھتی ہے اور یہ اپنی سوسائیٹی کی تابع وترجمان ہوتی ہے۔اچھے شعر کی خصوصیات میں انہوں نے سادگی ، اصلیت اور جوش کو اہمیت دی ہے اور ادب برائے ادب نظریہ کی نفی کرتے ہوئے انہوں نے ادب برائے زندگی نظریہ کو اہمیت دی ہے۔شاعری میں حقیقت نگاری پر زور دیتے ہوئے انہوں نے مبالغہ آرائی کو غلط قرار دیا اور اپنا نظریہ نیچرل شاعری پیش کیا۔چنانچہ وہ کہتے ہیں:

> ''نیچرل شاعری سے وہ شاعری مراد ہے جو لفظاً و معنیً دونوں حیثیتوں سے نیچر یعنی فطرت یا عادت کے موافق ہو۔لفظاً نیچر کے موافق ہونے سے یہ غرض ہے کہ شعر کے الفاظ اوراس کی ترکیب و بندش تابمقدوراس زبان کی معمولی بول چال کے موافق ہو جس میں وہ شعر کہا گیا ہے...... معنیً نیچر کے موافق ہونے سے یہ مطلب ہے کہ شعر میں ایسی باتیں بیان کی جائیں جیسی کہ ہمیشہ دنیا میں ہوا کرتی ہیں یا ہونی چاہیئے ......(۱)

حالی نے جس عہد میں شاعری کی تھی اس وقت پرانی قدروں کا زوال ہورہا تھا۔ جاگیرداری نظام کے خاتمہ اور انگریزوں کے ہندوستان پر مکمل قابض ہوجانے کے بعد جہاں زندگی میں کشمکش وجدوجہد آئی وہیں اس دور کے ادب وشاعری میں بھی حقیقت

نگاری کو قبول کیا گیا اور اردو غزل کے ذریعہ زندگی کے مسائل کو اجاگر کیا گیا۔ لیکن زمانہ گزرنے کے بعد اردو شاعری میں حقیقت نگاری کے ساتھ ساتھ ادب برائے ادب اورادب برائے زندگی دونوں نظریوں کی پذیرائی ہوئی ۔غزل کی شان برقرار رکھنے کے لئے مبالغہ آرائی کو ضروری قرار دیا گیا اور اردو غزل قدیم و جدید افکار کی آئینہ دار بن گئی۔

پروفیسر سلیمان اطہر جاوید بھی نئے دور کے شاعر ہیں اور تحقیق و تنقید کے خشک میدان سے ہٹ کر انہوں نے شاعری کے ذریعہ بھی اپنے جذبات و خیالات کو قارئین کے لئے پیش کیا ہے۔ ان کے کلام کے مطالعہ سے ان کی شخصیت اور خیالات سے آ گہی ہوتی ہے۔کسی فنکار کے مطالعہ کے سلسلے میں علیم صبا نویدی لکھتے ہیں:

''فنکار کے فن کی نوعیت کا آئینہ خود اس کی اپنی تخلیق ہے۔ کئی فنکار کئی زاویوں سے روشناس ہوتے ہیں اور یہ روشناسی بس ایک طرح کا احساس ہی ہے۔ ہم جسے جس طرح محسوس کرتے ہیں ہمیں وہ ویسا ہی لگتا ہے۔ صالح احساسات ہی کی بنیاد پر کسی شاعر کی طرف انتقادی نظر ڈالی جائے۔ یہاں کینہ، عناد، بغض وغیرہ کے عود کر آنے سے فنکار کی ذات داغدار ہوسکتی ہے۔ ذاتی تعلقات کسی بھی طرح کے صحیح نظریہ مرتب کرنے کے ذمہ دار نہیں ۔ قاری یا نقاد کو کسی طرح کی رعایتیں یا بغض و عناد کو ہٹا کر دیکھنا ضروری ہے اور ان کی نظریں محض فنکار کے فن پاروں پر ہو۔'' (۲)

کسی تخلیق کو غیر جانبداری سے پرکھنے کے علیم صبا نویدی کے بیان کردہ اصول کی روشنی میں ذیل میں پروفیسر سلیمان اطہر جاوید کی شعری تخلیق ''آنگن آنگن دکھ کے پیڑ'' کا

مبسوط جائزہ پیش کیا جا رہا ہے۔

پروفیسر سلیمان اطہر جاوید کی نظم نگاری :-

پروفیسر سلیمان اطہر جاوید کا شعری مجموعہ ''آنگن آنگن دکھ کے پیڑ'' ۱۹۹۶ء میں پانچ سو کی تعداد میں اردو اکیڈیمی آندھراپردیش حیدرآباد کے جزوی مالی تعاون سے شائع ہوا۔ ڈاکٹر قاسم یوسفی کے زیر اہتمام اس مجموعہ کے ناشر معراج پبلیکیشنز ۳۶۸-۲-۲ کے وی لے آؤٹ بالاجی کالونی تروپتی ۵۱۷۵۰۲ ہیں ۔ اور یہ کتاب سدیشور پرنٹرس سکندرآباد۔۵۰۰۰۰۳ میں سے چھپی ہے۔ ڈیمائی سائز میں ۹۸ صفحات پر مشتمل اس شعری مجموعہ میں پروفیسر سلیمان اطہر جاوید کی ۲۸ نظمیں اور ۳۲ غزلیں ہیں ۔ نظموں اور غزلوں کے علاوہ دیگر منظوم اصناف جیسے رباعی، مرثیہ، قصیدہ وغیرہ اس مجموعہ میں شامل نہیں ہیں ۔ اور نہ ہی انہوں نے ان اصناف میں طبع آزمائی کی ہے۔ اس سے اندازہ ہوتا ہے کہ پروفیسر سلیمان اطہر جاوید بنیادی طور پر نظم اور غزل کے شاعر ہیں اور وہ صرف شوقیہ شاعری کرتے ہیں۔ مشاعرے پڑھنا یا اپنی شعری تخلیقات اردو جرائد میں چھپوانا ان کا شوق نہیں ''آنگن آنگن دکھ کے پیڑ'' مجموعہ میں شامل نظموں کے عنوانات یہ ہیں ۔ (۱) بسم اللہ الرحمٰن الرحیم (۲) حمد (۳) محمد ﷺ (۴) نعت شریف (۵) لاموجود (۶) شہر نغمہ جل گیا (۷) دوست دشمن (۸) خون کا شہر (۹) اذا زلزلت الارض (۱۰) ایک مرثیہ (۱۱) سورج گرہن (۱۲) ٹوٹے چہرے بکھرے لوگ (۱۳) الفاظ کا المیہ (۱۴) چہرے کا المیہ (۱۵) سمندر بے وفا ہے (۱۶) حسن دل آراء (۱۷) بازدید (۱۸) پتھروں کا دیس (۱۹) نوحہ (۲۰) بن باس (۲۱) سزاء (۲۲) آگہی (۲۳) دردشب گرداں (۲۴) دوسرے جنم کا انتظار (۲۵) رانگ

نمبر(۲۶)حیدر آباد(۲۷)ڈاکٹر زور(۲۸)سروری صاحب۔

پروفیسر سلیمان اطہر جاوید کی غزلوں میں ردیف الف کی ۹ غزلیں ردیف ی کی ۱۰ غزلیں، ردیف کی ۴ غزلیں اور ردیف، ح، ج، ت، ص، ل، ر، و، د وغیرہ کی چند ایک غزلیں ہیں۔

شعری مجموعہ ''آنگن آنگن دکھ کے پیڑ'' کی پہلی نظم کا عنوان ''بسم اللہ الرحمٰن الرحیم'' ہے۔ مذہب اسلام نے ہر اچھے کام کے آغاز کے لئے بسم اللہ پڑھنے کی تعلیم دی ہے اور ایک مسلمان ہونے کے ناطے پروفیسر سلیمان اطہر جاوید نے بھی اپنے پہلے شعری مجموعہ کا آغاز ایک ایسی نظم سے کیا ہے جس کا عنوان بسم اللہ الرحمٰن الرحیم ہے۔ چنانچہ اس نظم کے ذریعہ وہ اللہ کی بڑائی بیان کرتے ہوئے اس کی رحمت کے طلبگار دکھائی دیتے ہیں ۔اس نظم میں انہوں نے خدا کی تخلیق کردہ بے شمار نشانیوں کی طرف اشارہ کرتے ہوئے اسی کی بڑائی بیان کی ہے اور فانی انسان کی کوتاہیوں کو بیان کرتے ہوئے ہمیشہ رہنے والی ذات کی عظمت بیان کی ہے۔ مخصوص بحر میں میں کہی گئی اس آزاد نظم کا آخری بند اس طرح ہے۔

''اور وہ ذات عالی، جو ازل سے تا ابد قائم و دائم
تھی۔!
ہے۔!!
رہے گی......!!!
بھلا اس کی ثنا ہم کیا کریں، کیونکر کریں، کیسے

کریں

جو ہے مالک کون ومکان

جو شہ رگ سے بھی نزدیک تر سب کے

چلو ہم نام لیں اس کا

چلو ہم نام لیں اس کا۔'' (۱)

''آنگن آنگن دکھ کے پیڑ'' شعری مجموعہ میں شامل دوسری نظم ''حمد'' ہے۔حمد لکھنا ایک مشکل کام ہے۔ اکثر شعراء حمد ونعت لکھتے وقت غلو کے مرتکب ہوجاتے ہیں اور کئی مرتبہ ان کے قلم سے ایسے ایسے اشعار نکل جاتے ہیں جن میں شرک کا شائبہ ہونے لگتا ہے۔ پروفیسر سلیمان اطہر جاوید نے حمد میں احتیاط کا پہلو برتا اور زمین پر پائے جانے والے تخلیقی شاہکاروں کے نام گناتے ہوئے ان کے ذریعہ خدا کی ذات کو پہچاننے کا اظہار کیا ہے۔حمد میں خدا کی بڑائی اور اپنی ذات کی نفی کی ہے۔اس سے ان کی طبعیت میں پائی جانے والی منکسر المزاجی کا پتہ چلتا ہے۔

حمد کے سبھی شعر اچھے ہیں لیکن دو شعر اہمیت کے حامل ہیں۔

تجھ کو دیکھا ہے ہر اک رنگ ہر اک جلوہ میں
پھر بھی میں کھینچ نہ پاؤں کبھی پیکر تیرا

کیا ہوں میں کیا میری ہستی ، مری دنیا کیا ہے
سچ تو یہ ہے کہ اگر ہوں تو میں ، ہوکر ، تیرا (۲)

حمد کے بعد ''محمد ﷺ'' اور ''نعت شریف'' کے عنوان سے دو نظمیں ہیں جن میں

نعتیہ اشعار پائے گئے ہیں۔ ''محمد ﷺ'' میں ''وہ ایک نام کی'' تکرار پر مصرعہ کے آغاز میں ہے۔اس کے بعد حضور اکرم ﷺ کی صفات کا تذکرہ ہے۔اس تذکرہ میں پروفیسر سلیمان اطہر جاوید نے اپنی علمیت کے اظہار کے ساتھ ساتھ حضور اکرم ﷺ سے سچی پکی وابستگی کا اظہار کیا ہے۔نعت شریف غزل کے پیرائے میں لکھی گئی ہے اوراس میں قافیہ وردیف کی پابندی کی گئی ہے اوراس نعت میں بھی حضور ﷺ سے اپنی اٹوٹ وابستگی کا اظہار کرتے ہوئے آپ ﷺ سے علم وعرفان کے طلب گار ہیں۔نعت کے دوشعر اچھے لگتے ہیں۔

عطا کچھ اور بھی دولت ہو علم و عرفان کی
یہ غم کبھی نہ رہے گا کہ جیب خالی ہوں
غم حیات سے چھلنی وجود ہے میرا
میں جیسے روضہ اقدس کی کوئی جالی ہوں(۳)

مندرجہ بالا نعت کے علاوہ الگ قافیہ کے ساتھ ایک اورنعتیہ شعر بھی ملتا ہے۔وہ شعراس طرح ہے۔

اک حرف نعت جو میرا قبول ہوجائے
مری حیات کی قیمت وصول ہوجائے (۱)

حمد ونعت کے بعد ''آنگن آنگن دکھ کے پیڑ'' شعری مجموعہ میں شامل پہلی موضوعاتی آزاد نظم ''لاموجود'' کے عنوان سے ہے۔ یہ نظم انہوں نے اپنی والدہ کے انتقال پران کی یاد میں لکھی ہے اوراس میں ماں سے جدائی کے جذبات کو پیش کیا ہے۔ ہرانسان کے دل میں اپنی ماں کی محبت جاگزیں رہتی ہے۔ پروفیسر سلیمان اطہر جاوید کے حالات

زندگی کے باب میں بھی یہ بات سامنے آئی تھی کہ ان کی بچپن کی یادوں میں ماں ہی چھائی ہوئی تھیں اور یہ اپنی ماں کے خلوص و برتاؤ سے خاصے متاثر تھے۔ چنانچہ شفیق و محترم ماں کا ساتھ چھوٹ جانے پر وہ اپنے جذبات کا اظہار کرتے ہیں اور کہتے ہیں کہ:

زندگی مرگ مسلسل کے سوا کچھ بھی نہیں
ماں! تم زندگی تھیں
ماں! میں تم میں جیتا تھا
تم مجھ میں جیتی تھیں
میں تمہارا تسلسل تھا
میں تمہارا تسلسل ہوں
لیکن آج، جو تم نہیں تو لگتا ہے
میرا وجود بھی کہیں کھو سا گیا ہے! (۲)

مندرجہ بالا جذبات تو فطری ہیں لیکن نظم میں شدت غم کے جذبات کو غلو کی حد تک بڑھا دیا گیا ہے جیسے

تم تھیں تو لگتا تھا کہ جیتے تھے
اور اب تو جینا جیسے تہمت ہے
زندگی مرگ ہے۔ (۳)

زندگی کو یہاں موت کہا گیا ہے جبکہ حقیقت یہ ہے کہ زندگی دنیا کی سب سے عظیم

نعمت ہے کیونکہ یہ انسان کو عمل کا موقع دیتی ہے۔ لیکن ایسا لگتا ہے کہ پروفیسر سلیمان اطہر جاوید اپنی ماں سے جدا ہو جانے کے بعد زندگی کو بے کیف سمجھنے لگے ہوں اور وفور جذبات میں آ کر زندگی کو تہمت اور مرگ سے تشبیہہ دی ہو، ورنہ ان کی حیات اور زندگی کے کاروان میں جہد مسلسل اس نظم میں پیش کردہ ان کے خیالات کی نفی کرتی ہے۔ بہر حال ان کی یہ نظم جذبات نگاری کی ایک اچھی مثال قرار دی جاسکتی ہے۔

ماں کی جدائی پر لکھی گئی نظم کے بعد شعری مجموعہ میں شامل اگلی نظم کا عنوان ''شہر نغمہ جل گیا'' ہے۔ یہ نظم حیدرآباد میں ہوئے فسادات کے پس منظر میں لکھی گئی ایک تاثراتی نظم ہے۔ ایک تخلیق کار اور ایک عام انسان میں یہ فرق ہے کہ عام انسان ایک حادثہ کو دیکھ کر کچھ دیر کے لئے تاثر لیتا ہے۔ پھر اس حادثے کو بھول کر زندگی کے سیل رواں میں آگے بڑھ جاتا ہے۔ جبکہ ایک تخلیق کار حادثے سے متاثر ہوتا ہے اور اس پر اپنے تاثرات تخلیق کے ذریعہ پیش کرتے ہوئے اس حادثہ اور اس پر تخلیق کار کے ردعمل کو ہمیشہ محفوظ کر جاتا ہے۔ نظم کا عنوان پروفیسر سلیمان اطہر جاوید نے ''شہر نغمہ جل گیا'' رکھا اور حیدرآباد کو شہر نغمہ سے تشبیہہ دی ہے۔ زندگی میں نغمے اسی وقت گائے جاتے ہیں جبکہ ہر طرف چین وسکون امن و امان وخوشحالی ہو۔ حیدرآباد فرخندہ بنیاد شہر اپنی تاسیس کے بعد سے مسلسل ترقی کے مدارج طئے کرتا رہا ہے اور یہاں کی گنگا جمنی تہذیب ساری دنیا کے لوگوں کے لئے امن کا پیغام پیش کرتی ہے۔ لیکن چند مٹھی بھر فرقہ پرست عناصر اپنے مفادات حاصلہ کی تکمیل کی ہوس میں اس شہر کی نغماتی ہوا کو بگاڑ جاتے ہیں۔ چنانچہ حیدرآباد میں ہوئے گزشتہ فساد پر ردعمل کا اظہار کرتے ہوئے اور انسانوں کو انسانیت کا سبق پڑھاتے ہوئے پروفیسر سلیمان اطہر

جاوید جذباتی ہو جاتے ہیں وہ کہتے ہیں:

کیا میں ہندو ہوں؟ کیا میں مسلمان ہوں؟
کیا میں انسان نہیں؟
نہیں! میں تو صرف انسان ہوں
ہندو، ہندو کو ہلاک نہیں کرتا
مسلمان، مسلمان کو قتل نہیں کرتا
انسان بھی انسان پر وار نہیں کرے گا (۱)

پروفیسر سلیمان اطہر جاوید کی یہ نظم نہ صرف فسادات کے پس منظر میں کہی گئی ہے بلکہ قومی یکجہتی کے لئے بہت بڑا پیغام ہے۔ انہوں نے ایک اہم نکتہ اٹھایا کہ بہ حیثیت ایک مذہب کے ہونے کہ کوئی اپنے ہم مذہب پر حملہ نہیں کرتا تو انسانیت سب سے بڑا مذہب ہے پھر کیوں انسان ایک دوسرے کے خون کے پیاسے ہیں۔ ''شہر نغمہ جل گیا'' کی طرح فسادات کے موضوع پر ان کی مزید دو نظمیں ''دوست دشمن'' اور ''خون کا شہر'' ہیں۔ فی زمانہ حقیقی دوست اور دشمن کی تمیز ایک مشکل امر ہے اور اسی جانب اشارہ کرتے ہوئے نظم 'دوست دشمن'' میں پروفیسر سلیمان اطہر جاوید کہتے ہیں:

جب بھی دشمن وار کرتا ہے تو بالکل سامنے آ کر
اور دوست کا تو بس دکھائی گھاؤ دیتا ہے(۱)

اور نظم ''خون کا شہر'' میں مختصر مصرعوں میں چاروں طرف پھیلی بدامنی، خون خرابہ، اقدار کشی، اور لٹتی زندگی کی تصویر پیش کی ہے۔ نظم کے آخری چار مصرعے اس طرح ہیں۔

کب تلک خون کا چلن ہوگا

خون کے شہر بستے جائیں گے

وہ جو کہتے ہیں آدمی خود کو

ناگ بن بن کے ڈستے جائیں گے۔(۲)

نظم ''خون کا شہر'' کے بعد شعری مجموعہ ''آنگن آنگن دکھ کے پیڑ'' میں شامل نظم ''اذا زلزلت الارض'' ہے۔ یہ نظم مہاراشٹرا میں آئے زلزلے کی ہولناک تباہی کے تاثر پر مبنی ہے۔ نظم کا عنوان سورہ زلزال کی ابتدائی آیت کے تین حروف ہیں۔ جس میں قیامت کے وقت زمین کے الٹ پلٹ کر دئے جانے کے احوال بیان کئے گئے ہیں: کسی مقام پر آنے والا زلزلہ کسی قیامت صغریٰ سے کم نہیں ہوتا۔ آن کی آن میں فلک بوس اور مضبوط مکان زمین بوس ہو جاتے ہیں اور بے شمار لوگ ملبے میں دب کر ختم ہو جاتے ہیں اور جو بچ جاتے ہیں وہ کسی چھت اور کسی سہارے کے طلبگار ہوتے ہیں۔ زلزلے سے ہونے والی ایسی ہی تباہی کو منظوم انداز میں جذباتی طور پر بیان کیا گیا ہے۔ پروفیسر سلیمان اطہر جاوید کہتے ہیں:

آج ذرہ ذرہ پر

موت کا سحر طاری

سسکیوں کا دریا ہے

لہر لہر سسکی ہے

شور الاماں ہر سو

چار سمت ملبے ہیں

حسرتوں کے مسکن ہیں

پیار کے جنازے ہیں۔(۱)

طویل نظم خون کا شہر کے بعد ''ایک مرثیہ'' عنوان سے ایک مختصر نظم ہے۔ اردو شاعری کی اصطلاح میں صنف مرثیہ واقعات کربلا کے بیان اور امام حسینؓ کی شہادت کے واقعات بیان کرنے کے لئے مخصوص ہے۔ لیکن زیر نظر نظم پروفیسر سلیمان اطہر جاوید کی یاس و ناامیدیوں اور زندگی کی بے کیفی کے بیان پر مشتمل ہے اور وہ خود اپنی زندگی کا مرثیہ بیان کرتے ہیں وہ کہتے ہیں۔

اک ہجوم بے پناہ!

ایک انبوہ کثیر

ہر بشر ملتا ہے: جیسے لفظ بے معنی کوئی

آنکھ نم اور خشک لب

رنگ پریدہ

دیکھتا ہے پر دیکھ سکتا نہیں

چھو تو سکتا ہے مگر محسوس کر سکتا نہیں

ایک زندہ لاش

مقبرہ میں اپنے پیکر کے دفن

اور خود ہی مرثیہ گو، نوحہ خواں !!(۲)

اس نظم کو پڑھنے سے جہاں شاعر کی داخلی کیفیت کا اندازہ ہوتا ہے وہیں یہ بات

بھی معلوم ہوتی ہے کہ شاعر اس دنیا کے ہنگاموں اور شور شرابے میں تنہا ہے اور اپنے آپ کو زندہ لاش سمجھتا ہے۔ یہ کیفیت ان لوگوں کی ہوتی ہے۔ جن کی زندگی میں یا تو خوشیاں آتی ہی نہیں یا جو خوشیوں کو محسوس کرنا نہیں چاہتے اور اندر ہی اندر گھٹتے رہتے ہیں۔ بہر حال اس نظم کو پڑھنے سے شاعر کے دکھ درد کا احساس ہوتا ہے۔

نظم ایک مرثیہ کے بعد نظم ''سورج گرہن'' ہے۔ اس نظم میں پروفیسر سلیمان اطہر جاوید نے فلکیاتی واقعہ سورج گرہن کو بیان کرتے ہوئے بہ طور مثال لفظ گرہن کے معنی زندگی کے لئے استعمال کئے ہیں اور کہا کہ جس طرح سورج کو گرہن لگنے سے ہر طرف اندھیرا چھا جاتا ہے ویسے دنیا میں بے شمار انسان غریبی، مفلسی، لاچاری، دکھ، درد کے گرہن میں مبتلا ہیں اور ان کی زندگیوں سے مصیبتوں کا گرہن چھٹنے کا نام ہی نہیں لیتا۔ وہ کہتے ہیں

!

کیسا سورج، کیسا گرہن کیا تاریکی؟

یاں تو میری حیات

مجھ جیسے لاکھوں کروڑوں، ان گنت انسانوں کی

حیات

تیرہ و تاریک، گھٹا ٹوپ اندھیروں کے سایے

میں

روز ازل سے

بسر ہو رہی ہے

بسر ہوتی ہے
کبھی کسی نے سوچا، کبھی کسی نے جاننے کی کوشش
کی
کبھی...... کبھی !! کبھی تو
کہ ہم سب
کس ''سورج گرہن'' کے سبب
اپنی اپنی زندگی
یوں بے نور و ظلمت زدہ
بسر کرتے چلے آئے ہیں
بسر کرتے ہیں:
آیا یہ سورج گرہن کبھی ختم ہو گا؟......(۱)

نظم ''سورج گرہن'' کے بعد ''آنگن آنگن دکھ کے پیڑ'' شعری مجموعے میں شامل نظم کا عنوان ''ٹوٹے چہرے، بکھرے لوگ'' ہے۔ اس نظم میں پیار و محبت و وفا سے عاری انسانوں کا تذکرہ ہے۔ شاعر چاہتا ہے کہ لوگ اس کی طرف بھی دھیان دیں۔ لیکن اس تیز رفتار مشینی دنیا میں لوگوں کے جذبات سرد پڑ چکے ہیں اور کسی کو کسی کی پروا نہیں۔ پروفیسر سلیمان اطہر جاوید کہتے ہیں:

جو بھی ملتا ہے یہاں خواب پریشاں کی طرح
چادر کہر میں لپٹا ہوا دھندلا دھندلا

آپ اپنے سے گریزاں، کبھی مائل خود پر

ایک معمہ کی مثال!

ایک پیچیدہ سوال!!(۱)

شعری مجموعے کی اگلی نظم ''سمندر بے وفا ہے''۔اس نظم میں پروفیسر سلیمان اطہر جاوید نے سمندر کی بے پناہ وسعت و گہرائی، اس کے سینے میں پائی جانے والی بے شمار دولتوں کا ذکر کرتے ہوئے کہا کہ یہ تمام خوبیاں رکھنے کے باوجود سمندر نے ان کے ساتھ بے وفائی کی ہے۔اور انہیں لال و گوہر عطا کرنے کے بجائے سنگریزے دیئے اور شاعر کو اسی پر اکتفا کرنا پڑا۔

''آنگن آنگن دکھ کے پیڑ'' کی اگلی دو نظمیں ''حسن دل آزار'' اور ''بازدید'' ہیں ۔یہ دونوں نظمیں اس شعری مجموعہ میں شامل دیگر نظموں کے مقابلے میں موضوع کے اعتبار سے جدا ہیں ۔گزشتہ نظموں میں جہاں مسلسل شاعر کی ناامیدی، یاسیت اور دنیا بیزاری دکھائی دیتی ہے۔ان نظموں میں پہلی مرتبہ شاعر نے دنیا کی رنگینیوں اور رعنائیوں سے اپنا دل لگایا ہے اور حسن و عشق کی بات کی ہے۔نظم ''حسن دل آراء'' میں ایک پری چہرہ محبوب کے حسن کا بیان بڑے ہی جذباتی انداز میں کیا گیا ہے اور شاعر نے حسن کے بیان میں طرح طرح کی شبیں استعمال کی ہیں۔شاعر کہتے ہیں:

تمہارا حسن یوں تابندہ ہے نگاہوں میں

نہ جانے کب سے؟ ازل سے یا اس کے پہلے

سے

مجھے لگے ہے یہ رب جلیل نے تم کو
مرے خیال کی دنیا سے لے کے رعنائی
بہار، حسن و لطافت، سرور زیبائی
اور ایک پیکر رنگین میں کر دیا یکجا
اور اس میں روح جو پھونکی تو تم نکھر آئیں!(۲)

اس نظم کو پڑھنے کے بعد یہ احساس ہوتا ہے کہ شاعر ایک دھڑکتے دل کا مالک ہے اور دنیا میں اسے دکھ درد، غم، مصیبتوں و مشکلات کے درمیان، خوبصورتی، حسن اور زندگی کی رونقیں بھی دکھائی دیتی ہیں۔ اس نظم کے ذریعہ شاعر نے اپنے حسن شناس ہونے کا احساس اجاگر کیا ہے۔

نظم ''بازدید'' ایک جذباتی نظم ہے۔ یہ مکالموں پر مشتمل نظم ہے۔ شاعر کی ثمینہ نامی خاتون سے ایک عرصہ بعد ملاقات ہوتی ہے اور یہ ملاقات ماضی کی تلخ یادوں کو لوٹانے کا باعث بنتی ہے۔ شاعر نے ایک عرصہ قبل ثمینہ سے پیار کیا تھا۔ لیکن ثمینہ نے اس پیار کو ٹھکرا دیا تھا۔ اب وہی ثمینہ شاعر کے سامنے ہے اور آج بھی اسے یہ احساس نہیں کہ سامنے جو شخص کھڑا ہے وہ اس کی محبت میں کتنا دیوانہ تھا شاعر ثمینہ کو بے وفائی کی سزاء دینا چاہتا ہے۔ وہ اسے کوسنا چاہتا ہے۔ لیکن وہ چپ رہ کر اپنے آپ میں گھلنا پسند کرتا ہے۔ یہ نظم جذبات نگاری کی ایک اچھی مثال ہے۔ پروفیسر سلیمان اطہر جاوید کہتے ہیں:

آج وہ اور مرا رنج والم حیرت ہے
آج وہ آنکھ مرے واسطے نم حیرت ہے

دل میں آیا کہ کہوں، خوب کہوں، خوب کہوں
ایک انجانے سے جذبے نے زبان بندی کی
اور تو کچھ نہ ہوا، میں نے یہ الفاظ کہے
کیا پتہ آپ کو کیا جانے غلط فہمی ہے
میں......
میں تو سلیمان اطہر جاوید نہیں
اس وفا پیشہ نے اک عرصہ ہوا پائی موت
میں......
میں تو اس شخص کے لاشے کو لئے پھرتا ہوں۔(۱)

''آنگن آنگن دکھ کے پیڑ'' شعری مجموعہ میں شامل اگلی نظم ''پتھروں کا دیس'' ہے ۔اس نظم میں شاعر نے زندگی اور سماج میں چاروں طرف پھیلی بے مروتی اور سنگدلی کو اجاگر کیا ہے۔شاعر کا دل حساس ہے، محبت کا بھوکا ہے۔لیکن اسے گھر، بازار، مندر، مسجد، شعرو ادب، جذبات واحساسات، ہر جگہ سرد مہری اور سنگدلی کا سامنا کرنا پڑتا ہے۔ایسے پتھر دل ماحول سے شاعر پریشان ہو اٹھتا ہے اور خدا کے حضور یوں دعا گو ہے:

اف! میرے خدایا میں
پتھروں کی بستی میں
اپنے شیشہ دل کو
کس طرح بچاؤں گا

جو بھی ہاتھ اٹھتا ہے

اس میں ایک پتھر ہے

مجھ کو واسطہ یارب!

ذات پاک کا تیری

تو نے ابن مریم کو

جس طرح اٹھایا تھا

اس جہاں سے مجھ کو بھی

اس طرح اٹھالینا(۱)

''نظم پتھروں کا دیس''، میں پیش کردہ شاعر کے خیالات سے ایک مرتبہ پھران کی یاسیت اور ناامیدی اور فراری کا اظہار ہوتا ہے۔ حالات کا مقابلہ کرنے اور زندگی کو جینے کے بجائے وہ راہ فرار اختیار کرنا چاہتے ہیں اوراس کے لئے خدا سے دعا گو بھی ہیں۔ یہ نظم شاعر کے منفی خیالات کی عکاسی کرتی ہے۔ حالانکہ نظم کے آغاز میں شاعر نے سماج اور معاشرے کی سنگدلی سے متعلق جو باتیں پیش کی ہیں وہ حقائق پر مبنی ہیں۔لیکن شاعر کو چونکہ اس بات کا احساس ہے کہ دنیا سنگدل ہوگئی ہے۔اسے دنیا کی سنگدلی دور کرنے اور اسے محبت و عافیت کا پیام پڑھانے میں اپنی زندگی صرف کرنی چاہیئے نہ کہ دنیا سے بیدار ہوکر اس سے کنارہ کش ہونے کی دعا کرنی چاہیئے۔

شعری مجموعہ میں شامل اگلی نظم ''نوحہ'' ہے۔اس نظم میں شاعر نے اپنے محبوب سے بچھڑ جانے کے بعد اپنے غم کو دنیا کا غم بنا کر اداسی کے جذبات پیش کئے ہیں اور اس

اداسی میں انہوں نے تاج محل، اجنتا، ایلورہ، اردو کے غزل گیت، چاند، تارے باغ و بہار سب کو شامل کرتے ہوئے شاعر کی محبوب سے جدائی پر انہیں بھی غم میں شامل بتایا ہے اور کہا کہ اس جدائی سے نہ صرف شاعر بلکہ دنیا جہاں میں اداسی و مایوسی چھا گئی ہے۔ نظم کے آخری اشعار اس طرح ہیں:

میری محبوب مجھ سے بچھڑی ہے
غم زدہ ہے مزاج شاعر کا
نوحہ گر ہے حسین فطرت بھی
اور خدا بھی ملول وافسردہ(۱)

نظم ''نوحہ'' کے بعد والی نظم کا عنوان ''بن باس'' ہے۔ بن باس کی اصطلاح شری رام چندر جی کے ساتھ موسوم ہے۔ جبکہ رامائن کے مطابق انہیں چودہ سال جنگلوں میں گزارنا پڑا تھا۔ شاعر نے اس نظم میں ہر طرف چھائی خاموشی و اداسی کا تذکرہ کیا ہے اور انسان کو رام چندر جی سے تشبیہہ دیتے ہوئے کہا کہ شری رام تو جنگل گئے تھے۔ لیکن انسان اپنے ہی شہر میں بن باس پر ہے۔ پروفیسر سلیمان اطہر جاوید لکھتے ہیں:

مجھے ہر راستہ، ہر موڑ کیوں بیگانہ لگتا ہے؟
نہ پہلے حال تھا ایسا نہ پہلے ایسی صورت تھی
نہ جانے کونسا ہے جرم جس کی یہ سزاء پائی
خود اپنے شہر میں بن باس پر ہیں رام چندر جی!(۲)

نظم ''بن باس'' کے بعد ایک مختصر نظم ''سزاء'' اس شعری مجموعہ میں شامل ہے۔

شاعر نے اس نظم میں جو خیال پیش کیا ہے وہ نہایت ہی اثر انگیز ہے۔ شاعر کے محبوب نے اس سے ترک تعلق کرلیا۔ لیکن جاتے جاتے اس پر یہ ظلم کیا کہ وہ اپنی یادوں کی امانت شاعر کے پاس چھوڑ گیا۔ شاعر میں اتنی سکت نہیں کہ وہ ان یادوں کی امانت کے بوجھ کو سہار سکے اور وہ اس بوجھ کو سزاء تصور کرتے ہوئے محبوب کی یادیں لوٹانا چاہتا ہے۔ پروفیسر سلیمان اطہر جاوید لکھتے ہیں:

تمہاری یادوں کو کیسے سہار پاؤں گا
کہ نشتر سا رگ جاں کے پاس لگتا ہے
خدا کے واسطے لے جاؤ اس امانت کو
کہ مجھ کو موت ہی آتی، نہ جی ہی سکتا ہوں (۳)

نظم ''سزاء'' کے بعد ایک نظم ''آ گہی'' کے عنوان سے ہے۔ اس نظم میں شاعر نے اپنی زندگی کے ایک تجربے کو بیان کیا ہے۔ شاعر کہتا ہے کہ زندگی میں سب لوگ اس سے اجنبیت کا اظہار کررہے ہیں۔ دنیا کی اس بھیڑ میں کوئی اسے شناسا نہیں لگتا۔ خود اس کا وجود اور اس کے اعضاء بھی اسے بے گانے لگتے ہیں۔ اسی تجربے کو وہ آ گہی قرار دیتا ہے۔ پروفیسر سلیمان اطہر جاوید لکھتے ہیں:

سوچتا ہوں کہ جو پہچانا ہے خود کو میں نے
یہ اسی کی ہے سزا جس کو بھگتنا ہوگا (۱)

نظم ''آ گہی'' کے بعد شعری مجموعہ میں شامل نظم کا عنوان ''در دشب گرداں'' ہے۔ یہ ایک مختصر نظم ہے۔ جس میں ایک خاموش اندھیری سرد رات کے سناٹے کا بیان ہے اور

ایسی رات میں شاعر کہیں جا رہا ہے اس نظم میں لفظوں کے ذریعہ شاعر نے سرد اندھیری رات کی کیفیت بیان کی ہے۔

اس نظم کے بعد ایک نظم ''دوسرے جنم کا انتظار'' ہے۔اس نظم میں بھی پچھلی نظموں کی طرح شاعر نے چاروں طرف چھائی اداسی و مایوسی و خاموشی کا تذکرہ کیا ہے اور انسانوں کو کیڑوں سے تشبیہہ دی ہے۔شاعر کہتا ہے کہ اس مایوسی و اداسی کو دور کرنے کے لئے انسانیت کو کسی روشنیوں کے علمبردار کا انتظار ہے۔

''آنگن آنگن'' دکھ کے پیڑ'' شعری مجموعہ میں شامل اگلی نظم کا عنوان ''رانگ نمبر'' ہے۔اس نظم میں بھی شاعر نے دنیا والوں کی بے مروتی کو ایک نئے انداز سے پیش کیا ہے۔جس طرح فون کرتے وقت غلطی سے رانگ نمبر لگ جاتا ہے اور مطلوبہ شخص سے بات نہیں ہو پاتی۔اسی طرح شاعر سے دنیا والوں کی بے مروتی، ناآشنائی اور بے تعلقی پر شاعر سمجھ رہا ہے کہ کہیں میں بھی رانگ نمبر تو نہیں۔ورنہ لوگ مجھ سے یوں کیوں بے گانے رہتے ۔شاعر کہتا ہے۔

ہر اک مجھ سے کیوں ملتے ہوئے بھی مل نہیں پاتا!
ہر اک کیوں بات میری کاٹ دیتا ہے
کہیں یہ تو نہیں کہ میں بھی کوئی رانگ نمبر ہوں۔(۲)

نظم ''رانگ نمبر'' کے بعد شعری مجموعہ میں شامل اگلی نظم کا عنوان ''حیدرآباد'' ہے ۔اب تک سلیمان اطہر جاوید کی جتنی بھی نظموں کا جائزہ لیا گیا یہ سبھی آزاد نظمیں تھیں، نظم ''حیدرآباد'' پروفیسر سلیمان اطہر جاوید نے مسدس کی شکل میں لکھی ہے۔ پہلے چار مصرعوں کی

ردیف الگ ہے اور بعد میں ٹیپ کے دو مصرعوں کی ردیف الگ ہے۔ اس نظم کو پڑھنے سے گیت کا سا گماں ہوتا ہے۔ حیدرآباد پروفیسر سلیمان اطہر جاوید کی نہ صرف جائے پیدائش رہا ہے بلکہ یہیں رہ کر انہوں نے اعلیٰ تعلیم کے مدارج طئے کئے اور اب وظیفہ پر سبکدوشی کے بعد پھر ایک مرتبہ حیدرآباد کی علمی، ادبی، ثقافتی و تہذیبی محفلوں کی رونق بنے ہوئے ہیں۔ چنانچہ ان کا حیدرآباد سے لگاؤ فطری ہے۔ نظم کے پہلے بند میں حیدرآباد کی خوبصورتی و دلکشی کو سلام کیا ہے۔ دوسرے بند میں حسین ساگر جھیل اور باغ عامہ کا تذکرہ کرتے ہوئے حیدرآباد کی فضاؤں کو خراج پیش کیا گیا۔ تیسرے بند میں قطب شاہی فرماں رواؤں اور حضرت سید بابا شرف الدین صاحب قبلہؒ کو یاد کرتے ہوئے ماضی کی رونقوں کو یاد کیا گیا ہے اور کہا گیا کہ اب نہ ماضی کی محفلیں ہیں اور نہ ویسی رونقیں چوتھے بند میں حیدرآباد کی زمین میں آرام کر رہے شعراء و بزرگان دین خاص کر داغؔ، فانیؔ، امجدؔ، مخدومؔ، جامیؔ خورشید احمد، اور حضرت میاں میر نواب صاحبؒ کا ذکر کیا گیا ہے۔ تیسرے اور چوتھے بند میں شاعر نے حیدرآباد سے اپنی وابستگی کو تقدیر قرار دیا ہے۔ پروفیسر سلیمان اطہر جاوید لکھتے ہیں :

کون جانے ٹھوکریں کھایا ہوں کتنی ہمنشیں !
ہر قدم پر زندگی لیکن دکھائی دی حسین
گیت تیرے دلربا ہیں ، ساز تیرے دلنشین
اب بھی تیرا آستاں ہے نازش وفخر جبیں
تیری ہر ٹھوکر میں پوشیدہ مری تقدیر ہے

تو ہی میرا خواب ہے اور خواب کی تعبیر ہے (۱)

نظم ''حیدرآباد'' ایک موضوعاتی نظم ہے اور نظم کے ذریعہ پروفیسر سلیمان اطہر جاوید نے حیدرآباد سے اپنی جذباتی وابستگی کا اظہار کیا ہے۔ اس نظم کے بعد شعری مجموعہ میں جو نظم ہمیں دکھائی دیتی ہے اس کا عنوان ''ڈاکٹر زور'' ہے۔ اور یہ نظم بھی مسدس کے طرز پر لکھی گئی ہے۔ دکنی زبان وادب کی ترویج، لسانیات کے ماہر اور ادارہ ادبیات اردو کے بانی کی حیثیت سے ڈاکٹر محی الدین قادری زورؔ کا نام مشہور ہے۔ اردو والوں کے لئے حیدرآباد اور ڈاکٹر زورؔ لازم وملزوم ہیں۔ دکنی زبان کے خادم کو خراج پیش کرتے ہوئے پروفیسر سلیمان اطہر جاوید نے یہ نظم لکھی ہے۔ نظم کے پہلے بند میں شاعر کہتا ہے کہ بانی حیدرآباد محمد قلی قطب شاہ کی دکنی واردو خدمات کے بعد اس کام کو آگے بڑھانے والا کوئی نہ تھا۔ لیکن ڈاکٹر زورؔ نے محمد قلی قطب شاہ کے کام کو آگے بڑھایا۔ یہ اردو اور دکن والوں کے لئے خوش آئند بات ہے۔ نظم کے دوسرے بند میں شاعر کہتا ہے کہ اردو شعر وادب کی زندگی میں جو خزاں چھا گیا تھا وہ زورؔ صاحب کی آمد سے بہار میں بدل گیا اور ایک مرتبہ پھر وہی ادبی سرگرمیاں شروع ہوگئیں جو ماضی میں حیدرآبادی تہذیب کی شان تھیں۔ اسی طرح نظم کے تیسرے اور چوتھے بند میں بھی شاعرانہ انداز میں ڈاکٹر زورؔ کو خراج پیش کیا گیا۔ اردو کے لئے ڈاکٹر زورؔ کی خدمات کو بیان کرتے ہوئے شاعر کہتا ہے:

دکن میں گیسوئے اردو کو مل گیا شانہ
پھر اک ادا سے مرتب ہوا ہے افسانہ
وہی ہے خام وہی مئے خانہ ہے میخانہ

وہی ہے لیلیٰ اردو کا رقص فرمانا
بھلا یہ کس نے ہمیں معجزہ دکھایا ہے
خزاں کا دور تھا رنگ بہار لایا ہے(۱)

نظم ''ڈاکٹر زور'' کی طرح اگلی نظم ''سروری صاحب'' ہے۔ یہ نظم پروفیسر عبدالقادر سروری کی وفات پر لکھی گئی۔ یہ ایک جذباتی نظم ہے۔ جس میں سروری صاحب کی رحلت پر اردو زبان وادب وار دو تدریس کو ہونے والے بیش بہا نقصان پر افسوس کا اظہار کیا گیا ہے۔ یہ ایک آزاد نظم ہے اور پروفیسر سلیمان اطہر جاوید سروری صاحب کے بارے میں لکھتے ہیں۔

آج ہر صفحہ، کسی صفحہ سادہ کی طرح
ایک لاشہ کہ کفن میں ملبوس!
ارض کشمیر بھلا ہو تیرا
کیا خبر تجھ کو کہ اک گوہر شہوار گیا
ایک تہذیب کا دلدادہ و دلدار گیا
ایک سخن فہم گیا، ایک طرفدار گیا
قافلہ نوحہ بہ لب قافلہ سالار گیا(۲)

نظم ''سروری صاحب'' کے ساتھ ہی شعری مجموعہ ''آنگن آنگن دکھ کے پیڑ'' میں شامل نظموں کا حصہ ختم ہوتا ہے۔ پروفیسر سلیمان اطہر جاوید کی ان ۲۸ نظموں کے جائزے سے پتہ ہے کہ ان کی شاعری میں حزن و یاس، ناامیدی اور غم کا عنصر غالب ہے۔ ان کی

شاعری داخلی شاعری ہے۔ دبستان دہلی کے شعراء جس طرح اپنے عہد اور دور کے حالات سے متاثر ہو کر حقیقت نگاری کے ترجمان بن گئے تھے اسی طرح سلیمان اطہر جاوید کے ہاں بھی حقیقت نگاری بڑی حد تک دکھائی دیتی ہے۔ حالؔی کے بموجب شاعری اپنے عہد کی ترجمان ہوتی ہے۔ یا خود شاعر کے اپنے حالات اس کے خیالات پر غالب آجاتے ہیں۔ چنانچہ کسی شاعر کے کلام کے جائزے کے ساتھ اس کے حالات کا بھی جائزہ لیا جاتا ہے۔ پروفیسر سلیمان اطہر جاوید نے محنت و مشقت کے ساتھ زندگی کا سفر طئے کیا۔ شام میں ملازمت کرتے ہوئے انہوں نے ایم۔اے اور پی۔ایچ۔ڈی کی تکمیل کی۔ چنانچہ انہیں فکر معاش کے دوران ہونے والی جدو جہد کا بخوبی احساس ہے ۔اس کے ساتھ ساتھ ایک ماہر نباض کی طرح وہ زمانے کی نبض سے بھی بخوبی واقف نظر آتے ہیں۔ چنانچہ اقدار سے عاری موجودہ دور کی انسانیت پر انہوں نے اپنی نظموں میں جا بجا طنز کیا ہے۔ ''سورج گرہن'' الفاظ کا المیہ، چہرے کا المیہ، پتھروں کا دیس، بن باس، سزاء، رانگ نمبر وغیرہ ان کی اسی قبیل کی نظمیں ہیں۔ مشہور شاعر اختر الایمان پروفیسر سلیمان اطہر جاوید کی نظموں پر تبصرہ کرتے ہوئے یوں رقمطراز ہیں:

> ''یہ کوئی حیرت کی بات نہیں کہ بیشتر لکھنے والے خاص طور پر شاعر اپنے مستقبل کی راہوں کو اتنا کھلا ہوا اور روشن نہیں پاتے جتنا انہوں نے آغاز سفر میں سوچا ہوگا۔ یہ کوئی منفی رویہ نہیں زندگی کی طرف۔ جب شاعر اپنے گرد و پیش سے بیزاری کا اظہار کرتا ہے یا اپنی بے اطمینانی ظاہر کرتا ہے اس کے یہ معنی نہیں ہوتے کہ اس کے اندر جرأت، حوصلہ اور ولولہ کی کمی ہے

یا وہ پسپائیت کا شکار ہو گیا ہے۔ معنی یہ ہیں کہ صورتحال کچھ ایسی ہے کہ اجتماعی اور انفرادی کوئی بھی کاوش اور کوشش بروئے کار آتی نظر نہیں آتی۔ اس کے ثبوت میں ان کی نظمیں نقل نہیں کروں گا۔ نظموں کے عنوانات پر اکتفا کروں گا۔ مثلاً خون کا شہر، دوسرے جنم کا انتظار، پتھروں کا دیس، بن باس اور دز دشب گرداں''۔(۱)

پروفیسر سلیمان اطہر جاوید نے اپنی نظموں کے لئے موضوعات اپنے سماج سے اخذ کئے ہیں۔ وہ خود ایک حساس دل کے مالک ہیں اور بہ حیثیت تخلیق کار انہیں زمانے کے حالات وحوادث نے متاثر کیا اور ایک ماہر نفسیات کی طرح انہوں نے انسانوں کے برتاؤ، فطرت اور زمانہ کی ناقدری کو بیان کیا ہے۔ لیکن پروفیسر سلیمان اطہر جاوید کی شاعری کا ایک منفی پہلو یہ بھی ہے کہ وہ حد سے زیادہ ناامیدی اور یاسیت کا شکار نظر آتے ہیں۔ یہ فطرت کا اصول ہے کہ ہر مصیبت کے بعد راحت اور ہر مشکل کے بعد آسانی آتی ہے۔ لیکن سلیمان اطہر جاوید کے کلام سے اندازہ ہوتا ہے کہ ان کی زندگی مسلسل مصائب وآلام کا شکار رہی ہو۔ اس کے علاوہ دنیا میں برے لوگوں کے ساتھ اچھے لوگ بھی ہوتے ہیں اور برائی کی ضد کے طور پر اچھائی بھی ہوتی ہے۔ لیکن پروفیسر سلیمان اطہر جاوید نے لوگوں کی منفی قدریں ہی بیان کی ہیں۔ نظم ''پتھروں کا دیس'' میں انہوں نے زندگی کی ہر چیز کو پتھر سے تشبیہہ دینے کی کوشش کی ہے۔ جبکہ سنگدل لوگوں کے ہجوم میں ہمدرد انسان بھی ہوتے ہیں۔ لیکن شاعر کا دل شروع سے ہی بجھا بجھا ہے۔ لہذا اسے چاروں طرف سنگدلی ہی دکھائی دیتی ہے۔ اسی طرح نظم ''سمندر بے وفا ہے'' میں انہیں سمندر بھی بے وفا دکھائی دیتا ہے اور اپنی

غربت وافلاس کے لئے وہ سمندر کو مورد الزام ٹھہراتے ہیں۔ موضوعات کے انتخاب سے قطع نظر پروفیسر سلیمان اطہر جاوید کی شاعری اپنے اندر پیغام رکھتی ہے۔ لوگوں کے لئے تاثر کا ذریعہ ہے اور ادب برائے زندگی کے نظریہ کی حامل ہے۔ ان کی شاعری میں ایک طرف جہاں سماج پر چوٹ اور طنز ہے تو اس کے پس پردہ اصلاح کا پہلو بھی ہے کہ لوگ گرتی ہوئی قدروں پر کئے گئے طنز سے کم از کم اپنی اصلاح کریں گے اور سماج میں اچھی قدریں پروان چڑھیں گی۔ پروفیسر سلیمان اطہر جاوید کی نظم نگاری کا فنی اعتبار سے جائزہ لیا جائے تو پتہ چلتا ہے کہ وہ آزاد نظموں کے پیرایہ بیان میں اپنے آپ کو آزاد محسوس کرتے ہیں۔ حمد، نعت، حیدرآباد، ڈاکٹر زور، نظمیں پابند ہیں، بقیہ دیگر نظمیں آزاد ہیں۔ تاہم آزاد نظموں کے لئے درکار وزن اور بحور کی رعایت ملتی ہے۔ آزاد نظم نگاری کا خاص وصف الفاظ کا برمحل استعمال ہے تاکہ قاری کو متاثر کیا جائے۔ نظم ''دزدشب گرداں'' میں انہوں نے مختصر الفاظ کے ذریعہ قاری کے ذہن پر تاثر چھوڑنے کی کوشش کی ہے۔ وہ لکھتے ہیں:

نیم شب
بیکراں، بے پناہ، سناٹا
زردرو، مضمحل، کفن جیسے
ہر اک پیکر، کس وناکس، ہر اک اپنا و بیگانہ
پریشان حال
شل، خستہ جگر، آزردہ دل، ژولیدہ مد۔ (۱)

پروفیسر سلیمان اطہر جاوید نے اپنی نظموں میں انگریزی الفاظ، تلمیحات اور

تشبیہات بھی استعمال کی ہیں۔ایک نظم کا عنوان ''رانگ نمبر'' ہے۔نظم ''آ گہی'' میں لفظ ''بک شیلف'' استعمال ہوا ہے۔نظم ''سورج گرہن'' بہ طور تشبیہ انہوں نے انسانوں کی زندگی میں چھائے تاریکی کے سائے کو ''سورج گرہن'' سے تشبیہ دی ہے۔نظم ''پتھروں کا دیس'' میں لفظ ''ابن مریم'' اور نظم ''نوحہ'' میں مرلی اور کرشن کے الفاظ کو بہ طور تلمیح استعمال کیا ہے۔
پروفیسر سلیمان اطہر جاوید کی نظموں میں الفاظ کی تکرار سے ترنم کی کیفیت بھی محسوس کی جاسکتی ہے۔نظم ''پتھروں کا دیس'' کے یہ اشعار ترنم پیدا کرتے ہیں۔

پتھروں کے صحرا ہیں
پتھروں کے گلشن بھی
شجر پھول، پھل، پتھر
ہر گلی محفل پتھر
عشق سر بہ گرداں ہے
صاحب خرد پتھر۔(۱)

پروفیسر سلیمان اطہر جاوید کی غزل گوئی

پروفیسر سلیمان اطہر جاوید نے نظموں کے علاوہ غزلیں بھی کہی ہیں۔ یہ ہیں تو تعداد میں کم لیکن بڑی خوب غزلیں ہیں۔فنی لوازم اور مضامین کے تنوع، انداز بیان اور زبان کی شیرینی کے اعتبار سے ان کی غزلیں کسی بھی بلند پایہ غزل گو شاعر سے کم نہیں۔ پروفیسر سلیمان اطہر جاوید نے عام زندگی کے تجربات کو اپنی شاعری میں برتا۔ وہ ایک سیدھے سادھے انسان ہیں اور ان کی سادگی وخاکساری ان کے کلام سے بھی جھلکتی ہے:

ایک دنیا دیکھ آئے کیا کریں پھر بھی جناب
اپنے گھر کے پاس کی ہے جو گلی اچھی لگی(۲)

انکساری اور بے نیازی ان کی فطرت کا حصہ ہے۔ چنانچہ وہ اپنی ضرورتوں کی تکمیل کے لئے دعا مانگنے میں بھی انکساری سے کام لیتے ہیں اور اپنے آپ ہی زندگی جیے جاتے ہیں۔

مرا خیال نظر میری ، میری دنیا کیا
میں منزلوں کا گزیدہ ہوں میرا رستہ کیا
کوئی ملے یہ غنیمت ہے سونی راہوں میں
اب ایسے وقت کوئی غیر کیا شناسا کیا(۳)

پروفیسر سلیمان اطہر جاوید کی غزل گوئی پر تبصرہ کرتے ہوئے علیم صبا نویدی یوں رقمطراز ہیں:

''سلیمان اطہر جاوید صاحب نے غزل کو غزل ہی رہنے دیا۔ کہیں اس کے وقار کو صدمہ پہنچانے کی کوشش نہیں کی۔ حتی الامکان بھر پور شاعرانہ روایت کے ساتھ اپنے خیالات کو قاری کے سامنے رکھا۔ بات بہت زیادہ محسوس ہوتی ہے کہ موصوف کا مخاطب کوئی نہیں وہ از خود یا با خود کچھ کہتے دکھائی دیتے ہیں۔ کبھی زیر لب کوئی بات کہہ لی یا ذرا اونچی آواز میں کچھ بتا دیا یہ رویہ ان کی غزل کے اکثر و بیشتر اشعار میں دکھائی دیتا ہے...... موصوف کی غزلیں بھی موصوف کی کشادہ پیشانی ہی کی طرح غموں کو مسکراہٹ کی مہک

عطا کرتی ہیں ...... آپ کی غزل نکھرتی ، بولتی مچلتی ، مہکتی ، لپکتی ، ڈولتی اور گنگناتی آگے بڑھ رہی ہے۔غزل کے وسیع میدان سے توقعات ہیں کہ موصوف کی رسائی دور دور تک ہوگی اور روشن کامیابی ان کے شعری پیکر کے قدم چومے گی۔'' (۱)

علیم صبا نویدی کے ان خیالات سے اندازہ ہوتا ہے کہ پروفیسر سلیمان اطہر جاوید نہ صرف ایک کہنہ مشق شاعر ہیں بلکہ استادفن بھی ہیں۔انہوں نے غزل کے روایتی مضامین عشق،تصوف،مصائب وآلام کا بیان اور داخلیت کو اپنے کلام میں بخوبی برتا ہے۔

مندرجہ ذیل اشعار سے کیفیت عشق کا اظہار ہوتا ہے۔

چلو کہنے کو ہیں نیندیں ہماری
مگر آنکھوں میں سارے خواب اس کے

کتاب زندگی پر نام اپنا
جو اندر دیکھتے ابواب اس کے(۸۸)

جب سے اس نے نگاہ پھیری ہے
ہم سے پہلو بدل رہا ہے چاند(۸۷)

یوں تو راہوں میں کئی سیم براں ملتے ہیں
جس کو ہم ڈھونڈ رہے ہیں وہ کہاں ملتے ہیں(۷۹)

کچھ پتہ ان کو چلے ہم پہ گزرتی کیا ہے
اپنے اک آدھ سہی ، غم کا خلاصہ لکھیں

مندرجہ بالا اشعار عشق حقیقی و مجازی کے مظہر ہیں۔ داخلیت اور حقیقت نگاری پر مبنی اس شاعری میں عشق میں ڈوبے شاعر کے دل کی کیفیت ظاہر ہوتی ہے۔ شاعر عشق میں ڈوبا ہوا ہے۔ لیکن اسے اپنی محبت اور اپنے محبوب کا لحاظ ہے۔ وہ اپنے محبوب کے انتظار میں تڑپ رہا ہے۔ لیکن اس کیفیت میں بھی لحاظ و پاسداری ہے۔ اس کے برخلاف پروفیسر سلیمان اطہر جاوید کی غزلوں میں عشق مجازی اور خارجی شاعری کے عناصر بھی ملتے ہیں۔ جس طرح دبستان لکھنؤ میں شعراء راست صنف نازک سے مخاطب ہوتے ہوئے اس کے چہرہ و سراپا کی خوبیوں کے بیان میں اپنی شاعری کا کمال دکھاتے ہوئے خود بھی اور اپنے محبوب کی بدنامی کا باعث بنتے تھے۔ اس طرح کے نمونے ان کی شاعری میں بھی ملتے ہیں اور ذیل کے اشعار اس کی تائید کرتے ہیں:

میں کیا بتاؤں کہ کیسی ہے وہ حسیں لڑکی
ہے کائنات جو خاتم تو وہ نگیں لڑکی
نکھار و رنگ کا ایک پیکر حسیں و جمیل
اور اپنے آپ بہاروں کی وہ امیں لڑکی(۷۲)

ادائیں اس کی بدن کی تراش ایسی تھی
ہر ایک شخص کو اپنی تلاش ایسی تھی(۶۵)

ایک جھلک ہی اتنی دلکش
اس کا سراپا کیسا ہوگا
پھول سجے ہوں گے زلفوں میں

ہاتھوں میں گلدستہ ہوگا

زلف کو کالی گھٹا آنکھ کو تارا لکھا

ہم نے اس گل کا بہر طور سراپا لکھا(۸۶)

اردو غزل میں صنف نازک اور اس کے سراپے کے بیان پر شدید تنقید کرتے ہوئے مقدمہ شعر و شاعری کے مصنف الطاف حسین حالؔی لکھتے ہیں:

''غزل میں ایسے الفاظ استعمال کرنا جو عورتوں کے لوازمات اور خصوصیات پر دلالت کریں۔ اس قوم کی حالت کے بالکل نامناسب ہیں جو پردہ کے قاعدہ کی پابند ہو کیونکہ اگر معشوقہ کوئی منکوحہ یا مخطوبہ ہے تو اس کے حسن و جمال کی تعریف کرنی اور اس کے کرشمہ و ناز و ادا کی تصویر کھینچنی گویا اپنے ننگ و ناموس کو اپنوں اور پرایوں سے انٹرڈیوس کرانا ہے اور اگر کوئی بازاری بیسوا ہے تو اپنی نالائقی یا بدنیتی کا ڈھنڈورا پیٹنا ہے۔''(۱)

غزل کے خارجی عناصر کے بارے میں الطاف حسین حالؔی کی یہ کڑی تنقید دراصل دبستان لکھنؤ کے ان شعراء کے لئے تھی جنہوں نے اپنی شاعری کا اوڑھنا بچھونا بس عورتوں کے حسن و سراپا کو نت نئے انداز میں بیان کرنے میں صرف کردی تھی۔ لیکن کھانے میں بقدر نمک کی طرح اگر کوئی شاعر اپنے کلام میں اس طرح کے چند ایک اشعار کہہ جائے تو اس پر محبوبہ کی سراپا نگاری کا الزام عائد نہیں کیا جاسکتا۔ چنانچہ پروفیسر سلیمان اطہر جاوید کی شاعری میں بھی اس طرح کے چند ایک اشعار پائے گئے ہیں۔ لیکن ان کی زیادہ تر شاعری معنویت کی حامل ہے اور اپنے اندر زمانے کا شعور و ادراک رکھتی

ہے۔ان کی شاعری نہ صرف ان کی شخصیت اور زندگی کا بیان ہے بلکہ زمانے کے حوادث کی تفسیر بھی ہے۔ذیل کے اشعار اس بات کی گواہی دیتے ہیں:

یہ کم نہیں کہ زمانے کو روشنی دی ہے
تمام عمر میاں ! ہم جلے دیوں کی طرح(٦١)

نہ منزلوں کا تعین نہ کوئی جادہ تھا
عجب تھے لوگ سفر کا مگر ارادہ تھا(٦٦)

اب تو ہر شہر پر یہی ہے گماں
اس جگہ پر کبھی تو تھا جنگل(٦٧)

کل جو بچی رو رہی تھی راستے میں آج وہ
اپنی ماں کے ساتھ ہنستی کھیلتی اچھی لگی (٦٨)

ساری بستی تو قاتلوں کی نہیں
جو بھی ملتا ہے اک نیا قاتل(٧١)

درد کو بھی دوا کہا ہم نے
ہر ستم کو ادا کیا ہم نے(٧٥)

پھر آج شہر میں ہنگامہ مچ گیا یارو
جو سرغنہ تھا وہی شخص بچ گیا یارو(٨٣)

اس نے پوچھی جو کیفیت میری
ہاتھ میں اس کے دیدیا اخبار(٨٢)

ان کا اصرار اندھیرے کو اجالا لکھو
ضد ہماری کہ اندھیرا ہے اندھیرا لکھیں (۸۴)

مندرجہ بالا اشعار میں پروفیسر سلیمان اطہر جاوید کی شاعری کی ایک اور خصوصیت یہ معلوم ہوتا ہے کہ وہ شاعری میں اکثر اپنے آپ سے مخاطب ہوتے ہیں اور زمانے کے حالات بیان کرنے میں بھی اپنے آپ کو موجود رکھتے ہیں اور ایسا محسوس ہوتا ہے کہ جو کچھ ہو رہا ہے وہ ان پر بھی بیت رہا ہے۔

اردو کے پائے کے شعراء کے ہاں بعض اشعار سہل متمنع پائے جاتے ہیں۔ یعنی قاری یا سامع جب کوئی شعر پڑھے یا سنے تو کہے کہ میں بھی اس طرح کا شعر کہہ سکتا ہوں۔ لیکن وہ اس طرح کا شعر کہنے پر قادر نہیں ہوتا۔ مومنؔ کے اس شعر کے بارے میں کہا جاتا ہے کہ یہ سہل متمنع کی اچھی مثال ہے۔

تم میرے پاس ہوتے ہو گویا
جب کوئی دوسرا نہیں ہوتا

پروفیسر سلیمان اطہر جاوید کے کلام میں بھی اس طرح کے سہل متمنع اشعار ملتے ہیں۔

کیا جو وار تو بھرپور دشمنوں کی
وہ ایک شخص جو رہتا تھا دوستوں کی طرح (۶۱)

غم حیات کو تم سہہ نہیں سکے ورنہ
ہمارا حال تو تم سے کہیں زیادہ تھا (۶۶)

عصر حاضر کا سانحہ یہ ہے
آج ہر شہر بن گیا جنگل(۶۷)
ہم کو مرنا تھا مرگئے صاحب
کیا بتائیں کہ کون تھا قاتل(۷۰)
آئینہ میں اُس نے ہمیشہ
میرا چہرہ دیکھا ہوگا
یہاں کا حال نہ پوچھو کہ یہ نگر وہ ہے
جہاں پہ جھوٹ رہا اور سچ گیا یارو(۸۳)

پروفیسر سلیمان اطہر جاوید نے اپنی غزل گوئی میں نہ ہی مشکل زمینیں اختیار کی ہیں اور نہ ہی مشکل پسندی کو برتا ہے۔ بلکہ چھوٹی چھوٹی بحروں میں سیدھے سادھے روزمرہ الفاظ میں انہوں نے اپنے جذبات کو بیان کیا ہے۔قوافی بھی انہوں نے عام فہم استعمال کئے ہیں۔چھوٹی بحروں میں ان کی غزلوں کے چند اشعار اس طرح ہیں:

بھولیں کل کی کھینچا تانی
آؤ آج ملائیں ہاتھ
تیری محفل میں آئیں اور
خالی لے کر جائیں ہاتھ(۹۵)
منور تھے اسی کے دم قدم سے

در و دیوار ، نکڑ بام گلیاں
ہمیشہ یاد آتی ہیں دکن کی
گل و گلریز و گل اندام گلیاں(۹۲)

کتاب زندگی پر نام اپنا
جو اندر دیکھئے ابواب اس کے
ہماری گفتگو واہی تباہی
مگر اقوال سب نایاب اس کے(۸۸)

اس نے پوچھی جو کیفیت میری
ہاتھ میں اس کے دیدیا اخبار
طوطے تھے ہی کہاں جو اڑ جاتے
میرے ہاتھوں سے اڑ گیا اخبار(۸۲)

درد کو بھی دوا کہا ہم نے
ہر ستم کو ادا کہا ہم نے
وقت رخصت تو درگزر کیجئے
جو برا یا بھلا کہا ہم نے(۷۵)

میری جدائی کا ہر لمحہ
اس نے کیسے کاٹا ہوگا
تارا ٹوٹا ٹوٹا دیکھو
آنسو تیرا ڈھلکا ہوگا(۷۴)

مندرجہ بالا اشعار کے علاوہ اور بھی کئی اشعار ایسے ہیں جس سے پروفیسر سلیمان اطہر جاوید کی شاعری کی سادگی وسلاست دروانی کا اظہار ہوتا ہے۔ جہاں تک مخصوص لفظیات کا تعلق ہے۔انہوں نے اردو کے تقریباً ایسے سبھی الفاظ کو استعمال کیا ہے جو بیسویں صدی کے اردو شعروادب میں مستعمل ہیں۔متروک الفاظ کو انہوں نے استعمال نہیں کیا۔ اردوغزل کے شعراء اکثر اپنی غزل کے مقطعوں میں اپنا تخلص استعمال کرتے ہیں۔ پروفیسر سلیمان اطہر جاوید نے اپنا تخلص جاویدؔ بہت کم غزلوں میں استعمال کیا ہے۔ان کی بیشتر غزلوں کے مقطعے بغیر تخلصؔ کے ہی ہیں۔ذیل میں ان کی غزلوں کے چند ایسے مقطعے دئے جارہے ہیں جس میں انہوں نے اپنا تخلصؔ استعمال کیا ہے:

قتیل دوستان جاویدؔ اپنا
ملے تھے آج پھر احباب اس کے(۸۸)

دشمن جاں کو دعا دی ہے ہمیشہ جاویدؔ
ہم نے قاتل کو کئی بار مسیحا لکھا(۸۶)

دل سے مجبور ہیں جاویدؔ مگر حیف کہاں
کیا یہ ممکن ہے کبھی آپ کو اپنا لکھیں(۸۵)

اس کی تحریر نہیں سلک گہر ہے جاویدؔ
اس کا ہر قوم کہ خاتم کا نگیں لگتا ہے(۷۶)

مندرجہ بالا شعری خصوصیات پروفیسر سلیمان اطہر جاوید کو ایک معتبر شاعر کے طور پر پیش کرتی ہے۔ تحقیق وتنقید ودرس وتدریس کی مصروفیتوں میں رہ کر پروفیسر سلیمان اطہر

جاوید نے شاعری کی طرف ویسی توجہ نہیں کی جیسی کہ ایک مستقل شاعر کرتا ہے۔لہذا ان کی شعری تخلیقات کا سفر تھم سا گیا ہے ۔ اگر وہ مشق شعر وسخن جاری رکھیں تو موجودہ دور کے شعراء کی فہرست میں وہ صف اول کے شاعروں میں گنے جانے کے لائق ہیں ۔ پروفیسر سلیمان اطہر جاوید کی شاعری کے مستقبل کے امکانات کا جائزہ لیتے ہوئے اختر الایمان لکھتے ہیں۔

''اطہر جاوید کی نظموں کو پڑھنے اور غزلوں کا جائزہ لینے کے بعد یہ میرا فوری ردعمل تھا مگر اس کے باوجود بھی میں ان کی شاعری کے بارے میں کوئی حکم لگا سکتا ہوں نہ ان کے مستقبل کی پیشن گوئی کر سکتا ہوں ۔ اس لئے کہ اپنی شاعری کا سفر یہ طئے نہیں کر چکے بلکہ اس کا آغاز کیا ہے۔اس راستے میں آئندہ کتنے موڑ آئیں گے وہ اس وقت میرے قیاس اور محاصرہ فکر سے باہر ہے۔ان کی نظموں کو پڑھنے سے یہ ضرور احساس ہوتا ہے کہ اپنے اظہار کے لئے انہوں نے نعرہ بازی کا راستہ اختیار نہیں کیا۔ پھر بھی اپنے گرد وپیش پر ایک تنقید ضروری ہے۔ یہ پرخلوص جذبہ ایک دن انہیں ضرور قابل قدر شاعر بنا سکتا ہے۔''(۱)

اختر الایمان نے پروفیسر سلیمان اطہر جاوید کی شاعری کے بارے میں یہ خیالات ۱۹۸۴ء میں تحریر کئے تھے ۔ چونکہ پروفیسر سلیمان اطہر جاوید کی شاعری میں مزید کچھ پیشرفت نہیں ہوئی ۔لہذا ان کے بارے میں اختر الایمان کے یہ خیالات آج بھی لاگو ہوتے ہیں اور اگر پروفیسر سلیمان اطہر جاوید اپنا شعری سفر جاری رکھیں تو ایک اچھے شاعر

بن سکتے ہیں۔غرض پروفیسر سلیمان اطہر جاوید کا شعری مجموعہ ''آنگن آنگن دکھ کے پیڑ'' نہ صرف اسم با مسمی ہے۔ بلکہ اس میں شامل نظمیں اور غزلوں کے بیشتر اشعار شاعر کی دلی کیفیت اور اس کے عہد کی تیرگی کو بیان کرتی ہیں اور اس مجموعہ میں شامل ان کی شاعری اردو شعر و ادب کے دامن میں خاطر خواہ اضافہ ہے۔ پروفیسر سلیمان اطہر جاوید اپنی تحقیقی و تنقیدی و صحافتی سرگرمیوں کے دوران اپنے اس شعری مجموعہ کی بدولت ایک گمنام شاعر کے طور پر جانے جائیں گے۔

☆☆☆☆☆

☆ ساتواں باب

پروفیسر سلیمان اطہر جاوید بہ حیثیت صحافی و کالم نگار

پروفیسر سلیمان اطہر جاوید اردو ادب کی دنیا میں ایک بلند پایہ ادیب، محقق نقاد اور شاعر کے طور پر جانے جاتے ہیں۔ لیکن بہت کم لوگ اس حقیقت سے واقف ہیں کہ وہ ایک تجربہ کار صحافی بھی ہیں اور اپنی صحافتی تحریروں کے ذریعہ ہی انہوں نے اردو ادب میں اپنا مقام بنایا ہے۔

صحافت نے ہر زمانے میں ایک طرف جہاں خبروں کی ترسیل کے ذریعہ لوگوں کو باخبر رکھنے اور مختلف علمی، سماجی، تہذیبی و ثقافتی تحریکوں کو پروان چڑھانے میں مدد دی وہیں صحافت سے وابستہ شخصیتوں کو نامور ادیب و فنکار بننے میں بھی بے حد تعاون کیا۔ مغربی صحیفہ نگاروں کے علاوہ اردو کے اکثر مشہور شاعر اور ادیب اپنے وقت کے نامور صحافی گزرے ہیں۔ اس فہرست میں سر سید احمد خاں، پروفیسر وحید الدین سلیم، مولانا ابوالکلام آزاد، مولانا محمد علی جوہر، مولانا عبدالحلیم شرر، مولانا ظفر علی خاں، خواجہ حسن نظامی، نیاز فتح پوری، مولانا حسرت موہانی، مولانا عبدالماجد دریا بادی وغیرہ کے نام لئے جاسکتے ہیں۔ جنہوں نے اپنے اخبارات اور رسائل کے ذریعہ ادبی اور صحافتی حیثیت سے اردو زبان و ادب کی خدمت کی اور اسے ایک زندہ اور ترقی یافتہ زبان بنایا۔ صحافتی پس منظر رکھنے والے ادیبوں اور شاعروں کی فہرست میں موجودہ دور کا ایک اہم نام پروفیسر سلیمان اطہر جاوید

ہے۔جس کے بچپن کے حالات سے پتہ چلتا ہے کہ ابتدائی تعلیم کے زمانے سے ہی انہیں لکھنے کا شوق تھا اور وہ اخبارات اور رسائل کے لئے کہانیاں اور مضامین لکھنے لگے تھے۔ پروفیسر سلیمان اطہر جاوید نے ۱۹۵۱ء میں جبکہ وہ چادر گھاٹ ہائی اسکول کی آٹھویں جماعت کے طالب علم تھے ایک چھوٹی سی کہانی ''رہنمائے دکن'' اخبار کے بچوں کے صفحہ کے لئے لکھی جو فوراً شائع ہوگئی۔اس کہانی کی اشاعت سے انہیں لکھنے کا حوصلہ ملا اور اخبارات اور رسائل کے لئے لکھنے لگے۔ ۱۹۵۷ء میں چادر گھاٹ کالج کے اردو مجلّہ ''فکر نو'' کے شریک مدیر منتخب ہوئے۔گھر کی مالی پریشانیوں کے سبب وہ دوران تعلیم ملازمت بھی ''رفتار سیاست'' کالم عموماً سیاسی موضوعات کا احاطہ کرتا تھا۔اس میں بین الاقوامی اور قومی سیاست پر بے لاگ تبصرہ کیا جاتا تھا۔ دوشنبہ ۱۰ر نومبر ۱۹۹۷ء کی اشاعت میں'' امریکہ پھر اسی راہ'' کے عنوان سے پروفیسر سلیمان اطہر جاوید عراق پر امریکہ کی توجہ کو اجاگر کرتے ہوئے لکھتے ہیں۔

''عراق اور امریکہ کے تعلقات ایک بار پھر نیا موڑ لے رہے ہیں اور اس علاقے کی صورت حال دھما کو نوعیت اختیار کرتی جارہی ہے۔تازہ ترین اطلاعات ہر چند کہ ایسی تشویشناک نہیں لیکن یہ کہنا بھی مشکل ہے کہ کل کیا ہوگا امریکی صدر بل کلنٹن کے سر پر اپنے پیشرو جارج بش کی طرح یہی جنون سوار ہے کہ وہ عراق کو اپنی انگلیوں کے اشارے پر نچائیں گے اور عراق میں وہی کریں گے جو وہ کرنا چاہیں گے۔لیکن صدر کلنٹن کو یہ بات خاطر نشین رکھنی چاہئیے کہ کویت عراق تنازعہ (۱۹۹۰ء) کے وقت جو سیاسی روز و شب تھے آج

وہ کہیں تبدیل ہو چکے ہیں۔'' (۱)

اسی طرح ۵؍جنوری ۱۹۹۸ء کی اشاعت میں ''امید کی کرن'' کے عنوان سے سونیا گاندھی کے کانگریس پارٹی کے لئے رول کے بارے میں لکھتے ہیں:

''مسز سونیا گاندھی ایسی کوئی جادو کی چھڑی تو نہیں ہیں کہ کانگریس کے تن مردہ میں زندگی کی لہر دوڑا دیں یہ اور بات ہے بیشتر کانگریسی کچھ ایسی ہی خوش فہمی کے شکار ہیں۔ مسز سونیا گاندھی کی ہندوستان کی قومی معاشرتی اور سیاسی زندگی میں اہمیت ہے تو اس زاویہ سے کہ وہ سابق وزیر اعظم راجیو گاندھی سے بیاہی گئیں اور نہرو خاندان کی بہو بنیں۔ اپنے طور پر وہ کتنی صلاحیتوں کی حامل ہیں۔ اس کا صحیح اندازہ شاید ان کانگریسیوں کو بھی نہیں جو ان سے قریب ہیں۔ یا ان سے قریب ہونے کا دم بھرتے ہیں۔'' (۲)

ان دو اقتباسات سے اندازہ ہوتا ہے کہ پروفیسر سلیمان اطہر جاوید قومی اور بین الاقوامی سیاسی منظر نامے سے گہری واقفیت رکھتے تھے اور اس کالم میں اپنی رائے پیش کرتے ہوئے سیاسی صورتحال کو واضح کرتے تھے۔ چنانچہ لوگ ان کے اس کالم کو پڑھنے کے لئے دوشنبہ کے اخبار کا بے چینی سے انتظار کرنے لگتے تھے۔ حیدرآباد کے مشہور عینک ساز ڈاکٹر لقمان کے ہاں جز وقتی کام کیا۔ چند ماہ ایک نیوز ایجنسی میں خدمات انجام دیں۔ اختر حسن کے روزنامہ ''پیام'' میں ''بچوں کا صفحہ'' ترتیب دیا۔ ایک سال تک ''پیام'' سے وابستہ رہنے کے بعد چند ہفتے روزنامہ ''سیاست'' میں بچوں کا صفحہ ترتیب دیا۔ ۱۹۵۹ء میں بی اے کامیاب کرنے کے بعد دفتر عطیات میں ماہانہ (۱۰۶) روپئے پر کلرک کی نوکری کی

۔مضامین لکھنے کا سلسلہ جاری رکھا۔فلمی دنیا کے بارے میں چند ایک مضامین کلکتہ کے اخبارات میں شائع ہوئے ۔ پھر سیاسی موضوعات پر لکھنے لگے ۔ ہر جمعرات کی شام ''رہنمائے دکن'' کو تازہ مضمون دے آتے جو دوشنبہ ایڈیشن میں شائع ہوجاتا۔''رہنمائے دکن'' کے محمود وحید الدین کے ایماء پر کلرک کی نوکری سے استعفی دے دیا اور اس اخبار سے وابستہ ہوگئے اور خصوصی ہفتہ وار صفحہ''رفتار سیاست''ترتیب دینے لگے۔یہ سلسلہ ۱۵/جون ۱۹۶۰ء سے شروع ہوا۔ وقت ضرورت وہ مقامی صفحہ، گھر کی باتیں، اداریہ وغیرہ بھی لکھتے تھے ۔ چھ سات سال تک سب ایڈیٹر کے طور پر خدمات انجام دیں ۔ بعد میں عثمانیہ یونیورسٹی سے ایم۔اے اور پی۔ایچ۔ڈی کرنے کے دوران بھی انہوں نے''رفتار سیاست '' لکھنے کا سلسلہ ترک نہیں کیا۔لوگ ان کی تحریروں سے متاثر تھے اور اکثر لوگ اس صفحہ کی خاطر دوشنبہ کا اخبار خریدا کرتے تھے۔ادبی حلقوں میں بھی سلیمان اطہر جاوید کا چرچا ہونے لگا۔۱۹۶۶ء میں پروفیسر سلیمان اطہر جاوید جب مستقل ملازمت پر سری وینکٹیشورا یونیورسٹی چلے گئے تب انہوں نے''رہنمائے دکن'' کی ملازمت ترک کردی۔لیکن وہ اخبار کے لئے ادبی موضوعات پر پابندی سے مضامین لکھتے رہے۔

بہ حیثیت کالم نگار :

سری وینکٹیشورا یونیورسٹی میں مستقل ملازم ہوجانے کے باوجود پروفیسر سلیمان اطہر جاوید نے صحافت سے اپنا ناطہ نہیں توڑا اور اپنی توجہ سیاسی و ادبی تحریروں سے ہٹا کر کالم نگاری پر مبذول کی۔کسی اخبار کے لئے مستقل کالم لکھنا کالم نگار کے وسیع مطالعہ اور مستقل مزاجی کا پتہ دیتا ہے۔روزانہ کی مصروفیات کے علاوہ زمانے کے سرد گرم کے دوران ہر ہفتہ

یا مہینہ کالم نگار کو وقت مقررہ پر اخبار کے لئے کالم لکھ دینا ہوتا ہے۔ ابتداء میں موضوعات آسانی سے دستیاب ہوجاتے ہیں لیکن ایک عرصہ گزرنے کے بعد کالم نگار کے لئے موضوعات کی قلت ہوجاتی ہے اور وہ اکثر اپنے کالم کے لئے موضوعات تلاش کرتا دکھائی دیتا ہے اور اکثر معیار سے سمجھوتہ کرلیتا ہے۔ لیکن پروفیسر سلیمان اطہر جاوید کے سامنے اس طرح کا مسئلہ درپیش دکھائی نہیں دیتا۔ حیدرآباد کے ایک نوجوان صحافی محمود انصاری نے ۱۹۷۶ء میں حیدرآباد سے ہی اردو روزنامہ ''منصف'' جاری کیا۔ پروفیسر سلیمان اطہر جاوید کے محمود انصاری سے دوستانہ روابط تھے۔ چنانچہ ان کے اصرار پر پروفیسر سلیمان اطہر جاوید نے ''رفتار تک ادب'' کے نام سے ایک مطالعاتی کالم شروع کیا۔ یہ کالم منصف میں ۱۰/اگست ۱۹۸۱ء سے شروع ہوا۔ ۲۴/اگست ۱۹۸۱ء سے اس کالم کا نام ''میرا مطالعہ'' ہوگیا جو ۱۹۹۷ء تک جاری رہا ہے۔ اس کالم میں پروفیسر سلیمان اطہر جاوید نے اپنے مخصوص انداز میں نئی کتابوں پر تبصرہ و تنقید کے ساتھ ادب کے مختلف موضوعات وغیرہ پر اظہار خیال کیا۔ بعض اوقات مختلف رسائل کے خاص نمبروں کا جائزہ بھی شائع ہوتا تھا۔ اہم ادبی شخصیتوں کے انتقال پر ان کی علمی و ادبی خدمات کو خراج بھی پیش کیا جاتا تھا۔ اس طرح کم و بیش ۱۶ سال تک انہوں نے روزنامہ ''منصف'' کے لئے یہ کالم بلا معاوضہ لکھا۔ اس کالم کے مضامین کو اگر موضوعاتی اعتبار سے ترتیب دے کر علحدہ طور پر شائع کیا جائے تو انتہائی قیمتی مواد یکجا ہوسکتا ہے۔

پروفیسر سلیمان اطہر جاوید جب ۳۰/اپریل ۱۹۹۶ء کو سری وینکٹیشورا یونیورسٹی سے صدر شعبہ اردو کے عہدے پر فائز رہنے کے بعد وظیفہ حسن وخدمت پر سبکدوش ہوئے

تو ایک مرتبہ پھر انہوں نے اپنے وطن عزیز حیدر آباد کی طرف رخ کیا اور مکمل طور پر ادبی سرگرمیوں میں حصہ لینے لگے اور اس دوران انہوں نے اپنے پیشہ صحافت کی یادیں تازہ کیں اور ایک مرتبہ پھر کالم نگاری کی طرف توجہ کی ۔ حیدر آباد کے نمائندہ اخبار روز نامہ ''سیاست'' کو انہوں نے اپنے خیالات کی ترسیل کا مناسب ذریعہ سمجھا ۔ عابد علی خاں مرحوم سے دیرینہ مراسم اور ان کے لائق فرزند و ایڈیٹر روز نامہ سیاست جناب زاہد علی خاں کی خواہش پر انہوں نے اخبار کے دوشنبہ ادبی سپلمنٹ کے لئے ہفتہ وار کالم ''ادبی ڈائری'' کے عنوان سے مارچ ۲۰۰۱ء سے لکھنا شروع کیا اور تا حال یہ سلسلہ جاری ہے ۔ ادبی ڈائری کالم میں اکثر پروفیسر سلیمان اطہر جاوید حیدر آباد و کل ہند سطح پر یا ملک و بیرون ملک جہاں بھی وہ دورہ کرتے ہیں منعقد ہونے والی ادبی محفلوں ، کتابوں کے رسم اجراء ، سمیناروں ، سمپوزیموں ، جامعات میں منعقد ہونے والے لکچرس ، مشاعروں کی روئداد وغیرہ موضوعات پر معلومات پیش کرتے ہیں ۔ بعض اوقات اردو کے ادبی مسائل پر بھی دلچسپ گفتگو ہوتی ہے ۔ اردو ادب کے طالب علموں اور محققین کے لئے پروفیسر سلیمان اطہر جاوید کا یہ سلسلہ وار کالم ایک نعمت غیر مترقبہ سے کچھ کم نہیں ۔ کیونکہ اس کالم کے ذریعہ اردو ادب کا تازہ منظر نامہ معلوم ہو جاتا ہے ۔ پروفیسر سلیمان اطہر جاوید نے گزشتہ سات سال میں ''ادبی ڈائری'' کالم کے تحت جو ادبی ، تحقیقی اور تنقیدی مضامین لکھے ہیں ان میں سے چند کے نام اور سنہ اشاعت اس طرح ہیں :

(۱)	شہریار سے باتیں	دوشنبہ ۔ ۵ رمئی ۲۰۰۳ء
(۲)	مجتبیٰ حسین کا سفر نامہ	دوشنبہ ۔ ۲۶ رمئی ۲۰۰۳ء

(۳)	یوم چکبستؔ کا مشاعرہ	دوشنبہ۔ ۲/جون ۲۰۰۳ء
(۴)	گمشدہ آدمی	دوشنبہ۔ ۲۳/جون ۲۰۰۳ء
(۵)	ہاشم علی اختر	دوشنبہ۔ ۳۰/جون ۲۰۰۳ء
(۶)	ظہیر الدین محمد بابر	دوشنبہ۔ ۷/جولائی ۲۰۰۳ء
(۷)	کولکتہ میں اردو	دوشنبہ۔ ۱۴/جولائی ۲۰۰۳ء
(۸)	مولانا ابوالکلام آزاد	دوشنبہ۔ ۲۱/جولائی ۲۰۰۳ء
(۹)	گرم ہوا	دوشنبہ۔ یکم/ستمبر ۲۰۰۳ء
(۱۰)	ادبی نشست	دوشنبہ۔ ۸/ستمبر ۲۰۰۳ء
(۱۱)	اقبال متین اور شہر آشوب	دوشنبہ۔ ۲۲/ستمبر ۲۰۰۳ء
(۱۲)	میوزیکل چیئر	دوشنبہ۔ ۲۹/ستمبر ۲۰۰۳ء
(۱۳)	خدابخش لائبریری پٹنہ	دوشنبہ۔ ۱۳/اکتوبر ۲۰۰۳ء
(۱۴)	درد کے خیمے کے آس پاس	دوشنبہ۔ ۲۰/اکتوبر ۲۰۰۳ء
(۱۵)	قومی زبان	دوشنبہ۔ ۳/نومبر ۲۰۰۳ء
(۱۶)	منزل کی تلاش میں	دوشنبہ۔ ۱۰/نومبر ۲۰۰۳ء
(۱۷)	آٹھواں شمارہ	دوشنبہ۔ ۱۷/نومبر ۲۰۰۳ء
(۱۸)	دامن یوسف	دوشنبہ۔ ۲۴/نومبر ۲۰۰۳ء
(۱۹)	اطلاقی تنقید نئے تناظر	دوشنبہ۔ یکم/ڈسمبر ۲۰۰۳ء
(۲۰)	وقیع شمارہ	دوشنبہ۔ ۸/ڈسمبر ۲۰۰۳ء

(۲۱) ابتدائی تعلیم — دوشنبہ۔ ۱۵/ڈسمبر ۲۰۰۳ء

(۲۲) جے پور میں اردو — دوشنبہ۔ ۲۹/ڈسمبر ۲۰۰۳ء

(۲۳) ولی دکنی — دوشنبہ۔ ۲/جنوری ۲۰۰۴ء

(۲۴) صنائع وبدائع — دوشنبہ۔ ۱۹/جنوری ۲۰۰۴ء

(۲۵) پیکر خیال — دوشنبہ۔ ۲۳/جنوری ۲۰۰۴ء

(۲۶) نشاط غم — دوشنبہ۔ یکم/مارچ ۲۰۰۴ء

(۲۷) تین رخی نظریاتی کشمکش — دوشنبہ۔ ۸/مارچ ۲۰۰۴ء

(۲۸) جدہ میں اردو — دوشنبہ۔ ۱۵/مارچ ۲۰۰۴ء

(۲۹) ادبی منظرنامہ — دوشنبہ۔ ۲۲/مارچ ۲۰۰۴ء

(۳۰) بیسویں صدی میں اردو تحقیق — دوشنبہ۔ ۲۹/مارچ ۲۰۰۴ء

(۳۱) بیسویں صدی میں بنگال میں مسلمان دوشنبہ۔ ۱۲/اپریل ۲۰۰۴ء

(۳۲) اردو تعلیم۔ وتدریس — دوشنبہ۔ ۱۹/اپریل ۲۰۰۴ء

(۳۳) کرشن کمار سنگھ کی نعت گوئی دوشنبہ۔ ۲۶/اپریل ۲۰۰۴ء

(۳۴) نفوس گرامی — دوشنبہ۔ ۱۷/مئی ۲۰۰۴ء

(۳۵) روح کے نغمے — دوشنبہ۔ ۲۴/مئی ۲۰۰۴ء

(۳۶) جعفر نظام صاحب — دوشنبہ۔ ۷/جون ۲۰۰۴ء

ادبی ڈائری:

سیاست کے ادبی ڈائری کالم میں شامل ان مضامین کی مقبولیت اور ان کی دستاویزی اہمیت کے پیش نظر پروفیسر سلیمان اطہر جاوید نے اس ہفتہ وار کالم میں شائع شدہ مضامین سے منتخبہ مضامین کو کتابی شکل دی اور ان کی ۲۰ بیسویں کتاب ''ادبی ڈائری'' جلد اول کے عنوان سے ۲۰۰۵ء میں ماڈرن پبلشنگ ہاؤس دہلی سے شائع ہوئی۔ اس کتاب میں جملہ ۴۰ مضامین شامل ہیں۔ جن کے عنوانات اس طرح ہیں:

دبستان لکھنؤ' دبستان دہلی' سعید شہیدی' مجروح صاحب' کلیم عاجز کی شاعری' رائل سیما کا ادبی منظرنامہ' جعفری صاحب' ادب اور زندگی' باتیں تنقید کی' تجربے یا تماشے غزل کو غزل ہی رہنے دیجئے' ادبی جرائد' افسانے کی حقیقت' یہ گروہ بندی یہ معرکہ آرائی' قتیل شفائی کی یاد میں' ادبی تحقیق' ادب اور عصری تقاضے' پروفیسر گیان چند جین' مغنی تبسم کی شاعری' مصر میں اردو' سرور صاحب' رضا نقوی واہی' کالی داس گپتا رضا' فسادات' کیفی اعظمی' اردو ادب انگریزی ادب' مشاعرے اور مشاعرے' پیش لفظ' علی سردار جعفری' مجتبیٰ حسین کے سفرنامے' نئی بستیوں میں شاعری' سید محمد اشرف سے باتیں' خدا بخش لائبریری' پٹنہ

جدہ میں اردو' جعفر نظام صاحب' مسقط میں اردو' جگن ناتھ آزاد' ادبی تحقیق' شاگرد غالب' علی احمد جلیلی اور قاضی سلیم۔

پیش گفتار کے عنوان سے اپنے خیالات کا اظہار کرتے ہوئے پروفیسر سلیمان اطہر جاوید لکھتے ہیں:

''ایک مدت سے ''سیاست'' میں ادبی اور ثقافتی ایڈیشن شائع ہوتا ہے۔

چنانچہ ادھر ۱۳ / مارچ ۲۰۰۰ء سے مجھے اس ایڈیشن میں ''ادبی ڈائری''
لکھنے کا موقع ملا ہے۔ میں تو خیر کیا لکھتا ہوں۔ اللہ کا کرم ہے کہ باذوق علمی
و ادبی حلقوں میں ''ادبی ڈائری'' کی خاص پذیرائی ہے۔ حیدرآباد۔
آندھرا پردیش اور ہندوستان ہی میں نہیں۔ وطن عزیز سے باہر مشرق وسطیٰ
اور امریکہ' کینیڈا اور برطانیہ وغیرہ میں بھی انٹرنیٹ پر ادبی ڈائری پڑھنے
اور پسند کرنے والوں کی بڑی تعداد ہے۔ بہت سے احباب اور بے شمار
قارئین چاہتے تھے کہ ''ادبی ڈائری'' کا انتخاب شائع ہو۔ چنانچہ اس
انتخاب کی وجہ اشاعت یہی ہے۔'' (۱)

موضوعات کی اس رنگارنگی اور ہماہمی کو دیکھنے سے اندازہ ہوتا ہے کہ پروفیسر سلیمان اطہر جاوید ادیب ہو کہ ادب تمام گوشوں پر دسترس رکھتے ہیں اور ہر ہفتہ اپنے کالم کے لئے موضوع نکال ہی لیتے ہیں۔ ان کے کالم کا نام چونکہ ''ادبی ڈائری'' ہے۔ اس لئے اس میں شامل اکثر مضامین ادبی اجلاسوں کے رپورتاژ ہوتے ہیں۔ چنانچہ ۱۲ / جولائی ۲۰۰۴ء کے سیاست دوشنبہ ایڈیشن میں ''دکنی ادب کے چار مینار'' کے موضوع پر رشید شکیب کی کتاب کا مطالعہ پیش ہے تو ۱۹ / جولائی ۲۰۰۴ء کے ایڈیشن میں ''مظہر مہدی'' کی شعری کتاب ''خواب چھونے کی خواہش'' کی تقریب رسم اجراء کا آنکھوں دیکھا حال پیش ہے۔ ۲۸ / جون ۲۰۰۴ء کے ایڈیشن میں ''مباحثہ'' کے عنوان سے پروفیسر وہاب اشرفی کے زیر اہتمام جاری ہونے والے رسالہ ''مباحثہ'' کا تنقیدی جائزہ پیش کیا ہے۔ اس مضمون میں رسالہ میں شامل مضامین پر تعارفی و تنقیدی نظر ڈالنے کے بعد آخر میں پروفیسر سلیمان

اطہر جاوید لکھتے ہیں:

''مباحثہ کی ترتیب میں وہاب اشرفی کی محنت ظاہر ہے۔ نام کی مناسبت سے ایسے مضامین ہوں تو اچھا ہے کہ مباحث کی گنجائش نکلے اور یہ سلسلہ چلتا رہے۔ پٹنہ (عظیم آباد) ابتداء ہی سے شعر و ادب کا مرکز رہا ہے۔ شاد عظیم آبادی ہی نہیں اور بلند پایہ شاعر یہاں گزر چکے ہیں۔ اس دور میں کل ہند ہی نہیں عالمی شہرت کے حامل بڑے بڑے نام ملتے ہیں...... اس پس منظر میں ''مباحثہ'' کی اشاعت فال نیک ہے۔ کوئی عجب نہیں وقیع موضوعات پر عالمانہ مضامین، عصری حسیت سے بھرپور شعری و ادبی حصہ و نیز علمی، ادبی، سماجی اور ثقافتی موضوعات پر تحریریں، تعمیری انداز کے ادبی مباحث اور ایسے ہی مواد کے باعث ''مباحثہ'' کے معیار میں اور اضافہ ہوگا اور اس کی مقبولیت کا دائرہ بھی وسیع!''(۱)

اس طرح ۲۶ر جولائی ۲۰۰۰ء کے ادبی ڈائری کالم کا عنوان ''اقبال کے لسانی تصورات'' ہے۔ اس مضمون میں اقبال اکیڈمی حیدر آباد کے زیر اہتمام منعقدہ سمینار کا احوال پیش کیا گیا ہے۔ اقبالیات کے موضوع پر عبدالستار دلوی کے پڑھے گئے مضمون ''اقبال کا نظریہ زبان'' ڈاکٹر محمد ضیاء الدین شکیب کے مضمون: اقبال کی شعری زبان اور پروفیسر مغنی تبسم کی تقریر کا جائزہ پیش کیا ہے۔ کالم کی ابتداء میں اقبالیات کے موضوع پر لکھی جانے والی کتابوں کی بہتات پر تبصرہ کرتے ہوئے پروفیسر سلیمان اطہر جاوید لکھتے ہیں:

''لوگ اقبال کو سمجھاتے ہوئے اقبال کو کم سمجھاتے ہیں اور خود کو زیادہ۔ بسا اوقات اقبال ان تصریحات اور تشریحات میں کہیں گم ہو جاتا ہے اور

ساری تحریر میں صاحب قلم ہی جلوہ گر رہتے ہیں۔ ظاہر ہے ایسے مضامین وغیرہ کسی طرح سود مند نہیں ہوتے ، نہ ان سے اقبال کی تفہیم میں کوئی اعانت ہوتی ہے اور نہ ادب کی کوئی خدمت۔ ادب اور اقبالیات میں اضافہ تو بہت دور کی بات ہے۔ اس طرح چونکہ اقبال اور اور غالب پر بہت زیادہ لکھا جاچکا ہے۔اس لئے قلم۔اٹھاتے ہوئے سوچنا پڑتا ہے کہ کیا کوئی نئ بات کہی جاسکتی ہے اور برتکلف برطرف کوئی نئ بات کم ہی کہی جاتی ہے۔" (۲)

مندرجہ بالا اقتباسات سے اندازہ ہوتا ہے کہ پروفیسر سلیمان اطہر جاوید کا یہ سلسلہ وار کالم "ادبی ڈائری" عام قارئین کو جہاں تازہ ترین ادبی منظرنامے سے واقف کرانے میں ممدومعاون ثابت ہورہا ہے، وہیں ادب کے بدلتے رجحانات کی عکاسی بھی کررہا ہے۔ یہ کالم آندھراپردیش اور ہندوستان کی ادبی سرگرمیوں کا نقیب ہے۔ پروفیسر سلیمان اطہر جاوید نے اپنے سفرحج کے موقع پر"جدہ میں اردو" جیسے مضامین بھی لکھ کر سرزمین حجاز میں نمو پذیر اردو کے پودے سے لوگوں کو واقف کرایا ہے۔ بہرحال پروفیسر سلیمان اطہر جاوید اپنی گوناگوں مصروفیات کے دوران پابندی سے"ادبی ڈائری" کالم لکھتے ہوئے جہاں اپنی مستقل مزاجی کا ثبوت دیا ہے وہیں اپنے وسیع وعمیق علمی وادبی تجربات سے باذوق ادبی قارئین کو استفادہ کا موقع دیا ہے۔اس طرح وہ ایک کامیاب کالم نگار قرار پاتے ہیں۔

☆ آٹھواں باب

پروفیسر سلیمان اطہر جاوید کا اسلوب

پروفیسر سلیمان اطہر جاوید کا بہ حیثیت محقق، نقاد، مرقع نگار، صحافی، کالم نگار اور ایک ادیب و شاعر گزشتہ ابواب میں جائزہ لینے کے بعد اس باب میں ان کے اسلوب نگارش کا جائزہ پیش ہے۔اس سے قبل کہ پروفیسر سلیمان اطہر جاوید کے اسلوب کے مختلف گوشوں کو اجاگر کیا جائے یہ جاننا ضروری معلوم ہوتا ہے کہ اسلوب کی تعریف کیا ہے۔ یہ کس طرح پہچانا جاتا ہے۔اور یہ کہ ایک ادیب کا اپنا اسلوب کس طرح بنتا ہے اور ادیب کس طرح اپنے اسلوب سے پہچانا جاتا ہے۔اردو کے اکثر نامور شعراء اور ادیبوں کے بارے میں کہا جاتا ہے کہ یہ صاحب طرز شاعر یا ادیب ہیں ان شعراء اور ادیبوں کی وہ کونسی خصوصیات ہیں جو انہیں ان کے اسلوب کی بناء دوسرے شعراء اور ادیبوں سے متمائز کرتی ہیں۔

اسلوب اصل میں کسی کے طرز تحریر کو کہتے ہیں۔اسلوب کی تعریف جتنی مختصر اور آسان ہے اسے سمجھانا اور واضح کرنا اتنا ہی دشوار ہے۔اسلوب کو انگریزی میں "Style" اور لاطینی میں "Stylys" کہا جاتا ہے۔فرانسیسیوں نے اپنے آپ کو بہتر طور پر ظاہر کرنے کو اسلوب قرار دیا تو افلاطون نے اسلوب کی تیاری میں ذہن یا روح کی کارفرمائی کو شامل قرار دیا ارسطو اظہار کے طریقہ کو اسلوب قرار دیتا ہے۔اسی طرح مرے کے بموجب

فن کے اظہار کا نام اسلوب ہے۔ ڈاکٹر زور اسلوب کی تعریف بیان کرتے ہوئے لکھتے ہیں:

''اسلوب مصنف کی تمام زندگی کا عکس ہوتا ہے''

(۱)

اسلوب کی ان تعریفوں کے پیچھے کہیں نہ کہیں شخصیت کی کارفرمائی ضرور ہوتی ہے۔ ایک تحریر اور اسے لکھنے والی شخصیت کا جب امتزاج ہوتا ہے تو کسی کا اسلوب وجود میں آتا ہے۔ اکثر لوگ کسی شعر کو سن کر یا کسی تحریر کو پڑھ کر اس کے لکھنے والے کا نام نہ دیکھتے ہوئے بھی یہ کہتے ہیں کہ یہ میرؔ کا شعر ہے۔ یہ اقبال کا شعر ہے۔ یہ ابوالکلام آزاد کی نثر ہے یا مشتاق احمد یوسفی کا مضمون ہے۔ وہ کونسی بات ہے جو قاری کو تحریر پڑھنے کے بعد اس کے مصنف کی شناخت پر مجبور کرتی ہے۔ اسی بات میں کہیں نہ کہیں اسلوب کی تعریف چھپی ہوئی ہے۔ اس ضمن میں ڈاکٹر زورؔ لکھتے ہیں:

''کسی عبارت کے مطالب اور معانی اپنے مصنف کی چغلی نہیں کھاتے بلکہ اس کا اسلوب بیان پکار اٹھتا ہے کہ میرا لکھنے والا فلاں شخص ہے۔ جس طرح کسی شخص کی آواز سنتے ہی ہم اس کو پہچان جاتے ہیں۔ اسی طرح کسی طرز بیان کے مطالعہ ہی سے ہم اس کے مصنف کو معلوم کر لیتے ہیں۔ انتخاب الفاظ ترتیب، محاورات، فقروں کی بندش، عبارت کی روانی مد و جزر لکھنے والے کی شخصیت کے وفادار ترجمان ہوتے ہیں۔ غرض یہ کہ طرز بیان اصولی طور پر ایک ذاتی خصوصیت ہے۔''(۱)

ڈاکٹر زورؔ کے یہ خیالات اسلوب کے اظہار کو بہت حد تک واضح کر دیتے ہیں۔

بہر حال ایک مصنف کا اسلوب اس کی نثر کی منفرد منجملہ خصوصیات پر مشتمل ہوتا ہے۔ یہ وہ خصوصیات ہیں جسے ایک ادیب کو دوسرے ادیب سے اس حد تک جدا رکھتی ہیں کہ کسی ادب پارے کے مطالعے سے ایک قاری کو ایک ادیب کی شناخت بنانے میں مدد دیتی ہیں ۔عام طور سے اسلوب کے اظہار کے لئے انشاء پردازی ضروری ہے اور اسلوب کی جملہ خصوصیات بھی انشائیوں سے ہی ہوتی ہے۔اسلوب کی پرکھ کے کوئی مجوزہ اصول نہیں۔ اسلوب انفرادیت کا مظہر ہوتا ہے۔تاہم کسی دور کے قارئین کو کسی مصنف یا ادیب کا اسلوب اپنی مخصوص خصوصیات اور طرز تحریر کی وجہ سے پسند آجائے تو یہی اس دور کے ادیب کا کامیاب اسلوب سمجھا جائے گا۔

اردو نثر کی تاریخ میں اپنے اسلوب کی وجہ سے اپنی منفرد شناخت بنانے والے انشا پردازوں اور ادیبوں میں غالبؔ (مکاتیب کی وجہ سے) سرسید احمد خاں، حالیؔ، محمد حسین آزاد، شبلی، نذیر احمد، مولانا ابوالکلام آزادؔ، ڈاکٹر ذاکر حسین، رشید احمد صدیقی، مرزا فرحت اللہ بیگ، مشتاق احمد یوسفی، یوسف ناظم، مجتبیٰ حسین، منور رانا وغیرہ قابل ذکر ہیں۔اسلوب کی تعریف اور اردو میں اسلوب کی روایت اور صاحب طرز اسلوب کے حامل ادیبوں اور انشا پردازوں کے ذکر کے بعد آیئے دیکھیں کہ پروفیسر سلیمان اطہر جاوید کے اسلوب کی نمایاں خصوصیات کیا ہیں۔

پروفیسر سلیمان اطہر جاوید کے اسلوب کی خصوصیات:

پروفیسر سلیمان اطہر جاوید بنیادی طور پر محقق اور نقاد ہیں۔اس کے علاوہ ان کے

مرقعے اور شاعری میں ایک مجموعہ ہے۔ جہاں تک ان کی تحقیقی اور تنقیدی تحریروں کا معاملہ ہے۔ اس میں چونکہ پیش کردہ مسئلہ یا مفروضہ کا حل پیش کیا جاتا ہے اور حقائق پر توجہ دی جاتی ہے۔ لہذا ان تحریروں میں اسلوب روانی کا حامل ہونا چاہئیے اور پروفیسر سلیمان اطہر جاوید کی تحقیقی اور تنقیدی کتابوں اور ان کے تنقیدی مضامین کے مطالعے سے پتہ چلتا ہے کہ پروفیسر سلیمان اطہر جاوید نے چھوٹے چھوٹے جملوں میں سیدھی سادھی نثر میں کھڑی بولی استعمال کرتے ہوئے خیالات کو پیش کیا ہے۔ چنانچہ ان تحریروں میں ان کا اسلوب روانی کا حامل ہے۔ قاری کو تنقیدی اور تحقیقی مضامین کے مطالعے سے اکتاہٹ ہوتی ہے۔ لیکن پروفیسر سلیمان اطہر جاوید جس روانی سے لکھتے ہیں اس سے قاری کو مطالعے کے دوران رکاوٹ محسوس نہیں ہوتی اور وہ خشک قسم کی تحریریں بھی پڑھنے کے لئے راضی ہوجاتا ہے۔ رشید احمد صدیقی کی علی گڑھ سے حد سے زیادہ وابستگی کو دلچسپ انداز میں بیان کرتے ہوئے پروفیسر سلیمان اطہر جاوید لکھتے ہیں:

''رشید صدیقی کو علی گڑھ سے جدا کرکے دیکھنا ان کے مقام اور مرتبہ کو کم کرنا ہے۔ انہیں اور ان کے فن کو پورے طور پر سمجھنے اور اس سے لطف اندوز ہونے کے لئے علی گڑھ کے ماحول وہاں کی دلچسپیوں، خوبیوں اور خامیوں سے چشم پوشی نہیں کی جاسکتی۔ کائنات میں ہر چیز کسی نہ کسی مرکز سے وابستہ ہے۔ مرکز اور اس کے مابین کشمکش ہی نہ صرف تخلیق کا باعث ہے بلکہ زندگی کی ضامن بھی۔ رشید صدیقی کے مرکز کا نام ہے علی گڑھ۔

(۱)

مندرجہ بالا اسلوب نگارش سے اندازہ ہوتا ہے کہ پروفیسر سلیمان اطہر جاوید نے اپنے رواں اظہار بیان سے تنقیدی اور تحقیقی تحریروں میں بھی جان ڈال دی ہے۔ پروفیسر سلیمان اطہر جاوید کا یہ اسلوب دیکھنے میں دھیما، خاموش اور پرسکون دکھائی دیتا ہے۔لیکن اردو ادب میں بحثیت محقق و نقاد پروفیسر سلیمان اطہر جاوید کا جو بلند اعلی و ارفع مقام ہے اسی طرح ان کا اسلوب بھی بڑا وزن دار، باوقار اور پوشیدہ نوعیت کا ہے۔ظاہر میں ان کی تحریر سیدھی سادھی معلوم ہوتی ہے۔لیکن جیسے جیسے غور وفکر کیا جائے گا ان کی تحریر سے پردے اٹھتے جائیں گے،تہیں کھلتی جائیں گی۔اور نئے نئے مطالب غور وفکر کی نئی نئی وسعتیں اور نئے نئے حدود ہمارے سامنے ہوں گے۔تنقیدی اور تحقیقی تحریروں کے علاوہ پروفیسر سلیمان اطہر جاوید کے اسلوب کے حقیقی جوہر ان کی تخلیقی تحریروں میں ملتے ہیں اور یہ تحریریں ان کی مرقع نگاری سے واضح ہوتی ہیں۔ پروفیسر سلیمان اطہر جاوید کا مرقع نگاری کا مجموعہ ''چہرہ چہرہ داستان'' ہے اور اس مجموعہ میں شامل مرقعوں میں پروفیسر سلیمان اطہر جاوید نے جذبات نگاری سے کام لیتے ہوئے جہاں ایک طرف اپنی انشا پردازی کا لوہا منوایا تو وہیں دوسری طرف اپنے اسلوب کی پہچان بھی کرائی ہے۔

''چہرہ چہرہ داستان'' میں شامل بیشتر خاکے پروفیسر سلیمان اطہر جاوید نے شخصیتوں کے انتقال پر انہیں خراج تحسین پیش کرنے کے لئے لکھے ہیں اور چونکہ یہ پیشہ صحافت سے بھی وابستہ رہ چکے ہیں۔اس لئے ان خاکوں میں اکثر شخصیتوں کے انتقال کی خبر اخبار سے ملنے کا ذکر کرتے ہوئے اسے بنیاد بنا کر اپنے مخصوص طرز بیان سے تحیر، حزن

ویاس کی کیفیت پیدا کی ہے اور اپنے غم کو کائنات کا غم بنا کر پیش کرتے ہوئے اپنے اسلوب میں انفرادیت پیدا کرنے کی کوشش کی ہے۔ زورؔ صاحب کے انتقال پر جذباتی اسلوب اختیار کرتے ہوئے لکھتے ہیں:

''زور صاحب چل بسے۔ نہیں! ایک تحریک چل بسی۔ ایک ادارہ چل بسا بلکہ ایک عہد چل بسا، کسی نے اردو زبان کو لوٹ لیا۔ حیدر آباد کی ادبی تاریخ کا ایک باب ختم ہوگیا۔ دکن کا ایک متوالا، ایک عاشق زار چلا گیا۔ آہ یہ کیا ہوگیا۔ یہ کیوں ہوگیا...... کیوں ہوگیا!! آہ...... وہ حیدر آباد میں پیدا ہوئے اور کشمیر میں پیوند خاک! لیکن زورؔ صاحب، زورؔ صاحب جیسی شخصیات مرتی کہاں ہیں۔ زورؔ صاحب تو دراصل ان کارناموں کا نام ہے جو آج بھی زندہ ہیں اور جب تک یہ کارنامے زندہ و باقی رہیں گے زورؔ صاحب مر نہیں سکتے وہ جاوداں رہیں گے۔''(۱)

جذباتی جملے اور جملہ تجبیہ کو استعمال کرتے ہوئے پروفیسر سلیمان اطہر جاوید نے اپنے اسلوب نگارش میں انفرادیت پیدا کرنے کی کوشش کی ہے۔ اس کے علاوہ انہوں نے اکثر اردو اشعار استعمال کرتے ہوئے اپنے بیان کردہ کسی نکتہ یا واقعہ کو معنویت عطا کرنے کی کوشش کی ہے۔ خاکہ نگاری کی کتاب ''چہرہ چہرہ داستان'' میں انہوں نے شخصیات کے ساتھ اپنے جذبات کے اظہار کے طور پر جابجا اشعار استعمال کئے ہیں۔ زورؔ صاحب کی حیدر آباد سے وابستگی اور کشمیر میں ان کے دفن ہونے کے واقعہ کو بیان کرتے ہوئے انہوں نے ظفرؔ کا یہ مشہور شعر لکھا ہے۔

کتنا ہے بد نصیب ظفر دفن کے لئے
دو گز زمین بھی نہ ملی کوئے یار میں (۲)

زؔور صاحب کی شخصیت اور ان کے کارناموں کو خراج پیش کرتے ہوئے اقبال کا یہ شعر لکھتے ہیں:

نظر بلند ، سخن دلنواز ، جان پرسوز
یہی ہے رخت سفر میر کارواں کے لئے (۳)

اپنے استاذ پروفیسر عبدالقادر سروری کی ہمیشہ متحرک رہنے کی عادت کو بیان کرتے ہوئے جوؔش کا یہ شعر نقل کرتے ہیں:

ہر شئے کو مسلسل جنبش ہے راحت کا جہاں میں نام نہیں
اس عالم سعی و کاوش میں دم بھر کے لئے آرام نہیں (۴)

مولانا ابوالوفا صاحب کی حق گوئی والی عادت کو اقبال کے اس شعر کے ذریعہ سمجھانے کی کوشش کی ہے:

ہزار خوف ہو لیکن زبان ہو دل کی رفیق
یہی رہا ہے ازل سے قلندروں کا طریق (۱)

رشید احمد صدیقی کو علی گڑھ کو دیوانہ عاشق اور مجنوں قرار دیتے ہوئے یہ مصرعہ ان کی نذر کرتے ہیں:

ع مجنوں جو مر گیا ہے تو جنگل اداس ہے (۲)

یونس دہلوی سے اپنی ملاقاتوں کی یاد کو جگر کے اس شعر کے ذریعہ تازہ کرنے کی کوشش کی ہے۔

وہ کب آئے بھی اور گئے بھی
نظر میں اب تک سما رہے ہیں

یہ چل رہے ہیں وہ پھر رہے ہیں یہ
آ رہے ہیں وہ جا رہے ہیں (۳)

پروفیسر سلیمان اطہر جاوید نے اشعار کے استعمال سے اپنے اسلوب میں رنگ پیدا کرنے کی کوشش کی ہیں۔اس کے علاوہ اپنے تحریر کردہ مرقعوں میں انہوں نے عربی کی یہ دعا ''انا للہ و انا الیہ راجعون'' کو بھی اکثر استعمال کیا ہے اور عبدالماجد دریا بادی کے خاکہ کا بھی یہی عنوان رکھا ہے۔

پروفیسر سلیمان اطہر جاوید کے اسلوب کے بارے میں راہی فدائی اپنے مضمون'' مرقع ہائے جاوید'' میں یوں رقمطراز ہیں:

''جس خصوصیت نے ان خاکوں کو اردو ادب میں مقام بلند عطا کیا ہے اور جس صفت خاص نے مرقعوں کو جاودانی بخشی ہے وہ ہے آپ کی تحریر کا جادو، مثبت و منفی پہلوؤں کا توازن، حقیقت پسندانہ اسلوب اور زبان و بیان کا ذہانت دارانہ لطیف و شریف طرز تحریر''۔(۴)

پروفیسر سلیمان اطہر جاوید کی تنقیدی تحریروں میں متوازن اسلوب کی موجودگی تلاش کرتے ہوئے ڈاکٹر وہاب تسنیم لکھتے ہیں:

''پروفیسر صاحب کا تنقیدی اسلوب تدریجاً حقیقت کی نقاب کشائی کرتا ہے اور سچ تو یہ ہے کہ پروفیسر صاحب بھی حالؔی کی طرح ہیں بھی کچھ ایسے سلیم الطبع اور شریف النفس کہ وہ اوروں کے بارے میں دوٹوک انداز اور کڑے لہجے میں کچھ نہیں کہتے۔ ہر ناقد اپنی انفرادیت رکھتا ہے۔ جاوید صاحب کی انفرادیت یہ ہے کہ وہ ایک متوازن نظریہ اپنے قاری کے سامنے رکھنے سے پہلے اسے افراط وتفریط کے مرحلوں سے روشناس بھی کرادیتے ہیں۔ ان کا قاری جب ان کے ہمراہ قدم زن رہتا ہے تو ہر مرحلہ پر ایک حقیقت کے ایک نئے پہلو سے روشناس ہوتا ہے۔''(۱)

پروفیسر سلیمان اطہر جاوید کی تقریر اور تحریر میں یکسانیت کا پہلو تلاش کرتے ہوئے ان کے اسلوب کی روانی کے بارے میں پروفیسر عابد صفی لکھتے ہیں:

''جاوید صاحب کی تحریر میں گھن گرج نہیں ہوتی۔ ان کی عبارت سبک رو اور ہلکی پھلکی ہوتی ہے اور وہ جس موضوع پر قلم اٹھاتے ہیں اس کی مختلف جہات پر ان کی نظر ہوتی ہے جس کی وجہ سے مضمون یک رخے پن یا کوتاہ بینی کا شکار ہونے سے بچ جاتا ہے۔ وہ ہر قدم سنبھل سنبھل کر اور سوچ سوچ کر اٹھاتے ہیں۔ لیکن اس سے روانی اور فطری تسلسل میں کوئی فرق نہیں آتا۔ یہ بھی ان کے اسلوب کی ایک خصوصیت ہے کہ ان کا طرز تحریر اور طرز تکلم ایک سا ہوتا ہے۔ کبھی آپ نے ان کو تقریر کرتے سنا ہو تو آپ کو اس بات کا اندازہ باآسانی ہوجائے گا۔ ذرا تصور کرلیجئے کہ وہ آپ

کے آگے کھڑے ہوئے تقریر کر رہے ہیں اور پھر دھیرے دھیرے ان کی تحریر پڑھتے جایئے۔ آپ کو لگے گا آپ پڑھ نہیں رہے ہیں۔ بلکہ انہیں سن رہے ہیں۔ یہ بات ان کی حالیہ تحریروں میں زیادہ ملے گی۔''(۲)

رشید احمد صدیقی کی یاد میں پروفیسر سلیمان اطہر جاوید نے جو تعزیتی خاکہ ''جنگل اداس ہے'' کے عنوان سے لکھا تھا اس کے جذباتی اسلوب سے متاثر ہو کر مشہور محقق و نقاد پروفیسر گیان چند جین لکھتے ہیں:

''اس تعزیتی انشائیہ کا ہر صفحہ، ہر پیرا گراف، ہر جملہ جاوید کی جذباتی انشاء کا قابل رشک نمونہ ہے۔ ایک آقائے اسلوب انشا پرداز کی رحلت پر سوگوار کے جذبات بھی سیاہ ریشمی پیراہن میں ملبوس ہو کر وارد ہوتے ہیں۔''(۳)

پروفیسر سلیمان اطہر جاوید کے اسلوب کے بارے میں مشاہیر کی آراء دیکھنے سے پتہ چلتا ہے کہ وہ ایک صاحب طرز اسلوب کے حامل محقق و نقاد ہیں۔

☆☆☆☆☆☆

☆☆☆☆☆☆☆☆

☆ نواں باب

پروفیسر سلیمان اطہر جاوید
مشاہیر کی نظر میں

پروفیسر سلیمان اطہر جاوید قومی و بین الاقوامی شہرت کے حامل نقاد ہیں ۔ زمانہ طالب علمی سے ہی ان کے واقف کاروں اور انہیں چاہنے والوں کا ایک وسیع حلقہ تھا۔ڈاکٹر زورؔ پروفیسر مسعود حسین خاں ، رشید احمد صدیقی ، ڈاکٹر ذاکر حسین اور مولانا عبدالماجد دریا بادی سے انہوں نے زمانہ طالب علمی میں ہی فیض حاصل کیا تھا۔ ملازمت کے دوران ہندوستان بھر کی جامعات کے اساتذہ اور پروفیسران کی شخصیت اور فن کے مداح رہے ہیں اور آج بھی زندگی کے مختلف شعبہ ہائے حیات سے تعلق رکھنے والی نامور شخصیتیں انہیں قدر کی نگاہ سے دیکھتی ہیں ۔ ذیل میں ان کی شخصیت اور فن کے بارے میں مشاہیر کی آراء پیش کی جاتی ہے۔

جگن ناتھ آزاد

سلیمان اطہر جاوید دور حاضر کے ایک خوش فکر اور خوش آہنگ شاعر ہیں۔ انہوں نے شاعری اس دور میں شروع کی جب ادب میں ترقی پسندی کا زوال شروع ہو چکا تھا۔ اور جدیدیت شروع ہوکر اپنے عروج کی جانب رواں تھی۔ اس لئے ان کی شاعری میں دونوں طرح کے رجحانات ملتے ہیں۔ شاعری میں انہوں نے جدید رنگ کی ہمنوائی بھی کی ہے اور قدیم رنگ کو بھی اپنایا ہے۔ ہیئت میں بھی نظم آزاد اور نظم معرا کے ساتھ ہی ساتھ نثری نظم میں بھی داد سخن پائی ہے اور پابند شاعری میں بھی۔ لیکن کسی انداز بیان کی پیروی اس طرح سے نہیں کی کہ اپنی انفرادیت ہی اس میں گم ہو جائے۔ ان کا انفرادی رنگ ان کے کلام میں قدم قدم پر نظر آتا ہے۔

(۲۹ر فبروری ۲۰۰۰ء)

پروفیسر مسعود حسین خاں

سلیمان اطہر جاوید میرے چند عزیز طالب علموں میں سے ہیں انہوں نے استادی پروفیسر رشید احمد صدیقی مرحوم پر اپنا تحقیقی کام بڑی کاوش لگن اور محنت سے میری زیرنگرانی عثمانیہ یونیورسٹی میں کیا تھا اور اب ان کی یہ تصنیف رشید صاحب پر ایک کلاسیک کا درجہ اختیار کر چکی ہے...... جاوید صاحب کو لکھنے کا سلیقہ آتا ہے وہ نہایت مربوط نثر لکھتے ہیں ۔میں ان کی نثر نگاری کے حسن کی جانب اس وقت سے نظر رکھتا ہوں جب وہ ''رہنمائے دکن'' میں کالم لکھا کرتے تھے۔ البتہ ان کی ضرورت سے زیادہ سنجیدہ شخصیت (غالباً چہرہ) سے میں ذرا سراسیمہ رہا کرتا تھا اور اب ملاقات کے وقت ہو جاتا ہوں۔ بعد کو معلوم ہوا کہ

وہ شگوفے کی طرح کھلتے اور کھلتے ہیں۔

پروفیسر گیان چند جین

سلیمان اطہر جاوید ملک گیر شہرت کے مالک ہی نہیں، انہیں پاکستان میں بھی جانا جاتا ہے۔ ادھر کے لطیف الزماں خاں نے اپنی کتاب ''خطوط رشید احمد صدیقی'' کو انہیں کے نام معنون کیا ہے۔ حیدرآباد میں ایک بار مجھے ٹرانسسٹر پر کسی کی تقریر درمیان سے سننے کا اتفاق ہوا۔ اردو ادب کا کوئی موضوع تھا۔ مقرر میرے لئے نامعلوم میں نے محسوس کیا کہ کوئی صاحب نظر معلومات کے دریا بہا رہا ہے۔ میں مسحور ہو کے سنتا رہا کہ اس عارف ادب کا تعارف حاصل کر سکوں۔ بعد میں معلوم ہوا کہ یہ ڈاکٹر سلیمان اطہر جاوید تھے۔ جی باغ باغ بلکہ باغ و بہار ہو گیا۔

پروفیسر قمر رئیس

پروفیسر سلیمان اطہر جاوید کی تجزیاتی تنقید میں ابتداء ہی سے نکتہ رسی ژرف بینی اور اعتدال اور توازن کا احساس ہوتا ہے اور یہ بلاشبہ ان کے انہاک، غور و فکر، وسیع مطالعہ اور محنت کا ثمرہ ہے۔ اردو میں رشیدیات کے وہ بنیاد گزار ہیں...... رشید صاحب کے بارے میں اس طرح کا معروضی مقالہ وہی نقاد لکھ سکتا تھا جو تنقیدی مطالعہ میں منصفی کے آدرش عزیز رکھتا ہو اور رشید صاحب یا علی گڑھ کا طالب علم نہ رہا ہو۔ اس طرح علیگ برادری سے ان کا دور ہونا مجموعی اعتبار سے ان کی تنقید کا بڑا کارگر اور ثابت ہوا۔

پروفیسر خواجہ احمد فاروقی

فکر و نظر کے یہ نئے پیمانے آزادی کے بعد خاص طور پر مقبول ہوئے اور انہوں نے اردو تنقید کو رہگزر باد ہونے سے بچالیا۔ ان نئے نقادوں میں ڈاکٹر سلیمان اطہر جاوید کا بھی نام لیا جاسکتا ہے جو پروفیسر رشید احمد صدیقی پر اپنا تنقیدی مقالہ پیش کر چکے ہیں اور جن کے متعلق عبدالماجد دریابادی نے صحیح لکھا ہے:

''مصنف کے قلم میں زور جوانوں کا سا ہے اور احتیاط و دانائی بوڑھوں کی سی''۔ جاوید صاحب کا صدف جس گوہر کی پرورش کر رہا ہے اس کی آب و تاب میں شبہ نہیں، اگر چہ ابھی اسے بہت سی موجوں سے سیراب ہونا اور بحر کو پایاب سمجھتا ہے۔ جاوید صاحب کی تنقید میں ادعائیت نہیں ہے۔ ان کا ذہن جامد نہیں ہے وہ فارمولوں میں بند نہیں ہیں۔ ان کے یہاں جذباتی شدت یا غیر مہذب بیبا کی نہیں ہے۔ ایک قسم کی سنجیدگی، کشادہ قلبی اور ہمہ جہتی انداز ہے جس سے اندازہ ہوتا ہے کہ ان کا مستقبل حال سے زیادہ روشن ہے۔

پروفیسر مغنی تبسم

سلیمان اطہر جاوید نے دیوان غالب کی پہلی غزل کے پہلے شعر کو اپنے مطالعے کا موضوع بنایا ہے اور اس کی مختلف جہات کا تفصیل سے جائزہ لیا ہے۔ سلیمان اطہر جاوید نے غالب کے شعر کا تجزیہ بڑے بھرپور انداز میں کیا ہے۔ وہ قاری کے ذہن کو اپنی گرفت میں لے کر ایک جہاں معانی کی سیر کراتے ہیں۔ یہ کتاب (دیوان غالب کا پہلا شعر)

غالبیات میں ایک نادرہ کار اضافہ ہوگی۔ (تبصرہ دیوان غالب کا پہلا شعر)۔

حیات اللہ انصاری

ڈاکٹر سلیمان اطہر جاوید کو تنقید کے میدان میں آئے ابھی زیادہ زمانہ نہیں گزرا ہے۔ لیکن انہوں نے اتنے ہی عرصہ میں صف اول کے نقادوں میں اپنی جگہ بنالی ہے ان کی تنقید کسی بھی ''ازم'' کی شکار نہیں۔ لیکن ساتھ ساتھ اس میں سماجی حیثیت اور مخصوص آ گہی پوری آب و تاب سے پائی جاتی ہے۔ ان کا ذوق بھی گہرا اور متوازن ہے وہ کانٹوں میں پھول تلاش کر لیتا ہے اور یہ بھی دیکھ لیتا ہے کہ پھول کتنے کانٹوں میں گھرا ہوا ہے۔

ڈاکٹر ہارون ایوب

ڈاکٹر سلیمان اطہر جاوید خلوص و محبت کا پیکر ہیں۔ ایک دردمند، حساس، صاف گو، باسلیقہ اور اصول پرست انسان ہیں۔ یہ تمام صفات نہ صرف ان کی شخصیت کا حصہ ہیں بلکہ ان کی تنقیدی تحریروں میں بھی ان اوصاف کی جھلک صاف دکھائی دیتی ہے۔ اور وہ ایک متوازن نقاد کی صورت میں نظر آتے ہیں۔ ڈاکٹر جاوید کے تنقیدی مضامین میں تلاش و انکشاف کا زاویہ ہمیشہ نمایاں رہا ہے۔ مشاہدہ اور تجربہ کے متوازن امتزاج سے وہ اپنے خیالات کو اس طرح پیش کرتے ہیں کہ قاری کے دل و دماغ پر دیرپا اثر چھوڑ جاتے ہیں۔ ڈاکٹر سلیمان اطہر جاوید صاحب نے معیار اور مقدار دونوں کے اعتبار سے اردو ادب کے خزانہ کو مالا مال کیا ہے۔ چنانچہ آپ کا شمار ایسے ناقدین میں کیا جانے لگا ہے جن کے افکار

نہ صرف عہد حاضر کے لئے اہم ہیں بلکہ آنے والے زمانے میں بھی فنی اقدار پر اثر انداز ہوں گے اور طلباء و ناقدین آپ کے فکر و فن سے مستفید ہوتے رہیں گے۔

پروفیسر مرزا اکبر علی بیگ

مثل مشہور ہے کہ اونٹ جب بھاگتا ہے تو مکہ کی طرف ہی بھاگتا ہے اسی کے مصداق سلیمان بھائی تروپتی کو اس اونٹ کی طرح اپنا مرکز سمجھتے ہیں ہندوستان کی تقریباً تمام جامعات کی ماہرین کمیٹی میں وہ شامل ہیں۔ تروپتی سے ہی وہ کسی ایک یونیورسٹی کو جاتے ہیں اور لوٹ کر تروپتی آتے ہیں۔ پھر وہاں سے دوسری یونیورسٹی تشریف لے جاتے ہیں۔ ویسے وہ تروپتی ہی میں گوشہ عافیت محسوس کرتے ہیں۔ تروپتی کی ہی دین ہیں۔ ایک درجن سے زائد کتابیں۔ سینکڑوں تحقیقی مضامین ، ہر ہفتہ میرا مطالعہ روزنامہ منصف حیدرآباد وغیرہ۔ کہنے کو تو پروفیسر سلیمان اطہر جاوید ایک اونچے پورے کھرے پٹھان کا پرشکوہ نام ہے۔ لیکن ان کی حیات اور خدمات کا ایک سرسری جائزہ ہی اس یقین کو تقویت پہنچاتا ہے کہ یہ یگانہ روزگار وحید عصر ذات گرامی پٹھان اپنے آپ میں ایک انجمن ہے۔ اوپر سے بہت سخت لیکن ناریل کی طرح اندر سے نرم ، نہایت پرجوش ، راست گو، سرگرم فعال اور متحرک انجمن جس کا ہر لمحہ، ہر پل ، ہر گھڑی اور ہر لحظہ اردو زبان و ادب کی خدمت کے لئے وقف ہے۔

ڈاکٹر مقبول فاروقی

پروفیسر سلیمان اطہر جاوید جامعہ عثمانیہ کے ان قابل ذکر سپوتوں میں سے ہیں جن پر مادر جامعہ کو اور خاص طور پر شعبہ اردو کو فخر ہو سکتا ہے۔ سلیمان اطہر جاوید صاحب غیر معمولی صلاحیتوں کے حامل ہیں۔ ان کی بڑھتی ہوئی ذمہ داریوں اور مصروفیات نے ان کے ذہن پر کوئی منفی اثرات نہیں ڈالے وہ اسی توجہ اور لگن سے لکھتے آئے ہیں اور اب بھی لکھ رہے ہیں اور ہر بار ایک تازگی کا احساس دلاتے ہیں۔ ان کی تحریروں میں ایک خاص بات یہ ہے کہ وہ چاہے جس موضوع پر قلم اٹھائیں اس کا حق ادا کر دیتے ہیں۔ کبھی موضوع بظاہر معمولی دکھائی دے گا۔ لیکن جاوید صاحب کی تحریر اس میں ایسے نکتے پیدا کرے گی کہ پڑھنے والوں کو تب اس موضوع کی اہمیت کا اندازہ ہوگا اور وہ یہ سوچنے پر مجبور ہو جائیں گے کہ اس میں غور و فکر کے کتنے پہلو پوشیدہ ہیں۔

جاوید صاحب بڑے شگفتہ مزاج اور زندہ دل انسان ہیں۔ بڑے بذلہ سنج اور حاضر جواب، ان کی ذہانت اکثر و بیشتر مخاطب کو لاجواب بنا دیتی ہے اور کبھی کبھی بے ساختہ لطیفوں کو جنم دیتی ہے اور ساری فضاء شگفتہ ہو جاتی ہے۔ ان کی طبعیت میں ان ساری خوبیوں اور قابل رشک (Achievements) کے باوجود بڑی سادگی اور منکسر المزاجی پائی جاتی ہے۔ یہی چیز ان کو ایک پسندیدہ شخصیت بنا دیتی ہے۔ سیاسی گروپ بندیوں اور نمائشی حربوں سے دامن بچاتے ہوئے جاوید صاحب نے ایک ادیب کی حیثیت سے اردو زبان و ادب میں اپنی تحقیقات و تصنیفات سے ایک گراں قدر اضافہ کیا ہے۔

ڈاکٹر عقیل ہاشمی

ترا مسلک ہے صلح کل ترا مشرب ہے رندانہ
سراپا ترا اطہر محبت کا بھی عنوان ہے
بھلا ہو کس لئے پھر خوف و اندیشہ زمانہ میں
کہ تجھ سا مستعد جاوید اردو کا نگہباں ہے
خلوص دل کا یہ اظہار کتنی پاگیا وسعت
خیاباں درخیاباں ہے گلستاں در گلستاں ہے
عقیل ہاشمی تنہا نہیں مدحت سرائی میں
تری توقیر کا شاہد ہر ایک اردو دبستان ہے

پروفیسر امیر عارفی

پروفیسر سلیمان اطہر جاوید ہمارے پرانے دوست ہیں۔ بڑی وضع دار شخصیت کے مالک ہیں۔ موجودہ دور کے پروفیسروں میں ان کا اپنا ایک منفرد مقام ہے۔ رشید احمد صدیقی پر ان کا پی۔ ایچ۔ ڈی کا مقالہ اردو ادب میں ایک اہم حیثیت کا مالک ہے۔ یہ انہوں نے اس وقت لکھا تھا جب میں علی گڑھ میں تھا اور اس کے دشوار مراحل سے جس

طرح وہ گزرے ہیں۔ میں بخوبی جانتا ہوں۔ کیوں کہ کسی زندہ اور قد آور شخصیت پر کام کرنا پل صراط پر سے گزرنا ہے۔لیکن وہ اس پل صراط پر سے بہ آسانی گزر گئے۔اب ان کی پہچان ہی رشید احمد صدیقی بن گئی ہے۔

پروفیسر سلیمان اطہر جاوید کے نام مشاہیر کے خطوط

محمد اکبر علی گورنر اتر پردیش

مکرمی جاوید صاحب

تسلیم۔میری تقرری کے موقع پر جن نیک خواہشات کا آپ نے اظہار کیا ہے اس کے لئے دلی شکریہ قبول فرمایئے۔فرقہ وارانہ ہم آہنگی میرا نصب العین رہا ہے۔ دعا کیجئے کہ میں آپ حضرات کی توقعات کو پورا کرسکوں

۔

۲۱رنومبر ۱۹۷۲ء

گوپی چند نارنگ

مجی ڈاکٹر سلیمان اطہر جاوید صاحب

نوازش نامہ ملا تھا۔ افسوس حیدر آباد میں ملاقات نہ ہو سکی سوچا تھا آپ ٹونک آئیں گے۔ لیکن وہاں آپ کا آنا نہ ہوا۔ پرسوں میں پھر جنوبی ہند کی طرف جا رہا ہوں چند روز میں واپسی ہوگی ۔ آپ کی تحریریں دیکھتا رہتا ہوں اور آپ کی تصنیفی و تالیفی سرگرمیوں سے خوشی ہوتی ہے۔ اگر دہلی آنا ہو تو مطلع کیجئے گا۔

۲۸رڈسمبر ۱۹۷۹ء

جگن ناتھ آزاد

مجی اطہر جاوید صاحب آداب

تعمیل ارشاد میں بہت دیر میں نے لگا دی ۔ معذرت خواہ ہوں ۔ مصروفیت بہت زیادہ رہتی ہے۔ اس وقت کم از کم چودہ پندرہ مسودے شعری و نثری تخلیقات کے ایسے رکھے

ہیں جنہیں صرف مرتب کرنا ہے۔ یہ کب مرتب ہوں گے؟ میرے انتقال کے بعد! دوستوں کی فرمائش کو بھی رد نہیں کر سکتا۔

آپ نے اپنے مجموعہ کلام کا جو نسخہ دیا تھا وہ میں حیدرآباد کے آئندہ سفر میں اپنے ساتھ لاؤں گا۔ تصویر اور دوسرا رخ زبانی طور پر تبصرہ کے لئے پیش کروں گا۔ اس کی طرف سے آپ کی توجہ ہونی چاہئیے۔ خدا کرے آپ ہر طرح خیریت سے ہوں۔

۲۹ رفبروری ۲۰۰۰ء

پروفیسر مغنی تبسم

برادر سلیمان اطہر جاوید

السلام علیکم!

میرے ایک شاگرد گر بچن سنگھ نے میرے مشورے پر آپ کی یونیورسٹی میں پی۔ ایچ۔ ڈی میں داخلے کے لئے درخواست بھیجی ہے۔ وہ خانگی طور پر ریسرچ کرنا چاہتے ہیں ۔ اگر مقامی طور پر کسی سپروائزر کی ضرورت ہو تو اس کے لئے میں نے آمادگی ظاہر کی ہے۔ وینکٹیشورا یونیورسٹی کے کسی استاد کا سپرویژن ضروری ہو تو براہ کرم آپ آمادگی ظاہر کر دیجئے اور کوشش کیجئے کہ انہیں کسی طرح اجازت مل جائے۔ ریسرچ کا موضوع میرا تجویز کردہ

ہے ''اردو ناول اور افسانے میں پنجابی تہذیب و معاشرت کی عکاسی''۔ امید ہے کہ آپ معہ الخیر ہوں گے۔

شکریہ

آپ کا

مغنی تبسم

جیلانی بانو

محترم۔ تسلیم

آپ کا خط ملا۔

مبارکباد کا بہت بہت شکریہ

آپ جیسے مخلص لوگوں کی مبارکباد سے بڑی خوشی ہوتی ہے ورنہ جیسا کہ آپ نے لکھا ہے کہ میں نے ہمیشہ کسی صلہ یا ستائش کی امید کے بغیر خاموشی سے لکھا ہے اور لکھتی رہوں گی۔ انعاموں اور تعریفوں سے ہمیشہ دور ہی بھاگتی رہی ہوں۔ اس لئے مجھے واقعی اس ایوارڈ کی خبر سن کر تعجب ہوا۔ آپ کی پرخلوص مبارکباد کا بہت بہت شکریہ۔ انور بھی آپ کو سلام لکھواتے ہیں۔

مخلص

جیلانی بانو

مورخہ ۷/ اکتوبر

۱۹۸۰ء

پروفیسر گیان چند جین

مکرمی آداب عرض

مکاتیب رشید کا تحفہ اور کرم نامہ ملا۔ تہہ دل سے مشکور ہوں۔ کچھ ایسا عجب اتفاق ہوا ہے کہ حیدرآباد میں جب بھی آپ سے ملنا ہوا کسی مخمصے یا مصنوعی مصروفیت یا دوسروں کے انبوہ کی وجہ سے کبھی فرصت میں باتیں نہ ہوئیں۔ آئیندہ اس کی تلافی ہونی چاہیئے۔ میرے پاس جو خط آتے ہیں ان میں سے محفوظ رکھنے کے قابل خطوط میرے ایک شاگرد ڈاکٹر اخلاق اثر بھوپال والے لے لیتے ہیں۔ رشید صاحب کے خط بھی انہیں کے پاس ہیں۔ ایک عرصہ ہوا علی گڑھ سے کسی صاحب نے (کسی شعبہ کے استاد تھے) ان خطوط کی خواہش کی تھی اور مجھے یاد پڑتا ہے کہ میں نے اخلاق کو لکھ کر انہیں دے دئے تھے۔ معلوم کروں گا۔ میرے نام رشید صاحب کے زیادہ خط نہیں لیکن ایک دو خط بہت اچھے تھے۔ امید ہے آپ کا مزاج بخیر ہوگا۔

مخلص گیان چند

شعبہ اردو یونیورسٹی

آف حیدرآباد

مورخہ ۲۴ رجولائی

۱۹۸۰ء

احسان رشید

ڈاکٹر صاحب مکرمی تسلیم

عنایت نامہ مورخہ ندارد باعث عزت ہوا۔آپ کی خواہش کی بجا آوری کو بمنزلہ فرض جانتا ہوں۔مگراس سلسلے میں ایک خیال یہ ضرور آتا ہے کہ کیا یہ بہتر نہ ہوگا کہ انتساب اس نہج پر ہو جس کی روایت خود ان کی تحریر سے ملتی ہو۔ مجھے یاد آتا ہے کہ ذاکر صاحب پر جو کتاب لکھی تھی اس کو انہوں نے کچھ اس طور پر معنون کیا تھا۔

''ہراس شخص کے نام جو ذاکر صاحب کو فخر اور محبت کی نظر سے دیکھتا ہے۔''

آپ اس میں مناسب تبدیلی فرما سکتے ہیں۔اگر آپ اس تجویز کو قبول فرمائیں گے تو مجھے ذاتی طور پر بے حد خوشی ہوگی۔

آپ نے والد مرحوم کی شخصیت اور تصانیف کو جس شوق اور خلوص کے ساتھ اپنا موضوع بنایا ہے اس کے بارے میں اکثر آپ کا خیال آتا ہے اور کچھ ایسا تعلق خاطر محسوس کرتا ہوں جو بہ یک وقت حزن اور امید آفرینی کے عناصر کا مرکب ہوتے ہوئے لازماً طمانیت قلبی کا باعث ہے۔

معمولاً ایسی صورت حال سے دوچار ہوں کہ ذاتی مراسلت تو کیا ذاتی معاملات کی طرف بھی کم ہی دھیان دے پاتا ہوں اس طور پر احباب سے مستقل شرمسار رہتا ہوں۔

خدا کرے وہ دن جلد آئے۔ جب دوستداری کے تقاضوں اور حقوق کی پاسداری کا پورا لحاظ رکھ سکوں۔ ان دنوں بنگلور میں اقوام متحدہ کی طرف سے جو سمینار منعقد ہو رہا ہے اس کا دعوت نامہ آیا تھا اور ارادہ تھا کہ اس میں شرکت کہ یہ آپ سے ملنے کا شاید ایک اچھا موقع ہوتا۔ لیکن بوجوہ ایسا نہ کر سکا۔ بہر صورت یار زندہ صحبت باقی۔ امید پر تو دنیا قائم ہے۔ اس لئے ناامید نہیں ہوں۔ انشاء اللہ ملاقات کی کوئی صورت ضرور نکلے گی۔ بہترین خواہشات کے ساتھ۔

آپ کا

احسان رشید

مورخہ ۲۹/ اکتوبر ۱۹۷۸ء

مالک رام

مکرمی گرامی نامے کا شکریہ

بیشک رشید صدیقی صاحب کے کچھ خطوط میرے پاس ہیں ۔ لیکن ان کا تلاش کرنا آسان نہیں۔ میرے تمام کاغذات درہم برہم حالت میں پڑے ہیں۔ ان میں سے کسی چیز کا الگ کرنا بہت مشکل ہے۔ میرے پاس اتنا وقت نہیں ہے کہ اور سب کام چھوڑ کر اس پر لگ جاؤں۔ دیکھئے کب فرصت ملتی ہے۔ خوشی کی بات ہے کہ آپ اپنا مقالہ اس مہینے

کے آخر تک تکمیل کر لیں گے۔ لیکن آپ نے وعدہ فرمایا تھا کہ ان کی کتابوں اور مضامین کی فہرست ہفتے عشرے میں بھیج دیں گے۔ یہ آپ نے ارسال نہیں کی۔ میں خود اس سلسلے میں آپ کو لکھنے والا تھا۔ یہ فوراً بھیج دیجئے۔

شکریہ واسلام

خاکسار مالک رام

مورخہ ۶ ستمبر ۱۹۷۳ء

ابو محمد سحر

گرامی عزیز۔ تسلیم

آپ کی گرانقدر تصنیف معہ خط مورخہ ۷ فروری موصول ہوئی۔ دلی شکریہ ادا کرتا ہوں۔ سرسری مطالعہ سے اندازہ ہوا کہ آپ نے بڑا اہم کام کیا ہے۔ خدا مبارک کرے۔ انٹرویو کے متعلق آپ نے جو کچھ لکھا ہے وہی اس درمیان میں دوسرے ذرائع سے بھی معلوم ہوا۔ سلیکشن کمیٹی میں کورم نہیں تھا۔ کچھ ایسے ہی حالات کی وجہ سے دوسرے مضامین کے معاملت میں بھی شائد یہی صورت پیش آئی ہے اور انٹرویو دوبارہ ہوں گے۔ واللہ اعلم......

مخلص

ابو محمد سحر

مورخہ ۲۱ فروری

۱۹۷۰ء

محمد حسن

مجی تسلیم!

آپ کا خط مورخہ ۱۶ مئی موصول ہوا۔ شکریہ حیدر آباد میں آپ کی موجودگی کا مجھے علم نہ تھا۔ افسوس ہے کہ آپ سے ملاقات کا موقع نہ مل سکا۔ آپ نے جامعہ عثمانیہ کے تقرر کے سلسلے میں جو کچھ لکھا ہے اس سے عبرت بھی ہوگی اور بصیرت بھی ملی۔ جنوبی ہند میں اردو کی کچھ خدمت کرنے کا ارمان مجھے حیدر آباد لے گیا تھا۔ حیدر آباد جنوب میں اردو کا کعبہ ہے یہاں اردو کی خدمت کا موقع ملنا سعادت ہے...... آپ کی کتاب کے چند ابواب میں نے پڑھے ہیں۔ آپ نے محنت کی ہے اور منفرد طریقے پر رشید صاحب کے فن کے مختلف پہلوؤں کا تجزیہ کیا ہے۔ اسلوب والے باب میں البتہ کچھ تشنگی کا احساس ہوا۔ اس میں مشہور جملہ، تاج محل، اردو زبان اور غالب کے متعلق نہ ملا وہ ان کے اسلوب کو سمجھنے کے لئے کلیدی حیثیت رکھتا ہے۔ آپ کی کتاب پر لکھنے کو جی چاہتا ہے ذرا فرصت مل جائے تو ضرور لکھوں گا۔

خاکسار محمد حسن

مورخہ یکم رجون

۱۹۶۹ء

پروفیسر سید مبارز الدین رفعت

آپ کا مقالہ مجھے بہت پسند آیا۔ جو بات مجھے سب سے زیادہ پسند آئی وہ آپ کا اعتدال اور توازن کا حامل سنجیدہ اور باوقار لہجہ ہے۔

مورخہ ۳۱ رجولائی

۱۹۷۰ء

ندا فاضلی

آپ کی تنقید صاف شفاف اور تخلیقی ہے۔ بنا کسی الجھاؤ کے اپنی بات قارئین تک پہنچانے کا ہنر آپ کو آتا ہے۔

مورخہ ۱۵ راگست

۱۹۹۵ء

اسلوب احمد انصاری

آپ نے کتاب بڑی محنت اور خوش اسلوبی کے ساتھ مرتب کی ہے اور بہت مفید مواد جمع کیا ہے۔ واقعہ یہ ہے کہ رشید صاحب کی زندگی کے بعض ان تفصیلات سے جن کا آپ نے ذکر کیا ہے میں بھی واقف نہ تھا۔ ان کے فن سے بھی آپ نے اچھی بحث کی ہے ۔ رشید صاحب پر اس کتاب نے ایک بڑی ضرورت کو پورا کیا ہے اور اس کام کیلئے آپ لائق مبارکباد ہیں۔

مورخہ ۳۱/ جولائی

۱۹۶۸ء

رشید احمد صدیقی

آپ کی کتاب ''اسلوب اور انتقاد'' مسعود صاحب سے مجھے مل گئی تھی ۔ جہاں تک دیکھ سکا اس سے اندازہ ہوتا ہے کہ آپ میں شعر و ادب کے آداب و اسالیب کے سمجھنے کی بڑی اچھی استعداد ہے ۔ مسرت ہے کہ آپ اپنا کام تندہی اور عقیدت سے کرتے جائیں اور خود اپنے کاموں کا احتساب کرتے رہیں۔

مورخہ ۲۱/ اپریل

۱۹۷۰ء

عبدالقادر سروری

آپ نے جس سعی و کاوش سے مواد اکٹھا کیا ہے اور اپنے بارے میں کچھ لکھتے اور لکھانے سے رشید صاحب کی گریز سے جس طرح نمٹنے کی کوشش کی ہے قابل تحسین ہے۔ اس تلاش اور محنت نے تاریخ ادب کے متعلمین کے لئے بڑا عمدہ مواد فراہم کیا ہے۔ رشید صاحب کے حالات کے علاوہ ان کی ادبی شخصیت کے سارے پہلوؤں کو جس سلیقہ سے ابھارا ہے اس کی بھی داد دیئے بغیر نہیں رہ سکتا۔ یہ جدید عہد کی عمدہ سوانح عمری ہے جو آئندہ لکھنے والوں کے لئے رہنما ثابت ہوگا۔

مورخہ ۱۲ فروری

۱۹۶۹ء

☆☆☆☆☆☆☆

اختتامیہ

پروفیسر سلیمان اطہر جاوید کا ادب میں مقام

پروفیسر سلیمان اطہر جاوید کا بحیثیت محقق، نقاد، مرقع نگار، سوانح نگار شاعر، صحافی و کالم نگار جائزہ لینے کے بعد اردو ادب میں ان کے مقاصد کے تعین کا مرحلہ آسان دکھائی دیتا ہے۔ یونیورسٹی میں پیشہ تدریس سے وابستہ رہنے اور دیگر نصابی سرگرمیوں میں مصروف رہنے کے باوجود ادب کے اہم شعبوں تحقیق و تنقید میں زائد از ایک درجن کتابوں کے مصنف کی حیثیت سے وہ اردو تحقیق و تنقید کی تاریخ میں نمایاں مقام رکھتے ہیں۔ رشید احمد صدیقی پر ان کا تحقیقی کام سند کی حیثیت رکھتا ہے۔ اردو شاعری میں اشاریہ اپنے موضوع پر نہایت اہم اور وقیع کتاب ہے۔ اسلوب اور انتقاد، تنقید شعر، تنقیدی افکار، تنقید اور تہذیب کتابوں میں شامل تنقیدی مضامین ان کی گہری تنقیدی بصیرت کا پتہ دیتے ہیں۔ '' دیوان غالبؔ کا پہلا شعر'' کتاب میں جس طرح انہوں نے کاغذی پیرہن کی روایت کی تحقیق کی اور جس تنقیدی بصیرت سے موضوع کو واضح کیا اس سے تحقیق و تنقید کے میدان میں ان کے وسیع مطالعہ کا پتہ چلتا ہے۔ ملازمت سے سبکدوشی کے بعد بہت سے انسان اپنے آپ کو کمزور و ناتواں سمجھتے ہوئے ریٹائرڈ لائف گزارنے کے منصوبے بناتے ہیں۔ لیکن پروفیسر سلیمان اطہر جاوید اوران کا قلم آج بھی جواں ہے۔ اردو کے سرکردہ رسائل

میں ان کی تنقیدیں اور تبصرے پابندی سے شائع ہوتے ہیں۔ روزنامہ سیاست کے ادبی
سپلیمنٹ کیلئے
''ادبی ائری'' کے عنوان سے ان کی کالم نگاری کا سلسلہ جاری ہے۔ وہ حیدرآباد میں منعقد ہونے والی ادبی محفلوں میں حصہ لیتے ہیں اور اس کی روداد تنقیدی نقطہ نظر سے اپنے کالم میں پیش کرتے ہیں۔ ادبی ڈائری میں شامل ان کے اکثر مضامین تحقیق کے طالب علموں کے لئے ایک خزانہ سے کم نہیں اور ان منتخبہ مضامین کو کتابی صورت میں شائع کیا جائے تو پروفیسر سلیمان اطہر جاوید کی کتابوں میں زاید آٹھ دس کتابوں کا اضافہ ہوسکتا ہے۔ جنوبی ہند میں چینائی ہو یا مشرق میں پٹنہ ہو یا مغربی بنگال' شمال میں دہلی لکھنؤ ہو یا جموں وکشمیر مختلف اردو جامعات میں ممتحن کے طور پر یا کسی ادبی سمپوزیم یا سمینار میں شرکت کیلئے وہ سفر کرتے رہتے ہیں۔ لیکن ادبی ڈائری کا سلسلہ منقطع نہیں ہوتا۔ ان کے لکھنے کی رفتار' معیار اور مقدار کو دیکھتے ہوئے انہیں ایک ''بسیار نویس'' نقاد کہہ سکتے ہیں۔ تنقید میں چوں کہ انہوں نے اعتدال پسندی کی روش اختیار کی ہے۔ لہذا وہ ادب میں گروہ واریت' شدت پسندی کا شکار نہیں ہوتے بلکہ وہ ہر ایک کے پسندیدہ شخصیت اور نقاد ہیں۔ ابھرتے ہوئے شاعر اور ادیب ان سے اپنی تخلیقات کا پیش لفظ یا تبصرہ لکھوانے کے متمنی رہتے ہیں۔ اگر شاعر یا ادیب ادب کی دنیا میں نووارد بھی ہو تو وہ اس کی کتاب کو مکمل طور پر پڑھتے ہیں اور جامع رائے دیتے ہیں۔ پروفیسر سلیمان اطہر جاوید کا اپنا ایک شعری مجموعہ ''آنگن آنگن دکھ کے پیڑ'' بھی ہے۔ تاہم وہ اپنا شعری سفر ترک کئے ہوئے ہیں۔ اگر وہ نثر نگاری کے ساتھ

شاعری پر بھی توجہ دیتے تو وہ موجودہ دور کے بلند پایہ شعراء میں شمار ہوتے تاہم اس بات میں کوئی دورائے نہیں کہ وہ جنوبی ہند میں پروفیسر مغنی تبسم کے بعد سب سے قد آور محقق اور نقاد ہیں ۔ اگر مقدار کے اعتبار سے دیکھا جائے تو وہ صف اول کے نقاد قرار پاتے ہیں ۔ شمالی ہند کے نقادوں کی صف میں بھی ان کا اہم مقام ہے۔ پاکستان میں بھی ان کے احباب کا ایک وسیع حلقہ ہے اوران سے مستقل خط و کتابت جاری رہتی ہے۔اس طرح بہ حیثیت محقق، نقاد، مرقع نگار، شاعر وادیب کے پروفیسر سلیمان اطہر جاوید کا اردو تنقید و تحقیق کی تاریخ میں خصوصی طور پر اور اردو ادب کی تاریخ میں عمومی طور پر اہم مقام ہے۔ جب بھی اردو تنقید اور تحقیق کی تاریخ مرتب کی جائے گی ۔ اس میں ان کا غم نمایاں ہوگا۔ ان کی ادبی خدمات کے صلہ میں انہیں ساہتیہ اکاڈیمی ایوارڈ یا گیان پیتھ ایوارڈ یا مخدوم ایوارڈ دیا جاسکتا ہے۔ اردو تحقیق و تنقید کے اس رواں چشمے فیض یاب ہونے والے ان کے حق میں یہ دعا کر سکتے ہیں کہ :

تم سلامت رہو ہزار برس
ہر برس کے ہوں دن پچاس ہزار

☆☆☆☆☆

کتابیات

سلسلہ نشان	مصنف رمرتب کا نام	کتاب کا نام	مقام اشاعت	سنہ اشاعت
۱	آدم شیخ ڈاکٹر	انشائیہ	ممبئ	۱۹۶۵ء
۲	آل احمد سرور	تنقیدی اشارے	لکھنؤ	۱۹۶۴ء
۳	احتشام حسین سید	تنقیدی نظریات	لکھنؤ	۱۹۷۴ء
۴	اطہر پرویز	ادب کا مطالعہ	علی گڑھ	۱۹۶۴ء
۵	الطاف حسین حالی	مقدمہ شعروشاعری	لکھنؤ	۱۹۸۸ء
۶	الطاف حسین حالی	یادگار غالبؔ	دہلی	۱۹۹۷ء
۷	جمیل جالبی (ڈاکٹر)	ارسطو سے ایلیٹ تک	دہلی	۱۹۸۲ء
۸	سلیم اختر	انشائیہ کی بنیاد	دہلی	۱۹۸۸ء
۹	سلیمان اطہر جاوید پروفیسر	رشید احمد صدیقی شخصیت اور فن	دہلی	۱۹۷۶ء
۱۰	سلیمان اطہر جاوید پروفیسر	اسلوب اور انتقاد	حیدرآباد	۱۹۶۹ء
۱۱	سلیمان اطہر جاوید پروفیسر	تنقید شعر	حیدرآباد	۱۹۷۱ء

۱۲	سلیمان اطہر جاوید پروفیسر	ادب میں ابہام اور اس کے مسائل	حیدرآباد	۱۹۷۴ء
۱۳	سلیمان اطہر جاوید پروفیسر	چہرہ چہرہ داستان	حیدرآباد	۱۹۷۷ء
۱۴	سلیمان اطہر جاوید پروفیسر	تنقیدی افکار	حیدرآباد	۱۹۷۷ء
۱۵	سلیمان اطہر جاوید پروفیسر	تاریخ تلگو ادب اور فنون لطیفہ	حیدرآباد	۱۹۷۸ء
۱۶	سلیمان اطہر جاوید پروفیسر	مکاتیب رشید احمد صدیقی	حیدرآباد	۱۹۸۰ء
۱۷	سلیمان اطہر جاوید پروفیسر	اردو شاعری میں اشاریت	دہلی	۱۹۸۳ء
۱۸	سلیمان اطہر جاوید پروفیسر	عزیز احمد کی ناول نگاری	دہلی	۱۹۸۶ء
۱۹	سلیمان اطہر جاوید پروفیسر	تنقید اور تہذیب	حیدرآباد	۱۹۸۷ء
۲۰	سلیمان اطہر جاوید پروفیسر	رشید احمد صدیقی (ساہتیہ اکیڈیمی ایڈیشن)	دہلی	۱۹۸۸ء
۲۱	سلیمان اطہر جاوید پروفیسر	اقبال ماورائے دیر وحرم	دہلی	۱۹۹۲ء
۲۲	سلیمان اطہر جاوید پروفیسر	غالبؔ کے چند نقاد	دہلی	۱۹۹۵ء
۲۳	سلیمان اطہر جاوید پروفیسر	عزیز احمد کے افسانے	دہلی	۱۹۹۶ء
۲۴	سلیمان اطہر جاوید پروفیسر	ساحر لدھیانوی	دہلی	۱۹۹۶ء

۲۵	سلیمان اطہر جاوید پروفیسر	آنگن آنگن دکھ کے پیڑ	حیدرآباد	۱۹۹۶ء
۲۶	سلیمان اطہر جاوید پروفیسر	بزم چراغاں	دہلی	۲۰۰۳ء
۲۷	دیوان غالبؔ کا پہلا شعر	حیدرآباد	حیدرآباد	۲۰۰۴ء
۲۸	سلیمان اطہر جاوید پروفیسر	ادبی ڈائری	حیدرآباد	۲۰۰۵ء
۲۹	سلیمان اطہر جاوید پروفیسر	ادب کا بدلتا مزاج	دہلی	۲۰۰۶ء
۳۰	سلیمان اطہر جاوید پروفیسر	غالبؔ اور غالبؔ	دہلی	۲۰۰۶ء
۳۱	سہیل بخاری	اردو ناول نگاری	لاہور	۔
۳۲	سید حامد حسین (ڈاکٹر)	نثر اور انداز نثر	لکھنؤ	۱۹۸۴ء
۳۳	سیدہ جعفر (پروفیسر)	اردو مضمون کا ارتقاء ۱۹۵۰ء تک	حیدرآباد	۱۹۷۲ء
۳۴	شارب ردولوی	جدید اردو تنقید اصول و نظریات	لکھنؤ	۱۹۸۱ء
۳۵	شمیم حنفی (پروفیسر)	آزادی کے بعد دہلی میں اردو خاکہ	دہلی	۱۹۹۳ء
۳۶	صابرہ سعید	اردو میں خاکہ نگاری	حیدرآباد	۔
۳۷	عبادت بریلوی	اردو تنقید کا ارتقاء	علی گڑھ	۱۹۹۵ء
۳۸	عبدالقیوم ڈاکٹر	حالیؔ کی اردو نثر نگاری	لاہور	۱۹۶۴ء

۳۹	گوپی چند نارنگ	ادبی تنقید اور اسلوبیات	دہلی	۱۹۸۹ء
۴۰	گیان چند جین	تحقیق کا فن	لکھنؤ	۱۹۹۰ء
۴۱	محمد احسن فاروقی ڈاکٹر	اردو ناول کی تنقیدی تاریخ	لکھنؤ	۱۹۶۲ء
۴۲	مرزا اکبر علی بیگ پروفیسر	عزیز مرزا شخصیت اور کارنامے	حیدر آباد	۱۹۸۷ء
۴۳	مظفر شہ میری	نذر جاوید	تروپتی	۱۹۹۶ء
۴۴	مولوی عبدالحق	چند ہم عصر	نئی دہلی	۱۹۹۶ء
۴۵	نورالحسن نقوی	فن تنقید اور اردو تنقید نگاری	علی گڑھ	۱۹۸۱ء
۴۶	وقار عظیم	داستان سے افسانے تک	علی گڑھ	۱۹۸۶ء
۴۷	ہارون ایوب ڈاکٹر	اردو ناول پریم چند کے بعد	لکھنؤ	۱۹۷۸ء
۴۸	یوسف سرمست پروفیسر	بیسویں صدی میں اردو ناول	حیدر آباد	۱۹۶۷ء بار اول

اخبارات اور رسائل

۱	رہنمائے دکن	حیدرآباد	۱۰/نومبر ۱۹۹۷ء
۲	رہنمائے دکن	حیدرآباد	۵/جنوری ۱۹۹۸ء
۳	سیاست	حیدرآباد	۵/مئی ۲۰۰۳ء
۴	سیاست	حیدرآباد	۲۶/مئی ۲۰۰۳ء
۵	سیاست	حیدرآباد	۲/جون ۲۰۰۳ء
۶	سیاست	حیدرآباد	۲۳/۳۰/جون ۷/۱۴/۲۱/جولائی
۷	سیاست	حیدرآباد	یکم ستمبر/۸ستمبر'۲۲/ستمبر'۲۹/ستمبر
۸	سیاست	حیدرآباد	۱۳/اکتوبر' ۲۰/اکتوبر'۳/نومبر
۹	سیاست	حیدرآباد	۱۰/نومبر'۱۷/نومبر'۲۴/نومبر' یکم ڈسمبر
۱۰	سیاست	حیدرآباد	۸/۱۵/۲۹/ڈسمبر ۲۰۰۳ء
۱۱	سیاست	حیدرآباد	۲/جنوری ۲۰۰۴ء تا ۳/جنوری ۲۰۰۶ء
۱۲	سیاست	حیدرآباد	ہر دوشنبہ ایڈیشن
۱۳	ماہنامہ سہیل	گیا	جلد نمبر ۶۵' شمارہ:۱۱ مخزونہ ادارہ ادبیات اردو حیدرآباد
۱۴	ماہنامہ سب رس	حیدرآباد	حیدرآباد۔دکن' جون ۲۰۰۴ء
۱۵	ماہنامہ سب رس	حیدرآباد	دکن۔جولائی ۲۰۰۴ء

☆☆☆☆☆☆☆☆